Lehrbuch zur sozialwissenschaftlichen Frauen- und Geschlechterforschung

Lehrbuchreihe zur sozialwissenschaftlichen Frauen- und Geschlechterforschung

Die sozialwissenschaftliche Frauen- und Geschlechterforschung kann inzwischen auf eine reichhaltige Tradition zurückblicken. Ihre Erkenntnisse haben die wissenschaftlichen und gesellschaftlichen Diskussionen erheblich verändert. Die Lehrbuchreihe führt anhand von zentralen Themenfeldern in ihre Entstehungs- und Entwicklungsgeschichte, in Theorien, Methoden und aktuelle Debatten ein. Nachvollziehbar gemacht werden soll, wie sich die Frauen- und Geschlechterforschung in Auseinandersetzung mit den gesellschaftlichen Geschlechterverhältnissen und mit wissenschaftlichen Denktraditionen entwickelt hat und welche Konzepte sie für die Analyse und Kritik zeitgenössischer Gesellschaften liefert.

Die Lehrbuchreihe wird von der Sektion Frauen- und Geschlechterforschung in der Deutschen Gesellschaft für Soziologie herausgegeben. Die Bände richten sich an Wissenschaftler_innen, Student_innen, Praktiker_innen und eine interessierte Leser_innenschaft.

Weitere Infos unter: http://www.frauen-undgeschlechterforschung.de/index.php/lehrbuchreihe.html

Kontakt: Birgit Riegraf, Universität Paderborn, briegraf@mail.upb.de

Andrea D. Bührmann • Angelika Diezinger
Sigrid Metz-Göckel

Arbeit – Sozialisation – Sexualität

Zentrale Felder der Frauen- und Geschlechterforschung

3., erweiterte und aktualisierte Auflage

Andrea D. Bührmann
Universität Göttingen, Deutschland

Sigrid Metz-Göckel
Universität Dortmund, Deutschland

Angelika Diezinger
Hochschule Esslingen, Deutschland

ISBN 978-3-531-19503-2
DOI 10.1007/978-3-531-19504-9

ISBN 978-3-531-19504-9 (eBook)

Die Deutsche Nationalbibliothek verzeichnet diese Publikation in der Deutschen Natio-
nalbibliografie; detaillierte bibliografische Daten sind im Internet über http://dnb.d-nb.de
abrufbar.

Springer VS
© Springer Fachmedien Wiesbaden 2000, 2007, 2014

Lektorat: Dr. Cori Mackrodt, Daniel Hawig

Gedruckt auf säurefreiem und chlorfrei gebleichtem Papier

Springer VS ist eine Marke von Springer DE. Springer DE ist Teil der Fachverlagsgruppe
Springer Science+Business Media.
www.springer-vs.de

Inhalt

Einleitung

Die Frauenforschung kann in Deutschland auf eine fast 40jährige Geschichte zurückblicken.[1] Sie hat eigene Denktraditionen ausgebildet und ist bereits mit ihrer Wirkungsgeschichte konfrontiert. Dies führt zunehmend auch zu einer Auseinandersetzung mit den eigenen Positionen und einer kritischen Selbstthematisierung als Disziplin Geschlechterforschung, in der Frauen-, Lesben- und Queerforschung sowie Männerforschung ihren differenziellen Ort haben.

In den letzten zwei Jahrzehnten konnte eine Ausdifferenzierung und starke Zunahme der Publikationen der wissenschaftlichen Literatur zur Frauen- und Geschlechterforschung beobachtet werden. Gab es bis zur zweiten Hälfte der 1980er Jahre noch relativ wenig wissenschaftliche Literatur der Frauen- und Geschlechterforschung, so hat sich dies in den Folgejahren deutlich verändert (vgl. Grafik auf der folgenden Seite[2]). Dies ist auch auf die Einführung von Studiengängen der Geschlechterforschung/Gender Studies zurückzuführen.

Inzwischen liegen einige thematische und theoriegeschichtliche Rekonstruktionen sowie Studien zur historischen, sozialen und kognitiven Identität der Frauenforschung vor, die vor allem auch in Auseinandersetzung mit den Primärquellen der Frauenforschung entstanden sind (vgl. etwa Bußmann/Hof 2005; Lenz 2010; Vogel 2007; Löw 2005). Sie gehen vorwiegend aus sozialwissenschaftlicher, aber zusehends auch kulturwissenschaftlicher Perspektive von Fragestellungen der Wissenschaftsforschung und Wissenssoziologie aus. So entstanden Texte, in denen zentrale Protagonistinnen der frühen Frauenforschung dargestellt und wichtige

---

1   Sie ist im westlichen Teil Deutschlands und Westberlin entstanden, weil hier die gesellschaftlichen Geschlechter-Verhältnisse anders als im östlichen Teil Deutschlands von Frauen als sehr problematisch empfunden wurden, z. B. die Vereinbarkeit von Mutterschaft und Erwerbstätigkeit.

2   Der Grafik liegen im Gemeinsamen Verbundkatalog (GVK) verzeichnete Monographien und Sammelbände zu Grunde, die mit den Titeln und Schlagwörtern „Geschlechterforschung", „Gender Studies" und „Frauenforschung" verknüpft worden sind.

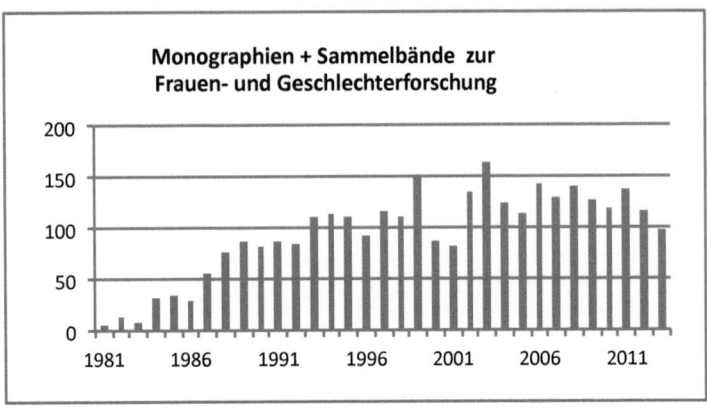

Monographien + Sammelbände zur Frauen- und Geschlechterforschung

Quelle: eigene Darstellung

theoretische Positionen nachgezeichnet werden (z. B. Hahn 1994, Wobbe 1997, Honegger/Wobbe 1998, Hark 2007[2], Gerhard et al. 2008 & 2010, Bührmann 2004). Schließlich haben Wissenschaftlerinnen seit Beginn der 1990er Jahre Einführungen in die feministische Soziologie verfasst (Brück et al., 1999[2], Becker-Schmidt/ Knapp 2011) und diese in Einführungen zu soziologischen Theorien integriert (Treibel 2004[6]). Die reichhaltigen Befunde, die theoretischen Konzepte und die Verknüpfungen und Anschlüsse an wissenschaftliche Diskurse sind im *Handbuch Frauen – und Geschlechterforschung* zuletzt zusammenfassend dargestellt worden (Becker/Kortendiek 2010[3]).

Neben einem quantitativen Anstieg der Publikationen haben sich auch deren Inhalte und Formen diversifiziert. Neben reinen Lehrbüchern gibt es mittlerweile auch Lexika (vgl. Kroll 2002) der Geschlechterforschung, Verlage haben eigene Schriftenreihen zur Geschlechterforschung, Hochschulen eigene Reader und wissenschaftliche Zeitschriften Sonderausgaben zum Thema Geschlechterforschung publiziert. Zudem wurden Diskussionen der Geschlechterforschung auch in der Form von Handbüchern in verschiedene Studiengänge integriert. Zusätzlich kam es im deutschsprachigen Raum zur Gründung eigener Zeitschriften, die sich mit Themen der Frauen- und Geschlechterforschung befassen, von denen *GENDER, Feministische Studien* und *Femina Politica* die zur Zeit auflagenstärksten und wohl auch am häufigsten rezipierten sind. Schließlich sprechen einige Anzeichen dafür, dass sich die Gender Studies ausgehend von einer immer relevanter erscheinenden intersektionalen Forschungsperspektive zu Diversity Studies ausweiten könnten. (Diese Sichtweise wird allerdings im Augenblick höchst kontrovers diskutiert und ist nicht unumstritten.)

Im deutschsprachigen Raum hat sich mittlerweile innerhalb der Frauen- und Geschlechterforschung vielerorts der Terminus *Gender Studies* als allgemeiner Oberbegriff durchgesetzt. Dies zeigt sich auch an den Titeln der in den letzten Jahren neu erschienenen Lehr- und Einführungsbücher (z. B. Bergmann/Schlößer/ Schreck 2012; Degele 2008; Braun 2006 & 2009). Diese Entwicklung könnte auf eine fortschreitende Inter- und Transnationalisierung wissenschaftlicher Forschung hinweisen, die auch vor der Frauen- und Geschlechterforschung nicht Halt macht.

Mit dem vorliegenden Band wollen wir eine Einführung für Studienanfänger_innen[3] vorlegen, die nachvollziehbar macht, wie sich Frauenforschung in der Auseinandersetzung mit den empirisch-konkreten Lebensverhältnissen von Frauen, sozialwissenschaftlichen und auch kulturwissenschaftlichen Denktraditionen und eigenen Konzepten ihren Gegenstand geschaffen und sich damit zur Geschlechterforschung (weiter-) entwickelt hat. Dabei verstehen wir unter sozialwissenschaftlicher Frauenforschung all jene wissenschaftlichen Bemühungen, die sich mit der Erforschung der Lage von Frauen in Gegenwart und Vergangenheit sowie weltweit beschäftigen. Sie konzentriert sich dabei nicht nur auf Besonderheiten von Frauen, ihre Unterdrückung und Minderachtung, sondern gleichermaßen auf deren strukturelle und soziale Verursachung. Insofern dehnt sich der Gegenstandsbereich der Frauenforschung auf die gesamte Gesellschaft und die Arbeits- und Machtverteilung zwischen den Geschlechtern aus, die Frauen erst zu dem machen, was sie sind: nämlich ‚Geschlechtswesen' im Unterschied zu vielen Männern, die sich bisher nicht als solche betrachtet haben, schon gar nicht im Rahmen ihrer wissenschaftlichen Tätigkeiten, die sie als geschlechtsneutral ausgeben. Ausgehend davon bezieht sich die Geschlechterforschung auf das Verhältnis zwischen den Geschlechtern und insbesondere auf das männliche Geschlecht als das ‚andere' Geschlecht, zu dem sie in Beziehung stehen und gegebenenfalls auch abhängig gemacht werden. Frauenforschung wird so

> „zur *Geschlechterforschung*, insofern sie sich vergleichend, kritisch und analytisch auf Männer bezieht und das Geschlechterverhältnis sowie die Geschlechterbeziehungen im Kontext der gesellschaftlich-historischen Rahmenbedingungen zum Gegenstand ihrer Untersuchungen macht. Frauenforschung analysiert demnach zwei Formen von Ungleichheit: eine kraft sozialer Schichtung und eine kraft ‚patriarchaler' Vergesellschaftung" (Metz-Göckel 1993, S. 410)[4].

---

3 Mit dem sogenannten Gender Gap sollen auch jene Menschen angesprochen werden, die sich nicht eindeutig innerhalb der Zweigeschlechtlichkeit positionieren (wollen).

4 In diesem Zusammenhang sei hier auch auf die Debatten um eine kritische (feministische) Männerforschung verwiesen, die sich ausgehend von Debatten aus dem anglo-amerikanischen Raum in den 90ern auch in Deutschland entspann (vgl. hierzu v. a. Meuser (2010), Connell (2006), Bereswill/Meuser/Scholz (2011) sowie Scholz 2012).

Frauen- und Geschlechterforschung versteht sich also gerade nicht als Bindestrich-Soziologie, die blinde Flecken der Forschung über Frauen ausfüllt. Indem sie die Lebensbedingungen und Deutungen von Frauen zum Ausgangspunkt ihrer theoretischen Konzepte und Untersuchungen macht, greift sie die angebliche Geschlechtsneutralität etablierter Ansätze und Begrifflichkeiten an. Ihre Kritik richtet sich vor allem darauf, dass diese universelle Geltung für alle Gesellschaftsmitglieder beanspruchen, obwohl sie überwiegend die gesellschaftlichen Lebensbedingungen und Erfahrungen von Männern wiedergeben. Um diesen *Androzentrismus* aufzubrechen, der den Mann als Norm setzt und Frauen, wenn überhaupt als ‚Sonderfall‘ oder ‚Abweichung‘ erfasst, begann die Frauenforschung ihrerseits die Gesellschaft mit einem allgemeinem Geltungsanspruch aus der kritischen Perspektive von Frauen zu untersuchen.

Nicht zu übersehen ist, dass Geschlecht als isoliertes Analyse-Kategorie ihre Bedeutung verändert hat, in Verbindung mit anderen Ungleichheitskategorien wie Klasse, Ethnie, Alter, Religionszugehörigkeit, körperliche Konstitution, sexuelle Orientierung/Lebensweise und Kultur jedoch an Bedeutung gewonnen hat. Ausgehend von der Geschlechterforschung entwickelten sich dabei neuere Forschungszweige und Theorien, die die Prämissen der bisherigen Forschung erweiterten und kritisch hinterfragten, so z. B. die Queer Studies, die subalternative Studies, aber auch die Diversity Studies.

Wir möchten die Grundlinien und Grundprobleme der neueren sozialwissenschaftlichen Gender Studies thematisieren. Dabei geht es uns nicht darum, den Lesenden einen rasch erlernbaren Abriss anzubieten, der dann als positiver Wissensstoff getrost nach Haus getragen und auch wieder vergessen werden kann. Vielmehr geht es uns darum, Gender Studies als Ausschnitt und Ausdruck eines unabgeschlossenen Prozesses gesellschaftlicher Auseinandersetzung zu begreifen, der auf künftige Weiterentwicklungen verweist. Wir sind an der Geschichte der Gender Studies um ihrer Zukunft willen interessiert.

Wie aber lässt sich diese Geschichte so darstellen, dass ihre zurückgelegte Wegstrecke und ebenso mögliche Konsequenzen für ihre Fortsetzung deutlich werden? Wir wollen zeigen, dass sich diese in einer zunächst programmatisch geführten, dann real sich verschärfenden Auseinandersetzung zwischen den Positionen *Gleichheit und Differenz* abzeichnet, wobei es sich um eine vielschichtige und widerspruchsvolle Entwicklung handelt. Es geht uns darum, sowohl Erkenntnisfortschritte als auch Veränderungen und Verschiebungen in den Diskussionen der Frauen- bzw. Geschlechterforschung darzustellen, ohne das Bild eines ‚kumulativen‘ Wissenschaftsfortschritts auszumalen. Erkennbar werden sollte, wovon die Forschung über und von der Kategorie Geschlecht nachhaltig geprägt wurde und welche blinde Flecken bzw. Wahrnehmungsbarrieren existierten und existieren.

Deshalb haben wir immer einzelne Phasen der Diskussion über Arbeit, Sexualität und Sozialisation dargestellt, die sich auf einander geschichtet als eine Archäologie der Geschlechterforschung lesen lassen.

Gender Studies sind heute in fast allen Wissenschaftszweigen vertreten. Sie nahmen in Deutschland jedoch ihren Ausgangspunkt vor allem in den Sozialwissenschaften, anders als z. B. in Frankreich, wo die Philosophie eine große Rolle spielte oder in den USA, wo die Literatur- und Kulturwissenschaften ihre Wiege waren. In vielen sozialwissenschaftlichen Disziplinen und Themenbereichen liegen Studien aus feministischer Perspektive vor. Daher war es nicht einfach, sich in der vorliegenden Einführung auf drei große Themenbereiche zu beschränken. Wir haben schließlich diejenigen ausgewählt, die bei der Frage nach der Benachteiligung von Frauen und den notwendigen Schritten ihrer Emanzipation immer eine zentrale Rolle in den westdeutschen Debatten gespielt haben: Arbeit, Sozialisation und Sexualität. Während in der Frauenbewegung zunächst die *sexuelle Selbstbestimmung* im Mittelpunkt stand, wurde *Arbeit* zum ersten wichtigen Thema der Frauenforschung. Dies lag zum einen daran, dass viele feministische Forscherinnen aus der Tradition der marxistischen Gesellschaftstheorien kamen. Zum anderen war das Thema ‚Zukunft der Arbeit' auch ein die gesamten Sozialwissenschaften bewegendes Thema der 1970er Jahre. Schließlich galt die Erwerbsarbeit als Königsweg zur Emanzipation von Frauen. Daher hatte die Auseinandersetzung mit Arbeit immer auch eine politische Dimension.

Dies gilt ebenfalls für das Thema *Sexualität*. Feministische Forscherinnen bewegte die Frage nach der kulturellen Organisation von Geschlechtlichkeit und den zwischen den Genus-Gruppen eingelagerten Machtverhältnissen. Diese wurden als entscheidende Grundlagen für die Gestaltung von heterosexuellen und homosexuellen bzw. queeren Beziehungen betrachtet, ebenso für die Selbstwahrnehmung des eigenen Begehrens.

Eine Brücke zwischen diesen beiden Themenblöcken stellt das Thema *Sozialisation* dar. Mit der Erforschung ‚weiblicher' Sozialisation wandten sich Forschende zunächst den Geschlechterdifferenzen zu, gleichzeitig aber auch gegen ihre Festlegung und Festschreibung auf vermeintlich natürliche Unterschiede. Sozialisation wurde zwar als Aneignung des herrschenden Geschlechterverhältnisses begriffen, aber als lebenslange Auseinandersetzung mit offenen und verdeckten Verhaltenserwartungen auch ihr Gestaltungs- und Veränderungspotential erkennbar gemacht. Mit dem Perspektivwechsel hin zu Fragen, wie Menschen zu Frauen (und Männer) ‚gemacht werden' bzw. sich selbst ‚machen' (*doing gender*) rücken neben den sozialen und kulturellen Rahmenbedingungen des Geschlechterverhältnisses Differenzen zwischen den Genus-Gruppen und damit auch Problematisierungen einer polaren Geschlechterkonstruktion ins Blickfeld.

Die drei thematisch geordneten Gruppierungen von Textauszügen sind so gestaltet, dass jeweils ihre Problemgeschichte erkennbar wird. Zum einen wollen wir
beispielhaft aufzeigen, wie in den Gender Studies eigene Konzepte – in Anlehnung
bzw. gegen die herrschenden Erklärungsmuster der Sozialwissenschaften – entwickelt
und in Kontroversen verändert oder erweitert wurden. Zum anderen reflektiert
dieser Prozess auch die gesellschaftlichen Veränderungen, mit denen sich Frauen
auseinandersetzen müssen und die sie großenteils selbst bewirkt haben.

Entsprechend dieser Themenfelder ist das Lehrbuch in drei Kapitel gegliedert. Das
Vorhaben, auf einer strikt begrenzten Seitenzahl die zentralen Gegenstände der sich
entwickelnden Gender Studies möglichst vielschichtig zu rekonstruieren, hat uns
immer wieder vor schwierige Darstellungs- und Auswahlprobleme gestellt. Es galt,
die Vielfalt von Informationen und Aspekten auf das Wesentliche zu beschränken,
dabei deutliche Akzente zu setzen und so *unserer Lesart* der Entwicklungen in den
und zu den Gender Studies ein ganz bestimmtes Profil zu geben.

Ausgewählt wurden Auszüge aus Texten bzw. Darstellungen von Konzepten
und Perspektiven, die die Diskussionen zunächst innerhalb der Frauen- und Geschlechterforschung bzw. Gender Studies nachhaltig beeinflusst haben. Sie bündelten
Positionen, riefen kontroverse Diskussionen hervor, beförderten Differenzierungen
und Revisionen und entzünden aktuell neue Debatten. Mit der Aktualisierung und
Erweiterung der dritten Neuauflage möchten wir nicht nur diese neuen Entwicklungen mit aufnehmen, sondern zumindest in Ansätzen auch verdeutlichen, wie
sich die Internationalisierung der Debatten über die Kategorie Geschlecht in der
deutschsprachigen Diskussionen niederschlägt. Es geht allerdings nicht so sehr
um den Stand der Forschung als um die Darstellung kontroverser Entwicklungen.

In den kurzen einleitenden Kommentaren stellen wir die unserer Meinung
nach zentralen Aussagen bzw. Perspektiven der Autor_innen vor. Wir verweisen
auf Debatten, zu denen die Wissenschaftler_innen Stellung beziehen. Sie sollen als
Anregungen für Lehrende und Studierende dienen, sich mit den Begründungen
auseinander zu setzen, um so zu eigenen Einschätzungen und Fragen zu kommen.
Vor allem hoffen wir, dass diese Ausschnitte Lust machen, den gesamten Text zu
lesen bzw. sich mit weiteren Arbeiten der Autor_innen zu beschäftigen.

Um der Lesbarkeit willen haben wir darauf verzichtet, die ausführlichen Li-
teraturverweise in die Textauszüge aufzunehmen und verweisen dafür auf die
Lektüre der Originaltexte. In den Auszügen kennzeichnen wir Auslassungen von
Sätzen bzw. Abschnitten und Worten bzw. Satzteilen unterschiedlich: Während
wir „…" verwenden, wenn ein Wort oder ein Satzteil ausgelassen wird, steht „(…)"
für Auslassungen von Sätzen, Abschnitten oder Seiten.

Wir möchten uns bei der Sektion Frauen- und Geschlechterforschung der Deutschen Gesellschaft für Soziologie bedanken, die das gesamte Vorhaben dieser Lehrbuchreihe und auch die Erstellung dieser aktualisierten Neuauflage ideell und finanziell unterstützt hat. Unser Dank richtet sich auch an Anne Mielke, die die redaktionelle Überarbeitung der dritten Auflage des Lehrbuchs übernommen hat. Für uns war die Aktualisierung der Neuauflage die Gelegenheit, intensiv über die Veränderungen in unseren Themenbereichen und unsere Erfahrungen in der Lehre und mit diesem Lehrbuch zu diskutieren. Wir wünschen uns, dass die Neuauflage auch allen Leser_innen und Lehrenden intensive Auseinandersetzungen ermöglicht

Göttingen, Esslingen und Dortmund
im Februar 2014

Andrea D. Bührmann
Angelika Diezinger
Sigrid Metz-Göckel

Literaturhinweise[5]

Aulenbacher, Brigitte/Meuser, Michael/Riegraf, Birgit (2010): Soziologische Geschlechterforschung: Eine Einführung, Wiesbaden: VS Verlag für Sozialwissenschaften

Althoff, Martina; Bereswill, Mechthild; Riegraf, Birgit (2001): Feministische Methodologien und Methoden: Traditionen, Konzepte, Erörterungen, Opladen: Leske + Budrich

Becker, Ruth/Kortendiek, Beate (Hg. (2010): Handbuch der Frauen- und Geschlechterforschung, Theorien, Methoden, Empirie. Wiesbaden: VS Verlag für Sozialwissenschaften

Becker-Schmidt, Regina/ Knapp, Gudrun-Axeli (2011): Feministische Theorien zur Einführung. Hamburg: Junius

Bergmann, Franziska; Schlößer, Franziska; Schreck, Bettina (Hrsg.) (2012): Gender Studies, Bielefeld: Transcript Verlag

Bereswill, Mechthild; Meuser, Michael; Scholz, Sylka (2011): Dimensionen der Kategorie Geschlecht: der Fall Männlichkeit, Münster: Westfälisches Dampfboot

Braun, Christina von; Stephan, Inge (2000): Gender-Studien: eine Einführung, Stuttgart (u. a.): Metzler

Braun, Christina von; Stephan, Inge (Hrsg.) (2013): Gender@Wissen: ein Handbuch der Gender-Theorien, Köln (u. a.): Böhlau

Bührmann, Andrea D. (2004): Der Kampf um ‚weibliche Individualität'. Zur Transformation moderner Subjektivierungsweisen in Deutschland um 1900, Münster: Westfälisches Dampfboot

---

5   Die hier angegebene Literatur ist keineswegs erschöpfend sondern stellt lediglich eine Auswahl dar.

Brück, Brigitte/Kahlert, Heike/Krüll, Marianne/Osterland, Helga/Wegehaupt-Schneider, Ingeborg (1999²): Feministische Soziologie. Eine Einführung, Frankfurt/New York: Campus-Verlag

Bußmann, Hadumod; Hof, Renate (Hg.) (2005): Genus : Geschlechterforschung – Gender studies in den Kultur- und Sozialwissenschaften ; ein Handbuch, Stuttgart: Kröner

Canny- Francis, Anne (2003): Gender studies : terms and debates, Basingstoke [u. a.] : Palgrave Macmillan

Connell, Raewyn (2006): Der gemachte Mann: Konstruktion und Krise von Männlichkeiten, Wiesbaden : VS Verlag für Sozialwissenschaften

Davis, Kathy; Evans, Mary; Lorber, Judith (2006): Handbook of gender and women's studies, London [u. a.]: Sage

Degele, Nina (2008): Gender/queer studies: eine Einführung, Paderborn: Fink Verlag

Essed, Philomena et al (2009): A companion to gender studies. Malden, MA: Wiley-Blackwell

Faulstich-Wieland, Hannelore (2006): Einführung in Genderstudien, Opladen: Budrich

Funder, Maria [Hrsg.] (im Erscheinen): The Gender Cage – Revisited : Handbuch zur Organisations- und Geschlechterforschung, Baden-Baden: Nomos

Gerhard, Ute; Wischermann, Ulla; Rauscher, Susanne (Hg.) (2008+2010): Klassikerinnen feministischer Theorie. Grundlagentexte, Band I (2008) + Band II (2010), Sulzbach/Taunus: Helmer

Gildemeister, Regine; Hericks, Katja (2012): Geschlechtersoziologie: theoretische Zugänge zu einer vertrackten Kategorie des sozialen, München: Oldenbourg

Grewal, Inderpal; Kaplan, Caren (2002): An introduction to women's studies : gender in a transnational world, Boston [u. a.] : McGraw-Hill

Hahn, Barbara (Hg.) (1994): Frauen in den Kulturwissenschaften. Von Lou Andreas Salomé bis Hannah Arendt, München: C.H. Beck-Verlag

Hark, Sabine (2007²): Dis/Kontinuitäten: Feministische Theore. Wiesbaden: VS Verlag für Sozialwissenschaften

Hark, Sabine (2005): Dissidente Partizipation. Eine Diskursgeschichte des Feminismus. Frankfurt/M.: Suhrkamp

Honegger, Claudia/Wobbe, Theresa (Hg.)(1998): Frauen in der Soziologie. Neun Portraits, München: C. H. Beck-Verlag

Kortendiek, Beate; Münst, A. Senganata (Hrsg.) (2005): Lebenswerke: Porträts der Frauen- und Geschlechterforschung, Opladen: Barbara Budrich

Kroll, Renate (Hrsg.) (2002): Metzler-Lexikon Gender Studies, Geschlechterforschung : Ansätze – Personen – Grundbegriffe, Stuttgart [u. a.] : Metzler

Lenz, Ilse (2010): Die neue Frauenbewegung in Deutschland : Abschied vom kleinen Unterschied ; eine Quellensammlung, Wiesbaden: VS Verlag für Sozialwissenschaften

Lenz, Karl; Adler, Marina (2008 + 2010) Einführung in die sozialwissenschaftliche Geschlechterforschung, Weinheim [u. a.] : Juventa-Verlag. Band 1: Geschlechterverhältnisse, Band 2: Geschlechterbeziehungen

Löw, Martina; Mathes, Bettina (Hrsg.) (2005): Schlüsselwerke der Geschlechterforschung, Wiesbaden: VS Verlag für Sozialwissenschaften

Meuser, Michael (2010): Geschlecht und Männlichkeit: soziologische Theorie und kulturelle Deutungsmuster. Wiesbaden: VS Verlag für Sozialwissenschaften

Metz-Göckel, Sigrid (1993): ‚Permanenter Vorgriff auf die Gleichheit' – Frauenforschung in Westdeutschland. In: Frauen in Deutschland 1945-1992, hrsg. von Gisela Helwig und Hildegard Maria Nickel, Berlin: Akademie-Verlag

Mogge-Grotjahn, Hildegard (2004): Gender, Sex und Gender Studies : Eine Einführung, Freiburg im Breisgau : Lambertus

Moore, Henrietta (1998): The polity reader in gender studies, Cambridge [u. a.] : Polity Pr. [u. a.]

Oso, Laura; Ribas-Mateos, Natalia (2013): The international handbook on gender, migration and transnationalism: global and development perspectives, Cheltenham (u. a.): Elgar

Pilcher, Jane; Whelehan, Imelda (2010) Fifty key concepts in gender studies, Los Angeles, Calif. [u. a.]: Sage

Rendtorff, Barbara / Mahs, Claudia / Wecker, Verena (Hrsg.) (2011): Geschlechterforschung. Theorien, Thesen, Themen zur Einführung, Stuttgart: Kohlhammer

Scholz, Sylka (2012): Männlichkeitssoziologie. Studien aus den sozialen Feldern Arbeit, Politik und Militär im vereinten Deutschland, Münster: Westfälisches Dampfboot

Schößler, Franziska (2008): Einführung in die Gender Studies, Berlin: Akademie Verlag

Sutter, Karoline (1999): Neugierig auf gender studies : ein Handbuch = En savoir plus sur les études genre / Verband der Schweizerischen Studentinnenschaften, Zürich: Chronos-Verlag

Treibel, Annette (2004⁶): Einführung in die Theorien der Gegenwart, Opladen: Leske+Budrich-Verlag

Vogel, Ulrike (2007): Meilensteine der Frauen- und Geschlechterforschung: Originaltexte mit Erläuterungen zur Entwicklung in der Bundesrepublik, Wiesbaden: VS Verlag für Sozialwissenschaften

Wilz, Sylvia Marlene (Hg) (2008): Geschlechterdifferenzen – Geschlechterdifferenzierungen. Ein Überblick über gesellschaftliche Entwicklungen und theoretische Positionen. Wiesbaden. VS Verlag für Sozialwissenschaften

Wobbe, Theresa (1997): Wahlverwandtschaften. Die Soziologie und die Frauen auf dem Wege zur Wissenschaft, Frankfurt a. M./New York: Campus-Verlag

Arbeit im weiblichen Lebenszusammenhang: Geschlechtshierarchische Arbeitsteilung als Ursache der Geschlechterungleichheit

Arbeit wurde aus verschiedenen Gründen zum ersten Kristallisationspunkt westdeutscher Frauenforschung. Mitte der 70er Jahre konnte die Erwerbstätigkeit von Frauen längst nicht mehr als Konjunktur-Puffer begriffen werden, mit dem man kurzfristig große Arbeitskräftenachfrage befriedigen und ebenso schnell wieder abbauen konnte, indem man Frauen zurück an den Herd schickte. Die deutlich gestiegene Nachfrage nach höherer Bildung und nach beruflicher Qualifizierung durch junge Frauen, die wachsende und sich verstetigende Erwerbsbeteiligung verheirateter Frauen waren dafür ein Zeichen. Erwerbsarbeit ist seither zu einem wichtigen Bestandteil des „weiblichen Lebens" vor, während und nach der Familienphase geworden. Damit erhält die Benachteiligung von Frauen im Erwerbsleben eine neue Brisanz.

Arbeit stellt zugleich eine Schlüsselkategorie kritischer Gesellschaftstheorien für die Erklärung sozialer Macht- und Herrschaftsverhältnisse dar. Die Kritik der Frauenforschung richtete sich vehement dagegen, Frauenunterdrückung nur als einen „Nebenwiderspruch" zum Klassengegensatz zu begreifen. Die Auseinandersetzung mit Frauenarbeit ist daher immer auch als Analyse der gesellschaftlichen Ursachen von Frauendiskriminierung betrieben worden.

In der herkömmlichen Industrie- und Berufssoziologie erschienen Frauen als „besondere und mindere" Arbeitskräfte, denen eine „ausreichende", männlichen Arbeitskräften entsprechende berufliche Orientierung fehlte. Darin wurde die Ursache ihrer Benachteiligung auf dem Arbeitsmarkt und im Betrieb gesehen. Gegen diese Sichtweise, die den Betroffenen selbst die Ursache ihrer Diskriminierung unterschob, wenden sich die ersten Studien zur Frauenerwerbsarbeit. Statt die „männliche Erwerbsbiographie" als Maß des Lebenslaufs und als Maßstab für die Bewertung von Frauenarbeit zu nehmen, richten sie ihr Augenmerk auf die Strukturen des „weiblichen Lebenszusammenhangs". In seiner modernen Version werden der Alltag und der Lebenslauf von Frauen noch deutlich, aber nicht mehr ausschließlich durch die Verantwortung für die private Hausarbeit bestimmt.

Sie müssen im Haus wie im Beruf vielseitige und widersprüchliche Arbeits- und Tätigkeitsanforderungen integrieren. Hierin wird die Ursache für ihre spezifische Lage auf dem Arbeitsmarkt gesehen, aber auch für ihre Benachteiligungen in der Familie. Diese geschlechtshierarchische Arbeitsteilung stellt die Ausgangsbasis aller theoretischen Ansätze im Bereich Arbeit dar.

Die unmittelbare Schlussfolgerung der Analyse des „weiblichen Lebenszusammenhangs" besteht zunächst darin, dass auch Hausarbeit soziologisch als Arbeit zu fassen ist und daher in die Theoriebildung eingehen muss. Diese Erweiterung des Arbeitsbegriffs stellt eine bis heute nachwirkende Herausforderung an die herkömmlichen Konzepte der Sozialwissenschaften dar. In den Untersuchungen zur Hausarbeit geht es zunächst darum, sie als eine historisch spezifische Form der privaten Alltagsarbeit im Kapitalismus zu beschreiben. Sie verdeutlichen aber auch, was der verengte Arbeitsbegriff der Soziologie bis dahin verdeckt hatte: Dass Hausarbeit die „ver-heimlichte", unbezahlte Voraussetzung jeder Erwerbsarbeit darstellt, indem sie Menschen erst beziehungsfähig, lernfähig und leistungsfähig macht und erhält.

Erklärungsbedürftig wird daher, wie sich die gesellschaftlich und wissenschaftlich gängige Sichtweise durchsetzen konnte, dass Hausarbeit keine Arbeit sei. Damit rücken die Bedingungen, unter denen Hausarbeit verrichtet wird (Privathaushalt) und die spezifischen Arbeitsbeziehungen (Ehe und Familie) in den Blickpunkt: Sie wird, zum „Liebesdienst" der Frau, der sie zugleich in persönliche Abhängigkeit von einem Ernährer bringt. Aus der Hausarbeitsdebatte einwickelt sich auch die politische Forderung nach gesellschaftlicher Aufwertung der Hausarbeit, die in der Auseinandersetzung um „Lohn für Hausarbeit" kulminiert (dalla Costa/James 1973). Diese Forderung war innerhalb der Frauenbewegung und Frauenforschung immer umstritten, da sie nach Ansicht der Kritikerinnen die herrschende Arbeitsteilung zwischen den Geschlechtern zementieren könnte. Sozialpolitische Maßnahmen wie Elternzeit, Erziehungsgeld und Anerkennung von Erziehungszeiten in der Rentenversicherung sind durchaus als Folgen dieser Debatte zu begreifen.

Ein wichtiger Strang der Forschung zur Hausarbeit konzentriert sich Ende der 70er Jahre auf die für sie typischen inhaltlichen Anforderungen. Dabei werden das Spezifische der Hausarbeit und ihre Widersprüche in der Abhängigkeit und im Kontrast zur Erwerbsarbeit herausgearbeitet. Auf dieser Grundlage der Forschung zur Hausarbeit werden wiederum die besonderen Formen der Frauenerwerbsarbeit – typische Frauenberufe, geringe Bezahlung und Aufstiegsmöglichkeiten, spezifische Zeitmuster und Erwerbsverläufe – analysiert. Hierin kommt die Rückbindung an die grundlegende These eines Lebens*zusammenhangs* zum Ausdruck.

Dabei zeigen sich jedoch zwei unterschiedliche Argumentationsstränge: Die These vom weiblichen Arbeitsvermögen leitet aus den spezifischen Arbeitsanforderungen der Hausarbeit ein besonders Fähigkeitsbündel und typische Motivationsstrukturen der Arbeitenden ab. Diese machen Frauen zu besonderen Arbeitskräften für die Betriebe. Eine andere Perspektive beschäftigt sich primär mit dem minderen Status der Hausarbeit, der sich auf Frauen als die dafür Verantwortlichen überträgt und damit auch Ansatzpunkt für die Minderbewertung ihrer Erwerbsarbeit darstellt.

Hausarbeit und Erwerbsarbeit werden als verschiedene, in getrennten Gesellschaftsbereichen und nach unterschiedlichen Prinzipien organisierte und unterschiedlich bewertete Arbeitsformen begriffen. Beide sind jedoch in ihrer Besonderheit nur zu verstehen, wenn sie in ihrer wechselseitigen Abhängigkeit betrachtet werden. Bei Männern wird dieser Zusammenhang nur verschleiert, weil sie aufgrund der geschlechtshierarchischen Arbeitsteilung diese Aufgabe an Frauen delegieren können. Mit der Erforschung des weiblichen Lebenszusammenhangs war die Voraussetzung geschaffen worden, Geschlecht als Strukturkategorie zu begreifen: Es gilt als eine Ursache sozialer Ungleichheit, die sich nicht auf andere Ursachen (z. B. soziale Herkunft, Ethnie) zurückführen lässt. Sie sagt etwas über die Verfasstheit der Gesamtgesellschaft aus und beeinflusst keineswegs nur die spezifische Lebenssituation von Frauen. Wie die Geschlechterhierarchie die Differenzierung von gesellschaftlichen Teilbereichen (z. B. Erwerbsbereich und Privatheit), deren Strukturen und Beziehungsformen (z. B. berufliche oder familiale Arbeitsteilung) prägt, steht im Mittelpunkt der sich nun ausdifferenzierenden strukturellen Ansätze.

Der Terminus „Geschlechterverhältnis" zeigt nachdrücklich die Verschränktheit der Benachteiligungen der Frauen und der Privilegien der Männer. Forscherinnen fragen nicht nur danach, was gesellschaftlicher Wandel für Frauen bedeutet, sondern auch, was die veränderten Lebenschancen und -pläne von Frauen für das Geschlechterverhältnis bedeuten. Seit den 80er Jahren weisen die empirischen Studien der Frauenforschung darauf hin, dass Frauen ihr Leben individualisierter gestalten, eine Vielfalt der Lebensformen entsteht, und ihr Lebenszusammenhang erkennbar von Anforderungen des Erwerbsbereichs beeinflusst wird (Beck-Gernsheim 1983). Während sich starre kulturelle Zuschreibungen und Typisierungen von Geschlechtsrollen und „Normalbiographien" auflösen, bleibt die geschlechtshierarchische Arbeitsteilung dagegen stabil.

Bei der Analyse dieser widersprüchlichen Modernisierung sind zwei sich nicht ausschließende Blickrichtungen zu erkennen: Zum einen wird untersucht, ob und wie weitreichend sich die Strukturen der Arbeitsteilung zwischen Familie und Erwerb, zwischen Männern und Frauen ändern. Zum anderen wird die soziale Ungleichheit zwischen Frauen zu einem wichtigen und kontroversen Thema.

Je mehr sich Frauen aus einem familienzentrierten Lebensmuster herauslösen, desto abhängiger werden sie von gesellschaftlichen Institutionen und deren Geschlechterordnung. Dabei wird immer deutlicher, dass v. a. die Verfasstheit des deutschen Sozialstaates auf dem überkommenen Geschlechterverhältnis gründet. Die unterschiedliche Absicherung von Risiken aus der Erwerbs- oder der privaten Familienarbeit beeinflussen den Handlungsspielraum von Frauen heute stärker als normative Vorstellungen über das Frauenleben.

Untersucht wird auch, wie sich die Integration der Frauen in das Erwerbsleben auf die Hausarbeit auswirkt, sowohl was die Arbeitsteilung, als auch die spezifische Arbeitsweise anbelangt. Auch hier zeigt sich eine widersprüchliche Mischung von Veränderung und Stabilität: Hausarbeit wird immer häufiger an andere delegiert, bleibt jedoch – bezahlte oder unbezahlte – Frauenarbeit. Die Umverteilung findet zum einen im (weiblichen) Verwandtschaftsnetz statt – z. B. zwischen Müttern und Großmüttern, zum anderen entsteht Nachfrage nach Entlastung durch bezahlte Arbeitskräfte. Die Hausarbeit als Erwerbsarbeit findet weitgehend im informellen Sektor statt, so dass sich innerhalb des geschlechtshierarchischen Musters der Arbeitsteilung ein zumeist ebenfalls hierarchisches Arbeitsteilungsmuster zwischen Frauen entwickelt (Rerrich 2002).

Seit der 2. Hälfte der 1990er Jahre konzentrieren sich die arbeitssoziologischen Debatten auf die Umbrüche in der Erwerbsarbeit, die vor der anhaltenden strukturellen Krise des Arbeitsmarktes stattfinden. Gesellschaftstheoretisch werden sie als Übergang von einer Industrie- zu einer Dienstleistungsgesellschaft in globalisierten Zusammenhängen gedeutet (Gottschall 2001). Daraus resultieren nicht nur Verschiebungen zwischen Wirtschaftssektoren und Tätigkeitsformen, sondern auch gesteigerte Anforderungen an die Verfügbarkeit und Flexibilität der Arbeitskräfte. Neue Organisations- und Regulationsformen der Erwerbsarbeit ermöglichen und erfordern teilweise größere individuelle Gestaltungsmöglichkeiten des Arbeitsvollzug und einer stärkeren Selbstkontrolle der Arbeitskräfte.

Es zeigt sich deutlich, dass Geschlecht eine Schlüsselkategorie für die Erklärung des Wandels darstellt und die „alten" Fragestellungen und Konzepte der Frauen- und Geschlechterforschung „neue" Aktualität erhalten (bzw. im mainstream der Industrie- und Arbeitssoziologie „neu" etikettiert werden, weil neu für männliche Arbeitskräfte): Flexibilisierung und „Entgrenzung" von Arbeit stellen erneut die Frage nach dem Verhältnis und dem Zusammenhang von Arbeit und Leben. Die „Subjektivierung" von Erwerbsarbeit benennt die Vermarktlichung personaler Kompetenzen, wie sie bereits beim „weiblichen Arbeitsvermögen" debattiert wurde. Das Aufweichen des „fordistischen" (männlichen) Normalarbeitsverhältnisses lenkt den Blick auf die von Frauen praktizierten (bisher abweichenden) Erwerbsmuster. Die Krise des bisherigen Sozialstaatsmodells macht die Grenzziehungen zwischen öffentlicher und privater Verantwortung für „Wohlfahrt" und die Veränderungen in den Lebensformen zum Thema. Dabei stellt sich die Frage, welche Risiken der sozialen Absicherung sich für Frauen und Männer ergeben, wenn sie auf der Basis eines scheinbar geschlechtsneutralen „eigenverantwortlichen" erwerbstätigen Erwachsenen konzipiert wird. Die Debatte um „Care" als fürsorgliche Praxis zeigt erneut die Grenzen des Arbeitsbegriffes auf und weist auf die Notwendigkeit hin, soziale Beziehungen (und nicht allein Arbeit) als Grundlage subjektiven und gesellschaftlichen Wohlergehens anzuerkennen (Eckart 2000).

Neben den strukturellen Folgen dieses Wandels untersucht die feministische Arbeitsforschung auch die konkreten Auswirkungen auf die Lebenslagen und Lebensweisen von Frauen. Mit dem Dienstleistungssektor wird ein Erwerbsbereich zum Kern des Arbeitsmarktes, der traditionell ein bedeutsames Einsatzfeld weiblicher Erwerbsarbeit ist und eine sehr ungleiche Struktur von qualifizierten und unqualifizierten, prekären Arbeitsplätzen aufweist. Die Veränderungen gehen nicht einfach „zu Lasten der Frauen", sondern führen zu vielfältigen Differenzierungen und Polarisierungen der Arbeits- und Lebensbedingungen von Frauen. Es bilden sich durchaus „Gelegenheitsstrukturen", es sind jedoch auch desintegrative Tendenzen erkennbar.

Der Wandel der Erwerbsarbeit wird aus den verschiedenen wissenschaftlichen Perspektiven analysiert: als Frage der betrieblichen Organisation, der Entwicklung von Professionen, der sozialstaatlichen Rahmung von Erwerbsarbeit und Familientätigkeiten. Dieser multiperspektivische Ansatz entspricht der Komplexität der Veränderungsprozesse, macht jedoch die Einordnung der vielfältigen und teilweise widersprüchlichen Ergebnisse immer schwieriger.

Im letzten Jahrzehnt sind in der feministischen Arbeitsforschung zwei Schwerpunkte zu erkennen: zum einen die empirische Erforschung der wachsenden Prekarisierung von Arbeitsverhältnissen und deren Auswirkungen auf die Geschlechterbeziehungen und -verhältnisse und zum anderen die kritische Auseinandersetzung mit Zeitdiagnosen der Arbeits- und Industriesoziologie. Die aktuelle Prekarisierung der Erwerbsarbeit (von Frauen) kann gerade nicht nur als bloße Fortsetzung der bekannten Benachteiligung von Frauen gesehen werden, da sie im Rahmen veränderter sozialpolitischer und lebensweltlicher Rahmenbedingungen Druck auf bestehende Geschlechterarrangements und – wenn auch unsichere – Transformationen erzeugen kann.

Die Zeitdiagnosen der „Subjektivierung" und „Entgrenzung" ermöglichen eine durchaus anregende, typisierende Verdichtung von Veränderungsprozessen (Lohr/ Nickel 2005), aber sie bleiben zu grob, um gegenläufige Entwicklungen begreifen zu können, etwa die erkennbare Taylorisierung der bezahlten Fürsorgearbeit als Teil dieses Umbruchprozesses. Sie bleiben teilweise auch zu erwerbszentriert, um die widersprüchlichen Veränderungen in den Relationen der gesellschaftlich notwendigen Arbeits- und Tätigkeitsformen in den Blick zu nehmen, die die Auseinandersetzung mit neuen Anforderungen im Erwerb ebenfalls beeinflussen. Die krisenhaften Entwicklungen im Reproduktionsbereich (Jürgens 2010) zeigen die Aktualität der in der Geschlechterforschung immer präsenten Fragen, wie und wo Menschen Raum und Zeit für „Fürsorgeverhältnisse", für die dort notwendige Arbeit, aber auch Interaktionen schaffen können (Senghaas-Knobloch 2005, Feministische Studien 2/2013), wie deren Eigenlogik respektiert werden kann und welche gesellschaftliche Anerkennung damit verbunden wird.

Verwendete Literatur:

Beck-Gernsheim, Elisabeth (1983): Vom „Dasein für Andere" zu einem „Stück eigenen Leben", In: Soziale Welt, 43. Jg. Heft 3, S. 307-340

Dalla costa, Mariarosa/James, Selma (1973): Die Macht der Frauen und der Umsturz der Gesellschaft, Berlin: Merve

Eckart, Christel (2000): Zeit zum Sorgen. Fürsorgliche Praxis als regulative Idee der Zeitpolitik. In: Feministische Studien extra, 18 Jg. S. 9-24

Frerichs, Petra/Steinrücke, Margareta (Hrsg.) (1993): Soziale Ungleichheit und Geschlechterverhältnisse, Opladen: Leske+Budrich

Gottschall, Karin (2001): Zwischen tertiärer Krise und tertiärer Zivilisation. In: Berliner Journal für Soziologie, Heft 2, S. 217-235

Jürgens, Kerstin (2010): Deutschland in der Reproduktionskrise. In: Leviathan, Jg. 38, S. 559-587

Lenz, Ilse (1995): Geschlecht, Herrschaft und internationale Ungleichheit. In: Becker-Schmidt, Regina/Knapp, Gudrun-Axeli (Hrsg.): Das Geschlechterverhältnis als Gegenstand der Sozialwissenschaften. Frankfurt: Campus-Verlag, S. 19-46

Rerrich, Maria S. (2002). Von der Utopie der partnerschaftlichen Gleichverteilung zur Realität der Globalisierung von Hausarbeit. In: Gather, Claudia/Geissler, Birgit/Rerrich, Maria S. (Hrsg.): Weltmarkt Privathaushalt. Bezahlte Hausarbeit im globalen Wandel. Forum Frauenforschung, Bd. 15 Münster: Westfälisches Dampfboot, S. 16-29

Senghaas-Knobloch, Eva (2005): Fürsorgliche Praxis und die Debatte um einen erweiterten Arbeitsbegriff in der Arbeitsforschung. In: Kurz-Scherf, Ingrid/Correll, Lena/Janczyk, Stefanie (Hrsg.)(2005): In Arbeit: Zukunft. Die Zukunft der Arbeit und der Arbeitsforschung liegt in ihrem Wandel. Münster: Westfälisches Dampfboot, S. 54-68

Weiterführende Literatur zum Thema Arbeit/Geschlechterverhältnis

Appelt, Erna/Aulenbacher, Brigitte/Wetterer, Angelika (Hrsg.) (2013): Gesellschaft. Feministische Krisendiagnosen. Münster: Westfälisches Dampfboot

Aulenbacher, Brigitte/Wetterer, Angelika (Hrsg.) (2009): Arbeit. Perspektiven und Diagnosen der Geschlechterforschung. Münster: Westfälisches Dampfboot

Baatz, Dagmar / Rudolph,Clarissa / Satilmis,Ayla (Hrsg.) (2004) Hauptsache Arbeit? Feministische Perspektiven auf den Wandel von Arbeit. Münster: Westfälisches Dampfboot

Eckart, Christel/Senghaas-Knobloch, Eva (Hrsg.) (2000): Fürsorge – Anerkennung – Arbeit. Feministische Studien 18, extra-Heft

Gather, Claudia/Geissler, Birgit/Rerrich, Maria S. (Hrsg.) (2002): Weltmarkt Privathaushalt. Bezahlte Hausarbeit im globalen Wandel. Forum Frauenforschung Band 15. Münster. Westfälisches Dampfboot

Gerhard, Ute/ Knijn, Trudie/ Weckwert Anja (Hrsg.)(2003): Erwerbstätige Mütter. Ein europäischer Vergleich. München: Verlag C.H. Beck

Gottschall, Karin/Pfau-Effinger, Birgit (Hrsg.) (2002): Zukunft der Arbeit und Geschlecht. Diskurse, Entwicklungspfade und Reformoptionen im internationalen Vergleich. Opladen: Leske und Budrich

Gottschall, Karin/Voß G. Günter (Hrsg.)(2003): Entgrenzung von Arbeit und Leben. Zum Wandel der Beziehung von Erwerbstätigkeit und Privatsphäre im Alltag. München und Mering: Rainer Hampp Verlag

Kuhlmann, Ellen/Betzelt Sigrid (Hrsg.) (2003): Geschlechterverhältnisse im Dienstleistungssektor. Dynamiken, Differenzierungen und neue Horizonte. Baden-Baden. Nomos

Kurz-Scherf, Ingrid/Corell, Lena /Janczyk, Stefanie (Hrsg.) (2005): In Arbeit: Zukunft. Die Zukunft der Arbeit und der Arbeitsforschung liegt in ihrem Wandel. Münster: Westfälisches Dampfboot

Lohr, Karin/Nickel, Hildegard Maria (Hrsg.) (2005): Subjektivierung von Arbeit – Riskante Chancen. Forum Frauenforschung Bd. 18. Münster: Westfälisches Dampfboot

Manske, Alexandra/Pühl, Katharina (Hrsg.) (2010): Prekarisierung zwischen Anomie und Normalisierung. Geschlechtertheoretische Bestimmungen. Münster: Westfälisches Dampfboot

1 Die Entdeckung des „weiblichen Lebenszusammenhangs"

Ulrike Prokop hat den Begriff des „weiblichen Lebenszusammenhangs" geprägt. Dieser ist für sie bestimmt durch die Verantwortung für die private Reproduktionsarbeit – unabhängig vom Grad der Integration in den Erwerbsbereich. Sie setzt sich damit ausdrücklich gegen einseitige Strategien der Emanzipation durch Erwerbsarbeit ab. Sie bezieht sich in ihrer Analyse auf marxistische Arbeitswerttheorien und betont, dass Hausarbeit gesellschaftlich notwendige Arbeit ist. Diese Bedeutung auf der einen Seite und ihre widersprüchlichen Folgen für die Persönlichkeitsentwicklung der Frauen auf der anderen markieren die Widersprüche des weiblichen Lebenszusammenhangs.

Regina Becker-Schmidt steht in der Tradition der kritischen Gesellschaftstheorie und der Psychoanalyse. Sie fasst in dem hier vorliegenden kurzen Ausschnitt eines Vortrags Ergebnisse abgeschlossener Untersuchungen zusammen. Sie bezieht sich

auf die Folgen der im weiblichen Lebenszusammenhang angelegten „doppelten Vergesellschaftung" von Frauen in Beruf und Familie: Widersprüchliche Erfahrungen
erzeugen doppelte, ambivalente Orientierungen in Bezug auf beide Arbeitsformen
und Lebensbereiche.

▶ *Prokop, Ulrike (1977): Weiblicher Lebenszusammenhang.* Von der Beschränktheit der Strategien und der Unangemessenheit der Wünsche, Frankfurt: Suhrkamp (hier Auszüge aus den S. 64-81)

Der weibliche Lebenszusammenhang in Haushalt, Familie, Freundes- und Be-
kanntenkreis und hierauf bezogener Berufsarbeit wird im allgemeinen nicht näher
analysierte, obwohl „..." sich die Frauen (unzufrieden und zugleich protestierend)
eindeutig auf diesen Bereich beziehen und darin mit Alltagsroutine eingedeckt
sind. Die Probleme der weiblichen Rolle und des weiblichen Sozialcharakters
werden nicht aus den widersprüchlichen Strukturen dieses Bereichs verständlich
gemacht und soziologisch erklärt; statt dessen werden sie im allgemeinen auf den
spezifischen, frühkindlichen weiblichen Sozialisationsprozeß zurückgeführt, in
welchem Mädchen im Vergleich zu Jungen weniger Ermutigung zur Unabhängigkeit, mehr elterliche Fürsorglichkeit, weniger kognitiven und sozialen Druck
zur Errichtung einer eigenen Identität (unabhängig von der Mutter) und mehr
Reinlichkeitsdressur erfahren, ohne daß diese Sozialisation selbst noch weiter
interpretiert und begriffen würde. Zum Teil kommt man zu kommunikativen
Empfehlungen für das Verhalten der Mütter, denen weniger Permissivität an-
geraten wird: um identitätsstarke Persönlichkeitsstrukturen zu produzieren,
sollen die Mütter ihre Töchter weniger als hilflose, Schutz benötigende Wesen
behandeln. Es bleibt jedoch die Frage offen, aus welchen Gründen die Mütter
faktisch zwischen einer weiblichen (hilflosen, schutzbedürftigen, Ordentlich-
keit und Sauberkeit betonenden) und einer männlichen (stärker leistungs- und
konkurrenzorientierten, durch Disziplinierung Identität aufbauenden) Rolle
unterscheiden. Sie übernehmen eine derartige Rollendifferenzierung sicherlich
aus der Tradition, zweifellos aber auch aufgrund eigener Erfahrung; beide bilden
sich in der im weiblichen Lebenszusammenhang vorherrschenden Produktion
heraus. Die praktischen „Prämissen" der Geschlechtsrollen-Sozialisation scheinen durch die im weiblichen Lebenszusammenhang vorhandene Produktion
bestimmt zu sein. (...)
   Im Sinne der Politischen Ökonomie ist die Tätigkeit der Frauen in den
Bereichen Haushalt, Familie, Erziehung und Geselligkeit unproduktiv. Häufig

entsteht aus der ökonomischen Analyse – durch falsche Gleichsetzung produktiver Arbeit mit gesellschaftlich notwendiger Arbeit – die Auffassung, der nicht unmittelbar wertbildende Interesse- und Arbeitsbereich des „Privatlebens" (in dem die Frauen arbeiten und an dem sie sich orientieren) sei „unkreativ": (…) Der Begriff der Produktion impliziert jedoch nicht nur materielle Güterproduktion, sondern immer zugleich die Produktion von Lebenszusammenhängen: von Sozialisationsagenturen, von sozialen Beziehungen, von Öffentlichkeit etc. Produktion ist gesellschaftlich notwendige Tätigkeit. Unter den Bedingungen der bürgerlichen Gesellschaft steht die Warenproduktion so sehr im Vordergrund, daß sie den allgemeinen Begriff der Produktion verdeckt.

> „Wenn man zu den Quellen zurückgeht, nämlich zu den Marxschen Jugendwerken (ohne jedoch das Kapital beiseite zu schieben), gewinnt der Begriff Produktion wieder einen weiten und starken Sinn. Dieser Sinn spaltet sich. Die Produktion reduziert sich nicht auf die Herstellung von Produkten. Der Begriff bezeichnet einerseits die Erschaffung von Werken (einschließlich der sozialen Zeiten und Räume), kurzum die „geistige" Produktion, und andererseits die materielle Produktion, die Herstellung der Dinge. Er bezeichnet auch die Produktion des „menschlichen Seins", durch es selbst, im Laufe seiner historischen Entwicklung. Das impliziert die Produktion der gesellschaftlichen Beziehungen. Schließlich umfaßt der Ausdruck, im weitesten Sinne, die Reproduktion. Es gibt nicht nur die biologische Reproduktion (die zur Demographie gehört), sondern auch die materielle Reproduktion der zur Produktion notwendigen Werkzeuge, Instrumente und Techniken, und außerdem die Reproduktion der gesellschaftlichen Verhältnisse. (…) Diese Bewegung spielt sich nicht in den hohen Sphären der Gesellschaft ab: im Staat, in der Wissenschaft, in der Kultur. Im täglichen Leben liegt der rationale Kern, das wirkliche Zentrum der Praxis" (Lefebvre 1972, 48f).

(…) Auf diesen Zusammenhang hinzuweisen, ist für die Frage nach dem Bewußtsein und den Möglichkeiten der Frauen notwendig, da ihre speziellen Fähigkeiten sich im Rahmen der Familie arbeitsteilig entwickelt haben. Die Deformationen wie die Entwicklung von Fähigkeiten müssen als Element gesellschaftlich notwendiger Produktion begriffen werden. Sie können an der arbeitsteiligen Spezialisierung technischer Fertigkeiten und den zugehörigen Verhaltensmöglichkeiten, wie sie im industriellen Bereich entstehen, gar nicht gemessen werden.

Im Sinne dieses erweiterten Begriffs von Produktion wird im Rahmen des weiblichen Lebenszusammenhangs auch produziert: Es werden nicht nur in der Hausarbeit und der Kindererziehung bestimmte quantifizierbare Leistungen erbracht, sondern gerade in der Produktionsweise der Frauen – in Erziehung und Kommunikation – spielt die Produktion sozialer Beziehungen und „immaterieller Produkte" eine entscheidende Rolle.

Die Produktionsweise, die sich in diesem Bereich erhält, ist unentwickelter und fortgeschrittener zugleich: Die repetitiven Handlungen im Bereich der Güterproduktion als einem Bereich institutionalisierter Neuerung stehen in einem objektiven Zusammenhang der organisierten Veränderung, neuer Zusammenfassungen von Tätigkeiten, einer fortschreitenden Akkumulation von Wissen. Die Produktion, die typischerweise von der Frau geleistet wurde und wird, stellt demgegenüber eine niedrigere Stufe von Vergesellschaftung der menschlichen Beziehungen dar. Dies drückt sich in einer geringeren Teilung der Arbeit, aber auch in einer geringeren Abstraktion von konkreten Bedürfnissen und Interessen aus. Menschen können als besondere Personen, nicht nur als Inhaber von bestimmter gesellschaftlichen Positionen wahrgenommen werden. (…)

Im Rahmen dieser Produktion haben sich bestimmte, den Frauen eigentümliche Produktivkräfte entwickelt und – wenn auch nur in rudimentärer Form – bewahrt: Fähigkeiten „bedürfnisorientierter" Kommunikation. Unter „Bedürfnisorientierung" verstehen wir hier eine im weiblichen (eher als im männlichen) Erfahrungsmodus strukturell angelegte (nicht in jedem Einzelfall ausgeprägte) Möglichkeit und Fähigkeit zu expressivem, nicht-instrumentellem Verhalten, zu einem Verhalten, das nicht in erster Linie an der Verwirklichung künftiger definierter Ziele als vielmehr an der Strukturierung des unmittelbaren „Stroms von affektiver Zuwendung" und an der Abwendung unmittelbarer Bedrohungen orientiert ist. Am deutlichsten wird dies in der Mutter-Kind-Beziehung: (…)

Der Prozeß zwischen Mutter und Kind besteht in einer wechselseitigen Einigung, die ein eigenes Zeitmaß hat und in die die Anforderung abstrakter Normen (z. B. rigide Reinlichkeitsdressur) zerstörerisch eingreifen. Das ist der reale Aspekt des utopischen Charakters, den die Mütterlichkeit, die Mutter als Bild des Friedens hat. In der Mutter-Kind-Symbiose geht es um mehr als um ordnungsgemäße Pflege. Säuglingsernährung z. B. ist nicht einfach Zufuhr von Nahrung, die eine bestimmte geschickte Technik erfordert. (…) Die Beziehung zwischen Mutter und Kind verlangt von der Mutter die Fähigkeit und Bereitschaft, eine Liebesbeziehung aufzubauen. Diese Liebesbeziehung, die Identifikation mit dem Säugling, ermöglicht es der Mutter, zahlreiche präverbale Signale, die das Kind als Ausdruck seiner Bedürfnislage sendet, angemessen wahrzunehmen und zu beantworten. (…)

Hinter der Formulierung der natürlichen Liebe, dem natürlichen Wissen und Verstehen der liebevollen Mutter steht bei Winnicott zugleich die Forderung nach der Freiheit und Entfesselung dieser Produktivkräfte: die Forderung nach der „Gesundheit" der Mutter und dem Rahmen an Ruhe und Zeit, den sie als äußere Bedingung braucht, um eine befriedigende Beziehung mit dem Kind aufbauen zu können. Gesundheit und Liebesfähigkeit der Mutter sind die Bedingungen für die Gesundheit, die seelische wie die physische, des Kindes und für das subjektive Glück der Mutter in dieser Beziehung. Die Mutter-Kind-Beziehung ist das Beispiel einer sozialen Beziehung, in der Einigung nicht durch formalisierte Regeln, sondern durch Verstehen, durch Einfühlen zustande kommt, und die auf diese Weise eine Einheit der Interessen herstellt. Der weibliche Sozialcharakter ist durch eine geringere Abgrenzung eigener Gefühle, eigener Interessen von denen anderer charakterisieren.

Die Elemente der im weiblichen Lebenszusammenhang strukturell angelegten (also nicht von jeder einzelnen Frau ausgeübten) bedürfnisorientierten, kommunikativen Produktionsweise sind ein Teil des weiblichen Erfahrungsmodus und des weiblichen Sozialcharakters überhaupt – wobei allerdings die Elemente dieser Bedürfnisorientierung stets unentwickelt, schwach bleiben, in der Form, in der sie empirisch auftreten, also keineswegs zu idealisieren sind: Ein entscheidendes Element des Alltagslebens der meisten Frauen ist, daß die Trennung von geistiger und körperlicher Arbeit in ihren Tätigkeiten nicht entwickelt ist. Daraus erklärt sich unter anderem ihre „instinktive" Ablehnung und Verständnislosigkeit gegenüber „abstrakten" Zusammenhängen. Tendenziell ist der Erfahrungsmodus der Frauen (mit allen Schwächen) jedoch bedürfnisorientiert (an konkreten Dingen und Personen orientiert und meist wenig instrumentell) – wobei allerdings die empirischen Untersuchungen die Dimension der „Bedürfnisorientierung" qualitativ kaum näher erforschen: Frauen bevorzugen vor allem Arbeiten, die Umgang mit Menschen statt mit Sachen und Symbolen beinhalten. Sowohl jugendliche als auch erwachsene Frauen zeigen weniger leistungs- als vielmehr gruppenbezogene Motive. (...)

Weibliches Leistungsverhalten ist weit mehr durch den Wunsch nach Liebe und Anerkennung als durch den Willen motiviert, eine gestellte Aufgabe zu „meistern" (Unterschiedliche Schulleistungen folgen hieraus nicht, denn gute Schulleistungen werden durch Liebe und Anerkennung von Eltern, Lehrer, Mitschülerinnen belohnt.) Es wäre jedoch falsch, Weiblichkeit mit „Passivität" und Männlichkeit mit „Aktivität" gleichzusetzen, denn die Qualität des weiblichen Erfahrungsmodus hat durchaus aktive Komponenten: Die Ambitionen der Frauen richten sich mehr auf Individuierung durch persönliche Stilisierung, die der Männer mehr auf Ziele, die Aufschub von Gratifikationen erfordern. Unter Individuierung wird von den Frauen die Anstrengung verstanden, sich von anderen zu unterscheiden und sozial Aufmerksamkeit zu erregen. Während Schulbildungs- und Berufsehrgeiz bei den Männern vor allein mit materiellem Ehrgeiz verbunden ist, korrelieren die beruflichen und die Karriere-Aspirationen von Frauen weniger mit materiellen Erwartungen. (...) Aber auch das berufliche „achievement motive" karriereorientierter Frauen ist nicht unmittelbar dem der Männer vergleichbar. Meist suchen karriereorientierte Frauen materielle Gratifikationen (also Geld und ökonomische Sicherheit, die grundlegende materielle Versorgung) über den Beruf des Mannes. Die Berufskarriere der Frau der Mittelschicht zielt vorab auf andere, teilweise immaterielle Belohnungen wie zum Beispiel ästhetische und intellektuelle Befriedigungen. Solange eine Frau die Möglichkeit dazu hat, sucht sie gutes Leben, Konsum, Status und materielle Sicherheit über den Mann und ästhetische und intellektuelle Belohnungen über ihren Beruf.

Die „Produktivkräfte" der Frau enthalten eine kulturelle (soziale und psychische) Komponente: Arten und Weisen der Wahrnehmung, der Phantasie, der Spontaneität, der *Imagination*. Auch wenn der Mann Entscheidungen der Familie nach außen vertritt und faktisch auch noch immer seine Zustimmung erforderlich ist, ist die Ausgestaltung des familiären Bereichs, der Charakter der Wohnung, der Kleidung, des Essens, also des Alltags, vor allem Ausdruck der weiblichen Aktivität (auch bei den berufstätigen Frauen); ebenso die Formulierung von Wünschen nach Ausstattung, Kleidung, Möbeln, Ausflügen etc. (mögen diese auch nur als Wünsche in Erscheinung treten). Da die Frau allgemein die Wünsche vertritt, ist sie „Königin" des Konsums, der Werbung, ihr Körper, ihr Lächeln das Symbol der Wunscherfüllung im Konsum. Das Imaginäre ist also in besonderem Maße mit der Alltäglichkeit der Frauen verbunden. Einerseits bedeutet ihr Ausschluß aus dem System der beruflichen Konkurrenz eine Verringerung, der Möglichkeit der kooperierenden Aneignung von Wirklichem; andererseits versucht die Frau (je nach Ressourcen unterschiedlich), sich selbst – für sich und für die Männer – zum Objekt der Imagination zu machen. Das Bild, das die Frau traditionellerweise von sich im Mann hervorzurufen sucht, um ihn zu beeindrucken, ihn verliebt zu machen, ist in bestimmten Rollenattributen festgelegt. Diese Attribute sind durch Schichtlage differenziert (Mode, Differenziertheit der Kleidung etc.) und bedeuten trotz ihres restringierten Charakters unter den gegenwärtigen Bedingungen zugleich eine Zulassung und Veröffentlichung von Phantasie und spielerischen Bezug auf sexuelle Wünsche im weiblichen Leben.

Wenn man das Element der Bedürfnisorientierung betont, so darf man, wie gesagt, nicht vergessen, daß es sich hierbei nicht um entfaltete Formen handelt, sondern eher um strukturell angelegte Tendenzen, die häufig von einer generellen Ich-Schwäche begleitet sind. Das größere Interesse an sozialen Beziehungen, das die Frauen bekunden, ist stets mit einer größeren Abhängigkeit von Gruppen gekoppelt. Mädchen sind, verglichen mit Jungen, im allgemeinen konformistischer, leichter zu beeinflussen und abhängiger von der Meinung anderer. (...)

Die weiblichen Produktivkräfte sind nicht entwickelt. Die Einheit von körperlicher und geistiger Arbeit, die sich in der „vorindustriellen" Produktionsweise der Frau in Haushalt und Familie erhalten hat, läßt auf dieser Stufe wiederum keine Entfaltung der Produktivkräfte zu (die Zugang zu Wissen und Kooperation voraussetzt). Die im weiblichen Lebenszusammenhang bestehende Produktionsweise, in der sich bestimmte Produktivkräfte entwickelt und rudimentär bewahrt haben, ist durch spezifische Produktionsverhältnisse geprägt: die den Frauen eigene Produktionsweise hat sich im Rahmen traditioneller Machtstrukturen und abhängiger Arbeit vollzogen. Beide Faktoren haben die Entfaltung von Bedürfnisbezogenheit und Imagination verhindert. Die Produktivkräfte der Frau werden in den Produktionsverhältnissen des weiblichen Lebenszusammenhangs sowohl rudimentär entwickelt und bewahrt als auch gefesselt.

Wesentliches Element der Produktionsverhältnisse im weiblichen Lebenszusammenhang ist die alltägliche Organisation der Arbeit in Haushalt und Familie. Die Hausarbeit ist notwendige Arbeit. Solange diese Arbeit nicht von Dienstleistungsbetrieben übernommen wird, ist die Stundenzahl, die in einer durchschnittlichen Familie dafür aufgewendet werden muß, beträchtlich. Fast alle Frauen – ob berufstätig oder nicht – fühlen sich für den Haushalt, d. h. vor allem für Ordnung, Sauberkeit der Kleidung, der Wohnung und für das Essen verantwortlich. Dies sind die besonders repetitiven Teile der Hausarbeit. (…)

Die aus der Alltagsroutine, den regenerativen Funktionen, die die Familie aufgrund der Berufstätigkeit des Mannes (und auch der Frau) zwangsläufig hat, den repetitiven Aspekten der Kindererziehung und den bestehenden Strukturen von realer Öffentlichkeit und Kommunikation hervorgehenden Zwänge sind *Produktionsverhältnisse*. Sie bestimmen die Art und den Entwicklungsgrad der im weiblichen Lebenszusammenhang geleisteten Arbeiten und damit auch den Grad der Entfaltung der im weiblichen Lebenszusammenhang angelegten Produktivkräfte. Die Produktionsverhältnisse im weiblichen Lebenszusammenhang bewahren aufgrund der geringeren Trennung von geistiger und körperlicher Arbeit bestimmte Fähigkeiten der Bedürfnisorientierung und der Imagination, entfalten sie jedoch nicht weiter, sondern halten die darin entstehenden Orientierungen in einer allgemeinen Unterentwicklung fest. (…)

Die Verhaltensweisen und Vorstellungen der Frauen sind stets ein ambivalent bleibender Kompromiß, eine Reaktion auf den im weiblichen Lebenszusammenhang vorhandenen objektiven Widerspruch. Es scheint so zu sein, daß in den empirischen Bedürfnissen, Interessen und Vorstellungen der Frauen, in denen sich Produktivkräfte und Produktionsverhältnisse stets vermischen, sich das Unbehagen und das Leiden an diesem Zustand – an der Unterdrückung, Unentwickeltheit und Deformation der produktiven Momente in Verhalten und

Erfahrung – in bestimmten, psychisch und institutionell verfestigen Reaktionen artikuliert: in vegetativen Störungen, „Angst vor Erfolg", Unzufriedenheit und Protest, in bestimmten Ritualen im Alltagsverhalten und in der Imagination, in der Symbolik von Sauberkeit, der Narzißmus und des Phallischen.

In Prokop verwendete Literatur:

Lefevbre, Henri (1972): Das Alltagsleben in der modernen Welt, Frankfurt

▶ ***Becker-Schmidt, Regina (1985): Die doppelte Vergesellschaftung – die doppelte Unterdrückung: Besonderheiten der Frauenforschung in den Sozialwissenschaften.*** *In: Unterkirchner, Lilo/Wagner, Ina (Hrsg.): Die andere Hälfte der Gesellschaft. Österreichischer Soziologentag 1985. Wien: Verl. d. Österreichischen Gewerkschaftsbundes, S. 10-25, hier Auszüge aus den S. 23-25*

Kehren wir zum Schluß noch einmal zu den sozialen Determinanten zurück, die den weiblichen Lebenszusammenhang wesentlich charakterisieren. Um diese zu bestimmen, reicht es nicht aus, auf die Konsequenzen zweier, sieh verschränkender Formen von Herrschaft zu verweisen: die männlich-autoritäre Dominanz sowie die gesamtgesellschaftlichen, vor allem ökonomisch vermittelten Machtstrukturen. Von ebenso großer Tragweite ist die Tatsache, *daß Frauen ist doppelter Weise vergesellschaftet sind. Frauenforschung hätte zu beantworten, wie beide Verdoppelungen zusammenwirken.* Dazu einige Bemerkungen, die notwendigerweise kursorisch bleiben müssen.

Nach wie vor werden Frauen dahin sozialisiert, die Aufgaben der sozialen Reproduktion zu übernehmen – sowohl die Regeneration von Angehörigen durch psychische und physische Versorgung als auch die Aufzucht und Erziehung der nächsten Generation. Diese gesellschaftliche Arbeit wird in der Regel an die Familie delegiert – und so bleibt diese Institution auch ein wesentlicher Bezugspunkt in der sozialen Verortung von Frauen. Gleichzeitig gehört in historischer Perspektive ihr Arbeitsvermögen zum Bestand des gewerblichen Arbeitskräftereservoirs. Auch für Mädchen gilt es heute als selbstverständlich, eine Ausbildung zu absolvieren. Ihre Qualifikations- und beruflichen Startchancen bleiben aber soweit hinter denjenigen männlicher Konkurrenten zurück, daß die Möglichkeit einer Existenzsicherung auf dem Berufsweg alleine als zu unsicher erscheint und an der Ehe als zusätzlicher bzw. alternativer Unterhaltsgarantie festgehalten wird.

Diese Doppelsozialisation bzw. Doppelorientierung konfrontiert Frauen mit einer Vielzahl von Zerreißproben, denen Männer nicht in vergleichbarer Weise ausgesetzt sind. Frauen haben ein komplexes Arbeitsvermögen erworben, das sie für zwei „Arbeitsplätze" qualifiziert: den häuslichen und den außerhäuslichen. Wollen sie Erfahrungen in beiden Praxisfeldern machen, ihre Fähigkeiten in beiden aktivieren, drohen ihnen die qualitativen und quantitativen Probleme der Doppelbelastung. Verzichten sie auf ein Betätigungsfeld, das ja immer auch Feld sozialer Lernchancen, sozialer Anerkennung und sozialer Selbsterfahrung ist, so sind sie durch das Phänomen der Vereinseitigung gefährdet. Beide Formen der Herrschaft verschärfen die Problemlagen: das Fortleben patriarchalischer Strukturen in der Familie verhindert eine egalitäre Verteilung der Verantwortung für den Haushalt und die Kinderversorgung. Die nach Geschlecht spezifizierte familiale Arbeitsteilung geht zu Lasten der Frauen. Das erschwert die Partizipation von Frauen an der außerhäuslichen Arbeitswelt oder an anderen Formen der Öffentlichkeit. Und die Wertehierarchie des Berufssystems, das Menschen nach ökonomischen Kostengesichtspunkten und nicht nach sozialen Lebensbedürfnissen kalkuliert, nimmt von der Existenz eines familialen Arbeitsplatzes bei der Auslastung seiner Arbeitsplätze keine Notiz.

Für berufstätige Frauen bedeutet das einen permanenten Zwang zum Prioritätenwechsel. Um sich auf die „Familienpflichten" konzentrieren zu können, müssen sie zuhause vergessen, was im Beruf gelaufen ist, Und umgekehrt: familiale Belange dürfen die Arbeitsfähigkeit in der Erwerbssphäre nicht beeinträchtigen. Diese jeweilige innere Umzentrierung ist sehr belastend, weil sie mit vehementen Umstellungsproblemen verbunden ist: der Umgang mit Maschinen, Waren, Kunden ist erzwungenermaßen ein anderer als der mit Kindern, Ansprüchen von Partnern, Regenerationsbedürfnissen und dem häuslichen Ambiente. Sicherlich kennen auch Männer Umstellungsschwierigkeiten – für sie impliziert die Privatsphäre aber nicht in gleicher Weise Arbeit, Verantwortlichkeit, Präsenz. (...)

An der Verflechtung der aufgezeigten Aspekte sollte ein Spezifikum feministischer Sozialforschung deutlich werden, das vielleicht das evidenteste ist: die Komplexität ihrer Problemfelder kann nicht reduziert werden. In den Erfahrungen von Frauen lassen sich nicht einzelne Bereiche voneinander isolieren oder gegeneinander abgrenzen. Den weiblichen Lebenszusammenhang gibt es nur als interdependentes Gefüge – sowohl objektiv als auch subjektiv.

2   Private Hausarbeit als Frauenarbeit

Gisela Bock und *Barbara Duden* haben mit ihrem Aufsatz „Arbeit als Liebe – Liebe als Arbeit" Pionierarbeit für die sozialhistorische Erforschung der Hausarbeit geleistet. In ihrer im Original reich bebilderten Abhandlung zeigen sie, wie sich die private Hausarbeit aus der gemeinsamen bäuerlichen Überlebensarbeit herausbildete und erst allmählich – über Standesgrenzen hinweg – zur *privaten* Hausarbeit und zur Haus*frauen*arbeit wurde. Sie verdeutlichen damit, dass Hausarbeit weder als natürliche Bestimmung der Frau noch als ein Relikt aus vormodernen Zeiten zu begreifen ist. Sie ist ein entscheidender Bestandteil der kapitalistischen Wirtschaftsweise. Ihre Delegation an Frauen trägt maßgeblich zur Privilegierung der Männer bei, die von der Last alltäglicher Versorgungsarbeit befreit sind.

Sylvia Kontos und *Karin Walser* gehen auf die besondere Ausprägung der Hausarbeit in modernen Gesellschaften ein. Sie betonen, dass diese in Abhängigkeit von den Anforderungen aus dem Erwerbsbereich zunehmend zur psychischen Reproduktionsarbeit wird. Die Beachtung und Erfüllung emotionaler Bedürfnisse der Familienmitglieder wird nicht nur zusätzlich zur Versorgungsarbeit wichtiger, sie bestimmt auch die Art und Weise, wie die materielle Reproduktionsarbeit, d. h. die alltäglichen Versorgungsleistungen ausgeführt werden.

Ilona Ostner arbeitet in ihrer sozialhistorisch fundierten Analyse als besondere Merkmale der Hausarbeit den Aspekt der Sorge und ihre Gebrauchswertorientierung heraus. Indem sie idealtypisch die Entwicklung von Hausarbeit und Berufsarbeit gegenüberstellt, macht sie v. a. deutlich, dass Hausarbeit gerade jene alltäglichen Bedürfnisse erfüllen muss, die in der Berufsarbeit nicht zur Geltung kommen. Darin – und nicht in einer irgendwie gearteten Rückständigkeit – sieht sie die grundlegende Abhängigkeit dieser Arbeitsform begründet.

▶   **Bock, Gisela/Duden, Barbara (1977): Arbeit aus Liebe – Liebe als Arbeit.** *Zur Entstehung der Hausarbeit im Kapitalismus. In: Frauen und Wissenschaft: Beiträge zur Berliner Sommeruniversität 1976, Berlin: Courage-Verlag, S. 118 –199, hier Auszüge aus den S. 119-123, 125-128, 133-135, 153-155*

Von einer Geschichte der Frauenarbeit als Hausarbeit zu sprechen, ist ungewöhnlich. Hausarbeit war fast nie Gegenstand der Wissenschaft und schon gar nicht der Wissenschaft von der Geschichte. Zwei Gründe scheinen dafür ausschlaggebend. Zum einen liegt es daran, daß die Hausarbeit als Arbeit unsichtbar bleibt. Was die Frauen tun und hervorbringen, wird als selbstverständlich genommen und, obwohl sie eine Jugend lang dafür trainiert, „sozialisiert" werden, als unqualifizierte Tätigkeit angesehen. Dies hat seine Wirkung auf die Frauen selbst: Meine Mutter – und gewiß nicht nur sie – pflegte zu sagen, ihr größter Stolz als Hausfrau sei, daß man sie nie arbeiten gesehen habe, daß sie die Hausarbeit immer in Abwesenheit ihres Mannes erledigt habe. (...)

Diese Ausgrenzung der Frau aus der gesellschaftlichen Produktion und ihre Zuordnung zu jenen „nicht-produktiven" Gruppen wird institutionalisiert dadurch, daß die Hausarbeit im Bruttosozialprodukt bekanntlich nicht aufgeführt wird; dies nimmt niemanden mehr wunder, da doch – so lauten die unterschiedlichen und zum Teil widersprüchlichen Erklärungen – ihr Wert weder gemessen wurde, noch exakt meßbar sei, da ihr gar kein Wert zukomme, oder auch, da dieser unermeßlich sei. Vergegenwärtigt man sich allerdings, daß die Widersprüchlichkeit dieser Erklärungsversuche nur der einen Gemeinsamkeit Raum läßt, nämlich daß Hausarbeit nicht bezahlt wird und deshalb die Bestimmung ihres Werts uninteressant oder eine rein akademische Frage ist; daß außerdem Schätzungen ihres Werts sehr wohl schon seit Jahrzehnten vorgenommen werden und zuweilen von den gleichen Autoren, die sie aus dem Bruttosozialprodukt ausschlossen – so verstärkt sich der Eindruck, daß der springende Punkt nicht die analytische, theoretische oder gar ideologische Frage ihres Werts, sondern das Faktum ihrer Unbezahltheit ist. In die gleiche Richtung weist eine noch weit wirksamere institutionelle Verfestigung dieser Sicht (besser: Unsichtbarkeit) der Hausarbeit, nämlich die Sprache selbst – heißt doch „arbeiten", wie auch das englische Wort *work*, heutzutage schlicht: erwerbstätig sein, Geld verdienen, gegen Bezahlung arbeiten („Arbeiten Sie? Nein, ich bin Hausfrau"). Dieser täglich anzutreffende Sprachgebrauch legt die Vermutung nahe, daß die Unsichtbarkeit der Hausarbeit nicht so sehr dem Ausschluß der Frauen von der *gesellschaftlichen* als ihrem Ausschluß von der *bezahlten* Arbeit zuzuschreiben ist: Die Unsichtbarkeit der Hausarbeit ist eine Funktion ihrer Unbezahltheit. (...)

Hausarbeit galt und gilt der Wissenschaft ebenso wie der Volksmeinung und einem großen Teil der Frauenbewegung als unhistorisch. Hausarbeit sei, so unterstellt man, so alt wie die Menschheit selbst, bzw. wie der biologische Unterschied zwischen Mann und Frau bzw. wie die Unterdrückung der letzteren; sie sei immer die gleiche, ihrem Wesen nach eine naturgeschichtliche Konstante, hierin am ehesten der Sexualität vergleichbar. Beide hängen in der Tat engstens zusammen: gilt doch Hausarbeit als *labor of love*, „Arbeit aus Liebe", Liebesdienst", nicht als *work (for money)*. (...)

Wir wollen im folgenden einige Grundzüge einer Geschichte der Frauenarbeit als Hausarbeit andeuten. Das Thema ist Neuland, und weiße Flecken auf seiner Landkarte sind deshalb unvermeidlich. Methodisch ist es angesiedelt zwischen Frauenstudien im engeren Sinn – d. h. einfach „Gegenstand Frau" – und der neueren Sozialgeschichte, vor allem der historischen Familienforschung, die seit Beginn der sechziger Jahre ebenfalls neue Fragen stellte. Unsere These ist folgende: Hausarbeit ist relativ neuen Ursprungs, sie hat ihre Anfänge im 17./18. Jahrhundert mit den Anfängen des Kapitalismus und entfaltet sich, ungleichzeitig in verschiedenen Ländern und Regionen, in dem Zeitraum nach der industriellen Revolution. In dieser Zeit scheint sich fast alles, was Hausarbeit heute ausmacht, verändert zu haben: was es ist, wer sie tut, wie sie getan wird; die Einstellung zu ihr, ihre sozio-ökonomische Bedeutung, ihre Beziehung zur gesellschaftlichen und natürlichen Umwelt. Selbst der Begriff Hausarbeit scheint vor dieser Zeit nicht zu existieren, wie auch der moderne Begriff der Familie erst mit dem Aufkommen der bürgerlichen Familie im Europa des 17./18. Jahrhunderts entsteht. Der Zeitraum, in dem dieser Familientypus sich von einem kleinen Teil der Bevölkerung, dem städtischen Bürgertum, in der gesamten Bevölkerung, also auch in der Arbeiterklasse ausbreitet, nämlich im 19./20. Jahrhundert, ist der Zeitraum der Entstehung derjenigen Hausarbeit, gegen die die heutige Frauenbewegung revoltiert – bei aller Heterogenität ihrer sonstigen Ziele und Motive. Sie ist nicht ein zeitloses biologisches Schicksal der Frau, sondern ein historisch bestimmtes und bestimmbares Phänomen, das einer ebenso historisch bestimmten Epoche der kapitalistischen Gesellschaft zuzuordnen ist. Da sie, im Gegensatz zum Begriff „Arbeit", in den gängigen Lexika wie Brockhaus und Meyer nicht zu finden ist, definieren wir sie so, wie sie im Kontext der Frauenbewegung – nicht zuletzt in ihren Selbsterfahrungsgruppen und vor allem in ihren Kämpfen – erfahren und diskutiert, aber auch, gleichsam von oben, in der Familiensoziologie als „Funktion" von (normaler, d. h. „funktionierender") Frau und Familie bestimmt wurde: nämlich als die Arbeiten, die grundsätzlich das weibliche Geschlecht und im besonderen die Ehefrau und Mutter für sich und die übrige Familie, d. h. Mann und Kinder, verrichtet, und für die sie im Unterschied zur sogenannten produktiven Arbeit nicht bezahlt wird, statt dessen aber in Abhängigkeit vom Mann und seinem Einkommen Kost und Logis erhält. Inhalt dieser Arbeit ist die Produktion und Reproduktion der gesellschaftlichen Arbeitskraft in physischer, emotionaler und sexueller Hinsicht. Daß sie Frauenarbeit ist, hat tiefgreifende und vielfältige Auswirkungen auf die gesellschaftliche Stellung auch derjenigen Frauen, die sich ihren unmittelbaren Anforderungen entzogen haben oder entziehen wollen: in ihrer Beurteilung durch die Umwelt, im Inhalt ihrer Arbeit, in der

Niedrigkeit ihrer Bezahlung – Kehrseite der Tatsache, daß Hausarbeit als Natur, als Wesen der Frau gilt.

Die Vorstellung, Hausarbeit sei in jenem Zeitraum entstanden, klingt gewiß erst einmal befremdlich. Sie steht nämlich nicht nur im Gegensatz zu der Vorstellung, Hausarbeit habe es als älteste aller Arbeiten, als mehr oder weniger natürliche Konstante immer gegeben, sondern außerdem auch im Gegensatz zu der gängigen anderen Meinung, sie sei ein rückständiges Relikt aus dem Mittelalter, anachronistische Restform einer noch naturnahen Produktionsweise, die mit dem technischen Fortschritt, der zunehmenden außerhäuslichen Arbeit der Frauen und der Modernisierung der Gesellschaft allmählich überflüssig werde; die sozialistische Version hiervon hieß, daß die Entwicklung des Kapitalismus mit ihrer zunehmenden industriellen („produktiven") Arbeit die Frauen von ihrer jahrtausendelangen feudalen Fron der Hausarbeit und der Vormundschaft des Mannes befreie. Beide Meinungen sind falsch. Statt dessen läßt sich zeigen, daß – mit regionalen Unterschieden – kein einziger Bestandteil der genannten Hausarbeitsdefinition für die Zeit vor dem 17. und selbst noch dem 18. Jahrhundert zutrifft und erst recht nicht alle Bestandteile zusammen. In der Folgezeit trifft eine größer werdende Zahl dieser Bestandteile auf eine begrenzte gesellschaftliche Schicht zu. Erst seit der Wende zum 20. Jahrhundert wird in den USA – in England schon zwei Generationen früher – die Gesamtheit der Definition für das Bild und die Realität der Hausarbeit *der* Frau, d. h. grundsätzlich aller Frauen, gültig. (…)

Die Produktionsweise der „alten Gesellschaft" beruhte primär auf der Familienwirtschaft, das heißt auf der Gesamtarbeit von Mann, Frau und Kindern, von Alten und Jungen, von Blutsverwandten und Nicht-Blutsverwandten im gemeinsamen Haushalt. Das gilt für die Bauernwirtschaft und die unterbäuerliche ländliche Verlagsindustrie ebenso wie für das städtische Gewerbe: Erwerbstätigkeit und Hausarbeit waren eine räumliche und wirtschaftliche Einheit, oder, um es noch schärfer zu fassen: es gab keine voneinander isolierte Erwerbstätigkeit und Hausarbeit, denn es gab keine Trennung von „Produktion" und „Konsumtion", keine zwischen Herstellung und Konsum der Produkte und damit keinen abgetrennten „privaten" Haushalt unter der Leitung der Frau. Alle Familienmitglieder – und dazu gehörten auch Knechte und Mägde, Lehrlinge und Gesellen, der Handelsdiener im Haus des Kaufmanns, der Postillion im Haus des Postmeisters leisteten ihren unterschiedlichen Beitrag zur Wirtschaft des „ganzen Hauses". Innerhalb dieses familialen Gesamthaushaltes ergänzten sie sich nach Geschlecht und Alter: waren keine Kinder da, mußten Dienstboten eingestellt werden, starb die Frau, so mußte die älteste Tochter einspringen oder der Sohn sich eine Frau suchen. Mann und Frau bildeten die grundlegende

Arbeitseinheit, um die sich je nach Besitz und Arbeitserfordernis Kinder und Dienstboten scharten. Alle beteiligten sich an der gemeinsamen Erwirtschaftung von Gebrauchswerten, sei es für den unmittelbaren Eigenbedarf, für den Markt, für den Verleger oder den Grundherrn. (…)

Ein wesentlicher Teil der Frauenarbeiten betraf den Bereich des Aufbewahrens und Sparens, der in einer Situation allgemeinen Mangels ebenso bedeutsam war wie das Produzieren. Bei der Wäsche zum Beispiel, die wegen der langwierigen Arbeitsgänge nur 2–4 Mal pro Jahr gewaschen wurde, bedurfte es einiger Sorgfalt. um sie „vor Fäulnis, Mäusen und anderem Schaden" zu verwahren. Die Wirtschaftsauffassung der Zeit bewertete diese Arbeiten nicht anders als das Produzieren: (…)

Diese „Frauenarbeiten" haben im familialen Gesamthaushalt des 18. Jahrhunderts einen wichtigen Stellenwert, sie sind nicht „privat". So gehört zum Beispiel das Kochen in einem bäuerlichen oder handwerklichen Haushalt auf die Kostenseite eines „Betriebes", ebenso wie die Licht- oder Seifenherstellung. Hier kocht die Frau nicht als private Dienstleistung an Mann und Kindern, sondern sie besorgt die sichtbare Ernährung von Arbeitskräften, deren Kosten unmittelbar in die Rechnung des Gesamthaushaltes eingehen. Wenn die Frau des Meisters den Lehrlingen und Gesellen nur billigste Grützen auftischte und im Herbst mit den Speckseiten geizte, dann hatte das für die Ökonomie den gleichen Nutzen, wie wenn der Meister mehr Arbeit aus den schlecht ernährten Gesellen herausholte. Die Kunst der Frauen bestand darin, Kosten und Nutzen gegeneinander aufzuwiegen. Auf dem Lande regelten ausgeklügelte und traditionell festgelegte Speisenfolgen den Anspruch jedes Arbeiters bis ins Detail: der Schnitter des Getreides erhielt besseres Essen, z. B. Branntwein und eine Vorsuppe, die fester war als die des Schnitters von Gras. Wer Heu rechte, bekam mittags weniger als wer das Gras schnitt. Die Kosten der Herstellung wurden in ein genaues Verhältnis zum Nutzen gebracht: eine kalte Suppe war billiger als eine warme, weil die Feuerung gespart wurde, ob sie aber die gleiche Kraft für den Arbeiter gibt? Alles spielte eine Rolle: wieviel Holz für das Kochen, wieviel Schrot für die Grütze, wieviel und welches Brot für die Brotsuppe verbraucht wurde. Dabei war eines sicher: „Was sie (die Frau) täglich davon ersparet, ist wahrer Gewinst."(…)

Wir haben gesehen, daß die Frauen der Unterschichten in der gemeinsamen Werkstatt, auf den Feldern, auf der Straße arbeiteten. *Ein* Arbeitsplatz kam dabei nie vor: die Kinderstube. Bis zur Mitte des 18. Jahrhunderts hatte es selbst in den bürgerlichen Schichten eine von der Erwachsenenwelt abgetrennte Sphäre des Kindes nicht gegeben. Junge Menschen waren früh „erwachsen", mit 8, 10 Jahren wurden sie in andere Familien zur Lehre gegeben, noch früher waren sie als

Arbeitskraft in der eigenen Familie voll eingeplant. Sie lebten selbstverständlich zwischen den Erwachsenen, von denen sie sich nur durch ein geringeres Maß an Erfahrung und Kenntnissen unterschieden. Eine „Mutterrolle" in unserem Verständnis gab es nicht. Solange Kenntnisse der Geburtenverhütung noch nicht oder nicht mehr vorhanden waren, brachten die Frauen im statistischen Durchschnitt alle 2 1/2 Jahre ein Kind zur Welt. Die Säuglingssterblichkeit war – bedingt durch die hygienischen Verhältnisse – hoch, bis zu 25 % der Neugeborenen wurden nicht ein Jahr alt. Der erforderliche Kompromiß zwischen den Bedürfnissen der Kinder und den wirtschaftlichen Zwängen, unter denen die Frauen standen, wurde in den ersten Jahren unterschiedlich gelöst, zumeist allerdings zulasten der Kinder: in Frankreich schickten die Frauen ihre Kinder aufs Land zu bezahlten Ammen, wenn sie Arbeit und Kinderaufzucht nicht verbinden konnten. Frauen der bürgerlichen Schichten holten sich eine Amme ins Haus. In Krisenzeiten stieg die Anzahl ausgesetzter Kinder rapide an. Aussetzung von Kindern war, zumal in Hungerjahren, ein Phänomen, das sozial nicht geächtet wurde.

Die traditionelle Form der Säuglingsaufbewahrung war bis ins 19. Jahrhundert hinein das Wickeln: die Säuglinge wurden nach der Geburt von Kopf bis Fuß in Stoffbänder eingebunden und ungefähr 9 Monate in diesem Steckkissen behalten. Dadurch konnten sie herumgetragen und abgelegt werden, ohne in Gefahr zu geraten, sich zu verletzen. Reformerische Mediziner des frühen 19. Jahrhunderts berichten, daß durch das Wickeln Frauen in der Lage waren, ihre Kinder viele Stunden allein zu lassen, weil sie sich in den festen Bandagen nicht von allein rühren konnten. Sobald sie laufen konnten, lebten sie wie selbstverständlich zwischen den Erwachsenen und lernten das notwendige Produktionswissen und soziale Verhaltensweisen durch die allmähliche Einbeziehung in die Arbeit des Familienhaushaltes. Es gab jenseits der Aufbewahrung des Säuglings durch die Mutter oder die bezahlte Amme, die etwa zwei Jahre stillten, keine Sozialisation, die allein Aufgabe der Frauen als Mütter gewesen wäre: keine bewußten Erziehpraktiken, kein reflektiertes „kindgemäßes" Verhalten, kein „mütterliches Eingehen" auf das Kleine, kein Reinlichkeitstraining. Es gab keine „Kinderspiele", die nicht auch von den Erwachsenen gespielt wurden, denn Kinder waren faktisch kleine Erwachsene. Erst im Verlauf des 18. Jahrhunderts änderten sich diese kulturellen Muster zunächst in den bürgerlichen Schichten, die als „Pioniere" der modernen Kleinfamilie gelten können. In dieser Zeit setzte eine massive bürgerliche Reformbewegung gegen die alten Arten der Kinderaufzucht ein, und in dem Maße, wie sie sich durchsetzte, entstand die „Mutterrolle". Es entstand die Kindheit und mit ihr die Mehr-Arbeit der Frauen in der Kinderstube. In der reformerischen Kleinkindpädagogik des 18. Jahrhunderts war die Mutter eine zentrale Figur, ihr wurde die Aufgabe zugewiesen, die neuen Erziehpraktiken der bürgerlichen Schichten zu leisten, die in einem sich herausbildenden familialen Binnenraum in einem „kindgemäßen" Zusammenleben auf Liebe und Liebesentzug basierten. Kinder sollten nicht mehr gewickelt werden, die Mütter sollten ihre Kinder selbst stillen, sie sollten vor allem das frühkindliche Reinlichkeitstraining überwachen und den geforderten Kampf gegen die Onanie der Kinder führen.

Um diese neue Aufgabe der psychischen Zurichtung der nächsten Generation leisten zu können, mußten allerdings die Frauen daheim selbst „sozialisiert" werden, und es bedurfte einer riesigen Propagandabewegung des 19. Jahrhunderts, um die Mutterrolle als „natürliche" Bestimmung" der Frauen durchzusetzen. (...)

Die Veränderung in der Familien- und Arbeitssituation der Frau im 19. und 20. Jahrhundert ist also keineswegs nur die oft zitierte Verschiebung von unbezahlter Arbeit zuhause zur zusätzlichen bezahlten Arbeit außer Haus, sondern außerdem finden sich zwei weitere einschneidende Verschiebungen: diejenige von bezahlter Arbeit im Haus zur bezahlten Arbeit außer Haus, und schließlich diejenige von bezahlter Arbeit im Haus zu unbezahlter Arbeit im Haus. Diese beiden letzteren Verschiebungen und ihre Konsequenz für die Geschichte der Hausarbeit und vor allem der Hausarbeiterinnen zwischen dem Ende des 19. und dem Anfang des 20. Jahrhunderts lassen sich gut am Beispiel der entlohnten Hausarbeit der Dienstboten verdeutlichen, und zwar im Zusammenhang mit der beginnenden Mechanisierung des Haushalts.

Die Mechanisierung des Haushalts machte seit der Mitte des vorigen Jahrhunderts in den USA einschneidende Fortschritte; für eines der wichtigsten arbeitsparenden Geräte, die Waschmaschine, gab es in den 1860er Jahren bereits fast 2000 Patentanmeldungen. Ihre Wirkung bestand aber keineswegs, wie häufig angenommen wird, darin, daß nun die zuvor hart arbeitende Hausfrau zur *idle woman*, zur „müßigen Hausfrau" wurde, oder auch, wie es in der Sprache der Arbeitsmarktplaner heißt, daß sie „frei"gesetzt wurde für die außerhäusliche Lohnarbeit. Vielmehr befanden sich die meisten mechanischen Haushaltsgeräte bis hin zur Jahrhundertwende in den Händen einer relativ kleinen Gruppe von Wohlhabenden. In diesen Haushalten wurde ein großer Teil der Arbeit ohnehin den Dienstboten übertragen, und die Hausherrin hatte nicht so sehr mit der Hausarbeit selbst, als mit ihrer Planung und der Aufsicht über die meist eingewanderten oder schwarzen Dienstmädchen zu schaffen. Die mechanischen Geräte der Frühzeit – in den USA etwa im letzten Viertel des 19. und im ersten Viertel des 20. Jahrhunderts – ersparten also meist nicht die Arbeit der Haus*frau*, d. h. der Haus*herrin*, sondern die Arbeit jener Haus*angestellten*, die ein ganz anderes Verhältnis zu dieser Arbeit hatten: sie führten sie aus. Der Übergang bestand allerdings normalerweise nicht darin, daß die Herrschaft den Dienstmädchen die Arbeit maschinell zu erleichtern suchte, sondern sie pflegte sogar darüber zu klagen, daß die Dienstboten ungeschickt und destruktiv mit den neuen Maschinen umgingen (– eine Form von Sabotage?). Vielmehr verringerten sich Angebot und Zahl der Dienstmädchen bis in die 1920er Jahre drastisch, was in den USA wie auch in Europa zu dem *servant problem*, dem „Dienstbotenproblem" führte, und in immer mehr Haushaltungen mußte man nun die Hausarbeit ohne Hilfe verrichten, wenn auch mit besseren Geräten als zuvor. Dies aber war der Übergang von der Hausherrin zur Hausfrau, von der Aufsicht über bezahlte Hausarbeit anderer zur eigenen unbezahlten Hausarbeit.

▶ *Kontos, Sylvia/Walser, Karin (1979): Weil nur zählt, was Geld einbringt, Gelnhausen: Burckhardthaus-Laetare Verlag, hier Auszüge aus den S. 89-97, 101, 103*

Mit der Verringerung der produktiven Funktionen und dem Bedeutungsgewinn der immateriellen Funktionen der Familie verliert die Hausarbeit gesellschaftlich und im Bewußtsein der Frauen den Charakter konkreter Arbeit, sie wird zum Liebesdienst. Basis der Ehe wird subjektiv die „sentimentale Liebe", die „so neu (war), daß man lernen mußte, wie man sie empfinden und ausdrücken sollte".

Umgekehrt läßt sich auch ein Prozeß der Annäherung der proletarischen Hausarbeit an die der bürgerlichen Hausfrau beobachten, der die Übernahme bürgerlicher Haushalts- und Familienstandards jenseits „ideologischer Verblendung" verstehbar macht.

Mit der Veränderung der ökonomischen Grundlage der Arbeiterfamilien (Reproduktions- statt Produktionseinheit), mit dem Übergang von der extensiven zur intensiven Nutzung der Arbeitskraft (die eine explizite, psychische Regeneration auch für Proletarier zu einer Frage des Überlebens macht) und mit der allgemeinen Veränderung des historischen Werts der Ware Arbeitskraft (aufgrund derer nun nicht mehr allein die „Magenfrage", sondern auch eine psychische Kompensation für die stupiden Arbeitsgänge durchrationalisierter Produktion im Mittelpunkt der Reproduktion stehen) entwickeln sich auch in den Proletarierfamilien explizite psychische Anforderungen an die Hausarbeit der Frau. Auch hier genügt nicht mehr, daß Mann und Kinder täglich satt werden und ordentlich gekleidet sind, sondern die Erziehung der Kinder und die alltägliche Regeneration der erwachsenen Arbeitskräfte erfordert eine Vielfalt besonderer psychischer Leistungen, die früher nur den von der materiellen Arbeit befreiten bürgerlichen Frauen abverlangt wurde. (…)

Wir betrachten also die Hausfrauenarbeit im folgenden unter zwei verschiedenen Blickwinkeln: Einmal mit dem Schwergewicht auf der materiellen Dimension, wobei der Bezug zum psychischen Aspekt nicht vernachlässigt wird, sodann mit dem Schwergewicht auf der psychischen Dimension, bei der wiederum der Bezug zum materiellen Aspekt gegenwärtig bleiben muß.

Die materielle Hausarbeit ist eine äußerst komplexe und heterogene Arbeit sowohl hinsichtlich der Vielfalt der Tätigkeiten als hinsichtlich auch der verschieden hohen Anforderungen, die die einzelnen Tätigkeiten, vom Staubwischen bis zur langfristigen Aufgabenplanung an die Hausfrau stellen. Kopf- und Handarbeit sind nicht getrennt, wobei die Kopfarbeit sowohl die Planungs- und Leitungsfunktionen umfaßt wie auch einen Teil der expliziten Beziehungsleistungen. (...)

Materielle Hausarbeit stellt keine bleibenden Produkte her, sondern ist die ewig gleiche Wiederholung von Arbeiten zur Erhaltung schon vorhandener Produkte und ihre Zurichtung zum Gebrauch. Dieser Charakter der materiellen Hausarbeit produziert bei den Frauen das Gefühl von Monotonie und das Gefühl, nie mit der Arbeit fertig zu werden. Denn indem die gebrauchsfähig gemachten Produkte ihrem Zweck zugeführt, d. h. konsumiert werden, verschwindet das Resultat der Arbeit und sie beginnt von vorn. (...)

Die Vielzahl und Heterogenität der zu erledigenden Arbeiten und die kurzen Zeitabstände, in denen sie wiederholt werden müssen bewirken, daß die Hausfrau meistens mehrere Arbeitsgänge, die unterschiedliche Grade von Aufmerksamkeit verlangen, entweder gleichzeitig erledigt oder von der einen zu der anderen Tätigkeit „springt". Die zunehmende Technisierung der Haushalte schafft Arbeitserleichterungen für die Frauen im Sinne der Verringerung der Arbeitsmühe; sie führt jedoch kaum zu einer Arbeitszeitverkürzung (z. T. sogar zu einer Verlängerung). Auch eine Teilautomatisierung (Waschmaschine, Spülmaschine) schafft zwar größere Zeitunabhängigkeit, aber nicht die völlige Befreiung von den „niederen" Haushaltstätigkeiten, weil eine Reihe von Vor- und Nacharbeiten erforderlich sind. Die Verringerung von Arbeitsmühe und Zeitgebundenheit läßt der Hausfrau mehr Zeit und Energie für die Beziehungsarbeit. Das produziert aber gleichzeitig neue Formen von Doppelbelastung, nämlich die Gleichzeitigkeit von z. T. sehr widersprüchlichen Anforderungen: sich auf die Probleme und Bedürfnisse von Menschen einzulassen und gleichzeitig mehrere halbautomatische Haushaltsmaschinen im Auge zu behalten (Intensivierung der Arbeit). Die Qualifikationsanforderungen der Hausarbeit entwickeln sich nicht einheitlich: Zwar verringern sich die notwendigen Kenntnisse in der Herstellung von Konsumgütern, aber dafür erweitern sich die erforderlichen Qualifikationen in bezug auf den Umgang mit Haushaltsgeräten, mit einer größeren Vielfalt von im Haushalt vorhandenen und verbrauchten Gütern und hinsichtlich höherer Ansprüche an die Qualität bestimmter Arbeiten. (…) Darüber hinaus gewinnen zunehmend Qualifikationen hinsichtlich der Planung, Beschaffung und Bereitstellung der Lebensmittel und der Organisation des Familienlebens an Bedeutung. Es ist also eine verstärkte Relevanz planerischer und sozialer „Kopfarbeit" festzustellen. (…)

Da die Hausfrauen weitgehend mit eigenen Produktionsmitteln arbeiten und während ihrer Arbeit keiner direkten Kontrolle unterliegen, haben sie im Vergleich zu Industriearbeitern einen hohen Grad an Arbeitsautonomie. Nur der allgemeine Rahmen, innerhalb dessen die Hausarbeit gemacht wird, ist durch äußere, objektive Bedingungen festgelegt: durch die ökonomischen Ressourcen, die ein bestimmtes Anspruchsniveau bedingen und durch bestimmte Zeitrhythmen, die aufgrund der Berufstätigkeit des Mannes und der sekundären Sozialisationsinstanzen für die Kinder (Schule u.a.) gesetzt sind. Dagegen fehlen sowohl hinsichtlich der Ausführung wie des Resultates der verschiedenen Haus-Arbeiten objektive, eindeutig festgelegte und zwingende Regeln, was zu großen individuellen Differenzen in den Standards und Routinen führt „…". Diese Eigenverantwortlichkeit ist neben der Qualität der Arbeit („sich um Menschen kümmern") der Hauptgrund für die Attraktivität der Hausarbeit. Diese Autonomie schafft aber auch Probleme; denn sie erschwert eine realistische Selbsteinschätzung und das Bewußtsein der eigenen Leistung. Sie verschleiert den Arbeitscharakter der Hausarbeit, weil die Grenzen zwischen Arbeits- und Freizeit fließend sind. Den Hausfrauen fehlt eine objektivierbare Bewertung ihrer Arbeit durch Zeitlohn, Stückzahlen o.ä. Sie sind deshalb in ihrer Selbsteinschätzung abhängig vom Urteil und den Äußerungen von Mann und Kindern, die, weil sie mit der Hausarbeit wenig Erfahrungen haben, selten den realen Arbeitsaufwand richtig einschätzen können. (Die Hausarbeit wild meist nur kommentiert, wenn sie nicht oder schlecht gemacht ist!) Gegen diese Diffusität schützt sich die Hausfrau durch den Vergleich mit anderen Frauen (Hausfrauen-Konkurrenz) und durch das Aufstellen eigener Standards und Routinen (dabei spielt die positive oder negative Identifikation mit der Mutter die ausschlaggebende Rolle). (…)

Da die Standards und Routinen mangels wirklicher Objektivität keine Anerkennung der Arbeit garantieren, besteht die Tendenz, sie immer höher zu schrauben, sobald sie selbstverständlich geworden sind, und sie rigider einzuhalten als fremdgesetzte. Es liegt nahe, das Symptom der zwangsneurotischen Hausfrau („Putzteufel") auf diesen Sachverhalt zu beziehen. In letzter Zeit häufen sich Appelle an die Hausfrau, die Hausarbeit zu rationalisieren. Sie beziehen sich weniger auf Technisierung oder Automatisierung, als auf rationelles, planerisches Arbeitsverhalten. (…)

Wer Hausarbeit macht, dem müssen die landläufigen Rationalisierungsvorschläge ziemlich realitätsfern erscheinen, denn der spezifische Charakter der Hausarbeit als Einheit materieller und psychischer Reproduktionsarbeit verbietet es, sie als eine ausschließlich nach rationalen Gesichtspunkten organisierbare Tätigkeit zu betrachten (abgesehen von der Technisierung und Automatisierung einzelner Tätigkeiten). Die Rationalisierungsstrategien implizieren eine tendenzielle Entfremdung der Hausarbeit von jeglicher psychischer und emotionaler Bedeutung, da sie diese nicht berücksichtigen. (…)

Da über den häuslichen Arbeitsaufwand der Frauen sich ihre familialen Beziehungen konstituieren, können sie kein eigenständiges Interesse an einer möglichst weitgehenden Rationalisierung ihrer Arbeit haben Vielmehr geht es ihnen um ein angemessenes Verhältnis zwischen ihrem Arbeitsaufwand und der subjektiven Befriedigung, die sie durch ihre Arbeit bei sich und den anderen Familienmitgliedern erzielen, und diese ist u. U. größer, je mehr Arbeit sie investiert hat. Die Rationalisierung der materiellen Hausarbeit schafft zwar mehr freie Zeit, engt jedoch deren psychische Dimension als Ausdruck und „Transportmittel" emotionaler Objektbeziehungen ein und macht dann zunehmend explizite psychische Beziehungsarbeit erforderlich, die ab einer gewissen Intensität die Hausfrauen hoffnungslos überfordern und Versagensgefühle hervorrufen würde. Für sie birgt also die Rationalisierung der Hausarbeit eine doppelte Gefahr in sich, tendenziell als Hausarbeiterin überflüssig zu werden und zugleich die Anerkennung als unentbehrliche Beziehungsperson zu verlieren. (…)

Der „konkrete Nutzen" der Hausarbeit für die Hausfrau bezieht sich nicht isoliert auf das Resultat der Arbeit, sondern vor allem darauf, was es bei den Familienmitgliedern auslösen soll: physisches und psychisches Wohlbefinden als mitteilbares Kriterium für die Qualität der geleisteten Arbeit. Diese Objektbezogenheit beinhaltet für die Hausfrau einerseits weniger Entfremdung im Vergleich zur Industriearbeit, sie produziert andererseits jedoch eine andere, spezifische Entfremdung der Hausfrau von ihrer Arbeit: Weil der Liebescharakter der Objektbeziehungen und die psychischen Reproduktionserfordernisse der Familienmitglieder (Regressionsbedürfnisse, Wunsch nach, „bedingungsloser" emotionaler Zuwendung) dem Leistungsprinzip diametral entgegengesetzt sind („Liebe ohne Leistung"), wird die meist tatsächliche „Unsichtbarkeit" der Hausarbeit für die Hausfrau zusätzlich geradezu zum Kriterium perfekter Haushaltsführung. Die Hausfrau ist gezwungen, den Arbeitscharakter ihrer Arbeit selbst zu verschleiern und die eigene Arbeitsmühe zu negieren, um bei den Familienmitgliedern, besonders dem Ehemann, die Illusion zu produzieren, Hausarbeit sei reiner Liebesdienst. Darüber hinaus verringert die Technisierung und Automatisierung der materiellen Hausarbeiten deren Anerkennung durch die Familienmitglieder, weil dadurch ihr Arbeitscharakter immer unsichtbarer wird. Die Möglichkeit, bestimmte Hausarbeiten gemeinsam mit anderen Familienmitgliedern zu verrichten (z. B. Geschirrspülen) wird immer seltener. So wird die Hausfrau zunehmend vom Familienleben isoliert, deutlich z. B. in der Entwicklung immer kleinerer „rationellerer" Küchen, in denen jedes weitere Familienmitglied nur störend wirkt. (…)

Während die materielle Hausarbeit als solche keine bleibenden Werte produziert, beinhaltet die psychische Reproduktionsarbeit die Herstellung und Erhaltung kontinuierlicher und langfristiger Objektbeziehungen (Ehe-, Mutter-Kind-Beziehung, Beziehungssystem Familie). Dabei sind die verschiedenen materiellen Hausarbeiten von unterschiedlich bedeutsamer Beziehungsqualität und stehen in mehr oder weniger direktem Verhältnis zu den Objektbeziehungen. Diese konstituieren sich teils unmittelbar über die materielle Hausarbeit der Frau, teils über spezifische emotionale Leistungen wie Empathie, emotionale Ausdrucksfähigkeit, Zurückstellen eigener Bedürfnisse und Sensibilisierung für Konflikte. Empirisch sind die materielle und die psychische Reproduktionsarbeit schwer voneinander zu trennen, denn die Beziehungsarbeit ist selten explizit sichtbar und eingrenzbar, meist implizit und bis zur Unkenntlichkeit vermischt mit den von Arbeit unabhängigen Interessen in menschlichen Beziehungen. Dies gilt insbesondere für die Beziehungsarbeit der Frau in der Ehe; aber auch in der Erziehungsarbeit sind die Grenzen nicht streng zu ziehen. (…)

Für die Beziehungsarbeit der Frau in der Ehe ist es wesentlich, daß die Ehe so wenig wie die Mutter-Kind-Beziehung ein statisches Verhältnis auf der Grundlage persönlicher Zuneigung ist, sondern immer wieder neu hergestellt und sich verändernden subjektiven und objektiven Bedingungen angepaßt werden muß.(…)

Im Gegensatz zu früher, als es wenig trennende Barrieren zwischen der Welt, der einzelnen Familie und der weiteren Gemeinschaft gab und sich im Hause, auf der Straße, im Gemeinwesen das soziale Leben nach denselben Normen und Gewohnheiten abspielte, muß heute jede Ehe bzw. Familie ihre eigene, abgeschlossene „Subwelt" konstituieren, mit ihren eigenen Regeln und ihrer eigenen abgeschlossenen Kommunikation – ohne die materielle Basis gemeinschaftlicher Arbeit. Dies erfordert von den Ehepartnern subjektive Anstrengungen, die weniger als früher in einer „passiven" Eingliederung in soziale Zusammenhänge liegen als vielmehr in einer fortdauernden und aktiven Konstruktion einer gemeinsamen „Identität". Dies erfordert differenzierte innerpsychische Leistungen: Die je eigene Realitätsdefinition beider Partner muß kontinuierlich verbunden und in Übereinstimmung gebracht werden. Die Eheleute konstituieren nicht nur die gemeinsame gegenwärtige Realität, sondern auch die vergangene und zukünftige, indem sie ein gemeinsames Gedächtnis herstellen, das die Erinnerungen der zwei individuellen Vergangenheiten und deren Zukunftshorizonte integriert. Diese subjektive Kontinuität der Lebensgeschichte wirkt stabilisierend für das einzelne Individuum (Ehe als Schutz vor Anomie). (…)

Gleichgewichtszustände in Beziehungen herzustellen und zu halten, setzt eine intensive Beschäftigung mit der Beziehung voraus, nämlich das genaue Registrieren von Spannungen, Abweichungen und Verschiebungen eines einmal eingespielten Zustands und grundsätzlich das Bewußtsein, daß eine Paarbeziehung etwas ist, was aufgebaut, „gepflegt" und immer wieder veränderten Bedingungen angepaßt werden muß, daß sie also eine Aktivität – Arbeit- darstellt und nicht einen Zustand, der einfach gegeben ist.

Aufgrund der geschlechtsspezifischen Arbeitsteilung ist jedoch diese Art der Beschäftigung mit der Paarbeziehung zwischen den Partnern ungleich verteilt. Als „emotionales Zentrum" der Familie ist es in der Regel die Frau, die sich darauf konzentrieren kann und muß. Die Ehebeziehung ist bis zu einem gewissen Grad Bestandteil ihrer Arbeit. Deshalb begreift sie Konflikte und Spannungen primär als ihr Versagen. In ihr wirken die ehelichen Spannungen länger nach, hat sie doch vergleichsweise weniger Ablenkungsmöglichkeiten als der Mann. „…" Sie hat die unmittelbaren Auswirkungen ehrlicher Spannungen in der Familie auszubaden, schlagen diese sich doch sofort z. B. in der Beziehung zu den Kindern nieder. Um Gleichgewichtszustände in Beziehungen aufrechtzuerhalten, ist ein großes Maß an Sensibilität notwendig, die alles Verhalten – gerade das nicht explizite – in seinem Beziehungsaspekt versteht, gegensätzliche Erwartungen und Interessen frühzeitig spürt, vorklärt und wo möglich ausgleicht. Für diese Sensibilität für emotionale Beziehungen haben Männer nicht nur aktuell geringere Kapazitäten (Produktionsarbeit), sondern im geschlechtsspezifischen Sozialisationsprozeß werden Männer und Frauen in dieser Hinsicht sehr unterschiedlich qualifiziert.

▶ *Ostner, Ilona (1978): Beruf und Hausarbeit. Die Arbeit der Frau in unserer Gesellschaft, Frankfurt a.M.: Campus-Verlag, hier Auszüge aus den S. S. 10-14, 77-79, 98, 146, 149*

Eine Arbeit wie der Haushalt, die auf unmittelbare alltägliche Daseinsvorsorge ausgerichtet ist, die auf nicht ohne weiteres aufschiebbare, immer wiederkehrende Bedürfnisse eingeht, diesen gerecht werden muß, verlangt ein anderes „Milieu", andere Zeitstrukturen etc., als berufliche Arbeit und damit schließlich auch besondere Fähigkeiten der arbeitenden Frau.

Berufsarbeit dagegen kann als Arbeit begriffen werden, die nur mittelbar an konkreten Bedürfnissen orientiert und auf menschliche Fähigkeiten verwiesen ist. Als „Arbeit für Tausch", nach Prinzipien von Tausch, wie z. B. Zeit- oder Kostenökonomie, braucht Berufsarbeit ein „Milieu", in dem unmittelbare Lebensäußerungen und konkret inhaltliche Besonderheiten der Arbeitenden zurücktreten, verdrängt werden; sie verlangt zugleich auch andere als unmittelbar reproduktive Fähigkeiten und Verhaltensweisen. (...)

Meine These lautet: In der Hausarbeit werden überhaupt erst die Grundlagen für das Funktionieren beruflicher. d. h. primär an, Wertvergrößerung, nicht an Bedarf orientierter Produktionsprozesse geschaffen. Vergleichbar dem Staat übernimmt die Familie in der privaten Reproduktionsarbeit Aufgaben, die sich einer beruflichen Bearbeitung entziehen, bzw. Berufsarbeit überhaupt erst ermöglichen. (...)

In Gesellschaftsformationen, die zwischen Berufs- und Hausarbeit trennen, in denen auf den ersten Blick Beruf als die alles beherrschende Form erscheint, bleibt die Arbeit in der Familie gesellschaftlich notwendige, zu Beruf komplementäre Arbeit. Mehr noch als Arbeit, die alltäglich auf unmittelbare, eigentlich nicht oder nicht mehr aufschiebbare Lebensäußerungen bezogen ist, beinhaltet private Reproduktionsarbeit jene primäre Form von Arbeit überhaupt, die jeder anderen Arbeitsform historisch und strukturell vorangeht. (...)

Da Frauen nach wie vor wesentliche Trägerinnen solch unmittelbar reproduktiver Arbeitsprozesse sind, muß – so eine weitere These – weibliche Berufspraxis aus der Perspektive privater Reproduktionsarbeit begriffen werden. Für die meisten Frauen dürfte die Auseinandersetzung mit Hausarbeit, ihrem Arbeitsgegenstand und ihren Arbeitsweisen, Fähigkeiten und Werthaltungen, Eigenschaften und Perspektiven bestimmen. (...)

Unter Berufsarbeit verstehe ich zunächst sehr abstrakt und allgemein jede bezahlte Arbeit, jede Arbeit für Geld, losgelöst vom unmittelbaren Bedarf und gemessen nach Zeit. Der Berufstätige tauscht sein Arbeitsvermögen gegen Geld, das ihm dann seinen Lebensunterhalt garantiert. Der konkrete Inhalt der Berufsarbeit erscheint vor allem unter dem „Geldaspekt" d. h. dem Ausmaß der mit ihm verbundenen Lebenschancen. Da jede Arbeit auf konkreten Fähigkeiten und Bedürfnissen aufbaut, auf „lebendigem Arbeitsvermögen (Marx), kann man Berufe als „Warenform" dieser lebendigen Arbeitsvermögen verstehen. Sie bündeln und schneiden menschliche Fähigkeiten für den Einsatz im beruflichen Arbeitsprozeß, vermitteln somit zwischen der Person des Berufstätigen und einem ausschließlich tauschbezogenen Arbeitsprozeß. Beruf wird damit für den einzelnen subjektiv bedeutsam, verleiht ihm Gesellschaftlichkeit im Sinne der Teilnahme am gesellschaftlichen Tauschgeschehen; die Individuen müssen an der Warenform ihrer Arbeitsvermögen interessiert sein, garantieren diese doch den Zugang zu Lebenschancen und „Identität".

Die Berufskategorie an sich bleibt leer und sinnlos, solange man nicht die entsprechenden Arbeitsverhältnisse (Produktionsweise) thematisiert, die "Beruf" erst notwendig hervorbringen. Diese Produktionsweise soll hier entwickelte oder fortgeschrittene (industrielle) Warenproduktion genannt werden. (…)

Mit „fortgeschrittener Warenproduktion" sind Gesellschaften angesprochen, die notwendig auf der Trennung von Produktion und Reproduktion mit Vorrang des Bereichs beruflicher Arbeit, als Arbeit für Tausch und Warenform des Arbeitsvermögens, beruhen. „Produktion" wird verengt auf Arbeit, die in direktem Zusammenhang mit der Herstellung Weiterleitung etc. von Gütern (auch Wissen) für den Tauschverkehr steht; nur Arbeit mit dieser Zielsetzung gilt als „Arbeit" und wird bezahlt.

Der Hausarbeit fehlt diese unmittelbare Tauschbezogenheit. Hausarbeit ist dennoch Arbeit, trotz Privatheit und Abhängigkeit der Reproduktionseinheit vom Lohn des Mannes (in der Regel zum überwiegenden Teil). Sie muß schon deshalb als „Arbeit" begriffen werden, weil sie Dauer und Kontinuität besitzt, und weil sie besondere „Techniken", Fertigkeiten, Fähigkeiten, Verhaltensweisen und Interpretationen voraussetzt und hervorbringt.

Der Schwerpunkt der Hausarbeit hat sich mit der Herausbildung industrieller Warenproduktion eher auf den Bereich psychischer als materieller Reproduktion verlagert. Produktive Funktionen, wie sie einst für die Innenwirtschaft typisch waren, sind ausgegliedert. Dennoch bleibt der Arbeitsgegenstand der Hausarbeit der gleiche: Nicht aufschiebbare, immer wiederkehrende menschliche Lebensäußerungen. (…)

Eine Dichotomisierung von „Leben" und „Arbeit" erschwert das Verständnis der Eigenart von „Beruf" – das ist hier aber weniger wichtig – vor allem aber von Hausarbeit. (…) Mit einer Dichotomie – hier: tauschorientierte Berufsarbeit, da: „arbeits"-(tausch)freie unmittelbar bedürfnisbezogene Reproduktion (meist nur noch Interaktion, Kommunikation genannt) – wäre über die Eigenart dieser Arbeitsweise immer schon vorentschieden. Die private Reproduktionsarbeit erschiene im Gegensatz zur Arbeit für Tausch wahrhaft gebrauchsbezogen und überlegen. Dies wäre in seiner ideologischen Verzerrung gerade für eine politisch-praktische Arbeit für und mit Frauen ein unrealistischer, wenn nicht fataler Einstieg: Jedes Scheitern in der Mutter-Kind-Beziehung, jedes Versagen gegenüber der unmittelbar reproduktiven Aufgabe, der Wunsch nach Ausbruch aus der Familie etc. würden der Frau als subjektive Schuld angelastet. Daß dies auch wirklich geschieht, daß die Frau zum „Sündenbock" der Gesellschaft wird, was keineswegs übertrieben ist, liegt an der Wirksamkeit jener verbreiteten Ideologie einer Dichotomie von Beruf und Familie.

Die Komplementarität von „Beruf" und „Hausarbeit" liegt nicht darin, daß Beruf tauschorientiert und Hausarbeit – sozusagen kompensatorisch – gebrauchsorientiert ist: Das wäre zu einfach; als ob der Berufstätige in der Berufsarbeit aufhören könnte, ein leibliches natürliches Wesen zu sein und dann in der Reproduktionssphäre seine Berufserfahrungen vergessen könnte. (…) Jede Arbeit- auch Berufsarbeit – hat objektiv, also nicht eigens durch betriebliche Strategien „gerettet" oder subjektiv durch individuelles Berufsverhalten erst hineingetragen – eine Gebrauchsdimension. Für jede Form von Arbeit – andernfalls wäre nicht nur der Arbeitsbegriff unsinnig, sondern menschliches Leben überhaupt unmöglich – ist ein materielles Substrat konstitutiv. Als nützliche Arbeit ist die Arbeit eine von allen Gesellschaftsformen unabhängige Naturnotwendigkeit. (…)

Wenn also Gebrauchs – und Tauschdimension von Arbeit für Alltagsverständnis und -handeln als getrennte erscheinen, dann nur als Reifikation der in Warenproduktion innewohnenden Tendenz, die konkret nützliche Seite der Arbeit zu verdrängen und nur im Reproduktionsbereich als arbeitsfreie diffuse Emotionalität gelten zu lassen; hier wiederum wird die „Formbestimmtheit", die Durchdrungenheit von Prinzipien beruflicher Arbeit „…." verdrängt. Im Begriff „Verdrängen" ist allerdings bereits auf der semantischen Ebene enthalten, daß beides fortexistiert, erhalten und virulent bleibt: Die Gebrauchsbezogenheit von Beruf und die Tauschbezogenheit von Hausarbeit.(…)

Als konstitutives Moment verbleibt der Arbeit der Frau die Sorge, ursprünglich eigentlich eine geschlechtsunspezifische Komponente menschlicher Arbeit überhaupt: die alltägliche Sorge für das menschliche Überleben. Diese Arbeit ist nicht oder zumindest nicht vordringlich auf eine Vergrößerung des Ertrages gerichtet, sondern auf die kontinuierliche Sicherung und Erhaltung des Gegebenen, Erarbeiteten. Eine Vergrößerung des Ertrages dient also ebenfalls unmittelbar dem alltäglichen Überleben, verselbständigt sich nicht losgelöst vom unmittelbaren Verbrauch (Industrie!). Werkzeuge, Techniken, Fertigkeiten sind auf diese Sicherung unmittelbarer Reproduktion bezogen. Fähigkeiten und Kenntnisse basieren auf Erfahrungen im Umgang mit Natur, sie zeichnen sich durch hohe Materialbezogenheit, Material- und Naturkenntnis, hohe sinnlich intuitive und anschauliche Differenzierungsfähigkeit für alle Dinge und Erscheinungen, mit denen im alltäglichen Leben umgegangen werden muß, und ihrer Umwelt. (…) Die Entwicklung solcher Fähigkeiten braucht Zeit, viel freie Zeit des Probierens, Scheiterns, Wiederprobierens, Kennenlernens. So lebe Kenntnisse und Fähigkeiten bergen Jahrtausende Erfahrung (u. a. von Hunger,

Angst, Krankheit etc.) in sich. Sie gehen verloren, wenn „Zeit" zum knappen
Mittel wird, wenn alltägliches Erfahrungswissen, hinter eine abstrakte Fachkom-
petenz zurücktritt, wie dies unter Bedingungen fortgeschrittener industrieller
Warenproduktion der Fall ist. (...)

Gerade weil Berufsarbeit versucht, ihre materielle Basis zu verdrängen, also
z. B. die Gesetzmäßigkeit der natürlichen Umwelt, die Abfolge und Wiederkehr
„lebendiger" Bedürfnisse, bleibt sie auf Hausarbeit als andere, immer noch mehr
oder weniger naturgebundene Arbeit angewiesen. Damit sind schon strukturell
Grenzen für eine Verberuflichung von Hausarbeitsaufgaben gesetzt. Jede Verberuflichung zieht als Folge die Notwendigkeit einer anderen „arbeitszeitfreien"
noch naturgebundenen Arbeit nach sich. (...)

Der subsistenzwirtschaftliche Charakter der Hausarbeit ist „..." Folge einer tauschfreien Ausdifferenzierung und damit privaten Bearbeitung nicht
ohne weiteres aufschiebbarer und in Berufen (also im Sinne von Kosten- und
Zeitökonomie) zu lösender Probleme; es sind Probleme, die die Reproduktion
von Arbeitsvermögen angehen. Als Alltägliche unmittelbare Herstellung und
Wiederherstellung der Voraussetzung von Arbeitsvermögen bleibt Hausarbeit
immer noch primäre Form gesellschaftlicher Arbeit; aber sie hängt zunehmend
von Berufsarbeit, von beruflich erworbenen Subsistenzmitteln, damit auch von
beruflichen Strukturen und deren Verinnerlichung ab.(...)

Zwar bringt die nicht ganz auflösbare Naturgebundenheit privater Reproduktionsarbeit – auch die der Frau selbst – eine Besonderheit des weiblichen
Arbeitsvermögens hervor. Sie verlangt von Frauen in ihrer biologischen Reproduktionsfähigkeit und als wesentliche Trägerinnen den privaten Reproduktionsprozesses Empathie, Geduld und Ausdauer, Erfahrungswissen und
divergentes Denken – sie bestimmt, was typisch weiblich zu sein scheint. Es ist
aber nicht richtig, diese Besonderheit weiblicher Kultur heute und deren Statik
und Borniertheit allein auf die Naturgebundenheit des Arbeitsgegenstandes
privater Reproduktion zurückzuführen: Es ist vielmehr die Auswegs- und
Perspektivelosigkeit der gesellschaftlich hergestellten und erzwungenen Ghet-
tosituation weiblichen Daseins unter Bedingungen beruflicher Arbeit, die strukturelle Unmöglichkeit für Frauen über die Ghettomauern zu blicken, erst recht
diesem zu entkommen – es ist der den Frauen auferlegte Zwang, tagaus tagein
eine der beruflichen Qualität entgegengesetzte Qualität zu inszenieren, die hier
Langeweile und Resignation, Apathie und Gleichgültigkeit aufkommen läßt.

3 Zwischen Familie und Beruf: Frauen als besondere Arbeitskräfte

Elisabeth Beck-Gernsheim und *Ilona Ostner* stellen einen Zusammenhang zwischen dem in einer Sozialisation zur Hausarbeit erworbenen Arbeitsvermögen und dem Verhalten von Frauen auf dem Arbeitsmarkt und im Betrieb her. Sie gehen davon aus, dass Frauen über ein „reproduktionsbezogenes Arbeitsvermögen" verfügen, wenn sie auf den Arbeitsmarkt treten. Damit erklären sie sich spezifische berufliche Interessen und Verhaltensweisen von Frauen in Betrieben. Die besonderen Fähigkeitsmuster dieses Arbeitsvermögens lassen sich von Betrieben nutzen, ohne dass sie als berufliche Qualifikationen anerkannt und entsprechend entlohnt werden müssen. Daher fordern sie, dass sich die vereinseitigenden beruflichen Anforderungen verändern müssten, damit die vorhandenen Qualitäten des Arbeitsvermögens zugunsten der Frauen anerkannt werden. Das Konzept des „weiblichen Arbeitsvermögens" hat sich schnell verbreitet, wurde aber auch heftig kritisiert: Es schreibe bestimmte, ungleiche Fähigkeitsmuster zwischen Frauen und Männern stereotyp fest und unterschätze die Bedeutung der beruflichen Erfahrungen von Frauen.

Claudia von Werlhof geht ebenfalls von der Hausarbeit aus, um internationale Entwicklungen in der Erwerbsarbeit zu analysieren. Sie deutet diese als „Hausfrauisierung" der Lohnarbeit, die auch Männer treffen wird. Erwerbstätigkeit wird zukünftig weniger dem Modell der sozial gesicherten männlichen Lohnarbeit entsprechen, sondern immer umfassender vor- und außerberufliche Fähigkeiten und Netzwerke der Menschen ausbeuten. Als Indiz führt sie die Zunahme aller Formen weniger geschützter außerhäuslicher Lohnarbeit ebenso an wie die Rückverlagerung von Aufgaben in die Privatsphäre, wo sie unbezahlt verrichtet werden.

▶ *Beck-Gernsheim, Elisabeth/Ostner, Ilona (1978): Frauen verändern – Berufe nicht? In: Soziale Welt, Heft 3, S. 257-287, hier Auszüge aus den S. 273-276, 281- 82*

Aufgrund einer im historischen Verlauf entwickelten grundlegenden geschlechtsspezifischen Arbeitsteilung sind für die Aufgaben der familialen Hausarbeit primär Frauen zuständig. Die Folgen dieser gesellschaftlichen Arbeitsteilung strukturieren in umfassender Form den Lebensentwurf und die Lebenserfahrung von Frauen. Denn in der lebensgeschichtlichen Auseinandersetzung mit den Anforderungen der Hausarbeit entwickeln Frauen Fähigkeiten, Situationsdeutungen und Bedürfnisse, die sie mehr für die Familie, weniger für die Berufsarbeit qualifizieren: so z. B. intuitiv-gefühlsbestimmte Verhaltensweisen, Geduld und Beharrlichkeit, Bereitschaft zur Einfügung und emotionale Abhängigkeit. Die Identität der Frau ist damit entscheidend bestimmt durch das Insgesamt der Tätigkeiten und Beziehungen der Frau im Reproduktionsbereich (Familie, Haushalt, Kindererziehung), durch die damit verbundenen ökonomischen und sozialen Abhängigkeiten, Chancen und Grenzen in bezug auf Persönlichkeitsentwicklung, Handlungsspielraum usw. Diesen objektiven Gegebenheiten des „weiblichen Lebenszusammenhanges" entsprechen – im konkreten Fall immer schon mehr oder minder ambivalent, mehr oder minder konfliktbelastet je nach individueller Lebenslage, Generations- und Schichtzugehörigkeit usw. – auf der subjektiven Seite Persönlichkeitsprägungen und -strukturen, die der Arbeitsweise in der Familie zugehörig sind: bestimmte Arten und Weisen des Denkens, Fühlens, Wahrnehmens, der Phantasie, Spontanität, Sensibilität.

Mit dieser Skizzierung soll ganz sicher nicht eine idealisierende und überhöhende Vorstellung der im weiblichen Lebenszusammenhang angelegten Eigenschaften und Verhaltensweisen entworfen werden. Im Gegenteil – weil die Arbeit in der Familie in die gesellschaftlich-historischen Rahmenbedingungen der industriellen Warenproduktion gestellt und durch sie in der einen oder anderen Form gebrochen wird, deshalb ist auch das weibliche Arbeitsvermögen immer schon durch *tiefgreifende Ambivalenzen* gekennzeichnet.

Dieses Arbeitsvermögen wird hergestellt durch die Auseinandersetzung mit einem naturwüchsigen Arbeitsgegenstand – eine Konfrontation, die jede Frau in irgendeiner Weise durchmacht –, gleichzeitig aber auch durch die Erfahrung der Geringschätzung und Gettoisierung von Hausarbeit unter Bedingungen einer primär auf Berufsarbeit ausgerichteten und durch sie geprägten Gesellschaftsform. In diesem Arbeitsvermögen sind deshalb Erfahrungswissen, Intuition, Fürsorglichkeit ebenso eingebunden wie eine „Blindheit gegenüber der eigenen Praxis" (*Lorenzer*) oder eine Ohnmacht gegenüber einer nur unzureichend bekannten beruflichen Wirklichkeit, die dennoch real bestimmend ist, weil sie in alle Lebensbereiche übergreift.

Die Sorge für die physischen und psychischen Bedürfnisse der Familienmitglieder verlangt von der Frau immer wieder Zurückstellen der eigenen Person, Verzicht auf die Entwicklung eigener Wünsche und Bedürfnisse: ihr Verhalten ist stets auf andere Personen bezogen, durch deren Bedürfnisse definiert. In der lebenslangen Eingebundenheit in Hausarbeit sind damit stets auch emotionale Abhängigkeit und Angewiesenheit auf soziale Anerkennung angelegt, größere Ängstlichkeit, Unsicherheit und geringeres Selbstwertgefühl von Frauen Selbstbewußtsein, Selbstfindung und -wahrnehmung sind strukturell erschwert. (...)

Hausarbeit also ist das Bestimmungsmoment derartiger Verhaltensweisen, des weiblichen Lebenszusammenhanges und der gesellschaftlichen Stellung der Frau heute – und nicht die weibliche „Biologie", auch nicht Wertvorstellungen oder Ideologien. Letztere verweisen wieder zurück auf die Hausarbeit. Weibliches Arbeitsvermögen wird hervorgebracht durch die historische Beschränkung von Frauen auf Hausarbeit, durch die lebensgeschichtliche Verinnerlichung der damit geforderten Einstellungen und Verhaltensweisen. (…)

Indem die auf die Inhalte und Anforderungen der Hausarbeit bezogenen Fähigkeiten den Lebensentwurf von Frauen strukturieren, können sie auch dann nicht einfach abgeschüttelt und abgeschnitten werden, wenn Frauen im Berufsbereich tätig werden. Vielmehr bringen Frauen nicht nur ihre objektive Situation, sondern typischerweise auch bestimmte dieser „anderen", dieser „nicht-beruflichen" Verhaltensweisen in die berufliche Arbeit ein, wodurch sie anders als Männer berufliche Anforderungen wahrnehmen und auf sie reagieren. Umgekehrt bilden diese Besonderheiten des weiblichen Arbeitsvermögens den Ansatzpunkt für betrieblich-ökonomische Einsatzinteressen: Sie werden aufgenommen in der Herausbildung von speziellen „Frauenberufen", die einerseits durch bestimmte inhaltliche Ausrichtung, andererseits durch niedrige hierarchische Ausstattung charakterisiert wird. Vermittelt über betriebliche Nutzungsformen und -strategien, die der inneren Logik der Mehrwertproduktion folgen, schlagen sich die subjektiven Äußerungen des „weiblichen Lebenszusammenhangs" – nämlich die von der Eigenart der Hausarbeit geprägten Fähigkeiten und Verhaltensweisen von Frauen – in objektiven Merkmalen der Berufsstruktur nieder.

Aber die „hausarbeitsnahen" Präferenzen von Frauen in Berufswahl und -praxis sind nur die subjektive Ursache der beruflichen Benachteiligung von Frauen. Betriebliche Strategien spekulieren nicht nur auf dieses hausarbeitsnahe Arbeitsvermögen von Frauen, das sie für bestimmte Arbeiten besonders verwertbar macht. Sie spekulieren auch auf das Versorgtsein der Frau durch Ehe und Familie, auf die damit verbundene Disponibilität gegenüber Konjunkturschwankungen. Sie knüpfen vor allem auch an einen gesellschaftlichen Grundsachverhalt an, der der subjektiven Verhaltensebene vorgelagert ist: an jene eigenartig komplementäre Verbindung von Beruf und Hausarbeit „…". Ebenso wie der spezifische und unverzichtbare Beitrag, den Hausarbeit für beruflich organisierte Arbeit leistet, nicht als gesellschaftliche Leistung erkannt und honoriert wird – ebenso überträgt sich diese „gesellschaftliche Unsichtbarkeit" der Hausarbeit auch auf die Fähigkeiten und Verhaltensweisen, die Frauen im Rahmen der Hausarbeit entwickeln. Die grundlegende geschlechtsspezifische Arbeitsteilung zwischen Beruf als gesellschaftlich gewerteter Arbeit und privater unbezahlter Hausarbeit bedingt die Geringschätzung weiblicher Arbeit, d. h.

auch ihre geringere Entlohnung. Die Besonderheiten des weiblichen Arbeitsvermögens fungieren als „stille Qualifikationen", die in der beruflichen Arbeit zwar genutzt, aber nicht eigens als Qualifikationen honoriert werden.

Von daher erklärt sich, warum gerade die „hausarbeitsnahen" Qualifikationen von Frauen – z. B. der Sekretärinnen, Krankenschwestern, Fließbandarbeiterinnen – unbezahlt bleiben. Was hier etwa als personenbezogene Anpassungsbereitschaft, Fürsorgeneigung oder Monotonierestistenz in die berufliche Arbeit eingebracht wird, ist in keinem Leitfaden zur Arbeitsbewertung zu finden. Die Tatsache des Vorhandenseins von Fähigkeiten – ihres Vorhandenseins *vor* formalisierter und in Zertifikaten belegter Ausbildung – wird bei Frauen gerade zum Fundament ihrer Nichtbezahlung, ja oft sogar ihres Ausschlusses aus leitenden Tätigkeiten.

Vor dem Hintergrund dieser objektiven Bedingungen gewinnen dann die subjektiven Verhaltensweisen von Frauen ihren spezifischen Stellenwert. Die den Frauen auferlegte „Verinnerlichung" ihrer Diskriminierung (die vor allem über die im weiblichen Sozialisationsprozeß vermittelten Definitionen produziert wird) unterstützt wesentlich die gesellschaftliche und betriebliche Unterbewertung weiblicher Arbeit. Denn nur dann, wenn Frauen selbst ihre Berufsarbeit als Abweichung vom Erfolgsziel Ehe oder umgekehrt als Verlängerung der Arbeit für die Familie definieren; wenn sie sich in ihren beruflichen Ansprüchen bescheiden, um der Doppelbelastung einigermaßen zu entgehen; wenn sie passiv, ängstlich, unsicher *sind, selbst* ihre Arbeit als minderwertig ansehen – nur dann können die Betriebe auf jene gefügige, konjunkturreagible „Arbeitskraft Frau" rechnen, die den jeweiligen Bedarfsanforderungen sich einpassen läßt, ohne daß Widerstand sich artikuliert. Dieses Ineinandergreifen von objektiven und subjektiven Momenten wird schließlich noch dadurch ergänzt, daß betriebliche Strategien geschlechtsspezifischer Personalpolitik und Lohnpolitik das geringe Selbstbewußtsein von Frauen nicht nur aufgreifen, sondern immer wieder real bestätigen und bestärken.

Zumindest ein Moment jenes vielschichtigen Vermittlungsprozesses zwischen Besonderheiten des weiblichen Arbeitsvermögens und beruflicher Sonderstellung von Frauen scheint damit offensichtlich. Diese besonderen Fähigkeiten und Orientierungen schlagen immer wieder um in berufliche Benachteiligung und Zurücksetzung: Weil sie nicht den Anforderungen des beruflichen Kontextes entsprechen, der vom Arbeitenden bewußte Wahrnehmung seiner Eigeninteressen verlangt, werden sie in der Berufsarbeit zum strukturellen „Wettbewerbsnachteil" von Frauen. Oder anders gesagt und auf eine einfache Formel gebracht: *Was die Frau im Haushalt braucht, schadet ihr im Beruf.* (…)

Auf der einen Seite wird zwar die zwangsweise Zuweisung der Frauen zur Hausarbeit, ihre Zurücksetzung und Benachteiligung im Beruf nicht länger mehr als selbstverständlich hingenommen; statt dessen wird die Forderung nach „Integration in die Berufswelt", ja nach „Chancengleichheit" erhoben. Damit zugleich wird aber, bewußt oder unbewußt, den Frauen eine Anpassung abverlangt, die äußerst schwerwiegend in ihr Leben eingreift. Es wird verlangt, daß Frauen die besonderen Qualitäten zurückdrängen, die in ihrem Arbeits- und Lebenszusammenhang angelegt sind, und möglichst reibungslos den beruflich geforderten Verhaltensweisen sich einpassen; daß sie wie Männer der Dominanz ökonomischer Rationalität sich unterwerfen, die gleiche Verengung von Fähigkeiten, Verhaltensweisen, Gefühlen und Bindungen durchmachen – daß sie möglichst rational kalkulieren, bedingungslos konkurrieren und leistungsgerecht funktionieren.

Doch derartige Forderungen betreffen nicht nur die Biographie von Frauen. Sie werfen vielmehr gesellschaftliche Folgeprobleme auf, deren Art und Ausmaß sie nicht einmal ahnen. Denn die „Abschaffung des weiblichen Arbeitsvermögens", konsequent durchgeführt, müßte die Existenzbedingungen privater Reproduktion in Frage stellen: Wie nämlich kann der unverzichtbare Beitrag, den Hausarbeit für beruflich organisierte Arbeit leistet, erhalten bleiben, wenn die für Hausarbeit geforderten Qualitäten systematisch abtrainiert und verdrängt werden? Welche Alternative könnte es geben, wenn Frauen nicht mehr den Anforderungen dieses Arbeitsvermögens entsprechen?

So verstanden, gewinnen Forderungen wie die nach „Chancengleichheit" und „beruflicher Integration" einen offensichtlich ambivalenten, ja problematischen Stellenwert. Es wird notwendig, sie neu zu überdenken, ihre Voraussetzungen und Implikationen zu prüfen. *Welcher Art* sind denn die sozialen Bedingungen und Strukturen, in die Frauen integriert werden sollen? *Welcher Art* sind die Chancen, die ihnen eröffnet werden sollen – und welches sind die neuen Zwänge, Konflikte, Belastungen, die damit unter der Hand auf die Frauen zukommen? Kurzum: *Ist eine so definierte Chancengleichheit, eine so verstandene Berufsintegration überhaupt erstrebenswert?* (...)

Es ist nicht „Chancengleichheit", wenn den Frauen Veränderung und Anpassung abverlangt wird – sondern es ist wiederum Diskriminierung der im weiblichen Lebenszusammenhang angelegten Qualitäten, wenn auch jetzt in subtiler und scheinbar progressiver Form.

Deshalb unsere These: *Nicht durch frauenspezifische Maßnahmen allein läßt sich die Berufsmisere von Frauen abbauen (damit werden Benachteiligungen eher verlängert). Vielmehr sind bestimmte allgemeine – nicht bloß Frauen betreffende Veränderungen der Berufswelt erforderlich: Es müssen neue Formen der Organisation beruflicher Arbeit entwickelt werden, die das Einbringen sogenannt „weiblicher" Fähigkeiten und Verhaltensweisen (die in Wirklichkeit Qualitäten sind, die in der Eigenart der Hausarbeit angelegt sind) bewußt unterstützen und ermöglichen; die konkret-sinnliche, bedürfnisorientierte Fähigkeiten nicht länger als Mangel auslegen, sondern umgekehrt anerkennen und honorieren. Es muß die Berufsarbeit schrittweise und im Detail so umgestaltet werden, daß sie auch Elemente der Hausarbeit (genauer: Fähigkeiten und Verhaltensweisen, die gegenwärtig in die Hausarbeit abgedrängt sind) aufnimmt und zuläßt.*

▶ **von Werlhof, Claudia (1983): Der Proletarier ist tot. Es lebe die Hausfrau.** *In: Dies. u. a. (Hrsg.): Frauen, die letzte Kolonie. Reinbek: Rowohlt-Taschenbuch-Verl. S. 113-136. Hier Auszüge aus den S. 113, 115- 118, 121-125, 128-130*

Wenn wir Hausarbeit verstanden haben, haben wir die Ökonomie verstanden. Das setzt aber voraus – und daran mangelt es (trotz der sogenannten Hausarbeitsdebatte) noch erheblich –, daß wir sie in Beziehung setzen zur, ja anwenden auf nichts weniger als die Gesamtökonomie, und zwar die Weltökonomie. Erst dann wird die Brisanz, die Bedeutung der sogenannten Frauenfrage in ihrer Allgemeinheit erkennbar. Die Frauenfrage ist die allgemeinste – und nicht die speziellste – aller gesellschaftlichen Fragen, weil in ihr alle anderen enthalten sind, sie im Gegensatz zu allen bisherigen Fragen niemanden auslässt. Das ist keine Einbildung oder Hybris, sondern liegt am Funktionieren unserer Gesellschaft selbst. Denn sie selbst hat eine historisch bisher einmalige Situation geschaffen, nämlich die, daß Frauen immer „das Unten" sind. Nur von unten her, also vom Boden des Fasses, kann aber das Ganze als Ganzes gesehen werden. Nichts ist wichtiger, ja geradezu lebensnotwendiger, als dieser Tendenz der Analyse „von unten" ein wenig auf die Sprünge zu helfen. (…)

Ich glaube, daß wir den historischen Moment erleben, in dem die „Säule" kapitalistischer Produktion, der freie Lohnarbeiter oder Proletarier, auf Nimmerwiedersehen verschwindet. Es handelt sich um eben jenen Arbeiter, der seit dem 19. Jahrhundert die „klassische" Figur des vom Kapital Ausgebeuteten und daher auch subjektiv zur Umwälzung der Gesellschaft Berufenen abgibt, zumindest was die Meinung der Linken betrifft. Aber auch die Nichtlinken hatten im wesentlichen diesen Arbeiter im Blick, wenn sie ihn auch nicht Proletarier nannten, sondern Mittelschicht, „schweigende Mehrheit" etc. Denn Proletarier oder freier Lohnarbeiter ist nicht nur der Fabrikarbeiter, sondern grundsätzlich jeder, der seinen Lebensunterhalt in erster Linie mittels eines Lohnes (bzw. Gehalts) bestreitet, also auch der Angestellte und der Beamte. Dieser Typ des Lohnarbeiters stellte bei uns immerhin eine Art Mehrheit dar, er trug die Gesellschaft, die Demokratie, er war der Wähler, er war der „Freie, Gleiche und Brüderliche", ihm galten die bürgerlichen und Menschenrechte, er war der angeblich gleichwertige und mündige Vertragspartner der Unternehmer, er war gesetzlich vor Willkür und Gewalt geschützt, sozial gesichert, permanent, wenn nicht lebenslang beschäftigt in Fabrik oder Büro, er war gewerkschaftlich frei organisiert, und er erhielt einen Lohn, der für ihn und seine Familie auf einem durchschnittlichen Niveau der Lebenshaltung ausreichte: der Staatsbürger, der „Mensch", das Mitglied der Gesellschaft, das freie Individuum. (…)

...der proletarische Lohnarbeiter ist eine minoritäre Erscheinung während einer bestimmten Phase des Kapitalismus und beschränkt auf einige wenige Gebiete der Erde. Heute gehören nur wenige Prozent der Weltbevölkerung dazu, und es waren auch nie mehr. Der „Prototyp" des freien Lohnarbeiters, der städtische Industriearbeiter männlichen Geschlechts, weißer Hautfarbe und über 21 Jahre alt ist gar noch seltener.

Ihm steht weltweit eine Masse von 80-90 % der Bevölkerung gegenüber, die im wesentlichen aus Frauen, Bauern Handwerkern, Kleinhändlern und solchen Lohnarbeitern, die man nicht als „frei" oder proletarisch bezeichnen kann, besteht. Dieses Faktum hätte eigentlich schon immer die Aufmerksamkeit verdient, die ihm jetzt allmählich zugedacht werden wird. Das ist nicht nur an der Frauenarbeitsdebatte zu erkennen und an der Dritte -Welt -Diskussion sowie der wiederbelebten Diskussion über die Landwirtschaft und die Bauern, also alle jene, die im Prinzip keine freien Lohnarbeiter sind. Der neueste „hit" der Debatte verspricht der sogenannte „informelle Sektor" zu werden, der im Unterschied zum sogenannten „formellen Sektor" der Ökonomie zwar Lohnarbeit kennt, aber eben keine „normale". Es ist jener Bereich, in den die ehemaligen Proletarier abgeschoben werden – Teilzeitarbeit, Kontraktarbeit, Saison- und Gastarbeiterarbeit, illegale Arbeit, Leiharbeit sowie unentlohnte Arbeit wie die sogenannte „Eigenarbeit", „Schattenarbeit" (Illich), Subsistenzarbeit und, meist „vergessen", Hausarbeit, also generell (Lohn-) Arbeit, die nicht „frei" ist. In der Debatte über diesen Sektor wird bisher tunlichst übersehen, daß er absolut nichts Neues ist. Neu ist nur, daß er nun zur „Alternative" für die Exproletarier wird. Deswegen kümmert man sich um ihn, und das ist nach wie vor zu einäugig, am falschen Ende des Problems angesetzt. (…)

Nicht 10 % freie Lohnarbeiter, sondern 90 % unfreie Nichtlohnarbeiter sind die Säule der Akkumulation und des Wachstums, sind die wahren Ausgebeuteten, sind die wahren „Produzenten", sind die „Norm", der allgemeine Zustand, in dem sich der Mensch im Kapitalismus befindet. Und das steht zu seinem Entsetzen nun auch dem Proletarier ganz real bevor. Denn der Mensch im Kapitalismus befindet sich entgegen allen anders lautenden Beteuerungen in

Unfreiheit, Ungleichheit und Unbrüderlichkeit, umgeben von Gewalt, Elend, Unterdrückung, rechtlos, unmündig, unorganisiert, lohnlos, eigentumslos, ungesichert, hungernd und frierend – aber: arbeitend.

Es ist ja nicht wahr, daß „Arbeitslose" nicht arbeiten. Sie sind Lohnlose, Einkommenslose und müssen daher viel mehr arbeiten als die „Beschäftigten", um überhaupt zu überleben. Sie tun alles, wirklich alles, was möglich ist, um sich ein minimales Einkommen zu verschaffen. Da eine einzelne Tätigkeit zu wenig abwirft, müssen sie viele auf einmal tun: sie sind gleichzeitig Kleinbauern und Saisonlandarbeiter, Kleinhändler und Kleindienstleistende, Produzenten und Verkäufer selbst hergestellter Waren, Prostituierte und Teilzeitlohnarbeiter, Vertrags- und Heimarbeiter, kurz, alles das, was erst jetzt bei uns nach und nach auch für den „weißen Mann" die Norm werden wird. Die Dritte Welt kommt zu uns. Sie zeigt uns das „Bild der Zukunft" und den wirklichen Charakter unserer Produktionsweise. Genauer noch, unsere Ökonomie wird sich auch hier „verweiblichen", „feminisieren", „marginalisieren", „naturalisieren" oder „hausfrauisieren" – nur eines wird sie nicht – sich proletarisieren. (...)

Meine These ist, daß die Prinzipien der Organisation der Hausarbeit unsere Zukunft bestimmen werden und nicht, wie bisher immer angenommen, die Prinzipien der Organisation von proletarischer Lohnarbeit. Die Hausfrau ist das genaue Gegenteil des Proletariers. Nehmen wir das erst einmal im Sinne des Kontrasts zwischen weiß und schwarz. Im Prinzip kann man sich jede Frau vorstellen, denn alle Frauen im Kapitalismus sind Hausfrauen, ob sie wollen oder nicht. Es geht mir also keineswegs um eine Verherrlichung der Hausfrau, wie sonst üblich, des Proletariers. Dabei könnte es theoretisch auch sehr schön sein, Hausfrau zu sein, denn niemand sonst hat die Chance, derart vielfältige und unterschiedliche, im Prinzip alle Tätigkeiten, die es gibt, zu verrichten. Man schaue sich die Biographien von Frauen an und kann nur staunen. Wofür ich plädiere, ist, die Hausfrauen aus einer anderen Perspektive, mit einem anderen Blick wahrzunehmen. Setzen wir uns zunächst einmal die Brille des Kontrasts zwischen Proletarier und Nur-Hausfrau auf, beides seltene, nichtsdestoweniger jedoch typische, prototypische Erfindungen des Kapitalismus. Dieses ökonomische Liebespaar ist nicht nur weltweit ein höchst seltenes Phänomen, eigentlich auch bei uns, soweit damit die Lebenslänglichkeit gemeint ist. Es ist im Moment auch im Aussterben begriffen. (...)

Der Proletarier ist scheinbar frei, gleich, brüderlich usw. Die Hausfrau ist dessen Umkehrung: sie ist ganz real unfrei, unfrei in jenem Doppelsinne, daß sie weder frei ist, Ort und Art ihrer Arbeit und ihres Arbeitsplatzes frei zu wählen oder zu wechseln, sie ist gebunden: an Wohnung, Mann und Kinder; sie ist auch nicht frei von allen Produktionsmitteln, so daß sie lediglich ihre pure Arbeitskraft besäße, wie es in einem bestimmten Sinne beim Proletarier der Fall ist: sie hat nämlich etwas, was kein Mann hat und was in unserer Gesellschaft wie ein Produktionsmittel behandelt wird, ihre Gebärfähigkeit. Außerdem „hat" sie den Mann als „Ernährer".

Darüber hinaus ist sie nicht gleich: formal gibt es zwar inzwischen die Gleichberechtigung, aber selbst da, wo sie tatsächlich funktioniert, wirkt sie sich meist schädlich für die Frauen aus (z. B. im Scheidungsrecht), einfach deshalb, weil sie faktisch ungleich sind, solange sie Hausfrauen sind. (…)

Ich würde sagen, daß die extreme Verschiedenheit in den Arbeitsbedingungen von freiem Lohnarbeiter und Hausfrau die beiden Endpole eines fortlaufenden Kontinuums von kapitalistischen Arbeits- oder Produktionsverhältnissen bilden, zwischen denen sich die Realität abspielt – mehr zur freien Lohnarbeit oder mehr zur unfreien, unbezahlten Hausarbeit neigend. Sämtliche auf der Welt vorhandenen Arbeitsverhältnisse finden sich hier wieder, einschließlich derjenigen, die man üblicherweise in einen dritten, vor- oder nichtkapitalistischen Bereich einordnet. Sklavenarbeit heute, unfreie Formen der Lohnarbeit, Heimarbeit, bäuerliche Produktion usw. gehören allesamt auf dieses Kontinuum kapitalistischer Produktion, das heute immer mehr zu einer Art Rutschbahn in Richtung Hausarbeit wird. Denn sie haben alle eins gemeinsam: Markt- und generell Geldabhängigkeit, genauer Lohnabhängigkeit. Alle Menschen auf der Welt sind im Prinzip abhängig davon, einen Lohn zu erhalten, weil sie keine nennenswerten Produktionsmittel wie Boden, Gerät, Know-how usw. mehr haben bzw. kontrollieren, um zu überleben.

Auch Verhältnisse, die vorkapitalistischen Gesellschaften zu entsprechen scheinen, gehören dahin. In der Hausfrau sind sie alle miteinander im Kapitalismus vereint: Zwangsarbeit, Leibeigenschaft, Sklaverei und unfreie Lohnarbeit.

Daher ist nur von unten, von der Hausarbeit her, alle übrige Arbeit zu verstehen, nicht aber umgekehrt, von der Lohnarbeit her. Im Grunde ist Hausarbeit, nicht Lohnarbeit, das Modell von Arbeit im Kapitalismus überhaupt. Alle Menschen im Kapitalismus sind zwar eigentlich, d. h. potentiell, Lohnarbeiter, real aber eher „Hausfrauen", industrielle Reservearmee, relative Überbevölkerung, relativ nämlich im Verhältnis zur vorhandenen Lohnarbeit.

Die wenigsten Hausfrauen sind Nur-Hausfrauen. Fast alle Frauen und Männer sind einen Teil ihres Lebens oder immer wieder zwischendurch auch Lohnarbeiter(innen) oder verkaufen häusliche Produkte außerhalb des Hauses (v. a. in der Dritten Welt). Nie jedoch ähnelt die Lohnarbeiterin oder der unfreie Lohnarbeiter dem freien Lohnarbeiter. Alle Bedingungen verweiblichter oder direkt weiblicher Lohnarbeit verweisen vielmehr auf den hausfrauenähnlichen Charakter dieser Arbeit, so daß sie eher als bezahlte Hausarbeit denn als freie

Lohnarbeit verstehbar wird. (So gesehen ist Lohn für Hausarbeit nichts Neues und auch keine „revolutionäre" Forderung.) Die Lohnarbeit der Frauen wird als Verlängerung ihrer Hausarbeit organisiert und behandelt, übrigens deswegen auch entsprechend schlecht bezahlt. Die Frauen sind also auch außerhalb des Hauses in ähnlicher Weise ungleich mit den Männern wie innerhalb desselben. Das ist der Grund, warum alle Frauen Hausfrauen sind und immer so behandelt werden, als wären sie es. Dieser Sexismus gibt auch das Modell ab für den Rassismus: Ein farbiger Lohnarbeiter ist eben nie ein freier Lohnarbeiter und wird selbst dann nicht so behandelt, wenn er es doch ist. Es gibt daher auch keine Rassenneutralität im Kapitalismus. (…)

Je mehr Arbeitskraft durch Technik verdrängt wird, desto mehr werden Menschen nicht etwa absolut „überflüssig", sondern desto mehr ist das System darauf angewiesen, auf andere Weise, in anderen Bereichen menschliche Arbeit zum Einsatz zu bringen, und zwar möglichst massenhaft. Die Frage ist heute, wie soll das ohne freie Lohnarbeit organisiert und kontrolliert werden (ohne die „Sozialismusgefahr" heraufzubeschwören). Die historischen Beispiele für die weltweite Organisation nicht entlohnter Arbeit sind jedenfalls vorhanden: Sie finden sich im Haus, in der Landwirtschaft und generell in der Dritten Welt. Es handelt sich um gerade die Frage, die vor allem von denen nie diskutiert wurde, die glauben, nur Lohnarbeit sei Arbeit und produziere „Wert" und letztlich sei nicht der Mensch schöpferisch und lebendig, sondern das Kapital.

Die Produktion von Menschen in einer Gesellschaft wie der unseren ist nicht nur die wichtigste, permanent notwendige, schwierigste Aufgabe, sie ist auch besonders frustrierend, weil die Menschen dauernd erniedrigt, beraubt, ausgebeutet werden. Die Frauen haben daher ein spezifisch weibliches Arbeitsvermögen entwickelt, entwickeln müssen. Es orientiert sich an der Fruchtbarkeit ihres Leibes. Neues Leben schaffen durch Gebären ist das Prinzip, das Frauen auch auf alle anderen Tätigkeiten anwenden, früher zum gemeinsamen Nutzen aller Menschen – heute zum Nutzen des Systems. Alles, was Frauen tun, muß Frucht bringen, und diese muß gratis sein wie die Luft zum Atmen. Das gilt nicht nur für die Kinder, sondern auch für die sonstige Haus- und Lohnarbeit, die zusätzliche emotionale Zuwendung an die Kollegen, die Freundlichkeit, die Unterwürfigkeit, das Immer-zur-Verfügung-Stehen, das Alle-Wunden-Heilen, das Sexuell-nutzbar-Sein, das Alles-Wieder-in-Ordnung-Bringen und Sich-verantwortlich-Fühlen, das Sich-Aufopfern, die eigene Bedürfnislosigkeit und Anspruchslosigkeit, das Verzichten für andere, das Ertragen von allem, das Einspringen-Können für alles, das Sich-Zurückziehen, das Unsichtbar-Sein und das Immer-da-Sein, das Passiv-Bereitstehen und das Aktiv-die-„Karre-aus-dem-Dreck"-Ziehen, das Phantasie-Haben und das Emotional-Sein, das

Durchhalten und die Disziplin wie bei einem Soldaten. All das macht weibliches Arbeitsvermögen aus. Es ist komplett. Es ist das allgemeinste und umfassendste, weil die Gesamtperson einbeziehende und mobilisierende Arbeitsvermögen, das vorstellbar ist. Und seine Herstellung hat „nichts gekostet", keine formale Bildung ist dafür notwendig noch überhaupt denkbar. Die „Unqualifiziertheit" der Frauen ist in Wahrheit eine Super-Qualifikation. Auf ihrer kostenlosen Produktion und Aneignung beruht nicht nur die Lohnarbeit, sondern die gesamte Akkumulation.

Nicht die Verallgemeinerung der Lohnarbeit, sondern die Verallgemeinerung der Hausarbeit ist daher der Traum aller Kapitalisten. Es gibt keine billigere und produktivere, fruchtbarere menschliche Arbeit, und man kann sie auch ohne Peitsche erzwingen. Ich glaube, die Umstrukturierung unserer Ökonomie wird der Versuch sein, das weibliche Arbeitsvermögen auch den Männern anzuerziehen und aufzuzwingen, soweit möglich. Denn der Lohnarbeiter macht zuwenig und kann zuwenig. Er kann nur tun, was bezahlt wird und was vertraglich vereinbart wurde. Er tut nichts darüber hinaus, und er hat keine Ahnung von Menschenproduktion. (...)

Der Frisch-Import an „Gastarbeitern", die wegen ihres gebrauchswertorientierten, bäuerlichen Hintergrunds dem weiblichen Arbeitsvermögen näher stehen, hat hierin seinen Grund, genauso wie der umgekehrte Fall, die Nutzung billiger, junger, weiblicher Arbeitskraft durch die Auslagerung von Industrien in die Dritte Welt. Sie – und nicht unsere Lohnarbeit – gibt das Modell der Zukunft ab: die Welthausfrau bzw. die weltweite „industrielle Reservearmee", „marginale Masse" oder „relative Überbevölkerung". Die immer häufiger formulierten Drohungen gegen diese „Überbevölkerung" sind daher nicht nur gegen die Dritte Welt, sondern genauso gegen uns gerichtet. Die nicht als Lohnarbeiter Verwendbaren gelten überall als Verursacher der Krise, wo sie doch nichts anderes sind als das notwendige Ergebnis und gleichzeitig Bedingung für das Funktionieren unserer Produktionsweise. Was tun mit den zunehmend „Überflüssigen"? Das ist heute die alles entscheidende Frage.

Alle Arbeitsformen, die diese Nichtlohnarbeiter entwickelt haben, entwickeln mußten und neuerdings auch von oben diktiert erfüllen, sind für uns interessant, weil wir sie bald selbst erleben werden. Die Alternativszene hat damit schon begonnen, sei es auf dem Bauernhof, sei es in der Werkstatt, sei es im Haus als Hausmann. Der Staat hat damit begonnen, z. B. über die Kampagne „Frauen können mehr", über die Propagierung ehrenamtlicher Sozialarbeit, die Partizipation der Bürger und die Arbeitsverpflichtung Arbeitsloser in der Kommunalarbeit allgemein, das Zurück-in-die-Familie und „Mütter retten die Nation"-Programm der CDU.

> Und die Unternehmen haben damit begonnen durch Entlassung von freien Lohnarbeitern und immer häufigere Verwendung unfreier, „hausfrauisierter", „naturalisierter" Lohnarbeiter, illegaler, „schwarzer", geliehener, importierter Teilzeitarbeiter, darunter vieler Frauen, so lange bis auch die Männer bereit sind, vom hohen Roß des Proletariers, des Gleichen und Freien, herabzusteigen und ähnliche Arbeitsbedingungen zu akzeptieren, wie die Frauen und die Dritte Welt, im Prinzip nun auch real nichts weiter zu sein als der Boden, Naturressource, Objekt des Kapitals.

4 Entwicklung und Gestalt der Frauenerwerbstätigkeit

Christel Eckart beschäftigt sich mit der in Deutschland – im Gegensatz zu anderen Ländern – fast exklusiv weiblichen Arbeitszeitform: der Teilzeitarbeit. Diese wird auch innerhalb der Frauenforschung durchaus zwiespältig bewertet, da sie Frauen in der Regel von einem „Hauptverdiener" abhängig hält. Eckart betont dagegen die strategischen Interessen der Frauen, sich auf diese Weise die Teilhabe an beiden Lebensbereichen zu sichern. Sie zeigt aber auch, dass gerade in der Fixierung dieser Arbeitszeitform auf die „Vereinbarung von Beruf und Familie" verhindert wird, dass Interessen von Frauen wahrgenommen werden, die darüber hinausgehen und sich auf andere, individuelle Bedürfnisse richten. Zugleich wird mit dieser Festlegung auf den Zweck „Vereinbarung" Teilzeit als „weibliche" Arbeitszeitform festgeschrieben, abgewertet und entsprechen unattraktiv für Männer. Daher kann sie kaum als ein mögliches Modell einer sozialverträglicheren Arbeitszeitform akzeptiert werden.

Ilona Ostner und *Angelika Willms* beschreiben in ihrem Vortrag die zu Beginn der 80er Jahre erkennbaren Veränderungen in der Haus- und Erwerbsarbeit von Frauen. Die fortschreitende Integration der Frauen in den Erwerbsbereich wurde durch Segregation, d. h. durch Einmündung in spezifische Frauenarbeitsbereiche erreicht. Berufliche Chancen von Frauen sind zugleich abhängig von der Auslagerung von Tätigkeiten aus dem Haus in wohlfahrtsstaatliche Dienste bzw. deren Rückverlagerung in der Krise des Wohlfahrtsstaates. Zugleich gerät die Hausarbeit unter Rationalisierungsdruck.

Ursula Rabe-Klebergs Beitrag konzentriert sich auf die gerade angesprochenen typischen Frauenberufe. Am Beispiel der Erzieherin zeigt sie jedoch, dass weniger die Tätigkeitsinhalte bestimmen, was als geeigneter Beruf für Frauen gilt, sondern sich dies eher über die spezifische Form der Arbeitsbedingungen und der Arbeitsanforderungen herstellt. Diese lassen Tätigkeitsfelder von Frauen als noch nicht ausreichend verberuflicht erscheinen.

Frauen haben sich Zugang zu hochqualifizierten Berufe und Professionen verschafft. *Angelika Wetterer* begründet an empirischen Beispielen, dass sich auch innerhalb von Professionen Machtgefälle zwischen weniger angesehenen (und entlohnten) Frauenarbeitsfeldern und Männertätigkeitsbereichen etablieren. In diesen Hierarchien, die entlang der Geschlechtertrennung verlaufen, sieht sie die Ursache für die Randständigkeit auch hochqualifizierter Frauen im Beruf. Die konkreten Tätigkeiten, die jeweils als „weiblich" oder „männlich" definiert werden, sind dagegen auswechselbar und beliebig. Damit stellt sie sich gegen die These eines spezifischen weiblichen Arbeitsvermögens.

▶ *Eckart, Christel (1982): Die Teilzeitarbeit von Frauen. Eine prekäre Strategie gegen Einseitigkeit und Doppelbelastung. In: Feministische Studien, H. 1, S. 19-32, hier Auszüge aus den S. 19-20, 24-31*

Der Begriff „Teilzeitarbeit" zwingt Wörter mit widersprüchlichen Anklängen zu einem Wortmonstrum zusammen, das buchhalterische, kleinliche, rechenhafte Assoziationen weckt, Vorstellungen von einem durch die Stechuhr zerstückelten Alltagsleben. „Teilzeitarbeit" scheint nur der Teil von einem vermeintlichen Ganzen, unvollständig, nicht in vollem Einsatz, wenig kreativ, minderwertig; klingt nach Halbherzigkeit, Rückzug, nach Trick und Bauernfängerei. Diese Assoziationen sind nicht verwunderlich, denn in der öffentlichen Diskussion überwiegen die kritischen Beurteilungen der Teilzeitarbeit. Aber schon der Begriff, der sich erst im Laufe der Zeit einbürgerte, verrät den Blickwinkel, unter dem die Mehrzahl der Erörterungen diese Arbeitszeitform betrachtet. Es ist der Blick auf die Verwertung von Arbeitskraft, die durch den Maßstab „Zeit" auf ihre abstrakteste Form reduziert wird. Die Interessen, Wünsche und Vorstellungen derer, die ihre Arbeit anbieten oder verkaufen, gelten unter diesem Gesichtspunkt allenfalls als unliebsame Einflußfaktoren. Das in der Umgangssprache geläufigere Wort „Halbtagsarbeit" nimmt für die Bezeichnung einer Arbeitseinteilung nicht den Maßstab des taylorisierten Produktionsprozesses, sondern den einer Erlebnisweise des Tageslaufs. „Halbtagsarbeit" läßt eher daran denken, daß mit der Hälfte des Tages etwas anderes, vielleicht besseres anzufangen wäre, als sie im Büro zu verbringen; daß eine Regelung für die Berufstätigkeit möglich sein könnte, die nicht den ganzen Tag stiehlt, sondern andere Arbeiten und Erlebnisse gleichrangig gelten ließe.

Seit Mitte der 70er Jahre ist die Teilzeitarbeit im Zusammenhang mit der Forderung nach allgemeiner Verkürzung der wöchentlichen Arbeitszeit wieder im Gespräch. Die Debatte um die Teilzeitarbeit ist nicht neu. In den 50er Jahren wurde sie in der BRD zum ersten Mal ausführlicher öffentlich geführt. Auch damals waren die Erörterungen Teil einer allgemeinen Diskussion um Arbeitszeitverkürzung, die die 42-Stunden- und die 5-Tage-Woche betrafen. Jedesmal, wenn eine allgemeine Änderung der Arbeitszeit zum öffentlichen Thema wurde, haben Frauen ihre eigenen Interessen an kürzerer Arbeitszeit und einer Verbesserung der Arbeitsbedingungen an Teilzeitarbeitsplätzen mit in die Debatte geworfen. Selten wurden und werden sie so aufgegriffen, daß sie im Zusammenhang der sozialen Realitäten berufstätiger Frauen betrachtet werden. Fast immer werden zur Bewertung der Teilzeitarbeit die Regelungen der sogenannten Normalarbeitszeit als Maßstab herangezogen. Teilzeitarbeit ist aber nicht nur eine unter Zwang angenommene Form der Arbeitseinteilung, sondern sie ist auch Ausdruck für Interessen von Frauen, die außerhalb der Erwerbsarbeit liegen und bei der Beurteilung von Teilzeitarbeit berücksichtigt werden müssen. (...)

Es ist ein verbreitetes Urteil, daß individuell verkürzte Arbeitszeit auch auf reduziertes berufliches Interesse schließen lasse. Die in einer solchen Annahme unterstellte lineare Beziehung von quantifizierbarem Zeitaufwand für Berufsarbeit und beruflicher Orientierung nimmt die von Reproduktionsaufgaben ungestörte männliche Berufskarriere zum Maßstab. Ist die unterstellte Beziehung schon für Männer problematisch, weil sie leicht die Zwänge des Berufsystems mit den Interessen der Berufstätigen selbst gleichsetzt, so erfaßt sie jedenfalls nicht die objektive Interessenlage der Frauen.

Hier soll dagegen die These vertreten werden, daß Teilzeitarbeit Frauen die Möglichkeit beruflichen und darüber hinausgehenden öffentlich -politischen Engagements, wie es ihrem Lebenszusammenhang entspricht, eröffnen kann. Vollzeitige Berufstätigkeit bedeutet für Ehefrauen und Mütter in der Regel mehrfache Arbeit, unter deren Belastung immanent berufliches Engagement und öffentliche Aktivität erdrückt werden können. Teilzeitarbeit beinhaltet dagegen die Chance, einerseits der eindimensionalen Reduktion weiblicher Lebensplanung in der Alternative: Beruf oder Familie und andererseits der Mehrfachbelastung aus der vollen ‚gleichzeitigen Verantwortung für Familie und Beruf zu entgehen. Statt einer „allseitig reduzierten Persönlichkeit" (Film von Helke Sander 1978) könnte sie einen größeren Spielraum zur Selbstentfaltung schaffen. Der Entfaltung dieser objektiven Möglichkeiten stehen allerdings massive Widerstände sowohl durch die betrieblichen Interessen der Arbeitsorganisation als auch durch die Zwänge der Institutionen Ehe und Familie entgegen.

Folgt man diesem möglichen Interesse an Teilzeitarbeit, dann erweitern sich die Kriterien für deren Beurteilung. Teilzeitarbeit kann dann weder nur Indiz für die Kongruenz der Berufswünsche der Frauen mit dem Anspruch der Erfüllung ihrer sozialen Rollenanforderungen interpretiert, noch als eindeutiges Resultat von Machtstrukturen angesehen werden, die Frauen zu Opfern des Arbeitsmarktes machen.

Unter den herrschenden Bedingungen geschlechtsspezifischer Arbeitsteilung wird Teilzeitarbeit von Frauen meist als eine gelungene Form der Bewältigung beruflicher und familialer Anforderungen betrachtet. Das mag empirisch für viele der teilzeitig beschäftigten Frauen, die überwiegend verheiratet und Mütter sind, auch zutreffen. Diese Betrachtung gerät leicht in Gefahr, Teilzeitarbeit empirisch verengt und ideologisch verkürzt zu beurteilen. Denn sie suggeriert. daß Teilzeitarbeit als „notwendiges Übel" den Frauen aus Rücksicht auf ihre Reproduktionsarbeit zugestanden werden müsse. Sehr schnell wird diese Anerkennung der faktisch geleiteten Reproduktionsarbeit zur Vorraussetzung für die Forderung nach Teilzeitarbeit umgewertet. Frauen sollen demnach diese Arbeitszeit nur dann wählen können, wenn sie sich für die Einschränkung eines „vollen" oder „normalen" Arbeitnehmerstatus durch familiale Verpflichtungen ausreichend legitimieren können. Mit diesen Legitimationsmustern wird die sexistische Arbeitsteilung festgeschrieben und Teilzeitarbeit nur in Defizit-Bestimmungen erfaßt. Gemessen an den Verwertungsinteressen des Berufssystems sind die Frauen dann „nicht voll berufstätig"; gemessen an einer ungestörten Erfüllung aller Erwartungen der Familie sind sie auch „nicht ganz der Familie gewidmet".

Beschreiben wir die Lage berufstätiger Frauen als geprägt durch die Belastungen mit unterschiedlichen, zum Teil unvereinbaren Anforderungen aus Familie und Beruf und durch deren unterschiedliche gesellschaftliche Bewertung, dann erscheint es zwar plausibel, ihnen als objektives Interesse eines nach Reduktion dieser vielfachen Belastung zu unterstellen. Doch scheinen die Strategien der Frauen, dieses Interesse durchzusetzen, empirisch nicht auf die einseitige Vermeidung der Anforderungen eines Bereiches gerichtet zu sein, z.B. ledig oder kinderlos zu bleiben oder die Berufstätigkeit aufzugeben. Das waren die Alternativen, die bis in die erste Hälfte dieses Jahrhunderts für Frauen mit qualifizierten Berufen als soziale Norm galten. Vielmehr scheinen die Interessen der Frauen seit den 60er Jahren verstärkt auf eine Kombination von Familien- und Berufsleben gerichtet zu sein, bei der in beiden Bereichen Entlastung und Entfaltung angestrebt werden. Die Veränderungen in der Familie und auf dem weiblichen Arbeitsmarkt in jenen Jahren legen diese Interpretation nahe. Denn unter günstigen ökonomischen Bedingungen – steigendem Einkommen und hoher Nachfrage nach weiblichen Arbeitskräften – ging die Zahl der Kinder je Ehe stark zurück und stieg gleichzeitig die Zahl der Frauen mit einer Teilzeitarbeit.

Die jüngsten Studien über die Beurteilung der Arbeit in Familie und Beruf durch die Frauen selbst nehmen die Tatsache, daß die Mehrheit ihre Existenz sowohl durch eine Familienkarriere als auch durch eigene Erwerbsarbeit zu sichern sucht, zum Ausgangspunkt ihrer Fragestellung, auf welche Weise Frauen zur bestmöglichen Verbindung ihrer Interessen in beiden Bereichen gelangen. Besteht doch weitgehend Übereinstimmung darüber, daß selbst Frauen in unqualifizierten Tätigkeiten noch die kommunikative und – gemessen an einer Existenz als Hausfrau – emanzipatorische Bedeutung ihrer Erwerbstätigkeit betonen. Der Wert, den Erwerbstätigkeit selbst unter Bedingungen unqualifizierter Fabrikarbeit als soziales Erfahrungsfeld für viele der Befragten zu haben scheint, kann durch die faktische Doppelbelastung stark eingeschränkt werden. (...)

Die Interessen von Frauen an Teilzeitarbeit gehen also nicht in der polaren Trennung von beruflichen und familialen Orientierungen auf. Von einer Verkürzung der Arbeitszeit kann nicht eindeutig ein reduziertes Interesse am Beruf abgeleitet werden. Umgekehrt kann auch nicht aus dem Familienstand allein auf die Interessen an einer Teilzeitarbeit geschlossen werden. Ehefrauen und Mütter sind in den ersten Familienphasen, während der der Haushalt aufgebaut und kleine Kinder versorgt werden müssen, so in Anspruch genommen, daß sie schon aus diesem Grund eine Teilzeitarbeit vorziehen. Dabei kann diese aber sowohl die Bedeutung einer Arbeitsentlastung gegenüber der vorherigen ganztätigen Berufstätigkeit haben, als auch die einer frei gewählten anderen Erfahrung außerhalb des Familienlebens. Wenn nicht die Arbeitsteilung zwischen Mann und Frau in der Familie geändert oder die Hausarbeit an anderen Personen delegiert werden kann, z. B. durch Verwandtschafts- und Nachbarschaftshilfe oder an bezahlte Arbeitskräfte, werden Frauen vermutlich häufig die zeitliche Einschränkung der Berufsarbeit wählen. Auch bei alleinstehenden Frauen kann von der fehlenden eigenen Familie nicht direkt auf den Inhalt ihrer Interessen an Berufsarbeit geschlossen werden. Die stärkere ökonomische Abhängigkeit lediger Frauen von der eigenen Erwerbstätigkeit wird die Wahl von Teilzeitarbeit in der Regel selten zulassen. Wenn ledige Frauen dennoch Teilzeitarbeit wählen, kann vermutet werden, daß sie, vielleicht gerade weil eine Familie als „Gegengewicht" fehlt, nicht gänzlich vom Beruf aufgesogen werden wollen und sich so Zeit für andere Interessen schaffen.

Die tägliche oder wöchentliche Verkürzung der Berufsarbeit allein löst aber die Zeitprobleme der meisten Frauen nicht. Vielmehr müssen sie den Kampf um freie Zeit in zwei Arbeitsbereichen führen, deren Zeit- und Beziehungsstrukturen gänzlich verschieden voneinander sind. Zeit scheint zwar der abstrakte gemeinsame Maßstab zum Vergleich der ganz unterschiedlichen Arten von Frauenarbeit zu sein. In der Alltagssprache verdeckt das Wort aber nicht die Bedeutung der sozialen Beziehungen, in denen Zeit verbracht wird. Die Studie „Frauenarbeit in Familie und Fabrik" erbrachte viele Hinweise darauf, daß „Zeit" ein von den befragten Frauen mit und ohne Familie selbst häufig verwendeter Begriff ist, in dem Wünsche nach Entlastung von den widersprüchlichen psychischen und physischen Anforderungen in Beruf und Familie ausgedrückt werden. Mit dem Begriff „Zeit" umschreiben die Frauen weniger die Zeiteinheiten, die sie für die Erledigung materieller Arbeiten brauchen, als vielmehr die Dichte der Beziehungen, in denen sie ihre Arbeit eingeflochten sehen, die ihnen keine freie Zeit lassen oder gegen deren Ansprüche sie sich „Zeit für sich" herausnehmen müssen. Sie sagen häufiger: „Dafür habe ich keine Zeit" als: „Das interessiert mich nicht", wenn sie nach Aktivitäten außerhalb ihrer Arbeitsbereiche Haushalt und Betrieb befragt werden. (…)

Im Interesse der Erweiterung ihrer Spielräume zwischen familialen und beruflichen Anforderungen sind Frauen gezwungen, sich mit widersprüchlichen Legitimationsmustern der geschlechtsspezifischen Arbeitsteilung auseinanderzusetzen, die Teilzeitarbeit nur in Defizit-Bestimmungen erfassen. Die im öffentlichen Sprachgebrauch vorherrschenden Beurteilungen der Berufstätigkeit von Frauen als Zu- und Mitverdienst sind, wie die Bewertung der Hausarbeit als Liebesdienst und Frauenarbeit, Bewertungen innerhalb der Logik sexistischer Arbeitsteilung und dienen deren Aufrechterhaltung. Das hierarchische Gefälle zwischen den Geschlechtern ist durch die gesellschaftlich sanktionierte Zuweisung der unbezahlten Reproduktionsarbeit an die Frau bestimmt. Solange Teilzeitarbeit nur durch Reproduktionsarbeit legitimiert erscheint, bleibt sie affiziert von der gesellschaftlichen Mißachtung der Hausarbeit. Interessenbewußtes Handeln bei der Durchsetzung von Teilzeitarbeit erfordert deshalb von den Frauen den flexiblen, instrumentellen Umgang mit den Normen der geschlechtlichen Arbeitsteilung. So kann eine Frau, die für ihre eigenen Zwecke einen Teilzeitarbeitsplatz anstrebt, im Betrieb auf ihre familialen Belastungen verweisen, ihrem (Ehe-)Mann oder ihrer Familie gegenüber sich aber auf die Verwirklichung ihrer beruflichen Interessen berufen. Würde das Verhalten nun in je einem Bereich betrachtet, müßte das zu Fehleinschätzungen von den Interessenorientierungen der Frau führen, die in einem Fall als familiale, im anderen als berufliche Orientierung erscheinen.

In der Studie „Frauenarbeit in Familie und Fabrik" konnte selbst für Frauen in unqualifizierten Tätigkeiten, deren Lebensplanung stark von äußeren Zwängen geprägt war, die Fähigkeit zum flexiblen Umgang mit Normen als Voraussetzung für eine erträgliche Balance zwischen den vielfältigen Belastungen festgestellt werden. Nach den Ergebnissen der Studie halten die befragten Arbeiterinnen zwar überwiegend an der herkömmlichen Praxis der Arbeitsteilung in der Familie fest. Es konnte aber gezeigt werden, daß dieses Ergebnis nicht den Schluß rechtfertigt, die Arbeiterinnen lebten in ungebrochener Übereinstimmung mit den bestehenden gesellschaftlichen Verhältnissen. Vielmehr handelten sie ihrem artikulierten Interesse gemäß, sich der unqualifizierten Lohnarbeit nicht lebenslänglich verschreiben zu müssen. Denn die traditionellen Normen. die der Frau die Hausarbeit als erste Arbeit zuweisen, ermöglichen ihnen. zumindest teilweise auch Verweigerungsstrategien gegenüber jener Lohnarbeit durchzuhalten, die ihnen als unqualifizierten Arbeitskräften zugemutet wird.

Ebenso kann die Wahl einer Teilzeitarbeit nicht gleichgesetzt werden mit der Absicht, alle sozialen Rollenerwartungen an die Frau erfüllen zu wollen. Vielmehr kann dieser Weg als Versuch einer Lebensgestaltung begriffen werden, die weder unter dem Zwang ausschließlicher Familien- oder Berufsanforderungen, noch unter dem der Doppelbelastung stünde. (…)

Nach den Ergebnissen bisheriger Untersuchungen läßt sich die These aufstellen, daß Teilzeitarbeit offenbar da an gesellschaftliche Grenzen der Ausweitung stößt, wo sie die etablierte Organisation der privaten Reproduktionsarbeit zu gefährden droht. Das scheint dann der Fall zu sein, wenn Teilzeitarbeit ein bestimmtes quantitatives Ausmaß überschreitet und ihre Qualität als kurzfristiges Instrument der Arbeitsmarktpolitik in eine institutionalisierte Anerkennung der Reproduktionsarbeit umzuschlagen droht, die dann nicht mehr zur Marginalisierung weiblicher Arbeitskräfte benutzt werden kann. Wenn Frauen auf Teilzeitarbeit Anspruch erheben, und zwar nicht als je individuelles Zugeständnis für ihre „privaten" Probleme der Organisation von Hausarbeit, sondern als institutionelle Regelung, infolge der sozialen Anerkennung ihrer gesellschaftlich notwendigen Arbeit in der Familie, sind sie auch nicht mehr durch Entzug solcher persönlicher Zugeständnisse aus dem Arbeitsprozeß zu vertreiben, so z. B. im öffentlichen Dienst, wo der Anspruch an Teilzeitarbeit aufgrund von Familienpflichten rechtlich geregelt ist. Dort, wo der Anspruch schon durch eine größere Anzahl von teilzeitig Arbeitenden zu einer faktischen Norm zu werden droht, wehren die Unternehmensleitungen den Ausbau von Teilzeitarbeitsplätzen ab.

In ihren Folgen für die geschlechtsspezifische Arbeitsteilung berühren Arbeitszeitregelungen für Frauen stets auch mittelbar die Interessen der (Ehe-)Männer und deren Reproduktionsbedürfnis im Rahmen der Familie. Von der Seite der Ehe und Familie her betrachtet kann Teilzeitarbeit Ergebnis und Voraussetzung ganz verschiedener Beziehungsstrukturen sein, mit verschiedenen Auswirkungen auf die Interessen der Frauen an Teilzeitarbeit und auf ihre Möglichkeiten, diese durchzusetzen. Gemessen an vollzeitiger Berufstätigkeit kann Teilzeitarbeit eine verstärkte, gemessen am Status der Hausfrau eine geminderte ökonomische Abhängigkeit vom Ehemann bedeuten. Beides ist kein eindeutiges Indiz für die faktischen ehelichen Machtverhältnisse und das soziale Selbstverständnis der Frau. Eine mehr oder weniger restriktive Auslegung der Normen der geschlechtlichen Arbeitsteilung ist abhängig vom beruflichen Selbstverständnis beider Partner, dabei wird das der Frau in der Regel innerhalb der Familie von dem des Mannes stärker beeinflußt als umgekehrt. Rücksicht auf die männliche Berufskarriere als die dauerhaftere und sozial gesichertere entspricht bis weit in die Mittelschicht hinein einem realistischen Kalkül der Absicherung des Familieneinkommens unter den herrschenden Bedingungen sexistischer, d. h. Frauen diskriminierender Arbeitsteilung. Da aber auch das Erwerbsleben lohnabhängig arbeitender Männer zunehmend stärkeren Schwankungen ausgesetzt ist, als sie die Institutionen Ehe und Familie ökonomisch und emotional auffangen können, wird eigene Lohnarbeit im Lebenslauf von Frauen unvermeidlich und der Status des dauerhaften männlichen Alleinverdieners für die Familie für immer größere Teile der abhängig Beschäftigten eine Seltenheit. Die Unsicherheiten und Diskriminierungen, die sie in der eigenen Berufstätigkeit erfahren, läßt die Mehrheit der Frauen aber dennoch an der Ehe als einer Institution ökonomischer Existenzsicherung festhalten. In dieser Tradition bleibt ihre Zuständigkeit für die Hausarbeit weitgehend unerschüttert und die Durchsetzung von damit zu vereinbarenden Arbeitszeiten ein wichtiges Problem für Frauen.

Nicht nur das vergleichsweise geringere Einkommen der Frauen als Grundlage des Kalküls der doppelten Existenzsicherung ist zu berücksichtigen, vielmehr auch der Einfluß, den die immer noch und unter Bedingungen wachsender Arbeitslosigkeit wieder verstärkt wirksamen Bewertungsmuster der Frauenarbeit als Doppel- oder Zuverdienst auf die Kontinuität des weiblichen Berufsleben ausüben. Es ist zu vermuten, daß diese Bewertungsmuster in der gegenwärtigen Phase von wachsender Arbeitslosigkeit teilzeitig arbeitende Frauen wieder verstärkt treffen und die Durchsetzung ihrer Interessen behindern oder Teilzeitarbeit unter den Krisenbedingungen als gleichsam sozialadäquate weibliche Arbeitszeitform repressiv festlegen. Das Interesse der Frauen an kontinuierlicher Erwerbstätigkeit durch Teilzeitarbeit kann in Krisenzeiten dadurch Härtetests unterworfen werden, daß die Betriebsleitungen sie vor die Wahl stellen, ihre Arbeitskraft ganztägig oder gar nicht zur Verfügung zu stellen. Umgekehrt können unter Berufung auf jene repressiven Leitbilder weiblicher Berufstätigkeit auch vollzeitig Erwerbstätige zur Teilzeitarbeit sich gezwungen sehen, sowohl zur

Sicherung ihrer ökonomischen Existenz als auch zur Aufrechterhaltung ihrer sozialen Identität als Berufstätige. In beiden Fällen wird in repressiver Weise auf die soziale Bindung der Frau an die Reproduktionsarbeit Bezug genommen, gleichgültig, ob die Frau selbst ihre Lebensplanung in Übereinstimmung oder in Abweichung von den Normen geschlechtlicher Arbeitsteilung getroffen hat. (…) Solange Teilzeitarbeit nur durch Reproduktionsarbeit zu legitimieren, von der gesellschaftlichen Mißachtung der Hausarbeit affiziert und als Frauenarbeit diffamiert ist, wird kaum ein Mann sie freiwillig wählen. Umgekehrt hätten Frauen von einer Ausweitung der Teilzeitarbeit unter Männern – auch mit Hilfe anderer Legitimationsmuster – nicht automatisch eine Erleichterung für ihre Arbeitsbelastungen zu erwarten, solange mit einer Verkürzung der Arbeitszeit nicht auch die geschlechtliche Arbeitsteilung zum Thema der öffentlichen Diskussion gemacht wird. Historisch haben bisher allgemeine Verkürzungen der Arbeitszeit die Arbeitsteilung zwischen den Geschlechtern nicht grundlegend erschüttert.

▶ *Ostner, Ilona/Willms, Angelika (1983): Strukturelle Veränderungen der Frauenarbeit in Haushalt und Beruf. In: Matthes, J. (Hrsg.): Krise der Arbeitsgesellschaft. Verhandlungen des 21. Deutschen Soziologentages in Bamberg 1982, Frankfurt/New York: Campus Verlag, S. 206-227, hier Auszüge aus den S. 206-207, 212- 214, 217-219*

Mit der Rede von der „Krise der Arbeitsgesellschaft" ist die Befürchtung – manchmal auch die Hoffnung – verbunden, der Arbeitsgesellschaft ginge „die Arbeit aus. „Arbeit" soll knapp werden. Unklar bleibt allerdings, von welcher Arbeit hier die Rede ist; welchen Personengruppen welche Arbeit ausgehen soll. Geht den Frauen die Arbeit aus? (…)

„Krise der Arbeit" heißt heute u. a., daß die beruflich verfaßte, relativ gesicherte und risikoarme Arbeit zu teuer und/oder zu knapp wird. Strategien werden sich daher vermutlich darauf richten, diesen Bereich zu reduzieren oder zumindest weiter „abzuschließen", Besitzstand – „Humankapitalinvestition" aus der Sicht des Betriebs, „Reproduktionsniveaus" aus der Sicht der Arbeitnehmer und ihrer Vertretungen – zu wahren.

Die Kehrseite dieser Strategie wäre dann die Vermehrung jener „ungeschützten Beschäftigungsverhältnisse" und der Versuch, marktförmige, relativ teure Arbeit(skraft) durch Hausarbeit(skraft) zu ersetzen. (…)

In ihrem Umfang ist die Erwerbsarbeit von Frauen seit 1882 erstaunlich gleich geblieben. Der Anteil der Frauen an den Erwerbstätigen liegt seit hundert Jahren bei etwa 36 %, und die Zunahme in jüngster Zeit betrifft vielfach Teilzeitarbeit, so daß, nach Arbeitsstunden gerechnet, der Beitrag der Frauen konstant blieb. Auch die Zunahme der Erwerbsquote von Ehefrauen, die in der Nachkriegszeit einsetzte, stellt nur ein Ausmaß an Integration in Erwerbsarbeit wieder her, das bereits vor hundert Jahren erreicht war, aber aufgrund der Untererfassung der Mithelfenden in der Statistik nicht sichtbar wurde. Aus mithelfenden Ehefrauen wurden außerhäuslich erwerbstätige Frauen. (…) Der Einbezug der Ehefrauen wurde geradezu erreicht durch die verstärkte Beschränkung der Frauen auf spezifische, weibliche Erwerbsbereiche. In einem Prozeß der „Integration durch Segregierung" schlugen sich die „besonderen" familiären Bedingungen der neuen Arbeitskräfte nieder in „besonderen" Arbeitsplätzen für sie. – Weshalb hat man aber die Frauen überhaupt gebraucht? Wir kommen damit zur zweiten Frage nach der Rolle der Frauenerwerbsarbeit im ökonomischen Modernisierungsprozeß. (…)

In den zwanziger Jahren, und erneut in den fünfziger Jahren haben Frauen Lücken im industriellen Arbeitskräfteangebot gefüllt. Sie ermöglichten es der elektrotechnischen Industrie, durch den Einsatz von Frauen an sog. „automatischen Maschinen" zu expandieren, ohne mit dem Maschinenbau um die teuren männlichen Arbeitskräfte konkurrieren zu müssen. Sie standen zur Verfügung, als die Vergrößerung der Betriebe und Verbreitung der schriftlichen Kommunikation zu einem hohen Bedarf an Büropersonal führten, und sie traten die Nachfolge der Handlungsgehilfen und Schreiber an, für die sich unter Männern kein Ersatz mehr fand. Frauen blieben aber auch den obsolet werdenden Wirtschaftsbereichen wie der Textilindustrie und dem Bekleidungsgewerbe als letzte Arbeitskräfte erhalten, die halfen, verstärkten Maschineneinsatz vorläufig zu vermeiden, weil sie billige Arbeitskräfte waren. Letztlich hat ihnen dies aber nichts genützt: Nur verspätet traf sie dann die Freisetzung durch intensive Rationalisierung auch der Konsumgüterproduktion.

Durch ihre Wechsel zwischen Haushalt und Markt, durch ihre Arrangements im Dunkelfeld zwischen Haushalt und Markt haben Frauen auf Schwankungen der Arbeitskraftnachfrage geantwortet und in der Vergangenheit unter den Bedingungen einer wachsenden Wirtschaft dazu beigetragen, daß Arbeitskräfteengpässe nur abgemildert sichtbar wurden. Sie haben sozusagen Krisen des Arbeitsmarktes vermieden, oder: krisenhafte Umschichtungen sind aus der Perspektive der Frauen nichts Neues, sie sind ein Dauerzustand. Die Lückenbüßerrolle ist ihnen zur zweiten Natur geworden; auf Dauer gestellt, wird sie fast unsichtbar:

wer kann noch von Marginalität sprechen, wenn die Hälfte der Büroarbeit von
Frauen getan wird, wenn Sozialisation und Krankenpflege Frauensache sind?
Mittlerweile scheinen jedoch die Grenzen des Wachstums erreicht zu sein.
Rationalisierungsprozesse setzen auch im Dienstleistungsbereich ein, d. h. in
Berufen, für die Rationalisierungshemmnisse geradezu als konstitutiv angese-
hen wurden. (…)

Fassen wir zusammen: Ebenso wichtig wie die auf Produzenten hin orientierten Dienste in Büro und Lager waren für Frauen im gesamten Zeitraum die
auf den Haushalt bzw. die Versorgung von Personen gerichteten Funktionen,
die für Männer nur untergeordnete Bedeutung hatten. Mit der Ausdehnung der
staatlichen Daseinsfürsorge fanden die Frauen in ihren angestammten Bereichen, den semiprofessionellen Dienstberufen, neue Arbeitsmöglichkeiten. Der
Staat ist in der Gegenwart zu ihrem wichtigsten neuen Arbeitgeber geworden.

Der Weg in die Dienstleistungsgesellschaft war jedoch verbunden mit einer
verschärften Abgrenzung von Männerarbeit und Frauenarbeit innerhalb einzelner Berufsfelder und zwischen Berufen. Trotz der Freisetzung der Frauen aus
dem häuslichen und familienbetrieblichen Bereich finden wir auch heute eine
höchst unausgeglichene Erwerbsstruktur beider Geschlechter, wenn auch auf
neuem Niveau, vor. Es stellt sich daher die Frage, worauf sich die Frauen mit
dieser „Integration in Grenzen" eingelassen haben. Wo liegen die alten Risiken
und die neuen Abhängigkeiten? (…)

Auf den ersten Blick haben die Frauen in ihren Reservaten nicht schlecht
abgeschnitten. Wachstum des Wohlfahrtsstaates und der Wirtschaftsbürokra-
tien haben bislang für zunehmende Erwerbsmöglichkeiten gesorgt, die alten
Dienstberufe für Haushalte brachten zumindest stabile Erwerbschancen. Dieses
angenehme Bild ist jedoch trügerisch. Die Reservearmee wird zwar nicht an
den heimischen Herd zurückgeschickt, aber ihre Arbeit kehrt zunehmend als
zusätzliche unbezahlte Hausarbeit in die Haushalte zurück.

Gerade weil die Integration der Frauen in der Vergangenheit auf „Frauenberufe" beschränkt blieb, sind sie heute geschlechtsspezifischen Risiken ausgesetzt und werden in ihren vermeintlichen „Rationalisierungsreservaten" nun
verstärkt von Rationalisierung betroffen. Unproduktive Zeiten, einst geradezu
Charakteristikum der Dienstleistungtätigkeit, werden getilgt.

So wird im Einzelhandel „…" durch den Einsatz elektronischer Kassen zugleich
der Auslastungsgrad der Beschäftigten registriert. Durch gezielte Einführung
flexibler Teilzeitarbeit läßt sich dann der Auslastungsgrad so erhöhen, daß die
Pufferzeiten wegfallen: der Arbeitsprozeß selbst wird dichter.

Als weiterer, neuer Rationalisierungstyp ist die Auslagerung von Tätigkeits-
elementen in die privaten Haushalte zu beobachten. Rückverlagerung in die

Haushalte setzt voraus, daß in der Familie genausogut oder besser erledigt werden kann, was bislang bezahlte Erwerbstätigkeit ist; gemeint sind Tätigkeiten, die auch als Erwerbsarbeit ihre Hausarbeitsnähe nicht verloren haben. Unter diesem Gesichtspunkt erweist sich, daß gerade Frauen sich in denjenigen Dienstleistungsberufen konzentrieren, in denen eine Rückverlagerung bereits im Gang oder in der Diskussion ist. Information über das Warenangebot, Zusammenstellung und Transport der Waren sind uns schon wie in der Selbstbedienungswirtschaft Gershunys „..." zu selbstverständlicher Eigenarbeit geworden. Die hochgradige berufliche Segregation der Geschlechter läßt eine besondere Betroffenheit der Frauen auch unter dem Eindruck leerer Kassen der Solidargemeinschaften und erschöpfter Staatshaushalte erwarten. Wer – vielleicht mit dem Gedanken an eine Humanisierung der Pflege – die Auslagerung der Laienelemente der Krankenpflege in die Familien anstrebt, wer Hausaufgabenbetreuung zur Zusatzleistung der Eltern macht, bezieht sich damit zweifach auf Frauen: als bezahlte Arbeitskräfte, deren Tätigkeit verdichtet wird, und als unbezahlte Arbeitskräfte im Haushalt, die dort nachholen, was ihnen als Berufsarbeit genommen wurde. (...)

Das Risiko, den Arbeitsplatz an eine Maschine zu verlieren und Pufferzeiten einzubüßen, ist für Frauen nichts Neues; Rationalisierungsrückstände waren für sie immer zunächst Chance, dann Risiko der Erwerbsarbeit. Neu ist an der gegenwärtigen Situation, daß die beruflichen Entwicklungschancen von Frauen direkt von politischen Entscheidungen abhängen. Heutige Versuche der Kostendämpfung scheinen die Uhren zurückstellen zu wollen. Die Rückkehr zu ehrenamtlicher Sozialarbeit und Familienpflege soll zugleich Humanisierung der Dienste und Entlastung der Staatsfinanzen bringen. Selbst wenn dabei durchaus universalistische Kriterien angelegt werden, wie etwa Zugangsbarrieren zu Krankenpflegeberufen, werden sie dennoch einseitig die Frauen treffen. Die Krise des Wohlfahrtsstaats stellt sich so unversehens als ein Problem der Frauen dar, und der Rekurs auf die familiären Ressourcen „..." entpuppt sich für Frauen als Tausch bezahlter gegen unbezahlte Dienste.

Die Rationalisierung des haushälterischen Handelns und die Rückverlagerung, die bisher stattgefunden hat, haben aus dem Haushalt noch keine „öffentliche Industrie" (Engels) gemacht. Aber der Markt (bzw. die ihn unterstützenden Institutionen) kommt zunehmend in den Haushalt. Kabelfernsehen, private Verkehrsmittel und Technisierung der Haushalte schaffen die praktischen *Voraussetzungen*, daß Leistungen des Handels zu neuer Hausarbeit werden. Noch scheint es zwar in der Hand der Hausarbeitenden zu liegen, bis zu welchem *Ausmaß* sie ihr Tun rationalisieren. Dennoch zeigt die Nachfrage nach technischen Geräten, Märchenkassetten, Fachzeitschriften für den Haushalt, daß der Markt dem Haushalt zunehmend Mittel zur Verstofflichung persönlicher face-to-face-Tätigkeiten bereitstellt, besonders im Freizeit- und Betreuungsbereich. Die „Vergabe" dürfte sich also in Zukunft noch stärker als bisher *im* Haushalt und nicht so sehr *zwischen* Haushalt und Markt vollziehen, als Kinderbetreuung durch Medien, Beratung, Information und Disposition mit Hilfe von Medien. Einer potentiellen Verallgemeinerung der Bedürfnisse und ihrer Befriedigungsformen, damit einer potentiellen Nivellierung von sozialen Disparitäten, steht möglicherweise eine Vergrößerung der asymmetrischen Machtverhältnisse zwischen privaten Haushalten einerseits, marktwirtschaftlichen Produzenten andererseits, gegenüber. Wer Rückverlagerung von Arbeit in den Haushalt hinein, insbes. in die Hand von Frauen vorschlägt, muß in Zukunft Hausarbeit zwischen „Verhäuslichung des Marktes" und „Verhäuslichung der Lohnarbeit" diskutieren.

▶ *Rabe-Kleberg, Ursula (1993): Verantwortlichkeit und Macht. Ein Beitrag zum Verhältnis von Geschlecht und Beruf angesichts der Krise traditioneller Frauenberufe. Bielefeld: Kleine, hier Auszüge aus den S. 54-59, 67-68*

Allgemein impliziert der Begriff des Berufs, daß ein Individuum seine gesamte Arbeitskraft im Rahmen einer nicht familiären Arbeitsorganisation und in der Form einer spezifischen, ausdifferenzierten Tätigkeit einsetzt und sich auf diese Weise seinen Lebensunterhalt sichert, also über seine Arbeitskraft frei verfügen kann. Diese Bestimmung von Freiheit, in der Regel als Freiheit von feudalen Bindungen und eigenem Besitz an Produktionsmitteln verstanden, wird aber erst dann vollständig, wenn sie geschlechtsspezifisch differenziert wird. Nur der männliche Lohnarbeiter besitzt nämlich in allen Phasen seines Berufslebens eine dritte Form der Freiheit, nämlich frei zu sein von privaten Reproduktionsarbeiten, die Frauen – Mütter, Ehefrauen, Töchter – für ihn erledigen. Der historische, im 19. Jahrhundert beendete Prozeß der Befreiung der Männer von diesen Aufgaben durch die Einführung der formalen Ehefähigkeit für alle setzt die weibliche Übernahme und qualifizierte Ausfüllung der Hausfrauenrolle durch die Frau auch in nicht -bürgerlichen Schichten voraus. (…)

Die derart unter „Beruf" gefaßte Arbeit grenzt sich aber nicht nur von der Privatarbeit ab, sondern auch von zwei anderen Formen von Arbeit. Diese werden jedoch im Unterschied zur privaten Hausarbeit nicht umsonst, sondern – zumindest teilweise – als Erwerbsarbeit geleistet. Zu diesen Arbeiten gehören

• zum einen die unqualifizierten Arbeiten für ungelernte Arbeitskräfte, die wir heute am Rande des Arbeitsmarktes verorten;

- zum anderen Arbeiten, die eher mehr von den Arbeitskräften verlangen als den Einsatz von „Kopf und Hand", nämlich den Einsatz von Körper (in seiner Gesamtheit) und Gefühl; der ganzen Person, wie dies in vielen Frauenberufen der Fall ist. Obwohl diese Berufe ein breiteres Spektrum von Qualifikationen erfordern, werden sie in der Regel als „unvollständig" definiert. Dies ist nur zu verstehen wenn die an der „reinen Arbeit" orientierten Maßstäbe angelegt werden. Die „weiblichen" Arbeitsbereiche und Arbeitsformen sowie die dafür notwendigen Qualifikationen sind gerade dadurch gekennzeichnet, daß sie vermischt sind, diffus ganzheitlich und ohne sichtbare Trennungslinie zu persönlichen Fähigkeiten.

Beide Typen von erwerbsmäßiger Arbeit werden nicht zufälligerweise hauptsächlich von Frauen erbracht. (…)

In die Bezahlung von Arbeit, männlicher und weiblicher Arbeit, geht das grundlegende Verhältnis weiblicher Reproduktions- und männlicher Berufsarbeit ein. Die Bezeichnung des Mannes als „Ernährer", der als solcher einen „Familienlohn" erhält, trifft ja eigentlich nicht für unverheiratete Männer zu, die im Durchschnitt aber auch einen höheren Lohn als Frauen realisieren können. Setzen wir voraus, daß der Mann zur Realisierung von Arbeit auf beruflichem Niveau die Zuarbeit der Frau benötigt, wie es im traditionellen Verhältnis der Geschlechter geregelt ist, so geht diese Zuarbeit der Frau in die Kosten für die Reproduktionsarbeit der männlichen Arbeitskraft mit ein. Als verheirateter Mann muß er die Frau ernähren, als unverheirateter muß er ihre Leistung kaufen. Bei der Frau ist dies definitorisch nicht der Fall. Da sie für die Hausarbeit zuständig ist und diese auch beherrscht, kann sie diese Arbeitsteilung für die Reproduktion ihrer eigenen Arbeitskraft auch selbst, d. h. umsonst erledigen. Sie benötigt also nach dieser Logik weniger Geld.

Hieran wird deutlich, daß das traditionelle Geschlechterverhältnis und die dadurch erzwungene Arbeitsteilung keineswegs ein rein privates Problem ist, sondern sich bis in die Durchsetzung des höheren Lohnes für Männer perpetuiert. Gleichzeitig ist dieses Ungleichheitsverhältnis selbst wieder ein struktureller Zwang für Frauen, sich einen „Ernährer" zu suchen, um ihre Existenz auf einem gewissen Niveau zu sichern.

In dieser Zuspitzung der Folgen der Ansiedlung des Berufes zwischen privat und öffentlich, sozusagen in der Mitte des Verhältnisses zwischen männlicher und weiblicher Arbeit, wird deutlich, daß es sich um ein gesellschaftliches Machtverhältnis handelt, unter dem Frauen dazu gezwungen werden, die geschlechtsspezifische Arbeitsteilung immer wieder neu zu akzeptieren und damit selbst zu reproduzieren.

Diesem Ungleichverhältnis ist aber in den letzten Jahren zunehmend die Legitimationsbasis entzogen worden, ohne daß die realen Verhältnisse sich schon wirklich geändert hätten. Vor allem beruflich qualifizierte Frauen, die persönlich alle Bildungsvoraussetzungen dafür erbracht haben, gleiche Chancen zu bekommen, sehen sich ungleichen Bedingungen ausgesetzt, die einzig und allein auf ihr Geschlecht zurückzuführen sind. Am Beispiel dieser Gruppe von Frauen wird das traditionelle Geschlechterverhältnis allen ideologischen Ballastes entkleidet und auf seinen realen Kein zurückgeführt, das Geschlechterverhältnis wird als gesellschaftliches Machtverhältnis sichtbar. (…)

Die Bedingungen, unter denen vor allem pflegende und soziale Berufe ausgeübt werden, sind nur schwer unter „rationale" Regelungen über Einsatz und Belastung, Dauer und Geschwindigkeit zu bringen. Die Diffusität der Aufgaben impliziert aber auch Maßlosigkeit der Anforderungen und Unsicherheiten im Umgang damit.

Außerdem eröffnet die bei Frauen fehlende Tradition, ihre Arbeitskraft nur zu dem Teil einzusetzen, der als beruflich ausgegrenzt gilt, die Arbeitskraft also für eine lebenslange Berufstätigkeit zu schonen, auch die Tore für eine im wahrsten Sinne des Wortes maßlose Ausbeutung der Frauen in Frauenberufen.

Der Einsatz von Frauen in Frauenberufen, zu Teilen auch der von Frauen in gemischten Berufsfeldern, überschreitet deshalb die normalen, d. h. männlichen Grenzen von Lohnarbeit, weil der Einsatz der ganzen weiblichen Person und damit auch die Funktionalisierung von Körperlichkeit, Sensibilität und Sexualität der Definition von freier Lohnarbeit geradewegs entgegensteht und deshalb auch nur schwer oder gar nicht mit tariflichen, arbeitsrechtlichen oder -organisatorischen Instrumenten, die für männliche Facharbeit entwickelt wurden, zu regeln ist.

Hier stellt sich das Verhältnis von „persönlichen" und „beruflich-fachlichen" Qualifikationen in Frauenberufen als ein zentrales Problem für die im weitesten Sinne gesellschaftliche Bewertung dieser Berufe dar. Dabei wird unter „Bewertung" hier ebenso die allgemeine Wertschätzung im Sinne einer sozialen Rangposition, die jeweilige Bezahlung der Arbeit von Frauen in diesen Berufen, die Einschätzung dieser Arbeit als (nicht-)vollständiger Beruf sowie die Selbsteinschätzung der Frauen verstanden. (…)

Für die Erzieherin kann, ähnlich wie auch für andere soziale und pflegende Berufe das Problem der Maßlosigkeit der Qualifikationsanforderungen und der daraus folgenden Unsicherheit so zusammengefaßt werden: Wegen der Breite der allgemeinen qualifikatorischen Anforderungen an die Berufsträgerinnen und wegen der wechselnden gesellschaftlichen Anforderungen an die Institution Kindergarten ist die als beruflich normal vorausgesetzte individuelle

Beherrschung der beruflichen Anforderungen grundsätzlich nicht möglich. Die realisierten Kompetenzen erscheinen deshalb als mehr oder weniger zufälliges Produkt biographischer („Lebens"-)Erfahrungen. Das bei Erzieherinnen vorherrschende Gefühl des alltäglichen Scheiterns ist also nicht oder nicht nur einem irrationalen Minderwertigkeitsgefühl sowie fehlender oder schlechter Ausbildung zuzuschreiben, sondern als Strukturproblem der Berufsarbeit selbst. Verschärft wird dieses Problem dadurch zudem, daß der Erzieherberuf unter Bedingungen ausgeübt wird, die den oben beschriebenen widersprüchlichen Anforderungen kaum Bewegungsspielraum lassen.

Eine Möglichkeit, die Spannungen von Denken, Handeln und Tun in der Person der Erzieherin auszuhalten, wäre die Erweiterung der Handlungskompetenz. Statt dessen wird das Problem durch die Trennung der persönlichen von den fachlichen Qualifikationen gelöst, wobei die fachlichen auf Instanzen der Kontrolle und Beratung verlagert werden, also in die Sphäre der bürokratischen und pädagogischen Intervention. Als eigene Qualifikationen bleiben Erzieherinnen ihre als „persönlich" und „weiblich" gekennzeichneten Fähigkeiten, die als vor- und nicht-berufliche abgewertet, aber beruflich umgeformt ständig eingesetzt werden.

Das Selbstbild der Erzieherin ist durch diesen Konflikt bestimmt. Auch in anderen Frauenberufen sinkt die Selbstwertschätzung mit den als fachlich definierten Anteilen und dem Anwachsen sogenannter Jede-Frau-Tätigkeiten. Das den Erzieherinnen zur eigenständigen Realisierung von Qualifikationen überlassene Feld ist von familienähnlichen, hausarbeitsnahen Anforderungen bestimmt, für deren Bewältigung technisch-„rationale" berufliche Standards nur schwer zu formulieren sind. So überrascht es nicht, daß die Wertschätzung des eigenen Berufsbildes sinkt, je weniger die Interaktion als die vorherrschende Bestimmung der Erzieherinnenarbeit durch Methode, Techniken oder Instrumente – wie z. B. Curricula, Förderprogramme oder Therapien – oder durch Standardisierung und Routinisierung – wie z. B. feste Zeitorganisationen und Arbeitsteilung – angereichert und strukturiert ist, je mehr sie sich also scheinbar dem Alltagshandeln annähert. Je diffuser die fachlichen und je höher die Anforderungen an die sogenannten weiblichen Fähigkeiten sind, desto geringer ist das Selbstbild, das die Frauen von sich haben. (…)

Die Unsichtbarkeit der weiblichen Leistung, ihre Verborgenheit auch gegenüber den Frauen, die sie selbst erbringen, beruht auf einer fehlenden Definitionsmacht darüber, was Qualifikationen und Leistungen in Frauenberufen eigentlich sind. Die scheinbare Nähe der weiblichen beruflichen Arbeitsgegenstände, -typen und -formen sowie der Verhältnisse, unter denen die Arbeit erbracht wird, zur privaten Reproduktionsarbeit, zur Hausarbeit sowie die dafür benötigten Qualifikationen lassen auch die Frauen selbst Frauenberufsarbeit als unvollständig, nicht vollständig gegen Privatarbeit abgrenzbar und sogar mit ihr austauschbar erscheinen.

Nicht zufällig sind Frauenberufe nicht nur solche, in deren Tätigkeitsbereich ein relativ hoher Anteil an nicht einschlägig oder gar nicht beruflich qualifizierten Beschäftigten zu finden ist. Im Verkaufsbereich und im sozialen Bereich bewegt sich diese Quote bei über 50 Prozent, unter den Krankenpflegehelferinnen hat nicht einmal jede vierte eine fachspezifische Ausbildung abgeschlossen. Der Einsatz von unausgebildeten Kräften erscheint besonders in den Berufsfeldern möglich, in denen die Anteile rein fachlichen Wissens gering erscheinen und bestimmte Fähigkeiten und Eigenschaften, die nur an der Person festgemacht werden, auch an die Stelle beruflicher Qualifikation treten können.

Zusätzlich gilt, daß es nicht nur die bezahlte Arbeit ist, die in Berufsbereichen der Frauen von Laien und Ungelernten ausgeübt werden kann. Vor allem in pflegenden und sozialen Bereichen verschwimmt die Grenze zwischen beruflicher und nicht -beruflich organisierter Arbeit. Dies gilt zum einen für die Inhalte der Arbeit, die scheinbar die gleichen sind, egal, ob sie als Lohnarbeit oder privat erbracht werden. Dies gilt aber auch für den gesellschaftlichen Status des Arbeitenden. Gerade soziale und pflegende, aber auch eine Reihe von Dienstleistungsberufen stehen unter dem Druck, ihre Arbeitsplätze zu sichern bzw. neu zu definieren:

- gegenüber der Ausweitung der Hausarbeit durch Reprivatisierung der pflegenden und erziehenden Aufgaben,
- gegenüber dem traditionellen Engagement von Laien in Ehrenämtern und
- gegenüber Selbsthilfegruppen, die verberuflichte Helferarbeit aus den überkommenen Institutionen lösen wollen.

Gerade die „Lebendigkeit" der Arbeitsgegenstände, Kommunikation und Körperpflege als Arbeitsprozeß und die Enge des Handlungsspielraums vor allem in pflegenden und sozialen Berufen bestimmen den Charakter der Arbeit, der in der Regel die männlich bestimmten Berufsgrenzen überschreitet. Der besondere Charakter dieser Arbeit ist aber nicht irgendwelchen Traditionselementen geschuldet – was der Begriff traditionelle „Frauenberufe" unter Umständen signalisiert –, sondern hat seine eigene Funktion für die Erbringung weiblicher Leistungen auf einem vergleichsweise niedrigen beruflichen Niveau.

▶ *Wetterer, Angelika (1993): Professionalisierung und Geschlechterhier-*
   archie. Vom kollektiven Frauenausschluß zur Integration mit beschränkten
   Möglichkeiten. Kassel: Jenior & Pressler, hier Auszüge aus den S. 52-59

Jede Analyse des Arbeitsmarktes, die dem inzwischen auch in der „mainstream"-
Soziologie entdeckten Kriterium der „Geschlechtssensibilität" (Kreckel) Rechnung trägt, wird zu dem Schluß gelangen, daß so gut wie alle Arbeitsplätze in
irgendeiner Weist entlang geschlechtsspezifischer Trennlinien verortet sind. Die
geschlechtsspezifische Segregation des Arbeitsmarktes stellt eine Grundstruktur
dar, die trotz vielfältiger und fortwährender Veränderungen im einzelnen als
überaus stabiles Klassifikationsmuster gelten muß. Es gibt Frauenberufe und
Männerberufe, Frauenarbeitsplätze und Männerarbeitsplätze und so gut wie
keinen geschlechtlich unbestimmten Zwischenbereich, der nicht über kurz oder
lang ebenfalls in dieses Zuordnungsschema integriert wird.

Untersuchungen, die der Frage nachgehen, was die Frauenberufe zu Frauenberufen macht und von den Männerberufen unterscheidet, haben in den letzten
Jahren dazu geführt, daß gewisse Grundprinzipien der Vergeschlechtlichung
von Berufsarbeit inzwischen als gesichert gelten können. Frauenberufe und
Frauenarbeitsplätze zeichnen sich nicht – wie zunächst angenommen wurde –
dadurch aus, daß sie durchweg besonders „hausarbeitsnah" sind oder daß für ihre
Ausübung Fähigkeiten und Orientierungen von Vorteil wären, über die Frauen
aufgrund ihrer Zuständigkeit für den privaten Reproduktionsbereich eventuell
eher verfügen als Männer. Die Annahme, Frauenberufe wiesen überhaupt eine
Ähnlichkeit miteinander auf, die primär auf der arbeits*inhaltlichen* Ebene zu
finden ist, muß inzwischen generell als unzutreffend eingestuft werden. Was die
Frauenberufe miteinander verbindet (und von den Männerberufen trennt), sind
vielmehr zwei eng zusammenhängende andere Faktoren: Frauenberufe gelten
erstens als (vergleichsweise) geringer qualifiziert und ihr Status ist zweitens
deutlich niedriger als der vergleichbarer oder angrenzender Männerberufe, was
sich in geringerer Bezahlung ebenso niederschlägt wie in geringeren Aufstiegschancen oder Entscheidungsbefugnissen. Es gibt also eine Hierarchie zwischen
Männerarbeit und Frauenarbeit, die sich auf allen Ebenen der Berufsstruktur
und weitgehend unabhängig von den Inhalten der jeweiligen Berufe, Positionen
und/oder Arbeitsplätze durchsetzt. Geschlecht als Statuskategorie zu begreifen,
statt von der Geschlechterdifferenz als zentralem Bezugspunkt der Analyse
auszugeben, hat genau in dieser empirisch zu konstatierenden *Dominanz der*
hierarchischen Dimension geschlechtsspezifischer Segregationen seine Ursache.
Und aus eben diesem Grund sind auch alle Ansätze in der Ungleichheitsfor-

schung, die geschlechtsspezifische Segmentierungen des Arbeitsmarktes der horizontalen Dimension sozialer Schichtung zurechnen, irreführend.

Diese Dominanz der hierarchischen Dimension wird besonders augenscheinlich, wenn man historische Veränderungen der tradierten Geschlechtszuordnung von Berufen betrachtet, wie sie sich etwa beim „Geschlechtswechsel" von Berufen bzw. von Tätigkeiten im Zuge der Verberuflichung oder bei der Veränderungen von Berufen und/oder Arbeitsplätzen im Zuge der Einführung neuer Technologien vollziehen. Bereits aus der noch immer beispielhaften Untersuchung von Angelika Willms-Herget über den Strukturwandel der Frauenarbeit zwischen 1880 und 1980 wissen wir, daß es zu einem Vordringen von Frauen in einstige Männerdomänen vor allem dann kommt, wenn Männer eine Branche verlassen, weil diese an Bedeutung und damit an Einkommens- und Aufstiegschancen verliert. Darüber hinaus gelingt es Frauen in expandierenden Branchen besonders leicht, Fuß zu fassen, solange dort noch nicht ausreichend viele männliche Arbeitskräfte zur Verfügung stehen. Allerdings werden sie dort nach deren Konsolidierung ebenso leicht wieder von Männern verdrängt bzw. in bestimmte, als minder qualifiziert geltende Segmente abgedrängt. Der „Geschlechtswechsel" eines Berufes oder einer ganzen Branche hat also im Falle einer „Verweiblichung" stets etwas mit Statusverlust, im Falle einer „Vermännlichung" stets etwas mit Statusgewinn oder Statuskonsolidierung zu tun. Das zeigen unschwer auch die Beispiele des Geschlechtswechsels vom Sekretär zur Sekretärin oder -umgekehrt – von der Putzfrau zum Gebäudereiniger. Und Ähnliches läßt sich auch bei der Einführung neuer Technologien beobachten: Die Einführung neuer Technologien – besonders gut dokumentiert sind hier die Büroberufe und die Druckindustrie – ist in der Anfangsphase häufig von einem verstärkten Eindringen von Frauen begleitet, die hier oft als Pionierinnen fungieren; sobald die neue Technologie etabliert ist und es zu einer Neuschneidung der Arbeitsplatzstruktur wie zu einer Neuordnung der qualifikatorischen Zugangsvoraussetzungen kommt, zeichnen sich jedoch erneut geschlechtsspezifische Segmentierungen ab, die zwar u. U. mit einem relativen Positionsgewinn der Frauen – verglichen mit dem Status quo ante – verbunden sind, die die geschlechtshierarchische Statusdistribution jedoch insgesamt rekonstituieren.

Bei diesen Prozessen der beständigen Reproduktion der Geschlechterhierarchie trotz fortwährender Veränderung der Arbeitsinhalte sind zwei Aspekte von besonderer Bedeutung, wenn man die Frage, wie das denn funktioniert, näher aufschlüsseln will: Auf der *sozialen* Ebene haben wir es bei der Etablierung und Re-Etablierung von Frauenberufen und Männerberufen zu tun mit Prozessen sozialer Schließung, die vor allem für den angelsächsischen Bereich inzwischen genauer analysiert worden sind; auf der *diskursiven* Ebene haben wir es zu tun mit Prozessen einer fortwährenden kulturellen Konstruktion und Rekonstruktion der Geschlechterdifferenz, die die Vergeschlechtlichung von Tätigkeiten und Berufen legitimatorisch begründet. Sie sind vor allem in Theorien der „social construction of gender" genauer aufgeschlüsselt worden.

Die „gendered dimensions of social closure" (Witz) betreffen so gut wie ausschließlich die Schließung von Männerberufen bzw. Männerarbeitsplätzen für Frauen, eine Akzentuierung, die nicht erstaunt, wenn man in Rechnung stellt, daß Frauenberufe für Männer kaum attraktiv genug sind, um hier zu einem größeren „Andrang" zu führen, den es durch Schließungsstrategien zu kanalisieren gälte. Historisch betrachtet ist die vergeschlechtliche Form der sozialen Schließung, wie sie sich vornehmlich im Bereich der Industriearbeit vollzog, in drei Phasen verlaufen. In der *ersten* Phase, zur Zeit von Manufaktur und Hausindustrie im Verlagssystem dominierte eine spezifische Form von „inclusion" oder Einschließung, bei der Frauen (und Kinder) als Teil des Familienverbandes von seiten des vertragsschließenden Ehemannes in den Arbeitsprozeß einbezogen und dabei von ihm direkt kontrolliert wurden. In der *zweiten* Phase, d. h., seitdem Industriearbeit in Fabriken angesiedelt ist und von „freien" Lohnarbeitern ausgeübt wird, wurde zunächst die „exclusion", die Ausschließung, zur dominierenden Strategie, die die gewerkschaftlich organisierten männlichen Arbeiter kollektiv durchzusetzen suchten um die Konkurrenz von Frauen (als den billigeren Arbeitskräften) in bestimmten Branchen auszuschalten. Unterstützt wurden gewerkschaftliche Ausschließungsstrategien – teils beabsichtigt, teils unbeabsichtigt – durch die Arbeitsschutzgesetzgebung, die für Frauen z. T. spezielle Schutzbestimmungen vorsah, die sich für bestimmte Berufsbereiche de facto als Verbot der Frauenarbeit auswirkten. In der *dritten* Phase schließlich wurde die „segregation" (oder „demarcation") die Abgrenzung, zur dominierenden Form. Sie zielt darauf ab, eine geschlechtshierarchische Arbeitsteilung zwischen Männerberufen und Frauenberufen, Männerarbeitsplätzen und Frauenarbeitsplätzen durchzusetzen, um so den „männlichen" Zugriff auf bestimmte Ressourcen auch dann noch zu wahren, wenn sich die generelle Ausschließung von Frauen nicht durchsetzen läßt. Zum Teil war die Abgrenzung auch das nicht-intendierte Ergebnis partiell gescheiterter Ausschließungsstrategien. (...)

Die geschlechtsspezifische Segregation des Arbeitsmarktes hat sich weder quasi naturwüchsig „von selbst" ergeben, noch ist sie dadurch zustande gekommen, daß Frauen eine kaum zu bremsende Präferenz für Berufe und Arbeitsplätze hatten, die ihrem „weiblichen Arbeitsvermögen" so nahe lagen, daß sie die schlechtere Bezahlung und andere Einschränkungen dafür gerne in Kauf nahmen. Die geschlechtsspezifische Segregation des Arbeitsmarktes ist vielmehr das Ergebnis der kollektiven Durchsetzung ökonomischer Interessen. Daß die Konstruktion von Berufen das Ergebnis sozialer Aushandlungsprozesse ist, ist in der Berufssoziologie spätestens seit Beck und Brater als geläufige Perspektive anzusehen. Das gleiche trifft auch auf die Konstruktion der „Geschlechtszugehörigkeit" von Berufen zu: Auch sie ist das Ergebnis von sozialen Klassifikationsprozeduren, in denen der Zugang zu Ressourcen und Chancen ebenso verhandelt wird wie deren Begrenzung. Gerade weil dies so ist, bedürfen derartige Verfahren der Legitimation und genau an diesem Punkt wird die diskursive Ebene der Konstruktion und Rekonstruktion der Geschlechterdifferenz bedeutsam.

Die Vergeschlechtlichung von Berufen und Arbeitsplätzen wird auf der diskursiven Ebene dadurch gewissermaßen abgestützt, daß fortwährend Analogien zwischen bestimmten Aspekten einer Tätigkeit und bestimmten Aspekten des „Geschlechtscharakters" derjenigen, die sie mehrheitlich ausüben, gebildet und umgebildet werden. Wie sich vor allem beim Geschlechtswechsel von Berufen nachzeichnen läßt, decken die Elemente einer Tätigkeit, die in diese Analogiebildung einbezogen werden, keineswegs alle Bestandteile dieser Tätigkeit ab – und das gleiche gilt cum grano salis für die vergeschlechtlichten Fähigkeiten auf seiten der Arbeitenden, die qua Analogiebildung mit Aspekten des Arbeitsprozesses verknüpft werden. Die Analogiebildung verfährt vielmehr gleichermaßen hochgradig selektiv wie stereotypisierend. Im Falle des Setzens an der Setzmaschine etwa kann in einer Phase der Verberuflichung die Bedienung der Tastatur mit dem Klavierspielen der Bürgertöchter in Zusammenhang gebracht werden, um die „Weiblichkeit" dieser Arbeit zu verdeutlichen – ein Zusammenhang, der dann auf die Schreibmaschine „übertragen" wurde. In einer anderen Phase der Verberuflichung des Maschinensatzes hingegen kann die Bedienung der Tastatur beim Setzen ganz in den Hintergrund rücken und statt dessen der Lärm und Dreck, die Komplexität und Größe der Maschinerie etc. Anknüpfungspunkte für eine Verbindung mit „Männlichkeit" stiften. Die soziale Aufmerksamkeit wird also in jedem Fall und bei jeder Tätigkeit auf jeweils „geschlechtspassend" erscheinende Elemente gelenkt, so daß ex post und insbesondere bei Berufen mit längerer Tradition der Eindruck einer „natürlichen" Homologie zwischen dem Geschlecht der Arbeit und dem Geschlecht der Arbeitenden entsteht und tradiert wird.

So festgefügt und „normal" diese durch Analogiebildung entstandene Verbindung für weite Teile der Berufsarbeit erscheint, so flexibel ist sie aber auch immer dann, wenn sich der Arbeitsprozeß selbst oder der Status einer Tätigkeit im Spektrum der Berufe ändert und sich deshalb die „alte" Form der Analogiebildung als nicht mehr zeitgemäß erweist. Um diese Gleichzeitigkeit von Stabilität und Flexibilität zu verstehen, ist es wichtig, sich zu vergegenwärtigen, daß die Inhalte, die vergeschlechtlicht werden, für den Prozeß der Vergeschlechtlichung letzten Endes austauschbar sind. Was nicht austauschbar ist, ist allein der Vorgang des Unterscheidens selbst, der Prozeß der bipolaren Klassifikation und Parallelisierung „irgendwelcher" Tätigkeitsanteile und „irgendwelcher" Fähigkeitsanteile auf seiten der beteiligten Personen, der immer nur kontextabhängig Plausibilität gewinnt. Wie vor allem Cynthia Cockburn gezeigt hat, geht es dabei u. U. auch überaus widersprüchlich zu, ist das Koordinationssystem mal „hart versus weich", mal „schwer versus leicht", mal „kreativ versus routiniert" und wieder ein anderes Mal „intellektuell versus manuell" und alles dieses kann sich je nach wechselndem Kontext auf dieselbe Tätigkeit eines Ingenieurs beziehen, der eigentlich mit Maschinen zu tun hat, aber de facto am Computer an seinem Schreibtisch sitzt, und der in jedem Fall bemüht ist, der Interviewerin zu verdeutlichen, warum Frauen das, was er macht, nicht (so gut) machen können.

Die Variabilität der einzelnen Inhalte bei gleichzeitiger Konstanz der bipolaren Struktur der Klassifikation verleiht der sozialen Konstruktion der Geschlechterdifferenz eben jene Flexibilität, die so überaus funktional ist, wenn es darum geht, unterschiedlichste Tätigkeiten in unterschiedlichsten Phasen ihrer Verberuflichung und in unterschiedlichsten Berufsbereichen in jedem Falle so zuzuordnen, daß sie zu der statusbedingten Hierarchie geschlechtsspezifischer Segregationen passen. Dabei scheint die Zuordnung natürlich um so naheliegender und plausibler, je bekannter und je akzeptierter die Verknüpfung eines bestimmten Arbeitsaspekts mit bereits etablierten Formen geschlechtsspezifischer Arbeitsteilung und geschlechtstypischer Fähigkeitsdifferenzierungen ist. Daher (und nur daher) rührt die Häufigkeit und Beliebtheit des Verweises auf die Trennung von Produktion und Reproduktion, von Beruf und Familie, wenn es darum geht, einen Frauenberuf als solchen zu kennzeichnen. Aber auch hier gilt, daß die Analogiebildung unabhängig von, ja zum Teil sogar äußerst resistent ist gegen eine „tatsächliche" Analyse dessen, was in der Hausarbeit denn im einzelnen gemacht wird. Die Analogie stützt sich in erster Linie auf stereotype Verallgemeinerungen einzelner Teilaspekte, die häufig ihrerseits bereits das Ergebnis früherer Analogiebildungen sind. So gesehen gewinnen denn auch einmal etablierte Analogien eine Wirklichkeit und Wirksamkeit „sui generis", ist die soziale Konstruktion der Geschlechterdifferenz gleichermaßen strukturierendes wie strukturiertes Prinzip – darin nicht zufällig dem Habitus vergleichbar, der ja ebenfalls als generatives Prinzip fungiert, das als „Matrize" fortwährend Praxisformen hervorbringt, die ein einmal etabliertes Muster in unterschiedlichste Handlungen, Wahrnehmungen und Deutungen übersetzen.

Die Prozesse sozialer Schließung und die Prozesse der Konstruktion und Neukonstruktion der Geschlechterdifferenz sind überaus eng miteinander verzahnt. In gewisser Hinsicht kann man sogar davon ausgehen, daß sie sich wechselseitig bedingen: Die Ausschließung von Frauen aus Berufen, die damit als Männerberufe konstituiert werden, ja die Aufteilung des gesamten Spektrums der Berufsarbeit in „rosa" und „hellblau" gefärbte Territorien scheint fortwährend den Beweis dafür zu erbringen, daß Frauen und Männer verschieden sind, und stiftet damit für die diskursive Konstruktion der Geschlechterdifferenz jenes Maß an Plausibilität, das ihr den Anschein der Natürlichkeit verleiht. Oder anders formuliert: Jede einmal durchgesetzte Form geschlechtsspezifischer Arbeitsteilung ist immer wieder eine Bestätigung dafür, daß die soziale Konstruktion der Geschlechterdifferenz ein reales Substrat hat. Und das hängt nicht zuletzt damit zusammen, daß jede einmal durchgesetzte Form der geschlechtsexklusiven Schließung eines Berufes de facto eine spezifische Form der sozialen Konstruktion von Geschlecht darstellt. – Umgekehrt betrachtet, verleiht aber auch erst die kulturelle Konstruktion der Geschlechterdifferenz den Prozessen der Ausschließung und Abgrenzung jenes Maß an Legitimität und Plausibilität, dessen sie bedürfen, weil sie nicht nur stets auf eine ungleiche Verteilung von Chancen und Ressourcen hinauslaufen, sondern weil sie nur dann als „geschlechts-passend" erscheinen, wenn die soziale Aufmerksamkeit selektiv auf ganz bestimmte Teilaspekte der Arbeit wie der Arbeitenden gelenkt wird. Nur wenn diese selektive Steuerung der sozialen Aufmerksamkeit via Analogiebildung gelingt und so der Anschein bestätigt wird, die geschlechtsspezifische Zuordnung von Tätigkeiten läge gleichermaßen in der Natur der Sache wie im Wesen der Geschlechter begründet, gewinnt die Behauptung immer neu an Glaubwürdigkeit, die Aufteilung des Arbeitsmarktes in „männliche" und „weibliche" Segmente stelle – trotz der Ungleichheit, die sie immer neu hervorbringt – nichts anderes als eine „natürliche" Angelegenheit dar.

In Wetterer verwendete Literatur:

Beck, Ulrich/Brater, Michael (1978): Berufliche Arbeitsteilung und soziale Ungleichheit. Frankfurt/New York

Cockburn, Cynthia 81988): Die Herrschaftsmaschine. Geschlechterverhältnisse und technisches Know-how. Berlin/Hamburg

Willms-Herget, Angelika (1985). Frauenarbeit. Zur Integration der Frauen in den Arbeitsmarkt. Frankfurt/New York

5 Entwicklungstendenzen im Geschlechterverhältnis: Alte und neue Konfliktlagen

Welche Veränderungen haben sich im weiblichen Lebenszusammenhang in den zurückliegenden Jahren ergeben und welche Folgen haben sie für die Struktur des Geschlechterverhältnisses? *Regina Becker-Schmidt* verdeutlicht in ihrem Mitte der 90er Jahre erschienenen Aufsatz noch einmal die strukturellen Bedingungen der Geschlechtertrennung und Geschlechterhierarchie, die sich trotz der Veränderungen der individuellen Lebensbedingungen von Frauen weiterhin durchsetzen. Sie kennzeichnet den widersprüchlichen Zusammenhang beider Arbeitsbereiche, die in kapitalistischen Gesellschaften über unterschiedliche Möglichkeiten verfügen, ihre Anforderungen und Voraussetzungen gegenseitig geltend zu machen.

Helga Krüger (1995) konzentriert sich in ihrem Beitrag auf die verdeckten Geschlechterordnungen gesellschaftlicher Institutionen wie dem Bildungs- und Beschäftigungssystem. Die tradierte geschlechtsspezifische Arbeitsteilung ist immer noch die unhinterfragte Grundlage ihrer scheinbar geschlechtsneutralen Ordnungsprinzipien. Diese tragen entscheidend zur Stabilisierung des herrschenden Geschlechterverhältnisses bei.

Karin Gottschall beschreibt und bewertet in ihrem Beitrag die Situation der Frauen auf dem Arbeitsmarkt seit den 70er Jahren. Sie findet weiterhin starke geschlechtsspezifische Trennlinien und Benachteiligungen bei den Einstiegs- und Aufstiegsmöglichkeiten in qualifizierten Berufen. Unterhalb dieser generellen Entwicklungstendenzen differenzieren sich die Erwerbsbedingungen von Frauen und ihre Positionen auf dem Arbeitsmarkt langsam aus. Die Erwerbsbiographien von Frauen verstetigen sich. Damit bleiben Frauen in der Regel weiterhin in zweifacher Weise von den Risiken des Arbeitsmarktes abhängig: als individuelle Arbeitskraft und vermittelt auch über die Marktposition des Partners.

Birgit Geissler und Mechtild Öchsle beschäftigen sich mit der Frage, wie junge Frauen mit den neuen Möglichkeiten und Risiken eines modernen Frauenlebens umgehen. Sie zeigen, dass angesichts der „Vorbildlosigkeit" weiblichen Lebens Lebensplanung zu einer wichtigen Ressource für Frauen wird. Die Lebensplanung von Frauen fächert sich in verschiedene Muster auf, die „doppelte Lebensplanung" dominiert. Im vorliegenden Ausschnitt werden die Chancen und Risiken dieses Entwurfs vorgestellt.

Mit dem Konzept der „alltäglichen Lebensführung" betonen *Karin Jurczyk und Maria S. Rerrich*, dass Menschen in modernen Gesellschaften eine Vielzahl von Arbeits-, Tätigkeits- und Erfahrungsfelder kombinieren müssen. Alltägliche Lebensführung bezieht sich also nicht nur auf die private Lebensorganisation. Daher fragen sie nach der Rolle, die Geschlecht bei dieser Aufgabe spielt. Die Aufgabe, in diese vielfältigen Aktivitäten die alltägliche Fürsorge zu integrieren, bleibt Frauenarbeit. Dies bedeutet nicht mehr, daß jede Frau sie selbst erledigen muss, aber gerade dann, wenn sie diese Aufgaben (zumeist an andere Frauen) delegiert, muss sie die Koordination übernehmen.

▶ *Becker-Schmidt, Regina (1996): Einheit – Zweiheit – Vielheit. Identitätslogische Implikationen in feministischen Emanzipationskonzepten. In: Zeitschrift für Frauenforschung, Heft 1/2 S. 5-18, hier Auszüge aus den S. 16-17*

Welcher Zusammenhang besteht zwischen den hierarchischen Strukturen im Geschlechterverhältnis und der Formation westlicher Industrienationen? Moderne Industriegesellschaften sind durch sektorale Differenzierung gekennzeichnet. Das gesellschaftliche Ganze reproduziert sich durch das arbeitsteilige Zusammenwirken von Funktionsbereichen, die zwar voneinander getrennt sind, aber doch in einem interdependenten Verhältnis zu einander stehen: private Lebenswelten, Bildungswesen, Produktionssphäre, Dienstleistungssektor, Staat.

Das Zusammenwirken der ausdifferenzierten sozialen Sphären vollzieht sich jedoch nicht in einem Abstimmungsprozess, der den wechselseitigen Abhängigkeiten Rechnung trägt. Es gibt unter den gesellschaftlichen Teilbereichen Hierarchien: manche verfügen über große soziale Gestaltungsmacht, während andere kaum Einfluß auf die Richtung der gesellschaftlichen Entwicklung nehmen können. In industriell-kapitalistischen Systemen nehmen die ökonomischen und staatlichen Sektoren eine dominante Rolle ein. Interessen, die die Institution Familie oder den Bereich Kultur betreffen, können dagegen sehr viel schlechter durchgesetzt werden. Wirtschaft und Staat bestimmen in starkem Maße, welche Gestalt Arbeit, Wissenschaft und Technik annehmen, welche Ungleichheitslagen hingenommen werden, welche kulturellen Aktivitäten Unterstützung finden.

Die Über- und Unterordnung gesellschaftlicher Sphären besteht trotz des Tatbestandes, daß alle Sektoren – private Reproduktionssphäre, Erwerbsbereich, Bildungswesen, staatliche Einrichtungen – für die Aufrechterhaltung des gesellschaftlichen Lebens gleichwichtig, und daß alle voneinander abhängig sind. Wir können also sagen, daß die Formbestimmtheit, d.h. die historisch spezifische

Gestalt, die westliche Industrienationen angenommen haben, widersprüchlich ist: Trennung der Sphären, die deren Interdependenz unsichtbar macht, bei gleichzeitiger Durchlässigkeit, welche Einflußnahmen und Übergriffe der dominanten auf die eher abhängigen Bereiche ermöglicht. Sektorale Hegemonieansprüche gehen mit relativer Selbständigkeit anderer Teilbereiche einher, weil eine gewisse Autonomie für die Einlösung bereichsspezifischer Aufgaben notwendig ist. Am deutlichsten läßt sich das an der Gleichzeitigkeit von Trennung und Durchlässigkeit, von Hegemonie und relativer Autonomie am Verhältnis zwischen Erwerbs- und privater Reproduktionssphäre ablesen: Die private Lebenswelt ist einerseits ein separater Bereich. Das erfordert die Eigenlogik von Prokreation, Regeneration, Haushaltung und Kindererziehung. Andererseits ist die private Lebenswelt in der Sicherung ihrer materiellen Ressourcen, in der Beachtung von Zeitstrukturen, in der Kontrolle von Alltagsverhalten an der marktvermittelten Arbeitswelt ausgerichtet – deren Gesetze (Verfügbarkeit, Arbeitsfähigkeit, Anpassungsbereitschaft, Disziplinierung der Sinne) setzen sich im Privaten fort. In wirtschaftlicher Perspektive ist der unmittelbare Lebensprozeß in der Konkurrenz mit dem marktvermittelten Arbeitsprozeß nachrangig. Diese gesellschaftliche Widersprüchlichkeit läßt sich in der Organisation des Geschlechterverhältnisses wiederfinden.

Der Hierarchie der gesellschaftlichen Sphären, der Dominanz des Erwerbsbereichs gegenüber der Institution Familie, entspricht die Ordnung der Geschlechter. Traditionellerweise ist die Erwerbssphäre – wie andere Foren der Öffentlichkeit – ein Geflecht von Praxisfeldern, in dem Männer gegenüber Frauen privilegiert sind. Nach wie vor hat die Erwerbssphäre im Leben eines Mannes absolutes Übergewicht vor der Hausarbeit. In erster Linie gilt männliche Erwerbsarbeit als das Fundament, auf dem die Existenzsicherung der Familie beruht. Der Mann ist auf grund seiner monetären Leistungen der Familienernährer. Die hohe weibliche Erwerbsbeteiligung und deren Bedeutung für den Unterhalt der Familie haben dieses männliche Selbstverständnis, das bis heute normativ abgestützt ist, kaum verändert. „..."

Über die gesellschaftliche Konstruktion, daß die Erwerbsarbeit höher bewertet wird als die Hausarbeit, des weiteren Männerarbeit vorrangig Erwerbsarbeit bedeutet, Hausarbeit dagegen als Frauenarbeit gilt, verläuft die soziale Verortung der Geschlechter. Der Status des männlichen Geschlechts ist sowohl in der Erwerbssphäre als auch in der Familie dominant, weil in beiden Sphären seine berufliche Arbeit die Verhältnisse und Beziehungen zwischen den Genusgruppen bestimmt. Die Minderbewertung der Hausarbeit gegenüber professionalisierten Tätigkeiten setzt sich fort in der Abwertung auch der marktvermittelten Frauenarbeit – diese wird in der Regel schlechter honoriert, weniger gefördert und gewerkschaftlich weniger geschützt.

Von dem doppelten Masterstatus der Männer, Hausherren in der Familie zu sein und traditionellerweise auf dem Arbeitsmarkt bessere Chancen als Frauen zu haben, profitieren selbst Väter von Familien, in denen die Ehefrauen breadwinner sind. Diese Familienväter beteiligen sich nicht zu gleichen Teilen an der Hausarbeit, weil diese als Frauensache angesehen wird. Daß die männlichen Privilegien nicht auf Leistung, sondern auf Höherbewertung der maskulinen Genusgruppe zurückzuführen sind, bleibt durch die Dominanz des Erwerbslebens verborgen, in dem „Geschlecht" als Bewertungskriterium durchschlägt.

Ginge es nach Leistung, gebührte den Frauen die gesellschaftliche Vorrangstellung. Frauen sind in zweifacher Hinsicht vergesellschaftet – sie sind Trägerinnen der privaten Reproduktion und der Prokreation, und sie partizipieren an den marktvermittelten Sphären. Dies doppelte gesellschaftliche Engagement bringt ihnen jedoch keine Vorteile ein, sondern im Gegenteil strukturelle Benachteiligungen, Da geschlechtliche Hierarchisierung alle sozialen Bereiche durchziehen, erfahren Frauen auch eine Kumulation von Diskriminierungen. Das zeigt sich am Phänomen „Feminisierung der Armut".

Die aufgezeigten sozialen Bedingungen geschlechtlicher Ungleichheit, die durch die Verflechtung von Strukturen im Geschlechterverhältnis und übergreifenden gesellschaftlichen Zusammenhängen zustande kommen, gelten zunächst einmal generell für die weibliche Genusgruppe. Einzelne privilegierte Frauen oder Frauengruppen mögen sie für sich modifiziert vorfinden und auch verbessern können – sie bleiben doch mit dem Phänomen konfrontiert, daß Angehörige ihres Geschlechts am männlichen Maß gemessen werden. Wenn sie das realisieren, werden sie wahrnehmen, daß auch ihr Leben nicht frei ist von geschlechtlichen Diskriminierungen.

▶ **Krüger, Helga (1995): Dominanzen im Geschlechterverhältnis: Zur Institutionalisierung von Lebensläufen.** *In: Becker-Schmidt, Regina/Knapp, Gudrun-Axeli (Hrsg.): Das Geschlechterverhältnis als Gegenstand der Sozialwissenschaften. Frankfurt [u.a.]: Campus-Verlag, S. 195-219, hier Auszüge aus den S. 200-205*

„..." die mit der Entstehungsgeschichte der Industriegesellschaft verbundene und in der Arbeitsmarkt- und Familienforschung weit verbreitete Annahme, wonach der männliche Lebenslauf sich über den Arbeitsmarkt erklären lasse und der weibliche über Familie, Geschlechtsspezifika in Lebensläufen also über jeweils eine Institution interpretiert werden, ist der spezifischen Doppelstrukturiertheit der Lebensläufe beider Geschlechter unangemessen. Erinnert sei daran, daß nicht nur Frauen an Arbeitsmarkt und Familie in relativ unvorhersehbarer Verknüpfung partizipieren – und dies nicht erst in jüngster Zeit, sondern daß auch Männer i. d. R. beides haben, Familie und Beruf. Aber: Die interne Arbeitsteilung zwischen den Geschlechtern in der Familie bringt diese in ihrer faktischen Bedeutung für das männliche, marktvermittelte Kontinuitätsmuster der Lebensführung zum Vergessen, „..." Familie erscheint für männliche Planungssicherheit bzw. -risiken in der Tat irrelevant: Ob verheiratet oder nicht, ob Vater geworden oder nicht, Familie ist unter der Verzeitlichungsperspektive des männlichen Lebenslaufs realiter kein Strukturgeber. Aber unter dem Primat geschlechtlicher Arbeitsteilung wird sie zur *Support-Institution* männlicher Arbeitsmarktkontinuität, ähnlich der Sozialpolitik. Denn die männliche familiale Rolle, als *Ernährerrolle* gefasst „...", verknüpft sich dann zwingend mit der Erwerbsarbeitsrolle, und hierüber erhalten beide Institutionen – Arbeitsmarkt/ Familie –, als eine Konfiguration einer langen Lebensphase beschreibbar, für die männliche Lebensführung *strukturelle Deckungsgleichheit*. Beide stützen sich normativ und faktisch wechselseitig; sie überlagern sich inhaltlich zu einem in sich konsistenten Partizipationsmuster, in dem Familie und Arbeitsmarkt sowohl von der Zeitperspektive als von der inneren Handlungslogik her integriert sind. Der männliche Beteiligungsmodus an Familie und Arbeitsmarkt wird hier, da biographisch gleichsinnig, zu *einem Zeitmuster* der Lebensführung.

Der weibliche Lebenslauf hingegen balanciert zwischen zwei Strukturgebern in der Lebensführung, mit zwei Planungsperspektiven und zwei für die Phasengestaltung relevanten Partizipationsmustern. Und selbst wenn man die Familie als dominant für den weiblichen Lebenslauf setzte, gälte Gleiches oder Reziprokes für das Verhältnis von Arbeitsmarkt und Familie im weiblichen Lebensverlauf nicht: Der Arbeitsmarkt bleibt sehr wohl, schon wegen der Bedeutung von Bildungsabschlüssen in der vorarbeitsmarktlichen Phase, der Schulzeit also, für spätere Arbeitsmarktpositionen auch im weiblichen Lebenslauf ein Strukturgeber für dessen späteren Verlauf. Die Familie tritt hinzu, aber als „strukturlose Strukturierung", da sie relativ unvorhersehbare Diskontinuitäten in der Erwerbsarbeit und damit in der biographischen Lebenslaufgestaltung hervorbringt.

Auch dieses hat mit der internen Organisation familialer Arbeitsteilung zu tun. Für Frauen stellt sich die Partizipation an der Institution Familie in ihrer Rolle als *Familienerhalterin* zugleich als Widerpart zu ihrer Partizipation am Arbeitsmarkt dar, da beide nicht, wie im männlichen Lebenslauf, *monetär*, d. h.

per Geldleistung, miteinander verknüpft sind, sondern wechselseitig Kosten einfordern und die Leistung in einem Bereich nicht gleichzeitig die im anderen mitträgt. Familie und Arbeitsmarkt machen sich den Zugriff auf den weiblichen Lebenslauf untereinander streitig. Die gleichzeitige Partizipation verwandelt sich in eine normative und zeitliche Zwickmühle mit wechselseitigen Folgen für die je eingenommene Position. Die Lebensführung der Frau spaltet sich nicht nur in zwei Stränge auf, sondern diese fordern je eigene Kontinuitäts- und Zeitmuster. Der Status als *Mutter* und der Status als *Arbeitnehmerin* lassen sich lebensbiographisch keineswegs in einem zeitlich und normativ stabilen sowie konsistenten, weiblichen Lebensentwurf/Lebenslauf zusammensetzen. Subjektiv belastender noch: Verbindungs- und Abfolgemuster müssen zwischen den Partnern je individuell ausgehandelt werden.

Wenn aber die „Institution Lebenslauf" das „Lebenslaufprogramm" des weiblichen Parts zur *Verhandlungsmasse zwischen Individual-Partnern* im Institutionenpuzzle macht, reicht es nicht aus, auf entweder Familie oder Arbeitsmarkt zu schauen, um den Lebenslauf von Frauen und Männern zu erfassen. Hinzukommen muß die Analyse ihrer gesellschaftlichen Verknüpfungsprinzipien, d. h. der Art und Weise, wie die Institutionen aufeinander bezogen sind. Das bedeutet aber, nicht nur vom Lebenslauf her die innere Logik seiner Gestaltung verstehen zu wollen, sondern umgekehrt, von den Institutionen her die in ihnen je organisatorisch verfestigten Geschlechterverhältnisse zu erfassen. (...)

Herbert *Marcuse* bezeichnet Institutionen als „geronnene Gewalt" der Geschichte, da sie die Leitbilder, Normen und Wertsysteme einer Gesellschaft strukturell verfestigen. Hiernach ist davon auszugehen, daß seit der historischen Trennung von Arbeitsmarkt und Familie und ihrer Unterlegung mit geschlechtsspezifischer Arbeitsteilung sich diese als Segregationsprinzip in alle gesellschaftliche Organisationen eingelagert hat.

Entsprechend beschreibt z. B. Elisabeth *Beck-Gernsheim* die Struktur des Arbeitsmarktes als auf anderthalb Personen angelegt. Hiernach fordert der Arbeitsmarkt den Mann ganz – und mehr: berufliche Beanspruchung und Karrieremuster setzen, so die *Beck-Gernsheim'sche* These, zugleich eine mindestens halbe weitere Person voraus, die die volle Verfügbarkeit des Mannes auf dem Arbeitsmarkt reproduktiv unterstützt und sichert. Der (männliche) Normalarbeitstag inkorporiert also die weibliche Arbeit zu Hause.

Was *Beck-Gernsheim* nicht betont, da uns alltäglich allzu selbstverständlich: Auch die Struktur der Familie setzt ihrerseits mehr als eine Person für ihre Belange voraus – wenn auch nicht (wie der „Normalarbeitstag" des Mannes) täglich. Die Verfügbarkeit für familiale Aufgaben verlangt nämlich das familienernährende Einkommen einer weiteren Person – und zwar im Prinzip für die gesamte Dauer des Bestehens der Familie: Neben die Kleinkindphase mit zeitlich verdichtetem Versorgungsanspruch an die Mutter treten andere Anwesenheitsverpflichtungen hinzu, wie etwa durch Unterrichtsausfall in der Schule, Krankheit eines Familienmitgliedes, v. a. Versorgung der alten Generation, die sich durch die Eheschließung für Frauen zahlenmäßig verdoppelt. Manchmal volle Verfügbarkeit, aber auch in Phasen halber Freisetzung für den Arbeitsmarkt wird stetige Abrufbarkeit aus möglicherweise aufgenommener Erwerbsarbeit vorausgesetzt. Die – im Bild von Beck-Gernsheim – bei modernem Lebensstandard mit entsprechender Technisierung der Hausarbeit übrigbleibende „halbe Person" kann sich also nicht zeitlich gesichert auf dem Arbeitsmarkt verankern. Ihre Arbeitskraft ruht auf der des Mannes auf.

Wesentliche Ursache hierfür liegt in der Verknüpfung von Familie wiederum mit Institutionen der Bildungs- und Sozialpolitik und deren Organisationsprinzipien. *Kaufmann* führt aus, daß männliche Leistung durchgehend monetarisiert und damit – bei Erwerbsausfall – durch staatlichen Geldtransfer auszugleichen ist. Weibliche familiale Leistung hingegen nicht. Sie erfordert ganze staatliche Organisationsgebilde (Heime, Schulen usw.), mit denen sie sich wiederum ihre Aufgaben teilt. Die Bereitstellung dieser Organisationen aber folgt einer anderen Logik als die monetären Ausfallbürgschaften im männlichen Erwerbsverlauf. Und in der Tat: Die staatlich eingerichteten Institutionen zur Betreuung von Kindern und Kranken sind nicht als Unterstützung weiblicher Lebenslaufkontinuität konzipiert, sondern begründen sich aus der Eigenlogik von Pädagogik und Medizinsystem und beinhalten keine Ausfallkalkulation bei Nichtverfügbarkeit für familiale Arbeit (es sei denn, in Abstrichen, für Alleinerziehende, Personen also mit keinem eindeutigen Status, auf ein halb familial und halb arbeitsmarktseitig organisiertes Leben verpflichtet). (…) Selbst die Organisation sozialer Einrichtungen folgt dem Muster einer geschlechtsdifferenten Lebensführung in der Familie. Indem sie sich wiederum komplementär hierauf stützt, unterstreicht sie Familie als Verbindung zweier Lebensläufe zu einer Paarbeziehung mit getrennter Aufgabenzuweisung. Hiernach sind Institutionen wie Familie, Erwerbssystem, und Sozialpolitik nicht nur für jede der Genus-Gruppen lebensbiographisch relevant, sondern sie verknüpfen sich zu einem historisch gewachsenen Organisations*gefüge*, über das sich geschlechtsspezifische Segregationen pro Institution als funktional für die je anderen Institutionen ausweisen. Die Institutionenstrukturiertheit des Lebenslaufs basiert hiernach nicht nur auf der Tatsache, daß Organisationen ihm ein bestimmtes, biographisches Abfolgeprogramm aufdrücken, sondern zugleich darauf, daß jede der Institutionen für die eigenen Belange Geschlechter und geschlechtstypische Lebensführung voraussetzt. Auch Institutionen rund um die Familie und nicht nur diese selbst oder der Arbeitsmarkt – unterstellen als Basis des eigenen Funktionierens einen männlichen und weiblichen *Masterstatus*, einen Status also, der alle im Lebenslauf erwerbbaren Statuspositionen überlagert. (…)

Ein Blick auf die gesellschaftliche Machtdifferenz zwischen Institutionen, die den geschlechtsdifferenten Beteiligungsmodus zugleich als hierarchische Geschlechterordnung entschlüsselt, zeigt, daß Arbeitsmarkt und Familie über unterschiedliche Ressourcen zur Durchsetzung ihrer je institutionalen Eigenlogiken gegenüber der *Komplementär-Institution* verfügen. (…) Während z. B. die Familie die reduzierte Verfügbarkeit von Männern für Familienarbeit nach den Vorgaben ihrer Arbeitsmarkteinbindung hinnehmen muß, da sie in der Hierarchie sozialer Sphären der Erwerbssphäre nachgeordnet ist, scheint der Arbeitsmarkt die familial bedingt labilisierte Verfügbarkeit der weiblichen Arbeitskraft nicht nachsehen zu müssen.

In Krüger verwendete Literatur:

Beck-Gernsheim, Elisabeth (1980): Das halbierte Leben. Männerwelt Beruf – Frauenwelt Familie, Frankfurt: Fischer

▶ *Gottschall, Karin (1995): Geschlechterverhältnis und Arbeitsmarktsegregation. In: Becker-Schmidt, Regina/Knapp, Gudrun-Axeli (Hrsg.): Das Geschlechterverhältnis in den Sozialwissenschaften. Frankfurt/New York: Campus, S. 125-162, hier Auszüge aus den S. 125, 129-135*

Die Arbeitsmärkte in entwickelten westlichen Industriegesellschaften sind offensichtlich geschlechtsspezifisch differenziert und hierarchisiert. Auch wenn die Trennungslinien nach Branchen und Berufen (horizontal) sowie nach innerbetrieblichen Hierarchien (vertikal) in den einzelnen Ländern Westeuropas unterschiedlich verlaufen und historisch Veränderungen erfahren haben, so bleibt doch die empirisch unabweisbare Quintessenz: Frauen sind im Vergleich zu Männern generell mit schlechteren Arbeitsmarktchancen konfrontiert, beim Eintritt in das Erwerbsleben wie beim Verbleib, bei der Entlohnung, den Aufstiegschancen, den Weiterbildungsmöglichkeiten und der Arbeitsplatzsicherheit. Betrachtet man die Nachkriegsentwicklung entwickelter westlicher Industriegesellschaften, so hat die geschlechtsspezifische Arbeitsmarktsegregation nur geringfügig abgenommen; sie hat ihr Gesicht gewandelt: die Frauenberufe von heute sind nicht mehr notwendig die Frauenberufe von vor 30 Jahren;

und während horizontale Trennungslinien durch die Entstehung gemischtgeschlechtlicher Bereiche zum Teil abgeschwächt werden, gewinnen im Zuge von Rationalisierung und Restrukturierung von Tätigkeitsfeldern (neue) vertikale und innerberufliche Trennungslinien an Bedeutung.(...).

Die Entwicklung der Frauenerwerbstätigkeit in der alten Bundesrepublik läßt sich vor dem Hintergrund von zunächst stabilem ökonomischen Wachstum und Tertiarisierungsprozessen – ähnlich wie in anderen west- und nordeuropäischen Industrieländern – in den Grundstrukturen als eine verstärkte Integration von Frauen in den Arbeitsmarkt charakterisieren. Kennzeichnend sind insbesondere:

- ein verstärkter Einbezug von Frauen in die dominante Erwerbsform lohnabhängiger Beschäftigung;
- eine Steigerung der Erwerbsbeteiligung vor allem von verheirateten Frauen und Müttern und damit eine Verstetigung von Erwerbsmustern im weiblichen Lebenslauf;
- sowie die Breite und Qualität der von Frauen (neu) besetzten Beschäftigungsfelder, im privaten und öffentlichen Dienstleistungssektor.

In diesem Bereich haben im Zuge von Tertiarisierungsprozessen und Wohlfahrtsstaatpolitik insbesondere qualifizierte Tätigkeitsfelder (Kranken- und Altenpflege, Bildung und Erziehung, kaufmännisch-administrative und technische Tätigkeiten) an Bedeutung gewonnen. Hier ist heute immerhin ca. ein Drittel aller sozialversicherungspflichtig tätigen Frauen auf der Basis qualifizierter Ausbildung beschäftigt. Während es sich bei den Semi-Professionen im Pflege- und Erziehungsbereich nach wie vor um von Frauen dominierte Berufe handelt (allerdings mit steigenden Männeranteilen), haben sich die kaufmännisch-administrativen und technischen Dienstleistungsbereiche im Zuge ihrer Expansion von eher männerdominierten zu gemischtgeschlechtlichen Arbeitsmarktsegmenten entwickelt; geschlechtsspezifische Trennungslinien wurden damit ein Stück weit gelockert bzw. nach oben verschoben.

Gleichwohl weist der bundesrepublikanische Entwicklungspfad der Rekonstruktion und Modernisierung von Ökonomie und Gesellschaft Besonderheiten auf, die die *Integration von Frauen in den Arbeitsmarkt* (insbesondere im Vergleich zu den nordeuropäischen Ländern) als quantitativ und qualitativ begrenzt erscheinen lassen.

- So fiel die *Steigerung der Frauenerwerbsquote* in Westdeutschland deutlich *geringer* aus als in anderen Ländern, denn der für den langanhaltenden und intensiven ökonomischen Wachstumsprozeß notwendig Rückgriff auf Produktivitätsreserven im Arbeitskräftepotential erfolgte hier zunächst – anders als etwa in Schweden – über die Anwerbung (männlicher) ausländischer Arbeitskräfte. Sie beruhte hier wie dort insbesondere auf der Ausweitung und Etablierung von *Teilzeitarbeit* im Dienstleistungssektor als Erwerbsform vorrangig für Frauen, wobei freilich in Westdeutschland deren Zuverdienstcharakter besonders stark ausgeprägt ist. (...)

- Im Zuge der *Expansion des Bildungswesens* konnten Frauen zwar bei den schulischen Bildungsabschlüssen mehr als gleichziehen und bei den beruflichen Abschlüssen erheblich aufholen. Dennoch haben sich im Zeitverlauf *kaum* Veränderungen der geschlechtsspezifischen Arbeitsmarktsegregation ergeben, d.h. Frauen konnten und können „Bildungskapital", ungeachtet der in der Bundesrepublik besonders engen Koppelung von Bildungs- und Beschäftigungssystem, nicht in dem selben Maß wie Männer in Erwerbschancen umsetzen.

Vielmehr zeigt eine Analyse der modernen Dienstleistungsberufe, daß auch hier die bekannten Geschlechtstypisierungen greifen, indem den von Frauen verrichteten Tätigkeiten ein Stück weit Berufsförmigkeit verweigert wird, während die von Männern besetzten Bereiche derselben Tätigkeitsfelder den Charakter von „Facharbeit" oder „Handwerk" aufweisen (vgl. etwa den fast ausschließlich von Männern ausgeübten Beruf des Gebäudereinigers im Unterschied zur ungelernten Tätigkeit der Reinigungsfrauen; männliche Köche und weibliche Küchenhilfen). Selbst dort, wo Frauenarbeit Berufsförmigkeit erreicht, wie in den Sozial- und Erziehungsberufen sowie den neueren technischen Assistenzberufen, bleibt sie im Bereich der Semi-Professionalität; es entstehen also keine gemischten, sondern geschlechtstypische Segmente. Daß es sich hier um „harte" Trennungslinien handelt, zeigt sich nicht zuletzt daran, daß sie bereits in der Struktur der beruflichen Ausbildung angelegt sind, indem schulische Ausbildungswege bis heute stark feminisiert und gegenüber betrieblichen in spezifischer Weise abgewertet sind.

Auch für die typischen Professionen (Jura, Medizin) sowie die neuen wissenschaftlich-technischen Dienstleistungsberufe (Wirtschaftswissenschaften, Informatik, Konstruktion) läßt sich zeigen, daß Frauen heute zwar stärker als früher über die notwendigen Eintrittsqualifikationen verfügen, diese sich jedoch nicht in demselben Maß wie bei Männern in adäquaten beruflichen Einsatz und geradlinige Karrierewege umsetzen lassen. Vielmehr zeichnen sich hier nunmehr innerhalb der akademischen und wissenschaftlich-technischen Bereiche geschlechtstypische Trennungslinien ab (nach Bezahlung, angestellter vs. freiberuflicher, abhängiger vs. weisungsbefugter Tätigkeit).

- Ein wesentlicher Effekt der geschlechtsspezifischen Arbeitsmarktsegregation ist die anhaltende und in Westdeutschland im EG-Vergleich besonders stark ausgeprägte *Einkommensdifferenz* zwischen den Geschlechtern, obwohl auch hier seit 1980 die Rechtsnorm der Lohngleichheit bei gleichwertigen Arbeit gilt. Kennzeichen zahlreicher typischer Frauenberufe (Friseurin, Arzthelferin, Verkäuferin) ist nach wie vor, daß sie zwar mehrjährige Ausbildungsinvestitionen voraussetzen, aber dennoch selbst bei Vollzeitarbeit und kontinuierlicher Erwerbsarbeit keine dauerhafte eigenständige Existenzsicherung ermöglichen. Daran hat auch die im bundesrepublikanischen System der Arbeits- und Sozialbeziehungen vergleichsweise hoch anzusetzende bargaining-power der Gewerkschaften nichts geändert, wie Analysen von Tarifpolitik und Arbeitsbewertungsverfahren zeigen.

- Auch der für die Bundesrepublik charakteristische Ausbau des Sozialstaates, der breite Bevölkerungsschichten gegen die Risiken marktwirtschaftlicher Prinzipien (Krankheit, Erwerbslosigkeit, Armut) ein Stück weit abgesichert und so wesentlich zu einer Vereinheitlichung der Lebensbedingungen von Familien beigetragen hat, weist Besonderheiten auf. Die hier zum Tragen kommende Sozialpolitikkonzeption ist insoweit *partikularistisch*, als die soziale Sicherung an das Faktum der Vollerwerbstätigkeit bzw. den ehelichen Status gebunden ist und eine eigenständige Grundsicherung insbesondere der Familienarbeit leistenden Frauen – ungeachtet einiger Reformen in den 80er Jahren – bis heute nicht vorgesehen ist. Für die nordeuropäischen Wohlfahrtsstaaten ist demgegenüber eher eine Ausrichtung staatlicher Politik an egalitären Sozial- (und Arbeits-)beziehungen kennzeichnend.

Diese Struktur einer begrenzten Integration muß auch im Kontext nationalspezifischer *familien- und geschlechtspolitischer Leitbilder* gesehen werden – insbesondere der Ausrichtung am asymmetrischen Familienmodell der Hausfrauenehe –, die in der Bundesrepublik bis in die 60er Jahre gesamtgesellschaftlich mehr oder weniger konsensfähig waren.

Die nicht nur soziokulturell normierende Kraft dieses Modells zeigt sich in der bis in die 70er Jahre gültigen rechtlichen Normierung der Hausfrauenehe, der transferintensiven Ausgestaltung des Sozialstaates sowie bei den Arbeitsmarktparteien in einer indirekt geschlechtsspezifischen Arbeits- und Einkommenspolitik.

Selbst die jüngsten familienpolitischen Maßnahmen stützen weiterhin das in der Realität bereits vielfach fragwürdig gewordene Familienernährermodell; so erweist sich insbesondere der in den 80er Jahren eingeführte und sukzessive zeitlich erweiterte Erziehungsurlaub als arbeitsmarktpolitisches Instrument zur selektiven Ausgliederung und nur begrenzt erfolgreichen Wiedereingliederung von Frau in den Arbeitsmarkt.

Erst unter dem unabweisbaren Druck veränderter Realitäten – einer gestiegenen Erwerbsbeteiligung insbesondere von Müttern, einer Beruf und Familie einschließenden Lebensplanung der jüngeren Frauengeneration, steigender Scheidungsquoten und der Erosion der Hausfrauenehe wie auch den neuen Möglichkeiten eigenständiger Familienplanung – kam es im Verlauf der 70er und 80er Jahre zu einer *Modernisierung des Familienernährermodells* und der Geschlechtsrollen-Leitbilder in Richtung „Partnerschaft" und „Vereinbarkeit von Beruf und Familie für Frauen".

Ob diese Modernisierung des Familienernähermodells allerdings tatsächlich einen stabilen neuen gesellschaftlichen Konsens markieren kann, muß freilich angesichts nachhaltig veränderter Verteilungs-Realitäten und qualitativ neuer Problemstrukturen offen bleiben. Schon die für die alte Bundesrepublik „..." charakteristische strukturell begrenzte Integration birgt vielfältige widersprüchliche Dynamiken. Die offensichtlichste besteht darin, daß Frauen im Zuge der o. g. Entwicklung über eine ökonomische und soziale Besserstellung hinaus auch Terrain für eine eigenständige Lebensplanung gewinnen konnten. In dem Maß, in dem sie dies für sich beanspruchen, bzw. aufgrund gesamtgesellschaftlicher Individualisierungstendenzen (vgl. insbesondere die veränderten Familienformen und die steigende Zahl alleinerziehender Mütter) und ökonomischer Krisenerscheinungen auch beanspruchen müssen, stoßen sie an Grenzen der vollen Verwirklichung von egalitären Strukturen. Diese Grenzen, die sich in einer anhaltenden geschlechtsspezifischen Ungleichverteilung von Lebenschancen ausdrücken, sind freilich in modernen bürgerlichen Gesellschaften kaum mehr legitimationsfähig; zugleich wird deutlich, daß die Einlösung des Gleichheitsversprechens nicht in einer Verallgemeinerung des männlichen Lebensmodells liegen kann.

Der *Arbeitsmarkt* fungiert dabei gewissermaßen als Kristallisationspunkt einer *qualitativ neuen Problemstruktur*. Die Legitimität und Funktionalität geschlechtsspezifischer Ungleichbehandlung ist ein Stück weit in Frage gestellt. So läßt sich die strukturelle Benachteiligung von Frauenarbeit im Erwerbssystem erstens nicht mehr vorrangig auf Bildungsdefizite und Familienorientierung der Frauen zurückführen. Sie erweist sich zweitens auf Betriebs- und Branchenebene – im Kontext von Rationalisierung und Reorganisation, neuen gesellschaftlichen Ansprüchen an Dienstleistungsqualität und neuen Formen von Arbeitsbewußtsein – keineswegs mehr durchgängig als funktional; insbesondere stößt die in typischen Fraueneinsatzfeldern (Verkauf, Krankenpflege, Sozial – und Erziehungsbereich) tradierte Deprofessionalisierung an Grenzen. Drittens wird – bezogen auf das Erwerbssystem als Ganzem – die Innovationsfähigkeit der bisher für das „Modell Deutschland" so erfolgreichen Basisinstitutionen von Fachausbildung und Berufssystem in Zweifel gezogen, gerade weil sie auf starker funktionaler (und damit zugleich auch geschlechtsspezifischer Arbeitsteilung) beruhen. Schließlich gerät aus der sozio-ökonomischen Entwicklungsdynamik heraus auch das traditionelle, geschlechtsspezifisch komplementäre Arrangement von „Normalarbeitsverhältnis" und „Normalfamilie" unter Druck, indem das Erwerbssystem auch für männliche Arbeitskräfte keineswegs mehr dauerhaft (familien-)existenzsichernde Arbeitsplätze bereitstellen und so die Erosion der „Versorgerehe" kaum aufhalten kann.

▶ *Geissler, Birgit/Oechsle, Mechtild (1994): Lebensplanung als Konstruktion: Biographische Dilemmata und Lebenslauf-Entwürfe junger Frauen. In: Beck, Ulrich/Beck-Gernsheim, Elisabeth (Hrsg.): Riskante Freiheiten, Frankfurt: Suhrkamp, S. 139-167, hier Auszüge aus den S. 152-154, 164-165*

Im Prozeß der Modernisierung des Frauenlebens genießen die beiden genannten Aspekte – Integration in Erwerbsarbeit auf der einen und die Familie auf der anderen Seite – höchst ungleiche Aufmerksamkeit. Der erste Aspekt steht unter dem Postulat, das Gleichheitsversprechen der Verfassung im individuellen Handeln einzulösen: die gleichberechtigte Teilhabe an Geld und Macht setzt die Fähigkeit (und Bereitschaft) der einzelnen Frau voraus, sich in die Arena der Öffentlichkeit zu begeben, den Anforderungen von Arbeitsmarkt und Politik zu genügen und sich den Risiken dieser Bereich auszusetzen. Diese „nachholende" Individualisierung ist jedoch nicht als ein passives Erleiden zu verstehen: die Frauen selber treiben die Veränderung mit voran. Entscheidend daran ist die Selbstverständlichkeit, mit der inzwischen von der persönlichen Autonomie der Frau (zumindest vor der Ehe) ausgegangen wird, die darin zum Ausdruck kommt, daß die Frau für ihren Lebensunterhalt selber Sorge trägt und zwar durch qualifizierte Erwerbsarbeit.

Materielle Unabhängigkeit ist also – ungeachtet der vom Arbeitsmarkt gesetzten konkreten Bedingungen – auch für Frauen keine Frage der „Wahl" mehr, sondern Voraussetzung jedes weiteren biographischen Projekts. Daraus könnte geschlossen werden, die Lebensplanung junger Frauen sei heute strukturell derjenigen junger Männer gleich, von der geschlechtsspezifischen Prägung der Berufsentscheidung und der Segmentierung der zugänglichen Arbeitsplätze einmal abgesehen. Dem ist aber nicht so: Der zweite Aspekt der Modernisierung

– der Wandel der Generativität und der Familie – setzt einen weiteren Bereich
an Planungsanforderungen. Für junge Frauen greift eine biographische Perspektive, die sich nur auf den Einsatz der Arbeitskraft im Erwerbsleben richtet, zu
kurz. Anders als junge Männer sind sie nach wie vor nicht ihr Leben lang voll
für betriebsförmige Erwerbsarbeit verfügbar. Aufgrund ihrer Gebärfähigkeit
und der Verknüpfung von biologischer und sozialer Mutterschaft bleibt ihre
Beteiligung am Erwerbsleben eingeschränkt.

Als *Leitbild* des Frauenlebens hat sich die *„doppelte Lebensführung"* durchgesetzt, die im wesentlichen durch eine Aufrechterhaltung des beruflichen
Interesses der Frau in die Lebensphase mit Kindern hinein gekennzeichnet ist
(die sogenannte „Vereinbarung von Familie und Beruf"). Der Kern der doppelten Lebensführung ist die Forderung an Frauen, nachdem sie vor Heirat
und Familiengründung materiell unabhängig waren, auch danach mindestens
für einen Teil ihres Lebensunterhalts aufzukommen. Beim Scheitern der Ehe
(oder dem Tod des Mannes) ohne Lebensunterhalt dazustehen wird in diesem
Kontext nicht mehr als unerwartetes Schicksal angesehen, sondern muß als
Risiko antizipiert werden.

Der private Lebensbereich wird mit diesen Prozessen der Rationalisierung
und Planung unterworfen.

Die Verbindung beider Aspekte – Erwerbsautonomie und Präsenz in der
Familie – macht also die Besonderheit weiblicher Lebensplanung aus. Die Pla-
nungsaufgabe bezieht sich sowohl auf die Bereiche, für die Frauen im traditionalen
Lebenslauf keine oder geringe Handlungsspielräume hatten – Ausbildung, Beruf,
Politik –, als auch auf diejenigen, die als weiblich definiert wurden: Geburt von
Kindern, Familienleben.

Daß Frauen die doppelte Lebensführung als Befreiung vorkommen kann,
macht die große Akzeptanz des neuen Leitbilds aus. Ohne Zweifel gibt es viele
Hinweise auf den Wunsch jüngerer Frauen nach einer Vereinbarung der Lebensbereiche Familie und Beruf; für sie sind diese Bereiche keine alternativen
biographischen Perspektiven. In der öffentlichen wie in der wissenschaftlichen
Diskussion bleibt jedoch meist unbeachtet, daß das neue Leitbild *nicht nur* auf
den Wandel der Interessen und Verhaltensweisen der Frauen zurückgeht, sondern das Ergebnis eines generellen *De-Legitimierungsprozesses* der traditionalen
Lebensführung ist. Der familienzentrierte Lebenslauf, in dem die Verantwortung
für den Lebensunterhalt mit der Eheschließung an den Mann übergeht, hat
nicht nur für die jungen Frauen selber keine Orientierungsfunktion mehr – er
ist auch als Verhaltenserwartung von seiten der Institutionen und des sozialen
Umfeldes heute passé. Als neue Norm sind sie mit der Anforderung konfrontiert,
perspektivisch auf beide Lebensbereiche zu blicken und sie in einer doppelten

Lebensführung zu vereinbaren. An den neuen biographischen Optionen von Frauen zeigt sich das – immer vorhandene – Doppelgesicht der Individualisierung von *Befreiung und Zwang*: Die Herauslösung aus den Aufgaben und der Absicherung in Ehe und Familie ist sowohl eine Freisetzung im Sinne von Befreiung als auch ein Verlust an Sicherheiten. Die Einbindung in den Arbeitsmarkt eröffnet Handlungsspielräume der autonomen Lebensführung (Verzicht auf Ehe) wie auch Handlungszwänge (dauerhafte Nichterwerbsarbeit hat keine Legitimation mehr).

Für die doppelte Lebensführung gibt es kein ausgearbeitetes Verlaufsmodell, keine gesellschaftlich sanktionierte Abfolge von Lebensphasen und Übergängen. Die neue Norm sagt nichts über die konkrete Ausgestaltung der doppelten Teilhabe: weder darüber, auf welche institutionellen Hilfen und Vorgaben bei der Vereinbarung Bezug genommen werden, noch wie die konkrete individuelle Prioritätensetzung aussehen kann. (...)

Das Dilemma, in dem junge Frauen sich befinden, ist also kurzgefaßt dieses: Die Vereinbarung von Familie und Beruf ist ihr eigener Wunsch und steht ihnen als soziale Norm vor Augen – es gibt jedoch kein biographisches Modell, keinen „Normallebenslauf" dafür. (...)

Lebensplanung ist daher die *Konstruktion neuer weiblicher Lebenslaufmodelle*: Frauen passen sich mit ihrem Handeln nicht einfach an gegebene Bedingungen an, sondern sie sind beteiligt an der Konstruktion neuer sozialer Realität.

Die familienzentrierte Lebensführung gab Lösungen vor nicht nur für die gesellschaftliche Integration, für die Sicherung des Lebensunterhalts (durch die Ehe) und die familialen Beziehungen, sondern auch für die Stabilisierung der Geschlechtsidentität (als Entwicklungsaufgabe der Jugend) und die Herausbildung eines Selbstverständnisses als erwachsene Frau. In der Konstruktion neuer Modelle des Lebenslaufs müssen nun diese Elemente – die ihre innere Einheit verloren haben – mit biographischem Sinn versehen und in eine innere Beziehung gesetzt werden. (...)

Zentrales Merkmal der *doppelten Lebensplanung* ist die Gleichgewichtigkeit der beiden Lebensbereiche Partnerschaft/Familie einerseits und Beruf andererseits. Das heißt: Der Beruf hat grundsätzlich eine Bedeutung für die Identität, die nicht von der Partnerbeziehung oder vom Wunsch nach Kindern verringert wird. Von gleicher Relevanz wie der Beruf ist in diesem Lebensplanungstyp die Gründung einer Familie und das Zusammenleben mit Kindern und Partner. Aus dieser subjektiven Gleichrangigkeit der beiden Lebensbereiche ergeben sich die besonderen Konstruktionsprobleme der doppelten Lebensplanung. Im Kern geht es um die Frage, ob sich eine doppelte Lebensführung, wie sie – im

Einklang mit den neuen sozialen Anforderungen – die Mehrheit der von uns befragten Frauen anstrebt, tatsächlich verwirklichen läßt.

Auch wenn heute von fast allen die Notwendigkeit einer Ausbildung betont wird, so haben Beruf und berufliche Ausbildung doch unterschiedliche Bedeutung in ihrer Lebensplanung. Charakteristisch für die doppelte Lebensplanung ist der hohe Stellenwert der Berufsausbildung. In diesem Typus geht es nicht nur um den Übergang in irgendeine Ausbildung, es geht – in durchaus emphatischem Sinne – um Berufsfindung und Berufswahl. Handlungsleitend für den Übergang in die Ausbildung ist ein subjektbezogenes Verständnis der zukünftigen Berufsarbeit: der Beruf wird als ein wichtiger Bereich der Persönlichkeitsentwicklung verstanden. Dem Subjektbezug eher nachgeordnet ist die Arbeitskraftperspektive; ob der künftige Beruf gute Chancen auf dem Arbeitsmarkt oder ein hohes Arbeitsplatzrisiko impliziert, welche Einkommens- und Aufstiegsmöglichkeiten er bietet, dies sind in der Regel zweitrangige Kriterien. In der doppelten Lebensplanung ist es wichtig, eine berufliche Ausbildung abzuschließen und den Übergang in den erlernten Beruf auch tatsächlich zu realisieren. Bildungsbeteiligung und Integration in Erwerbsarbeit sowie die Aufschiebung der Familiengründung sind auch in der Wahrnehmung der jungen Frauen die wesentlichen Bedingungen für ihre soziale und ökonomische Selbständigkeit im jungen Erwachsenenalter.

Wenngleich diese Selbständigkeit auch die Voraussetzung für die berufszentrierte und die individualisierte Lebensplanung darstellt, so wird die Bedeutung dieser biographischen Phase doch in besonderer Weise in der doppelten Lebensplanung thematisiert. Dies ist nicht zufällig, sondern hat mit den Besonderheiten der doppelten Lebensplanung zu tun, auf die wir noch näher eingehen werden. Erwerbsarbeit ist in diesem Typus eng verknüpft mit der Erweiterung von Handlungsspielräumen, dem Erproben eigener Fähigkeiten und der Erfahrung materieller Unabhängigkeit. Entsprechend groß ist der Stellenwert, den Beruf und Erwerbsarbeit für das Selbstverständnis der Frauen haben; in der Bilanzierung ihrer bisherigen Biographien wird deutlich, wie sich ihre Persönlichkeit im Prozeß der beruflichen Sozialisation entwickelt hat und wie ihr Selbstbewußtsein in der Auseinandersetzung mit den Anforderungen der Berufsarbeit größer geworden ist. Bildungswesen und Arbeitsmarkt erweisen sich hier in der Tat als Triebkräfte der Individualisierung und werden von den jungen Frauen auch als solche gesehen und positiv bewertet. (…)

Grundlage der postulierten – und auf weite Strecken auch praktizierten – Gleichheit der Geschlechter ist die Erwerbsbeteiligung beider Partner; daraus leitet sich eine partnerschaftliche Arbeitsverteilung vor der Familiengründung ab. Insgesamt ist das junge Erwachsenenalter im beruflichen wie im privaten

Bereich vom Streben nach personaler und materieller Selbständigkeit geprägt; die Lebensführung junger Frauen und junger Männer ist in dieser Lebensphase weitgehend angeglichen. Sie findet mit der Gründung einer Familie ihren Abschluß; dies ist auch die Perspektive der jungen Frauen selber.

Diese Familiengründung wird in der doppelten Lebensplanung nicht dem Zufall überlassen, sondern bewußt gestaltet. Im wesentlichen geht es um die eigenen beruflichen Ziele, die bis dahin erreicht sein sollen, um die berufliche Situation des Partners und um Vorstellungen über das „richtige" Alter der zukünftigen Eltern: diese drei Faktoren müssen aufeinander abgestimmt werden, und nicht selten ergeben sich besondere Probleme der Zeitplanung und der Zeitknappheit.

Das zentrale Problem der doppelten Lebensplanung ist die Gestaltung der Familienphase; angesichts der subjektiv gleichen Bedeutung von Beruf und Familie stellt sich die Frage, wie das Verhältnis der beiden Lebensbereiche praktisch gestaltet werden kann. Obwohl in der doppelten Lebensplanung berufliche Kontinuität angestrebt wird, sind begrenzte Phasen familienbedingter Unterbrechung eingeschlossen. Die faktische Diskontinuität der Erwerbsbiographie, die dieses Modell impliziert, wird durch subjektive Kontinuitätskonstruktionen der jungen Frauen überbrückt; wesentliche Elemente hierbei sind die Selbstdefinition als berufstätige Frau und die Kontinuität des beruflichen Interesses. Charakteristisch für die doppelte Lebensplanung ist also die Einfügung von Erwerbstätigkeit in einen durch die Familienaufgaben definierten und vorgegebenen Rahmen. (…)

Die Tatsache, daß wir ein breites Spektrum von Lebensplanungstypen finden, verweist auf tieferliegende Differenzierungen bei der Bewältigung der Statuspassage „junges Erwachsenenalter" im Hinblick auf soziale, materielle und kulturelle Ressourcen sowie individueller Handlungsorientierungen der jungen Frauen. Die Entwicklung eines bestimmten Typus von Lebensplanung ist also keineswegs beliebig. Unsere Studie zeigt jedoch, daß sich die Unterschiede der Lebensplanung einer schlichten Zuordnung nach Bildungsniveau oder Herkunft entziehen.

Handlungsspielräume werden nicht nur durch die jeweiligen Kontextbedingungen strukturiert – sie werden auch durch die Lebensplanung und das biographische Handeln der Frauen selbst hergestellt, erweitert oder verengt. Entscheidend ist die konkrete Form des Übergangs in Erwerbsarbeit und Partnerschaft/Familiengründung, die gemachten Erfahrungen und ihre Verarbeitung. Diese Statuspassage ist heute für Frauen institutionell nicht eindeutig gesteuert, sie ist weitgehend individualisiert und in ihrem Ausgang nicht vorgängig festgelegt. Angesichts der fehlenden Orientierungsleistung durch normative

Vorgaben und durch Institutionen ist die Entwicklung von Lebensplanung in dieser Passage eine entscheidende Ressource.

▶ *Jurczyk, Karin/Rerrich, Maria S. (1993): Lebensführung weiblich – Lebensführung männlich. Macht diese Unterscheidung heute noch Sinn? In: Dies. (Hrsg.): Die Arbeit des Alltags. Beiträge zu einer Soziologie der alltäglichen Lebensführung. Freiburg: Lambertus, S. 279-309, hier Auszüge aus den S. 279, 295-298, 301, 304-308*

Die ehemals klare Trennlinie in „Männerwelt Beruf" und „Frauenwelt Familie" ist unschärfer geworden. Vieles scheint dafür zu sprechen, daß in dem Maße, in dem die Begrenzungen tradierter Geschlechtsrollenzuschreibungen überschritten werden, auch der Weg dafür frei wird, daß sich das Alltagsleben von Frauen und Männern stärker angleichen kann. Ist es dann überhaupt noch sinnvoll, eine „weibliche" von einer „männlichen" Lebensführung zu unterscheiden?

Die empirischen Ergebnisse der Studie zur alltäglichen Lebensführung geben darauf keine eindeutige Antwort, sondern zeigen, daß es auf die Perspektive ankommt, von der aus man Ausschnitte der alltäglichen Lebensführung in den Blick nimmt. (…)

Entgegen der Erwartung, daß wir, bedingt durch die zunehmende Berufstätigkeit der Frauen, auch entsprechende Veränderungen in der Arbeitsteilung *zwischen* den Geschlechtern finden würden, fanden wir neue hierarchische Arbeitsteilungsmuster zwischen *Frauen*. In der Regel sind es andere Frauen – aus einem selbstgeschaffenen Netzwerk, aus der Verwandtschaft, aber auch Putzfrauen, Tagesmütter, Au-Pair-Mädchen u. a., die den berufstätigen Frauen „den Rücken freihalten". Deshalb sind Generalisierungen in den Aussagen, was die „weibliche" und was die „männliche" Lebensführung ist, ohne weitere Differenzierungen nach den unterschiedlichen Gruppen von Frauen in ihrer Aussagekraft noch weiter einzuschränken als ohnehin. (…)

Die Empirie macht deutlich, daß die durch die Verpflichtung auf die Sorge für andere entstehenden Abhängigkeiten zu den „mächtigen" Determinanten der alltäglichen Lebensführung gehören – und dieser Zusammenhang gilt zunächst einmal für beide Geschlechter. *Wer täglich in die Sorge für andere eingebunden ist, nimmt bestimmte objektive Begrenzungen seiner Freiheit in Kauf, die die alltägliche Lebensführung oft stärker bestimmen als Vorschriften und Anforderungen, die aus dem System der Erwerbsarbeit kommen – unabhängig davon, ob diese Begrenzungen als Einschränkung erlebt werden oder nicht. (…)*

Dennoch bleibt der Faktor Geschlecht wichtig: Durch soziale Zuschreibungsprozesse sind es eben *faktisch* überwiegend Frauen, die solche „Sorgearbeit" leisten, was zur Folge hat, daß die meisten Aussagen über diese Tätigkeiten nicht geschlechtsunspezifisch gelten, sondern gerade auf Frauen zutreffen. Gerade dort, wo Männer abweichend vom Geschlechterstereotyp diese Arbeit übernehmen, wird die Macht der geschlechtsspezifischen Diskurse besonders deutlich. Bezogen auf Männer ist das prinzipiell gleiche Tun dennoch ein anderes Tun: Die Wahrnehmung, Bedeutung und Bewertung fürsorglicher Arbeit fällt auf einen anderen „Boden" im individuellen und gesellschaftlichen Bewußtsein, wenn Männer sie übernehmen – und dadurch verändert sich wiederum die Art und Weise, wie sie das tun. Zwischen objektiv gleicher Handlungsanforderung und konkreter Handlungspraxis liegen also Umsetzungsschritte, die geschlechtsspezifisch „angereichert" und „aufgefüllt" werden und innerhalb des Systems der Zweigeschlechtlichkeit das Ergebnis des Handelns variieren.

Wer die Aufgabe übernimmt, die alltägliche Hauptverantwortung für die Betreuung eines Kindes zu tragen, ist unter den gegebenen Verhältnissen dazu gezwungen, seinen Alltag weitgehend um die Bedürfnisse dieses Kindes „herumzustrukturieren". Die Sorge für Kinder ist in unserer Gesellschaft mit ihrer charakteristischen Kombination von technisierten Lebenswelten, kleineren Haushalten und hohen Ansprüchen an die Kinderbetreuung, eine Aufgabe, die eine „autonome" Gestaltung des Alltags für die Betreuungsperson weitgehend verhindert. Wann man schläft und wann man wach ist, wann man anwesend sein muß und wann man eine Tätigkeit verrichten kann, hängt weitgehend von den Bedürfnissen des Kindes ab. Personen, die ständig Kinder betreuen, können das tun, was sich mehr oder minder problemlos mit der Kinderbetreuung vereinbaren läßt, und sie müssen das lassen, was damit eben nicht oder nur schlecht zusammenpaßt. Entsprechend läuft eine der wichtigsten differenzierenden Trennlinien entlang der Anforderungsstruktur, die aus der Kinderbetreuung resultiert, was prinzipiell für Frauen und Männer in gleicher Weise gilt. (…)

Typischerweise sind es aber *de facto* nach wie vor Frauen, deren alltägliche Handlungsspielräume durch die Kinderbetreuung eingeschränkt werden. Wenn sie die Verantwortung für die Kinder übernommen haben, ist ihre Handlungsautonomie in einem anderen, umfassenderen Ausmaß eingeschränkt als die der Väter. (…) Die Erwerbstätigkeit der Frauen in unserem Sample erreicht genau das Ausmaß, in dem es den Frauen gelingt, zusätzlich weibliche Ressourcen zu ihrer Unterstützung zu mobilisieren. Diese privaten Ressourcen sind aufgrund der „Unpäßlichkeit" öffentlicher Infrastruktureinrichtungen und des Erwerbslebens meist noch neben denen in institutionellen Einrichtungen der Kinder- und Altenbetreuung erforderlich. Wenn die von uns untersuchten Mütter berufsbedingt abwesend sein wollen, besteht ihre erste Aufgabe darin, dafür zu sorgen, daß sie – immer vorausgesetzt, daß sie nur in Ausnahmefällen auf eine funktionierende außerhäusliche Ganztagsbetreuung zurückgreifen können – zu Hause adäquat „vertreten" werden. Genau entlang der Dimension, wie gut es Frauen gelingt, eine „Vertretung" zu finden und damit mehr Handlungsautonomie zu etablieren, verläuft eine weitere wichtige differenzierende Trennlinie zwischen den Frauen. (…)

Die Auflösung traditioneller Lebenswelten und das Entstehen verinselter Lebensräume führt dazu, daß die Betroffenen selbst ihren Lebensraum aktiv herstellen. Er ist nicht mehr „einfach vorgegeben", sondern muß immer stärker, jeweils erst individuell, geschaffen werden, indem einzelne räumliche Teilbereiche aktiv zusammengesetzt werden. Im besonderen Maße sind die gefordert, die nicht nur für sich selbst, sondern auch für andere sorgen, sie müssen diese Herstellungsleistungen nicht nur für sich, sondern auch für die Kinder und die Alten erbringen. Hinzu kommt für sie, daß sie die daraus resultierenden Reibungspunkte im Familienalltag zu bewältigen haben. (…)

Die Mitglieder eines Haushalts leben heute, was die Gestaltung ihres Alltags betrifft, dank der funktionellen Ausdifferenzierung moderner Gesellschaften in der Regel in unterschiedlich strukturierten Handlungsfeldern, deren zeitliche Rhythmen und Rahmen sich unterscheiden: Betriebliche Arbeitszeiten von zum Teil mehreren Familienmitgliedern, die Öffnungszeiten von Kindergärten, Schulen und Geschäften u. a. wirken mit ihrer Zeitlichkeitsstruktur in die Familien hinein und prallen oft konflikthaft aufeinander. In der alltäglichen Lebensführung müssen die Menschen heute sowohl die unterschiedlichen Zeitmuster abgleichen als auch die Verdichtung der Zeit sowie die Beschleunigung des Alltagstempos bewältigen.

Eine der wichtigen Aufgaben besteht für die Einzelnen deshalb darin, ihre Zeit auf die unterschiedlichen Handlungsfelder, an denen sie beteiligt sind, möglichst geschickt aufzuteilen, und für die Familien darin, die Zeitallokation der einzelnen Familienmitglieder miteinander in Einklang zu bringen. Dabei sind mehr oder minder ausgeprägte Interessenskonflikte auf der Tagesordnung. Hier zeigen sich nicht zuletzt Strukturen von Über- und Unterordnung innerhalb der Familien, wer gute und wer schlechte Aussichten hat, mehr oder weniger selbstständig über die eigene Zeit zu disponieren und seine Interessen an Zeiteinteilung anderen gegenüber durchzusetzen. Verfügung über Zeit, über die eigene und die von anderen, ist ein wichtiger Indikator für Machtbeziehungen zwischen den Geschlechtern und innerhalb der Familie. (…)

Die Zeitstrukturen des Erwerbslebens haben in dieser Gesellschaft Priorität vor den Zeitstrukturen, die aus dem Bereich der familialen Sorge für andere erwachsen. So müssen Frauen wie Männer ihre Zeitgestaltung meist am „harten Faktum" der betrieblichen Anforderungen an den Mann als Haupternährer der Familie ausrichten, und die Zeit für die familiale Arbeit sowie der davon abhängigen beruflichen Arbeit der Frauen wird entlang der dadurch bedingten Zeitmarkierungen bestimmt. Weil die Dominanz der familiären Pflichten für die Frauen weitgehend ungebrochen gilt, wird ihre Berufsarbeit meist als sekundär erachtet, gruppieren sie ihre eigenen beruflichen und sonstigen Zeiten vor allem um die des Mannes herum. Ähnlich rigide greifen die Zeitvorgaben öffentlicher Institutionen wie Schulen und Kindergärten in die Zeitgestaltung der Familien ein und legen damit fest, wer sich mit der eigenen Zeiteinteilung an wen anzupassen hat: zunächst einmal die ganze Familie an die – oft täglich und im Jahresablauf – wechselnden Kindergarten- und Schulzeiten und dann meist die Mütter an die An- und Abwesenheitszeiten der Kinder. (...)

Diese Abhängigkeit von der faktischen oder möglichen Inanspruchnahme durch andere, die nicht abgewehrt werden kann, führt zu einem paradoxen Syndrom: Die berufliche Arbeit wird als Freiheit vor dem ständigen Zugriff durch andere, vor dem Übergriff auf die eigene Zeit, als Chance zur selbstbestimmten Zeiteinteilung und zur legitimen Begrenzung des eigenen Einsatzes in der Familie erlebt. Die von Männern häufig als Zwang geschilderte Notwendigkeit ihrer Berufsarbeit bekommt auf diese Weise ein zweites Gesicht: als Privileg, den ständigen Ansprüchen der Sorgearbeit entfliehen zu können. Frauen beginnen, in der Abwägung ihrer Interessen, dies auch für sich als Privileg wahrzunehmen, was in der Folge zu neuen Machtkämpfen zwischen Frauen und Männern in der Familie führt.

Damit sind aber Personen, die für andere sorgen, d. h. wiederum insbesondere faktisch die Frauen, die sich keine oder nur wenig Entlastung durch andere verschaffen können, von einer Form der Benachteiligung betroffen, die vermutlich historisch neu ist. Weil nicht nur die Realisierung von alltäglichen kurzfristigen Handlungszielen, sondern auch die Entwicklung und Verfolgung von mittel- und langfristigen Lebenszielen mit der Notwendigkeit zu planen und mit der Möglichkeit, die eigene Planung in der Alltagszeit wie in der biographischen Zeitachse umzusetzen, verknüpft ist, sind natürlich diejenigen im Vorteil, die in der Planung „autonom" sind, d. h. nicht oder nicht so sehr auf die Bedürfnisse anderer Rücksicht nehmen müssen und die nicht in der schieren Bewältigung des Alltags, unter den komplizierten Bedingungen der Vereinbarkeit von Beruf, Familie und anderem, unterzugehen drohen. (...)

Die zentrale Frage, inwieweit es (noch) sinnvoll ist, eine weibliche, von einer männlichen Lebensführung zu unterscheiden, ist auf dieser Ebene nur salomonisch zu beantworten: Es kommt darauf an, welcher Ausschnitt der alltäglichen

Lebensführung in den Blick genommen und welcher „Gegenhorizont" dabei gewählt wird.

Wenn wir den Blick auf die Beziehung zwischen den Müttern und ihren Helferinnen – den Putzfrauen, Aupairs, Großmüttern und Babysitterinnen – richten, sehen wir eine Vielzahl von unterschiedlich privilegierten, hierarchisch strukturierten Lebensführungen von Frauen. Hier verdeckt die Formulierung der „weiblichen Lebensführung" mehr als sie erklären kann. Mit einem anders fokussierten Blick, der auf den Unterschied zwischen Frauen und Männer insgesamt gerichtet ist, finden sich allerdings viele typische geschlechtsspezifische Gemeinsamkeiten im Alltag von Frauen im Vergleich zu dem der Männer. Zu nennen ist v. a. die selbst – oder fremddefinierte Zuständigkeit für den größten Teil der familialen Arbeit, die nicht aufgehoben wird, sondern im Gegenteil verlängert und durch die Delegation mehr oder minder großer Teile der familialen Arbeit an andere ausgeweitet wird. Auch den Frauen, die von anderen Frauen unterstützt werden, obliegt fast immer die Gesamtorganisation des Alltags für die ganze Familie.

Auf der *analytischen* Ebene der Handlungsanforderungen sehen wir, daß diese sich prinzipiell an alle Personen richten, die sich den Anforderungen der Sorge für andere stellen, unabhängig von ihrem Geschlecht. Dennoch stellen wir wiederum auf der deskriptiven Ebene fest, wie bei der Verarbeitung dieser Handlungsanforderungen Geschlechterkategorien einfließen und Geschlechterkonzepte hergestellt und ausgehandelt werden: Innerhalb des „omnirelevanten" Systems der Zweigeschlechtlichkeit gibt es eben keine geschlechtsneutralen Vorgänge. Als Resultat sehen wir geschlechtsspezifisch „zugerichtete" Frauen und Männer, die bestimmten Vorstellungen von einem „richtigen" Frauen- und Männerleben folgen. Die analytische von der deskriptiven Ebene zu unterscheiden, ist dennoch wichtig, um Distanz zu den vorfindlichen Strukturen einnehmen zu können. Es ist sowohl theoretisch als auch politisch bedeutsam, die Geschlechterproblematik von der Problematik der Sorge um andere trennen zu können, auch wenn sich dies in der sozialen Wirklichkeit immer wieder mischt.

6   Wandel und Zukunft der Arbeit von Frauen

Mit den folgenden Beiträgen können nur Schlaglichter auf die aktuellen Entwicklungen im Bereich der bezahlten und unbezahlten Arbeit von Frauen geworfen werden. Sie sollen zum einen die Bandbreite der Forschungsperspektiven andeuten, zum anderen begründen, warum die Analyse der Veränderungen des sowohl „post-fordistischen", „postsozialistischen" wie globalisierten Sozialgefüges der deutschen Gesellschaft ohne die Kategorie Geschlecht nicht möglich ist. Umgekehrt lassen sich die Veränderungen im Geschlechterverhältnis nicht verstehen ohne Bezug auf die weit reichenden Wandlungsprozesse von Erwerbs- und Hausarbeit und die „Grenzkonflikte" der Zuständigkeit zwischen Markt, Staat und Familie.

Die Trennung zwischen „typisch weiblichen" und „typisch männlichen" Berufen stellt eine der entscheidenden Erscheinungsformen geschlechtshierarchischer Arbeitsteilung dar. *Bettina Heintz u. a.* (1999) untersuchen erwerbstätige Frauen und Männer, die diese Grenzziehung überwunden haben und als Informatikerinnen bzw. Krankenpfleger arbeiten. Als Kontrastfolie wählen sie die „neutrale" Sachbearbeitung. Sie konzentrieren sich darauf, wie unterschiedlich Männer und Frauen als „Minderheiten" durch ihr praktisches Handeln selbst Geschlechterdifferenzen im Beruf aufrechterhalten, neu ziehen oder versuchen, sie zu de-thematisieren. In der hier wieder gegebenen Zusammenfassung ihrer Fallanalysen rekapitulieren sie, wie durch das praktische Handeln der Berufstätigen selbst – und weniger durch strukturelle Bedingungen – Segregation hergestellt wird und erneut zu strukturell negativen Folgen für Frauen führt.

Maria Nickel (2004) geht am Beispiel der betrieblichen Reorganisation der Deutschen Bahn auf die verschiedenen Aspekte des Wandels und ihre widersprüchlichen Auswirkungen auf die Erwerbschancen von Frauen ein. Damit erfasst sie konkrete Auseinandersetzungen mit der Eingliederung eines sozialistischen in einen kapitalistischen öffentlichen Betrieb und dessen Privatisierung, Veränderungen durch zunehmende Dienstleistungsorientierung und vor allem die zunehmende „Vermarktlichung" der Arbeitskraft, die auch weibliche Arbeitskräfte individualisiert. Diese eher meso-analytische Herangehensweise nutzt sie, um drängende Fragen der „sozio-ökonomischen Transformation" aufzugreifen, die ihrer Meinung nach von der feministischen Forschung zu wenig beachtet wurden und werden. Sie plädiert daher für eine stärker gesellschaftstheoretisch und –politisch ausgerichtete feministische Arbeitsforschung.

Arlie R. Hochschild (2002) zeigt in ihrer in den 1990er Jahre in den USA durchgeführten empirischen Untersuchung der Lebensführung erwerbstätiger Eltern, wie es dazu kommen kann, dass der Beruf in der Wertschätzung der Mütter und Väter den Vorrang erhält. In dem hier gewählten Ausschnitt geht es um die Zwickmühle, in die Eltern geraten, wenn sie durch „Rationalisierung" ihres Alltagslebens Zeit gewinnen wollen für die Beziehungen zu ihren Kindern. Deren Bedürfnisse sperren sich gegen diese Rationalisierung und erzeugen – neben der Hausarbeit – eine „dritte Schicht" für Eltern, insbesondere Mütter, in der die Folgen dieser Rationalisierung bearbeitet werden müssen. Damit verlieren familiale Beziehungen für die betroffenen weiter an Attraktivität, denn sie werden zunehmend als stresserfüllte Arbeit erlebt. Wenngleich sich ihre Ergebnisse nicht einfach auf Deutschland übertragen lassen, verweisen sie angesichts der von vielen prognostizierten „Entgrenzung von Arbeit" auf wichtige Probleme der vieldiskutierten „work-life-balance" hin.

Mit der Integration der Frauen in die Erwerbsarbeit hat sich immer die Hoffnung auf eine gerechte Verteilung der Haus- und Erziehungsarbeit verbunden. Hier zeigt sich in Deutschland nur ein zaghaftes Vordringen der Männer in die häusliche Sphäre. Erwerbstätige Frauen suchen die notwendige Entlastung durch Delegation – an andere Frauen. Zunehmend geschieht dies nicht nur in der Verwandtschaft oder im Freundeskreis, sondern auch in Form bezahlter Arbeit. Allerdings überwiegt hier die prekäre Beschäftigung oder Schwarzarbeit. Die Forschung konzentrierte sich zunächst auf den Aspekt der sozialen Marginalisierung dieser bezahlten Arbeitskräfte. *Barbara Thiessen* (2002, 2004) befasst sich in ihren Beiträgen mit der Frage, welche Arbeiten auf diese Weise delegiert werden und wie sich „Arbeitsbeziehungen" zwischen Frauen gestalten, wenn die Logik des Erwerbs in die Sphäre des Privaten eindringt. Sie sieht eher Strategien der Verschleierung des Erwerbscharakters und beleuchtet die ambivalenten Folgen dieses Verhaltens.

Die Ursache dieser „individualistischen Lösungen" der „Vereinbarkeit von Beruf und Familie" liegt v.a auch in der spezifischen Ausgestaltung des deutschen Wohlfahrtsstaats begründet. *Birgit Pfau-Effinger* (1998, 2001) zeigt in ihren europaweit vergleichenden Studien auf, dass Wohlfahrtsstaaten auf unterschiedlichen impliziten „Geschlechterarrangements" beruhen, die Verantwortlichkeiten und Zuordnungen von Frauen und Männern und Familienmodelle beschreiben. Sie beeinflussen damit strukturell die Verteilung bezahlter und unbezahlter Arbeit auf die Geschlechter, die soziale Absicherung dieser Arbeiten und begrenzen so die verfügbaren individuellen Handlungsmodelle der Vereinbarkeit. Sie erläutert sowohl die unterschiedlichen europäischen Modelle, als auch deren „Entwicklungspfade". Sie betont zugleich die „Pfadabhängigkeit" der künftigen Auseinandersetzung der gesellschaftlichen Kräfte mit dem europaweit festzustellenden Umbau der Sozialstaaten.

Für *Jane Lewis* (2003) folgt dieser Umbau einem in verschiedenen Ländern bereits fortgeschrittenen Wechsel vom Modell der (modernen) Hausfrauen-Ehe hin zum „adult worker", das jeden erwachsenen Staatsbürger unabhängig vom Geschlecht zunächst als Erwerbstätigen definiert und daraus soziale Sicherung ableitet. Sie diskutiert an den verschiedenen Ausprägungen dieses Modells in europäischen Sozialstaaten, inwieweit bestehenden Benachteiligungen der Frauen auf dem Arbeitsmarkt dabei missachtet und Erfordernisse der alltäglichen Fürsorge für andere ausgeblendet werden. Ob eine „familiale Lebensführung" für Frauen (und Männern) noch gesellschaftlich unterstützt, d. h. sozial abgesichert wird, bildet dabei die Kernfrage. Die widersprüchlichen Tendenzen in der deutschen und europäischen Sozialpolitik lassen bisher keine eindeutigen Aussagen zu.

▶ *Heintz, Bettina/Nadai, Eva/Fischer, Regula (1997): Ungleich unter Gleichen. Frankfurt: Campus-Verlag (hier S. 225-231, 244f)*

Mit dem Wegfallen formaler Grenzen und der wachsenden Sensibilität für geschlechtsdiskriminierende Maßnahmen wird die Separierung der Geschlechter in zunehmendem Maße über symbolische und kommunikative Mittel hergestellt. Die Konjunktur mikrosoziologischer Ansätze gerade auch in der Geschlechterforschung ist ein Reflex dieser faktischen Veränderungen. Um die Dauerhaftigkeit der beruflichen Segregation zu erklären, reicht der Verweis auf die strukturellen Grenzen, die Frauen und Männer in unterschiedliche Tätigkeitsfelder kanalisieren, nicht aus. Mindestens ebenso relevant sind die symbolischen Grenzen – die Einrichtungen, Zeichen und Verhaltensweisen, über die die geschlechtliche Differenz inszeniert und sichtbar gehalten wird. Die normative Vorstellung, daß Krankenpflege ein naturgemäß weibliches Territorium ist, genügt nicht, um eine effektive Geschlechtergrenze zu konstituieren. Um die Grenze sichtbar und wirkungsmächtig zu halten, braucht es mehr – kommunikative Bestätigung und ein breites Repertoire an kulturellen Zeichen –, die diese Grenze immer wieder in Erinnerung rufen. (…)

Mit der Wahl eines gegengeschlechtlichen Berufes wird eine symbolische Grenze überschritten, die gesellschaftlich tief verankert ist. Welche Überlegungen führen Männer und Frauen dazu, aus vorgegebenen Bahnen auszubrechen? Inwieweit wird das Überschreiten der Geschlechtergrenze als Problem wahrgenommen, und welche Strategien werden entwickelt, um mit dieser Ausnahmesituation fertig zu werden?

Beim Berufseinstieg spielen vor allem kulturelle Grenzen eine Rolle. (…) Die Hürden sind primär kultureller Art, allerdings mit einer deutlich geschlechtsspezifischen Differenz. Während es bei Frauen vor allem fachliche Selbstzweifel sind, die sie daran hindern, einen Männerberuf zu ergreifen, wird den Männern das Geschlechtslabel des Berufs zum Problem. Ohne Unterstützung des sozialen Umfelds hätte ein Teil der Informatikerinnen den Schritt kaum gewagt. Obwohl die Informatikerinnen in unserer Untersuchung durchgängig bessere Grundqualifikationen mitbringen als ihre männlichen Kollegen, zweifelten sie lange Zeit an ihrer fachlichen Eignung für diesen Beruf Dies gilt insbesondere für Berufsinformatikerinnen, teilweise aber auch für Informatikerinnen mit Universitätsabschluß. Die Tatsache, daß sie als Frauen in diesem Beruf sichtbar in der Minderheit sind, scheint dagegen kaum eine Rolle gespielt zu haben. Einige waren erstaunt, als sie feststellten, daß in der Ausbildungsklasse kaum andere Frauen waren.

Im Gegensatz zu den Informatikerinnen scheinen die Krankenpfleger ihre fachliche Eignung kaum je angezweifelt zu haben. Neben den strukturellen Merkmalen von Frauenberufen – vergleichsweise geringer Lohn, wenig·Aufstiegschancen, Assistenzfunktion – scheint die Angst, „feminisiert" oder auch „homosexualisiert" zu werden, für Männer der Hauptgrund zu sein, weshalb sie lange zögern, einen Frauenberuf zu ergreifen. Für die meisten der von uns untersuchten Pfleger ist die Krankenpflege ein Beruf „zweiter Wahl". Sie haben sich für ihn entschieden, nachdem sie in anderen „männlicheren" Berufen gescheitert waren, und betrachten die Pflege als transitorische Phase in ihrer Berufsbiographie. Die Angst, die Männlichkeit abgesprochen zu bekommen, ist mit anderen Worten für Männer ein mindestens ebenso großes Hindernis wie die fachlichen Selbstzweifel für Frauen. Und es ist ein Hindernis, das bleibt. Während die Informatikerinnen mit zunehmender Berufserfahrung ihre Selbstzweifel abbauen können, haben Krankenpfleger auch nach zehn Jahren Berufserfahrung immer noch das „falsche" Geschlecht. (…)

Rosabeth Moss Kanter hat die konflikthaften Abgrenzungsprozesse beschrieben, mit denen soziale Minderheiten im Beruf konfrontiert sind. Sie sind sichtbar – und müssen dennoch ihr Licht unter den Scheffel stellen; sie erledigen formal die gleiche Arbeit – und sind gleichzeitig mit demonstrativen Abgrenzungen konfrontiert; sie sind qualifizierte Berufstätige – und werden doch vor der Folie der funktional irrelevanten Geschlechtszugehörigkeit wahrgenommen. „…" Während Kanter die von ihr beschriebenen Handlungsparadoxien als Minderheiten-, nicht als Frauenproblem interpretiert, zeigen unsere Fallstudien, daß sich die Außenseitersituation für die beiden Geschlechter verschieden präsentiert und sie auch unterschiedlich mit ihr umgehen.

Geschlechtsminderheit. In gegengeschlechtlichen Berufen wird das Geschlecht zu einem Leit- bzw. *master-Status,* der in allen Interaktionen und Wertungen mitschwingt. Während dieser „spill-over-effect" für Männer Vorteile bringt, hat er für Frauen Nachteile. „…" Der Grund dafür ist die bereits von Simmel beschriebene Widersprüchlichkeit der Maßstäbe: Weiblichkeit und Beruflichkeit werden nach wie vor als Gegensätze wahrgenommen, und dies gilt ganz besonders für jene Männerberufe, in denen das *doing gender* Teil des professionellen Handelns ist. Um als „normale" Berufstätige akzeptiert zu werden – gewissermaßen „ohne Ansehen des Geschlechts" – sind Frauen vor die Aufgabe gestellt, die Geschlechterdifferenz herunterzuspielen, *ohne* sie ganz verschwinden zu lassen. Denn während Geschlechtsneutralität im Falle der Männer institutionell gesichert ist, ist sie auf seiten der Frauen Ergebnis einer höchst voraussetzungsreichen „Neutralisierungsarbeit", die ein subtiles Oszillieren zwischen *doing* und *undoing gender* erfordert. (…) So wird etwa erfolgreichen Informatikerinnen von ihren Arbeitskollegen unterstellt, sie führten ein zölibatäres Leben, denn kein Mann würde eine Partnerin mit derart großem beruflichen Engagement akzeptieren.

Die Außenseitersituation wird jedoch nicht in jedem Falle mittels Anpassung verarbeitet. Insbesondere Frauen mit hohen Qualifikationen lassen sich nicht mehr so leicht in das Simmelsche Dilemma verwickeln. Anstatt die Geschlechterdifferenz herunterzuspielen, wird das Geschlechterproblem von qualifizierten Informatikerinnen thematisiert und teilweise in einen politischen Kontext gestellt. Da ihre Professionalität über ihre Ausbildung gesichert ist, können sie sich ein offensiveres weibliches Rollenverständnis leisten. Anders bei den Informatikerinnen mit geringer beruflicher Qualifikation: Sie neigen zu einer Individualisierung des Geschlechterproblems und zu einem angepaßten Umgang mit ihrer Außenseitersituation. Anstatt die Geschlechtszugehörigkeit zu neutralisieren oder sie offensiv zu politisieren, übernehmen sie mehrheitlich die ihnen zugewiesenen weiblichen Rollen, indem sie z. B. aufgrund ihrer „Sprachbegabung" Handbücher schreiben oder als „Kommunikationsexpertinnen" die Schulung von Informatiklaien übernehmen. Damit können sie außen vom beruflichen „Mehr-Wert" des Männerberufes profitieren und innen die Vorteile ihres geschlechtlichen Sonderstatus nutzen, allerdings auf Kosten professioneller Anerkennung.

Der männliche Umgang mit der *token-Situation* ist sehr viel einheitlicher und läuft darauf hinaus, die „Andersartigkeit" zu akzentuieren. Für die Krankenpfleger ist die Betonung der Differenz eine mögliche Strategie, sich vom „weiblichen" Charakter des Berufes abzugrenzen. Obschon die Arbeitsorganisation im *Spital* eine geschlechtsspezifische Aufteilung der Tätigkeiten kaum erlaubt (Prinzip der Zimmerpflege), zeigen sich informell doch Ansätze zu einer geschlechtlichen Differenzierung, die entlang der kulturellen Stereotypen verläuft. Diese Vergeschlechtlichung reicht von der „männlichen" Körperkraft (der Krankenpfleger als „Abteilungskran") über den Zuschreibungskomplex der *coolness* bis hin zum Einsatz der (männlichen) Stimme als Ordnungsfaktor. Die Initiative zur geschlechtlichen Abgrenzung geht dabei primär von den Pflegern aus, wird aber von den Krankenschwestern unterstützt. Im Gegensatz zu den Informatikerinnen, bei denen das Bemühen um Integration das Gefühl von Gemeinsamkeit oft zersetzt, hat die Distinktionspolitik der Krankenpfleger verbindende und identitätsstabilisierende Funktion.

Geschlechtsmehrheit. Wie aus vielen Untersuchungen hervorgeht, sind· Frauen in Männerberufen oft mit Ausgrenzung konfrontiert. Dies scheint vor allem für traditionelle Männerberufe mit ausgeprägter Gemeinschaftskultur zu gelten. In neuen und stark individualisierten Berufen wie der Informatik sind die Ausgrenzungspraktiken weniger ausgeprägt. Dennoch sind auch die Informatiker darum bemüht, männliche und weibliche Domänen auseinanderzuhalten. Generell läßt sich sagen, daß Differenzen vor allem dort betont werden, wo es formal keinen Unterschied mehr gibt, mit anderen Worten in Situationen, in denen Frauen und Männer die gleichen Voraussetzungen mitbringen. Die *boundary work* reicht von der Aktivierung traditioneller Geschlechterstereotypen (Technikdistanz der Frauen, geringe zeitliche Verfügbarkeit und Belastbarkeit, „Hirnhälftentheorie") bis hin zum Ausschluß aus informellen Anlässen. Ganz anders sieht es bei den Krankenschwestern aus. Im Gegensatz zu den Informatikerinnen, die trotz aller Gleichheitsrhetorik auf Distanz gehalten werden, sind die Krankenpfleger voll integriert. Wenn in Entscheidungs- oder emotional belastenden Situationen bewußt die Unterstützung des männlichen Kollegen gesucht wird, kann dies als doppelte Akzeptanz interpretiert werden: Zum einen wird damit signalisiert, daß eine Vertrauensbeziehung auf kollegialer Ebene vorhanden ist, zum anderen werden damit auch die fachlichen Qualitäten des Kollegen anerkannt. **In** unserer Fallstudie konnte nirgends ein ausgrenzendes Verhalten festgestellt werden. Frauen scheinen ihre männlichen Kollegen weniger als Konkurrenz wahrzunehmen, sondern sich von einer „Maskulinisierung" des Berufes einen Prestigezuwachs zu erhoffen.

Insgesamt kann also festgehalten werden, daß in beiden Berufsfeldern die Integrationsleistungen maßgeblich von seiten der Frauen erbracht werden, während es vor allem die Männer sind, die das *sameness taboo* (Rubin) aufrechterhalten. (…)

Damit ist aber noch nicht geklärt, weshalb das so ist. Ist die auch in unserer Untersuchung nachgewiesene· größere Tendenz der Männer, die Geschlechtergrenzen zu betonen, Zeichen einer prekären geschlechtlichen Identität, oder ist sie Ausdruck des Versuchs, die Geschlechterhierarchie aufrechtzuerhalten? Eindeutig läßt sich diese Frage nicht beantworten. Die *Identitätsthese* postuliert, daß Männer „Zusatzressourcen" benötigen, um sich ihrer geschlechtlichen Identität zu versichern. Der Beruf spielt hier eine entscheidende Rolle. Geschlechtskonforme Berufe haben für Männer stärker als für Frauen eine identitätsstabilisierende Funktion, und umgekehrt ist es aus den genannten Gründen für sie problematischer, einen gegengeschlechtlichen Beruf zu ergreifen. Gemäß der *Dominanzthese* haben die Distinktionsbemühungen der Männer vor allem soziale Gründe: Die geschlechtliche Differenzierung dient der Aufrechterhaltung der Geschlechterhierarchie. (…)

In allen drei untersuchten Feldern gehen die Männer in der Regel gezielter an ihre Karriereplanung heran als die Frauen: Sie entscheiden sich relativ früh für aufwendige Weiterbildungen, äußern ihre Aufstiegsambitionen offener und setzen sich selbstbewußter für ihre Ziele ein. Insbesondere schöpfen sie die Möglichkeiten der symbolischen Inszenierung von unbedingtem beruflichem Engagement besser aus: Krankenpfleger gründen Arbeitsgruppen, Informatiker stilisieren sich als allzeit bereit zu Notfalleinsätzen, Sachbearbeiter profilieren sich an Gruppensitzungen und firmenöffentlichen Anlässen mit spitzfindigen Argumenten und kniffligen Fragen; die Expertenwissen demonstrieren. Es ist schwer zu entscheiden, inwiefern die Schilderungen gezielter Karriereplanung Teil des „impression management" (Goffman) sind oder ob sie reales Handeln spiegeln. Allerdings dürfte der Effekt bis zu einem gewissen Grad der gleiche sein: Die Selbststilisierung als ambitionierter, leistungsbereiter Berufsmensch läßt den Betreffenden in den Augen des Betriebs als geeigneten Kandidaten für eine Karriere, erscheinen. Dagegen wirkt die in allen drei Berufen beobachtete Tendenz der befragten Frauen, ihre Laufbahn als Produkt von Zufällen, günstigen Umständen und gehorsamen Befolgen der Ratschläge wohlmeinender Arbeitskollegen und Vorgesetzten darzustellen, als Abweichung vom Idealbild des autonom sein berufliches Schicksal gestaltenden Subjekts. Wie das Beispiel einer Informatikerin gezeigt hat, ist es für Frauen möglicherweise aber durchaus ratsam, nicht zu zielsicher und aggressiv aufzutreten. Sie geraten damit in eine klassische *Double-bind-Situation:* Handeln sie wie Männer, werden sie als unweiblich abgelehnt; stellen sie sich „weiblich" bescheiden dar, werden sie nicht ernstgenommen. (…)

Nicht nur das *doing gender* wird von Frauen und Männern in unterschiedlichem Maß praktiziert, auch das *undoing gender* ist nicht geschlechtsneutral. Zwar können auch Männer in eine Situation gelangen, in der sie ihre Geschlechtszugehörigkeit „neutralisieren" müssen (vgl. das Beispiel des katheterisierenden Krankenpflegers), im allgemeinen stellt sich dieses Problem jedoch vor allem für Frauen. Besonders in Männerberufen wird von ihnen ein ständiger Balanceakt zwischen *doing* und *undoing gender* erwartet.

Männliche *boundary work* setzt vor allem dort ein, wo Männer ihre Position festigen müssen: wenn Männer in der Minderheit sind (Krankenpflege) oder Frauen Zugang erhalten zu neuen beruflichen Feldern und Positionen (Informatik,

Kaderpositionen in der Sachbearbeitung).Die Geschlechterdifferenz wird dort nicht symbolisch markiert, wo „glass walls" bereits hochgezogen worden sind, wie etwa in der Sachbearbeitung, die für Männer nur eine temporäre Phase in ihrer Karriere ist, für Frauen aber eine Dauerposition. Ebenso wie es berufliche Situationen gibt, .die eher durch ein *undoing gender* charakterisiert sind, finden wir also auch berufliche Kontexte, in denen die Geschlechterdifferenz insgesamt wenig manifeste Bedeutung hat. Kontext*unabhängig* ist jedoch das Resultat: Sowohl „Geschlechtsneutralität", die implizit den Mann als Maß nimmt, wie betonte geschlechtliche *boundary work* führen zu einem „Männerbonus" – zu höherem Prestige und besseren beruflichen Positionen für Männer. Wir haben in dieser Arbeit die These vertreten, daß die berufliche Separierung der Geschlechter zunehmend über symbolische Mittel hergestellt wird. Die große Bedeutung symbolischer Markierungen darf jedoch nicht darüber hinwegtäuschen, daß sich die symbolische Differenz in handfeste materielle Ungleichheit umsetzt.

Obwohl wir gezeigt haben, daß geschlechtliche *boundary work* stärker von Männern ausgeht, ist nicht zu übersehen, daß deren Uminterpretationen der Geschlechterdifferenz von den Frauen in der Regel aktiv unterstützt werden. Am deutlichsten läßt sich das in der Krankenpflege beobachten, wo die Krankenschwestern praktisch einhellig die Aufwertung von „Männlichkeit" und die Abwertung (traditioneller) „Weiblichkeit" mittragen. Dies gilt auch für die Sachbearbeiterinnen und Informatikerinnen mindestens so weit, daß auch sie das Stereotyp der intriganten, (frauen-)teamunfähigen Frauen vertreten und damit die Formierung eines „weiblichen Kollektivsubjekts" zur Verfolgung gemeinsamer beruflicher Interessen erschweren. Eine Politisierung der Geschlechterdifferenz und eine Umwertung dominanter Stereotypen gelingt nur einer kleinen Minderheit hochqualifizierter Frauen in der Informatik.

▶ *Nickel, Hildegard Maria (2004): Zukunft der Arbeit aus feministischer Perspektive. In: Baatz, Dagmar u. a. (Hrsg.) Hauptsache Arbeit? Feministische Perspektiven auf den Wandel von Arbeit. Münster: Westfälisches Dampfboot, S. 242-254 (hier Auszüge 242-251)*

Was lässt sich nun angesichts unseres sicheren Wissens darüber, dass wir über die Zukunft wenig sicher wissen, aus feministischer Perspektive zur Zukunft der Arbeit sagen? Seit Bestehen der Frauenbewegung ist darüber – mal mehr aus differenz-, mal mehr aus gleichheitstheoretischer Perspektive – nachgedacht worden. Nicht selten ist aus feministischer Perspektive auch Fundamentalkritik am „schimmligen Kuchen" (Notz) der (männlichen) Erwerbsgesellschaft geübt worden. Zudem mangelt es nicht an feministischen Visionen und geschlechtergerechten (Umverteilungs-)Szenarien. Was ließe sich hinzufügen? Oder geht es heutzutage gar nicht um das Hinzufügen und punktuelle Aktualisieren, sondern vielmehr darum, dass die feministische Perspektive sich grundsätzlich neu erfinden muss, wenn sie zeitgemäß bleiben will? Sind nicht alle ihre bisherigen Visionen und ihre Kritik auf einen Gesellschaftszustand bezogen, der passé ist oder zumindest erodiert?

Ich nehme mir die Freiheit, diese Fragen zu stellen, ohne sie klar zu beantworten. Stattdessen begebe ich mich zunächst in ein konkretes Feld betrieblicher Arbeit, in ein Feld, das empirisch eingrenzbar und beschreibbar ist; möglicherweise wird in der Beschreibung dieses Feldes dann doch die eine oder andere Antwort auf die aufgeworfenen Fragen erkennbar. (...)

Mit dem Betriebsfall Deutsche Bahn AG bewege ich mich in einem Unternehmen, das die gegenwärtigen Wandlungsprozesse in Wirtschaft, Gesellschaft und Arbeit verdichtet widerspiegelt: Erstens hat das Unternehmen die *Transformation* von einem öffentlich-rechtlich verfassten Staatsbetrieb zu einem privatwirtschaftlichen Verkehrsdienstleister zu bewältigen. Zweitens ist der interne und geschlechtlich segregierte Arbeitsmarkt des Unternehmens dem Veränderungsdruck betrieblicher *„Vermarktlichung"* ausgesetzt. Drittens war und ist das Unternehmen im Gefolge des ostdeutschen Umbruchs von 1989/90 vor die Herausforderung einer betrieblichen *Ost-West-Integration* gestellt. Viertens schließlich sind im vereinten Unternehmen zwei unterschiedlich geprägte *„Genderregimes"* aus Ost und West miteinander konfrontiert.

Der Betriebsfall Deutsche Bahn AG kann somit durchaus als exemplarisch für einen Wandlungsdruck gelten, wie er gegenwärtig typisch in der erweiterten Bundesrepublik ist. Er berührt das Verhältnis von „öffentlich" und „privat" und zeigt sich in einem schleichenden „Abschied von der Sozialfigur des Arbeitnehmers", der dadurch charakterisiert ist, dass die „schützende Hülle industrieller Rechte und sozialer Sicherungen" (Dörre 2001: 100) verloren geht. Es findet eine „Re-Kommodifizierung von Arbeitskraft" statt, die das Geschlechterverhältnis auf radikale Weise betrifft, vor allem weil seit gut 20 Jahren zunehmend auch weibliche Arbeitskraft von der Re-Kommodifizierung durch den „Marktkapitalismus" erfasst ist. Das „postfordistische Wettbewerbsregime" führt nicht nur zu neuen Spaltungslinien in der Erwerbsarbeit und zur Verfestigung der Arbeitslosigkeit, sondern existentielle Unsicherheit wird zu einer breite Schichten erfassenden prägenden Lebenserfahrung.

Auf betrieblicher Ebene verbindet sich der tendenzielle „Triumph der Marktüber die Produktionsökonomie" (Dörre 2001) mit folgenden Stichworten:

Flexibilisierung der Kernbelegschaften, Ausweitung prekärer Arbeit, Flexibilisierung von Arbeitszeiten mit Teilzeit-, befristeter und Zeitarbeit, gespreizte
und polarisierte Tarifentwicklung, Individualisierung der arbeitsrechtlichen
Vertragsform und Privatisierung der (öffentlichen/staatlichen) Infrastruktur.
Das schlägt sich schließlich in höchst unterschiedlichen Beschäftigungsverhältnissen, Arbeitsformen und -beziehungen nieder. Am Beispiel der *betrieblichen
Geschlechterpolitik* in der Deutschen Bahn AG will ich diesen Zusammenhang
verdeutlichen!

Im Zuge der „marktorientierten Dezentralisierung" wurde auch die Geschlechterpolitik im Unternehmen reformuliert. Das Bahnmanagement macht
sich heute Frauenförderung nur noch dann zu eigen, wenn ein betriebswirt-
schaftlicher Nutzen zu erwarten ist. Die vormalige (und gesetzlich verankerte)
traditionelle Frauenförderung in öffentlich-rechtlichen Unternehmen wurde
ersetzt durch das neue Leitbild der „Chancengleichheit". Die Stichworte dazu
lauten „Bestenauslese" und „Eigenorganisation". Aus einer ursprünglich frauenbezogenen Förderpolitik wurde eine ausdrücklich geschlechtsneutral konzipierte
"Politik der Chancengleichheit". Ihr Markenzeichen ist die De-Thematisierung
von „Geschlecht". Die unternehmerischen Argumente für diesen Wandel der
betrieblichen Geschlechterpolitik lauteten:

- Optimierung des Human Ressource Managements durch Ausschöpfung
  des gesamten zur Verfügung stehenden – also männlichen und weiblichen
  – Humanpotentials;
- Erhöhung des personalwirtschaftlichen Return-to-Investments durch Nut-
  zung der getätigten betrieblichen Bildungsinvestitionen auch nach zeitweiser
  Unterbrechung der Erwerbstätigkeit, beispielsweise wegen Kinderbetreuung;
- Vollzug des sogenannten „Paradigmenwechsels" im Führungsverständnis weg
  vom direktiven hin zum kooperativen Führungsstil unter explizitem Rekurs
  auf „weiblich" konnotierte Kompetenzen (Führungskraft als „Coach" oder
  „Moderator" der MitarbeiterInnen mit hohem sozialen Integrations- und
  Einfühlungsvermögen);
- Profilierung eines zukunftsfähigen und potentialorientierten Marketings,
  das Frauen als eigenständige und nachfragestarke Kundengruppe begreift;
- Verbesserung des Unternehmensimages durch vorweisbare betriebliche
  Gleichstellungserfolge (z. B. „Total-E-Quality"-Prädikat").

Es geht also im Kern um ergebnisorientierte Personalpolitik, die im Nebeneffekt
auch Frauen zum Vorteil gereichen kann. Dementsprechend verstehen sich auch
die unternehmensseitig ernannten – zum Teil männlichen – „Beauftragten für

Chancengleichheit" eher als „Lobbyisten" für das Unternehmen denn als VertreterInnen der Interessen von Frauen. Dieses neue Selbstverständnis verbindet
sich mit einer bewussten Abgrenzung zur „klassischen" Frauenbeauftragten,
die – abwertend formuliert – lediglich „Sozialarbeit" für Frauen betrieben habe.
Für „Frauenpolitik" im klassischen Sinne, wie z. B. für frauen- bzw. famili-
enfreundliche Arbeitszeitgestaltung oder gar Quotierung, gibt es kaum noch
AnsprechpartnerInnen im Bahnmanagement. Stattdessen folgt der Modus, der
auch in Bezug auf die Rekrutierungs- und Beschäftigungssituation von Frauen
durchgesetzt wurde, dem Prinzip der Individualisierung. Susanne Völker spricht
sogar vom Vergesellschaftungsmodus der „marktradikaler Individualisierung".
Die Leitbilder dafür lauten „Markt- resp. Ergebnisorientierung" und „Selbstorganisation". Dies geht – und das darf nicht ignoriert werden – durchaus konform
mit den Interessen von relevanten Frauengruppen im Unternehmen, die – wie
sie selbst sagen – „keine Probleme mit der Gleichberechtigung" haben. Vor
allem Frauen mit Führungsaufgaben sowie karriereorientierte, meist jüngere,
kinderlose Frauen setzen darauf; dass es zunehmend eine Image- und auch
Wettbewerbsfrage für „moderne Dienstleistungsunternehmen" wie die Deutsche
Bahn AG sein wird, ob und wie sie Frauen beschäftigen. „…"

Der forcierte Wandel in der Deutschen Bahn AG von einem industriell
geprägten Transportbetrieb zu einem „modernen" Verkehrs- und Dienstleis-
tungskonzern drückt sich nicht zuletzt in einer Verschiebung der betrieblichen
Beschäftigungsstrukturen aus: Gewerblich-technische (männliche) Tätigkeitsbereiche schrumpfen, während serviceorientiert-kundennahe (weibliche)
Tätigkeitsbereiche ausgebaut werden. Für Frauen eröffnet dies sehr zwiespältige
Perspektiven: Einerseits bietet die betriebliche Aufwertung von kundennaher
und vor allem personenbezogener Dienstleistungsarbeit gerade ihnen neue
Beschäftigungschancen. Denn nach wie vor wird der sogenannte „Dienstleis-
tungsgedanke" von Seiten des Unternehmens primär „weiblich" buchstabiert.
Andererseits verknüpfen sich gerade wegen dieser geschlechtlichen Konnotation
häufig nur sehr eingeschränkte berufliche Entwicklungsperspektiven mit den
personenbezogenen Servicetätigkeiten. Trotz ihrer betrieblichen Aufwertung
stellen sie weiterhin typische berufliche „Sackgassen" dar. Gerade in dem sich
als Vorreiter einer „neuen Dienstleistungskultur" verstehenden Geschäftsbereich
„Station und Service" (Personenbahnhöfe) zeichnen sich an der Kundenfront
„modernisierte" Segregationslinien ab: Die weit überwiegende Mehrheit der
hier Beschäftigten sind Frauen. Trotz betrieblicher Aufwertung kam es nicht zu
einer geschlechtlichen Durchmischung oder gar zu einem Geschlechtswechsel
dieses Tätigkeitsegments. Wir bezeichnen die eindeutig geschlechtlich unter-

legte und äußerst ambivalente Beschäftigungsperspektive für Frauen auch als „Kanalisierung weiblicher Erwerbsarbeit mit Zukunftsoptionen".

Parallel zum Ausbau der personenbezogenen Servicetätigkeiten wurden im kundennahen Bereich auch neue Führungspositionen auf mittlerer Ebene geschaffen. Die Geschlechterfrage stellt sich auch in der Deutschen Bahn AG vor allem im Führungsbereich. Die Präsenz von Frauen ist dort in besonders starker Weise umkämpft. Vor dem Hintergrund „verschlankter" Führungsstrukturen ist um die insgesamt knapper gewordenen Führungspositionen ein verschärfter Konkurrenzkampf entbrannt. Die personalpolitisch angestrebte „Bestenauslese" bricht sich auf „mikro-politischer" Ebene nach wie vor nicht selten an der Wirkungsmacht einer männerzentrierten Personalselektion. „..."

Am Beispiel der betrieblichen Geschlechterpolitik in der Deutschen Bahn AG zeigt sich insgesamt aber, dass Frauen keineswegs per se auf der „Verliererinnenseite" stehen: Die an den Leitbildern der „Marktorientierung", „Dezentralisierung" und „Selbstorganisation" ausgerichtete Restrukturierung benachteiligt zwar, mehr noch exkludiert einen Teil der Frauen einerseits, andererseits eröffnet die Vermarktlichung auf ambivalente Weise auch neue berufliche Handlungsoptionen und Entwicklungsperspektiven für Frauen. Darüber hinaus bietet das Leitbild der „Selbstorganisation" einem Teil der Frauen auch positive Anknüpfungspunkte: Gerade bei hochqualifizierten Frauen korrespondiert die „neuartige Subjektivität" der Arbeit mit eigenen beruflichen Ambitionen. Die nun gefragten Fähigkeiten wie „Eigeninitiative" oder „Ergebnisorientierung" sind nicht selten „Quelle eines positiven Individualismus", den weibliche Beschäftigte nutzen, um ihre berufliche Position zu verstetigen oder zu verbessern. (...)

Die interne „Vermarktlichung" der traditionellen und hierarchisch strukturierten Arbeits- und Sozialbeziehungen hat neben nicht zu übersehenden desintegrativen Tendenzen – insbesondere für Frauen – auch das überkommene betriebliche Geschlechterverhältnis in Bewegung gebracht – und zwar zugunsten von Frauen. Dem Leitbild des „Marktes" scheint die Tendenz eigen zu sein, das Merkmal „Geschlecht" in seiner traditionellen „Platzanweiserfunktion" zu relativieren (nicht außer Kraft zu setzen). In zunehmendem Maße greifen die sozial differenzierenden Merkmale Qualifikation, Alter und Verfügbarkeit, auch innerhalb der Geschlechtergruppe „Frauen". Damit entstehen neue Differenzierungslinien unter Frauen. In Abhängigkeit vor allem von Qualifikation und Alter eröffnet die mit der „Vermarktlichung" einhergehende „Selbstorganisation" stark individualisierte berufliche Entwicklungschancen.

Dabei spielen außerbetriebliche Einflussgrößen als „Verwerfer" von Karrierechancen im Lebenszusammenhang von Frauen selbstverständlich noch immer eine gravierende, zentrale Rolle. Familiale Faktoren wirken sich für Frauen nicht mehr generell, aber signifikant häufig hemmend aus. Solange also – so die hier vertretene These – der individualisierte Kampf der Frauen nicht durch übergreifende gesamtgesellschaftliche Lösungen und Rahmenbedingungen auf Unternehmensebene flankiert wird, dürfte auch der betriebliche „Marktindividualismus" kaum zu Geschlechterdemokratie und Chancengleichheit führen. „.."

Nicht, dass alte Forderungen der Frauenbewegung in der „Marktökonomie" nicht mehr aktuell sind: Weder ist die Verteilung vorhandener Erwerbsarbeit geschlechtergerecht gelöst noch wird die private Haus- und Fürsorgearbeit auch nur annähernd in gleicher Weise von Männern wie von Frauen übernommen; auch ist der Kampf um die Bewertung von Arbeit keineswegs geschlechtergerecht entschieden. (…) Dennoch bleibe ich bei meiner Skepsis und spitze zu: Es ist weder zeitgemäß noch zukunftsweisend, an die alten feministischen Perspektiven einfach anzuknüpfen. Ich behaupte, die feministische Kritik ist, was die Radikalität der Analyse des Heraufkommens eines wie auch immer zu bezeichnenden postfordistischen Produktionsmodells und die politische Dimension des Wandels von Arbeit betrifft, nicht wirklich auf der Höhe der Zeit und schon gar nicht im Zentrum des Handelns. Polemisch formuliert, hat der Feminismus sich – um ein Bild von Ute Gerhard aufzunehmen – zum Atemholen zu lange hinter der Bugwelle des Fordismus im vergleichsweise ruhigen Wasser bewegt. (…) Auf diese „verwirrende Erscheinung" der politischen Ökonomie der Unsicherheit, Ungewissheit und Entgrenzung ist – und das ist eine gewaltige Herausforderung an moderne, selbstreflexive feministische Wissenschaft – gerade nicht mit gängigen Erklärungen oder Fatalismus zu reagieren. Gefragt sind stattdessen gesellschaftskritische feministische Theorien, die über den Tellerrand einer „identitäts- und subjekttheoretischen" Diskussion hinausreichen. (…)

Mein trotz aller Integration anhaltendes ostdeutsches Fremdeln in der westlichen (westdeutschen) Frauen- und Geschlechterforschung ist nicht einfach aus 40 Jahren Erfahrungsdifferenzen zu erklären, sondern basiert anscheinend auch auf tiefen Verankerungen in einer spezifischen Gerechtigkeitsphilosophie. Diese theoretischen Differenzen waren bisher nicht wirklich Gegenstand der Frauen- und Geschlechterforschung in der vereinigten Bundesrepublik. Im Gegenteil: Die westdeutsche Frauen- und Geschlechterforschung machte auch nach dem Zusammenbruch des Sozialismus ‚weiterhin ihrs'; die Transformation war (und ist) Angelegenheit der ostdeutschen, osteuropäischen ForscherInnen. Die – mittlerweile vielfach kritisierte – Engführung der feministischen Forschung auf das doing gender hatte auch in dieser Frage ihre verhängnisvollen Folgen: Die weitgehende Ausblendung gesellschaftlicher Prozesse und Strukturen, das Fehlen einer gesellschaftstheoretischen Perspektive führten geradezu zwangsläufig zur Ausblendung des gesellschaftlichen Transformationsprozesses. Die deutsche

Vereinigung und die Transformationsprozesse in Ost- und Mittelosteuropa sind bis heute empirische Felder der Geschlechterforschung, die zwar unmittelbar vor unserer Nase liegen, nicht aber analytischen Spürsinn zu erwecken scheinen. Sie erschließen sich nicht im schnellen deskriptiven Zugriff: nicht vordergründig empirisch und schon gar nicht in erster Linie mikroanalytisch, sondern bedürfen der gesellschaftstheoretischen feministischen Perspektive, die uns im übrigen auch helfen könnte, in der feministischen Arbeitsforschung einen Schritt weiter zu kommen.

Die Etablierung der Frauen- und Geschlechterforschung in der Bundesrepublik Deutschland hatte einen konkreten konstitutiven Hintergrund: In der fordistischen Phase der 70er und 80er Jahre der Bundesrepublik Deutschland stand zurecht der Nachweis der Eigenständigkeit von Geschlecht und Klasse auf der Tagesordnung der feministischen Analyse. Damit war einerseits eine grundlegende Perspektive für die Kritik der patriarchalen Verhältnisse und Strukturen entwickelt worden, die eine zentrale Voraussetzung für tatsächliche Veränderungen der Geschlechterverhältnisse war, andererseits folgte daraus aber nicht die gerechtigkeitsphilosophische Forderung nach sozialer Gleichheit der Geschlechter in den Verteilungs- und Eigentumsfragen. Es ging vielmehr im Sinne der Identitätspolitik und Anerkennungsphilosophie um die autonome Lebensweise und Selbstbestimmung von Frauen und anderen Diskriminierten. Bis weit in die 90er Jahre hinein standen demzufolge die nichtdiskriminierende Akzeptanz von Differenz und des „Andersseins" im Mittelpunkt der feministischen Debatte. Die strukturellen Grundlagen der fordistischen Wohlfahrtsgesellschaft hatten sich allerdings längst verändert. Massenarbeitslosigkeit und damit Kämpfe um die Verteilung knapper Ressourcen rückten zunehmend ins Zentrum politischer Kämpfe und sozialer Interessen. Die institutionalisierte Frauenpolitik scheint sich darauf schneller eingerichtet zu haben als die wissenschaftliche Theorie, die wieder einmal der Wirklichkeit hinterher hinkt. „Es stellen sich Fragen, die mit dem zukünftigen Gesicht Europas und der Welt zusammenhängen, mit veränderten Zusammensetzungen der Bevölkerung, mit ungleichzeitigen ökonomischen Entwicklungen, Rückbau von Sozialstaatlichkeit und großrahmigen politisch-rechtlichen Regulationen. Feministische Theorie, wenn sie nicht provinziell, konservativ und langweilig werden will, muss sich „…" auf diese Prozesse einstellen" (Knapp 2001, 82). (…)

Längst geht es in der Bundesrepublik nicht mehr – wie noch zu Beginn der neuen Frauenbewegung vor 30 Jahren – um die Partizipation an Wohlfahrtszuwächsen, sondern die Diskussion um Verteilungsgerechtigkeit ist jetzt eingebettet in eine Diskussion um die Verteilung von Rücknahmen und Einschränkungen. Einfache Umverteilung – so wichtig sie ist – kann das Problem nicht lösen. Umso wichtiger ist es, zu einem neuen Gesellschafts- und damit Geschlechtervertrag zu finden. Die Probleme sind nur zu bewältigen, wenn die Entscheidungen auf einem Prozess der „Produktion von Konsens" basieren. Das ist keine leicht zu lösende Aufgabe und stellt auch neue Anforderungen an die Politikfähigkeit der Frauen(bewegung). (…)

Der Trend zur Verringerung der Arbeitsplätze im industriellen Sektor ist nicht umkehrbar. Relativ offen ist jedoch immer noch die Frage nach dem weiteren Tempo des Strukturwandels und nach seinen sozialen Kosten bzw. nach seinen Beschäftigungseffekten. Weitere Fehlentwicklungen sind unvermeidbar, bleibt der Strukturwandel weitgehend der marktradikalen Regulierung ausgesetzt. Die Gesellschaft muss zu einem neuen ökonomischen Fundament kommen. Mit anderen Worten: Öffentliche Mittel müssen gezielt für Realinvestitionen in Tätigkeitsfelder des gesellschaftlichen und individuellen *Bedarfs* verwendet werden. Auch wenn angesichts der leeren öffentlichen Kassen kaum noch jemand wagt, es zu fordern: Es geht damit auch um die Stabilisierung und den Ausbau eines öffentlich geförderten Beschäftigungssektors, eines Non-Profit-Sektors mit anderen Formen gesellschaftlich organisierter Arbeit, ohne den wir nicht zukunftsfähig werden.

Eine bisher unerledigte Forderung der Frauenbewegung – aber im Sinne der zwischen Staat und Markt gesellschaftlich neu zu organisierenden Arbeit höchst aktuell – ist die „Neudefinition von privat und öffentlich und damit zugleich (die) Neuverteilung von notwendigen Gemeinschaftsaufgaben zwischen den Geschlechtern". Es kommt heute aber längst nicht mehr nur darauf an, Betreuungs- und Erziehungsleistungen als notwendige Arbeit, als Leistung materiell anzuerkennen und auch irgendwie im Steuer- und Rentensystem zu berücksichtigen. Es reicht auch nicht, bei der Forderung des Ausbaus von Ganztagsschulen und Kinderbetreuungseinrichtungen stehen zu bleiben, obwohl schon viel gewonnen wäre, wenn wenigstens das umgesetzt würde. Angesichts der von Grund auf gewandelten Lebensmuster von Frauen und des Zwangs zur finanziellen Selbstständigkeit ist vielmehr mit Nachdruck dafür Sorge zu tragen, dass nicht die „Kernfamilie", sondern das Individuum im Zentrum der Beschäftigungspolitik und somit der Steuer- und Sozialgesetzgebung steht. Nur so sind die materialen Rahmenbedingungen für zivil- gesellschaftliche und institutionelle Reformen zu schaffen, die die Emanzipation der Frauen von persönlicher und bürokratischer (paternalistisch–sozialstaatlicher/wohlfahrts-staatlicher) Abhängigkeit befördern und „flexicurity" in einem flexibilisierten postfordistischen Produktionsmodell schaffen.

Zitierte Literatur:

Dörre, Klaus (2001): Gibt es ein postfordistisches Produktionsmodell? Managementprinzipien, Firmenorganisation und Arbeitbeziehungen im flexiblen Kapitalismus. In: Candeias, M./Deppe, F. (Hrsg.): Ein neuer Kapitalismus?, Hamburg, S. 38-107

Knapp, Gudrun-Axeli (2001): Dezentriert und viel riskiert: Anmerkungen zur These vom Bedeutungsverlust der Kategorie Geschlecht. In. Diess./Wetterer, Angelika (Hrsg.). Soziale Verortung der Geschlechter, Münster, S. 15-62

▶ *Hochschild, Arlie R. (2002): Keine Zeit: Wenn die Firma zum Zuhause wird und zu Hause nur Arbeit wartet. Opladen: Leske und Budrich, hier Auszüge aus S. 62-65, 230-241, 270*

Dem Konzept der *Quality Time* liegt die Annahme zugrunde, dass sich die Zeit, die wir Beziehungen widmen, irgendwie von der gewöhnlichen Zeit trennen lässt. (...) *Quality Time* zu Hause wird behandelt wie ein Termin im Büro. Wenn man ernsthaft mit *Quality Time* beschäftigt ist, möchte man schließlich auch nicht beim Rumhängen am Kühlschrank erwischt werden. Wenn Kinderbetreuung, Ferienlager und psychologische Betreuung eine Art von häuslichem Outsourcing sind, dann fällt *Quality Time* unter eine neue Kategorie, die wir als häusliches *Insourcing* bezeichnen könnten.

Quality Time enthält die Hoffnung, den allgemeinen Zeitverlust durch Einplanung von Zeiten des intensiven Zusammenseins so kompensieren zu können, dass die Beziehung keine Qualitätseinbußen erleidet. Aber auch dies ist wieder eine Art, den Effizienzkult vom Büro auf das Zuhause zu übertragen. Statt neun Stunden am Tag mit einem Kind zu verbringen, erklären wir uns für fähig, gleiche Ergebnisse mit einer einzigen, stark verdichteten *Total Quality-Stunde* zu erzielen. (...)

Angesichts des Gefühls, in einer Zeitfalle zu sitzen, *wollten* die meisten erwerbstätigen Amerco-Eltern mehr Zeit zu Hause, geschützte Zeit, Zeit, die weniger stark auf die Rhythmen der Arbeitswelt draußen abgestimmt war – Zeit, die sie einfach nicht hatten. Sie sehnten sich außerdem danach, die Zeit, die sie hatten, anders zu erleben. Aber der Mangel an Familienzeit und die Taylorisierung der wenigen Reste, die von ihr übrig blieben, zwangen die Eltern dazu, sogar noch mehr Arbeit zu leisten, und zwar Arbeit neuer Art: die emotionale Arbeit, die nötig ist, um den Schaden, den der Zeitdruck zu Hause anrichtete, wieder gut zu machen. (...) Kinder trödeln. Kinder schmollen. Sie wollen etwas geschenkt bekommen. Sie geben ihren Eltern in Taten oder in Worten zu verstehen: „Ich mag das nicht." Sie wollen *Quality Time* wenn *Quantity Time* angesagt ist, sie wollen keine *Quality Time* in den Zeitfenstern, die ihre Eltern gewissenhaft gerade dafür aussparen. Väter und Mütter wiederum verlagern die Kämpfe um Zeit, die sie eigentlich mit den Managern bei der Arbeit ausfechten müssten, auf ihre Kinder und ihre Ehepartner zu Hause. Früh morgens sagt Gwen zu Cassie, als wäre sie ihre Managerin: „Es ist Zeit, sich für den Kindergarten fertig zu machen." Cassie quengelt: „Ich will mich aber nicht für den Kindergarten fertig machen." Gwen, nun schon angespannt, redet ihr gut zu: „Es ist Zeit. Mach voran. Wir kommen zu spät." Dies ist der schmerzhafteste Teil jener immer länger werdenden dritten Schicht zu Hause: die emotionale Drecksarbeit, Kinder an das taylorisierte Zuhause anzupassen und den daraus entstehenden Druck und die Anspannung wieder gut zu machen. (…)

Zu Hause stehen berufstätige Eltern vor schwierigen Problemen, ohne dass sie von außen viel Unterstützung oder Hilfe zu ihrer Lösung bekämen. Zeit allein ist natürlich kein Allheilmittel. Aber die Zeit, die man füreinander hat, ist eine wichtige Voraussetzung, um Familienbeziehungen überhaupt aufbauen zu können. (…)

Paradoxerweise kann das, was gehetzten berufstätigen Eltern als die Lösung für ihre Zeitzwänge erscheinen mag – Effizienz und Zeitsegmentierung – mit einem Mal selber zum Problem werden. Um mit der begrenzten Zeit, die ihnen zu Hause noch bleibt, effizient umzugehen, versuchen manche berufstätige Eltern, alles schnell zu machen, und sei es auch nur, um ein wenig Raum zu schaffen, in dem sie dann langsam sein können. Sie tun zwei oder drei Dinge gleichzeitig. Sie planen voraus. Sie delegieren. Sie sortieren die häuslichen Ereignisse nach Kategorien und versuchen, einige von ihnen durch Outsourcing zu erledigen. Vor lauter Effizienz trampeln sie womöglich aus Versehen über die emotionalen Symbole hinweg, die mit bestimmten Tageszeiten oder Wochentagen verbunden sind. Sie packen Aktivitäten immer dichter hintereinander und beachten nicht den dazugehörigen Rahmen, jene Augenblicke, in denen man sich auf ein Ereignis freut oder darauf zurückblickt und die seine emotionale Wirkung vertiefen. Sie missachten den Beitrag, den ein gemächliches Tempo zur Zufriedenheit leisten kann, so dass ein rasches Abendessen, gefolgt von einem eiligen Bad und einer Gutenachtgeschichte für ein Kind – falls all dies zur *Quality Time* gehört – schließlich als gleichwertig mit einer langsameren Version dieser Ereignisse angesehen wird. In dem Maße, wie Zeit zu etwas wird, das man „sparen" muss, zu Hause genauso, wie bei der Arbeit, wenn nicht noch mehr, wird das Leben zu Hause ganz buchstäblich zu einer zweiten Schicht: Man lässt zu, dass ein Effizienzkult, der einst dem Arbeitsplatz vorbehalten war, zu Hause Fuß fasst und sich einnistet. Effizienz ist ein Mittel zum Zweck – mehr Zeit zu Hause –, aber auch ein Lebensstil geworden, ein Zweck an sich. (…)

Mittlerweile ist der Umgang mit dem Widerstand von Kindern gegen das Zeitkorsett, in das man sie zwängt, wenn das Zuhause zur Arbeit und die Arbeit zum Zuhause wird, Teil des modernen Elternalltags geworden. (…) Durch diese uneingestandene dritte Schicht aber wird das Gefühl, dass das Leben zu Hause harte Arbeit ist, nur noch verstärkt. Eltern werden zu Vorgesetzten, die Mahlzeiten und Schlafenszeiten mit der Stoppuhr überwachen und sich redliche Mühe geben, jede „Zeitverschwendung" auszumerzen. (…)

Statt zu versuchen, flexiblere oder kürzere Arbeitszeiten auszuhandeln, verlegten sich die Amerco-Eltern darauf, sich um die Zeitfalle herum zu manövrieren und auf diese Weise eine Auseinandersetzung mit ihr zu vermeiden. Drei Strategien waren weit verbreitet. Manche entwickelten Vorstellungen, die den Zeitaufwand minimierten, den ein Kind, ein Partner oder sie selbst „wirklich brauchten". Im Grunde negierten sie die Bedürfnisse ihrer Familienangehörigen und wurden dabei selbst zu Gefühlsasketen. Sie kamen mit weniger Zeit, weniger Aufmerksamkeit, weniger Spaß, weniger Verständnis und weniger häuslicher Unterstützung aus, als sie je für möglich gehalten hatten. Sie unterzogen ihr Leben einem emotionalen *Downsizing*.

Manche zeitarmen Amerco-Eltern veränderten ihre Vorstellungen davon, wie Familienbedürfnisse, die sie anerkannten, zu befriedigen wären. Statt zu versuchen, sie selber zu erfüllen, bezahlten sie andere Personen, es an ihrer Stelle zu tun, und lösten ihre eigene Identität von Handlungen ab, die für sie früher vielleicht zu dem gehört hatten, was „gute Eltern" oder einen „guten Ehepartner" ausmachte. Wie viele effiziente Wirtschaftsunternehmen, griffen sie für immer größere Teile des familiären Produktionsprozesses zum Outsourcing.

Und schließlich spalteten sich manche Eltern auf in ein reales und ein potentielles Ich, in die Person, die sie waren, und die Person, die sie wären, „wenn ich nur Zeit hätte." Oft hatte das reale Ich wenig Zeit, sich um häusliche Belange zu kümmern, während das potentielle Ich grenzenlos verfügbar war. (…)

Die Neuigkeit in diesem Buch ist, dass auch immer mehr erwerbstätige Frauen ungern mehr Zeit zu Hause verbringen wollen. Sie sind hin und her gerissen, haben Schuldgefühle und leiden unter dem Stress ihrer langen Arbeitszeiten; aber sie sind ambivalent, wenn es darum geht, diese Arbeitszeiten zu verkürzen.

Frauen fürchten, sie könnten ihren Platz im Erwerbsleben und damit das verlieren, was für sie inzwischen eine Quelle von Sicherheit, Stolz und hohem Selbstwertgefühl geworden ist. Wie der *Bright Horizons-Umfrage* zu entnehmen ist, fühlen sich Frauen genauso oft wie Männer am Arbeitsplatz hoch geschätzt und zu Hause unterschätzt und haben noch häufiger als Männer am Arbeitsplatz Freundinnen und Freunde. Für solche Frauen ist eine Arbeitszeitverkürzung gleichbedeutend mit einer Lockerung ihrer Bindungen an eine Welt, die trotz aller Spannungen eine Versicherung gegen die noch größere Spannung und Ungewissheit zu Hause darstellt. Für viele berufstätige Eltern, die in der Zeitfalle stecken, zieht das seiner ursprünglichen Funktionen beraubte Zuhause und das von Gemeinschaft entleerte nachbarliche Umfeld schlicht den Kürzeren gegenüber der Anziehungskraft des Arbeitsplatzes.

▶ **Thiessen, Barbara (2004): Von der Reproduktion zur Prokreation.** *Systematische Anmerkungen zu einem zentralen Topos der genderkritischen Arbeits- und Bildungsforschung. In: Baatz, Dagmar / Rudolph,Clarissa / Satilmis,Ayla (Hrsg.): Hauptsache Arbeit? Feministische Perspektiven auf den Wandel von Arbeit. Münster: Westfälisches Dampfboot, S. 117-136 (Auszüge aus 119-132)*

Der Fokus dieses Beitrages sind Veränderungen in der Alltagsarbeit, im Bereich der Haushaltätigkeiten. Dies sind: Versorgung und Betreuung, Erziehung und Pflege. Sie werden ganz überwiegend unbezahlt, mehr und mehr jedoch auch als Erwerbsarbeit und dabei v. a. in Form prekärer Beschäftigung übernommen. Zu klären gilt es nun, welche Veränderungen sich abzeichnen, wenn im Kontext von Tertiarisierungsprozessen aus unbezahlter Haushaltsarbeit Erwerbsarbeit im Privaten wird. Damit ist der Haushalt situiert im Mittelpunkt widersprüchlicher Modernisierungsprozesse, die auf unterschiedlichen Ebenen erkennbar werden (...)

Empirisch hat sich „..." die geschlechtliche Arbeitsteilung im Privaten als Fels in der, Brandung der Moderne erwiesen. Die Verteilung der Haushaltsarbeit ist eine der wesentlichsten Folien, auf der die Geschlechterdifferenz alltäglich hergestellt wird (...) In der Gesamtperspektive zeigt sich, dass zwar ein allmähliches Vordringen der Männer in die häusliche Sphäre festzustellen ist. Dies führt jedoch keineswegs zu einem Prozess des Ent-Genderings, sondern vielmehr zu einer „Resexuierung" ehemals genuin weiblicher Handlungsbereiche. Bevor Männer im Haushalt etwas übernehmen, muss das Feld als „männlich" oder zumindest als „geschlechtsneutral" definiert werden. (...)

Die Attribuierung männlicher und weiblicher Arbeitsbereiche im Privaten ist für die Analyse bezahlter Haushaltsarbeit von hoher Relevanz. Es sind die „weiblich" konnotierten Bereiche, die abgegeben werden, da sie am meisten trivialisiert und entwertet sind, daher am Unangenehmsten erlebt werden und am häufigsten zu Konflikten in Paarbeziehungen führen. Die inneren Bereiche des Haushalts, die gründliche Ausführung, der Kontakt mit Feuchtigkeit, die alltäglichen Routinen sind somit jene Felder, die prädestiniert sind für die Arbeit von Haushaltshilfen. (…)

Da weder wohlfahrtsstaatliche Modelle noch private Arbeitsteilung den Freisetzungsprozess berufstätiger Frauen ermöglichen, wird zunehmend durch eine Umverteilung der Alltagsarbeit *zwischen* Frauen die weibliche Erwerbsarbeit abgefedert. Neben Großmüttern, Nachbarinnen und Freundinnen kommen dabei mehr und mehr bezahlte Kinderfrauen, Au-Pair-Mädchen und Haushaltshilfen zum Einsatz: Es zeichnet sich eine Fülle von Variationsmöglichkeiten eines weiblichen, zumeist informellen Netzwerkes ab. Entscheidend sind schicht- und ethnizitätsbezogene Kriterien: Die bezahlte Arbeit findet v. a. im städtischen Mittelschichthaushalt statt und sie wird überwiegend von Migrantinnen übernommen. Hier zeigt sich eine neue „internationale Arbeitsteilung zwischen Frauen"(Rerrich). Aktuelle und verlässliche Zahlen zur Inanspruchnahme haltsbezogener Dienstleistungen liegen gegenwärtig für Deutschland nicht vor. (…)

Die überwiegende Anzahl der Beschäftigten in privaten Haushalten, soviel kann übereinstimmend bilanziert werden, muss dem Schattenarbeitsmarkt zugerechnet werden. Die Privathaushalte sind nach dem Baugewerbe die zweitgrößten Schwarzarbeitgeber. Bezogen auf Branchen, in denen die geringfügige Beschäftigung angesiedelt ist, sind die Privathaushalte Spitzenreiter. Migrantinnen spielen bei den privaten Beschäftigungsverhältnissen eine große Rolle. Hintergrund ist die wachsende Arbeitslosigkeit ausländischer Frauen und Aussiedlerinnen. Studien bestätigen, dass Migrantinnen in hohem Maße für den informellen Arbeitsmarkt rekrutiert werden. Es kann davon ausgegangen werden, dass jede zweite erwerbslose Migrantin illegal beschäftigt ist, insbesondere in Privathaushalten. Dabei gilt: Je schlechter der Aufenthaltsstatus und je fremder die Herkunft, desto schlechter sind die Arbeitsbedingungen, v. a. was die Entlohnung betrifft. (…) Die Arbeitszeit bei den einzelnen Beschäftigungsverhältnissen variiert zwischen ein- bis zweimal wöchentlich jeweils zwei bis acht Stunden. Üblich ist bei Beschäftigten eine Häufung mehrerer Beschäftigungsverhältnisse, nicht selten bis zu einer Wochenarbeitszeit von über 40 Stunden, abhängig meist von der eigenen familiären Situation.

Bezahlte Haushaltsarbeit durch Migrantinnen ist keineswegs ein typisch deutsches Phänomen. Domestic Worker sind in den reichen Dienstleistungsgesellschaften dieser Welt zunehmend gefragt. Bezahlte Haushaltsarbeit stabilisiert dual-career families und fördert weltweite Wanderungsbewegungen. Helma Lutz bezeichnet dieses Phänomen als „zwielichtige Zone", als eine „geheime, unsichtbare Gemeinschaft", an deren Sichtbarmachung oder Veröffentlichung kaum jemand Interesse habe. Überall dort, wo die Einkommensschere auseinander geht – und dies betrifft nicht nur Europa, die USA, Kanada und Australien, sondern ebenso Schwellenländer wie beispielsweise Saudi-Arabien, Brasilien oder Singapur – entwickelt sich die Nachfrage nach Haushaltshilfen, Kinderbetreuerinnen und Au-Pairs.

Der Arbeitsmarkt Privathaushalt ist – wenig überraschend – ein Markt, der von Frauen dominiert wird. Nicht nur die Beschäftigten sind fast ausschließlich Frauen, auch auf Arbeitgeberseite fällt die Ausgestaltung der Beschäftigung in weibliche Zuständigkeit. Die geschlechtliche Arbeitsteilung setzt sich auch in ihrer bezahlten Form fort. Von hoher Bedeutung ist das Verhältnis Arbeitgeberin und Beschäftigte. Diese Beziehung zwischen Frauen scheint für das Arbeitsverhältnis im Privaten ein Besonderes zu sein. Da es sich innerhalb derselben Genus-Gruppe abspielt, werden Differenzierungen entlang weiterer Achsen der Differenz in besonderer Weise deutlich. Für die Beschäftigte ist der Privathaushalt ein Erwerbsarbeitsplatz, für die Arbeitgeberin ist er gleichzeitig privater Reproduktionsbereich und Ort ihrer privaten Beziehungen. Die Berufsrollen Arbeitgeberin oder Beschäftigte sind in diesem Rahmen schwer herzustellen. Brisanz erhält das Arbeitsverhältnis zwischen Frauen, da es als ein hierarchisches bezeichnet werden kann, für das es kaum kulturelle Vorbilder jenseits familialer Muster gibt. Daher besteht gerade hier zwischen den Beteiligten große Unsicherheit. Weibliche Vorgesetzte bilden vor allem in Deutschland eine Minorität. Sie gelten als Ausnahmeerscheinung, die aufgrund ihrer Fremdheit und Andersartigkeit von den anderen Organisationsmitgliedern mit besonderer Aufmerksamkeit betrachtet werden. Auf der sozio-kulturellen Ebene konnten weibliche Vorgesetzte noch keine nachhaltigen Traditionen bilden. Daher bleiben zum einen familiale Muster (Mutter -Tochter) als Orientierung. Diese erfahren bezogen auf den Privathaushalt als Erwerbsarbeitsplatz eine Dopplung, wenn das berufliche Verhältnis, das im privaten Lebensbereich lokalisiert ist, mit privaten Mustern ausgestattet wird. Zum anderen können die Beziehungen zwischen Arbeitgeberin und Beschäftigter auf wechselseitiger Identifikation gründen. Diese „Spiegel-Beziehung" bezieht sich auf die Bevorzugung des Gleichen, Ähnlichen und impliziert Freundschaft und Reziprozität. Da diese jedoch nicht gegeben ist, ist eine permanente gegenseitige Kränkung vorprogrammiert.

Arbeitsverhältnisse im Privaten erweisen sich in der Mikroperspektive als äußerst komplexe Gebilde in der Verwobenheit von Geschlechtsattribuierung und des Umgangs mit Schmutz sowie hinsichtlich dem Beziehungsgefüge im Arbeitsverhältnis zwischen Frauen. In der Makroperspektive wird aus den privaten, individuellen Alltagsarrangements ein weltweites Massenphänomen, das komplexe Strukturen auf- weist und noch weitgehend unerforschte Folgen nach sich zieht. Die individuelle Alltagspraxis von Frauen, die mit Hilfe bezahlter Arbeitskräfte ihre Probleme der „work-life-balance" zu lösen versuchen, wirkt in

ihrer gesellschaftlichen Vervielfältigung als Globalisierungsmotor. Da üblicherweise jedoch die Perspektive der Privathaushalte für Globalisierungstheoretiker
irrelevant sind, wurden jenseits des feministischen Diskurses diese Phänomene
bislang ignoriert. (…)

Deutlich wird dabei, dass sowohl Migrationstheorien als auch theoretische
Konzepte der Globalisierung zu kurz greifen, wenn die Perspektive der privaten Haushalte außer Acht gelassen wird. Bislang noch kaum untersucht ist die
Beobachtung, dass sowohl am oberen als auch am unteren Ende der Hierarchie
postmoderner Arbeitsgesellschaften „global players" zu finden sind. Deutlich
werden die widersprüchlichen Prozesse der Globalisierung, die machtstrate-
gisches Kalkül entlarven: Bedeutet Globalisierung einerseits, ökonomische
Bedarfe zu ent-nationalisieren, wie sich dies an der Entgrenzung von Finanz-,
Güter- und Arbeitsmärkten zeigt, kann in Bezug auf den Umgang mit Ar-
beitsmigrantInnen andererseits eine Re-Nationalisierung der Gesellschaften
konstatiert werden. Die damit einhergehenden Schließungsprozesse zeigen sich
in den nationalstaatlichen Regelungen restriktiver Zuzugsbegrenzung und der
Verweigerung voller Bürgerrechte für MigrantInnen sowie in der Weigerung,
die notwendigen Kosten für Integration und Reproduktion der ausländischen
Arbeitskräfte zu übernehmen. (…)

▶ *Thiessen, Barbara (2002): Bezahlte Hausarbeit. Biografische Befunde zur
Gestaltung von Arbeits-Beziehungen im Privaten. In: Gather, Claudia/
Geissler, Birgit/Rerrich, Maria S. (Hrsg.) (2002): Weltmarkt Privathaushalt.
Bezahlte Hausarbeit im globalen Wandel. Forum Frauenforschung Band 15.
Münster: Westfälisches Dampfboot, S. 140-153 (in Auszügen)*

Im Mittelpunkt dieses Beitrags steht die Frage nach der Gestaltung von Arbeitsbeziehungen im Privaten vor dem Hintergrund biografischer Konstruktionen.
Untersuchungsgegenstand sind dabei ungeschützte Arbeitsverhältnisse, in denen
der Haushalt Arbeitgeberfunktion ausübt, gleichwohl wesentliche arbeits- und
sozialgesetzliche sowie steuerliche Bestimmungen nicht eingehalten werden.
Diese bilden die Mehrzahl der ca. vier Millionen Beschäftigungsverhältnisse
von Haushaltshilfen in Deutschland. In professionalisierten Beschäftigungsverhältnissen, in denen der Privathaushalt in aller Regel Kunde eines Dienstleis-
tungsunternehmens ist, bestehen andere Bedingungen und Arbeitsbeziehungen,
auf die hier nicht weiter eingegangen werden kann (…)

Die Trennung von öffentlich und privat ist eine historische und kulturelle Konstruktion. Ein Beschäftigungsverhältnis im Privaten ist in dieser binären Anordnung nicht vorgesehen und verändert den Bezugsrahmen. Einher geht damit ein Verlust an Interaktionssicherheit. Mit dem Eintritt der Haushaltshilfe in das Private hält Öffentliches Einzug. Arbeitgeberin und Beschäftigte müssten klären, wie sie im Rahmen des Arbeitsverhältnisses im Privaten miteinander umgehen. Wie werden Absprachen getroffen? Soll bei illegalen Arbeitsverhältnissen ebenfalls ein Weihnachtsgeld bezahlt werden? Ist ein Versicherungsschutz nötig? Ist der Aufenthaltsstatus ausländischer Beschäftigter zu überprüfen? Die bemerkenswerte Abwehr der Beteiligten, sich mit rechtlichen Rahmenbedingungen zu beschäftigen, kann als Schutz des Privaten interpretiert werden. Damit die Konstruktion des Privaten aufrechterhalten werden kann, werden die Rollen Arbeitgeberin und Beschäftigte nicht oder nur teilweise angenommen. Diese Strategie erweist sich auch als Vorteil für die Interessen der Haushalte den Beschäftigten gegenüber. Der Raum des Privaten als Erwerbsarbeitsplatz bleibt gleichwohl für die Arbeitgeberinnen wie für die Beschäftigten unsicheres Terrain.

Für die Arbeitgeberin besteht das Problem darin, dass der Arbeitsplatz der Beschäftigten gleichzeitig ihr privater Lebensbereich ist und Ort ihrer privaten Beziehungen. Anders als etwa der Arbeitsplatz Büro, der sowohl von ArbeitgeberInnen als auch von Beschäftigten zu Arbeitsbeginn aufgesucht und nach Feierabend verlassen wird, sind im Privathaushalt die ArbeitgeberInnen zu Hause und zunächst nicht in einer Berufsrolle. Die Zuordnung des Haushalts als Privatbereich reibt sich mit den Anforderungen eines Arbeitsplatzes als Bereich öffentlicher Interessen, etwa beim Thema Arbeitsschutz.

Für die Beschäftigte bedeutet das Dilemma in einem Raum tätig zu sein, der nicht für Arbeitsverhältnisse vorgesehen ist, dass für sie keine adäquate Berufsrolle bereitgehalten wird. Bereits die Einstellung von Beschäftigten in privaten Haushalten verläuft eher nach berufsfremden Kriterien, etwa einem „sympathischen Äußeren" oder einem „netten Charakter" wie einschlägige Annoncen von Haushalten in Tageszeitungen zeigen. Das Fehlen einer Berufsrolle lässt sich auch darin erkennen, wenn die Arbeitgeberinnen in den Interviews ihre Beschäftigten als „Helfende" oder gar „Perle" beschreiben. Die Rolle des Handwerkers, der ja ebenfalls in Privatwohnungen tätig ist, wird dagegen bereits durch Berufskleidung und eigenes Werkzeug markiert.

Anders als Handwerkerarbeit scheint Reinigungstätigkeit keine Qualifizierung zu erfordern, vielmehr wird davon ausgegangen, dass qua Geschlechtszugehörigkeit Kenntnisse und Fähigkeiten bei der Reinigung von Wohnungen vorausgesetzt werden können. Während von Handwerkern erlernte Fähigkeiten erwartet werden, die sich dann auf den zu bearbeitenden Gegenstand beschränken, ist es nicht selten, dass die Reinigungskraft auch mit Kinderbetreuung „nebenbei" beauftragt wird.

Wenn also bei der Vergabe von Haushaltstätigkeiten kein professionelles Rollenmuster gegeben ist, stehen sich private Personen gegenüber. Die Begegnung ist dadurch persönlicher als bei üblichen Arbeitsverhältnissen. Eine Arbeitgeberin beschreibt das Arbeitverhältnis als ein „Hineinlassen in diese Intimität". Das Fehlen kultureller Modelle der Gestaltung von Arbeitsverhältnissen im Privaten und insbesondere zwischen Frauen führt zu Unsicherheiten. Die Balance von Nähe und Distanz ist gerade im Raum des Privaten schwer zu halten. (…)

Hier sind Strategien der Haushalte zu beobachten, die dazu dienen, das Eindringen der Haushaltshilfe ungeschehen zu machen und damit gleichsam den Schmutz zu verdrängen. Es lassen sich zwei Strategien erkennen: die Distanzierung und die Vereinnahmung. Mit der Beschäftigung einer Putzfrau wird privater Schmutz öffentlich: intime Lebensgewohnheiten, die Verschmutzung nach sich ziehen, werden einer Fremden bekannt. Wie wird sie damit umgehen, wem könnte sie darüber berichten? Die Strategie der Distanzierung wird einerseits möglich durch ethnische Differenz. Nicht wenige Arbeitgeberinnen erklärten in Interviews, dass genau hierin der Grund liege, warum sie lieber eine Migrantin beschäftigen: „Vielleicht ist es gegenüber Ausländerinnen leichter, weil es ein anderer Kulturkreis ist und ich mir nicht so kontrolliert vorkomme, vielleicht." Auch die Gefahr, sich außerhalb des Haushalts zu begegnen, ist geringer. Eine weitere Strategie der Distanzierung zeigt sich in der Vereinbarung, die Reinigungstätigkeiten in Abwesenheit der ArbeitgeberInnen auszuführen. Erwartet wird hier eine unpersönliche Professionalität. Die Kommunikation findet überwiegend per „Zettel" statt, auf dem die gewünschten Reinigungsarbeiten notiert sind und unter dem der vereinbarte Lohn liegt. Mit dem Verlassen der Beschäftigten soll die Wohnung vom Schmutz befreit sein. Auch die Strategie der Vereinnahmung dient dem Ignorieren der Beschäftigten in ihrer fremden körperlichen Präsenz. Dabei wird die Fremdheit der Haushaltshilfe geleugnet, indem sie zum Familienmitglied wird: „unsere Perle" oder „meine Freundin". Dies funktioniert in besonderer Weise mit jungen Frauen sowie mit illegalen ausländischen Beschäftigten, denen Betreuungsbedarf (z. B. in rechtlicher Hinsicht) unterstellt werden kann. In diesem Fall wird die Unprofessionalität der Beschäftigten – unabhängig von ihrem tatsächlichen Können – hervorgehoben. (…)

Ein entscheidendes Kriterium für die Charakterisierung der Arbeitsbeziehung im Privaten ist, dass es sich hierbei um ein hierarchisches Arbeitsverhältnis zwischen Frauen handelt. Angesichts traditioneller geschlechtlicher Arbeitsteilung und Segregation von Öffentlichkeit und Privatheit gibt es kaum kulturelle

Vorbilder für solche Beziehungen zwischen Frauen. Daher besteht gerade hier zwischen den Beteiligten große Unsicherheit hinsichtlich eines angemessenen Umgangs miteinander. Dies macht das folgende Zitat aus dem Interview mit einer Beschäftigten deutlich: „Deswegen, also zu jungen Leuten geh ich sowieso nie putzen. Die, das mein ich immer, das ist manchmal auch so, äh, wenn man zu jungen Leuten kommt, die sitzt dann in ihrem Sofa und raucht sich eins und ich putze ihr hier die Zimmer, ja?" An diesem rekonstruierten Erlebnis lassen sich zumindest vier Anhaltspunkte für die schwierige Beziehungskonstellation am Arbeitsplatz Privathaushalt ableiten. Erstens handelt es sich hier um das Beispiel eines Arbeitsverhältnisses zwischen Frauen: aus „den jungen Leuten" wird „die …raucht sich eins". Ein Mann rauchend im Wohnzimmer wäre sicher auf weniger Unbehagen gestoßen. Zweitens würde dieselbe Situation in einem Büro -rauchende Arbeitgeberin und Reinigungskraft, die zum selben Zeitpunkt dort arbeitet – die Reinigungskraft weit weniger stören, denn grundsätzlich sind beide im Büro beim Arbeiten. Drittens zeigt sich hier, dass es zwischen Frauen wesentlich schwieriger scheint, Arbeitsaufträge zu übernehmen, als zwischen Frauen und Männern, es sei denn, die Arbeitgeberin wäre alt oder krank und gehörte eben nicht zu den „jungen Leuten", wie in der zitierten Interviewpassage. Es ist – viertens – für die Arbeitgeberin längst nicht so selbstverständlich, sich vor den Augen der Haushaltshilfe von ihrem Arbeitstag zu erholen und auszuruhen, was ihr im Falle des Handwerkers wesentlich weniger Schwierigkeiten bereiten würde. Das Arbeitsverhältnis ist gekennzeichnet von einer Spannung zwischen Auflösung und Grenzziehung entlang der hierarchischen Verwerfungen. Dies soll an weiteren Beispielen erläutert werden. Das Betreten fremder privater Räume verführt zu Fantasien und dem Wunsch nach Verschmelzung. Die Beschäftigten schildern in den Interviews häufig emphatisch die Räumlichkeiten der Arbeitgeberinnen und fantasieren sich selbst als Besitzerin: „… da war alles mit weißen Kacheln und das Badezimmer war ganz groß, ei so, für eine Königin ..". Und wie im Märchen könnte ja auch aus „der Dienstmagd" „die Königin" werden. Diese Annäherung steht auch hinter dem heimlichen Benutzen eines Parfums bei der Reinigung der sanitären Glasablage.

Aber auch. die Arbeitgeberin trägt zur Auflösung der Grenzen bei. In der Bilanzierung „... es ist schon schwierig, wenn du jemanden hast, der für dich den Dreck wegmacht …", zeigt sich das ungute Gefühl, eine Hilfe für Hausarbeit zu bezahlen. Häufig berichten Arbeitgeberinnen, dass sie für die Beschäftigte das Radio anstellen, Getränke, Obst oder Knabbereien bereithalten. In diesen Gesten findet sich ein Moment von Entlastung oder Beschwichtigung, als hätte sie sich zu entschuldigen. Auch erinnert dies eher an den Umgang mit Gästen als mit Angestellten. Eine Auflösung von Grenzen zeigt sich auch in der Geste, der Haushaltshilfe eigene, abgetragene Kleider anzubieten. Damit stellt sich eine besondere Intimität her und eine Verwechslung oder Verschmelzung der Körper könnte sich anbahnen. (…)

Zwar lässt sich gerade im ungeschützten und illegalen Beschäftigungsverhältnis die Gefahr von Ausbeutung nicht abweisen – v. a. wenn zusätzlich ein ungesicherter Aufenthaltsstatus hinzukommt, es wäre jedoch nicht angemessen, die Handlungsräume und Optionen, die sich für Beschäftigte in Privathaushalten gerade im illegalen Arbeitsverhältnis ergeben, zu unterschlagen, um einem einfachen Opfer-Schema zu genügen. So finden sich gerade im illegalen Kontext meist ethnizitätsbezogene und informelle Netzwerke von Haushaltshilfen. Hier werden Putzstellen getauscht, etwa beim Ablaufen von Touristenvisa, neue Kolleginnen werden eingewiesen, die gelegentlich über das Heimatland rekrutiert werden, es wird über Preise und Sachleistungen informiert sowie Unterstützung bei schlechten Arbeitsverhältnissen organisiert.

Ebenso erlaubt das informelle Beschäftigungsverhältnis die „eigene Chefin" zu sein. Dies zeigt sich etwa, wenn eine Beschäftigte stolz erzählt, wie sie „mit der Tasche voller Schlüssel" durch gehobene Stadtviertel geht, selbstverständlichen Zutritt zu den Häusern ihrer Kundschaft hat und meist über eine hohe Zeitsouveränität verfügt. Je nach „Auslastung" können ungeliebte Kund/inn/en ohne die vertragliche Bindung von heute auf morgen aufgekündigt werden.

Auch bietet die Illegalität der Beschäftigung die Möglichkeit, einen Verdienst zusätzlich zu staatlichen Transferleistungen zu beziehen. Auf diese Weise kann ein gutes Einkommen erzielt werden, das für die eigene Zukunftsplanung (Immobilie oder Unternehmen im Heimatland) oder Lebensgestaltung (Führerschein machen, mit der eigenen Familie Essen gehen und sich selbst bedienen lassen) eingesetzt werden kann. Diese „eigensinnigen" Gestaltungen und Aneignungen der Haushaltshilfen bilden die Gegengewichte zur ungeschützten und abgewerteten Tätigkeit an den Orten, die durch den Auftritt der bezahlten Arbeitskräfte nicht länger privat bleiben.

▶ *Pfau-Effinger, Birgit (2001): Wandel wohlfahrtsstaatlicher Geschlechterpolitiken im soziokulturellen Kontext.* In: Heintz, Bettina (Hrsg.): Geschlechtersoziologie. Sonderheft 41 der Kölners Zeitschrift für Soziologie und Sozialpsychologie. Wiesbaden, S. 487-511 (hier: 488 f, S. 492 f, 503 ff)

Im Hinblick auf ihre Geschlechterpolitiken unterscheiden sich westeuropäische Wohlfahrtsstaaten „..." zum Teil erheblich. Differenzen bestehen etwa im Hinblick auf vier zentrale Dimensionen der Politik:

1. Inwieweit und in welchen Formen sie die Erwerbstätigkeit, die „Kommodifizierung" von Frauen fördern;
2. inwieweit sie Freistellungsmöglichkeiten für die Übernahme von Aufgaben der Kinderbetreuung geschaffen haben;
3. inwieweit Elemente der Bezahlung von privater Kinderbetreuung durch die Eltern bestehen und inwieweit daraus Ansprüche an eine individuelle soziale Sicherung abgeleitet werden können
4. sowie im Umfang und in den Formen, in denen Kinderbetreuung außerhalb der Familie verfügbar ist.

Im Folgenden soll die Frage im Zentrum stehen, wie Gemeinsamkeiten und Unterschiede in der Entwicklung der Geschlechterpolitik; europäischer Wohlfahrtsstaaten erklärt werden können. (...)

Wichtige Anstöße für die international vergleichende Analyse wohlfahrtsstaatlicher Politiken gingen von den Arbeiten des skandinavischen Autors Gösta EspingAndersen, insbesondere von seinem Buch „The Three Worlds of Welfare Capitalism" (1990) aus. Er stellt in seiner Analyse die Frage in den Vordergrund, wie unterschiedliche Typen wohlfahrtstaatlicher Politik differierende Formen von sozialer Ungleichheit hervorbringen. Auf der Grundlage differenziert er zwischen dem *sozialdemokratischen,* dem *konservativen* und dem *liberalen* Wohlfahrtsregime. (...) Im *sozialdemokratischen* Wohlfahrtsregime sind die sozialen Rechte auf der Basis kultureller Prinzipien von Egalität und Solidarität gestaltet, dementsprechend universell angelegt und von hoher Qualität. Die Politik zielt tendenziell auf eine Nivellierung sozialer Hierarchien ab. Dem *liberalen* Wohlfahrtsregime liegen demgegenüber neoliberale Ideen der individuellen Verantwortlichkeit und weitgehenden Nicht-Einmischung des Staates in die Marktabläufe zugrunde, weshalb die sozialen Rechte von vergleichsweise geringer Qualität sind, was sozialstrukturell eher eine Polarisierung zwischen Arbeitnehmergruppen zur Folge hat. Das *konservative* Wohlfahrtsregime schließlich zielt mit seiner Politik darauf ab, die bestehende, hierarchische

Struktur der sozialen Ungleichheit zwischen Arbeitnehmergruppen zu reproduzieren; die sozialen Rechte sind hier von mittlerer Qualität und bleiben im
Wesentlichen auf Arbeitnehmer begrenzt. Mit diesen Differenzen „..." gehen
auch spezifische Unterschiede in der Art und Weise einher, in der der Staat in
den Arbeitsmarkt und die Familie interveniert; insbesondere auch unter dem
Aspekt, in welchem Maße er die Frauenerwerbstätigkeit fördert. Im *sozialdemokratischen* Wohlfahrtsregime werden Frauen demnach tendenziell voll in
die Erwerbstätigkeit integriert, auf der Basis eines stark ausgebauten Sektors
der staatlichen sozialen Dienstleistungen. Das *konservative* Wohlfahrtsregime
fördert statt der Beteiligung von Frauen am Erwerbsleben eher die unbezahlte
Arbeit in der Familie auf der Basis finanzieller Transfers, und *liberale* Wohlfahrtsstaaten produzieren tendenziell eine hohe Frauenerwerbstätigkeit, die
auf marktvermittelten Kinderbetreuungsmöglichkeiten beruht, welche im
Wesentlichen nur den Mittelschichten zugänglich sind.

Der Ansatz von Esping-Andersen ·enthält wichtige Ansatzpunkte für die
Erklärung von Differenzen in den wohlfahrtsstaatlichen Politiken und bildet
auch heute noch einen zentralen theoretischen Rahmen für die international
vergleichende Sozialpolitikforschung. Die Annahmen, die sich auf die Art und
Weise beziehen, in der die Regimetypen und wohlfahrtsstaatliche Geschlechterpolitiken miteinander zusammenhängen, erwiesen sich allerdings als problematisch. Tatsächlich variieren die Geschlechterpolitiken nicht systematisch mit
den Wohlfahrtsregimen, sondern die Differenzen liegen teilweise quer dazu. (…)

Will man internationale Differenzen in den wohlfahrtsstaatlichen Politiken
angemessen verstehen und in ihren Wirkungen erklären, so geht es darum, sie
stärker in ihrem jeweiligen gesellschaftlichen und historischen Kontext zu analysieren. Das bedeutet insbesondere auch, den Bezug zu den kulturellen Grundlagen
der Politik herzustellen. (…) Ich gehe davon aus, dass die wohlfahrtsstaatliche
Politik in einem spezifischen Wechselverhältnis mit der kulturellen und der
strukturellen Ebene, anderen Institutionen und mit dem Handeln sozialer
Akteure im jeweiligen „Geschlechter-Arrangement" steht.

Der theoretische Ansatz des *Geschlechter-Arrangements* sei hier nur kurz
skizziert. Er bezieht sich auf die Wechselbeziehungen zwischen der Ebene der
Geschlechterkultur, also der gesellschaftlich jeweils relevanten Sinnkonstruk-
tionen, die sich auf das Geschlechterverhältnis beziehen, einerseits und dem
Geschlechtersystem, welches die Ebene der Institutionen und sozialen Strukturen umfasst, andererseits. In jeder modernen Gesellschaft, so die Annahme,
besteht (mindestens) ein solches Geschlechter-Arrangement, das auf den jeweils
dominierenden Werten und Leitbildern zu den Geschlechterbeziehungen beruht und durch das Handeln sozialer Akteure, durch ihre Diskurse, Konflikte,

Aushandlungsprozesse und Kompromissbildungen reproduziert oder verändert wird. Der Einfluss der Geschlechterkultur kommt auf unterschiedlichen gesellschaftlichen Ebenen zum Tragen: Auf der Ebene der sozialen Strukturen, in den gesellschaftlichen Institutionen und Diskursen kollektiver Akteure sowie auf der Ebene der Individuen, in ihren Orientierungen und Werthaltungen. (…)

Ein Geschlechter-Arrangement kann langfristig stabil angelegt und kohärent sein, wenn seine kulturellen Grundlagen auch als Normen auf der Ebene des Geschlechtersystems, also in den gesellschaftlichen Institutionen verankert sind und die Basis des Handelns der sozialen Akteure bilden. Es kann allerdings dazu kommen, dass infolge von allgemeinen Prozessen sozialen und kulturellen Wandels der Grad der kulturellen bzw. sozialen Integration im Geschlechter-Arrangement sinkt. Damit erhöhen sich die Möglichkeiten für sozialen oder kulturellen Wandel im Geschlechter-Arrangement. Ein Wandel tritt allerdings erst dann ein, wenn diese Widersprüche von bestimmten sozialen Akteuren aufgegriffen werden, welche versuchen, Veränderungsprozesse zu erzielen. Das Geschlechter-Arrangement kann in dem Fall zum Gegenstand von Aushandlungsprozessen und Konflikten über innovative Leitbilder oder neue institutionelle Arrangements werden. (…)

Ich gehe davon aus, dass sich Geschlechter-Arrangements auf der Basis der jeweils darin dominierenden geschlechterkulturellen Modelle charakterisieren lassen. Als „geschlechterkulturelle Modelle" oder auch „Familienmodelle" bezeichne ich kulturelle Leitbilder, die sich auf die Vorstellungen darüber beziehen, welches die „richtigen", „angemessenen" Bereiche für die gesellschaftliche Integration und die Arbeitsfelder von Frauen und Männern sind. In modernen Gesellschaften beziehen sie sich damit auf die Art und Weise, in der zwei zentrale gesellschaftliche Institutionen auf der Grundlage der geschlechtlichen Arbeitsteilung miteinander verknüpft sein sollen: die Familie und der Arbeitsmarkt. Sie sind mit kulturellen Werten über die Generativität und die Generationsbeziehungen verknüpft und beinhalten damit auch Annahmen darüber, wie die Familie im Hinblick auf die Betreuungsaufgaben mit anderen gesellschaftlichen Institutionen verknüpft sein soll. Dem jeweiligen Geschlechter-Arrangement in einer Gesellschaft können eines oder mehrere solcher Modelle zugrundeliegen. Für Westeuropa lassen sich verschiedene geschlechterkulturelle Modelle unterscheiden, die für die Entwicklung der Geschlechterpolitiken in den letzten Jahrzehnten von Bedeutung waren. (…)

Die Unterschiede in den kulturellen Leitbildern zum Geschlechterverhältnis, auf die sich die wohlfahrtsstaatlichen Geschlechterpolitiken jeweils beziehen, bilden eine wichtige Grundlage dafür zu erklären, warum sich diese Politiken im internationalen Maßstab unterscheiden. Die Art und Weise, in der jeweils neue kulturelle Leitbilder, die sich in der Bevölkerung entwickelt haben, von der staatlichen Politik aufgegriffen werden, hängt dabei maßgeblich von den Konflikten und Aushandlungsprozessen im Feld der sozialen Akteure ab. (…)

Als Fazit lässt sich festhalten: Westeuropäische Geschlechter-Arrangements haben sich im Großen und Ganzen entlang von zwei differierenden kulturellen Entwicklungspfaden gewandelt. Diese unterscheiden sich grundsätzlich auf der Basis der kulturellen Ausgangssituation nach dem Zweiten Weltkrieg. Wesentliche Differenzen bestehen heute im Hinblick auf den Stellenwert von privater Kinderbetreuung durch die Mütter oder Eltern in der Familie, auf die kulturellen Ideen zur Art der Betreuung von Kleinkindern, und zur Frage, ob Mütter in Vollzeit oder Teilzeit beschäftigt sein sollten. (…)

Der Wandel der wohlfahrtsstaatlichen Geschlechterpolitiken, der in den letzten beiden Jahrzehnten stattgefunden hat, war im Allgemeinen das Ergebnis von Konflikten, öffentlichen Diskursen und Auseinandersetzungen sowie von Kompromissbildungen sozialer Akteure im Rahmen des jeweiligen Geschlechter-Arrangements. Eine maßgebliche Rolle kam in diesen Prozessen den Frauenbewegungen zu. (…)

Für die Durchsetzungskraft der Frauenbewegung waren demnach anscheinend vor allem drei Faktoren von Bedeutung: ihre Bündnisfähigkeit, die Art ihres Verhältnisses zum Wohlfahrtsstaat und die Traditionen der politischen Kultur auf der Ebene des Wohlfahrtsstaates:

1. Die Stärke der Frauenbewegung hing offenbar maßgeblich davon ab, inwieweit es ihr gelang, quer durch Parteien, Gewerkschaften und Frauenverbände ein gemeinsames Bündnis von Frauen herzustellen. Dies ist offenbar in den Wohlfahrtsregimen des sozialdemokratischen Typus am ehesten gelungen. Dabei ist aber auch zu beachten, dass der Grad der Integration der Frauenbewegung auch generelle Strukturen der sozialen Differenzierung unter Frauen und die daraus resultierenden Interessendivergenzen ebenso wie auch den Grad kultureller Differenzen zwischen sozialen Gruppen von Frauen als „primären Akteuren" reflektiert. Allgemein dürfte dabei gelten, dass die Repräsentationsprobleme sozialer Bewegungen in sozialstrukturell eher hierarchisch gegliederten oder polarisierten Gesellschaften wie Westdeutschland, Frankreich und Großbritannien größer sind als in Gesellschaften, die sozialstrukturell stärker homogen sind wie die Niederlande und die skandinavischen Gesellschaften.
2. Weiter hat die Frauenbewegung in den „sozialdemokratischen" Wohlfahrtsregimen, insbesondere in Skandinavien, jedoch seit Ende der 1970er Jahre auch in den Niederlanden dadurch erfolgreich agiert, dass sie sich nicht so

sehr als autonome Frauenbewegung in der Zivilgesellschaft konstituiert hat, wie in Westdeutschland und Großbritannien, sondern einen starken Bezug zum Wohlfahrtsstaat gesucht hat, und dass ihre Vertreterinnen innerhalb der wohlfahrtsstaatlichen Institutionen als „Femokratinnen" bis in hohe Positionen hinein maßgeblichen Einfluss auf die Politik nehmen.

Auch scheint der Grad der Offenheit der politischen Kultur für die Forderungen neuer sozialer Bewegungen von Bedeutung zu sein. Wohlfahrtsstaaten des „sozialdemokratischen" Typus weisen ausgeprägter als andere eine politische Kultur auf, die für die Forderungen neuer sozialer Bewegungen aufnahmefähig ist und institutionell geeignete Ansatzpunkte bietet, diese zu integrieren.

▶ *Pfau-Effinger, Birgit (1998): Der soziologische Mythos von der Hausfrauenehe – sozio-historische Entwicklungspfade der Familie. In: Soziale Welt, Jg. 49, S. 167-182, hier: S. 170 ff*

Da den kulturellen Leitbildern zur Familie eine wichtige Rolle für die Familienentwicklung zukommt, wird vorgeschlagen, diese als eine zentrale Grundlage für die Klassifikation zu nehmen. Dabei wird zwischen unterschiedlichen „Familienmodellen" differenziert. Damit sind kulturelle Leitbilder gemeint, die sich auf die Vorstellungen darüber beziehen, welches die angemessene Art der Arbeitsteilung in der Familie ist, und die mit bestimmten Vorstellungen über die Generativität und die Generationsbeziehungen verknüpft sind. Der Begriff der „Modelle" bezieht sich hier auf idealtypische gesellschaftliche Vorstellungen, Normen und Werte im Hinblick auf die Familie und die gesellschaftliche Integration von Frauen und Männern.

Diese lassen sich auf der Grundlage von fünf theoretischen Dimensionen klassifizieren, die sich auf das Generationen- und Geschlechterverhältnis innerhalb der Familie beziehen. Dazu gehören:

Die gesellschaftlichen Vorstellungen darüber, welche sozialen Sphären die zentralen Arbeitssphären von Frauen bzw. Männern darstellen und wie der Bezug dieser Sphären zueinander beschaffen sein soll (Symmetrie oder Komplementarität);

a. die gesellschaftliche Wertung dieser gesellschaftlichen Sphären (Gleichwertigkeit oder Hierarchie der Sphären);

b. die kulturellen Leitbilder zur Generativität und zu den Generationsbeziehungen, also zu Kindheit, Mutterschaft und Vaterschaft;

c. die Art und Weise, in der Abhängigkeiten zwischen Frauen und Männern konstruiert sind (Autonomie oder gegenseitige/einseitige Abhängigkeit)

d. der Stellenwert, der kulturell der Familie neben anderen privaten Lebensformen gegeben wird.

Auf der Grundlage dieser Klassifizierung können verschiedene Gesellschaften im Hinblick darauf verglichen werden, welches die kulturellen Grundlagen der Familie sind und wie sich diese wandeln. Ergänzend ist es für die Analyse der Entwicklung allerdings notwendig, auch die strukturelle Entwicklung zu analysieren, diese mit der kulturellen Entwicklung zu kontrastieren und die Dynamik zu analysieren, die sich auf der Grundlage möglicher Widersprüche und Diskrepanzen innerhalb und zwischen den Ebenen entwickelt. (...)

Insgesamt lassen sich mindestens fünf differierende Familienmodelle identifizieren, die sich in den oben angegebenen Dimensionen unterscheiden: das familien- ökonomische Modell, das Hausfrauenmodell der männlichen Versorgerehe, das Vereinbarkeitsmodell der männlichen Versorgerehe, das Doppelversorgermodell mit staatlicher und das Doppelversorgermodell mit partnerschaftlicher Kinderbetreuung.

Das *familienökonomische Modell* beruht auf der Idee, daß Frauen und Männer gemeinsam im eigenen landwirtschaftlichen oder handwerklichen Familienbetrieb arbeiten und daß Frauen wie Männer eine wichtige Bedeutung für das Überleben der Familienökonomie haben. Kinder gelten als Bestandteil der Familienökonomie und können als Arbeitskräfte herangezogen werden, sobald sie physisch zur Mitarbeit in der Lage sind. Auch wenn in diesem Rahmen durchaus eine geschlechtliche Arbeitsteilung vorgesehen sein kann, so sind doch Frauen und Männer derselben gesellschaftlichen Sphäre der Familienökonomie zugeordnet und nicht, wie im Modell der Versorgerehe, verschiedenen Sphären. Da die Mitarbeit der Frau in der Familienökonomie im allgemeinen als genauso wichtig für das Überleben der Familie angesehen wird wie die des Mannes, kann die Stellung der Frau und ihre gesellschaftliche Anerkennung durchaus der des Mannes angeglichen sein.

Dem *männlichen Versorgermodell* in der Form der Hausfrauenehe liegt die Annahme einer prinzipiellen Trennung von „Öffentlichkeit" und „Privatheit" und eine komplementäre Verortung beider Geschlechter zugrunde: Der Mann gilt als primär für die Arbeit im „öffentlichen" Bereich zuständig, wo er als erwerbstätiger Familienernährer für das Einkommen der Familie sorgt, die Frau wird als primär zuständig für den privaten Haushalt und die dort anfallenden

Aufgaben einschließlich der Kinderbetreuung angesehen und ist abhängig vom Einkommen ihres Ehemanns. Dem liegt eine kulturelle Konstruktion von "Kindheit" zugrunde, wonach Kinder einer besonderen Betreuung und einer umfassenden individuellen Förderung bedürfen. Die Betreuung und Förderung gilt in erster Linie als Aufgabe der privaten Haushalte. Komplementär dazu dominiert eine kulturelle Konstruktion von „Mutterschaft", wonach es in erster Linie Aufgabe der Mutter ist, ihre Kinder im Haushalt zu betreuen und aufzuziehen.

Das *Vereinbarkeitsmodell der Versorgerehe* ist eine modernisierte Form des Modells der männlichen Versorgerehe, das nicht auf dem Ausschluß von Ehefrauen aus der Öffentlichkeit beruht. Es ist vorgesehen, daß Frauen im Prinzip auch als Mütter erwerbstätig sind und die Erwerbsarbeit und die Zuständigkeit für die Kinderbetreuung im wesentlichen auf der Basis von Teilzeitarbeit verbinden, bis das Kind nicht mehr als betreuungsbedürftig gilt.

Das *Doppelversorgermodell mit staatlicher Kinderbetreuung* beruht auf der Idee der umfassenden und vollzeitigen Integration beider Geschlechter in die Erwerbsarbeit. Auch im Rahmen einer Ehe gelten Mann und Frau als Individuen, die sich unabhängig voneinander auf der Grundlage ihrer Erwerbsarbeit ernähren. Kindheit ist ebenso wie im Modell der männlichen Versorgerehe als eine Lebensphase konstruiert, in der Menschen eine besondere Betreuung und Förderung brauchen. Die Betreuung der Kinder gilt aber, anders als in jenem Modell, nicht primär als Zuständigkeitsbereich der Familien, sondern vom Kleinkindalter an zu einem wesentlichen Anteil als Aufgabe des Wohlfahrtsstaates.

Dem *Doppelversorgermodell mit partnerschaftlicher Kinderbetreuung* liegt die Idee einer symmetrischen – und gleichwertigen – Integration beider Geschlechter in die Gesellschaft zugrunde, wobei die Aufgaben der Kindererziehung zu einem relevanten Teil dem privaten Bereich zugerechnet werden. Es ist vorgesehen, daß Frauen und Männer an der Erwerbstätigkeit und an der häuslichen Kinderbetreuung zu gleichen Anteilen partizipieren. In bezug auf die Organisation des Erwerbssystems bedeutet dies – anders als im Doppelversorgermodell mit staatlicher Kinderbetreuung –, daß die doppelte Zuständigkeit von Eltern für die Arbeit in Familie und Beruf im Erwerbssystem strukturell berücksichtigt wird.

▶ **Lewis, Jane (2003): *Erwerbstätigkeit versus Betreuungsarbeit.* In:** *Ute Gerhard/ Trudie Knijn/ Anja Weckwert (Hrsg): Erwerbstätige Mütter. Ein europäischer Vergleich. München: Verlag C.H. Beck, S. 29-52, hier: Auszüge*

Mitte des 20.Jahrhunderts beruhte Sozialpolitik auf der Annahme, dass vorwiegend Männer einer Vollzeitbeschäftigung nachgingen, während Frauen in erster Linie für die Betreuung und Pflege von jungen und alten Angehörigen in stabilen Familien verantwortlich seien, auch wenn sie sich dadurch in gewissem Umfang von Männern wirtschaftlich abhängig machten. Ein Modell mit männlichem Familienernährer (Ernährermodell) in „Reinform", das bezahlte Arbeit für Frauen ausschloss, hat es allerdings nie gegeben. In der unmittelbaren Nachkriegszeit, als immer mehr Mütter eine Teilzeitbeschäftigung aufnahmen, fand vielmehr der Ausdruck der „erwerbstätigen Mutter" Verbreitung. Dennoch vertrat einer der einflussreichsten feministischen Texte der 1950er Jahre die Ansicht, dass Mütter ihre Erwerbstätigkeit aufgeben und erst wieder aufnehmen sollten, wenn die Kinder die Schule verlassen haben (Myrdal und Klein 1960) (…)

Soziale Realität erlangte das Ernährermodell hauptsächlich für Mittelschichtfrauen – lediglich für einen verhältnismäßig kurzen Zeitraum und auch nur in einigen Ländern. Seine Wirkungsmacht als Modell war jedoch für die längste Zeit des. 20.Jahrhunderts beträchtlich und erstreckte sich nicht nur auf den normativen Gehalt, sondern auch auf die Annahme, dass die geschlechtliche Arbeitsteilung tatsächlich so geregelt sei. Damit ist eine Kluft zwischen Normativität und Wirklichkeit markiert. (…)

Mit Blick auf das Ernährermodell müssen wir „…" verschiedene Ebenen auseinander halten:

- den Umfang, in dem das Modell die soziale Realität richtig beschreibt und für welche Frauen es sie richtig beschreibt;
- den Umfang, in dem es für die jeweilige Sozialpolitik tatsächlich maßgeblich wurde;
- den Umfang, in dem es von Politikern für wünschenswert gehalten wurde;
- den Umfang, in dem es von Frauen (und Männern) internalisiert wurde. (…)

Der zweite Teil (des Aufsatzes, A.D.) untersucht den Übergang zu neuen Hintergrundannahmen, die für die Organisationsstruktur der Familie folgenreich sind: Es geht um den Übergang zu dem Modell des erwachsenen Erwerbstätigen *(adult worker model),* das auf der Annahme basiert, dass alle erwachsenen, erwerbsfähigen Personen einer bezahlten Beschäftigung nachgehen. Ich beziehe mich im Folgenden insbesondere auf gegenwärtige Veränderungen, wie sie in

Großbritannien und den Niederlanden stattfinden – als zwei Ländern, in denen traditionell eine besonders starke Bindung an das Ernährermodell bestanden hat. Ich werde die Ansicht vertreten, dass sich das Modell des erwachsenen Erwerbstätigen zwar von der Idee wegbewegt, Frauen seien zwangsläufig bis zu einem gewissen Grad von Männern abhängig, dass es aber zugleich eine Leerstelle aufweist, wo es um die gesellschaftlich notwendige Arbeit der Betreuung und Pflege von Kindern und alten Menschen geht. Einmal mehr sind wir mit einer Politik konfrontiert, die sich auf falsche Annahmen über die soziale Realität gründet, diesmal allerdings unterstellt, dass Erwachsene in aller Regel einer Erwerbstätigkeit nachgehen, statt vom Vorhandensein eines männlichen Familienernährers auszugehen. (…)

Das Erwerbsverhalten von Frauen hat den Modellcharakter des Ernährerkonzeptes zunehmend in Frage gestellt. Die wachsende Zahl von erwerbstätigen Frauen und Doppelverdienerfamilien kann nicht geleugnet werden, auch wenn Frauen häufig in Teilzeit beschäftigt sind, was die Entwicklung weniger „revolutionär" erscheinen lässt, als oft vermutet wird. Die Veränderungen haben das gesamte Gefüge der Geschlechterrollen erschüttert, die man – Regierung und Bevölkerung – im Allgemeinen mit dem Ernährermodell assoziiert hatte. An irgendeinem Punkt wird die Kluft zwischen dem veränderten Verhalten und den normativen Vorgaben des Ernährermodells in der Tat zu groß, und der Bruch lässt neue normative Erwartungen entstehen. Nun richten sich die Erwartungen an eine Erwerbstätigkeit von Frauen. (…) Das Ernährermodell ist angeschlagen, doch die soziale Realität ist noch immer weit entfernt von einer Familie, die sich aus ökonomisch unabhängigen, autonomen Individuen zusammensetzt. Während sich das Erwerbsverhalten von Frauen grundlegend verändert hat, leisten sie nach wie vor den Hauptteil der unbezahlten Betreuungsarbeit. Männer haben sich in Bezug auf den Anteil, den sie zur bezahlten und unbezahlten Arbeit beitragen, viel weniger verändert. (…)

Die Veränderungen im Verhalten von Frauen gegenüber Erwerbsarbeit und Familie haben die herkömmlichen Geschlechterrollen des Ernährermodells, auf denen die Sozialpolitik fußte, aufgemischt. Als Norm und Verhalten immer offensichtlicher auseinander drifteten, setzte ein Umdenken in der Politik bezüglich der eigenen Hintergrundannahmen ein. Die Berufstätigkeit von Frauen ist jetzt die Norm, obgleich unklar bleibt, in welchem Umfang und für welche Gruppe von Frauen dies zutrifft. Diese Unklarheit ist nicht verwunderlich, weil die neuen Annahmen den Verhaltensänderungen nicht nur folgen, sondern ihnen in mancher Hinsicht auch voraus gehen. Die Regierungen Großbritanniens und der Niederlande haben sich ganz entschieden auf die Annahme eingelassen, dass Frauen dem Arbeitsmarkt zur Verfügung stehen. (…)

Die neuen Hintergrundannahmen produzieren Konflikte. Erstens geraten sie mit dem ausdrücklichen Wunsch vieler britischer und niederländischer Frauen in Konflikt, die Fürsorgearbeit obenan zu stellen. Es ist keineswegs ausgemacht, dass alle Frauen eine Vollzeitbeschäftigung wünschen würden, wenn plötzlich eine qualitativ gute und erschwingliche Tagesbetreuung bereitstünde. (...) Zweitens gerät das neue Modell des erwachsenen Erwerbstätigen häufig in einen Konflikt mit den Anspruchsvoraussetzungen von Sozialleistungen (z. B. von Sozialhilfe auf Grund von Bedürftigkeit), die zum Teil weiterhin am Ernährermodell orientiert bleiben. Das Ergebnis ist ein inkonsistentes Bündel politischer Maßnahmen. (...)

Die Arbeitsmarktintegration von Frauen ist in vielerlei Hinsicht zur neuen Norm geworden, und die Politik setzt zunehmend voraus, dass sowohl Männer als auch Frauen erwerbstätig sind. Wir können aber mit einigem Grund davon ausgehen, dass die politischen Hintergrundannahmen über den Status von Frauen als „Arbeitnehmerinnen" an der sozialen Realität vorbeigehen, da die Frauenerwerbstätigkeit in vielen Ländern von Teilzeitarbeit und geringfügiger Beschäftigung gekennzeichnet ist. Diese Diskrepanz ist um so folgenreicher, wenn mit ihr die Annahme einhergeht, dass der oder die Einzelne zukünftig in der Lage sein wird, selbstständig mehr Eigenvorsorge zu leisten, vor allem bei der Alterssicherung. Tatsache ist ebenfalls, dass die mit der Fürsorgearbeit verbundene Geschlechterproblematik nirgendwo auch nur im Ansatz mit Priorität angegangen wird. (...)

Die Einschätzung dessen, was Männer und Frauen zum Familienunterhalt beitragen, hat sich grundlegend verändert. Zu Beginn dieses Jahrhunderts beherrscht die Auffassung, dass es eine Verpflichtung zur Erwerbsarbeit gebe, die politische Agenda der meisten westeuropäischen Länder. Zugleich besteht unverändert die Annahme, dass die unbezahlte Betreuungs- und Pflegearbeit irgendwie geleistet wird. (...) Die sozialpolitische Adaption und Umsetzung dieses Konzeptes, programmatisch *Welfare-to-work* (von der Sozialhilfe zur Erwerbsarbeit) genannt, erfolgte erstmals in den USA und richtete sich an alle arbeitsfähigen Erwachsenen einschließlich der allein erziehenden Mütter. Gleichwohl bestehen auf beiden Seiten des Atlantiks Bedenken, ob „die Familie" weiterhin bereit und fähig ist, Fürsorgeaufgaben zu übernehmen und ob auch die Qualität der Versorgung von jungen und alten Angehörigen zukünftig gewährleistet sein wird. (...)

Angesichts der gegenwärtigen politischen Trends sind im Grunde genommen zwei Fragen zu stellen: Haben Frauen auch das Recht zu entscheiden, dass sie lieber zu Hause bleiben wollen, um die Betreuung und Pflege ihrer Angehörigen zu übernehmen? Und wenn ja: Müssen sie sich zwangsläufig in die Abhängigkeit eines männlichen Einkommens begeben, sofern sie sich so entscheiden? (...)

Der Übergang zum Modell des erwachsenen Erwerbstätigen wirft allein aus der Geschlechterperspektive vier Probleme auf: Erstens ist die unbezahlte Betreuungsarbeit zwischen Männern und Frauen ungleich verteilt, was für die Stellung der Frauen auf dem Arbeitsmarkt weitreichende Folgen hat. Zweitens haben viele Frauen angesichts des Mangels an guten und bezahlbaren institutionellen Angeboten keine andere Wahl, als die Betreuung und Pflege von Angehörigen weiterhin informell zu übernehmen (Land und Rose sprachen von „Zwangsaltruismus") und bis zu einem gewissen Grad vom Verdienst des Mannes abhängig zu sein. (...) Drittens gibt es eine nicht unerhebliche Zahl von Frauen, die der Betreuung den Vorrang einräumen möchten oder die das Gefühl haben, es sei richtig, das zu tun. Viertens bedeuten die niedrigeren Gehälter von erwerbstätigen Frauen, die für die sozialen Berufe umso charakteristischer sind, dass eine vollständige Individualisierung für sie kaum zu erreichen ist – nicht einmal auf der Grundlage einer „langen" Teilzeit- oder gar einer Vollzeitbeschäftigung. (...)

Zugleich bleibt aber der Platz der Fürsorge im Modell des erwachsenen Erwerbstätigen unbestimmt. Die damit verbundenen Spannungen und Probleme sind zu groß, als dass sie ignoriert werden könnten. Auch diesbezüglich ist es lehrreich, sich das skandinavische und das amerikanische Modell anzuschauen. In beiden Fällen gibt es ein vollständig individualisiertes, auf erwachsene Erwerbstätige zugeschnittenes Modell. In den Vereinigten Staaten ist die Verpflichtung, sich dem Arbeitsmarkt einzugliedern, in ein residual vorhandenes Wohlfahrtssystem eingebettet, das oft schon an der Grenze zur Bestrafung operiert. In Schweden und Dänemark hingegen gehen mit dieser Verpflichtung soziale Rechte einher, die verschiedene Formen staatlicher Unterstützung bei der Kinderbetreuung und Altenpflege garantieren. Die Stellung allein erziehender Mütter – die für die Analyse der Sozialpolitik stets einen Grenzfall darstellt – ist in dieser Hinsicht besonders aufschlussreich, weil in ihrem Fall das Problem, Erwerbs- und Betreuungsarbeit zu verbinden, besonders deutlich wird. Viel entschlossener noch als Großbritannien sind die Vereinigten Staaten dazu übergegangen, allein erziehende Mütter als Erwerbtätige zu behandeln: Staatliche Beihilfen werden nur noch für einen begrenzten Zeitraum gewährt; zugleich wurde auf Bundesebene und in den einzelnen Staaten mehr Geld in die Kinderbetreuung investiert. Die Erwerbstätigenquote von allein erziehenden Müttern ist in den USA hoch, der ausgeübte Druck stark. Doch in Schweden und Dänemark sind die Erwerbstätigenquoten höher, und die Zahl allein erziehender Mütter, die unterhalb der Armutsgrenze leben, ist viel niedriger als in den USA oder in Großbritannien. (...) Das System beruht auf einem Bekenntnis zu universellen staatbürgerlichen Rechten, anstatt wie in den USA einem residualen Wohlfahrtsmodell gleiche staatsbürgerliche Pflichten aufzusetzen.

Einfach gesagt, das skandinavische Modell anerkennt fürsorgliche Tätigkeiten. Alle arbeitsfähigen Erwachsenen werden zunächst wie erwerbstätige Staatsbürger *(citizen workers)* behandelt. Danach aber besteht das Recht, den Arbeitsmarkt zeitweise zu verlassen, um auf der Grundlage von Lohnersatzleistungen für Kinder oder andere Angehörige zu sorgen, während zugleich ein öffentliches Betreuungsangebot besteht. Im Grunde genommen operieren Schweden und Dänemark mit einem ähnlichen Modell der Geschlechtergleichheit wie die USA, aber ihre Systeme besitzen die Fähigkeit, einen geschlechtlichen Unterschied zu respektieren, der sich in einer ungleichen Aufteilung der Fürsorgearbeit manifestiert. Allerdings hat Schweden einen der am stärksten geschlechtssegregierten Arbeitsmärkte in der westlichen Welt. (...)

In diesem Zusammenhang ist schließlich noch das Verhältnis von Geld- und Dienstleistungen zu berücksichtigen. Immer häufiger ist das Argument zu hören, es spiele keine Rolle, ob die sozialpolitische Unterstützung die Form von Beihilfen und Vergünstigungen oder die Form von Dienstleistungen (z. B. Betreuungsangebote) annehme. Tatsächlich sind mit dieser Entscheidung aber weitreichende geschlechtsspezifische Konsequenzen verbunden. Anders als in den skandinavischen Ländern wurde der Elternurlaub in Deutschland eher unter der Perspektive eingeführt, den Arbeitsmarktausstieg von Frauen finanziell zu unterstützen, als mit dem Ziel, die Gleichberechtigung der Geschlechter zu fördern. Auch die Pflegeversicherung, die Geld- vor Dienstleistungen privilegiert, begünstigt die informelle, häusliche Pflege durch Angehörige. Wenn wir akzeptieren, dass viele Frauen Fürsorgearbeiten übernehmen möchten, dann kann man hierin eine kleine finanzielle Anerkennung für eine Arbeit sehen, die sie ohnehin getan hätten. Doch auch das dient der Verfestigung der geschlechtlichen Arbeitsteilung. (...)

Die genannten Probleme und die Tatsache, dass manche Menschen unbezahlte und bezahlte Arbeit miteinander verbinden müssen, sollten eigentlich schleunigst zu einem Nachdenken über die Leitprinzipien sozialer Sicherung führen. Wenn alle Erwachsenen als Erwerbstätige behandelt werden, bedarf es eines Ausgleichs für die wegfallenden Fürsorgekapazitäten, muss kollektiv für die Betreuung und Pflege von Menschen gesorgt werden. (...) Auf supra-nationaler Ebene hat sich die OECD bereits vor einem Jahrzehnt für ein Konzept ausgesprochen, das die Vereinbarkeit von Familie und Beruf zu einer Sache von Männern und Frauen macht – eine Politik, die inzwischen auch von einigen EU-Ländern propagiert wird (...) Die EU-Mitgliedsstaaten und die EU-Politik befassen sich in erster Linie mit der Erwerbsarbeit und beschäftigen sich mit Fragen der Kinderbetreuung und Altenpflege nur aus instrumentellen Gründen. Sozialpolitische Maßnahmen in diesem Bereich gelten vornehmlich als ein Mittel, um ein vollständig individualisiertes Modell des erwachsenen Erwerbstätigen verwirklichen zu können. Damit wird aber die gesamte Komplexität des Themenfeldes fürsorglicher Tätigkeiten verfehlt. Vielmehr sollte die Sorge für andere selbst im Mittelpunkt der Familien- und Sozialpolitik stehen.

7 Umbrüche in der Arbeitsgesellschaft: „erschöpfte" Geschlechterarrangements?

Die Entwicklungen der Erwerbsarbeit und der privaten Fürsorgeverhältnisse zeigen widersprüchliche Tendenzen: Einerseits nimmt die Integration der Frauen in den Erwerbssektor zu, andererseits wird die Integrationskraft der Erwerbsarbeit aufgrund der „Entsicherung" der Arbeitsverhältnisse für beide Genusgruppen geschwächt. Zugleich erzeugt die „Entgrenzung" von Arbeit und Leben einen zunehmenden Rationalisierungsdruck auf die Fürsorgeverhältnisse im Privaten. In der aktiven Auseinandersetzung mit diesen widersprüchlichen Anforderungen können sich verschärfte Ungleichheiten für und zwischen Frauen ergeben, jedoch auch Brüche im „fordistischen" Geschlechterarrangement. Dies aufzudecken, verlangt neben detaillierten empirischen Studien auch die Reflexion struktureller Dynamiken und die Suche nach Begrifflichkeiten, die „das Neue" tatsächlich einfangen könnten. Diese Suchbewegungen der Geschlechterforschung werden in den folgenden drei Beiträgen exemplarisch vorgestellt.

Susanne Völker (2009) untersucht in ihren empirischen Studien, wie Frauen im Alltag mit der Zunahme sozialer Unbestimmtheit, die sich keineswegs nur auf die Erwerbsarbeit beschränkt, praktisch umgehen. Mit diesem Perspektivwechsel will sie ausloten, welche Transformationsmöglichkeiten sich in den Geschlechterarrangements zeigen, die, wenngleich unsicher und instabil, (ungeklärte) Fragen nach möglichen Öffnungen und Veränderungen der Geschlechterhierarchie aufwerfen.

Brigitte Aulenbacher (2010) setzt sich kritisch mit den in der Arbeitsforschung seit Ende der 1990er Jahre entwickelten Zeitdiagnosen und „Schlüsselfiguren" des Wandels der Erwerbsarbeit (hier „Arbeitskraft-Unternehmer" und „Familienernährerin") auseinander. Anders als diese sieht sie keine klaren Tendenzen in der Richtung des Wandels. Sie plädiert daher für empirische und theoretische

Suchbewegungen, die die widersprüchliche Vermittlung von Erwerbs- und Reproduktionsarbeit berücksichtigen und es ermöglichen sollen, „fordistisch geprägte"
Begrifflichkeiten zu überwinden.

Dieser Zugang kennzeichnet auch den Beitrag von *Irene Dölling* (2010), die die
grundsätzliche Frage nach der Integrationskraft der Erwerbsarbeit stellt. Sie wendet
sich gegen eine vorwiegend erwerbsarbeitszentrierte Suche nach Stabilisierungs-
und Humanisierungsmöglichkeiten in der Erwerbsarbeit, sondern fordert, die
Integrationskraft von nicht marktförmigen Arbeiten und Tätigkeiten in den Fokus
zu nehmen. Damit könnten nicht nur die Anstrengungen und Aktivitäten derer
erkannt und anerkannt werden, die bereits heute ihre Lebensführung weitgehend
„jenseits" des Arbeitsmarkts organisieren müssen. Damit könnte auch die Diag-
nosefähigkeit der Geschlechterforschung gestärkt werden.

▶ **Völker, Susanne (2009): ‚Entsicherte Verhältnisse': Impulse des Preka-
risierungsdiskurses für eine geschlechtersoziologische Zeitdiagnose.** *In:
Aulenbacher, Brigitte/Wetterer, Angelika (Hrsg.): ARBEIT. Perspektiven und
Diagnosen der Geschlechterforschung. Münster: Westfälisches Dampfboot,
S. 268-286, hier: Auszüge*

(…) Die Perspektive der Prekarisierungsforschung auf die neue soziale Frage
akzentuiert zweierlei: Sie fasst Prekarisierung bzw. die Zunahme von Situationen
sozialer Verwundbarkeit erstens als einen *Prozess ständiger Bewegung* (und nicht
als die Beschreibung einer ‚Gruppenmitgliedschaft'). Und im Mittelpunkt stehen
zweitens *Fragen der Des-Integration,* also danach, wodurch und in welcher Weise
Einbindungen von einzelnen, von sozialen Lagen oder sozio-kulturellen Lebensführungen unsicherer werden und diese – partiell oder zunehmend komplex – aus
dem gesellschaftlichen Austausch-, Partizipations- und Anerkennungszusammen-
hang herausgedrängt werden. Das heißt, es geht um die Integrationsfähigkeit der
Gesellschaft und ihrer Institutionen, um die „Integrations- und Anomieproble-
matik". Die institutionelle Trias moderner Gesellschaften, Erwerbsarbeit, Staat
und Familie, wird insbesondere mit Blick auf die gesellschaftliche Organisation
der bezahlten Arbeit als jener zentralen Instanz zur Verteilung sozialer Positionen
und Partizipationschancen in den Blick genommen.

Eine andere Akzentsetzung nimmt ein weiterer Strang der Prekarisierungsforschung vor. Hier geht es nicht hauptsächlich um die erodierende oder frag-
mentierte Integrationskraft gesellschaftlicher Institutionen, sondern um den

Aspekt der *Entsicherung von Zuweisungen und Herrschaftsverhältnissen,* die mit dieser ‚Erosion' von Institutionen verbunden ist. In den Vordergrund wird das Bröckeln gesellschaftlicher Regulierungen, also der Prozess der Auflösung, der Perforierung und ‚Erschöpfung' sozialer Formate gerückt. Es geht damit nicht in erster Linie um den Mangel der Integration, sondern um die zugleich und damit verbundene Fragilität von bislang gültigen Herrschaftskonstellationen. Der Blick richtet sich stärker darauf, welche Dynamiken veränderter Einbindungen, welche ‚Orte des Soziale' relevant werden, wenn bisherige Konstellationen (das Berufsbildungssystem, das Normalarbeitsverhältnis, die Verknüpfungen von Erwerbsarbeit und bürgerlicher Kleinfamilie etc.) gerade durch ihr Nichtfunktionieren als kontingente Übereinkünfte sichtbar, handlungs(ir)relevant und reflexiv werden. (...)

Für beide Akzente der Prekarisierungsforschung, jener der institutionellen Des-Integration und gesellschaftlichen Kohäsion und jener der Entsicherung von Herrschaftszusammenhängen und der praktischen Aneignungen prekärer Konstellationen ist die Frage, welche Funktion dabei ‚Geschlecht' hat, grundlegend. Denn das fordistisch geprägte Geschlechterverhältnis war ein machtvolles Integrationsinstrument, das bis heute, wenn auch zunehmend gebrochen, fortwirkt. Und zugleich ist dieses Geschlechterverhältnis von dem prekären Aufbrechen sozialer Gefüge und Institutionen maßgeblich berührt. Die Frage, welche sozialen Zuschreibungen, Unbestimmtheiten und Paradoxien sich in Hinblick auf die Inanspruchnahme der sozialen Kategorie ‚Geschlecht' zeigen und wie diese sichtbar gemacht werden können, ist für das Verständnis gegenwärtiger Umbrüche und damit für die Geschlechterforschung und die soziologischen Analysen gleichermaßen zentral. (...)

Dreh- und Angelpunkt der Transformationen gesellschaftlicher Institutionen, die unter dem Begriff der Prekarisierung verhandelt werden, ist der Wandel der Erwerbsarbeit. Im Mittelpunkt arbeitssoziologischer Ansätze steht die sukzessive Aushöhlung des Normalarbeitsverhältnisses, das zwar gegenwärtig noch die Mehrheit der Beschäftigungsverhältnisse stellt, dem jedoch der stetige Zuwachs von sog. ‚atypischen' Beschäftigungsverhältnissen gegenübersteht. Es sind vor allem zwei Arbeitsmarktentwicklungen, die mit dem Phänomen der Prekarität verknüpft sind: die Zunahme und *Vervielfältigung der sog. ‚atypischen' Beschäftigungsformen* auf nunmehr ein Drittel der Beschäftigungsverhältnisse und die auch im europäischen Vergleich *massive Ausweitung des Niedriglohnanteil.* (...) Für die sog. ‚atypischen' Beschäftigungen wird mit Blick auf die Genusgruppen ein überdurchschnittlicher Frauenanteil konstatiert – 54 % aller beschäftigten Frauen befinden sich in 2004 in diesem – für sie ganz und gar nicht atypischen- Bereich. Und im Niedriglohnbereich, zu dem ganze weiblich segregierte Branchen gehören (bspw. Handel, Gaststätten- und Reinigungsgewerbe), liegt der Anteil der Frauen mit 30,5 % ebenfalls über dem Durch schnitt. Obwohl die weibliche Genusgruppe deutlich stärker in prekären Beschäftigungsverhältnissen vertreten ist, kann im Umkehrschluss keineswegs (…) von gefestigten Positionen oder gar deutlichen Gewinnen der männlichen Genusgruppe ausgegangen werden – im Gegenteil: in der Prekarisierungsforschung wird gerade eine Krise der männlichen Erwerbsarbeit und das Ende des ‚fordistischen Geschlechterregimes' konstatiert.

Zusammenfassend lassen sich die anhand der Beschäftigungsformen dargestellten Prekarisierungsprozesse zum überwiegenden Teil als *‚Entsicherung'* von bislang gültigen Regulierungen und Arrangements des fordistischen Normalarbeitsverhältnisses in einem doppelten Sinn charakterisieren: als Destabilisierung von sozialer Integration *und* von Herrschaftsmodi wie dem fordistischen Geschlechterregime. Klaus Dörre und andere (2007) arbeiteten sehr genau das *Unsicherheitspotenzial prekärer Erwerbsarbeit* sowohl auf institutioneller Ebene als auch mit Blick auf die Lebensführungen von Beschäftigten heraus. Ein prekäres Beschäftigungsverhältnis liegt im Unterschied zum Normalarbeitsverhältnis vor, wenn es als Haupteinnahmequelle *nicht mehr existenzsichernd* ist; es lediglich eine *mangelnde qualifikatorische und soziale Einbindung* am Arbeitsplatz gewährt; wenn die Entwicklung von Lebensperspektiven und damit von *Zukunftsvisionen unmöglich* werden, weil es für die einzelnen keine Planungs- und Statussicherheit gibt. Und es liegt vor, wenn die *Teilhabe an sozialen Schutz- und Absicherungssystemen* (tarifliche Vereinbarungen, Arbeitnehmerinnenrechte und wohlfahrtsstaatliche Regelungen) massiv eingeschränkt ist. Diese komplexe Bestimmung ‚prekärer Erwerbsarbeit' verweist darauf, dass die damit verbundenen sozialen Prozesse auf unterschiedlichen analytischen Ebenen gelagert und zum Teil gegen läufig sind. Es zeigen sich nämlich – gleichsam als Kehrseite der Prekarisierung – *Entgrenzungen* der Arbeits- und Beschäftigungsverhältnisse und damit verbunden eine *zunehmende Ökonomisierung aller Sphären des Sozialen,* die einerseits die Dominanz der Erwerbsarbeit auf neue Weise vertiefen. Es steigt (…) zudem angesichts der steten Drohung von Arbeitsplatzverlust, Deregulierung der Beschäftigungsverhältnisse und Prekarisierung von Arbeit und Leben die *Ausstrahlungskraft der Erwerbsarbeit als knappem, unsicherem und daher begehrtem Gut.* Andererseits aber weist der Mangel an Existenz sichernder Erwerbsarbeit für wachsende Teile der Beschäftigten und ihre *exkludierende Abwesenheit* in Lebensverhältnissen jenseits der Erwerbsintegration auf die anhaltende Schwäche ihrer Integrationskraft hin. Insofern bringen Prekarisierung *und* Entgrenzung der Erwerbsarbeit einen komplexen Status zwischen Dominanz und Instabilität hervor. Diese der Erwerbsarbeit inhärente Paradoxie eines zugleich dominanten mächtigen Faktors sozialer Integration und Anerkennung beziehungsweise der Desintegration und Ausgrenzung und ihrer zunehmenden Instabilität durch die Tatsache, dass sich für immer mehr Menschen ihr Leben jenseits oder lediglich in prekärem, temporärem Bezug zur Erwerbsarbeit abspielt, zeigt sich auch in den zwei Akzentuierungen der Prekarisierungsforschung: Integration und Kohäsion einerseits, Entsicherung und ihre praktischen Aneignungen andererseits.(…)

Die Erkenntnis, dass die paradoxe Konstellation und die Entsicherung bisheriger Regulierungen nicht nur die Erwerbsarbeit, sondern auch das damit verknüpfte Geschlechterverhältnis betreffen, findet nicht systematisch Eingang in die Überlegungen großer Teile der Prekarisierungsforschung. Zwar wird zu Recht der Verlust der mit dem Normalarbeitsverhältnis erodierenden sozialen Schutz und Integrationsfunktionen beklagt. Wenig berücksichtigt bleibt, worauf die Geschlechterforschung in ihren Gesellschaftsanalysen beständig hingewiesen hat, dass dieses Normalarbeitsverhältnis und seine Leistungen angewiesen und auf das Engste verwoben waren und sind mit einer vergeschlechtlichten Arbeitsteilung. ‚Reproduktive‘ Arbeiten wurden abgewertet und weiblicher Zuständigkeit überantwortet und Frauen als soziale Gruppe lediglich *prekär* in den Erwerbsbereich integriert. Aus Perspektive der Frauen- und Geschlechterforschung attestiert Brigitte Aulenbacher der Prekarisierungsforschung entsprechend eine „mangelnde epistemologische und wissenschaftsgeschichtliche (Selbst-)Reflexion", wenn völlig außen vor bleibt, dass prekäre Beschäftigungsverhältnisse, die nun auch zunehmend die männliche Genusgruppe betreffen, die bestimmende Erwerbsintegration von Frauen (zumindest in Westdeutschland) war und auch in der Gegenwart bleibt. Provokant formuliert: Prekarität wird dann zum soziologischen und politischen Problem, wenn es der männlichen Genusgruppe an den Kragen geht. Die Lebensrealität von Frauen, ihre in erheblichem Ausmaß auf Zuverdienst zurechtgestutzten Partizipationschancen und die Jahrzehnte während Analysearbeit der Geschlechterforschung werden lediglich am Rand zur Kenntnis genommen. (…)

Zugleich ist auch die zeitdiagnostische Geschlechtersoziologie gefordert, sich der stärker in die Diskussion um die Prekarisierung gesellschaftlicher Verhältnisse als Desintegration und Entsicherung von Herrschaft einzubringen und die *neuen* Dynamiken der Prekarisierung zu beschreiben. Eine Teilzeitarbeit von 25 Stunden wöchentlich im Einzelhandel bringt eine allein lebende Frau zwar sowohl in den 1970er als auch in 2000er Jahren in eine ökonomisch und sozial unsichere, prekäre Lebenssituation. Es ist jedoch gesellschaftsanalytisch ein Unterschied, ob dieses prekäre Erwerbsverhältnis in eine Geschlechterkonfiguration eingelassen ist, die normativ einen männlichen Familienernährer mit entsprechendem Gehalt voraussetzt und somit das Geschlechterverhältnis als heteronormatives, hierarchisches reguliert oder ob Prekarität verallgemeinert wird, also auch die gesellschaftlich gestützte heteronormative familiäre Lebensform praktisch zunehmend ohne männlichen Familienernährer funktionieren muss. Mit anderen Worten: nahezu identische Phänomene oder auch Praktiken verweisen nicht auf gesellschaftsanalytisch identische Konstellationen hin – wir haben es sowohl mit der ‚Kontinuität' von prekären Erwerbsformen für Frauen und mit einem strukturell und lebensweltlich geschlechterdifferenzierenden ‚Erbe' zu tun und zugleich mit Umbrüchen, in denen die Prekarisierung eine auch für das Geschlechterverhältnis neue Dynamik beschreibt .

Diese ‚trüben Legierungen' von ‚Erbe' und praktischen Brüchen finden sich auch in scheinbar widersprüchlichen empirischen Befunden. So deutet Klaus Dörre vorgefundene Geschlechter- und prekäre Erwerbskonstellationen als die Zuspitzung vergeschlechtlichender (Selbst-)Zuschreibungen: „Prekarisierung der Arbeit (bewirke) das Gegenteil von Emanzipation" (2007: 298). Die Prekarisierungsprozesse beförderten allzu häufig eine Traditionalisierung der Geschlechterarrangements, bei denen die ‚Subjekte' zur Stabilisierung ihrer Positionen Identitätspolitiken wählten. Viele Frauen fühlten sich ‚entweiblicht', wenn ihre prekarisierte, unplanbare und tendenziell entgrenzte Erwerbsarbeit ihre dominante Identifizierung als Hausfrau, Mutter und die Erwerbsfunktion des Zuverdienstes in den Hintergrund treten ließe, so Dörre mit Verweis auf befragte Einzelhandelsverkäuferinnen. Männer beklagten – wie etwa Leiharbeiter in der Automobilindustrie- eine Zwangsfeminisierung, die sowohl ihre Tätigkeiten als auch ihren „traditionellen Part als männlichen Familienernährer" (ebd.: 297) beträfe. Dörre betont, dass es sich „bei ‚Entweiblichung' und ‚Zwangsfeminisierung' lediglich um zwei von *zahlreichen* geschlechtlichen Verarbeitungsmustern sozialer Unsicherheit" handele, und in der Tat zeigen sich in meiner Untersuchung zur Prekarisierung von Arbeit und Leben von Einzelhandelsbeschäftigten andere Befunde. Sie deuten auf wachsende Friktionen zwischen den *Vorstellungen* von Männlichkeit und Weiblichkeit und den *praktizierten Arrangements*. Klassifikationen qua Geschlecht sind dabei keineswegs obsolet. Aber einfache Zuweisungen von Fürsorge- und Haushaltsarbeiten an das weibliche und Erwerbsarbeit vornehmlich an das männliche Geschlecht waren nicht mehr aufrechtzuerhalten, gerade wenn immer mehr Frauen in prekärer Beschäftigung zugleich zu ‚Familienernährerinnen' werden. Vielmehr traten Fragen der sozialen Anerkennung und der legitimen Teilhabe in den Vordergrund und danach, worin, in *welcher· Arbeit*, in *welchen Formen der Vergemeinschaftung* der jeweilige Beitrag zu einem eingebundenen, sozialen Leben bestehen kann. Es ging damit um ein praktisches Aushandeln von Möglichkeiten/Räumen eines ‚würdigen' Lebens, bei dem die einzelnen durchaus nicht ihr ‚Gesicht', das heißt auch ihre bestätigte ‚Männlichkeit' beziehungsweise ‚Weiblichkeit' verlieren wollen, die Vergeschlechtlichungen jedoch neu kontextualisiert und nicht unbedingt in ihrer Hierarchie bestätigt wurden.

Ohne die Ergebnisse überdehnen zu wollen, zeigen sich eben vor allem *mehrdeutige* Effekte der Entsicherung des Normalarbeitsarbeitsverhältnisse und seiner Geschlechterimplikationen: Muster vergeschlechtlichter Arbeitsteilung und orthodoxe Klassifikationen des vergangenen fordistischen Geschlechterarrangements stehen neben praktischen Öffnungen, Uneindeutigkeiten und Enthierarchisierungen . (...)

Alles in allem zeigt sich ein zwiespältiges Bild: Einerseits nähern sich gerade die empirischen Untersuchungen der Beschreibung und des Sichtbarmachens von Leben und Lebensführungen unter den Bedingungen der Prekarisierung- und zwar in unterschiedlichen gesellschaftlichen Zonen und mit Bezug auf sehr unterschiedliche Ressourcenkonstellationen der AkteurInnen. Insofern wird das anfängliche Postulat von der Vielfältigkeit der Prekarisierungsphänomene, ihrer Beweglichkeit und ihrer gesellschaftlichen Ausstrahlungskraft zunehmend gehaltvoll und empirisch bestätigt. Auf der anderen Seite drängt die Frage nach institutioneller Integration und nach Dynamiken der Desintegration auf eine Perspektive, die ausschließlich von den Institutionen her ‚denkt', bewertet und klassifiziert (wenn auch in kritischer Absicht). Aber eine Arbeitslose ist nicht nur ‚arbeitslos', sie praktiziert ihr Leben, bringt Einbindungen und Strukturen hervor – auch und gerade unter den Bedingungen sozialer Desintegration. Dies scheint in der Fokussierung auf die neue soziale Frage und die Kohäsionskraft der gesellschaftlichen Institutionen aber schwer denk- und wahrnehmbar, hier wird sie zur ‚Nutzlosen', zur sozialen Nicht-Kraft, zur Abweichung. Praxisformen und Produktionen von sozialer Eingebundenheit, die nicht in den Logiken und vorgegebenen Bahnen der (instabilen!) Institutionen erfassbar sind, werden sozial irrelevant. Und die kritische Perspektive auf die zu engen Integrationslogiken der Gegenwartsgesellschaft, die Bevölkerungsgruppen zu ‚Überflüssigen' machen, droht immer wieder hin zu der Übernahme dieser negativen Klassifikationen durch die Forscher selbst zu kippen, für die das ‚nicht anerkannte Handeln' der ‚Überflüssigen' ebenfalls unerkannt bleibt. (...)

Bezieht man zusammenfassend und etwas gegen den Strich gebürstet die unterschiedlichen Zugänge und Befunde der Prekarisierungsforschung auf geschlechtersoziologische Problemstellungen, so ließe sich formulieren:

- Die soziale Dynamik der Prekarisierung betrifft alle gesellschaftlichen Bereiche, Strukturen und Lebenszusammenhänge. Wir haben es zugleich mit Dynamiken der Ungleichheit, mit Tendenzen und Effekten der Integrationsschwäche und mit der Transformation von Herrschaftsformen zu tun. Davon sind zugleich die Geschlechterarrangements und das Geschlechterverhältnis insgesamt betroffen. Ohne schon genau sagen zu können, welche Ergebnisse die Dynamiken zeigen, ist hier sowohl von Restrukturierungen, als auch von Verwerfungen und Verschiebungen auszugehen.

• Die Geschlechterrelation als androzentrische Herrschaftskonstellation ist massiven Veränderungs-, möglicherweise auch prekären Öffnungsprozessen unterworfen. Mit den Dynamiken der Prekarisierung rücken Fragen der sozialen Kohäsion danach, wie ‚das Soziale‘, wie die Bindung in Zeit und Raum hergestellt wird, in den Mittelpunkt.

• Eine Klassifizierung prekarisierter Lebenszustände als soziale Nicht-Kräfte und Abweichung sagt eher etwas über die Grenzen des ‚Denkbaren‘ gesell-schaftlicher Institutionen aus als über die konkreten sozialen Aneignungen dieser Zustände durch die Betroffenen. Dagegen ist es durchaus lohnenswert, das praktische Ringen in Situationen der Prekarität- also in Zuständen der *sozialen Entbindung* – als soziale *Kämpfe um andere Formen der Kohäsion und Anerkennung* zu betrachten. Und hier geht es dann auch um die Frage, welche Zugriffe in diesen Kämpfen auf ‚Geschlecht‘ als Modus sozialer Ord-nung oder veränderter Einbindung gemacht werden – oder auch nicht! „…“

Neben der Zunahme von sozialen Ungleichheiten zwischen GewinnerInnen und VerliererInnen (qua Qualifikation, Alter, familiärer Einbindung oder sonstiger ‚Handicaps‘) globaler Transformationen, der Etablierung von neuen Unterscheidungslinien und einer radikalen Erfolgskultur betonen soziologische Beschreibungen – wie gezeigt – Prozesse der Entsicherung und des Zerfalls. Die Dissonanzen zwischen gewohnten Leitbildern und als legitim anerkannten Ungleichheiten, der Zunahme von Benachteiligungen und der Uneindeutigkeit und Undeutbarkeit sozialer Prozesse (für Handelnde wie wissenschaftlich Ana-lysierende) breiten sich aus. (…)

Geschlechtersoziologisch geht diese Akzentuierung von Prekarisierungs-prozessen davon aus, dass die sozialen Erfahrungen und Praxen der Nichtüber-einstimmung – sowohl von Individuen als auch von Institutionen – prekäre Zonen und Bereiche sozialer Unbestimmtheit gerade auch für die Geschlech-terordnung hervorbringen. (…) Die Effekte sind doppeldeutig: Prozesse der Entsicherung verschärfen soziale Ungleichheiten und gehen mit der massiven Begrenzung von Teilhabechancen einher, sie können aber auch Lockerungen von bisher gültigen Arrangements initiieren und Freisetzungen aus bisher wenig hinterfragbaren Zuschreibungen ermöglichen. *Zum zweiten* haben wir es mit der *Erschöpfung von* sozialen Klassifikationen zu tun, also damit , dass soziale Formate als Norm, als begehrtes Leitbild einerseits symbolisch überdeterminiert sind (bspw. das Normalarbeitsverhältnis) und andererseits in den praktizierten Lebens- und Geschlechterarrangements als haltlos, vergangen, nicht mehr realisierbar erfahren werden. Diese Nichtübereinstimmungen, diese Erschöpfungszustände zwischen symbolischer und institutioneller Ordnung und praktischen Arrangements treffen auf in der Vergangenheit klar zugewiesene geschlechtsdifferente Vergesellschaftungen und mithin auf unter schiedliche soziale Erfahrungen. Wie diese sich ins praktische Handeln, in die alltäglichen Aneignung prekarisierter Verhältnisse übersetzen und ob sie neue, veränderte Einbindungen und Zugehörigkeiten zu schaffen vermögen, ist eine empirisch und theoretisch erst ansatzweise untersuchte Frage. Was bedeutet es beispielsweise, wenn Vorstellungen und Leitbilder von ‚männlichen' und ‚weiblichen' Aufgaben in Erwerbsarbeit und Familie einerseits den einzelnen vertraut und präsent sind und es andererseits – alltagspraktisch – die Frau ist, die den ‚männlichen' Raum der Erwerbsarbeit, des Öffentlichen und des Politischen besetzt, während der Mann zu Hause wartet und sein Beitrag zum Haushaltsbudget auf seine Beharrlichkeit in der Schnäppchenjagd reduziert ist? Wie ist es zu deuten, wenn junge Menschen mit niedrigeren Bildungsabschlüssen sich gegen langfristige Berufsausbildungen aussprechen und stattdessen spontan und gelegenheitsorientiert viele Jobs gleichzeitig annehmen? Verkennen sie die Zentralität der Ressource Wissen für ihre soziale Platzierung oder verhalten sie sich mit Blick auf die Art ihrer Arbeitsmarktchancen durchaus kompetent? Wann sind die Strategien junger Männer, mit ihren prekären, entgrenzten Beschäftigungsverhältnissen eine stärkere Vermischung von Reproduktionsinteressen und Erwerbsarbeit zu verwirklichen, als „Zwangsfeminisierung" zu interpretieren, wann als widerständige Abkehr von gewohnten Männlichkeitskonzepten? Bedeuten gleiche Praktiken unter veränderten Rahmenbedingungen das Identische? Worauf ‚antworten' soziale Praktiken? Sind praktische Stellungnahmen womöglich eben einfach unlösbar mehrdeutig und davon abhängig, auf welchen gesellschaftlichen Resonanzraum sie treffen? (…)

Wenn wir einerseits anerkennen, dass wir es mit zunehmenden *Entbindungen* aus gesellschaftlichen Institutionen, mit *desintegrativen* Entwicklungen und *Unsicherheiten* zu tun haben, so geht es andererseits doch zugleich darum zu erforschen, *wie Verortungen, Einbindungen, Verknüpfungen dennoch alltäglich* ‚passieren' und hergestellt werden. Denn in der *Praxis* beziehen sich die Akteurinnen eben auf die prekären Bedingungen, das heißt, sie müssen sich den ‚Unbestimmtheiten', den Umbrüchen und Gegenläufigkeiten erzwungenermaßen ‚im Vollzug' des Alltäglichen zuwenden. Mit ihren praktischen Stellungnahmen zu den Dynamiken der Prekarisierung folgen sie einer anderen als der wissenschaftlichen Logik. Während der ‚scholastische Blick' (Bourdieu 2001) herausgenommen aus der Zeit und dem Handlungsvollzug auf Objektivierung aus ist, sich um logisch und eindeutige Begrifflichkeiten müht, geht es bei der praktischen Logik um die Produktivität und das Zulassen von Uneindeutigkeiten, von Unschärfen, Diffusitäten, lockeren Analogien. In praxi haben die Akteurinnen in ihrer je spezifischen Position Zwischen – und Verschiebungsräume zuzulassen, um die veränderte Welt und bisher ‚selbstverständliche' Klassifikationen neu organisieren zu können – ausgestattet mit so viel Logik wie eben praktisch unbedingt notwendig ist um *‚im Alltag zu sein'*. In dieser Angewiesenheit auf die *praktische Einbindung* und ihre *praktische Logik* können sich bislang eher eindeutige Zuweisungen erschöpfen, können sich die Anknüpfungen an und Kontexte für ‚Geschlecht' verändern. Dies bedeutet nicht, dass strukturelle Ungleichheitsdimensionen außer Kraft gesetzt werden, aber dass sie in Umbrüchen und deren praktischen Aneignungen verändert artikuliert werden. Es geht also darum, Des-Integration, Ungleichheit und die Praxis der Einbindung und der Herstellung von sozialen Bezügen gleichermaßen sichtbar zu machen – in ihrer Produktivität, Performanz, ihren praktischen Verknüpfungen. (…)

▶ *Aulenbacher, Brigitte (2010): What's new? Der Wandel der Arbeitsgesellschaft geschlechter- und arbeitssoziologisch begriffen. In: Frey, Michael u. a. (Hrsg.): Perspektiven auf Arbeit und Geschlecht. Transformationen, Reflexionen, Interventionen. München und Mering: Hampp Verlag, S. 75-101, hier Auszüge aus S. 76-83; 91ff*

(…) Wie kann die gegenwärtige gesellschaftliche Entwicklung angemessen analysiert werden? Die Angemessenheit des Zugangs bemisst sich aus meiner Sicht daran, dass gesellschaftliche Zusammenhänge in den Blick geraten und historische Kontinuitäten, Brüche und Ungleichzeitigkeiten thematisiert werden können. Außerdem bemisst sie sich am wissenschaftlichen Bewusstsein dafür, dass die Soziologie selbst Teil der Gesellschaft ist, die sie zu erforschen beansprucht (…) Große Einigkeit besteht im Schnittpunkt von Gesellschaftsanalyse, Arbeits- und Industriesoziologie und Geschlechterforschung dahingehend, dass wir es seit Mitte der 1990er Jahre mit forcierten Rationalisierungsbestrebungen zu tun haben. Sie setzen auf den seit Mitte der 1970er Jahre erodierenden fordistischen Arrangements und den Hinterlassenschaften des Staatssozialismus auf und richten die gesellschaftliche Entwicklung neu aus.

Von den ökonomischen Dynamiken her lässt sich die Leitorientierung dieses gesellschaftlichen Rationalisierungsprozesses mit Oskar Negt als „totale Vermarktung der Gesellschaft" beschreiben. Ihre Kehrseite ist die Zurückdrängung der erreichten demokratischen Standards nicht nur, aber auch nicht zuletzt in der Regulierung von Arbeit. Immer mehr gesellschaftliche Bereiche werden immer weiter gehend, was Klaus Dörre (im Rekurs auf Rosa Luxemburgs Begriff) als „neue Landnahmen" thematisiert, Imperativen fiktiver oder realer Märkte unterworfen. Gesellschaftliche Belange, die als nicht marktfähig erachtet werden, werden gleichsam als Kehrseite dieses Prozesses allerdings in Staat, Drittem Sektor, Privathaushalt belassen oder dorthin verlagert und ebenfalls reorganisiert. Dies verbindet sich mit einem Neuzuschnitt von Arbeit. Entschieden wird, was jetzt und zukünftig in Form von Erwerbs- oder von Haus-, Eigen und Subsistenzarbeit, des Ehrenamtes oder des zivilgesellschaftlichen Engagements bearbeitet wird. Dieser Prozess verläuft weder friktions- noch widerstandslos.

Werden die gesellschaftlichen Entwicklungen unter vorrangig sozialstrukturellen Aspekten betrachtet, so sind die bis in die 1970er Jahre zurückzuverfolgende Bildungsexpansion, die Pluralisierung der Lebensformen und die formalrechtliche Gleichstellung der Geschlechter hervorzuheben. Die so in Gang gesetzte „Entkollektivierung" und „Enthomogenisierung" der Gesellschaft verhält sich zu den ökonomischen Dynamiken uneindeutig: Der Überantwortung nicht marktfähiger Arbeiten an bis dato ‚bewährte' fordistische Arrangements wie die Familie entzieht sie den Boden. Der Ersetzung kollektiver Regulative von Arbeit und Existenzsicherung durch individuelle Aushandlungsprozesse und durch Modelle wie demjenigen des adult workers, die im Übergang von Wohlfahrts- zum Wettbewerbsstaat ein von allen sozialen Bindungen gelöstes Individuum imaginieren, arbeiten sie zu. Ökonomische Unbeständigkeiten schlagen in neuem Ausmaß als Existenzunsicherheit auf das Leben der einzelnen Menschen durch.

Die Diagnose des Neuen gründet, mit breiten Überschneidungen zwischen den Ansätzen, auf systematischen Betrachtungen der Funktionsweise der kapitalistischen Wirtschaft und der Regulierung des gesellschaftlichen Reproduktionsprozesses, der Ausgestaltung des Verhältnisses von Markt und Demokratie und von Fragen sozialer Integration und Kohäsion. (…)

Gewiss finden eine ordnende Soziologie und griffige Formeln im wissenschaftlichen und breiteren öffentlichen Diskurs bisweilen mehr Resonanz als differenzierte Analysen und abwägende Interpretationen. Anders als von G. Günter Voß angesprochen hat „eine eher grobe, aber dafür gut erkennbare Skizze" allerdings wenig mit Zeitdiagnostik zu tun. Denn für die Diagnose von Tendenzen, die, was den Kern von Zeitdiagnostik ausmacht, von gesamtgesellschaftlicher und zukünftiger Bedeutung sind, ist es erforderlich, gesellschaftliche

Zusammenhänge theoretisch zu erschließen. Anders lassen sich Tendenzen nicht in ihrer Reichweite bestimmen. (...)

Dies will ich exemplarisch an zwei Sozialfiguren, dem „Arbeitskraftunternehmer" (Voß/Pongratz 1998), (...) und der Familienernährerin zeigen. (...) Hier nehme ich sie als griffige, damit diskussionsanregende Formeln auf, um davon ausgehend einige weiterführende Fragen aufzuwerfen und von ihnen nicht erfasste, gesellschaftlich aber bedeutsame Bewegungen im Konnex von Arbeit, Geschlecht und Ungleichheit herauszuarbeiten. (...)

G. Günter Voß und Hans J. Pongratz diagnostizieren eine neue „Grundform" der Ware Arbeitskraft, die idealtypisch vom „Arbeitskraftunternehmer" verkörpert wird. Als historische „Schlüsselfigur" des Postfordismus löst er den fordistischen „verberuflichten Arbeitnehmer" ab. An die Stelle seines im Normalarbeitsverhältnis und in der damit verbundenen Kleinfamilie regulierten Arbeits- und weiteren Lebenszusammenhangs tritt unter postfordistischen Vorzeichen die Anrufung, die Lebensführung analog zur Betriebsführung im Sinne eines unternehmerischen Umgangs mit sich selbst zu rationalisieren, zu ökonomisieren und zu kontrollieren. Wer ist nun dieser „Arbeitskraftunternehmer"? Hans J. Pongratz und G. Günter Voß schauen sich im Spektrum des bisherigen Normalarbeitsverhältnisses bei ArbeiterInnen und Angestellten um, um empirisch in den Blick zu nehmen, wer dem Idealtypus am nächsten kommt.

Dabei hat sich herausgestellt, dass die im Normalarbeitsverhältnis angestellten Männer dieser Sozialfigur weniger nahe kommen als junge, qualifizierte Frauen. Sie erfüllen die neuen Anforderungen in besonderem Maße, weil sie erfahrene oder antizipierte Benachteiligungen aufgrund vorhandenen oder geplanten familialen Engagements durch Leistung zu kompensieren suchen, während sich ihre Kollegen hier weniger leistungsorientiert zeigen. (...) War der „verberuflichte Arbeitnehmer" nicht nur, aber auch nicht zuletzt deshalb eine „Schlüsselfigur" des Fordismus, weil er in der einheimischen männlichen Mittelschicht und den ökonomischen Kernsektoren verankert war, ist sein von den Autoren vorgesehener historischer Nachfolger nicht mehr ohne weiteres dort auffindbar. Die Empirie weist hier darauf hin, dass sich nicht von fordistischen auf postfordistische Gegebenheiten schließen lässt. Daher etwas grundsätzlicher gefragt: Lässt sich für die Zukunft überhaupt von einer „Schlüsselfigur" sprechen? Und Wer wären KandidatInnen?

Haben beispielsweise die als zukunftsrelevant geltenden, neuen Beschäftigungsbereiche und die darin auffindbaren Arbeitsverhältnisse einen den fordistischen Kernsektoren vergleichbaren gesellschaftlichen Stellenwert – beispielsweise Vorreiter der Rationalisierung zu sein und normierend zu wirken? Haben, zugespitzt formuliert, die in der Kreativwirtschaft Tätigen oder die

„digitale Boheme" (...) das Potenzial zur neuen „Schlüsselfigur", indem ihre arbeitskraftunternehmerähnliche Kombination von Erwerbsarbeit und Lebensform über ihre eigenen Kreise hinaus ausstrahlt? Oder ist das Potential zur „Schlüsselfigur" bei machtvolleren und dadurch vielleicht wirkmächtigeren Positionen, etwa bei den vergleichsweise wenigen Angehörigen des oberen Managements der Finanzökonomie zu suchen, die sich mit den Studien von Raewyn Connell erwerbsbezogen geradezu als Prototyp des „Arbeitskraftunternehmers" interpretieren lassen? Falls ja, wie ist dann aber der Befund einzuordnen, dass sie in rhetorisch modernisierten Kleinfamilien leben, die die Arbeitsteilung zwischen den Geschlechtern nahezu unangetastet und in Bezug auf ihre Positionierung als Familienernährer kaum eine neue Orientierung erkennen lassen? Wir haben es hier mit Ungleichzeitigkeiten zu tun. Der Wandel in den Erwerbsarbeitsverhältnissen kann mit Veränderungen oder mit relativer Beharrung in den Lebensformen zusammen kommen. Und für andere Beschäftigungssegmente und Bevölkerungsschichten stellt sich die Situation noch anders.

Für Oskar Negt gehört der Unternehmerbegriff in die Analyse einer „Mangelgesellschaft", in der, nach dem Motto Not macht erfinderisch, existenzsichernde Maßnahmen ergriffen werden. Solche Arbeitskraftunternehmerinnen haben – aus zahlreichen „Mangelgesellschaften" der Welt kommend – ihre Kundschaft in Privathaushalten gefunden. Von „Kunden" spricht eine Haushaltshilfe in Helma Lutz' Untersuchung, um deutlich zu machen, das für sie Schutz, Sicherheit und Vorteile eines regulären Beschäftigungsverhältnisses nicht gelten. Es handelt sich um Arbeitshaftverkauf pur. Der „Weltmarkt Privathaushalt" ist nicht nur, aber auch die Kehrseite der Prozesse, die G. Günter Voß und Hans J. Pongratz mit ihren Ausführungen zum „Arbeitskraftunternehmer" ansprechen, und kein unbedeutendes Phänomen. Sind diese Arbeitskraftunternehmerinnen darum „Schlüsselfiguren" des Postfordismus? Angesichts ihrer ‚Erfindung' ganz neuer Migrationsformen, ihrer Bedeutung für die Daseinsfürsorge und die Bearbeitung der Reproduktionskrise, der Entstehung neuartiger Arbeitsverhältnisse in diesem Zusammenhang lässt sich ihre gesellschaftsprägende Kraft wohl kaum in Abrede stellen.

Zweifelsohne lassen sich im Rahmen forcierter markteffizienter Rationalisierungsbestrebungen Veränderungen hinsichtlich der Ausbildung, des Verkaufs und des Einsatzes von Arbeitskraft verzeichnen. Allerdings sieht dies für verschiedene Bereiche und Bevölkerungsgruppen unterschiedlich und ungleich aus, verbunden mit unterschiedlichen und ungleichen Einflüssen auf die gesellschaftliche Entwicklung. Diese Unterschiede und Ungleichheiten, historischen Kontinuitäten und Brüche wie Ungleichzeitigkeiten sind systematisch zu veranschlagen, wenn im Sinne von Zeitdiagnostik Tendenzen von gesamtgesellschaftliche und zukünftiger Bedeutung aufgefunden werden sollen. Prekarisierungsprozesse entziehen, wie vor allem Arbeiten der Geschlechterforschung zeigen, bisherigen Geschlechterarrangements den Boden. Susanne Völker spricht hier von „erschöpften Formaten". Ein solches „erschöpftes Format" ist das Arrangement von Normalarbeitsverhältnis und Kleinfamilie, das sich – so sehr sich die daraus Entlassenen oder nie dort Angekommenen dies im Einzelfall auch wünschen mögen – gesellschaftlich und individuell nicht mehr reaktivieren lässt. In diesem Zusammenhang taucht die Familienernährerin als Sozialfigur in neuer Weise auf.

Für die DDR ist sie „..." in Gestalt geschiedener, allein erziehender Vollzeitberufstätiger bereits verbreitete Realität gewesen, als in Westdeutschland das Familienernährer- und Hausfrauenmodell noch weitgehend stabil war. Als beruflich mehr oder minder gut positionierte Alleinerziehende hat sie seit den l970er Jahren auch im Westen steigende Verbreitung erfahren. Das neue Phänomen besteht darin, dass auch prekär beschäftigte Frauen […] in neuem Ausmaß zu Familienernährerinnen werden, weil die Partner keine Erwerbspositionen mehr einnehmen, die es ihnen erlauben, diesen Status auszufüllen. (…)

Den Begriff der Familienernährerin lese ich im Hinblick auf die Leistung von Frauen, auch im Vergleich zu derjenigen von Männern in jeweils vergleichbaren sozialen Situationen, in Arbeiten der Geschlechterforschung wertschätzend, ohne dass ich diesen Eindruck hier belegen will. Doch scheint er mir mit Blick auf die historischen und globalen Konstellationen überdenkenswert.

Im Arrangement von Normalarbeitsverhältnis und Kleinfamilie nach dem Familienernährer- und Hausfrauenmodell war die Position des Familienernährers durchgängig privilegiert – durch das einzige oder das höhere Einkommen und das zuerst gesetzlich, dann nur noch normativ sanktionierte Recht auf Versorgtsein und Freizeit. Die gegenwärtigen Familienernährerinnen haben demgegenüber in der Regel lediglich das einzige oder höhere Einkommen und selbst dann,wenn sie eine weitere Sozialfigur, etwa den neuen Vater, an ihrer Seite haben, haben sie in der adult worker-Gesellschaft keine gesellschaftlich vorgesehene Situation des Versorgtseins. Auch erzielen sie selbst dort, wo es nicht um prekäre Beschäftigung geht, ihr Einkommen unter den Vorzeichen der Markteffizienz nicht mehr in gleichermaßen regulierten Beschäftigungsverhältnissen wie ihr fordistischer Vorgänger. Im Falle prekär beschäftigter Familienernährerinnen ist ihr Einkommen noch nicht einmal existenzsichernd. Die in der bis hierhin aufgenommenen Literatur aufscheinenden Familienernährerinnen übernehmen diese Funktion also zu einem historischen Zeitpunkt, zu dem sie, wie sich an Angelika Wetterers sozialkonstruktivistische Betrachtungsweise zur homologen Abwertung und Feminisierung von Arbeit anschließen lässt, nicht mehr privilegiert, sondern einerseits im Rahmen egalitärer Geschlechterbeziehungen überlebt, andererseits beschäftigungsseitig unterhöhlt ist. Die Sozialfigur der Familienernährerin wird außerdem im Rahmen der global care chain auch von Migrantinnen repräsentiert, die ihre Familien in ihren Herkunftsländern zurücklassen, um sie mit dem in den Ankunftsländern verdienten Geld finanziell abzusichern . Hier sind ebenfalls Veränderungen in den Geschlechterarrangements zu verzeichnen, da der Status familienernährender Frauen in ihren Herkunftsländern durchaus steigen kann. Der Preis dafür besteht in der partiellen Aufgabe unmittelbar gelebter familialer und weiterer Beziehungen. Die so herausgebildete long distance motherhood beispielsweise hat allerdings wenig mit der traditionsreichen karriere- oder internats-/erziehungsbedingten Abwesenheit von familienernährenden Vätern, aber auch berufstätigen oder nicht berufstätigen Müttern der Mittel- und Oberschicht zu tun – weder im Hinblick auf die eigene soziale Position noch auf die Versorgung der zurückbleibenden Kinder und weiterer Familienangehörigen.

Der Begriff der FamilienernährerIn trifft also auf verschiedene Männer- und Frauengenerationen und -gruppen zu. Allerdings bringt er die verschiedenen und ungleichen Arbeits- und Lebensverhältnisse auf ihren kleinsten gemeinsamen Nenner. Dadurch verdeckt er aber zugleich die historischen Verwerfungen und die sozialen Ungleichheiten.

(…) Der postfordistische Konnex von Arbeit, Geschlecht und Ungleichheit in all seinen zuvor aufgezeigten und weiteren Facetten ist dieser Betrachtungsweise nach dann weder im Hinblick auf die Gesellschaft noch im Hinblick auf die Subjekte beliebig herausgebildet worden. Er ist im Rahmen geschichtlicher Bewegungen entstanden, die Kontinuitäten, Brüche, Ungleichzeitigkeiten aufweisen und darin von herrschaftskonformen und widerständigen Entwicklungen geprägt sind. In diesem Sinne muss die zukünftige aus der bisherigen gesellschaftlichen Entwicklung erklärt werden, aber sie lässt sich nicht – wie in der Arbeitskraftunternehmer-These versucht – daraus ableiten. Für den „…" anvisierten Blick in die Zukunft scheint es mir sinnvoll zu sein, außerdem den Kontingenzbegriff näher in Betracht zu ziehen. Von Regina Becker-Schmidt wird die Vermitteltheit und Kontingenz gesellschaftlicher Phänomene zwar angesprochen, aber ihr Schwerpunkt liegt auf dem erstgenannten Aspekt. Der Kontingenzbegriff wird nicht weiter verfolgt,sondern sogar mit Skepsis belegt. Dies liegt in der Assoziation des Freiheitlichen und Zufälligen begründet, die er und vor allem sein Gegenbegriff, die Emergenz, erzeugen. In dem Sinne, dass gesellschaftliche Entwicklungen grundsätzlich – somit nicht nur in Umbruchsituationen, sondern auch in Stabilitätsphasen – Auseinandersetzungs- und

Aushandlungsprozesse sind, erscheint es mir jedoch sinnvoll, ihn systematisch aufzunehmen. Gesellschaft in ihrer Vermitteltheit und Kontingenz zu denken, ist dann ein Versuch, ihr historisches Gewordensein zu ihrer grundsätzlichen Ungewissheit in Relation zu setzen, ohne den „geschichtlichen Überhang" die damit verbundenen „sozialen Zwänge" und Widerstandstraditionen, zu verkennen und ohne der weiteren Entwicklung vorzugreifen. Diese Einbettung des Kontingenzbegriffes schmälert seine Assoziierbarkeit mit Freiheitlichkeit und Zufälligkeit. Als historisch kontingent ist dann beispielsweise anzusehen, ob wir es zukünftig mit Herrschaftsabbau oder –zuwachs zu tun haben, wobei letzteres angesichts der gegenwärtigen Verschiebungen im Verhältnis von Markt und Demokratie nicht unwahrscheinlich, aber eben auch nicht zwangsläufig der Fall, sondern Gegenstand gesellschaftlicher Auseinandersetzungen ist. (…)

Neu an der postfordistischen Konstellation ist, dass alle gesellschaftlichen Bereiche sich mit marktorientierten Rationalisierungsprozessen konfrontiert sehen und die Daseinsfürsorge dabei eine weitere Abwertung erfährt. Neu ist, wie die gesellschaftlichen Sphären, Sektoren, Segmente und die Relationen zwischen ihnen dabei reorganisiert werden, welche Bereiche als vorrangig, welche als nachrangig gelten und wie Arbeit ausgestaltet wird. Neu ist, wie die getrennten Bereiche und Arbeitsformen in Form von Vermittlungen, durch welche Menschen nach Geschlecht, Ethnie, Schicht im gesellschaftlichen Gefüge positioniert und somit zueinander in Relation gesetzt werden, aufeinander bezogen werden. Neu ist, wie die Menschen diese Verhältnisse biografisch und alltäglich, herrschaftskonform und widerständig aneignen und wie sich die Relationen zwischen ihnen dabei verändern. Mehr oder weniger grundlegend neu sind die dabei herausgebildeten Arrangements. Neu ist schließlich, wie die Menschen sich wechselseitig als Frauen und Männer, schichtzugehörig oder in ihrer ethnischen Herkunft wahrnehmen und wie dies die Arrangements begründet und legitimiert. Der Beitrag der feministischen Gesellschaftsanalyse zur soziologischen Zeitdiagnostik besteht somit in erster Linie darin, Tendenzen in Relation zueinander und dadurch in ihrer Bedeutung und Reichweite zu bestimmen. Angesichts dieser wenig Aufsehen erregenden Antwort stellt sich abschließend noch die Frage: Kann und soll die feministische Gesellschaftsanalyse im vermeintlich zeitdiagnostischen Wettbewerb um die griffigste Formel mitmachen?

Aus meiner Sicht nicht: Ein relationaler Gesellschaftsbegriff führt nicht zu den vereindeutigenden Topoi, mit denen das Agendasetting betrieben wird. Ihn darum aufzugeben, erscheint mir, wiewohl ich die anregende Wirkung griffiger Formeln für die Diskussion anerkenne, gerade mit Blick auf eine zeitdiagnostische und herrschaftskritische Gesellschaftsanalyse ein hoher Preis zu sein.

▶ **Dölling, Irene (2010): Transformation. Nach dem Ende der „arbeiterlichen Gesellschaft" das Ende der „Arbeitsgesellschaft"?** In: Frey, Michael u. a. (Hrsg.): Perspektiven auf Arbeit und Geschlecht. Transformationen, Reflexionen, Interventionen. München [u.a.]: Hampp, S. 31-46, hier Auszüge aus S. 33-41

(…) In der Elastizität und Dynamik kapitalistischer Wirtschafts- und Herrschaftsstrukturen werden „…" von SoziologInnen gewichtige Gründe dafür gesehen, dass auch in Zukunft Erwerbsarbeit grundlegend für den sozialen Zusammenhalt bleibt. Sie verbleiben dabei allerdings konzeptionell und begrifflich im Wesentlichen in dem Denkrahmen, den die Soziologie seit dem Wirken ihrer ‚Gründungsväter' erarbeitet hat und in dem Arbeit menschliche Lebensäußerung schlechthin und quasi der zentrale Begriff ist.

Parallel dazu fokussiert eine zweite Argumentationslinie auf beobachtbare Erosionen sozialer Integration im Brüchig-Werden der fordistischen Trias. Diese gehen mit der Zunahme prekärer Beschäftigung, einer langfristigen bzw. endgültigen Entkopplung vom Erwerbssystem mit den Folgen für sozialen Status, Teilhabe am öffentlichen, kulturellen und politischen Leben einher. Diese Argumentationslinie richtet ihren Blick darauf, dass für Viele Erwerbsarbeit nicht mehr als durchgängig strukturierendes Muster des Lebenslaufs praktiziert wird (werden kann) und daher als unhinterfragter Integrationsmodus brüchig wird. Sie richtet den Blick auf soziale Gruppen und Bereiche, die nicht (mehr) über Erwerbsarbeit integrierbar sind, auf Akteure und auf Tätigkeiten bzw. Projekte, die sich der kapitalistischen Marktlogik bzw. der Kommodifizierung (d.h. ihrer Warenförmigkeit und primären Bestimmung als Tauschwert) entziehen. Diese Argumentationslinie knüpft an diese Beobachtungen die Frage, ob nicht von einem ‚Ende der Arbeitsgesellschaft' in dem Sinne zu sprechen ist, dass Lohnarbeit langfristig *als Integrationsmodus* veraltet, Soziologie deshalb auch über ihren bisherigen Denkrahmen hinausgehen muss, in dem andere Formen sozialer Tätigkeit gegenüber der Arbeit als nachrangig, traditionell usw. gedacht werden.

Vor dieser Herausforderung steht nicht nur die Soziologie, sondern auch die Geschlechterforschung. Zwar hat diese weitaus stärker als die sog. Mainstream-Soziologie seit ihren Anfängen als Frauenforschung konzeptionell auf den unaufhebbaren inneren Zusammenhang von moderner Lohn-/Erwerbsarbeit und von nicht-kommodifizierten Tätigkeiten individueller und generativer Reproduktion verwiesen und die institutionelle und kulturelle Trennung und Hierarchisierung dieser beiden Bereiche als Herrschaftsform, die sich auch als Geschlechterungleichheit realisiert, auf den Begriff gebracht. Aber auch ihre

Forderungen nach einem Aufbrechen dieser Trennung, nach größerer gesellschaftlicher Anerkennung fürsorglicher Tätigkeiten usw. verbleiben bislang weitgehend im Paradigma der Arbeitsgesellschaft.

Das Für und Wider dieser beiden Argumentationsstränge zu diskutieren, ist keineswegs eine rein akademische Angelegenheit. Bei der Entscheidung für die eine oder andere Position geht es ganz grundsätzlich darum, welche Vorstellungen Soziologie von einer ‚guten' Gesellschaft formuliert, welchen Blick sie auf soziale Prozesse, auf die Formulierung ihrer Gegenstände entwickelt. Es geht um die Art und Weise, wie Soziologie durch ihre Klassifikationen und Begriffe öffentliche Diskurse und politische Entscheidungen beeinflusst.

Deshalb beschäftigt mich im Folgenden die Frage nach der Zukunft der Arbeitsgesellschaft aus einer vorwiegend gesellschaftstheoretischen – nicht aus einer im engeren Sinne arbeitssoziologischen – Perspektive. Ich möchte zunächst auf einige Arbeiten eingehen, die für mich interessant sind, weil sie über den fordistischen Denkrahmen hinausweisen. (…)

So hat Robert Castel 1995 (dt. 2000) den Aufstieg der Lohnarbeit von einer der „unsichersten, ja unwürdigsten und elendsten Lebensstellungen" zu „einer Beschäftigung und einem Status" und zur „Basismatrix der modernen ‚Lohnarbeitsgesellschaft'" (Castel 2000: 11), wie sie sich seit Mitte des 20. Jahrhunderts herausgebildet hat, rekonstruiert. Zwar hat er dabei, wie Brigitte Aulenbacher zu Recht kritisiert hat, einige strukturelle Zusammenhänge in der Konstitutionsgeschichte der Moderne und damit verbundene hierarchische Geschlechterverhältnisse außer Acht gelassen – wie im übrigen auch die nachfolgend zitierten Autoren. Aber indem er nachzeichnet, wie mit der Herausbildung moderner Gesellschaften die bislang verachtete (körperliche) Arbeit zur Quelle allen Reichtums und wie Arbeitsfähigkeit zur Grundlage sozialer Anerkennung umgedeutet wird, wie mit dem Sozialeigentum und dem Staat als „Garant des Transfereigentums" (a. a. O., 278) eine soziale Sicherung geschaffen wird, die sich von sozialen Randgruppen immer weiter ausdehnt und mit der „Ausdehnung der Lohnarbeit auf die Gesamtgesellschaft" (a. a. O., 284) alle Gesellschaftsmitglieder – wenn auch auf ungleiche und vergeschlechtlichte Weise – erfasst, gelingt Castel zweierlei: Zum einen zeigt er auf, wie die Umdeutung und Bewertung der Arbeit das institutionelle Gefüge der Gesellschaft (soweit er es in den Blick nimmt) grundlegend prägt und die Lebensführung ebenso wie die Identität der Einzelnen beeinflusst. Die Wucht der Veränderungen und Verunsicherungen, die mit der Erschöpfung der fordistischen Trias einhergehen, für die „die Lohnarbeit der Sockel, aber auch die Achillesferse der sozialen Sicherung ist" (a. a. O., 282), wird so auf eindrucksvolle Weise nachvollziehbar. Zum anderen macht er mit seiner Rekonstruktion des Aufstiegs der Lohnarbeit und der

Veränderungen, die das Gefüge der fordistischen Trias aktuell brüchig werden lassen, aufmerksam darauf, dass es eben *bestimmte historische Bedingungen und Figurationen* in der Entwicklung der Moderne waren, die die Herausbildung der Lohnarbeitsgesellschaft erzwangen und ermöglichten. Und er provoziert mit seiner Prognose des Entstehens einer *neuen* sozialen Frage das Nachdenken darüber, ja er drängt mit seinen Befunden geradezu darauf zu fragen, ob deren Lösung noch im Rahmen der Lohnarbeitsgesellschaft gefunden werden kann – auch wenn er selbst weitgehend dem Paradigma der Lohnarbeit in seinen Schlussfolgerungen verhaftet bleibt.

(…) Etwa zeitgleich mit Robert Castel hat Peter Wagner (1995) den Versuch einer historisch-soziologischen Rekonstruktion der Moderne unternommen. Die Lösung der im 19. Jahrhundert entstandenen sozialen Frage sieht er in der Phase der ‚organisierten' Moderne „…" in der Begrenzung individueller Freiheit und Autonomie durch die „Bildung kollektiver Arrangements" (a. a. O., 112) im Rahmen von National- und Sozialstaat. Ähnlich wie Castel „…" konstatiert er seit den 1970er Jahren eine Erschöpfung des institutionellen Gefüges des korporatistischen Dreiecks von Lohnabhängigen – Unternehmen – Staat und das Ende der ‚organisierten' Moderne. Einen anregenden Akzent setzt Wagner in seiner Rekonstruktion auch insofern, als er für die Phase der ‚organisierten' Moderne die kapitalistische und die sozialistische Variante unterscheidet, wobei diese sich von jener „im Ausmaß" und der Radikalität der Unterordnung individueller Freiheit und Autonomie unter kollektive Arrangements sowie der „Parallelität von Überwachung und Fürsorge" unterscheidet. Für ihn scheitert die sozialistische Variante nicht nur an mangelnden ökonomischen Ressourcen, sondern auch an der Radikalität, mit der individuelle Freiheit und Autonomie negiert wurde.

Aus einer etwas anderen Perspektive hat Wolfgang Engler diesen Gedanken weiter gesponnen. Das abrupte Ende des DDR-Sozialismus war das Ende einer Gesellschaft, in der man, wie Engler schreibt, „sein Leben legitimerweise nur durch Arbeit begründen konnte" (Engl er 2002: 155) und di e überdies eine – wie er in Anlehnung an Elias definiert – „arbeiterliche Gesellschaft" in dem Sinne war, dass die Arbeiterschaft zwar keine politische Macht hatte, aber „sozial und kulturell dominierte und die anderen Teilgruppen mehr oder weniger ‚verarbeiterlichten'. Das trifft auch, so wäre hinzuzufügen, auf die weibliche Genusgruppe zu, obwohl deren normative und praktische Verantwortung für die ‚reproduktiven' Tätigkeiten im Haushalt nicht in Frage gestellt und diese entsprechend nicht als ‚Arbeit' im eigentlichen Sinne anerkannt wurden. Umso einschneidender waren nach dem Ende der sozialistischen Variante die mit der De-Industrialisierung einhergehenden sozialen Verwerfungen und Entwertun-

gen nicht nur der ‚arbeiterlichen' Habitus, sondern des ganzen institutionellen
Gefüges einer (Erwerbs-)Arbeitsgesellschaft. In Ostdeutschland können daher
auch in exemplarischer Weise Problem- und Konfliktlagen einer Transfor-
mationsgesellschaft studiert werden, das Entstehen neuer, vielfach prekärer
Erwerbsarbeitsformen, neuer Formen des politischen und sozialen Umgangs
mit den – aus ökonomischer Perspektive – sog. Überflüssigen, etwa durch einen
„sekundären Integrationsmodus", der „die Überflüssigkeit gerade voraus(setzt),
reproduziert und (aus)gestaltet". Studiert werden können aber auch kommunale
wie zivilgesellschaftliche Versuche, diejenigen, die aus dem Erwerbssystem
dauerhaft herausfallen, auf andere Weise sozial zu integrieren und nicht zuletzt
Suchbewegungen individueller AkteurInnen, durch Um- und Neudeutungen
ihres ‚praktischen Sinns' mit den veränderten Bedingungen und Anforderungen
in ihrem Alltag jenseits fordistischer Muster zurecht zu kommen. (…)

Gemeinsam ist den genannten Arbeiten die Einschätzung, dass die fordistische, ‚organisierte' Phase der Moderne ihrem Ende zu geht und aktuell eine
Erschöpfung des institutionellen Gefüges der fordistischen Trias zu konstatieren
ist. (…)Ob dies auch bedeutet, dass (Lohn-)Arbeit als grundlegender Modus
sozialer Integration und Kohäsion sich erschöpft, *in diesem (und nur in diesem)*
Sinne also vom Ende der ‚Arbeitsgesellschaft' gesprochen werden kann – darüber
gehen die Meinungen allerdings auseinander. Für die einen bleibt auch im
Postfordismus Erwerbsarbeit die ‚Basismatrix' in dem Sinne, dass neue Formen
sozialer Anerkennung und Teilhabe der Erwerbsarbeit untergeordnet bzw. mit
ihr verknüpft bleiben. So ist etwa die Forderung nach dem individuellen R echt
auf einen „fairen Anteil" an der gesamtgesellschaftlichen „disponiblen Zeit" auf
der Grundlage eines zeitlich begrenzten Grundeinkommens nach wie vor der
Dominanz der Erwerbsarbeit verhaftet. Generell wird in der starken inhärenten
Dynamik des Kapitalismus auch die Chance für Transformationen gesehen, die
insgesamt zu einem historisch neuartigen Maß an Teilhabe führen können. Die
aktuelle Stärke dieser Konzepte liegt darin, dass sie praktisch-politisch – relativ – leicht umsetzbar erscheinen, nicht zuletzt, weil sie dem ‚praktischen Sinn'
einer Mehrheit korrespondieren, der individuellen Wert und gesellschaftliche
Wertschätzung des Einzelnen an (Erwerbs-)Arbeit und Leistungserbringung
koppelt. Ihre Schwäche liegt eher darin, dass damit der – tendenziell zunehmenden – Unterordnung des Sozialen unter kapitalistische Verwertungslogik, des
Zugriffs auf individuelle Zeit, privaten Schutzraum usw. konzeptionell nichts
entgegengesetzt werden kann und auch die Stigmatisierung derjenigen, die, aus
welchen Gründen auch immer, aus dem System der Erwerbsarbeit herausfallen,
weder delegitimiert noch die machtvollen Grenzziehungen zwischen ‚Leistungs-
trägern' und ‚Alimentierten' außer Kraft gesetzt werden können .

Die anderen verbinden mit ihren Analysen die Notwendigkeit einer ‚radikalen Neugestaltung der Gesellschaft‘, zumindest eines neuen ‚historischen Kompromisses‘ zwischen kapitalistischem Wirtschaftssystem und demokratischer Gesellschaft. Sie sehen die historisch entstandene Möglichkeit, soziale Kohäsion und Integration von der Erwerbsarbeit zu entkoppeln und das Recht des Einzelnen auf ein würdevolles Leben auf eine neue Basis zu stellen – etwa durch ein bedingungsloses Grundeinkommen *und* ein damit verknüpftes, institutionell gesichertes und rechtlich garantiertes, für alle zugängliches Angebot an Bildung, sozialer, kultureller und politischer Betätigung. Weil derzeit die Angst vor dem Verlust der Erwerbsarbeit und der bisherigen sozialstaatlichen Absicherungen eher größer und die Ablehnung von ‚Überflüssigen› und angeblich Leistungsunwilligen politisch geschürt wird und alltagspraktisch sich als Mittel des individuellen Umgangs mit Verunsicherungen bewährt, liegt die Schwäche des Konzepts der Entkopplung darin, dass es als utopisch wahrgenommen wird und die Bedingungen für einen grundlegenden Wandel in den gesellschaftlichen Grundwerten eher ungünstig sind. Seine (perspektivischen) Stärken liegen darin, dass mit dem neuen Integrationsmodus Räume für die Ausbildung und Betätigung individueller Fähigkeiten entstehen (können), die von den Zwängen und Anforderungen kapitalistisch organisierter Erwerbsarbeit entkoppelt sind, auf sozial neue Art individuelle Wahlfreiheit bzw. Subjektivitätsentwicklung ermöglichen – und vermittelt darüber auch die Position des Arbeitnehmers beeinflussen können. „...“ Die Stärken dieses Ansatzes werden derzeit von der Soziologie allerdings kaum sichtbar gemacht. (…)

Für die Soziologie war Arbeit lange Zeit Erwerbsarbeit, also Gebrauchswert erzeugende Tätigkeit, die einen Tauschwert hat und so als gesellschaftlich notwendige Anerkennung findet. In letzter Zeit, in dem Maße, wie die fordistische Moderne veraltet und sich ein neuer Typus von Arbeitskraft abzeichnet, wird der Arbeitsbegriff erweitert: nun sollen z .B. auch personenbezogene Dienstleistungen als (professionalisierte) Care-Arbeit, das Auf- und Erziehen von Kindern als Familienarbeit, das ehrenamtliche Engagement als Bürgerarbeit oder auch der Erwerb von Bildung in allen möglichen Formen (‚Qualifizierungsarbeit‘) einbezogen werden. Mehr denn je scheinen Tätigkeiten nur dann einen gesellschaftlich anerkannten Wert zu haben oder zu bekommen, wenn sie Warenform annehmen bzw. durch Entgelte oder andere Vergünstigungen der Erwerbsarbeit ökonomisch (annähernd) gleichgestellt werden. Auch die Frauen- und Geschlechterforschung bewegt sich in diesen Begrifflichkeiten und Denkmustern. Zwar hat sie seit ihren Anfängen kritisiert, dass Tätigkeiten zur individuellen und generativen Reproduktion im familiären, privat-häuslichen Rahmen nicht nur in der Arbeitssoziologie unsichtbar bleiben, weder politisch noch wissenschaftlich als gleichermaßen wie Erwerbsarbeit gesellschaftlich notwendig anerkannt werden, noch diejenigen, die sie verrichten, die gleiche Anerkennung und Teilhabemöglichkeiten gewinnen wie durch Erwerbsarbeit. (...) Damit hat sie auch wichtige wissenschaftliche Argumente für die politische Forderung nach ‚Vereinbarkeit von Beruf und Familie', nach einer geschlechtergerechten Verteilung ‚produktiver' und ‚reproduktiver' Tätigkeiten geliefert. Aber wie die Soziologie bleibt auch die Frauen- und Geschlechterforschung bis heute weitgehend dem Paradigma der Erwerbsarbeit als ‚Basismatrix' sozialer Integration verhaftet – etwa, indem sie betont, dass Tätigkeiten der Selbst- und Fürsorge in Form von Haus- und Familien*arbeit* auch gesellschaftlich nützliche und notwendige Arbeit wie die Erwerbsarbeit ist, oder indem si e di e Erwerbsarbeit von Frau en als entscheidend für ihre gleichberechtigte Teilhabe ansieht und mit ihrer Forderung nach Entlastung der Frauen von Haus- und Familien*arbeit* zumindest implizit deren gängige soziale Nachrangigkeit reproduziert. Ganz sicher machen diese Begriffe bezogen auf die ‚Lohnarbeitsgesellschaft' Sinn und lassen sich auch aktuelle Widersprüche und Ungleichheiten mit ihnen fassen. Zu fragen ist aber m. E., ob sie den entstehenden postfordistischen Figurationen noch angemessen sind, ob mit dem Festhalten an ihnen nicht an einer Herrschaft partizipiert wird , „di e in den Bahn en rationaler Kommunikation ausgeübt wird" (Bourdieu 2001, 106). Ich will dies an zwei Beispielen verdeutlichen.

Arbeitssoziologische Studien – exemplarisch sei hier ein Aufsatz von Kratzer/ Sauer (2007) herangezogen – sehen in beobachtbaren „qualitativen Veränderungen *in* der Arbeit selbst". Möglichkeiten für ein Überschreiten der fordistischen Grenzen zwischen Arbeit und Leben, für eine „Entdifferenzierung der beiden Lebensbereiche respektive ihrer jeweiligen Eigenlogiken und Strukturierungsprinzipien". Sie sehen in dem mit der ‚Subjektivierung der Arbeit' einhergehenden Anwachsen von „Selbstverwirklichungsansprüche(n) und Selbstentfaltungsbedürfnisse(n)" der Arbeitnehmer Potenziale für eine ‚eigensinnige(...)' (Wieder-) Aneignung der Arbeit durch die Subjekte und das Eindringen lebensweltlich er Handlungslogiken und Strukturierungsprinzipien in die Arbeitswelt" (...)

Nichts gegen Verbesserungen der Arbeitsbedingungen, die Anreicherung von Arbeitsinhalten, die Befriedigung reproduktiver Bedürfnisse während der Arbeitszeit oder betriebliche Mitbestimmung – aber vernachlässigen die Autoren hier nicht ganz grundsätzlich, dass es sich auch im Postfordismus um ein *kapitalistisches Wirtschaftssystem* handelt, in dem alles in Tauschwert umgewandelt bzw. von ihm dominiert wird und z. B. Mitbestimmung unter den gegebenen Bedingungen „nur als strategisches Element zur Steigerung der Wettbewerbsfähigkeit der Unternehmen" bzw. zum Erhalt der Arbeitsplätze fungiert, eine Entscheidung über Inhalte und Ziele des Wirtschaftens/Produzierens aber ausschließt? Belegen nicht schon die Konzepte und Programme zur ‚Humanisierung der Arbeitswelt', dass ‚qualitative Veränderungen in der Arbeitswelt' die Unterordnung unter die Verwertungslogik des Kapitals, Eigentums- und Machtverhältnisse nicht außer Kraft setzen? Und auch wenn ein Stück weit die ‚Wiederaneignung' der Arbeit durch die Subjekte gelänge – bleibt nicht die Eigenlogik des Produzierens mit seinen bestimmten Zielen und Zwecken bestehen, die mit der Logik von Tätigkeiten, die auf den Reichtum individueller Subjektivität gerichtet sind, nicht zusammenfällt? (..)

Die Vereinbarkeit von Beruf und Familie ist heute für die Politik wie für viele Wirtschaftsunternehmen eine Voraussetzung dafür, dass Frauen eigenverantwortlich für ihre Existenz sorgen und sie ihr ‚Humankapital' effektiv einsetzen können. Das bringt gewiss vielen Frauen größere ökonomische Unabhängigkeit und Selbstbestimmung sowie eine tendenzielle Entlastung von Zwängen fordistischer Geschlechterarrangements, die sich zunehmend als veraltet herausstellen. Mit der tendenziellen ‚Ökonomisierung des Sozialen' gerät aber auch ins Hintertreffen, was in der Forderung von Frauen – und Geschlechterforschung nach gleichwertiger Anerkennung der privat geleisteten für- und versorgenden Tätigkeiten auch immer mitschwang: die gesellschaftliche Anerkennung nämlich von Tätigkeiten, die nicht der kapitalistischen Verwertungslogik unterliegen (sollten). Wäre dieser Argumentationsstrang nicht zu stärken und entsprechend der neuen Figurationen zu reformulieren, also der Ökonomisierung des Sozialen konzeptionell etwas entgegen zu setzen und sich damit der Instrumentalisierung der alten feministischen Forderung nach der Vereinbarkeit von Beruf und Familie widerständig zu entziehen?

Zu diskutieren wäre deshalb m. E., ob Soziologie wie Geschlechterforschung nicht gut daran täten, den Arbeitsbegriff auf kapitalistisch formierte Lohnarbeit zu beschränken und mit ihren Mitteln rationaler Kommunikation an einer Umdeutung und Umbewertung von Tätigkeiten mitzuwirken: von den ‚reproduktiven' Tätigkeiten mit großer Nähe zur (alltäglichen) Existenzsicherung bzw. Befriedigung elementarer Bedürfnisse bis zu Tätigkeiten, die ein ‚freies Spiel der Kräfte' jenseits unmittelbarer Zwecksetzung bzw. mit dem primären Ziel der Entfaltung und Erprobung individueller Fähigkeiten ermöglichen. Aktuelle Aufgabe beider Disziplinen wäre aus meiner Sicht, an den klassifikatorischen Voraussetzungen für eine Entkopplung von Lohnarbeit und sozialer Integration mitzuarbeiten, für einen Integrationsmodus, der auch die bisherigen fordistischen Grenzziehungen zwischen ‚produktiven' und ‚un-/reproduktiven' Tätigkeiten mit ihren geschlechtshierarchischen Implikationen fragwürdig macht. Hier wäre anzuknüpfen an Debatten, die es – etwa mit Bezug auf Hannah Arendt – in Soziologie wie in der Geschlechterforschung dazu seit längerem gibt

Sozialisation der Geschlechter: Von der Geschlechterdifferenz zur Dekonstruktion der Geschlechterdualität

Zur Einführung[6]

1 Sozialisation als Prozess der Vergesellschaftung und Individuierung

Als individuelles Kind weiblichen oder männlichen Geschlechts heranzuwachsen und als Frau und Mann in einer bestimmten Gesellschaft, aber unterschiedlichen Kontexten zu leben, ist mit persönlichen, sich verändernden Erfahrungen im Lebensverlauf verbunden, die in Beziehung zu Anderen des gleichen oder anderen Geschlechts gemacht werden. Aber auch wenn die allermeisten Menschen lernen, sich einem Geschlecht zugehörig zu fühlen und sich in Übereinstimmung wie in Abgrenzung zu Anderen darzustellen, können nicht alle Menschen in das Schema Mann oder Frau eingeordnet werden oder bleiben dies eindeutig ihr Leben lang. Mit den Phänomenen, wie Frauen und Männer gleich und doch auch anders werden, befasst sich die Sozialisations- und Geschlechterforschung, die ein bekannter Männer- und Geschlechterforscher, der inzwischen als Frau lebt, wie folgt beschreibt: „Mich gehen diese Fragen auch persönlich, nicht nur wissenschaftlich etwas an.[7] (…) Ich habe ein lebhaftes Interesse an der Geschlechterpolitik von persönlichen Beziehungen, weil meine Partnerin und ich 29 Jahre lang darüber debattiert und sie gelebt haben. Ich habe ein eingehendes Interesse an den Beziehungen zwischen

---

6 Ich danke Ulla Müller, meiner langjährigen Kollegin, für kritische Hinweise zu einer früheren Fassung dieses Beitrags.

7 Weiter schreibt Raewyn Connell: „Ein Großteil meiner Forschung war darauf ausgerichtet, zu Reformen wie Geschlechtergleichheit im öffentlichen Sektor beizutragen oder Anliegen wie der Verhütung von AIDS zu dienen" (ebd.). Er stellt damit seine Forschung auch in einen geschlechterpolitischen Kontext.

Eltern und Kindern, weil ich ein Kind habe und jahrelang alleinerziehend war. Meine persönliche Erfahrung von Geschlecht war mit starken Widersprüchen verbunden. Als transsexuelle Frau kann ich vielleicht ein gewisses Maß an Empathie über die konventionelle Geschlechtergrenze hinaus aufbringen" (Connell 2013: 15f).

Und abstrakter formuliert: Persönliche, alltagsweltliche und wissenschaftlich reflektierte Dimensionen von Sozialisation und Geschlecht zu unterscheiden, heißt die beiden Pole von Vergesellschaftung und Individuierung in einer Prozessperspektive und als Ko-Konstruktion von Biologie und Gesellschaft zu erforschen. Hier deutet sich schon an, dass sich hinter den Begriffen Sozialisation und Geschlecht, die alltagsweltlich betrachtet ganz einfach zu sein scheinen, komplexe, widersprüchliche und auch überraschende Phänomene verbergen. Nicht zuletzt deshalb hat die Sozialisation von Mann und Frau als Gegenstand der soziologischen und sozialpsychologischen Forschung einen atemberaubenden konzeptionellen Wandel durchlaufen, an dem vor allem die Geschlechterforschung beteiligt ist.

Die letzten 10-20 Jahre verzeichnen eine theoretische Auseinandersetzung mit dem Phänomen Sozialisation und Geschlecht, in der von einer Krise, gar einem Tabu (Maihofer 2002) und Verzicht auf den (veralteten und unpassenden) Sozialisationsbegriff die Rede war (Dausien 1999, Wetterer 2002, Hagemann-White 2004). Schien damit das Ende der Auseinandersetzung bereits eingeläutet, zeichnet sich gegenwärtig jedoch ein genaueres Fragen danach ab, wann es hilfreich sein könnte und wann nicht, auf die Unterscheidung von Frauen und Männern einzugehen und dabei die Kritik aus der Geschlechter- wie Sozialisationsforschung aufzunehmen, bleibende Fragestellungen gleichwohl zu nennen.

Ich skizziere nachfolgend zunächst die Veränderungen im konzeptionellen Verständnis von Sozialisation und Geschlecht in der theoretischen Diskussion und im zweiten Abschnitt versuche ich mit der Textauswahl, annähernd chronologisch den wissenschaftsimmanenten Prozess der Geschlechtersozialisationsforschung nachvollziehbar zu machen, wie Frauen und Männer zu denen werden, als die sie sich darstellen, wie sie sich selbst sehen und wie sie betrachtet werden und dabei die Sozialisations- und Geschlechterforschung in ihrer wechselseitigen, teils strittigen Beziehung darzustellen.

Die Sozialisationsforschung befasst sich mit dem Verhältnis von Individuum und Gesellschaft. Sie betont die Vergesellschaftung im Sinne einer Vereinheitlichung der Individuen über die Verinnerlichung der Normen und Rollenerwartungen. Sie betont den Druck auf die Einzelnen, so zu werden wie die relevanten Anderen im jeweiligen Kontext es erwarten und unterscheidet schicht-, kultur- und geschlechtsspezifische Sozialisationsprozesse. Diese Fokussierung auf die ,Vereinheitlichung und Stabilität' mit der Betonung von Zwang und Zurichtung ist die eine Seite des

Sozialisationsparadigmas. Dieses Verständnis wurde in der Sozialisationsforschung selbst problematisiert mit der Frage, wie sich die Individuen von einem gegebenem sozialen Rahmen abgrenzen (können) und von einander unterscheidbar werden, also wie ihre Besonderheit entsteht. Wie Menschen zu handlungsfähigen Subjekten werden, die auch auf ihre Umwelt Einfluss nehmen (können), ist die andere Seite der Sozialisation als Individuierung.

In der allgemeinen sozialisationstheoretischen Perspektive werden die Personen in der Regel in ein duales Schema als Frau oder Mann hinein ‚sozialisiert‘, während sich empirisch vielfaltige Differenzierungen, Übergänge, Ausgrenzungen und Ungleichheiten innerhalb und zwischen den Genusgruppen finden. Diese sind im Kontext der strukturellen Machtverhältnisse zu analysieren, so die Kritik von Knapp (2001) und Becker-Schmidt (2006). Mit dem Blick auf die Verhältnisse und Strukturen dringt auch die politische Perspektive in die Thematik von Sozialisation und Geschlecht und die dritte Frage, wie Veränderungen in den Verhältnissen und Geschlechterpositionierungen herbeigeführt werden können.

Wie die Individuierung in ihrer Vielfältigkeit über die Verinnerlichung der sozialen Erwartungen hinaus zustande kommt, ist eine der offenen Fragen der Sozialisationsforschung. Dieses ‚zweiseitige‘ Verständnis von Sozialisation als Vergesellschaftung und Individuierung blieb – sofern auf symbolische Vermittlung reduziert – verkürzt, da es die strukturellen Machtverhältnisse übersah, in die auch als handlungsfähig konzipierte Individuen eingebettet sind (Dausien 2006)

Die Geschlechterforschung befasst sich ebenfalls damit, „wie Menschen in eine nach Geschlecht strukturierten Gesellschaft hineinwachsen und dann ihre je besondere Lebensgeschichte entwickeln" (Dausien 1999: 236). Die Frauen- und Geschlechterforschung (im Folgenden Geschlechterforschung) registriert die Vielfalt der Geschlechter und nimmt die Einteilung in Frauen und Männer nicht als ‚naturgegeben‘ hin, sondern hinterfragt die Geschlechterkategorie generell. Sie distanziert sich mehr oder minder radikal von einer Vorstellung der Geschlechter als biologisch vorgegebener verhaltensbestimmenden ‚Eigenschaft‘ von Frauen und Männern und betont den ‚Herstellungsprozess‘ und die ‚Variabilität‘ dessen, was mit Männern und Frauen in unterschiedlichen sozio-kulturellen Kontexten verbunden sein kann.

1. Während die ‚geschlechtsspezifische‘ Sozialisationsforschung lange Zeit die Unterschiede von Frauen und Männern erforschte und die ‚weibliche‘ Sozialisa-tion in Abgrenzung zur männlichen neu bewertete (Scheu 1977, Gilligan 1991, Bilden 1980), verbindet die aktuelle Geschlechterforschung diese Unterschiede

intersektional mit anderen Sozialvariablen. Und sie betont eine weitgehende Gemeinsamkeit zwischen den Geschlechtern, jedoch auf dem Hintergrund, dass

2. beide Geschlechter jeweils sozial konstruiert sind und sich vielfältige Differenzierungen finden lassen, diese aber gleichwohl in ein asymmetrisches Geschlechterverhältnis eingebettet sind. Tatsächlich zeigt die gesamte psychologische Forschung eine Ähnlichkeit von Männern und Frauen auf der Gruppenebene als eine der am besten gesicherten Verallgemeinerungen in den Humanwissenschaften.

Sozialisations- wie Geschlechterforschung setzen sich beide kritisch mit der Biologie bzw. Naturalisierung und der Generalisierung bzw. Versämtlichung von personalen Geschlechtereigenschaften auseinander.

Mit der frühen Vorstellung einer ‚geschlechtsspezifischen Sozialisation‘ verband sich eine Verquickung von wissenschaftlicher und politischer Perspektive, denn die Analyse der weiblichen Sozialisation ging zumindest implizit mit einer Kritik an der strukturellen Positionierung der Frauen einher, um einen weiteren Aspekt der ‚geschlechtsspezifischen Sozialisation‘ zu nennen. Diese Vermischung von Politik und Wissenschaft hat Bilden früh kritisch reflektiert (1980 und 1991, 2006) und diese kritische Selbstreflexivitätist charakteristisch für die *Geschlechtersozialisationsforschung* (Dausien 2006: 38 ff), auf die ich noch näher eingehe. Die sich schließlich weitgehend durchsetzende Trennung der politischen von der wissenschaftlichen Ausrichtung (Lenz 2005) hat die Aufspaltung der Geschlechtersozialisationsforschung in eine Theoriedebatte einerseits und eine ausgiebige empirische Forschung andererseits nicht verhindert (Dausien 2006).

1.1   Perspektivität und Kritik am Sozialisationsparadigma

Das Sozialisationsparadigma als Vergesellschaftung der Einzelnen ist in mehrfacher Hinsicht in die Krise geraten und umstritten. Es unterstellt eine Vereinheitlichung und Passivität der Individuen, während es ihre Gestaltungsfähigkeit und -möglichkeit ignoriert. Unterschiedliche Sozialisationsergebnisse wie resiliente oder verwundbare, angepasste oder deviante Individuen können so nicht erklärt werden, lautet kurz gefasst die Kritik. Daher ist ein Verständnis von Sozialisation, das ein Zusammenwirken von strukturellen Bedingungen und Verarbeitungsweisen der Individuen annimmt, trotz mehrfacher konzeptioneller Veränderungen und Relativierungen, keineswegs veraltet. Zu den Relativierungen zählt, dass der Blick auf die ‚Sozialisation‘ als eine Perspektive zu verstehen ist (Bilden 2006: 46, ohne die Unterstellung einer gradlinigen Entwicklung im Sinne eines Fortschritts (Dausien

2006: 33ff). Die Perspektivität eröffnet unterschiedliche Sichtweisen, „da sie notwendig perspektivisch beschränkt ist und wesentliche Aspekte ihres Gegenstands verfehlen muss" (Prengel 2004: 99). Es sei vielmehr möglich, ‚zwischen Fragen, die die Sicht auf universalistische und vielfältig sich differenzierende Gruppe oder Individuen und intrapsychisch ambivalente Verhältnisse eröffnen, zu gleiten' (Prengel ebd.). Was unter diesem Gleiten vorzustellen ist, wird nicht ganz klar, regt aber an, "aufgrund von Situationsanalysen im Feld eine jeweils angemessene Form der Betonung von Gleichheit, Gruppenzugehörigkeit oder Individualität und der Vermittlung zwischen ihnen begründet auszuwählen" (ebd.).

1.2 Performative Geschlechterkonzeption und Verschiebungen im Aufmerksamkeits- und Möglichkeitsraum

Die Geschlechtszugehörigkeit begleitet uns ein Leben lang, sie ist etwas, das wir tagtäglich tun, dagegen nicht etwas, das wir ein für allemal haben. Dafür ist die Bezeichnung *performative Geschlechterkonzeption* eingeführt worden (Gildemeister 1992, Butler 1991). Die performative Geschlechterkonzeption ist eine Gegenposition zu Konzepten von Geschlecht als Platzhalter und Institution, wie sie in männerdominierten Geschlechterordnungen vorzufinden sind. *Geschlechterperformanz* bedeutet dem zufolge, dass sich die Männer und Frauen in unzähligen Aktionen und Interaktionen in ihrer Unterschiedlichkeit formieren (Gildemeister/Wetterer 1992, Hirschauer 1989). Die Aufmerksamkeit richtete sich auf die Verschiebungen, Übergänge und Fluidität von Geschlecht, wofür die Begrifflichkeit des ‚doing' und ‚undoing gender' eingeführt wurde. Demzufolge ist das Geschlecht keineswegs so festgezurrt, wie alltagsweltlich angenommen wird, sondern tangiert als instabile Kategorie, gar als Wahl und vor allem als Prozess auch das Verständnis von Körper und Identität. In den grundlegenden Wandel des Geschlechterverständnisses – von der Fixierung bis zur Optionalität – sind auch die Vorstellungen von Identität und Körper einbezogen.

Wie die Geschlechter in der zeitlichen Dimension ihres Lebensverlaufs geprägt werden, sich aber auch verändern können, und wie sie im Ergebnis ‚sind', thematisieren Maihofer (2002), Dausien (2006) und Villa (2006) mit der Frage nach der Subjektposition, die eine anspruchsvolle Frage mit aufgeladener Bedeutung ist.

Welcher ‚Konstruktionslogik' die Individuen als Kind, Jugendliche, Erwachsene ausgesetzt sind bzw. folgen, sei kontextabhängig von kulturellen Einflüssen bestimmt und hat in den letzten zwei Jahrzehnten zu gesellschaftlich induzierten begrifflichen Verschiebungen geführt, z. B. von der Ungleichheit zur Differenz oder von der Geschlechtervielfalt zur Diversität. Die Geschlechterforschung hat hier neue Begriffe wie Heteronormativität, Queer, Geschlechter-Performanz u. a. m. kreiert, die Ausdruck eines *kulturellen Turns* sind (Baader 2004, Dausien 200623ff). Diese Begrifflichkeit stellt die etablierten kategorialen Zuordnungen in Frage und hat einen Aufmerksamkeits- und Möglichkeitsraum geschaffen, der selbst auch unterschiedlich und kritisch betrachtet wird. Angela McRobbie (2010) z. b. rekonstruiert in ihrer Analyse der medialen Populärkultur äußerst kritisch die Verschiebungen der Aufmerksamkeit von der Strukturkritik an den Geschlechterverhältnissen zum (manipulativen) Anspruch der Selbstoptimierung junger Frauen. Sie formuliert ein Verständnis von Sozialisation, das die symbolische Sphäre der ‚Bilderproduktion‘ einerseits eng mit den strukturellen Machtverhältnissen verbunden sieht. Andererseits kritisiert sie die Abgehobenheit der medialen Präsentation von den Machtverhältnissen als neue Variante, in neoliberal verfassten Gesellschaften Geschlechterungleichheit herzustellen und diagnostiziert eine toxische Mischung aus Emanzipationsvorstellung und stereotypisierter Zurichtung der Top Girls.

Ein neuer Möglichkeitsraum dagegen eröffnet sich für bisher ausgegrenzte und unsichtbar gebliebene Gruppen und Vorstellungen, wie sie in der Queerforschung thematisiert werden. „Der Begriff ‚queer‘ zeigt ein Verständnis von Geschlecht und Sexualität an, das den Glauben an feste, vordiskursive, quasi-natürliche Bedeutungen als unhaltbar ablehnt und sie demgegenüber als prozessual und kulturell konzeptualisiert. Als ein elastischer „Begriff im Wandel" …. lassen sich seine Bedeutung und sein Nutzen nicht ein für allemal festlegen. Gleichwohl möchte ich Queer Theory als politisch-handlungsbezogene und theoretische Richtung umreißen" (Hartmann 2004: 255).

Wenn das Sozialisationsprodukt variabel ist, dann müssen auch die Prozesse so ablaufen, dass diese Spielräume für Unterschiedlichkeiten und Abweichungen entstehen. Während die Sozialisation mit der Geburt beginnt (und vielleicht auch schon früher), ist ihr Endpunkt nicht klar, vielmehr können sozialisatorische Prozesse im gesamten Lebensverlauf erfolgen. Dies verleiht der zeitlichen Dimension eine eigene Bedeutung und schließt in einer Gesellschaft, die ein lebenslanges Lernen einfordert, dann auch das ‚doing gender im Altern‘ ein. Wie sich Geschlechterdifferenzen und Geschlechterbeziehungen im Alter ändern, sich Strukturen, z. B. in der Pflege teils auch umkehren, wenn Männer ihre Frauen pflegen, sich aber auch alte Ungleichheitsstrukturen stärker ausprägen können, z. B. in der Altersarmut, ist ein weites Feld für die Geschlechtersozialisationsforschung.

Strukturelle Phänomene wie die berufliche Segregation der Geschlechter, die divergente Interessenentwicklung von männlichen und weiblichen Jugendlichen einerseits, die Differenzierungen z. B. in der Techniksozialisation von Jungen und sozial-kulturellen Sozialisation von Mädchen andererseits sowie materielle Praktiken der Körperlichkeit u. a. m. setzen sich nach wie vor weitgehend durch. Dies fordert die sozial- und erziehungswissenschaftliche Forschung zur Geschlechtersozialisation geradezu heraus, auch neue Begrifflichkeiten zu erfinden wie hegemoniale Normen und Heteronormativität, Geschlechtskörper u. a. m. Die Vorstellung vom ‚doing gender' lässt nämlich offen, wer daran wie beteiligt ist, ebenso wie es zur Subjektivierung oder Subjektposition in Sozialisationsprozessen kommt, vor allem wie sich widerständiges Potenzial entwickeln kann. Unreflektiert bleibt meist auch der eigene (westliche) sozio-kulturelle Kontext, von dem aus das Geschlechtverständnis formuliert wird.

Mit ihrer dreifachen analytischen Unterscheidung von körperlichem Geschlecht (sex), sozialer Zuordnung zu einem Geschlecht (sex categorization) und sozialem Geschlecht (gender) haben West/Zimmerman (1991) zu einem Verständnis beigetragen, wie „the interactional work involved in ‚being' a gendered person in society" zustande kommt (ebd.: 15). An eine klare Gegenüberstellung von biologischen und sozialem Geschlecht, wie sex and gender übersetzt zu werden pflegt, ist dabei aber nicht gedacht, eher an eine wechselseitige Einflussnahme ohne eindeutige Abgrenzungen. Auch die biologische Körperlichkeit (sex) ist kulturell geformt, wie sich an Menstruation, Fruchtbarkeit und Längenwachstum zeigen lässt und von vielen, z. B. Flaake (1998) und Connell (2013) thematisiert wird. Sex categorization bezieht sich auf die Phänomene und Prozesse, mit denen die Zuordnung der Individuen zu einem der beiden Geschlechter erfolgt, ohne dass die primären Geschlechtsmerkmale erkannt oder sichtbar sein müssen. Gender als soziales Geschlecht bezieht sich auf die sozial variablen, normativ gesteuerten Verhaltensweisen und Eigenschaftszuschreibungen, die mit der Geschlechtszugehörigkeit verbunden werden. Gemeinsam ist dieser dreifachen Bedeutung von Geschlecht, dass sie in sozialen Interaktionen hergestellt und kontextspezifisch variieren können.

1.3 Cultural turn der Geschlechtersozialisationsforschung und ihre Verkörperungen

Kritik an der Determinination und sozialisatorischen Vereinheitlichung der Heranwachsenden ist auch aus einer kultur- und erziehungswissenschaftlichen Sicht formuliert worden (Baader 2004). Diese betont die plastischen, dynamischen und kulturell variablen Aspekte von Geschlecht, nachvollziehbar vor allem aus der Perspektive von Personen, die in Opposition zu den zugeschriebenen Stereotypen leben und sich in kein Geschlechter- und Sexualitätsschema einfügen lassen, wofür insbesondere die Queerforschung steht. Deren Kritik am Sozialisationsparadigma betrifft die Heteronormativität, verstanden als dominante und selbstverständliche

Ausrichtung von Heranwachsenden an der Heterosexualität. Diese heterosexuelle ‚Vergesellschaftung' habe sich in alle Institutionen hineingeschlichen und ist selbst eine Institution geworden, die Abweichungen von der Heterosexualität ins Abseits drängt, ignoriert und diffamiert hat, aber nun in den wissenschaftlichen Diskurs einbringt (Engel 2002, Hartmann 2004, Hark/Laufenberg 20113).

Die Vorstellung von Männern und Frauen als ‚kulturell gewählte' Differenzierung kann aber nicht erklären, warum die männliche Seite dieses Unterschieds durchgängig höher bewertet wurde und größtenteils wird, so Connell (2013: 87f). Raewyn Connell betrachtet Geschlecht als spezifische Form sozialer Verkörperung und geht so weit, von körperlicher Subjektivität zu reden, die nicht notwendig geschlechtsspezifisch ist. Dem Bild vom Körper als funktionierender Maschine oder als Leinwand, auf die alles projiziert wird, stellt sie die Vorstellung von Geschlechterprojekten gegenüber, in denen sowohl das Tun als auch das Gemachtwerden von unterscheidbaren Personen in sozialen Kontexten integriert wird (ebd.: 96).

Eine wichtige Akzentverschiebung in der Sozialisationsforschung ist, dass die Herausbildung geschlechtlicher Identitäten in sich komplex ist und nicht mehr unabhängig von anderen Differenz konstituierenden Variablen zu verstehen ist, insbesondere nicht ohne die ethnische oder kulturelle Zugehörigkeit. Im Verständnis von Geschlecht als lebenslanges Projekt und mit einem biographieanalytischen Zugang liegen gegenwärtig zwei Konzeptionierungen vor, die der Komplexität des Geschlechterlernens gerecht zu werden versuchen.

1.4   Entwicklung in Geschlechterprojekten – Konfigurationen der Geschlechterpraxis

Um die Geschlechterkomplexität zu erfassen, schlägt Raewyn Connell (2013) vor, Geschlecht bzw. Männlichkeit und Weiblichkeit als lebenslange Entwicklung in Geschlechterprojekten zu verstehen. Geschlechterprojekte entwickeln sich in Auseinandersetzung mit der Umwelt, den gesellschaftlichen Strukturen und ihrer symbolischen Ordnung. Sie verlaufen nicht nahtlos, sondern über besondere Momente, in denen unterschiedliche Strategien verfolgt oder unterschiedliche Lösungen erreicht werden (ebd.: 142). Und sie formieren sich immer wieder neu. „Verstehen wir das Lernen von Geschlecht als die Entwicklung von Geschlechterprojekten, können wir gleichzeitig die Handlungsmacht von Lernenden wie auch die Hartnäckigkeit der Geschlechterstrukturen anerkennen. Im persönlichen Leben entwickeln sich die Geschlechtermuster als Reihe von Auseinandersetzungen mit den Zwängen und Möglichkeiten der bestehenden Geschlechterordnung" (Connell 2013: 141).

1.5   Biographische Konstruktion von Geschlecht

Eng mit der zeitlichen Dimension im Lebensverlauf assoziiert ist die Entwicklung der Geschlechtsidentität. Zum ‚doing gender‘ komme die lebensgeschichtliche Dimension des Geschlecht-Werdens hinzu, als ‚subjektive‘ Aneignung der Gesellschaft und ‚gesellschaftliche Konstitution von Subjektivität und zwar in einem dialektischen Prozess, in dem beide Seiten, die Gesellschaft wie die Individuen in teils widersprüchlicher Weise aufeinander bezogen sind, so Dausien (1999: 238). Als generatives Prinzip, das soziales Handeln und gesellschaftliche Verhältnisse im sozialen Raum über die Strukturierung von Lebensläufen hervorbringt (doing biography), ermögliche das Biographie-Konzept, die Alltags- und Erfahrungsebene mit den strukturellen Verhältnissen zu verbinden, Ausgrenzungen wie Verletzungen der Personen in den biographischen Narrationen zu rekonstruieren und somit das Innen und Außen im ‚biographischen Material‘ im Zusammenhang zu analysieren. In einer biographieanalytischen Fallbeschreibung hat Ruokonen-Engler (2006) sehr schön die unterschiedlichen Subjektpositionen einer privilegierten, nicht-deutschen allein erziehenden Mutter rekonstruiert, deren Unsichtbarkeit als ‚weiße‘ Ausländerin anders als ihre farbige Tochter in Deutschland und in Afrika ganz unterschiedliche Aufmerksamkeiten erregt. Ruokonen-Engler verdeutlicht die komplexen wie hybriden Subjektpositionen, die durch ‚Entortung‘ und ‚Verortung‘ zustande kommen und mit unterschiedlichen Kontexten, vor allem mit Macht und Hierarchiestrukturen verwoben sind.

Beide, die biographische wie die ‚projektbezogene‘ Entwicklungsperspektive erlauben keine generellen Aussagen über die Geschlechtersozialisation, aber sie ermöglichen Differenzierungen bezogen auf Kontexte und Gruppen von Frauen und Männern in einer Lebensverlaufs- und interkulturellen bzw. globalen Perspektive. Sie lassen die Gender-Ausführungen einerseits wie aus dem Leben gegriffen erscheinen, andererseits als eine Vision, wie es einmal in ferner Zukunft sein könnte.

1.6   Integrative Theoriebildung der Sozialisationsforschung

Typisch für den Sozialisationsdiskurs sei eine Kluft zwischen der kritischen Theoriedebatte und der empirischen Sozialisationsforschung zu Geschlecht, so Dausien (2006). Dausien kritisiert ein Theorieverständnis, dessen Maßstab eine allgemeine Theorie der Sozialisation sei. Dieses Verständnis impliziere, dass der Theoriediskurs und auch das sozialisationstheoretische Mehrebenen-Modell der Mikro-, Meso- und Makroebene um ein abstraktes Konzept herum organisiert sei. Dausien hält demgegenüber eine empirisch-fundierte integrative Theoriebildung für angemessen, die in kleinen Schritten kontextbezogen die Vermittlung zwischen den Strukturvorgaben und den individuellen Reaktionen analysiert. Dies entspräche einem Theorie-Empirie-Verhältnis, bei dem Subjekt- und Objekt-Perspektive, Innen- und Außenperspektive miteinander verschränkt sind und auch die Zeitdimension berücksichtigt wird. Zwar gibt es eine von den Theoriediskursen unbekümmerte empirische Sozialisationsforschung im schulischen Umfeld, in der Erwachsenenbildung und in jugendkulturellen Milieus. Es gibt aber auch eine empirische Forschung, die keineswegs unbeeinflusst von den theoretischen Diskursen die Entwicklung und Differenzierung der Geschlechter verfolgt. Diese Forschung operiert mit Konzepten von Bourdieu wie der Generierung eines differentiellen Geschlechterhabitus, mit subtilen Differenzierungen der Geschlechter (Koch-Priewe 2006) und kontextuellen Typologien. Meuser (2006) z. b. thematisiert im Risikohandeln von türkischen Jungen einen Aspekt der Vermittlung zwischen ‚individueller' Sozialisation und Sozialstruktur, das er als Strukturübung der Jungen darstellt. Zudem gibt es Annäherungen zwischen disparat erscheinenden Forschungsansätzen der Experimental- und Neuropsychologie mit der konstruktivistischen sozialwissenschaftlichen Geschlechterforschung, aber auch zwischen der experimentellen Psychologie und Geschlechterforschung (Hannover 2001, Kessels 2002), die imstande sind, die Verankerung unbewusster Stereotypisierungen z. B. in der Semantik der Sprache zu belegen und zugleich eine geschlechterdifferente Lateralisierung[8] von Sprachverarbeitung als allgemeine Geschlechterdifferenz in Frage zu stellen (Ferstl/Kaiser 2013, Kessels/Metz-Göckel 2013).

Zwischenfazit: Die Annahme einer Charakterdichotomie entlang der Geschlechterdualität ist wissenschaftlich hinfällig geworden, eben so wenig lässt sich die Trennung von Sex und Gender aufrechterhalten, da sich beide als ineinander verwoben erweisen.das dualistische Konzept einer geschlechtsspezifischen Sozialisation ist ebenfalls auf der Theorieebene fragwürdig geworden, doch strukturelle Ungleichheiten von Frauen und Männern in der Arbeitsmarktsegregation und vereinheitlichende kulturelle Selbstpräsentationen sind weiterhin zu beobachten und können auf weiterhin verdeckte Mechanismen verweisen, die theoretisch noch nicht geklärt sind. Die Geschlechtersozialisationsforschung hätte daher eine kritische Haltung sowohl gegen Biologismus und Naturalisierung, aber auch gegen eine ausschließlich kulturalistische Perspektive einzunehmen. Als ‚normativer' Imperativ der Geschlechtersozialisationsforschung zeigt sich ein Verständnis

---

8   Lateralisierung meint die Lokalisation bestimmter Funktionen in der linken oder rechten Gehirnhälfte. Für die Sprachverarbeitung wurde hier eine Geschlechterdifferenz behauptet.

von Sozialisation und Geschlecht als Prozess, ausgerichtet auf Differenzierungen, Vielfalt, Instabilität und globaler Kontextabhängigkeit.

2 Zum historischen Verlauf der Forschung zur Geschlechtersozialisation

Die ‚Geschichte der Geschlechtersozialisationsforschung‘, die im Folgenden in Textauszügen mit Bezug auf empirische Forschung skizziert wird, geht von einem relationalen Verhältnis der Geschlechter aus und lässt es schließlich offen, wie viele Geschlechter es gibt. Referenztexte sind die von Helga Bilden (1995), Carol Hagemann-White (1984), Regine Gildemeister (1992), Bettina Dausien (1999 und 2006) und Raewyn Connell (2013).

2.1 Von der Differenz und Differenzierung zur sozialen Konstruktion[9]

Die Paradigmenwechsel in der Betrachtung dessen, wie Neugeborene zu gesellschaftsfähigen Menschen werden, und die sich im Zusammenhang mit der Frauen- und Geschlechterforschung vollzogen haben, werden in folgenden Textauszügen dokumentiert. Kennzeichnend ist der Schwenk der Sozialisationsforschung weg von den determinierenden Umständen hin zu den Individuen und ihrer ‚Selbstbildung in sozialen Praktiken‘ bis hin zur Problematisierung der Geschlechter- und Sozialisationskategorie als solche, hier exemplifiziert an der geschlechtsspezifischen Sozialisationsforschung der 1970er Jahre in den Texten von Ursula Scheu (1977) und später von Carol Gilligan (1991, Erstauflage deutsch 1982). Die Unterschiede zur männlichen Sozialisation, die herausgearbeitet wurden, sollten auch die Benachteiligungen von Frauen im Bildungssystem und auf dem Arbeitsmarkt verdeutlichen und geben Einblick in die Zeitgebundenheit und politischen Implikationen dieser Forschungsperspektive.

Die Situation junger Frauen in der Bundesrepublik hat sich 20-30 Jahre später jedoch maßgeblich verändert. Die zwischen jungen Frauen und Männern angleichende Bildungs- und Berufsbeteiligung und demographische Entwicklungen, aber auch die allgemeinen Differenzierungs- und Individualisierungsprozesse der Post-Moderne bilden den gesellschaftlichen Hintergrund einer *subjektiven Wende*

---

9   Die folgenden Ausführungen sind teilweise angelehnt an Metz-Göckel (1999).

der Sozialisationsforschung. Diese Wende bezieht sich darauf, dass die Individuen soziale Erwartungen an die Geschlechterrolle wohl weitgehend übernehmen, aber auch umgestalten und unterwandern können, somit auf „das produktiv realitätsverarbeitende Subjekt" (Hurrelmann 1983) und die Eigenleistungen oder den Eigensinn der Individuen. Sozialisation verläuft demnach als Interaktionsprozess zwischen den strukturellen Erwartungen im jeweiligen Umfeld und den Individuen im Lebensverlauf. Weitere Veränderungen beziehen sich auf die Relativierung der frühkindlichen Erfahrungen, die psychoanalytische Deutungen als lebenslang wirksam angenommen haben (Referenztext Flaake 1998), und auf universelle Geschlechterzuschreibungen, die durch transnationale kulturelle Vergleiche problematisch werden (Referenztext Krüger-Potratz/Lutz 2004).

War in den 1970er und 1980er Jahren von geschlechtsspezifischer Sozialisation die Rede, waren Mädchen und Frauen gemeint, die als abweichend von einer allgemeinen Sozialisation, der implizit männlichen, betrachtet wurden. Mädchen galten dann als sozial angepasster, ängstlicher, weniger technikbegabt etc. Damit lag ein Eigenschaftskonzept von Geschlecht nahe, das davon ausging, Frauen und Männern könnten generelle Merkmale, – jeweils angepasst an ihre Geschlechterrolle –, zugeschrieben werden. Geschlecht wurde in empirischen Untersuchungen als Variable eingeführt und in Handbüchern der Sozialisationsforschung entsprechend präsentiert (Bilden 1980 und kritisch dazu 1991). Und in der Tat deuteten Untersuchungsbefunde auf Nachteile für Mädchen im Verlaufe ihres Erwachsenenwerdens hin. Für die Erklärung der gesellschaftlichen Minderstellung von Frauen erwiesen sie sich jedoch als wenig aufschlussreich, da allein die Frauen adressiert wurden, ohne Rücksicht auf die Verhältnisse, in die sie eingebettet waren.

Ein historisches Verdienst der frühen Frauenforschung ist es, dieses ,allgemeine Sozialisationsmodell' als implizit ,männliches' entlarvt zu haben. Die Sozialisationsforschung der Frauenforschung grenzte sich bald kritisch von einer Überstrapazierung der Individuen ab, ebenso von der Annahme einer defizitären weiblichen Sozialisation. Aus psychoanalytischer Perspektive haben Flaake/King (1992) und später Flaake (1998) die Adoleszenz von Mädchen als zweite Chance ihrer Entwicklung zur Eigenständigkeit rekonstruiert und damit von einem defizitären Verständnis und einer Ausrichtung an der Sexualität von Männern gelöst.

Als Meilenstein und beginnende Infrage-Stellung einer geschlechtsspezifischen Sozialisation mit Bezug auf empirische Forschung ist das Werk „The Psychology of Sex Differences" von Maccoby/Jacklin aus dem Jahre 1974 anzusehen, auf das sich auch Hagemann-White in ihrem Überblick von 1984 bezieht. In beiden Übersichten lassen sich kaum noch empirische Forschungsbefunde für Unterschiede in Persönlichkeit und Verhaltensweisen zwischen Frauen und Männern finden, die der Geschlechtszugehörigkeit zugeschrieben werden können. Die Übereinstimmungen erwiesen sich bereits 1974 bzw. 1984 als weitaus größer als die Unterschiede, und generelle Persönlichkeitsunterschiede zwischen den Genusgruppen ließen sich gar nicht belegen.[10] Aggressivität, Hochleistungen in Mathematik und räumliches Vorstellungsvermögen waren drei hervorstechende Unterschiede zugunsten der Jungen, während sprachliche Fähigkeiten sich zwar verstärkt bei den Mädchen fanden, (teils in USA-Studien und in den PISA-Studien bestätigt), sich aber im späten Jugendalter weitgehend auflösten. Dennoch beharrte gerade die Frauenforschung zunächst darauf, nach weiteren Unterschieden zwischen Frauen und Männern zu forschen und vor allem diese neu zu bewerten. Ein herausragendes Beispiel ist die Kontroverse um eine weibliche Moral (Gilligan 1991) und einen geschlechtsspezifischen Zugang von Frauen zur Technik (Schiersmann 1987). Zu dieser Umdeutung von Unterschieden als (potenzielle) Vorzüge gehört die ‚Stärke weiblicher Schwächen‘ in Form einer ausgeprägten Beziehungsfähigkeit und sozialen Kompetenz, die (allen) Mädchen und Frauen (besonders in der pädagogischen Forschung) zugeschrieben wurde, woran sich eine ausgiebige Kritik entzündete, obwohl die Autorinnen dieser Umdeutungen ihre Ergebnisse keineswegs so polar deuteten.

Die beharrliche Suche nach Belegen für die Unterschiedlichkeit der Geschlechter wurde vor allem durch die asymmetrische Geschlechterordnung unterstützt, die Frauen auf dem Ausbildungs- und Arbeitsmarkt sowie in den symbolischen Präsentationen nach wie vor vorfinden (Krüger 1995). Die Segregation der Geschlechterpositionierung erweist sich jenseits der subjektiven Anstrengungen als sehr stabil und zwar als soziale Ungleichheit mit diskriminierenden Folgen für Frauen (Referenztext Rettke 1987).Bei der späteren Kritik an diesem Differenzansatz wird die ‚Optionalität‘ von Geschlecht in kulturellen Ansätze eher überbetont, während die strukturellen Begrenzungen übersehen werden.

Gleichheit, Differenz und Differenzierung der Geschlechter zusammen zu denken, kennzeichnet die zweite Etappe der sozialwissenschaftlichen Sozialisationsforschung, in der Mädchen und Jungen nicht nur in ihrem Verhältnis zueinander, sondern auch untereinander innerhalb ihrer Geschlechtergruppe verglichen wurden. Die Kritik wandte sich gegen eine Gleichmachung der Frauen mit einem einheitlichen ‚Sozial- oder Geschlechtscharakter‘, so dass sich die Aufmerksamkeit fortan auf die Unterschiedlichkeit von Frauen und später auch die von Männern konzentrierte.

In ihrem Resümee zu den Sozialisationsprozessen von Jungen und Mädchen schlägt Hagemann-White 1984 vor, von einem kulturellen System der Zweige-

---

10 15 Jahre später zeigten breit angelegte Untersuchungen in den USA eine weitere Nivellierung der allgemeinen Intelligenzunterschiede (Feingold 1988). Geblieben waren allerdings eine stärkere Repräsentanz der Jungen bei den obersten Mathematikscores und ihr höheres Aktivitätsniveau. Aber auch diese Geschlechterdifferenzen dürften sich im globalen Vergleich als ‚westliche‘ Geschlechterkonstruktionen entlarven.

schlechtlichkeit auszugehen, das die Menschen bei ihrer Geburt vorfinden, und in das sie sich einfügen. Dieses sei jedoch nicht zwingend und total zweigeschlechtlich. Aber da die Geschlechterdualität die maßgebliche und ausschließliche Vorgabe für ihre Einordnung als männliche oder weibliche Person sei, hätten alle ein Interesse daran, in diesem System als Frau oder Mann erkannt und anerkannt zu werden, wenn auch nicht alle. Dieses kulturelle System einer dualen Geschlechterordnung, später auch als Heteronormativität kritisiert (Hark/Laufenberg 2013), schließt alles ‚Andere aus‘, hat aber für die Einzelnen höchsten Verbindlichkeitscharakter, ohne allerdings für alle die gleiche Verbindlichkeit zu erreichen.

Eine Relativierung unterschiedlicher Verhaltensweisen als geschlechtstypisch ergibt sich auch, wenn Frauen und Männer in unterschiedlichen sozialen und kulturellen Kontexten, in einer lebenslangen Perspektive und vor allem im globalen Kontext untersucht werden (McRobbie 2010: 126 ff). Maccoby (1990) resümiert beispielsweise die psychologische Forschung zum kindlichen Spielverhalten und beobachtete Mädchen und Jungen in unterschiedlich zusammengesetzten Gruppen, Ihr zufolge zeigen Kinder im frühen Alter keine Verhaltensdifferenzen, wenn sie einzeln beobachtet werden. Geschlechterunterschiede tauchen erst in späteren sozialen Situationen auf, und ihre ‚Natur‘ verändert sich mit der Geschlechter-Komposition von Dyaden und Gruppen. Mädchen und Jungen finden Maccoby zufolge bis weit über die Pubertät hinaus gleichgeschlechtliche Gruppen selbstbelohnender als gemischtgeschlechtliche. Diese Aussagen beziehen sich auf kindliches Spielverhalten, geben aber einige Hinweise auf die Kontextabhängigkeit und Wirkung geschlechtshomogener und -heterogener Gruppen. Kessels (2002) hat die Interessenentwicklung für Physik in unterschiedlich zusammengesetzten Lerngruppen untersucht und signifikante differentielle Ergebnisse ermittelt. (Referenztext Kessels 2002).[11] In den letzten Jahren ist verstärkt die Thematisierung ethnisch-kultureller Differenzierungen und der Unterschiede in der männlichen Genusgruppe hinzugekommen (Referenztexte Krüger-Potratz/Lutz 2004 und Meuser 2006, Connell 2013).

---

11 Methodologisch bedeutet dies, dass isolierte Befragungen und Beobachtungen von Einzelpersonen die Bedeutsamkeit der Geschlechtszugehörigkeit nicht herausfinden können, da sie je nach Kontext unterschiedlich salient (markiert) sein kann.

2.2 Geschlecht als sozialstrukturelle Kategorie und Geschlechterkonstruktion in sozialer Interaktion

Die Frage, warum Frauen und Männer einerseits in unterschiedlichen Funktionen und sozialen Positionen vorzufinden sind und andererseits keine in den Personen liegende Begründungen dafür zu finden sind, beantwortete die Frauenforschung aus sozialstruktureller Perspektive zugunsten der Strukturrelevanz (Knapp 2001). Demnach ist zu unterscheiden zwischen dem Geschlechterverhältnis, das Männer und Frauen gesellschaftlich in ein (meist) hierarchisches Verhältnis versetzt und sich in der geschlechtlichen Arbeitsteilung ausdrückt sowie den inneren Repräsentanzen dieser Verhältnisse in den Personen sowie den interpersonellen Beziehungen, die sie als einzelne Personen miteinander eingehen.

Der Wirkungszusammenhang von Umfeldeinfluss und Eigenaktivität der Individuen ist reflektiert im Verständnis von Geschlechterkonstruktionen als Interaktionsprozess. In dieser interaktionistischen Perspektive kommt es vor allem auf die glaubwürdige Darstellung für andere an, auf eine situationsangepasste kompetente Präsentation der Geschlechtsidentität für ein bestimmtes Publikum (Goffman 1994, Hirschauer 1989) und auf die implizierte Machtdimension. Das Augenmerk richtete sich dabei auf die Leistungen der Akteure und Akteurinnen, mit den sozialen Erwartungen in spezifischen Kontexten umzugehen und auf die Möglichkeit, ‚Distanz‘ zwischen Person und Rolle bzw. Zuschreibungen herzustellen. Bei der Präsentation des Selbst und den Aushandlungsprozessen zwischen den Geschlechtern sind vielfältige unbewusste und ‚geheim gehaltene‘ Mechanismen wirksam (gendered substructures), die auch strukturbedeutsam sind und auf Machteffekte zurückgehen. Der Blick auf das ‚doing gender‘ hat in der Frauen- und Geschlechterforschung wie bereits angedeutet, breite Resonanz gefunden (Gildemeister 1992, Gildemeister/Wetterer 1992). Es ist aber auch verknüpft mit dem Verständnis, dass die Geschlechter in sozialen Konstruktionsprozessen zustande kommen, sie daher keine substanziellen Eigenschaften besitzen, die ausschließlich auf die Geschlechtszugehörigkeit zurückgeführt werden können. Die Sozialisation der Geschlechter besteht dann darin, dass Jungen und Mädchen ein Regelsystem erwerben, mit dessen Hilfe sie lernen, sich in den vielfältigen Interaktionen und sozialen Situationen als Junge oder Mädchen darzustellen und voneinander abzugrenzen, so dass sie ‚eindeutig‘ geschlechtlich identifiziert werden können und die entsprechende soziale Anerkennung finden. Lorber (1993) hat einige Regeln für die sozialen Zuordnungen zu einem der beiden Geschlechter formuliert, die sie als ‚Unterscheidungsgebot‘ oder als ‚Gleichheitstabu‘ zusammenfasst. Bei Lorber führt dies schließlich dazu, von der Kategorie Geschlecht Abschied zu nehmen (Lorber 2000).

Die Möglichkeit, dass eine Person unterschiedliche Beziehungen zu ihrer ‚Geschlechtszuschreibung' eingehen kann, widerlegt die universelle Annahme, die Geschlechtsidentität sei im Lebensverlauf stabil, kohärent und für alle gleich, als ginge sie nicht mit Entwicklungen, Brüchen und Mehrdeutigkeiten einher, die insgesamt kompliziert, teils schmerzhaft verlaufen und von Prozessen der Umschrift, Reformulierung und anderem mehr begleitet sind. Dieses Scheitern universeller Annahmen und die Auseinandersetzung zur Identität und Subjektivation (Butler) nutzt Villa (2006) zur theoretischen Neuakzentuierung des Sozialisationskonzepts, indem sie es für Eigensinn und Eigenlogik der Individuen, für individuelle Spielräume, Misslingen und Verletzungen öffnet. Sie führt den Begriff Scheitern ein für die zwangsläufige Diskrepanz zwischen Diskurs und ‚diskursiven Normen' sowie ihrer Erreichbarkeit im Leben der Individuen, da der ‚Eigensinn weniger abhängt von der bewussten Absicht der konkreten Person, sondern Effekt einer letztlich unkontrollierbaren endlosen Wiederholungskette in der Sprache ist. Und genau aus diesem Grund müssen diskursive Normen im individuellen Handeln scheitern" (ebd.: 228). Mimesis bzw. mimetische Praxen führt Villa ein für die ‚Bewegungen, die auf andere Bezug nehmen" (ebd. 233). Maihofer (2002) hat den Prozess des ‚doing gender' vom Produkt unterschieden, eine geschlechtlich bestimmte Person ‚zu sein', und Dausien (2006) begründet einen biographischen Ansatz, während Connell (2013) ein Verständnis von Geschlecht als lebenslanges Projekt entwickelt (s. Einleitung und Referenztexte von Maihofer 2002, Dausien 2006 und Connell 2013).

Im Rückblick auf die letzten 20-30 Jahre sind im westlichen Kulturkreis die ‚Geschlechterstereotypen' offensichtlich unschärfer geworden, mit fließenden Übergängen zumindest an ihren Rändern. Es gibt eine große Spannweite von Weiblichkeiten, sehr ‚männliche' weibliche Kinder und Jugendliche sowie sehr ‚weibliche' männliche Kinder und Jugendliche und innerhalb der Jungen eine große Spannbreite der Äußerungs- und Darstellungsformen von Männlichkeiten. Überhaupt richtet sich eine besondere Aufmerksamkeit auf die Jungen und Männer. Auch wenn diese auf eine hegemoniale Männlichkeit zentriert sind, werden andere Modelle erkennbar (Connell 1995; 1999, Wedgwood/Connell 2004), die vor allem für die pädagogische Arbeit wichtig sind (Referenztext Winter 2004, Meuser 2006, Connell 2013). Auflösungserscheinungen traditioneller Muster bis hin zu individuellem Geschlechtswechsel und Transsexualität finden zurzeit auch großes wissenschaftliches Interesse. Sie sind Anzeichen einer Problematisierung genereller Zuschreibungen von Geschlechterdifferenzen und einer kulturellen Liberalität in neoliberalen Gesellschaftsformationen (McRobbie 2010), jedoch nicht ohne auch gegensätzliche Entwicklungen zu fördern, die sich sogar in der betrieblichen Geschlechterkultur finden lassen (Liebig 2000).

2.3 Dekonstruktion von Geschlecht und kontingente Geschlechterdifferenzen

Mit Dekonstruktion wird die Vorstellung, dass es nur zwei Geschlechter geben kann, grundsätzlich zugunsten erweiterter Geschlechtermodelle in Frage gestellt; und mit dem Verständnis einer kontextuellen Kontingenz von Geschlechterdifferenzen wird eine radikale Kontextabhängigkeit angenommen und empirisch in einigen Arbeitsmarktstudien aufgezeigt, die allerdings über den Rahmen der Sozialisationsforschung hinausgehen und auf kontroverse Reaktionen stießen (Heintz/Nadai 1998, Wetterer 2002).

Aus der Perspektive der Geschlechterforschung heißt es, gründlich Abschied zu nehmen von einem Denken, das Geschlechterdifferenzen unhinterfragt zum Ausgangspunkt nimmt, anstatt zu beschreiben, wie diese zustande kommen und wie unterschiedlich sie sind. Wie die Geschlechter alltäglich bekräftigt und rekonstruiert werden, ist denn auch das neue Feld der gedanklichen Auseinandersetzung, das sich überhaupt nur eröffnet, wenn die strikte Unterscheidung von körperlichem und sozialem Geschlecht (sex und gender) aufgehoben wird. Personen und Gruppen mit ‚fluiden' Geschlechtsidentitäten und Personen, die einen Geschlechtswechsel vornehmen, wurden zu einem theoretisch interessanten Phänomen. Indem ein Individuum vom Mann zur Frau wird und umgekehrt, überschreitet es radikal die Geschlechtergrenze, signalisiert aber auch, dass es nichts dazwischen gibt. Transsexuelle bestärken einerseits eine polare Mann-Frau-Struktur (Kessler/McKenna 1978). Andererseits kann ein Individuum, das lange Zeit mit einer anderen als der sozial zugeschriebenen Geschlechtszugehörigkeit gelebt hat, nicht wirklich komplett zum anderen Geschlecht werden. Es unterläuft allerdings die Kriterien der Eindeutigkeit und Stabilität der Geschlechtszugehörigkeit und ermöglicht, Männliches und Weibliches in einer Person zu denken und zu leben. Der Begriff ‚queer' erfasst Gruppen von ‚anderen Geschlechtern', von Personen, die aus welchen Gründen auch immer in ihren sexuellen Präferenzen als Bisexuelle, Homosexuelle und Transsexuelle nicht in das vorgegebene heterosexuelle Schema passen. Aus dieser Perspektive ist die Geschlechterdualität kein universelles Klassifikationssystem, vielmehr ein ‚gewaltsames' und vereinfachtes Schema, das alle Zwischentöne und Zwischenformen übersieht.

Ein aktuelles Beispiel für die Zeit- und Bereichsabhängigkeit von Geschlechterdifferenzierungen ist der Umgang mit dem Computer und den neuen Kommunikationsmedien. Bei deren Einführung in die Arbeits- und Alltagswelt wurden stereotype Geschlechterdifferenzen festgestellt (Referenztexte Ritter 1994), die gegenwärtig für die digital natives,die mit der Enträumlichung sozialer Kommunikation eine kommunikative Medienparallelnutzung betreiben, bereits kaum noch eine Rolle spielen (Referenztext Bennet et al. 2008), andererseits stellen sich in anderen Bereichen wieder neue Differenzen und Ungleichheiten her.

Der Dekonstruktionsansatz löst sich gedanklich von einer bestimmten Körperlichkeit und einer konstanten, homogenen Geschlechtsidentität. Der Ansatz eines multiplen Selbst findet sich auch in der sozialpsychologischen Forschung (Hannover 2001). In den gelebten Beispielen des Andersseins, im Verlassen von Eindeutigkeiten und Überschreiten von Zugehörigkeiten und Zuschreibungen deuten sich ‚Geschlechterverwirrungen' an, die als selbstbewusste neuartig sind. Diesem Denken von flexiblen und multiplen Geschlechtsidentitäten und Geschlechterkonstellationen haben neben vielen anderen Butler (1991, 1997, 2009) und Connell (2013) im akademischen Diskurs eine Stimme gegeben.

Wie allerdings die symbolische bzw. kulturelle Sphäre mit der sozialen Ungleichheitsstruktur verwoben ist und von ihr unterschieden werden kann, bleibt eine wichtige Frage. Diese ist nicht allein theoretisch, weil vielleicht nur Eingeweihten zugänglich, sondern empirisch zu prüfen. Ebenso ist die Frage von Bedeutung, wieweit eine kontextuelle Eigenständigkeit gehen kann, ohne von strukturellen Rahmenbedingungen wie der Arbeitsmarktsegregation eingefangen und begrenzt zu werden.

Wird das männliche wie weibliche Geschlecht in seinen sozialen Erscheinungsformen als ein mehrdimensionales Kontinuum gedacht, wird mehr als nur das duale Klassifikationsschema möglich. Dass viele Einteilungskriterien und Erscheinungsformen der Geschlechter möglich und zu beobachten sind (s. Lorber mit ihrer Einteilung in bis zu 24 Geschlechter), heißt aber noch nicht, dass die Abweichungen von einem ‚vorgestellten' Einheitsmaß reziprok sind. Vielmehr scheint der Abweichungsspielraum zurzeit für Mädchen (z. B. sehr männlicher Mädchen) in Richtung männlicher Verhaltensweisen größer zu sein als umgekehrt der von Jungen (vgl. Becker-Schmidt 1995). Wenn Jungen ausgeprägt weibliche Züge und Wünsche zeigen, werden sie rasch pathologisiert (Referenztext Winter 2004), dann schlägt die hegemoniale Geschlechterordnung zu, die Männer und Frauen über die herkömmliche Arbeitsteilung und Geschlechterordnung zueinander in ein hierarchisches Verhältnis setzt und eine Differenz auf anderem Niveau wieder herstellt.

Die individuelle Geschlechtsidentität kann mit der sozial zugeschriebenen Geschlechtszugehörigkeit konfligieren und sich im Lebensverlauf ändern, das ist inzwischen diskursives Allgemeingut. Eine Sozialisationstheorie der Geschlechter sollte auch diejenigen Gruppen einschließen, die traditionelle Vorgaben der Geschlechtsrollenorientierung weit hinter sich lassen, z. B. alle, die in das heterosexuelle Schema und die geschlechterkulturellen Vorgaben der Dominanzkultur nicht passen, wofür sich besonders die Queerforschung interessiert (Engel 2002, Hark/Laufenberg 2013, (vgl. auch Bührmann in diesem Band).

Hagemann-White plädierte schon vor längerer Zeit für einen doppelten Blick auf Übereinstimmungen und Differenzen zwischen Frauen und Männern, vor allem darauf, wie diese Unterschiede zustande kommen. „Die Konstrukteure des Geschlechts auf frischer Tat ertappen" (1993) gelänge, wenn überhaupt dann, wenn eine Situation (noch) nicht geschlechtlich einseitig aufgeladen sei und sich in einem Auseinandersetzungsprozess austariert, bei dem neue (oder alte) Grenzlinien zwischen den Geschlechtern eingeführt werden.

Erkenntnistheoretische Probleme ergeben sich aus dem Tatbestand, dass wir alltagsweltlich immer schon zu wissen meinen, was ein Mädchen von einem Jungen unterscheidet und wie sich Frauen und Männer im Allgemeinen (zueinander) verhalten, während dies in der Geschlechterforschung eine zu klärende Frage ist, ebenso was der Kultur, was der Gesellschaft und gegebenenfalls was der Natur zuzuschreiben ist. Die Geschlechterforschung hat ihre Begrifflichkeit erheblich ausdifferenziert und schließt selbstreflexiv die Problematisierung dessen ein, dass ein Denken der Differenz selbst zur Hervorbringung von Geschlechterdifferenzen beitragen kann. Auf diesen Vorbehalt einer Reifizierunghat die feministische Forschung reagiert, indem sie die Kategorie Geschlecht in ihrer dualen Gegenüberstellung zu den Akten gelegt hat (Gildemeister 1992, Hagemann-White 1993, Bilden/Dausien 2006). Soziale Unterscheidungen nach dem Geschlecht sind in der Praxis damit aber nicht ausgehebelt, im Gegenteil, die Differenz zwischen dem alltagsweltlichen Wissen und dem wissenschaftlichen Geschlechterwissen ist eher größer geworden.

2.4 Zusammenfassung

Alles in allem zeigt die sozialwissenschaftliche Geschlechtersozialisationsforschung, dass es immer unklarer und ungewisser geworden ist, was genuin geschlechtsspezifische ‚Eigenschaften und Verhaltensweisen' sein könnten. Da die Geschlechter aber unterschieden werden können und alltagspraktisch auch unterschieden sind, wird interessant, was Thorne ‚border work' (1993: 64ff) genannt hat, nämlich das Forschen darüber, was an den Grenzen passiert, wo es Grenzziehungen gibt, welche Grenzen mental und sozial wie gezogen werden und mit welchem Geltungsbereich (vgl. auch Connell 2013).

Hinsichtlich der Geschlechtersozialisationsforschung ergeben sich mehrfache geschlechtertheoretische Differenzierungen:

Für die ausgiebige Debatte innerhalb der Geschlechterforschung ist zu konstatieren, dass die Geschlechtszugehörigkeit faktisch nach wie vor als soziales Unterscheidungsmerkmal fungiert. In der Theorie dominiert ein Verständnis, das die Geschlechtszugehörigkeit als Leistung der Individuen und als interaktiven

Prozess begreift. Dem kommt entgegen, dass nicht (mehr) jede soziale Situation durch das Geschlecht bestimmt ist und auch die Individuen nicht allein über ihre Geschlechtszugehörigkeit definiert werden. Neben dem Geschlecht spielen noch andere Faktoren wie Alter, soziale Herkunft und ethnische Zugehörigkeit eine gewichtige Rolle. Daher kennzeichnet die aktuelle Sozialisationsdebatte eine differenzierte Sicht auf beide Geschlechter und weitere Differenzierungen der Geschlechterkategorie.

Differenziert werden auch kulturelle, temporale und kontextuelle Sichtweisen auf die Geschlechterkonstruktionen und die medialen Umgebungen (Krüger-Potratz/ Lutz 2004, McRobbie 2010). Für ein Zusammendenken der Geschlechterkategorie mit anderen sozialen Differenz- bzw. Ungleichheitsvariablen steht der Begriff der Intersektionalität als Verbindung von Geschlecht, Schicht, Ethnie, Sexualität, Alter u. a. m.. Im Zentrum aber steht die noch ungelöste Frage nach der Subjektposition und wie es dazu kommt.

Aus der Perspektive der Geschlechterforschung zur Sozialisation von Mädchen und Jungen ist von einem Nebeneinander von höchst Unterschiedlichem auszugehen, von alten und neuen Orientierungen und Geschlechterbildern sowie einer Arbeitsteilung zwischen Frauen und Männern alter und neuer Art. Wahrscheinlich ist es die wichtigste Leistung von Elternhaus, Schule, Medien und Peer-Gruppen sowie der einzelnen Individuen, Sozialisationsprozesse in dieser komplexen Unübersichtlichkeit so zu organisieren, dass diese Vielfalt zwar ermöglicht, die relative subjektive Eindeutigkeit des einen oder anderen Geschlechts aber doch in der Regel gewährleistet wird.

2.5   Überleitung zu den Textauszügen

Die folgenden Auszüge sind deutschen bzw. übersetzten Texten der Frauen- und Geschlechterforschung sowie einem englischsprachigen Journal entnommen. Sie geben den Verlauf der theoretischen Debatte wieder und einen Einblick in einige wenige empirische Studien. Der Beitrag von Rettke (1987) betont die objektive Seite des Umfeldes, in das sich Hauptschülerinnen aktiv einfügen, die Interviewauszüge und Interpretationen von Ritter (1994) geben einen Einblick in die Werkstatt einer Forscherin im Umgang mit dem damals neuen PC. Hinzugekommen ist ein Text zur Auseinandersetzung mit den *digital natives*, die mit den kommunikativen technischen Möglichkeiten bereits aufwachsen (Bennett et al.2008), die in der Zeit von Ritters Untersuchung (1994) so noch nicht vorstellbar war. Kessels (2002) untersucht in einem experimentellen Design Zusammenhänge zwischen Geschlechterkonstellationen in Lerngruppen, Geschlechtsidentität und Interessenentwicklung und belegt einen interessanten Interaktionseffekt. Es ist eine der wenigen theoriegeleiteten Studien zur konstruktiven Geschlechtersozialisation in der Pubertätsphase.

Ergänzend zu Wedgwood/Connell (2004) und Winter (2004) wurde ein Text zur Sozialisation von Männern aufgenommen, der das Risikoverhalten von männlichen Jugendlichen als Strukturübung belegt (Meuser 2006), da den Männlichkeiten in der Geschlechterforschung in den letzten Jahren verstärkt Aufmerksamkeit gewidmet wurde. Einbezogen ist ein Überblickstext zur Sozialisation von MigrantInnen (Krüger-Potratz/Lutz 2004), der weitere Differenzierungen nahelegt und die intersektionale Perspektive in die Geschlechtersozialisation integriert.

Hinzugefügt wurden auch Texte, die die theoretische Debatte fortführen. Neben Maihofer (2002) und einer Replik von Wetterer (2002) und Hagemann-White (2004) sind Texte von Dausien (2006) und Connell (2013) aufgenommen.

Literaturhinweise

Baader, Meike Sophia (2004): Historische Genderforschung und ‚cultural turn‘. In: Handbuch Gender und Erziehungswissenschaft, hrsg. von Glaser, Edith/Klika, Dorle/Prengel, Annedore, Bad Heilbrunn: Klinkhardt, 322-336

Becker-Schmidt, Regina (1995): Von Jungen, die keine Mädchen und von Mädchen, die gerne Jungen sein wollen. Geschlechtsspezifische Umwege auf der Suche nach Identität. In: Becker-Schmidt, Regina/Knapp, Gudrun-Axeli (Hg.): Das Geschlechterverhältnis als Gegenstand der Sozialwissenschaften Frankfurt/Main; New York: Campus, 220-246

Becker-Schmidt, Regina (2006): Theoretische und methodische Anmerkungen zu ‚Sozialisation und Geschlecht‘. In: Bilden, Helga/Dausien, Bettina (Hrsg.): Sozialisation und Geschlecht. Theoretische und methodologische Aspekte. Opladen: Barbara Budrich, 289-306

Bennett, Sue/Maton, Karl/Kervin, Lisa (2008): The ‘digital natives’ debate: A critical review of the evidence. In: British Journal of Educational Technology Vol 39 No 5, 775-786

Bilden, Helga (2006): Sozialisation in der Dynamik von Geschlechter- und anderen Machtverhältnissen. In: Bilden, Helga/Dausien, Bettina (Hrsg.): Sozialisation und Geschlecht. Theoretische und methodologische Aspekte. Opladen: Barbara Budrich, 45-70

Bilden, Helga (1985): Sozialisation und Geschlecht. Ansätze einer theoretischen Klärung. In: Renate Valtin/Ute Warm (Hg.): Frauen machen Schule. Probleme von Mädchen und Lehrerinnen in der Grundschule. Frankfurt, 13-41

Bilden, Helga (1991): Geschlechtsspezifische Sozialisation. In: Klaus Hurrelmann/Dieter Ulich (Hg.): Neues Handbuch der Sozialisationsforschung. München, Weinheim: Beltz, 281-303

Butler, Judith (1991): Das Unbehagen der Geschlechter, Frankfurt/Main: Suhrkamp

Butler, Judith (1997): Körper von Gewicht, Frankfurt/Main: Suhrkamp

Butler, Judith (2013): Die Frage nach der sozialen Veränderung. In: Schmidbaur, Marianne/Lutz, Helma/Wischermann, Ulla (Hg.): Klassikerinnen feministischer Theorie, Band III. Grundlagentexte ab 1986, Sulzbach am Taunus: Ulrike Helmer Verlag, 57-65

Connell, Raewyn (2013): Gender (herausgegeben von Ilse Lenz und Michael Meuser), Wiesbaden: VS Verlag für Sozialwissenschaften

Connell, Robert W. (1995): Masculinities, Cambridge, deutsch (1999): Der gemachte Mann, Opladen: Leske +Budrich, 3. Auflage (2006), VS-Verlag für Sozialwissenschaften

Dausien, Bettina (1999): ‚Geschlechtsspezifische Sozialisation' – Konstruktiv(istisch)e Ideen zur Karriere und Kritik eines Konzepts. In: Dausien, Bettina/Herrmann, Martina/Oechsle, Mechtild/Schmerl, Christiane/Stein-Hilbers, Marlene (Hrsg., 1999): Erkenntnisprojekt Geschlecht. Feministische Perspektiven verwandeln Wissenschaft, Opladen: Leske + Budrich, 216-246

Dausien, Bettina (2006): Geschlechterverhältnisse und ihre Subjekte. Zum Diskurs um Sozialisation und Geschlecht. In: Bilden, Helga/Dausien, Bettina (Hrsg.): Sozialisation und Geschlecht. Theoretische und methodologische Aspekte. Opladen: Barbara Budrich, 17-44

Engel, Antke (2002): Wider die Eindeutigkeit. Sexualität und Geschlecht im Fokus queerer Politik der Repräsentation. Frankfurt/Main; New York: Campus-Verlag

Faulstich-Wieland, Hannelore (1999): Soziale Konstruktion von Geschlecht in schulischen Interaktionen in der Sekundarstufe. In: Sozialpadagogisches Institut Berlin, v. Ginsheim,-Gabriele/Meyer, Dorit (Hg.): Geschlechtersequenzen. Dokumentation des Diskussionsforums zur geschlechtsspezifischen Jugendforschung, Berlin: Fata Morgana Verlag, 97-109

Feingold, Alan (1988): Cognitive Gender Differences Are Disappearing. In: American Psychologist, No.2, 95-103

Ferstl, Evelyn C./Kaiser, Anelis (2013): Sprache und Geschlecht. Wie quantitative Methoden aus der Experimental- und Neuropsychologie einen Beitrag zur Geschlechterforschung leisten können. In: Kessels, Ursula/Metz-Göckel, Sigrid: Gender. Zeitschrift für Geschlecht, Kultur und Gesellschaft, Gender in der psychologischen Forschung. H.3, 9-25

Flaake, Karin (1998): Weibliche Adoleszenz: Neue Möglichkeiten, alte Fallen? Widersprüche und Ambivalenzen in der Lebenssituation und den Orientierungen junger Frauen. In: Geissler, Birgit/Oechsle, Mechthild (Hg.): Die ungleiche Gleichheit, Opladen: Leske+-Budrich, 47-56

Frieling, Jens (2010): Zielgruppe digital natives. Wie das Internet die Lebensweise von Jugendlichen verändert. Hamburg: Diplomica Verlag

Gildemeister, Regine (1992): Die soziale Konstruktion von Geschlechtlichkeit. In: Ostner, Ilona/Lichtblau, Klaus (Hg.): Feministische Vernunftkritik. Ansätze und Traditionen, Frankfurt/Main; New York: Campus, 220-239

Gildemeister, Regine/Wetterer, Angelika (1992): Wie Geschlechter gemacht werden. Die soziale Konstruktion der Zweigeschlechtlichkeit und ihre Reifizierung in der Frauenforschung, in: Knapp, Gudrun-Axeli/Wetterer, Angelika (Hg.): Traditionen Brüche. Entwicklungen feministischer Theorie, Freiburg i. Br.: Kore, 201-254

Goffman, Erving (1994): Interaktion und Geschlecht, Frankfurt/Main: Campus

Gilligan, Carol (1991): Moralische Orientierung und moralische Entwicklung. In: Nunner-Winkler, Gertrud (Hg.): Weibliche Moral. Die Kontroverse um eine geschlechtsspezifische Ethik, Frankfurt/Main, 79-100

Hagemann-White, Carol (1984): Sozialisation: männlich – weiblich? Opladen: Leske+Budrich

Hagemann-White, Carol (1992): Die Konstrukteure des Geschlechts auf frischer Tat ertappen? In: Feministische Studien, H.2, 164-174

Hagemann-White, Carol (2004):Sozialisation – ein veraltetes Konzept in der Geschlechterforschung? In: Glaser, Edith/Klika, Dorle/Prengel, Annedore (Hrsg.): Handbuch Gender und Erziehungswissenschaft, Bad Heilbrunn/OBB: Klinkhardt, 146 -156

Hannover, Bettina (1997): Das dynamische Selbst. Zur Kontextabhängigkeit selbstbezogenen Wissens, Bern: Huber

Hark, Sabine/Laufenberg Mike (2013): Sexualität in der Krise. Heteronormativität im Neoliberalismus. In: Appelt, Erna/Aulenbacher, Brigitte/Wetterer, Angelika (Hrsg.): Gesellschaft. Feministische Diagnosen, Münster: Westfälisches Dampfboot, 227-245

Hirschauer, Stefan (1989): Die interaktive Konstruktion von Geschlechtszugehörigkeit. In: Zeitschrift für Soziologie 18, 100-108

Heintz, Bettina/Nadai, Eva (1998): Geschlecht und Kontext. De-Institutionalisierungsprozesse und geschlechtliche Differenzierung. In: Zeitschrift für Soziologie, H. 2, 75-93

Horstkemper, Marianne (1994): Zwei Hälften ergeben noch nicht ein Ganzes: Geschlechtsrollenselbst- und -fremdbilder bei Mädchen und Jungen im Grundschulalter. In: Glumpler, Edith (Hrsg.): Koedukation. Entwicklungen und Perspektiven, Bad Heilbrunn: Klinkhardt

Hurrelmann, Klaus (1983): Das Modell des produktiv realitätsverarbeitenden Subjekts in der Sozialisationsforschung. In: Zeitschrift für Sozialisationsforschung und Erziehungssoziologie, 3, 1, 91-104

Kessels, Ursula (2002): Undoing Gender in der Schule. Eine empirische Studie über Koedukation und Geschlechtsidentität im Physikunterricht, Weinheim/München: Juventa

Kessels, Ursula/Metz-Göckel, Sigrid (Hrsg.) (2013): Gender in der psychologischen Forschung. Gender. Zeitschrift für Geschlecht, Kultur und Gesellschaft, 5. Jg., H.3

Kessler, Suzanne J./Mc Kenna, Wendy (1978): Gender. An Ethnomethodological Approach, New York u.a.: Wiley

Koch-Priewe, Barbara (2005): Jungen in der Schule – vor allem ein Problem der Sekundarstufe I? In: Jansen, Mechtild M./ Roming, Angelika (Hrsg): K(l)eine Helden? Förderung von Jungen in Schule und außerschulischer Pädagogik. Wiesbaden: Schriftenreihe der Hessischen Landeszentrale für politische Bildung, 17–33

Knapp, Gudrun-Axeli (2001): Dezentriert und viel riskiert: Anmerkungen zur These vom Bedeutungsverlust der Kategorie Geschlecht. In: Knapp, Gudrun-Axeli/Wetterer, Angelika (Hrsg.): Soziale Verortung der Geschlechter. Gesellschaftstheorie und feministische Kritik, Münster: Westfälisches Dampfboot, 15-62

Krüger, Helga (1995): Dominanzen im Geschlechterverhältnis. Zur Institutionalisierung von Lebensläufen. In: Becker-Schmidt, Regina/Knapp, Gudrun-Axeli (Hg.): Das Geschlechterverhältnis als Gegenstand der Sozialwissenschaften Frankfurt/Main; New York: Campus, 195-219

Krüger-Potratz, Marianne/Lutz, Helma (2004): Gender in der Interkulturellen Pädagogik. In: Glaser, Edith u.a. (Hrsg.): Handbuch Gender und Erziehungswissenschaft, Bad Heilbrunn/OBB: Klinkhardt, 436-448

Liebig, Brigitte (2000) Organisationskultur und Geschlechtergleichstellung. Eine Typologie betrieblicher Geschlechterkulturen. In: Zeitschrift für Frauenforschung & Geschlechterstudien, 18. Jg. H.3, 47-66

Lorber, Judith (1994): Paradoxes of Gender, New Haven London; deutsch (1999): Gender-Paradoxien, Opladen: Leske+Budrich, 2. Auflage 2003

Lorber, Judith (2000): Using gender to undo gender. In: Feminist Theory, Vol (1), 79-95

Maccoby, Eleanor/Jacklin, Carol (1974): The Psychology of Sex Differences, Standford

Maccoby, Eleanor (1990): Gender and Relationships. A Developmental Account. In: American Psychologist, Vol 45, No.4, , 513-520

McRobbie, Angela (herausgegeben von Sabine Hark und Paula Villa) (2010): Top Girls. Feminismus und der Aufstieg des neoliberalen Geschlechterregimes, Wiesbaden: VS Verlag

Maihofer, Andrea (2002): Geschlecht und Sozialisation sowie Kritiken. In: Erwägen Wissen Ethik (EWE):, H. 1, 13-26

Meuser, Michael (2006): Riskante Praktiken. Zur Aneignung von Männlichkeit in den ernsten Spielen des Wettbewerbs. In: Bilden, Helga/Dausien, Bettina (Hrsg.): Sozialisation und Geschlecht. Theoretische und methodologische Aspekte. Opladen: Barbara Budrich, 163-178

Metz-Göckel, Sigrid (1999): Von den Geschlechterrollen zu den Geschlechterkulturen. In: Rösner, Ernst (Hg.): Schulentwicklung und Schulqualität. Beiträge zur Bildungsforschung und Schulentwicklung Band 8, Dortmund: IFS-Verlag, 57-99

Prengel, Annedore (2004): Zwischen Gender-Gesichtspunkten gleiten – Perspektivitätstheoretische Beiträge. In: Handbuch Gender und Erziehungswissenschaft, hrsg. von Glaser, Edith/Klika, Dorle/Prengel, Annedore, Bad Heilbrunn/Obb.: Klinkhardt, 90-101.

Rettke, Ursula (1987): Berufswünsche von Mädchen unter dem Diktat des Arbeitsmarktes. Die schrittweise ,Verweiblichung' der Bildungs- und Berufsbiographien von Hauptschülerinnen. In: Bolder, Axel/Rodax, Klaus (Hg.): Das Prinzip der aufge(sc)hobenen Belohnung. Die Sozialisation von Arbeiterkindern für den Beruf, Bonn: Verl. Neue Gesellschaft, 127-141

Ritter, Martina (1994): Computer oder Stöckelschuh? Eine empirische Untersuchung über Mädchen am Computer, Frankfurt/Main: Campus

Scheu, Ursula (1977): Wir werden nicht als Mädchen geboren, wir werden dazu gemacht, Frankfurt/Main, Fischer

Schiersmann, Christiane (1987): Computerkultur und weiblicher Lebenszusammenhang: Zugangsweisen von Frauen und Mädchen zu neuen Technologien. Hrsg. Bundesminister für Bildung und Wissenschaft. Schriftenreihe Studien zu Bildung und Wissenschaft 49, Bad Honnef: Bock

Steele, Claude (1997): A threat in the Air. How Stereotypes Shape Intellectual Identity and Performance. In: American Psychologist, No.6, 613-629

Thorne, Barrie (1993): Gender Play. Girls and Boys in School, New Brunswick: Rutgers Univ. Pr

Villa, Paula (2006): Scheitern – ein produktives Konzept zur Neuorientierung der Sozialisationsforschung,. In: Bilden, Helga/Dausien, Bettina (Hrsg.): Sozialisation und Geschlecht. Theoretische und methodologische Aspekte. Opladen, Barbara Budrich, 219-238

West, Candace/Zimmerman, Don H. (1991): Doing gender. In: Lorber, Judith/Farrell, Susan A.: The Social Construction of Gender, Newbury Park, [u.a.]: Sage, 13-37

Winter, Reinhard (2010): Jungen: Reduzierte Problemperspektive und unterschlagene Potenziale. In: Becker, Ruth/Kortendiek, Beate (Hrsg.): Handbuch Frauen- und Geschlechterforschung. Theorie, Methoden, Empirie, 3. erweiterte und durchgesehene Auflage, Wiesbaden: VS Verlag für Sozialwissenschaften, 411-417

Wedgwood, Nikki/Connell, Robert W. (2004): Männlichkeitsforschung: Männer und Männlichkeiten im internationalen Forschungskontext. In: Ruth Becker/Beate Kortendiek (Hrsg.): Handbuch Frauen und Geschlechterforschung. Theorie, Methoden, Empirie, Wiesbaden: VS Verlag für Sozialwissenschaften, 112-122

Textauszüge

▶ **Scheu, Ursula (1977): Wir werden nicht als Frau geboren, wir werden dazu gemacht.** *Frankfurt: Fischer-Verlag (S. 41-45 und 49-57, mit Auslassungen)*

Persönlichkeits-Entwicklung nach dem Aneignungskonzept

Hauptanliegen meines Buches ist, anhand der vorliegenden Materialien zu dokumentieren, durch welche Mechanismen die wesentlichen „weiblichen" und „männlichen" Eigenschaften und Fähigkeiten (re)produziert, entwickelt werden.

Dazu bedarf es eines Erklärungsansatzes, der die Entwicklung, die Sozialisation als determiniert durch die konkreten gesellschaftlichen Verhältnisse begreift. Dies ermöglicht in begrenztem Rahmen das Konzept der „Aneignung". Es ist ein für sozialistische Gesellschaften entwickeltes Konzept, dessen unmittelbare Anwendung auf die bürgerliche Gesellschaft nur begrenzt möglich ist. Ich werde im Folgenden zuerst das „Aneignungskonzept" darlegen, um es dann in seiner Begrenzung für die bürgerliche Gesellschaft näher zu fassen.

Dieses Konzept begreift sich von seiner Grundprämisse als geschlechtsneutral, ignoriert die Geschlechtsverhältnisse und auch die geschlechtsspezifischen Entwicklungsbedingungen.

Sowjetische Psychologen haben fundamentale Werke zur psychischen Entwicklung der Menschen geschrieben. Sie sind jedoch nirgends explizit auf die spezifischen Entwicklungsbedingungen von Frauen und Männern eingegangen. Diese Geschlechtsneutralität ist jedoch nur scheinbar, denn bei genauerem Hinsehen stellt sich das Neutrum als das männliche Prinzip dar, die Frau als die Abweichung von diesem Prinzip. Dennoch ermöglicht es dieser Theorieansatz, die spezifischen Bedingungen der Entwicklung von Frauen und Männern in die Theorie zu integrieren.

Ich werde es im folgenden Kapitel versuchen.

Der Mensch wird nicht als fertige „Persönlichkeit" geboren – weder als „weibliches" Wesen noch als „männliches" Wesen. Menschen entwickeln sich in ihrer Ontogenese (Individualentwicklung), d. h. im Prozess der aktiven Auseinandersetzung mit ihrer gesellschaftlichen, geschlechts- und klassenspezifischen Umwelt durch die Aneignung der spezifischen gesellschaftlichen Bedingungen, indem sie mit diesen in Form von gesellschaftlichen Erfahrungen, die in Dingen und Handlungen vergegenständlicht sind, konfrontiert werden. Diese haben sich unter dem Einfluss der verschiedenen ökonomischen und ideologischen Bedingungen entwickelt, also entsprechend den gesellschaftlichen Verhältnissen in ihrer konkreten historischen Form. Für die Entwicklung der Persönlichkeit der Geschlechter bedeutet dies: sie verläuft entsprechend der mit ihrer geschlechts- und klassenspezifischen Funktion verbundenen verschiedenen ökonomischen und ideologischen Bedingungen. Aus dieser setzen sich die objektiven Bedingungen für die Lebenstätigkeit der Persönlichkeit von Frauen und Männern zusammen.

Welcher Art ist das Verhältnis des Menschen (der Frau, des Mannes) zu seiner Umwelt, die er sich im Verlaufe seiner Ontogenese aneignet? „Die tatsächliche Umwelt, die das menschliche Leben am meisten bestimmt, ist eine Welt, die durch die menschliche Tätigkeit umgewandelt wurde. Als eine Welt gesellschaftlicher Gegenstände, die die im Laufe der gesellschaftlich-historischen Praxis gebildeten menschlichen Fähigkeiten verkörpern – wird diese dem Individuum nicht unmittelbar gegeben, in diesen Eigenschaften offenbart sie sich jedem einzelnen Menschen als Aufgabe. Selbst die einfachsten Werkzeuge und Gegenstände des täglichen Bedarfs, denen das Kind begegnet, müssen von ihm in ihrer spezifischen Qualität erschlossen werden. Mit anderen Worten: Das Kind muss an diesen Dingen eine praktische kognitive Tätigkeit vollziehen, die der in ihnen verkörperten menschlichen Tätigkeit adäquat ist…"

Leontjew bezeichnet diese Tätigkeit als Aneignung. Charakteristisch für sie ist, dass das Individuum nur durch ihre Vermittlung in einem stets aktiven Prozess in die Lage versetzt wird, in den Errungenschaften der phylogenetischen (menschheitsgeschichtlichen) Entwicklung seine „wahre menschliche Natur, deren Eigenschaften und Fähigkeiten, zutage treten zu lassen, die aus der gesellschaftlich-historischen Entwicklung der Menschheit resultieren und objektive Form erlangt haben."

So ist also die tatsächliche Umwelt, die das menschliche Leben am meisten bestimmt, eben auch eine Welt, die entsprechend der unterschiedlichen Funktion der Geschlechter in unserer Gesellschaft geschlechtsspezifisch vermittelt wird. Selbst die einfachsten Werkzeuge und Gegenstände des täglichen Bedarfs, denen Mädchen und Jungen begegnen, können nur in ihrer spezifischen Qualität erschlossen werden. Mit anderen Worten: die Mädchen und Jungen müssen an diesen Dingen eine praktische kognitive Tätigkeit vollziehen, die den in ihnen verkörperten „weiblichen" oder „männlichen" Tätigkeiten adäquat ist.

Was ist nun dieser Aneignungsprozess?

Zu den Dingen der Umwelt, die sich Frauen und Männer im Laufe der Ontogenese aneignen, gehörten nicht nur materielle, sondern auch ideelle gesellschaftliche Produkte (die nach Marx auch durch die Vergegenständlichung menschlicher Wesenskräfte entstanden sind). Zu diesen ideellen gehören sowohl die erlebten Sozialbeziehungen, als auch die im Medium der Sprache fixierten und über sie vermittelten Anschauungen (z. B. „Ein Mädchen pfeift nicht"), durch deren Aneignung das Mädchen und der Junge bestimmte Haltungen erwerben, die für ihr Geschlecht charakteristisch sind. Denn der einzelne entwickelt sein Verhältnis zur Gesellschaft vor allem über seine mannigfachen Gemeinschaftsbeziehungen, die für ihn stets als gegliederter Organismus in Form von Familien, Freundschaftsgruppen, Gemeinden, Betrieben, gesellschaftlichen Organisationen usw. als zugleich geschlechtsspezifisch organisierte existieren.

Wie ist nun die Beziehung zu den materiellen gesellschaftlichen Produkten? Nach Leontjew ist für den Menschen „ein Werkzeug nicht schlechthin ein Ding von bestimmten Eigenschaften, sondern ein Gegenstand, in den gesellschaftlich geschaffene Arbeitsverfahren und -operationen fixiert sind. Die adäquate Beziehung des Individuums zum Werkzeug äußert sich darin, dass es sich – praktisch oder theoretisch – die in ihm fixierte Operation aneignet und seine menschlichen Fähigkeiten daran entwickelt."

So bekommt z. B. das Mädchen nicht einfach eine Puppe oder Küchengeschirr, sondern die Eltern und Erzieher vermitteln ihm zugleich die entsprechenden Inhalte (Puppe gleich wiegen, waschen, füttern usw.). Puppe, Küchengeschirr oder Werkzeugkasten sind also nicht Dinge von bestimmter Form und mit bestimmten Eigenschaften, sondern Gegenstände, in denen gesellschaftlich geschaffene Arbeitsverfahren und -operationen fixiert sind. Die adäquate Beziehung der Mädchen (der Jungen) zu diesen Gegenständen äußert sich daran, dass sie sich – praktisch und theoretisch – die in ihnen fixierten Operationen – Essen, Kochen, Spülen, Nagel einschlagen – aneignen und somit spezifisch „weibliche" oder „männliche" Fähigkeiten daran entwickeln.

So verkörpert der Aneignungsprozess das wichtigste ontogenetische Entwicklungsprinzip des Menschen (der Frau, des Mannes). Er (re)produziert die historisch gebildeten geschlechtsspezifischen Eigenschaften und Fähigkeiten, die geschlechtsspezifische Arbeitsteilung im Produktions- und Reproduktionsprozess – die geschlechtsspezifischen Herrschaftsverhältnisse.

Frauen und Männer übernehmen im Laufe ihrer Entwicklung jedoch nicht einfach die gesellschaftlichen Produkte ideeller und materieller Art, sondern sie produzieren sie, schaffen sie sich selbst neu an. Dies bedeutet, dass die Fähigkeiten und Eigenschaften, die sich bei Frauen und Männern während des Entwicklungsprozesses einstellen, psychische Neubildungen sind, für die die natürlichen Mechanismen und Prozesse des Menschen nur notwendige subjektive Voraussetzungen sind, die ihr Entstehen ermöglichen; als solche bestimmten sie jedoch weder ihren Bestand, noch ihre Eigenart.

Da die Ontogenese von Frauen und Männern keine Adaption, also keine einfache Anpassung an ihre Umwelt ist, können die Menschen, indem sie verändernd auf ihre Persönlichkeitsstruktur einwirken, auch so verändernd auf die gesellschaftlichen Verhältnisse Einfluss nehmen.

Entwicklungs"phasen" der Persönlichkeit

Frauen und Männer eignen sich also in den einzelnen Entwicklungsstadien ihrer Ontogenese aktiv die gesellschaftlichen Produkte an, die sowohl materieller als auch ideeller Art sind, und entwickeln so ihre spezifischen „weiblichen" oder „männlichen" Fähigkeiten und Eigenschaften. Doch nicht alle Arten der Tätigkeiten sind in den einzelnen Entwicklungsstadien gleichbedeutend. Nicht alle Formen der Tätigkeit sind in jedem Lebensalter, d. h. in jeder Stufe der Entwicklung und bei beiden Geschlechtern gleichmäßig repräsentiert. Manche von ihnen dominieren in einem bestimmten Zeitabschnitt oder haben größere Bedeutung für die weitere Entwicklung der Mädchen, der Jungen als andere.

In jeder Stufe der psychischen Entwicklung der Mädchen und Jungen lässt sich ihre Beziehung zur Wirklichkeit durch eine jeweils dominierende Tätigkeitsart charakterisieren.

Zur Bestimmung einer dominierenden Tätigkeit ist der quantitative Aspekt allein nicht entscheidend: die Tätigkeit, der sich das Kind in einer bestimmten Entwicklungsstufe am längsten widmet, muss damit noch nicht dominierend sein. Nicht die Häufigkeit einer bestimmten Tätigkeit bei gegebener Entwicklungsstufe macht sie zur dominierenden Tätigkeit, sondern ihre spezifische Funktion für die weitere Entwicklung. D. h. die Funktion für die weitere Entwicklung hinsichtlich der spezifischen, gesellschaftlichen Funktionen, die Mädchen (oder Jungen) ausüben sollen. Ändert sich die dominierende Tätigkeit, so ist damit der Übergang von einer Entwicklungsstufe zur nächst höheren (oder, falls man pathologische Entwicklungsbedingungen nicht ausschließen kann, auch zu einer niedrigeren) markiert.

Welche Bedingungen entscheiden darüber, welche Tätigkeiten in einer bestimmten Entwicklungsperiode dominierend sind?

Die konkreten historischen Bedingungen, die jeweils geschlechtsspezifische Arbeitsteilung, die Herrschaftsverhältnisse, die gesellschaftlichen Funktionen, die Frauen und Männer unter diesen Bedingungen haben, bestimmen und beeinflussen den konkreten Inhalt der einzelnen Entwicklungsstufen, wie auch den gesamten Verlauf der psychischen Entwicklung. Das heißt, dass die geschlechts- und klassenspezifischen Bedingungen des jeweiligen konkreten historischen Stadiums den besonderen Inhalt der einzelnen Entwicklungsstufen bedingen.

Dauer und Inhalt der Entwicklungsstufen, die Frauen und Männer auf die geschlechts- und klassenspezifische Arbeit ihr gesellschaftliches Leben vorbereiten, sind im Laufe der Geschichte keineswegs immer gleich gewesen. Das zeigt sich z. B. daran, dass die Kleinkindphase und die Schulzeit sich in ihrem zeitlichen Umfang von Epoche zu Epoche verändert haben, in dem Maße, in dem die Forderungen der Gesellschaft an diese Entwicklungsperiode wachsen.

Die zeitliche Reihenfolge und vor allem Inhalt und Dauer der einzelnen Entwicklungsphase – wie ich sie im Folgenden in meiner Arbeit darstelle – besitzen weder transkulturelle Gültigkeit noch zeitlose Gültigkeit. Dieser Tatsache tragen oft sozialistische Theoretiker nicht genügend Rechnung. Sie tendieren sogar zu einer sehr ethnozentrischen Sichtweise, indem sie die heutige Entwicklungsphase als eine allgemein höhere Entwicklung klassifizieren.

Die zeitliche Reihenfolge, Dauer und Inhalt der Entwicklungsstufen wird (neben der Klassenzugehörigkeit) durch die Funktion der Geschlechter, die spezifische Arbeitsteilung und die Herrschaftsverhältnisse zwischen den Geschlechtern in den konkret historischen Verhältnissen bestimmt.

Zum Problem des Aneignungskonzepts

Es zeigt sich, dass dieses Konzept für bürgerliche Gesellschaften nur begrenzt anwendbar ist und für meine Arbeit nur eine Hilfskonstruktion sein kann: ein Hilfsmodell zur Erfassung und Systematisierung des empirischen Materials.

Zunächst ist „Aneignung" gesellschaftliche Aneignung der Natur durch den Menschen. „Was in der Psychologie als ‚Aneignung' begriffen wird, ist in seiner gesellschaftlichen Realität nichts anders als die gesellschaftliche (Re)produktion der gesellschaftlichen Individuen." Dieser Reproduktion ist ein bestimmter Stand (oder eine bestimmte Form) der gesellschaftlichen Verhältnisse, wie Naturaneignung vorausgesetzt. Somit sind in der bürgerlichen Gesellschaft diesem Reproduktionsprozess der gesellschaftlichen Individuen immer die konkreten gesellschaftlichen Verhältnisse – und dies sind auch geschlechtsspezifische Verhältnisse – vorausgesetzt. „Die Individuen werden produziert als solche, denen ihre Tätigkeitsform als fremde und undurchsichtige Mächte gegenübertreten", d. h. dass sich „hinter ihrem Rücken" die gesellschaftlichen Verhältnisse durchsetzen, die geschlechtsspezifischen wie die klassenspezifischen. „D. h. die Verkehrung von Subjekt und Objekt, die die bürgerliche Gesellschaft konstituiert, macht sich auch im individuellen Reproduktionsprozess darin geltend, dass ihr Subjekt letztlich das Kapital, und das scheinbar frei handelnde Individuum sein Objekt ist, dass es sich gewissermaßen nach seinem Bilde schafft."

Da das Kapitalverhältnis auch die Produktivkraft der gesellschaftlichen Arbeit entwickelt, beinhaltet die von ihm geforderte gesellschaftliche Reproduktion des Arbeitsvermögens auch immer ein Moment einer Entwicklung der individuellen

Arbeitskraft an das von dem historischen Stand der Produktivkräfte erreichte durchschnittliche Niveau. „Daraus, und aus der Tatsache, dass der ganze Prozess wesentlich vermittelt ist über die formell freie, nicht explizit angeleitete Tätigkeit des einzelnen Individuums, ergibt sich der Schein, das einzelne Individuum mache sich (als Subjekt) zum Herrn der gesellschaftlichen Produktivkräfte, während es umgekehrt ist."

„Wichtig ist allerdings die Einsicht, dass einerseits der Prozess durch den gesellschaftlich gegebenen Stand der Produktivkräfte in bestimmten Produktionsverhältnissen determiniert ist, andererseits, dass diese Determination grundsätzlich gerade vermittelt durch die formell freie Tätigkeit der gesellschaftlichen Individuen erfolgt (im Rahmen der Schulpflicht etc.)." Diese formelle Freiheit ist allerdings illusionär und bietet nur einen relativen Spielraum (über den etwa sozialer Aufstieg durch Bildung zu erklären wäre). So scheint eine unmittelbare Anwendung des Aneignungskonzeptes, die für sozialistische Gesellschaften entwickelt ist, auf bürgerliche Gesellschaften nur mit Bezug auf diesen relativen Spielraum möglich zu sein.

Die benutzten empirischen Studien sind nahezu alle auf der Grundlage des „Sozialisationskonzeptes" durchgeführt worden und des mit ihm eng verbunden Rollenbegriffs. Obwohl der Rollenbegriff subjektivistisch über Rollenerwartungen definiert ist, und die Frage nach den zugrunde liegenden objektiven Verhältnissen nicht mit berücksichtigt, scheint es doch möglich, an diese Studien kritisch anzuknüpfen.

„Vorausgesetzt, dass materialistisch oder positiv der Sozialisationsprozess als derjenige Prozess begriffen wird, durch den die gesellschaftlichen Verhältnisse sich ihre individuellen Träger reproduzieren (dem also nicht nur die fertigen gesellschaftlichen Verhältnisse vorausgesetzt sind), sondern in denen auch Individuen immer schon als gesellschaftliche (re)produziert werden, und der Rollenbegriff als subjektiver Ausdruck objektiver gesellschaftlicher Formen begriffen wird, ist es daher meines Ermessens durchaus möglich an empirischen Forschungen, die auf dieses Konzept aufbauen, konstruktiv anzuknüpfen."

Die Entwicklung der geschlechtsspezifischen Persönlichkeit

Bewegt sich der Fötus im Mutterleib, ist aktiv und strampelt, so wird es ein Junge – meint der Volksmund. Noch bevor das Kind überhaupt auf der Welt ist, haben die Eltern also Vorurteile hinsichtlich spezifischer Verhaltensweisen und Eigenschaften der Geschlechter. „Es ist ein Mädchen", oder: „Es ist ein Junge" – diese Worte der Hebamme oder des Arztes sind der Beginn eines Prozesses geschlechtsspezifischer Sozialisation, der nie ganz enden wird. Denn die Annahme der geschlechtsspezifischen Rolle ist kein einmaliger Akt, ist nicht durch die Biologie determiniert. Es ist vielmehr ein kontinuierlicher Prozess des Erwerbs geschlechtsspezifischer Fertigkeiten und Eigenschaften.

Das neugeborene Mädchen (der neugeborene Junge) selbst weiß noch nichts vom Problem seines Geschlechts. Die, welche es erziehen werden, haben jedoch bereits in diesem Stadium ein genaues Bild vom Idealtyp eines Mädchens oder eines Jungen. Die Tochter oder der Sohn müssen diesem Modell so ähnlich wie nur möglich werden. Um jeden Preis. Und der Preis ist hoch.

Die geschlechtsspezifischen Erwartungen von Erziehern und Umwelt an die Kinder führen auf Seiten der Erwachsenen zu unterschiedlichen Anforderungen und Behandlung der Kinder und auf Seiten der Kinder zu geschlechtsspezifisch unterschiedlichen Erfahrungen. Dem entgehen auch „progressiv" eingestellte Eltern nicht, die vorgeben oder glauben, für Mädchen und Jungen kein unterschiedliches Erziehungsideal zu haben. Resultat ist eine Diskrepanz zwischen der angegebenen Erziehungsideologie und dem tatsächlichen elterlichen Verhalten.

Und dem entkommen auch die nicht, die glauben, es besser zu machen. Von der Stunde der Geburt an werden Menschen zu Frauen und Männern deformiert. Ich werde diesen Prozess von der Geburt bis zum Schulalter beschreiben. Dabei zeigt sich, dass jeder noch so zaghafte Ausbruchsversuch des Kindes aus der ihm diktierten Geschlechtsrolle bestraft wird. Mädchen haben nicht „männlich" zu sein und Jungen nicht „weiblich". Das wird ihnen in der Familie ebenso verwehrt wie später in Schule und Beruf und betrifft das kleine Mädchen wie die erwachsene Frau. Reibungsloses Funktionieren der geschlechtsspezifischen Arbeitsteilung und die Akzeptierung der geschlechtsspezifischen Herrschaft sind das Ziel.

Beachtenswert ist dabei, dass eine geschlechtsspezifische Arbeitsteilung, eine Reduzierung und Einengung in die Geschlechtsrolle, zwar beide Geschlechter betrifft, dass die männliche Rolle jedoch als Norm gesetzt wird, an der die weibliche gemessen und für minderwertig befunden wird. Und das ist nicht nur eine Frage der Einschätzung, sondern auch der Realität. Denn die spezifisch weiblichen Tätigkeiten lassen tatsächlich weniger Spielraum für eine umfassende Entwicklung.

Die weibliche Rolle ist konkret minderwertiger als die männliche, im Sinne von begrenzter, eingeengter. Von der Geburt an werden im Prozess der Sozialisation die konkreten gesellschaftlichen Verhältnisse reproduziert. Es werden die Voraussetzungen für die geschlechts- und klassenspezifische Arbeitsteilung und Herrschaft geschaffen und die bestehenden Verhältnisse werden so immer wieder reproduziert.

Neugeborenenperiode – Bedeutung sensorische Stimulation

Allgemeine Darstellung des Entwicklungsstadiums

Die Neugeborenenperiode ist die Übergangsperiode von der intrauterinen (innerhalb der Gebärmutter) zur extrauterinen Daseinsweise. In dieser Periode, d. h. in den ersten zwei bis drei Lebenswochen, gibt es noch keine deutliche Abgrenzung zwischen Schlaf- und Wachzustand. Da das Neugeborene noch nicht die Fähigkeit besitzt, Gegenstände in der Umgebung wahrzunehmen, ist es auch nicht fähig zu zielgerichteten Aktivitäten. Die Bewegungen, die es vollzieht – Öffnen des Mundes, Hin- und Herwenden des Kopfes, Schreien – sind lediglich die Entfaltungen eines Systems von Bewegungen, die mit den entsprechenden Instinktmechanismen zusammenhängen.

Das Neugeborene lebt also in dieser Periode hauptsächlich aufgrund seiner Reflex- und Instinkttätigkeit. Bei der Befriedigung aller seiner Bedürfnisse, wie Nahrung, Bewegung, Wärme, hängt es total von den Erziehungspersonen ab. Der Kontakt des Neugeborenen zur Umwelt wird durch die spezifische Form der Befriedigung seiner primären Bedürfnisse geprägt. Allmählich tritt die Wahrnehmung einiger äußerer Reize hinzu, das heißt spezifische sensorische Stimulationen, auf die das Neugeborene wiederum mit den entsprechenden unbedingten Reflexen reagiert. Hierdurch wird allmählich der Übergang zu einer neuen Art der Wechselbeziehung mit der Umwelt vorbereitet.

In diesen Bereichen der Befriedigung der primären Bedürfnisse und des Beginns der Wahrnehmung äußerer Reize spielen sich für das Kind die ersten Begegnungen mit den Erziehungspersonen ab. Hier machen sich die geschlechtsspezifischen Erwartungen der Erziehungspersonen geltend. Hier beginnt die Konditionierung des Kindes. Hier werden geschlechtsspezifische Fähigkeiten und Eigenschaften angelegt, geschlechtsspezifische Erfahrungen vermittelt.

Allgemeine Bedeutung und Konsequenzen taktiler und kinästhetischer Stimulation und geschlechtsspezifische Behandlung des neugeborenen Kindes

In den ersten Lebenswochen ist die Haut das wesentlichste Organ für die Aufnahme sensorischer Reize (Sinnesreize). Somit ist in dieser Zeit vor allem die taktile (den Tastsinn betreffende) und kinästhetische (Bewegungsempfindung) Stimulation von Bedeutung (neben der Nahrungsaufnahme). Dem Stellenwert taktiler Stimulation ging neben vielen anderen Forschern auch Casler 1965 und 1968 in experimentellen Versuchen nach. Er schreibt: „Eine Gruppe von Heimkindern erhielt 10 Wochen lang täglich 20 Minuten lang zusätzliche taktile Stimulation. Diese Gruppe konnte in dieser Zeit eine weit wesentlichere Zunahme kognitiver (Erkenntnis und Wahrnehmung betreffende) und sozialer Fähigkeiten erreichen, als die nicht stimulierte Vergleichsgruppe."

Neben diesen äußeren Reizeinwirkungen ist das Stillen sicherlich das wichtigste Ereignis im Tagesablauf des Neugeborenen. Es wiederholt sich mehrmals am Tag (fünf- bis siebenmal). Darum ist es besonders wichtig zu untersuchen, ob geschlechtsspezifische Differenzen in der Behandlung oder in der Art des Stillens bestehen und wenn ja, welche. Brunet und Lézine haben eine Gruppe von weiblichen und männlichen Säuglingen untersucht. Dabei haben sie besonders auf folgendes geachtet:

- Bruststillen: ja oder nein
- Entwöhnung: zu welchem Zeitpunkt und ab wann gemischte Nahrung, d. h. Flasche und Brust
- Dauer der Mahlzeiten
- Dauer der Pausen während der Mahlzeiten
- Zeitpunkt des Beginns mit dem selbständigen Essen
- Eß- und Schlafschwierigkeiten.

In allen diesen Bereichen haben sie eindeutige geschlechtsspezifische Differenzen gefunden. So stellen sie fest, dass „34 % der Mütter es ablehnten, ihre Töchter an der Brust zu stillen, weil sie es als eine erzwungene Arbeit betrachten, oder weil irgendeine Arbeit, der sie den Vorrang geben, sie daran hinderte." Alle Mütter, mit einer Ausnahme, wollten hingegen ihre Söhne stillen! Dazu die französischen Psychologinnen: „Es mag sein, dass diese Entscheidung durch die verbreitete und auch richtige Überzeugung beeinflusst ist, dass männliche Säuglinge weniger widerstandsfähig und schwächer sind als weibliche... und folglich eher auf Muttermilch angewiesen seien. Aber es kann auch sein, dass der Wunsch mitspielt, sie zu möglichst starken und robusten, d. h. durch und durch männlichen Jungen heranwachsen zu sehen."

Auch bei diesem elementaren Vorgang, dem Stillen, werden weibliche und männliche Säuglinge unterschiedlich behandelt, d. h. unterschiedlich beeinflusst. Auch hier sicherlich nicht bewusst, sondern eher unbewusst.

Mädchen werden nicht nur seltener gestillt, es ist auch auffallend, dass ihre Mahlzeiten von kürzerer Dauer sind als die der Jungen. So fanden Brunet und Lézine, dass Jungen im Alter von zwei Monaten 45 Minuten für Brusternährung brauchten, Mädchen hingegen nur 25 Minuten. Mädchen im Alter von sechs Monaten bekommen die Flasche für 8 Minuten, die Jungen hingegen für 15 Minuten. Dieser nachweisbare Unterschied in der Stilldauer bei Mädchen und

Jungen ist auf die Häufigkeit der Pausen zurückzuführen, die die Mutter dem Jungen während des Stillens zugesteht. Das ist der Vorgang: Babys saugen zunächst drei- bis viermal und machen danach eine Pause zum Hinunterschlucken. Da der Vorgang des Saugens nicht nur die Gesichts- und Mundmuskeln beansprucht, sondern den ganzen Körper des Kindes anspannt, der voll und ganz mitwirkt (mit einer beachtlichen, emotionalen Spannung und einem großen Energieaufwand), ist das Saugen für das Baby äußert anstrengend und zwingt es oft dazu, wieder Atem zu holen und Kräfte zu sammeln. Die Pausen, deren Häufigkeit und Dauer werden bestimmt durch das Maß der Verfügbarkeit der Mutter bzw. der Erziehungsperson und ihrer emotionalen psychischen Teilnahme am Stillen. Die Dynamik des Saugens und Schluckens wird vom Erwachsenen verstanden, sie gehört auch zu seinem Rhythmus und ihre Funktion ist klar: Saugen und Runterschlucken. Die Pause erscheint uns dagegen jedoch als unnütze Zeitverschwendung, als gewollte Faulheit des Babys („es ist sehr faul", sagen die Mütter oft, wenn sie das Wesen, das von ihnen gefüttert wird, nur autoritär sehen).

Dem Kind die Freiheit zuzugestehen, sich auszuruhen, bedeutet, es als ein Wesen anzuerkennen, das durch seinen eigenen Rhythmus, durch seine individuellen Bedürfnisse gekennzeichnet ist. Gerade in diesen ersten, scheinbar unbedeutenden Zugeständnissen an seine Autonomie zeigt sich der Respekt der Erziehungsperson.

Der schnelle Ablauf der Mahlzeiten bei den kleinen Mädchen scheint ziemlich sicher auf das wiederholte Drängen der Erziehungspersonen zurückzuführen zu sein. Sie signalisieren mit allen Mitteln: „Beeil dich." So wenden sie zum Teil eine recht gewalttätige Methode gegenüber dem kleinen Mädchen an: Sie verkürzen einfach die Pausen zwischen Runterschlucken und dem nächsten Saugen. „Es wird geschüttelt, wenn es langsamer trinkt, man zwickt es in die Backe, manchmal wird das Kind sogar in einer unbequemen provisorischen Haltung gestillt, aus der es sich nicht befreien darf." Oft halten sie ihm in der Pause die Nase zu, damit es wieder den Mund öffnen muss und sie erneut den Flaschenschnuller hineinstecken können.

Diese Pause wird dem Jungen von der Mutter eher zugestanden als dem Mädchen. Bei ihm akzeptieren die Mütter den ihm eigenen Rhythmus, beim Mädchen nicht. Die französischen Psychologinnen vermuten, dass das etwas mit der unbewussten Achtung der Frauen vor der männlichen Autorität zu tun habe. Das heißt, schon die Mutter akzeptiert in ihrem Neugeborenen den Mann und gesteht ihm seinen eigenen Willen zu – bricht jedoch diesen eigenen Willen beim Mädchen.

Es ist nicht schwer, Kinder in diesem Alter dazu zu bringen, ihre Mahlzeiten zu beschleunigen. Dieser Drill wird den kleinen Mädchen bereits in den ersten

Lebenswochen aufgezwungen. Nach einiger Zeit ist der massive Zwang von außen nicht mehr nötig, das Mädchen hat die Forderung verinnerlicht, ist schnell
geworden. Brunet und Lézine schließen daraus, dass das Bedürfnis, das Kind zu
zähmen, bei der Mutter stärker sei, wenn es sich um ein Mädchen handelt. Der
Junge sei hingegen, obwohl klein und wehrlos, bereits Symbol einer Autorität,
dem die Mutter selbst unterworfen ist.

Mädchen werden nicht nur weniger und rascher gestillt, sondern auch im
allgemeinen früher entwöhnt. Brunet und Lézine: „Alle Mädchen waren schon
im Alter von drei Monaten völlig entwöhnt. Die gemischte Ernährung (Brust,
Flasche) hatte bei ihnen schon im Alter von 1 1/2 Monaten eingesetzt. Während
30 % der kleinen Jungen dagegen über den vierten Monat hinaus gestillt werden
und für 20 % die gemischte Ernährung bis zum achten Monat dauert."

Diese Ergebnisse werden übrigens auch durch Ergebnisse der bereits zitierten
norwegischen Studie bestätigt. Von der Flasche werden Mädchen bereits im Alter
von 12 Monaten und Jungen im Alter von 15 Monaten entwöhnt.

Ein weiteres Symptom zeigt den größeren Drill bei kleinen Mädchen. Brunet
und Lézine beobachteten, dass Mädchen früher als Jungen selbständig essen,
und zwar „zwischen 24 und 30 Monaten, während die meisten Jungen dieser
Gruppe sich bis zum Alter von 4 bis 5 Jahren helfen lassen." Es wird deutlich,
dass es sich nicht nur um kleine Differenzen handelt, sondern bereits um eine
grundsätzliche Benachteiligung und Weichenstellung mit schweren Folgen für
die Entwicklung der kleinen Mädchen.

Auf Seiten der kleinen Jungen wird von Anfang an eine relative Autonomie
gewährt und gefördert. Auf Seiten der kleinen Mädchen hingegen wird diese
Autonomie gebrochen und Anpassung und Unterordnung unter einen fremden Willen gefordert. Auffallend dabei ist, dass die „mädchenspezifischen"
Fertigkeiten und Eigenschaften die Erziehungspersonen von Arbeit entlasten.
So werden sie früher als Jungen nicht mehr gefüttert, machen nicht so häufig
die Windeln nass und müssen weniger intensiv bei lebhaften körperlichen Aktivitäten beaufsichtigt werden.

Die Tatsache, dass kleine Mädchen bereits in diesem Alter in ihrer Persönlichkeitsentwicklung nicht nur behindert, sondern schon geschädigt werden,
zeigt sich beispielsweise deutlich in Ess- und Schlafschwierigkeiten. Brunet und
Lézine berichten über „Schwierigkeiten beim Füttern" bei 94 % aller Mädchen,
die an der Umfrage beteiligt waren (extrem langsames Essen, Erbrechen, Lau-
nenhaftigkeit), dagegen nur bei 40 % der Jungen. Die Schwierigkeiten tauchen
bei den Mädchen schon ab dem ersten Lebensmonat auf. Ihr Appetit bleibt bis
zum sechsten Lebensjahr spärlich, während bei kleinen Jungen Schwierigkeiten
dieser Art erst viel später auftauchen.

▶ *Carol Gilligan (1991): Moralische Orientierung und moralische Entwicklung. In: Nunner-Winkler, Gertrud (Hrsg.): Weibliche Moral. Die Kontroverse um eine geschlechtsspezifische Ethik, Frankfurt/Main, Campus-Verlag (S. 81-87, mit Auslassungen)*

Der vorliegende Beitrag beschreibt zwei moralische Perspektiven, die das Denken auf verschiedene Weisen organisieren. Da moralische Urteile das Denken in schwierigen Entscheidungssituationen strukturieren, kann die Einnahme einer von zwei möglichen Perspektiven eine klare Entscheidung erleichtern. Der Wunsch nach Klarheit lässt sich aber auch als Ausdruck eines tief sitzenden menschlichen Bedürfnisses nach Lösung oder Geschlossenheit begreifen, das sich besonders angesichts von Entscheidungen, mit denen sich Unbehagen und Beklommenheit verbinden, geltend macht. Daher kann sich das Bemühen um einen klaren Blick mit der Suche nach Rechtfertigung verbinden und die Auffassung bestärken, dass es eine nichtige oder bessere Sichtweise der moralischen Probleme gibt.

Mit dem Entwurf eines alternativen Standpunkts möchte ich die moralische Entwicklung aus zwei moralischen Perspektiven rekonstruieren, die in moralisch relevanten Unterschieden der Beziehungsformen begründet sind. Die Gerechtigkeitsperspektive, die man oft mit moralischem Urteilen schlechthin gleichsetzt, wird neu verstanden als eine Art und Weise, moralische Probleme aufzufassen; als alternative Sichtweise oder alternativer Bezugsrahmen wird eine Perspektive der Fürsorge entwickelt. Die Unterscheidung zwischen Gerechtigkeit und Fürsorge als alternative Perspektiven oder moralische Orientierungen ist empirisch auf die Beobachtung gegründet, dass ein Wechsel der Aufmerksamkeitsfokussierung von Gerechtigkeitserwägungen zu Fürsorgeerwägungen die Definition dessen, was ein moralisches Problem konstituiert, verändert und dazu führt, dass die gleiche Situation auf unterschiedliche Weise wahrgenommen wird. Theoretisch liegt die Unterscheidung zwischen Gerechtigkeit und Fürsorge quer zu den geläufigen Einteilungen in Denken und Fühlen, Egoismus und Altruismus, theoretisches und praktisches Urteil. Sie lenkt die Aufmerksamkeit auf den Umstand, dass alle menschlichen Beziehungen, öffentliche wie private, sowohl mit Rekurs auf Gleichheit wie auf Bindung charakterisiert werden können, und dass sowohl Ungleichheit wie Trennung oder Gleichgültigkeit moralische Probleme aufwerfen können. Da jedermann von Unterdrückung wie von Verlassenheit betroffen werden kann, gibt es in der menschlichen Erfahrung allenthalben zwei moralische Sichtweisen – die der Gerechtigkeit und die der Fürsorge. Die beiden moralischen Gebote, anderen gegenüber nicht unfair zu handeln und jemanden, der in Not ist, nicht im Stich zu lassen, entsprechen diesen beiden Sichtweisen.

Die Auffassung, dass der Bereich des Moralischen mindestens zwei moralische Orientierungen umfasst, wirft ein neues Licht auf die Beobachtung von Unterschieden im moralischen Urteilen und die daraus entstandenen Kontroversen. Der Schlüssel zu dieser Revision ist die Unterscheidung zwischen Unterschieden im Entwicklungsniveau (mehr oder weniger adäquaten Positionen innerhalb einer Orientierung) einerseits und Unterschieden in der Orientierung (alternativen Perspektiven oder Bezugsrahmen) andererseits. Die in diesem Aufsatz berichteten Ergebnisse über einen Zusammenhang zwischen moralischer Orientierung und Geschlecht beziehen sich direkt auf die anhaltende Kontroverse über Geschlechtsdifferenzen im moralischen Urteilen. Zugleich bieten sie eine empirische Erklärung dafür an, dass die Beschäftigung mit Fragen der Moralentwicklung bislang weitgehend im Bezugsrahmen der Gerechtigkeit erfolgte.

Meine Forschungen über Fragen der moralischen Orientierung leiten sich von einer Beobachtung her, die ich im Laufe der Untersuchung über die Beziehung zwischen moralischem Urteil und Handeln machte. Zwei Studien, von denen die eine College-Studenten betraf, die ihre Erfahrungen mit moralischen Konflikten und Entscheidungen schilderten, die andere schwangere Frauen, die eine Abtreibung in Erwägung zogen, verschoben das Zentrum der Aufmerksamkeit von der Art und Weise, wie Menschen über hypothetische Dilemmata urteilen, zu der Art und Weise, wie sie moralische Konflikte und Entscheidungen in ihrem eigenen Leben angehen. Dieser neue Ansatz machte es möglich, zu untersuchen, welche Erfahrungen als moralische begriffen werden und welche Beziehung zwischen dem Verständnis moralischer Probleme und den verwendeten Urteilsstrategien sowie den Handlungen besteht, die man zum Zweck der Problemlösung unternimmt. In diesem Zusammenhang beobachtete ich, dass Frauen, besonders wenn sie über ihre eigenen Erfahrungen mit moralischen Konflikten und Entscheidungen sprechen, moralische Probleme oft auf eine Art und Weise definieren, die die Kategorien der Moraltheorie aus dem Spiel lässt, und mit den Annahmen, die das psychologische Denken über Moral und über das Selbst bestimmen, konfligiert. Diese Entdeckung, dass häufig eine andere Stimme das moralische Urteilen und Handeln von Frauen leitet, lenkte die Aufmerksamkeit auf ein zentrales Problem im Untersuchungsdesign vorangegangener Studien über das moralische Urteil: Die Verwendung rein männlicher Stichproben als empirische Basis für die Theoriekonstruktion.

Die Wahl einer rein männlichen Stichprobe als Basis für Generalisierungen, die sowohl Männer wie Frauen betreffen, ist logisch inkonsistent. Als Forschungsstrategie ist die Entscheidung, mit einer geschlechtshomogenen Stichprobe zu beginnen, in sich problematisch, da die Analysekategorien tendenziell auf der Basis der ursprünglich gesammelten Daten definiert werden und nachfolgende

Untersuchungen voraussichtlich auf diese Kategorien eingeschränkt bleiben. Piagets Werk über das moralische Urteil des Kindes veranschaulicht diese Probleme, da er die Entwicklung des kindlichen Bewusstseins und der Regelpraxis auf der Grundlage seiner Untersuchungen zum Murmelspiel von Knaben definierte und anschließend eine Untersuchung von Mädchen vornahm, um die Allgemeingültigkeit seiner Ergebnisse zu bestimmen. Eine Reihe von beobachtbaren Unterschieden in der Struktur der Spiele der Mädchen und in der „kleinen Mädchen eigentümlichen Mentalität" stimulierte nicht ein weiterführendes Interesse, weil „es nicht dieser Gegensatz war, mit dem wir uns befassen wollten". Mädchen, stellte Piaget fest, „machten unsere Befragung im Verhältnis zu dem, was wir über Knaben wissen, eher komplizierter", da die Veränderungen ihres Regelverständnisses, obwohl denselben Sequenzen folgend wie den bei den Knaben beobachteten, nicht im selben Verhältnis zu sozialen Erfahrungen standen. Dennoch, so schloss er, „stellen wir fest, dass derselbe Prozess wie in der Entwicklung des Murmelspiels am Werk ist, trotz der Unterschiede in der Struktur des Spiels und wahrscheinlich in der Mentalität der Spieler."

Dementsprechend waren Mädchen gerade insoweit von Interesse, als sie Knaben vergleichbar waren und die Allgemeingültigkeit von Piagets Ergebnissen bestätigten. Die festgestellten Unterschiede – größere Toleranz etwa oder eine stärkere Tendenz zu Innovationen der Konfliktlösung, größere Bereitschaft, bei Regeln Ausnahmen zu machen, sowie ein geringeres Interesse für juristische Ausarbeitung – wurden nicht als für die „Psychologie der Regeln" eigentümlich und daher als unerheblich für die Untersuchung des moralischen Urteils von Kindern betrachtet. Angesichts der Konfusion, die die Diskussion von Geschlechtsunterschieden im moralischen Urteilen gegenwärtig kennzeichnet, ist es wichtig zu betonen, dass die von Piaget beobachteten Unterschiede nicht das Regelverständnis der Mädchen per se oder die Entwicklung der Idee der Gerechtigkeit in ihrem Denken betraf, sondern mehr die Art und Weise, wie Mädchen ihre Spiele strukturieren und wie sie Konfliktlösungen angehen – das heißt eher ihren Gebrauch als ihr Verständnis der Logik von Regeln und Gerechtigkeit.

Kohlberg stieß in seiner Untersuchung der moralischen Entwicklung nicht auf diese Probleme, da er die moralische Entwicklung mit der Entwicklung des Urteilens über Gerechtigkeit gleichsetzte und ursprünglich eine rein männliche Stichprobe als Grundlage der Theorie- und Testkonstruktion benutzte. In seiner Reaktion auf Kritik hat Kohlberg kürzlich seine Behauptungen modifiziert, indem er seinen Test als ein Maß des „Urteilens über Gerechtigkeit" und nicht mehr der „moralischen Reife" bezeichnet hat und indem er das Vorhandensein einer Perspektive der Fürsorge im moralischen Denken der Menschen einräumte. Aber die verbreitete Verwendung des Kohlbergschen Messverfahrens als ein Maß für moralische Entwicklung, in Verbindung mit der von ihm selbst beibehaltenen Tendenz, das Urteilen über Gerechtigkeit mit moralischem Urteil schlechthin gleichzusetzen, lässt das Problem der Orientierungsunterschiede ungelöst. Spezifischer noch unterstreichen Kohlbergs Anstrengungen, das Fürsorge-Denken der Abfolge einer 6-Stufen-Entwicklung zu assimilieren, die er im Zuge der Analyse von Veränderungen des Urteilens über Gerechtigkeit ableitete und verfeinerte (wobei er sich hauptsächlich auf die rein männliche Stichprobe seiner Längsschnittstudie stützte), die Bedeutung, die die in diesem Aufsatz genannten Gesichtspunkte nach wie vor haben, das heißt die Unterscheidung verschiedener Entwicklungsstufen innerhalb einer einzelnen Orientierung einerseits und unterschiedlichen Orientierungen andererseits, und (2) die Tatsache, dass die Moralvorstellungen von Mädchen und Frauen in der gegenwärtigen Psychologie weder zur Konstruktion der Bedeutungsstruktur noch der Messinstrumente des moralischen Urteilens untersucht wurden.

Der Unterscheidung zwischen einer Perspektive der Gerechtigkeit und einer Perspektive der Fürsorge, die in diesem Aufsatz entwickelt wird, liegt eine Analyse der Sprache und der Logik des moralischen Urteilens von Männern und Frauen über eine Vielfalt hypothetischer und realer Dilemmata zugrunde. Der empirische Zusammenhang zwischen Fürsorge-Orientierung und weiblicher Geschlechtszugehörigkeit legt die These nahe, dass die zwischen der Moraltheorie und den moralischen Urteilen von Mädchen und Frauen beobachteten Diskrepanzen einen Perspektivenwechsel, eine anders geartete moralische Orientierung, widerspiegeln. Analog dem Umkippen zwischen Figur und Hintergrund bei der Wahrnehmung mehrdeutiger Figuren, sind Gerechtigkeit und Fürsorge, als moralische Perspektiven, keine Gegensätze oder wechselseitigen Spiegelbilder derart, dass Gerechtigkeit unfürsorglich und Fürsorge ungerecht wäre. Vielmehr bezeichnen beide Perspektiven verschiedene Möglichkeiten, die Grundelemente moralischen Urteilens zu organisieren: das Selbst, die Anderen und die Beziehungen zwischen ihnen. Mit dem Wechsel der Perspektive von Gerechtigkeit zu Fürsorge verändert sich die Dimension, in der Beziehungen organisiert werden, von Ungleichheit/Gleichheit zu Bindung/Trennung. Gedanken und Gefühle sowie die Sprache werden so reorganisiert, dass Worte für Aspekte von Beziehungen, wie „Abhängigkeit", oder „Verantwortlichkeit", oder auch Moralbegriffe wie „Fairness" und Fürsorge andere Bedeutungen annehmen. Beziehungen vorrangig in Begriffen von Bindung zu entwerfen (statt in Begriffen von Gleichheit), verändert die Art und Weise, wie man das Miteinander von Menschen begreift, so dass die Bilder oder Metaphern für Beziehungen nicht mehr Hierarchie oder Gleichgewicht, sondern Netzwerk oder

Gewebe hervorheben. Darüber hinaus führt jede organisierende Perspektive zu unterschiedlichen Vorstellungen des Selbst als moralische Instanz.

In einer Gerechtigkeitsperspektive hebt sich das Selbst, als moralische Instanz, als Gestalt gegen einen Hintergrund sozialer Beziehungen ab. Es beurteilt die konfligierenden Ansprüche des Selbst und der Anderen nach einem Standard der Gleichheit und der gleichwertigen Beachtung (dem Kategorischen Imperativ, der Goldenen Regel). In einer Fürsorgeperspektive wird zur Gestalt die Beziehung, die das Selbst und die Anderen definiert. Im Kontext einer Beziehung ist das Selbst als moralische Instanz darauf eingestellt, Bedürfnisse wahrzunehmen und auf sie zu reagieren. Der Wechsel in der moralischen Perspektive manifestiert sich in einer Veränderung des moralischen Problems: an die Stelle der Frage „Was ist gerecht?" tritt die Frage „Wie soll man reagieren?"

So sprechen z. B. Jugendliche, wenn man sie auffordert, ein moralisches Dilemma zu beschreiben, häufig von Gruppendruck oder dem Druck ihrer Familie, und die moralische Frage lautet dann: Wie kann man moralische Prinzipien oder Standards aufrechterhalten und dem Einfluss seiner Eltern oder Freunde widerstehen? „Ich habe ein Recht auf meine religiösen Ansichten", erklärt ein Teenager mit Bezug auf religiöse Differenzen mit seinen Eltern. „Dennoch", fügt er hinzu, „respektiere ich ihre Sichtweise". Dasselbe Dilemma wird von Adoleszenten aber auch als ein Problem der Bindung gedeutet. In diesem Fall lautet die moralische Frage: Wie berücksichtigt man in seiner Reaktion gleichzeitig sich selbst und seine Freunde oder Eltern, wie lässt sich die Bindung angesichts von Glaubensdifferenzen aufrechterhalten oder festigen? „Ich verstehe ihre Furcht vor meinen neuen religiösen Ideen", erklärt ein Teenager mit Bezug auf eine religiöse Meinungsverschiedenheit mit ihren Eltern, „aber sie sollten mir wirklich zuhören und versuchen, meine Glaubensanschauungen zu verstehen". Diese beiden Aussagen lassen sich als zwei Versionen von im Grunde ein und derselben Sache verstehen. Beide Teenager bringen Argumente über religiöse Meinungsverschiedenheiten vor, die der eigenen Selbstrechtfertigung dienen. Beide sprechen die eigenen Ansprüche und die der anderen in einer Weise an, die beide Seiten respektiert. Beide Teenager rekonstruieren aber das Problem in je anderen Begriffen, und die Verwendung der jeweiligen Moralsprachen zeigt, dass es ihnen um etwas je anderes geht. Der erste Sprecher begreift das Problem unter Rekurs auf individuelle Rechte, die es in Beziehungen zu respektieren gilt. Mit anderen Worten, die Gestalt, um die es geht, ist das Selbst, das auf die in Beziehung zueinander stehenden, nicht übereinstimmenden Anderen blickt; sein Ziel ist es, die anderen dazu zu bewegen, das Recht auf abweichende Meinung anzuerkennen. Im Falle der zweiten Sprecherin wechseln Gestalt und Hintergrund. Zur Gestalt, um die es geht, wird die Beziehung, und für Beziehungen wird als wesentlich angesehen, dass man zuhört und Anstrengungen unternimmt, unterschiedliche Glaubensauffassungen zu verstehen. Statt des Rechtes, anderer Meinung zu sein, rückt die Sprecherin die Sorge ins Zentrum, zu hören und gehört zu werden. Die Aufmerksamkeit wechselt von Fragen der Einigung (Rechte und Achtung) zu solchen des Verstehens (Zuhören und Sprechen, Hören und Gehörtwerden). Dieser Wechsel dokumentiert sich in einer Veränderung der Sprache der Moral – an die Stelle der Darlegung individueller Ansprüche auf Rechte und Achtung („Ich habe ein Recht darauf ... Ich achte ihre Ansichten") treten Momente von Beziehungsarbeit: das Gebot zuzuhören und sich um Verständnis zu bemühen („Ich verstehe... sie sollten zuhören... und versuchen, zu verstehen ..."). Die Metapher einer „Stimme der Moral" enthält als solche die Perspektive der Fürsorge; sie macht offenbar, dass die für die Moraltheorie gewählte Sprache nicht orientierungsneutral ist.

So zeigt sich z. B. an der Sprache der öffentlichen Debatte um den Schwangerschaftsabbruch eine Gerechtigkeitsperspektive. Gleichgültig, ob das Dilemma als ein Konflikt zwischen Rechten oder unter Rekurs auf die Achtung vor dem menschlichen Leben behandelt wird, die Rechte des Fötus und die der schwangeren Frau werden gegeneinander abgewogen oder in Widerspruch zueinander gesetzt. Für die Moral der so konstruierten Abbruchsentscheidungen wird die scholastische oder metaphysische Frage zum Angelpunkt, ob der Fötus ein lebendes Wesen oder ein Mensch ist und ob seine Rechte gegenüber denen der schwangeren Frau Vorrang haben. Fasst man es als ein Problem der Fürsorge auf, dann verändert sich das mit dem Abbruch gegebene Dilemma. Ins Zentrum der Aufmerksamkeit rückt die Verbindung zwischen Fötus und schwangerer Frau, zur Hauptfrage wird, ob es verantwortlich oder unverantwortlich, fürsorglich oder leichtsinnig ist, diese Verbindung fortzusetzen oder zu beenden. Dieser Konstruktion zufolge entsteht das Dilemma um einen Abbruch, weil es keine Möglichkeit gibt, nicht zu handeln, und keine Möglichkeit des Handelns, die nicht die Verbindung zwischen Selbst und Anderen verändert. Zu fragen, welche Handlungen Fürsorge bedeuten oder in stärkerem Maße fürsorglich sind, lässt die Aufmerksamkeit auf die Parameter der Verbindung und auf die Kosten einer Trennung richten, die damit Gegenstand moralischer Erwägungen werden.

Fürsorge als Moralperspektive ist demgegenüber weniger gut ausgearbeitet; die Moraltheorie hält kein für ihre Beschreibung geeignetes Vokabular bereit. Als Bezugsrahmen für moralische Entscheidungen basiert Fürsorge auf der Annahme, dass Ego und Alter in einer Interdependenzbeziehung stehen, eine Annahme, die sich in der Auffassung von Handlung als einfühlsamer Reaktion, die in einer Beziehung entsteht, widerspiegelt. Die Handlung hat ihren Ursprung nicht im Inneren des Selbst, sie ist in diesem Sinne nicht „selbstbestimmt". In dieser Sicht ist das Selbst per definitionem mit Anderen verbunden: Es reagiert auf Wahrnehmungen, interpretiert Ereignisse und ist durch die für menschliche Interaktion und menschliche Sprache konstitutiven Organisationsprinzipien gesteuert. Innerhalb dieses Bezugsrahmens ist die Distinktsetzung des Selbst oder der Anderen moralisch problematisch, da sie zu moralischer Blindheit und Gleichgültigkeit führt und dazu, dass Bedürfnisse nicht wahrgenommen werden, oder dass man auf sie nicht reagiert. Die Frage, welche Reaktionen fürsorglich sind und welche verletzend, lenkt die Aufmerksamkeit auf die Tatsache, dass die eigene Sichtweise sich von der anderer unterscheiden kann. Gerechtigkeit lässt sich in diesem Zusammenhang als Achtung für andere Menschen und deren eigene Vorstellungen verstehen.

Diese Beispiele sollen dazu dienen, zwei einander überschneidende Perspektiven zu veranschaulichen, die einander nicht negieren, aber die Aufmerksamkeit jeweils auf unterschiedliche Dimensionen der Situation lenken, so dass hinsichtlich der Frage, worin das zu lösende Problem besteht, ein Gefühl der Ambiguität erzeugt wird. Die systematische Forschung über Probleme der moralischen Orientierung als einer Dimension moralischen Urteilens und Handelns bezog sich ursprünglich auf drei Fragen:

1. Werden bei der Diskussion eines moralischen Dilemmas Probleme der Gerechtigkeit und Probleme der Fürsorge artikuliert?
2. Gibt es eine Tendenz, die Aufmerksamkeit auf nur eine Art von Problemen zu konzentrieren und die anderen nur minimal zu berücksichtigen?
3. Besteht ein Zusammenhang zwischen moralischer Orientierung und Geschlecht?

Empirische Untersuchungen, die im Hinblick auf die Erfahrung realer moralischer Konflikte bei vergleichbaren Stichproben männlicher und weiblicher Befragter die gleichen Fragen verwendeten, liefern positive Ergebnisse in Bezug auf alle drei Fragen.

Aufgefordert, einen selbst erlebten moralischen Konflikt zu beschreiben, formulierten 55 von 80 (69 %) nordamerikanischen Heranwachsenden und Erwachsenen mit höherem Bildungsgrad sowohl Gerechtigkeits- wie Fürsorgeargumente. Zwei Drittel jedoch (54 von 80) konzentrierten ihre Aufmerksamkeit vor allem auf eine der beiden Perspektiven, wobei eine solche Konzentration als gegeben galt, wenn 75 % oder mehr der angestellten Überlegungen entweder Gerechtigkeit oder Fürsorge betrafen. So war es wahrscheinlicher, dass jemand, der beispielsweise bei der Diskussion eines moralischen Konflikts zwei Fürsorge betreffende Überlegungen anstellte, auch eine dritte, vierte oder fünfte darauf beziehen würde, statt Fürsorge- und Gerechtigkeitskriterien gegeneinander abzuwägen – ein Ergebnis, das mit der Behauptung übereinstimmt, dass Gerechtigkeit und Fürsorge unterschiedliche Perspektiven darstellen, die moralische Entscheidungen organisieren. In dieser Untersuchung zeigten Männer wie Frauen (Universitäts- und College-Studenten, Medizinstudenten sowie erwachsene Angehörige freier Berufe) mit gleicher Wahrscheinlichkeit das Phänomen der Konzentration auf eine Perspektive (bei beiden Geschlechtern zeigten zwei Drittel eine derartige Konzentration). Dabei gab es aber Geschlechtsunterschiede in der inhaltlichen Ausfüllung: Mit einer Ausnahme konzentrierten sich alle Männer, die überhaupt eine Konzentration aufwiesen, auf Gerechtigkeit. Bei den Frauen gab es größere Unterschiede: jeweils etwa ein Drittel konzentrierte sich auf Gerechtigkeit bzw. auf Fürsorge.

Diese Ergebnisse erhellen das Phänomen der „anderen Stimme" und seine Implikationen für die Moraltheorie wie für die Frauen. Bemerkenswert ist erstens, dass die Möglichkeit der Konzentration auf Fürsorge in moralischen Urteilen zum Verschwinden gebracht würde, wenn keine Frauen in die Untersuchungsstichprobe einbezogen würden. Obwohl eine Dominanz der Fürsorgeperspektive keineswegs für alle Frauen charakteristisch war, war sie doch in dieser Stichprobe von Nordamerikanern mit höherem Bildungsgrad ein nahezu ausschließlich weibliches Phänomen. Zweitens bedeutet die Tatsache, dass es sich um Frauen mit einem höheren Bildungsgrad handelte, dass die Betonung der Fürsorge nicht ohne weiteres einem Mangel an Bildung oder beruflicher Benachteiligung zugeschrieben werden kann – womit Kohlberg und andere Autoren das Ergebnis erklärten, dass Gerechtigkeitsurteile bei Frauen ein geringeres Niveau aufwiesen. Vielmehr lenkt die Betonung der Fürsorge im moralischen Urteilen von Frauen die Aufmerksamkeit auf die Beschränktheit einer allein auf Gerechtigkeit ausgerichteten Moraltheorie, und sie hebt die Existenz von Fürsorge-Gesichtspunkten im moralischen Denken sowohl der Frauen wie der Männer hervor. In dieser Hinsicht kommt der aus einem Drittel der Frauen und einem Drittel der Männer zusammengesetzten Gruppe, die Fürsorge- und Gerechtigkeitsaspekte thematisieren, besonderes Interesse zu. Sie macht die Notwendigkeit weiterer Forschung über die Art und Weise deutlich, wie Menschen Gerechtigkeits- und Fürsorgeperspektiven in Relation zueinander organisieren – ob man z. B., wie beim Betrachten des Kaninchens und der Ente in der Kaninchen-Enten-Figur,[12] die Perspektive wechselt oder

---

12 Anmerkung der Herausgeberin: Dies ist eine Vorlage (Kippfigur), die in zwei Fassungen wahrgenommen werden kann.

ob man die beiden Perspektiven so integriert, dass die Ambiguität entweder aufgelöst oder ausgehalten wird.

Wenn, drittens, der Bereich der Moral zumindest zwei moralische Orientierungen umfasst, dann legt die Präferenz für eine Perspektive die Vermutung nahe, dass Menschen dazu neigen, die andere Perspektive aus dem Blick zu verlieren, wenn sie zu einer moralischen Entscheidung gelangen – eine Neigung, die von beiden Geschlechtern in gleicher Weise geteilt wird. Die vorliegenden Ergebnisse legen des Weiteren die Vermutung nahe, dass Männer und Frauen dazu neigen, unterschiedliche Perspektiven auszublenden. Das eindrucksvollste Ergebnis ist das faktische Fehlen von eindeutig fürsorgedominierten Urteilen bei Männern. Da aber auch die Männer bei der Diskussion moralischer Konflikte Überlegungen zu Fürsorgegesichtspunkten anstellten, und diese sich also auch ihnen als moralisch relevant darstellten, ergibt sich die Frage, warum sie diese Gesichtspunkte nicht in elaborierterer Form zum Thema machten.

Zusammenfassend wird deutlich, warum die Berücksichtigung des moralischen Denkens von Frauen zur Identifizierung einer „anderen Stimme" führte und Fragen zum Gewicht von Gerechtigkeit und Fürsorge in einer umfassenden Moraltheorie aufwarf. Deutlich wird ebenfalls, dass die Auswahl einer rein männlichen Stichprobe bei der Untersuchung des moralischen Urteils eine Gleichsetzung von Moral mit einer Gerechtigkeitsperspektive begünstigt; sie bringt wenig Daten hervor, die in Diskrepanz zu dieser Auffassung stehen. In der vorliegenden Untersuchung stammen Daten, die im Widerspruch zu einer gerechtigkeitsbestimmten Moraltheorie stehen, von einem Drittel der Frauen. Bisher war man der Meinung, dass diese Frauen mit dem Verständnis von „Moral" Probleme hätten. Indessen kann man auch die Auffassung vertreten, dass diese Frauen die Problematik einer gerechtigkeitsbestimmten Moraltheorie sichtbar machen. Dies mag die Entscheidung der Forscher erklären, im Anfangsstadium der Untersuchungen über moralisches Urteil Mädchen und Frauen auszuschließen. Wenn man mit der Prämisse beginnt, dass „jede Moral in der Achtung vor Regeln besteht", oder dass „es (nur) eine Tugend gibt und ihr Name Gerechtigkeit ist", dann liegt es nahe, dass Frauen in der Moraltheorie als problematisch erscheinen. Wenn man mit den moralischen Urteilen von Frauen beginnt, besteht das Problem darin, wie sich eine Theorie konstruieren lässt, die Fürsorge nicht nur als ergänzenden moralischen Gesichtspunkt, sondern als einen Fokus moralischer Aufmerksamkeit einbezieht,

Chodorows Arbeit[13] erlaubt also zu erklären, wieso das Anliegen der Fürsorge von Männern nur in sehr geringem Maße zur Geltung gebracht und in der

---

13 Zu Chodorow siehe Text von Gildemeister in diesem Buch.

Moraltheorie kaum ausgearbeitet wird. Chodorow verbindet die Dynamik der Herausbildung der Geschlechtsidentität – die Selbstidentifikation als männlich oder weiblich – mit der Analyse früher Kindheitsbeziehungen und untersucht die Wirkungen mütterlicher Fürsorge für das Kind auf die innere Strukturierung des Selbst in Relation zu anderen. Darüber hinaus unterscheidet sie zwischen einem statusorientierten Selbstgefühl („positionell sense of self") und einem persönlichen Selbstgefühl („Personal sense of self"), indem sie ein Selbst, das unter Rekurs auf eine Rolle oder Position definiert ist, einem Selbst gegenüberstellt, das sich durch die Erfahrung der Verbundenheit bewusst wird. Entscheidend ist für sie, dass die mütterliche Fürsorge bei Mädchen die Fortdauer eines in Beziehungen verankerten Selbstgefühls („relational sense of self") begünstigt, da weibliche Geschlechtsidentität mit dem Gefühl, mit der eigenen Mutter verbunden zu sein, zusammenstimmt. Bei Jungen steht die Geschlechtsidentität in einem Spannungsverhältnis zur Mutter-Kind-Verbundenheit – es sei denn, diese Verbundenheit wäre gerade auf der Basis der Gegengeschlechtlichkeit strukturiert (z. B. als ödipales Drama). Obwohl also Jungen Anteilnahme oder Fürsorge in ihren Beziehungen erleben, stellt die Erfahrung von oder das Bedürfnis nach Fürsorge von Seiten der Mutter eine Bedrohung für die männliche Identität dar.

Die Arbeit von Chodorow basiert auf der Theorie der Objektbeziehungen. Daraus ergeben sich ihre Grenzen und ihre Problematik. Die Theorie der Objektbeziehungen verknüpft die Herausbildung des Selbst mit der Erfahrung von Trennung, indem sie Individuierung an Trennung koppelt und so die Erfahrung des Selbst der Erfahrung der Verbundenheit mit anderen entgegensetzt. Diese Linie verfolgt Chodorow bei der Erklärung der männlichen Entwicklung. In diesem Bezugsrahmen können die Beziehungen der Mädchen zu ihren Müttern nur als problematisch aufgefasst werden. Wenn Selbstentwicklung und Individuierung mit Trennung verknüpft werden, stehen Verbundensein mit anderen und die Fähigkeit, mit anderen zu fühlen und zu denken, in einem Spannungsverhältnis zur Selbstentwicklung. Auf diese Weise hält die Theorie der Objektbeziehungen an einer Reihe von Gegensatzpaaren fest, die für das westliche Denken und die Moraltheorie von zentraler Bedeutung waren, so etwa an den Gegensätzen zwischen Denken und Fühlen, Selbst und sozialer Beziehung, Vernunft und Leidenschaft, Gerechtigkeit und Liebe. Ferner übernimmt die Theorie der Objektbeziehungen die überkommene Aufteilung der psychologischen Arbeit zwischen Frauen und Männern. Weil die Idee eines Selbst, das im Zusammenhang mit Bindungen an andere erfahren wird, theoretisch unmöglich ist, werden Mütter als Objekte beschrieben und als selbstlos, als ohne ein Selbst konzipiert. Diese Auffassung ist für Frauen notwendig problematisch: Sie spaltet die Aktivität des „Mutterns" ab von Bedürfnissen, Wissen und Selbstverantwortlichkeit und impliziert, dass eine Mutter, die sich selbst eher als Subjekt denn als Objekt (als einen Spiegel, der ihr Kind reflektiert) erfährt „selbstsüchtig" und keine gute Mutter ist. Winnicotts Begriff „der ausreichend guten Mutter" ist ein Versuch, dieses Urteil abzumildern.

Auf diese Weise haben Psychologen und Philosophen, die das Selbst und die Moral mit Trennung und Autonomie – der Fähigkeit, über sich selbst zu bestimmen – gleichsetzten, Fürsorge mit Selbstaufopferung oder mit „Gefühl" assoziiert; diese Auffassung konfligiert mit der hier vertretenen Position, dass auch Fürsorge eine Form des Wissens und eine kohärente moralische Perspektive darstellt.

▶ *Bilden, Helga (1985): Sozialisation und Geschlecht. Ansätze einer theoretischen Klärung. In: Renate Valtin/Ute Warm (Hg.): Frauen machen Schule. Probleme von Mädchen und Lehrerinnen in der Grundschule. Frankfurt (S. 13 und 14, S. 28-33, S. 25-39)*

Sozialisation als Erklärungsansatz

Sozialisationsbegriff

Mit „Sozialisation" bezeichnet man den Prozess, in dem aus einem Neugeborenen ein „gesellschaftliches Individuum" wird, ein Individuum, das fähig ist, gemäß seiner Stellung in der Gesellschaft zu handeln. Das geschieht, indem er/sie mit den gesellschaftlich vorgegebenen Lebensbedingungen Erfahrungen macht und mit Menschen, Dingen, Symbolen nach den Regeln dieser Gesellschaft umzugehen lernt. Üblicherweise wird Sozialisation missverstanden als ein Prozess, der ein eher passives Individuum formt. Tatsächlich ist kein Kind, nicht einmal ein neugeborenes, nur Objekt seines Sozialisationsprozesses. Von Anfang an spielt es einen aktiven Part bei diesem Vorgang, auch wenn die von außen gesetzten Bedingungen (Verhalten der Eltern, Nahrung, Wohnung, Anregung usw.) zuerst übermächtig sind. Mit zunehmenden Handlungs- und Reflexionsmöglichkeiten des Kindes jedoch wächst sein eigener aktiver Anteil: Es setzt sich mit seiner Umwelt handelnd, wahrnehmend, denkend, phantasierend auseinander. Dabei formt es sich als „handlungsfähiges Subjekt": als jemand, der oder die innere Strukturen (Fähigkeiten, Motive, Wünsche, Interessen usw.) als Niederschlag dieser Erfahrungen in der Auseinandersetzung mit der Umwelt ausbildet. Diese Strukturen sind nicht einfach ein Abklatsch der Umwelteinflüsse, aber sie korrespondieren mit den Strukturen der gesellschaftlichen Umwelt, mit denen das Kind seine Erfahrungen macht: Sie sind das Ergebnis seiner Antwort auf Zwänge und Angebote, auf Einengungen und Anforderungen. Im Austausch mit der Umwelt eignet sich das Kind deren Strukturen an: den Umgang mit Puppe oder Auto, die sexistische Sprache und das „symbolische System der Zweigeschlechtlichkeit" (Hagemann-White 1984). Auch wie sich das Kind seinen eigenen Körper aneignet, wird davon bestimmt, wie ihn die Mutter als weiblichen oder männlichen Körper behandelt, wie das Kind ihn in (Mädchen- oder Jungen-)Spielen zu bewegen lernt, wie ihn die Männer auf der Straße sehen usw.

Dieser Prozess der Aneignung und Formung hört nicht mit der Jugend oder irgendeiner „Reife" auf. Indem ich in einem bestimmten Beruf, mit einem bestimmten Partner, in einem Alternativ-Projekt, in der Hausarbeit mit kleinen Kindern handle und Erfahrungen mache, werde ich geformt und forme mich, evtl. ganz bewusst, selbst. Ich entwickle entsprechende Denk- und Wahrnehmungsweisen, Zeitstrukturen und Interessen – aber vielleicht auch den Erwartungen zuwiderlaufende Wünsche und Selbstdefinitionen.

Wir müssen also auch geschlechtsspezifische Sozialisation weniger als einen Prozess des Geformtwerdens (durch „sex-typing") sehen und viel mehr als einen Selbstformungsprozess; ich spreche daher oft von geschlechts(un)typischer Entwicklung und meine beides: Selbstformung und Geformtwerden. Die gesellschaftlich-kulturellen Bedingungen als Ganzes (s. u. „gesellschaftliche Totalität") stellen dabei für Jungen und Mädchen, Männer und Frauen, eine jeweils verschiedene Ausgangsbasis dar, sich selbst in Beziehung zur sozialen Welt zu setzen (Selbstdefinition-in-der-sozialen-Welt: Identität).

Das sich entwickelnde Individuum macht sich seinen Reim auf die Welt; es setzt sich handelnd mit ihr auseinander; es macht sich je nach seinen emotionalen Bedürfnissen mit Hilfe seiner kognitiven Fähigkeiten und mit Hilfe angebotener Interpretationsschemata und Identifikationen ein Bild – auch ein Wunsch- oder Leitbild – von Sich-in-der-Welt. Mit dem Alter, mit kognitiven und Handlungsfähigkeiten des Kindes verändern sich die Bedingungen dieses Prozesses: Kinder konstruieren ihre Welt nach eher einfachen Regeln und Stereotypen, die meist rigider sind als die der umgebenden Erwachsenen. Erst Heranwachsende, Jugendliche, können diese Stereotype und Schemata von sich aus überschreiten und zu differenzierteren Sichtweisen und Einstellungen kommen. Das gilt insbesondere für die Geschlechter(rollen)stereotype, die gerade von Kindern, die sich erst in der Welt orientieren, aufgegriffen und verschärft werden. Indem und insoweit sich der soziale Erfahrungsraum der Kinder und Jugendlichen erweitert, lernen sie Menschen mit ihren evtl. andersartigen Vorstellungen und Erwartungen, vielleicht auch mit einer anderen Praxis im

Geschlechterverhältnis kennen; sie kommen in eine Vielzahl von sozialen Situationen mit unterschiedlichen Anforderungen und Möglichkeiten; über Medien werden sie mit Stereotypen und Scheinwelten berieselt, vielleicht auch mit Utopien, Philosophien und alternativen Lebensformen konfrontiert: Die Möglichkeiten, sich mit Personen und Ideen zu identifizieren, überhaupt die Wahl zu haben zwischen verschiedenen Wertvorstellungen, Leitbildern und Lebenskonzepten, nehmen zu. Eltern, Geschwister, erste Lehrer, die Selbstverständlichkeiten der Familie oder der dörflichen Umwelt können relativiert werden – das ist der individuellen Auseinandersetzung mit ihnen anheim gestellt. Jugendliche können sich neue Bezugspersonen und -gruppen, neue Identifikationsobjekte und Leitideen suchen – aber die Zugangschancen dazu sind nicht für alle gleich (ich denke an Bildung, Stadt/Land, unterschiedliche Aktionsradien von Mädchen und Jungen, elterliche Kontrolle über sozialen Umgang, die Art, Freizeit zu verbringen, Lektüre u. a. m.). In Phantasiewelten, Denkgebäuden oder Computer-Bastelleidenschaft können sich jugendliche eine gewisse Eigenständigkeit – und auch geschlechtstypische Einseitigkeit aufbauen.

Patriarchalische Kultur

„Unsere" Kultur wird von Männern dominiert und aus patriarchalisch-männlicher Perspektive produziert. Der Anteil, den Frauen trotzdem an der Kulturproduktion haben, wird systematisch negiert, er verschwindet immer wieder schnell aus dem tradierten Wissen (wie die Künstlerinnen, die Frauenrechtlerinnen früherer Generationen). Unsere Kultur ist auf Männer bezogen. Ihre Macht und Dominanz, ihre Hochbewertung und Wichtigkeit, ihre Art, die Welt zu sehen, wird durch Jahrtausende patriarchalischer Kultur selbstverständlich. Sie bestimmt unser Denken und Fühlen, sie kolonialisiert unsere Köpfe, Patriarchalische Kultur erkennt nur Männer als Subjekte, auch als Subjekte der Geschichte, an; Männer stehen selbstverständlich im Mittelpunkt.

Die patriarchale „Sozialkultur" kennt nur Macht, Kontrolle – oder Ohnmacht, Unterwerfung („du oder ich"); Verbundenheit, Gemeinsamkeit, Anerkennung von Gleichheit stehen demgegenüber zurück. Wer nicht den anderen kontrollieren, seiner Macht unterwerfen kann, ist selbst unterlegen. Das gilt insbesondere für das Mann-Frau-Verhältnis, etwa in der Kontrolle weiblicher Potenz und Gebärfähigkeit durch männlich bestimmte Sexualität und durch Bevölkerungs- und Sozialpolitik. Die Familie und die familiären Beziehungen erscheinen als Domäne der Frau und Produkt ihrer Arbeit; aber sie sind vielfältig abhängig und überformt durch die gesellschaftlich dominanten Bereiche (Wirtschaft, Politik), die immer noch Domäne der Männer sind.

Auf die „Symbolkultur" will ich hier etwas näher eingehen. Insbesondere Sprache und Wissenschaft, Religion und Alltagsrituale bis hin zur nonverbalen Kommunikation, werten Männer/"Männlichkeit" auf, und setzen Frauen/"Weiblichkeit" herab: „Das Deutsche als Männersprache" (Pusch 1984) sorgt für die Unterordnung des Weiblichen unter das Männliche, welches als Allgemeines zur (Sprach-) Norm wird; Frauen sind das Besondere, das nur im Ausnahmefall der Erwähnung wert ist. Im alltäglichen Reden lernen Kinder, männliche wie weibliche, ihr Sprechen und Denken an der männlichen Norm zu orientieren: Eine männliche Weltsicht entsteht unbemerkt. Männer konstruieren Bilder von Männlichkeit und Weiblichkeit, in denen sie sich selbst die jeweils hoch bewerteten Eigenschaften zuschreiben und die Frauen als das „andere", das „schwache" Geschlecht im Gegensatz zum Mann, abgeleitet von seiner Selbstdefinition, entwerfen – und sie haben die Macht, diese Ideologie zur Norm, zum Erziehungsziel zu erheben und (teilweise) zu realisieren.

Nicht nur durch explizite Bewertungen werden Männer in dieser Kultur hoch bewertet und Frauen abgewertet, sondern implizit, unbemerkt auch dadurch, dass der Wissenskanon, den diese Kultur produziert (hat), ein einseitig männlicher ist, der jedoch als objektiv und umfassend („menschlich") ausgegeben wird: Wenn der männlich beschränkte Blick, die Hälfte menschlicher Erfahrung, als objektiv und total erscheint, erscheinen automatisch Frauen als minderwertig, als Besonderheit, die berechtigterweise allenfalls am Rande erwähnenswert ist (Spender 1982).

Die stillschweigende Gleichsetzung männlicher Erfahrungen und Prinzipien mit menschlichen ist ein schweres Handicap für die Entwicklung von Mädchen und Frauen: Die Interpretationsschemata der patriarchalischen Kultur klammern weibliche Erfahrungen aus und erschweren es Mädchen und Frauen, sich selbst zu bestätigen, sich ihrer weiblichen Identität zu versichern (Gilligan 1983, S. 116). Solche Mechanismen, auch die Tradierung dieses patriarchalisch-männlichen Wissenskanons durch die Erziehungsinstanzen, insbesondere durch die Schule, spielen vielleicht eine wesentlich größere Rolle in der Unterdrückung von Frauen als die direkte Verhaltensformung („sex-stereotyping")!

Frauen, Mädchen sind Fremde in dieser Kultur: Sie spiegelt ihnen keine oder eine inferiore kulturelle Identität wider. Wenn Männlichkeit die Norm und der Mittelpunkt dieser Kultur ist, dann ist die Weiblichkeit das andere und der dunkle Hintergrund. Mädchen können sich nicht in Identifikation mit „großen Frauen" als Subjekte, gar als Subjekte von Geschichte und als Schöpferinnen, sondern nur als Geschöpfe der patriarchalischen Kultur wahrnehmen, gleichgültig, wie viel schöpferischen Anteil Frauen tatsächlich haben, v. a. im Privaten. Die private

Produktivität und Kreativität der Frauen bleibt im Hintergrund (übrigens auch durch Zutun von Frauen!)

Der dauernde Appell an „weibliche Fähigkeiten und Eigenschaften" meint v. a. dienende, ergänzende und kompensierende Funktionen von Frauen. Aber wenn sie auch die alltäglichen Wunden heilen – die Heilkunde und die Honorare gehören den Ärzten. Die Frauen bleiben unsichtbar wie in der Sprache.

Der Spiegel dieser Kultur ist für sie blind oder verzerrt ihr Bild: Er hilft ihnen nicht, Selbstbewusstsein als weibliche Subjekte zu entwickeln. Er vermittelt nicht: „Du bist gut, du bist richtig". Nur über den Mann, über die Zuordnung zu einem Mann können sie einen Platz finden, der nicht am Rande und entwertet ist: So wird weibliche Identität auf die persönliche Verbindung mit einem Mann angewiesen. Die Tatsache, dass daher die meisten Frauen über weite Strecken ihres Lebens im Konfliktfall der Beziehung zu einem Mann den Vorrang vor anderen Bedürfnissen, Interessen und Lebensmöglichkeiten geben, formt die persönliche Entwicklung von Frauen und stützt das Arrangement der Geschlechter.

Wie sich Arbeitsteilung und patriarchalische Strukturen in unmittelbare Sozialisationsumwelten und Entwicklungschancen umsetzen: einige Beispiele:

So wurde im letzten Jahrzehnt eine Dimension entdeckt, die immens wichtig erscheint: die größere Aufmerksamkeit von Erwachsenen (Eltern, Lehrern) für Jungen bzw. ihr konsequenteres Reagieren und Eingehen auf sie. Dies ist wohl direkter Ausdruck der höheren gesellschaftlichen Bewertung von Männern unter patriarchalischen Bedingungen und vermittelt sie auch weiter.

Altbekannt sind die Unterschiede von Spielen und Spielzeug. Aber erst in letzter Zeit wurde herausgearbeitet, wie die Charakteristika der Spielzeuge, der Aktivitäten, Spielstrukturen usw. hervorragend die Funktion erfüllen, dass sich Interessen, Fähigkeiten und Verständnis von sich-selbst-in-der-Welt auf die jeweilige Position in der geschlechtsspezifischen Arbeitsteilung hin entwickeln.

Die Erwartungen, die Eltern, Lehrer u. a. gegenüber männlichen und weiblichen Kindern und Jugendlichen hegen, das unterschiedliche Maß an „Eigenwillen", an Spielraum für Explorationsverhalten, an Freiheit von Überwachung, das sie Jungen und Mädchen zugestehen, tragen entscheidend dazu bei, dass sich auf z. T. schwer fassbare Weise die psychosoziale Entwicklung der Kinder dem patriarchalischen Geschlechtersystem relativ gut anpasst.

Nicht weniger bedeutsam scheinen mir allerdings die Gruppen der Kinder und Jugendlichen selbst und die Prozesse in ihnen: Sie bieten in der Regel Jungen mehr Gelegenheit zur Selbstsozialisation; dort wird meist stereotyp nach Geschlecht schematisiert; soziale Bewertungs- und Definitionsprozesse laufen üblicherweise entsprechend der gesellschaftlichen Dominanz der Männer und oft gewaltförmig ab.

Unterschiede in der Aufmerksamkeit, im konsequenten Reagieren und Eingehen auf das Handeln männlicher und weiblicher Kinder

Maccoby/Jacklin (1974, S. 348) ziehen am Ende ihres Literaturüberblicks überrascht das Fazit: „Erwachsene reagieren, als wenn sie Jungen interessanter und mehr Aufmerksamkeit provozierend fänden als Mädchen...". Bilock (1984, S. 198f.) resümiert eine Reihe von Beobachtungs-Untersuchungen mit einem anderen Begriff, der mir Ähnliches zu bezeichnen scheint: Eltern, Kindergärtnerinnen, Lehrer reagieren wesentlich konsequenter („contingent responding") auf Signale und Handlungen von Jungen als auf die von Mädchen; das zieht sich durch alle Altersstufen:

Mütter gehen beim Stillen und Füttern mehr auf die Äußerungen männlicher Säuglinge ein ... – nicht immer wurden solche Unterschiede gefunden); Eltern reagieren mehr auf die Lautäußerungen männlicher Säuglinge, bei Mädchen wurden die Eltern mehr mit eigenen Lauten initiativ...; Mütter gehen gezielt auf Bewegungen und spielähnliche Aktivitäten von Söhnen ein (Lewis 1972).

Auch bei älteren Kindern findet sich das Muster erhöhter Zuwendung, konsequenter Reaktion der Eltern gegenüber Jungen: Söhne ernten wesentlich mehr Lob und Tadel (beides ist Zuwendung!) als Töchter, wie viele Untersuchungen zeigen; die Väter reagierten in einer Untersuchung (Margolin/Patterson 1975) sogar doppelt sooft positiv auf das Verhalten von Söhnen als auf das von Töchtern.

Vielleicht gibt es noch nicht genug empirische Belege, um bzgl. der Eltern starke Behauptungen aufzustellen; aber für Kindergärtnerinnen (Felsenthal 1970, Serbin et al. 1973) und für Lehrer/innen in den verschiedensten Ländern (USA: Sears/ Feldmann 1976, England: Spender 1982, Bundesrepublik: Frasch/ Wagner 1982) ist die stärkere Reaktion, das Mehr an Aufmerksamkeit für Jungen vielfach belegt: Lehrer/innen nehmen Jungen häufiger und (nach dem Melden) schneller dran als Mädchen, sie wenden sich mehr mit Lob und Tadel an Jungen.

> „Einstellung und selektive Wahrnehmung des Lehrers drücken sich darin aus, dass der Unterrichtsbeitrag der Jungen – unbemerkt – als wertvoller eingestuft und Jungen für förderungswürdiger erachtet werden. Lehrer spornen deshalb Jungen mehr an, was zu häufigerem Lob und Tadel und Disziplintadel führen kann, wenn die schulische Mitarbeit der Jungen durch deren aggressives Verhalten gefährdet ist..." (Frasch/Wagner S. 275).

Spender meint, dass in der Schule Lehrer/Innen und Schüler (bes. die männlichen) von der Grundregel auszugehen scheinen, dass etwa 2/3 der Aufmerksamkeit im Klassenzimmer den Jungen „zusteht", den Mädchen 1/3. Alle Versuche, selbst von feministischen Lehrerinnen, die Mädchen gleich zu beachten, blieben weit unter einer Gleichverteilung der Aufmerksamkeit (maximal 42 %, meist nur 38 %

der Zeit für die Mädchen der Klasse); dabei glaubten die Lehrerinnen selbst, sie hätten die Mädchen bevorzugt, und die Jungen protestierten, dass sie sich zuviel mit den Mädchen beschäftigten! Jedenfalls sind die Jungen aktiv daran beteiligt, die Ungleichheit zu ihren Gunsten, die sie als Gerechtigkeit und Gleichheit empfinden, herzustellen: durch bohrende Fragen wie durch Disziplinschwierigkeiten, wenn Form oder Inhalt des Unterrichts sie nicht besonders ansprechen, und auch indem sie die Mädchen durch Unterbrechen, Lächerlichmachen und Heruntersetzen zum Schweigen bringen (Spender 1982, S. 63).

Prononciert ist die stärkere Beachtung der Jungen in den Fächern, von denen allgemein erwartet wird, dass sie Jungen „mehr liegen"; Mathematik und Naturwissenschaften (bzw. Sachkunde). In sprachlichen Fächern wie Deutsch, erwarten Lehrer/innen aber Leistungen und Interessen der Mädchen; trotzdem werden hier nicht etwa die Mädchen bevorzugt, sondern die Verteilung der Lehraufmerksamkeit ist nur weniger ungleich.

Die Tatsache, dass Eltern, Kindergärtnerinnen, Lehrer/innen (und wahrscheinlich auch andere Erwachsene) mehr auf die Aktionen der Jungen eingehen, ihnen mehr Aufmerksamkeit zuwenden, hat weitreichende Folgen für die Entwicklung der Kinder (Block 1984, S. 149ff): Aufmerksamkeit/konsequentes Reagieren (Feedback) fördert die Entwicklung des kindlichen Bewusstseins, dass er/sie Reaktionen und Wirkungen in der physischen und sozialen Welt hervorrufen kann. Solche frühen Erfahrungen eigener Wirksamkeit sind die Vorläufer späterer instrumenteller Kompetenz. Das Bewusstsein „Mein Handeln kann Wirkungen in der Welt hervorrufen" stimuliert die Motivation des Kindes zu explorieren, zu experimentieren, die Umwelt zu meistern. Von einer Vielzahl psychologischer Forscher sind die Zusammenhänge zwischen Eigenaktivität des Kindes, Feedback, Wirksamkeitsgefühl und Kompetenzentwicklung betont worden. Ein aktives, experimentelles Herangehen an die Umgebung wird durch mehr Feedback bzw. die Erfahrung konsequenter Reaktion von Erwachsenen bei Jungen eher gefördert als bei Mädchen. Das gleiche gilt für das Bewusstsein eigener Wirksamkeit und instrumenteller Kompetenz, wie es für Jungen vielfach belegt ist (Block, S. 195).

Die seltenere und weniger konsequente Reaktion auf das Handeln und die Signale von Mädchen, das Weniger an Aufmerksamkeit erleichtert ihnen nicht gerade, Experimentierfreudigkeit und Explorationslust aufrechtzuerhalten und das Bewusstsein zu entwickeln, dass ihr Handeln wirksam und bedeutend ist, dass sie kompetent sind.

Lehrer/innen widmen den Jungen nicht nur mehr Aufmerksamkeit – selber ein Zeichen der höheren Bewertung –, sondern sie bewerten sie (jenseits der Schulnoten) positiver: Sie halten Jungen für bewusster, fähiger zu brillanten

Leistungen und wertvoller als Mädchen und arbeiten lieber mit ihnen (Clarri-coates 1978). Das vermittelt Kindern und Jugendlichen gerade in der Schule die Lektion: Jungen sind wichtiger, sind mehr Beachtung wert, Mädchen bleiben stiller, mehr im Hintergrund. Das stärkt das Selbstvertrauen der Jungen und schwächt das der Mädchen. Entsprechend reden die Jungen immer mehr und verlangen mehr Aufmerksamkeit, die Mädchen werden stiller und bescheide-ner; ihr Rückzug verstärkt die Asymmetrie. Diese Regeln: mehr Redezeit, mehr Aufmerksamkeit, mehr Reaktion auf Männer gelten auch für die Gespräche von Erwachsenen in der Öffentlichkeit, wie Trömmel-Plötz (1982) gezeigt hat.

Hochschätzung des Männlichen, Herausheben männlicher Akteure und männlicher Tätigkeitsfelder – Vernachlässigung bis Abwertung der Frauen und ihrer Tätigkeiten ist Prinzip der patriarchalischen Kultur, auch ihres Wissens, das durch die Schule gezielt vermittelt wird (Spender 1982).

Verwirrenderweise gibt es neben der Höherbewertung der Männer, des Männlichen, als Kernprinzip dieser Kultur einen schwächeren gegenläufigen Strang: den Appell an die guten weiblichen Eigenschaften, die das Leben erst erträglich machen; die Apostrophierung der Frauen als der „besseren" Menschen: sozial, nicht aggressiv, verantwortlich fürsorgend, mütterlich, einfühlsam usw., für Mädchen: sozial Integrativ, ordentlich und umgänglich. Es ist ein Angebot an Mädchen und Frauen, sich heimlich als „die besseren", die menschlicheren Menschen zu sehen – und sich mit dieser „moralischen Überlegenheit" über die reale alltägliche Abwertung und die Ausbeutung ihrer sozialen Funktionen hinwegzutrösten.

„Selbstsozialisation" in Gleichaltrigengruppen – Mädchen als negative Bezugsgruppe für Jungen

Während Jungen sich von früh an in Gruppen von Gleichaltrigen der Kontrolle von Erwachsenen entziehen können, bleiben Mädchen mehr im oder beim Haus, unter Aufsicht. Sie spielen eher zu zweit mit anderen Mädchen, auch als Jugendliche sind Mädchen meist viel mit der besten Freundin zusammen, oft in ihrem Zimmer. Wenn sie Mitglieder von gemischten Gruppen sind – Mädchengruppen gibt es kaum –, unterliegen sie dem Erwartungsdruck und der Definitionsmacht, oft auch der rohen Gewalt der Jungen: „Selbstsozialisation in eigener Regie" wird von den Umständen für weibliche Entwicklung systematisch beschränkt: Sie könnten zu unabhängig werden, um in das patriarchalische Geschlechtersystem zu passen ...

In den meisten Altersstufen ab der Vorschulzeit grenzen v. a. die Jungen die Mädchen aus ihren Gruppen, ihren Spielen oder einem Teil ihrer Aktivitäten aus. Die männliche Subkultur vom Vorschulalter an richtet sich gegen die Mädchen: durch Geringschätzung, Ärgern, Verspotten, Prügeln. Jungen nutzen die ausgegrenzten Mädchen als negative Bezugsgruppe, als das, wovon sie als Jungen sich positiv abheben (ähnlich die Mädchen, aber das ist nicht so wirksam), so wie sie sich als Jungen von der Mutter, mit der sie so lange verbunden waren, unterscheiden.

Spender (1982, 5. 77ff) meint einen ähnlichen Prozess in gemischten Klassen in der Schule im Vergleich zu getrennten Klassen zu beobachten: In gemischten Klassen vermeiden es Jungen, sich mit Mädchen direkt zu vergleichen, aber sie werten die Leistungen und Fähigkeiten von Mädchen ab. Ab dem Alter, wo den Mädchen die Meinung von Jungen, v. a. ihres Freundes, wichtig wird, stellen sie selbst ihr Licht unter den Scheffel (Komarowsky 1946 ebenso wie Frazier/ Sadker 1973). Entsprechend den erwähnten Lehrererwartungen, dass Jungen die brillanteren Leistungen brächten, lernen Mädchen wie Jungen, die Leistungen und Fähigkeiten von Mädchen zu unter- und die von Jungen zu überschätzen. Für die Jungen werden dabei die Mädchen zur negativen Bezugsgruppe. In reinen Jungenschulen sollen dagegen die Jungen schlechter, in reinen Mädchenschulen die Mädchen besser sein. Die Jungen brauchen anscheinend zum Lernen und Leisten die negative Bezugsgruppe der Mädchen (oder schaffen sie sich in Gestalt der „weichlichen" Jungen). Die Mädchen dagegen leisten mehr, wenn sie nicht den negativen Vergleich für die Jungen darstellen und hinter diesen zurückstehen. Wenn Virginia Woolf schreibt (1977), dass Frauen seit Jahrhunderten Männern als Vergrößerungsspiegel dienten, so impliziert das, dass sie gleichzeitig ihr eigenes Bild verkleinern helfen.

Gewalt gegen Frauen als Sozialisationsfaktor

In den letzten Jahren hat die Frauenbewegung sukzessive ans Licht der Öffentlichkeit gebracht, wie allgegenwärtig in unserer ansonsten relativ „befriedeten" (wenn auch keineswegs friedfertigen) Gesellschaft Gewalt gegen Frauen und Mädchen ist: vom Mann geschlagene und vergewaltigte und getötete Ehefrauen, auf der Straße vergewaltigte und ermordete Frauen und Mädchen, sexuell in der Familie und ihrem Umkreis missbrauchte Mädchen, das sind Hunderttausende. Bedroht sind alle Mädchen und Frauen. Gewalt auch in der Schule und sexuelle Belästigung auch im Betrieb oder in der Kneipe, Freizeitheim usw. sind „normal". Mädchen und Frauen müssen „sich vorsehen": Sie schränken ihren Bewegungsradius ein (oder er wird eingeschränkt). Sie suchen Schutz bei Mächtigen (Erwachsenen, Lehrer/innen, Männern) – und kollaborieren mit ihnen; sie begeben sich ihrer Eigenständigkeit. Kollektive Abwehrstrategien (wehrhafte Mädchengruppierungen, gegenseitige Unterstützung in der Nachbarschaft, spontane Frauensolidarität, entschiedene Solidarität der Mutter mit der Tochter) sind im Alltag selten.

Was Mädchen und Frauen Angst macht, einschüchtert und erniedrigt, erhöht und stärkt gleichzeitig Jungen und Männer, auch diejenigen, die weder stark noch gewalttätig sind, einfach durch die Angst und die Einschränkung der anderen. Deren Ausmaß machen wir uns selten klar: Was könnten wir alles tun, unternehmen, wohin könnten wir spontan und allein gehen, wenn wir nicht als Frauen Angst hätten vor Gewalt, Spießrutenlaufen, Angemachtwerden usw.? Wie stark formt uns das, was wir nicht tun? Das, was uns schon nicht mehr als Möglichkeit einfällt? Klarer ist es bei dem, was wir tun: Schutz suchen, beschützt werden, im Haus, an der Hand der Eltern, am Arm eines Mannes, in Begleitung eines Jungen, bedeutet einseitige Abhängigkeit, Einengung, Sich anpassen, weil Alleinsein zu gefährlich wäre. Jungen, Männer können aus dieser Asymmetrie der Beziehungen Kapital schlagen für ihr Selbstwertgefühl und ihre Macht, trotz ihrer realen gesellschaftlichen Ohnmacht, trotz persönlicher Unsicherheit (nicht alle tun's). Gerade Jungen im Schulalter und jugendliche bauen sich oft und mit Leichtigkeit ein Selbstbewusstsein über ihre Kraft und ihre Stärke „als Mann", als Mitglied einer Jungenclique, auf. Besonders jugendliche aus unterprivilegierten Schichten benutzen das gewalttätige Geschlechterverhältnis für ihre Aufwertung.

▶ *Hagemann-White, Carol (1984): Sozialisation: weiblich – männlich?*
Opladen, Leske + Budrich (S. 78-86)

Die Zweigeschlechtlichkeit als kulturelles System und der Biologismus des Alltags

Um an die Wurzel der Geschlechterverhältnisse zu gelangen, müssen wir zunächst deren alltagstheoretische Grundannahme bewusst betrachten: dass die Existenz von zwei und nur zwei Geschlechtern eine Naturtatsache sei. Gelingt es uns, den eigenen kulturell geprägten Blick zumindest auszuklammern, können wir sehen, dass morphologisch ein Kontinuum zwischen weiblicher und männlicher Gestalt existiert, ein Kontinuum, das auch die Genitalien einschließt. Dieses Kontinuum in zwei eindeutig definierte, sich ausschließende Gruppen zu teilen, ist eine kulturelle Setzung. Zurzeit gibt es Tendenzen, die Ärzteschaft auch hier mit Definitionsmacht auszustatten und das Chromosomengeschlecht als Trennungslinie zu setzen, so – allerdings nur für Frauen – im internationalen

Leistungssport. Es ist hier ein Vergleich mit der Einteilung der Menschheit in Rassen angebracht, eine uralte kulturelle Konstruktion, deren Künstlichkeit in den sozialen Konflikten des 20. Jahrhunderts etwa in den USA und in Deutschland unübersehbar wurde, gleichzeitig immer gewaltsamer geleugnet worden ist. Faktisch existiert ein Kontinuum sowohl in der Morphologie wie in der Abstammung, im Alltag wurde oder wird geglaubt, dass jeder Mensch der einen oder der anderen Rasse angehöre, und dass dies ihm unmittelbar anzusehen sei. Dabei werden die an beiden Enden des Kontinuums erkennbaren Unterschiede intensiviert wahrgenommen, die Wahrnehmung wird aber wiederum von dem „Wissen" um die Zugehörigkeit gelenkt. Wenn eine solche Theorie zugleich mit politischen und ökonomischen Machtkonflikten verwoben ist, kann sie enorm resistent gegen widersprechende Erfahrungen sein. Sie wird zur Natur gemacht.

Haben die Arbeiten von Margaret Mead in den 30er Jahren die kulturelle Relativität der weiblichen und männlichen „Eigenschaften" angezeigt, so markiert wiederum eine Bemerkung von Mead vor 20 Jahren den Beginn einer ernsthaften Reflexion über die soziale Konstruktion der Zweigeschlechtlichkeit selbst. 1961 bemerkte Mead, dass nicht wenige Gesellschaften mehr als zwei Möglichkeiten der Geschlechtszugehörigkeit kennen, und Martin/Voorhies (1974) widmeten ein ganzes Kapitel diesen „zusätzlichen Geschlechtern". Dieser Faden ist von Kessler/McKenna (1978) und Ortner/Whitehead (1981) aufgenommen worden, wobei letztere eine ganze Aufsatzsammlung vorlegen, deren Autoren verschiedene Kulturen mit der Perspektive einer „Hermeneutik der Geschlechter" untersucht haben.

Wie diese anthropologischen Arbeiten verdeutlichen, müssen wir die Kategorien Frau/Mann selbst als Symbole in einem sozialen Sinnsystem begreifen. Wir können an keine Gesellschaft mit der naiven Annahme herantreten, wir wüssten ja schon, was Frauen und Männer sind und woran man den Unterschied erkennt. Sinnsysteme sind nicht ohne Verständnis der Intention der Handelnden zu begreifen, aber auch nicht ohne die historischen und sozialen Bedingungen, unter denen sie ihren Schein der Naturhaftigkeit erhalten. Geschlechtssysteme sind typischerweise zweigeteilt und hierarchisch, wobei in allen uns bekannten Gesellschaften das männliche Geschlecht dominiert (Ortner 1974); die Inhalte der Kategorien variieren jedoch sehr breit. Eine Anzahl von Gesellschaften haben Möglichkeiten gekannt, zum anderen Geschlecht überzuwechseln, ein drittes, neutrales Geschlecht anzunehmen, oder kennen mehrere zusätzliche Geschlechtskategorien. Umstritten ist, ob dies die Zweiteilung unterläuft (Martin/Voorhies, Kessler/McKenna) oder im Gegenteil gerade stärkt, indem ein Platz für Verhaltensabweichungen geschaffen wird (Cucciari 1981). Regelmäßig greifen jedoch die Prinzipien der Geschlechterunterscheidung, deren Inhalt ja sehr unterschiedlich ist je nach Kultur, auf die innere Hierarchie unter den Angehörigen eines Geschlechts und auf die besondere Geschlechtszuordnung über, sie sind also zugleich auch Werthierarchien allgemeiner Art. Was den Geschlechtswechsel oder die „zusätzlichen Geschlechter" betrifft, scheinen die Genitalien nie ganz irrelevant zu werden; diese Gesellschaften unterscheiden im Alltag jedoch nach anderen Kriterien und erlauben so in der Praxis den vollständigen Geschlechtswechsel oder den Wechsel in einen Sonderstatus, ohne dass die Genitalien ein Hindernis wären.

Auch die Sexualwissenschaft im engeren Sinne kann nicht als „Naturtatsache" gelten. Die neuere Sexualwissenschaft bestätigt, dass eine hormonelle Verursachung für die Wahl des Sexualpartners, für die Relevanz von Personen, Gesten oder Situationen als erotisch oder unerotisch, überhaupt nicht in Frage kommt. Das, was als erotisch empfunden wird und sexuelle Erregung auszulösen vermag, ebenso wie das, was als sexuelles Tun erlebt wird, ist eindeutig kulturell gelernt und daher eingebettet im Sinnsystem der Zweigeschlechtlichkeit (Cucchiari 1981, S. 38).

Anthropologische Untersuchungen können für unsere Fragestellung nur den Hintergrund bilden. Für unsere Kultur haben wir, aus der inzwischen recht ausgiebigen Literatur über den Sexismus, ein relativ deutliches Bild dessen, was „Frau" und „Mann" jeweils symbolisch vertreten. Einige allgemeine Merkmale von Geschlechtersystemen, wie sie Ortner und Whitehead verallgemeinernd beschreiben, lassen sich kurz aufzählen, und es erübrigt sich geradezu, sie explizit für unsere Kultur zu erläutern; zu vertraut sind uns die Inhalte, die da anzuführen wären. So gilt recht allgemein, dass der Tätigkeitsbereich der Männer übergreifend ist und gewissermaßen den der Frauen umfasst. Wird der öffentliche Bereich den Männern und der häusliche Bereich den Frauen zugewiesen, ist Öffentlichkeit als Sorge um das Gemeinwohl (also auch um die Bedingungen der Möglichkeit häuslichen Wirtschaftens) gedacht, während Frauenarbeit als Zuarbeit oder als Sorge um das Besondere, um die eigenen Angehörigen, das eigene Haus erscheint. In Verwandtschaftssystemen werden Rechte von Männern über ihre weiblichen Verwandten definiert, jedoch nicht Rechte der Frauen über sich selbst oder über ihre männlichen Verwandten. Soziale Statusysteme definieren viele Positionen für Männer, deren Merkmale nichts mit den evtl. Beziehungen des Mannes zu Frauen zu tun haben (Jäger, Krieger, Staatsmann); hingegen steht die Statuszuordnung von Frauen fast immer in Zusammenhang mit ihrer Beziehung zu Männern. Trotz der realen gegenseitigen Ergänzung der Arbeitsbereiche von Frauen und Männern gibt es nicht zwei sich ergänzende Wertrangordnungen, sondern nur eine, die die männlichen Eigenschaften höher bewertet.

Wenn wir aber die „männlichen" und „weiblichen" Eigenschaftszuweisungen und ihre relative Bewertung für unsere Kultur gut kennen, wissen wir auch, dass diese Eigenschaften immer auch fiktiv sind. In der Praxis werden Personen nicht dann dem einen oder dem anderen Geschlecht zugewiesen, wenn sie die dazugehörigen Eigenschaften unter Beweis gestellt haben, sondern umgekehrt werden ihnen die Eigenschaften unterstellt und ihr Verhalten wird bewertet nach Maßgabe ihrer Geschlechtszugehörigkeit; außerdem werden zahlreiche Ausnahmen tagtäglich akzeptiert. Dem Neuankömmling in unserer Kultur würde es wenig nutzen, zu lernen, dass Männer immer mutig und Frauen immer ängstlich sind, es würde vielmehr seine Orientierung eher verwirren. Um die geschlechtliche Sozialisation zu begreifen, müssen wir vielmehr wissen, wie Frauen und Männer in unserer Kultur identifiziert werden. Hier sind die Untersuchungen von Kessler/McKenna (1978) zur alltäglichen Konstruktion der Geschlechter wegweisend.

Kessler und McKenna haben eine erste Antwort auf die Frage gegeben, welche Inhalte die Alltagstheorie der Zweigeschlechtlichkeit hat. Sie beinhaltet: die Eindeutigkeit – jeder Mensch ist entweder weiblich oder männlich, und dies ist im Umgang erkennbar; die Naturhaftigkeit – Geschlechtszugehörigkeit muss körperlich oder biologisch begründet sein; und die Unveränderbarkeit – sie ist angeboren und kann nicht gewechselt werden, allenfalls eine Berichtigung eines ursprünglichen Irrtums ist denkbar. Im einzelnen verfolgen sie empirisch, wie alle Beteiligten im Umgang mit der Transsexualität – die an sich dieser Theorie widerspricht – bemüht sind, sie in diese Alltagstheorie einzufügen, um die Legitimität des kulturell eigentlich vollends unerlaubten Wechsels herzustellen.

Der Prozess der Geschlechtszuschreibung liegt einigermaßen im Dunkeln. Gefragt, woran sie erkannt haben, dass jemand ein Mann ist, nennen Erwachsene und ältere Kinder „gute Gründe" aus dem Repertoire der Stereotypen, etwa schmale Hüfte, Gang, etc. Die Hüften waren vielleicht nicht schmäler als die der Frau daneben, aber schmal genug, um dem Stereotyp nicht zu widersprechen, und dürfen daher als „guter Grund" gelten. D. h. die Zuschreibung wird nicht bewusst vorgenommen; wird eine Rechenschaft verlangt (beispielsweise um sich aus der Verlegenheit herauszureden, jemand falsch eingestuft zu haben), so wird das Erscheinungsbild oder das Verhalten ins Gedächtnis gerufen und nach Merkmalen abgesucht, die die Zuschreibung kulturell legitimieren. Diese Sorge um gute Gründe bzw. die Kenntnis der annehmbaren Gründe war bei vierjährigen Kindern noch nicht vorhanden; gefragt, warum sie ein Bild als das einer Frau oder eines Mannes einstuften, nannten sie oft „irgend etwas" Assoziatives.

Auf der Suche nach den konstituierenden Merkmalen haben Kessler/McKenna Bilder mit überlagerten Folien in verschiedenen Kombinationen verschiedenen Befragten vorgelegt. Die Bilder erlaubten einen kontinuierlichen Übergang von „männlichen" zu „weiblichen" Körpermerkmalen und konnten nackt oder bekleidet sein. Es stellte sich heraus, dass der Penis das einzige ausschlaggebende Merkmal war. Unabhängig von der Anwesenheit weiblicher Körper- und Geschlechtsmerkmale war eine Figur mit Penis ein Mann, aber auch ohne alle weiblichen Geschlechtsmerkmale war eine Figur ohne Penis eine Frau. Sogar die bekleidete Figur erhielt, sobald sie als männlich eingestuft war, einen Penis in Gedanken: auf die Frage hin, was an dieser mit Hose bekleideten Person geändert werden müsse, damit daraus eine Frau wird, kam die Antwort: den Penis entfernen. Es handelt sich um ein kulturelles Symbol, d. h. um den Phallus. Merkmale der körperlichen Erscheinung, die mit dem Besitz des Phallus unvereinbar sind (beispielsweise das Tragen eines Rockes) führen zur sicheren Einstufung als Frau. Es gibt aber keine positiven Merkmale, deren Fehlen zur Einstufung als Nichtfrau, also als Mann führen würde. Dies dürfte der tiefere Grund für die oft bemerkte Tatsache sein, dass es eher erlaubt ist, wenn Mädchen Dinge tun, die als „jungenhaft" gelten, als umgekehrt für Jungen Dinge zu tun, die für Mädchen vorbehalten sind. Der Phallus – der kulturell unterstellte Penis, von dem angenommen wird, dass er da sein müsse – kann verloren, aber nicht gewonnen werden. Das wird auch der Grund sein, warum es wesentlich mehr Mann-zu-Frau Transsexuelle gibt als umgekehrt.

Wir sind jetzt in der Lage, zumindest einige der psychosexuellen und kognitiven Leistungen zu benennen, die Kinder während der Altersphase von 0 bis 6 erbringen müssen. Sie müssen erkennen:

1. dass sie selbst Mädchen oder Junge sind. Diese Erkenntnis wird vermutlich zusammen mit der Sprache erworben, denn sie ist so früh da, wie es zu fragen möglich ist (Constantinople 1979);
2. dass alle Menschen entweder weiblich oder männlich sind. Diese Erkenntnis scheint ähnlich früh vorhanden zu sein, denn nach Lewis/Weinraub (1979, S. 146) können Kinder mit 18 Monaten auch Erwachsenen nach Geschlecht zu 90 % „richtig" bezeichnen. Dies ist eine nicht sehr anschauliche Zuordnung: denn das körperliche Erscheinungsbild von Erwachsenen beiderlei Geschlechts ist weitaus entfernter von dem des männlichen oder weiblichen Kindes, als diese zueinander;
3. dass bestimmte Merkmale in der Erscheinung und im Verhalten, ebenso wie bestimmte Eigennamen und Funktionen (wie Vater) die Geschlechtszugehörigkeit anzeigen. Diese Merkmale werden nie ausdrücklich vermittelt, und

sie werden vermutlich erst nach und nach praktisch erfasst. Es scheint so zu sein, dass Kleinkinder zwar eine Geschlechterdifferenzierung vornehmen, dies jedoch nach für Erwachsenen nicht mehr nachvollziehbaren Zeichen tun;

4. dass der Unterschied der Genitalien, vor allem aber der Penis für die Geschlechtszugehörigkeit ausschlaggebend ist. Dies zu erkennen ist nicht einfach, da die Erwachsenen ihre Genitalien fast immer bedeckt halten, und Sexualität für Kinder nach wie vor tabu ist. Nur wenige Kinder dürfen, dies bei nur wenigen Anlässen, die Genitalien von anderen Kindern oder von Erwachsenen erforschen;

5. dass das Geschlecht unveränderbar ist, sie selbst also niemals eine andere Geschlechtszugehörigkeit haben können, als jetzt.

Dies ist ein kognitiv recht komplexes System, das zugleich das intensive Interesse des Kindes auf sich ziehen muss, geht es doch sowohl um die Erfahrung der Beziehungen der sozialen Umwelt und um kognitive Ordnung, wie auch um die Erlaubnisse und Verbote für körperliche Lust und emotionale Sehnsüchte. Typischerweise werden dem Kind Informationen und Erfahrungen verweigert, die das Begreifen erleichtern würden; so würden Kinder Punkt 4 sehr viel schneller erfassen, wenn ihnen erlaubt wäre, bei neuen Begegnungen erst einem der/m anderen in die Hose zu schauen. Die Verbote, die dies verhindern, haben nicht nur mit der Sexualverdrängung zu tun. Wahrscheinlich wird die Aufmerksamkeit für die unter Punkt 3 angesprochenen Merkmale geschärft durch den Zwang, indirekt herauszubekommen, mit welcher Sorte Mensch man es zu tun hat.

Wie dem auch sei, Kinder erwerben mit der Sprache die Fähigkeit, sich korrekt dem Geschlecht nach zuzuordnen, müssen aber mehrere Jahre lang daran arbeiten, die von Erwachsenen benutzten Signale für die Geschlechtszuweisung sicher zu erkennen. Erst am Ende der Altersphase 0-6, zum Teil erst mit 7 oder 8, haben Kinder die Alltagstheorie der Zweigeschlechtlichkeit voll übernommen, die ja schließlich – beim Wort genommen – zu der Praxis der Geschlechtszuschreibung in Widerspruch steht (denn es ist nicht erlaubt, die biologischen Merkmale anzusehen, die angeblich ausschlaggebend sein sollen). In der Zwischenzeit behelfen sie sich mit der entschlossenen Behauptung aller für sie erfassbaren Stereotypen. Dabei sind die Stereotypen, die von Vorschulkindern behauptet werden, „äußerlicher" als die älterer Kinder: sie betreffen Aussehen, Beruf, Spielzeug und Spiel; und sie werden mit Ausschließlichkeit behauptet: nur Männer können Bus fahren, nur Frauen können kochen – dies auch wenn die eigene Familie Gegenbeispiele bietet. Es handelt sich ja dabei um die behelfsmäßige Konstruktion der Zweigeschlechtlichkeit. Gleichzeitig wird vor der kognitiven Komplexität ausgewichen, indem die Vergewisserung der

Zuordnung handelnd vorgenommen wird, durch Affinität mit schon erkannten Gleichgeschlechtlichen, deren Nähe und Gesellschaft gesucht und deren Verhalten nachgeahmt wird.

Unter dem Stichwort „kognitive Sozialisation" ist darauf hingewiesen worden, dass Mädchen und Jungen, nachdem sie die eigene Geschlechtszugehörigkeit erkannt haben, sich selbst in Richtung geschlechtstypische Eigenschaften sozialisieren. Dies erspart die Suche nach Belohnungen und Strafen für die Annahme der Geschlechtsrollen; stattdessen wird davon ausgegangen, dass Kinder eine eigene Motivation haben, denen ähnlich zu werden, die ihresgleichen sind. So einleuchtend dies auch ist, es ist zugleich sehr viel Verwirrung gestiftet worden, weil die Vertreter der Theorie das, was Kinder erst lernen müssen, selbst nicht bewusst erkennen, sondern als diffuse Natur voraussetzen. Der Erwerb der Geschlechteridentität wird in naiver Parallelität mit der allgemeinen Naturerkenntnis als das Begreifen eines Prinzips physikalischen Konstanz betrachtet (Kohlberg 1974). In Anlehnung an Piaget wird dann gefolgert, dass solche Prinzipien erst im Alter von ca. 6 Jahren kognitiv erfasst werden können. Wir hingegen können jetzt anhand der differenzierten Analysen des kulturellen Systems der Zweigeschlechtlichkeit sehen, dass die physikalische Konstanz lediglich die Voraussetzung für die Aneignung der Alltagstheorie der Geschlechter ist. Die Chiffrierung der Geschlechtszugehörigkeiten in Begriffen der Naturgesetzlichkeit – Biologie und ihre Konstanz – lässt sowohl die tatsächliche Basis der Geschlechtszuweisung wie auch kulturelle und politische Hierarchien endgültig aus dem Bewusstsein absinken. Geschlecht als konstante Natur zu begreifen, besiegelt die Verdrängung der Anstrengungen, es zu erkennen, der kindlichen Sexualforschung. Das wird deutlich, wenn man bedenkt, dass die schlichte Erkenntnis: wer einen Penis hat, ist männlich, durchaus dem kognitiven Stand eines Dreijährigen zugänglich wäre. Jedoch ergab selbst eine Untersuchung mit schwedischen Kindern (im Alter von 3 bis 10), dass weniger als 20 %, d. h. vor allem die älteren Kinder, eine klare Einsicht in den Zusammenhang zwischen Genitalien und Geschlechtszugehörigkeit äußerten (McConaghy 1979). Denn diese Einsicht muss auf der Basis kultureller Zeichen vielfältiger Art entstehen: Der Penis ist nicht nur er selbst, sondern zugleich etwas, dessen Vorhandensein aufgrund dieser Zeichen vorausgesetzt werden darf, also Symbol, Phallus. Die Gewissheit, dass man trotz veränderter Kleidung und Verhalten sein Geschlecht nicht ändern kann, ist nicht unmittelbar am Körper verankert, sondern vermittelt über die Kenntnis der Kleidung und des Verhaltens, die tatsächlich die Geschlechtszuweisung auslösen.

Das brennende Interesse der Kinder an der Zweigeschlechtlichkeit wird nicht erst durch die Annahme der Alltagstheorie ausgelöst, eher dadurch zu einem gewissen vorläufigen Abschluss gebracht. Denn das symbolische System umfasst viel mehr. Auch für unsere Gesellschaft gilt, was Ortner/Whitehead (1982) allgemein bemerken, dass Statushierarchien jeder Art erotisiert werden; d. h. auch andere Beziehungen der Ungleichheit sind mit der Werthierarchie der Geschlechtlichkeit verkodet. Die unbewusste Erotisierung der Eltern für das Kind ist nur ein – wenngleich frühkindlich sehr zentrales – Beispiel hierfür (was die Theoretiker des „Anti-Ödipus" ins Bewusstsein zu bringen versuchen). Umgekehrt entsprechen den subtilen Prozessen der Geschlechtszuweisung, von denen Kessler und McKenna sprechen, natürlich ebenso subtile Prozesse der Geschlechtsdarstellung: man ist nicht nur Mädchen oder Junge, sondern muss als solches erkannt werden können. Gerade Kleinkinder stoßen sich oft schmerzlich daran, dass sie verkannt werden können. Schließlich ist die Zwei-geschlechtlichkeit gerade in der Komplexität ihrer symbolischen Darstellung die Grammatik der Begierden. Eine „reine" Autoerotik existiert wohl allenfalls als Symptom des Hospitalismus; Hoffnungen auf Lust, Erregung, Zärtlichkeit, ausgelassene Freude, Abenteuer, Geborgenheit müssen in der Grammatik der Geschlechtlichkeit bewusstseinsfähig werden, um überhaupt konkret zu sein. Jeder einzelne Strang dieses Komplexes würde ausreichen, um zu verstehen, dass Mädchen und Jungen den für ihr Geschlecht „angemessenen" Sozialcharakter aufmerksam aus ihrer gesamten sozialen und kulturellen Umwelt herausheben und notfalls auch im Gegensatz zu dem „Vorbild" der eigenen Eltern sich aneignen.

So gesehen erscheinen die Geschlechterstereotypen etwa während der ersten acht Lebensjahre harmlos, vergleichbar vielleicht mit den Handgreiflichkeiten von Kleinkindern: andere, differenziertere Formen der Auseinandersetzung sind ihnen noch nicht zugänglich, aber mit der Zeit verschwände das schon von allein. Die Entwicklung von Mädchen in die Schulzeit hinein schien dem zu entsprechen. Man wird z. B. oft erleben, dass ein kleines Mädchen – vielleicht unmittelbar nachdem es von Dritten mehrmals als „Junge" angesprochen wird – heftig nach langen Haaren und Röcken verlangt; oft sind zum Entsetzen der nüchtern-modernen Mütter auch Schleifen, Rüschen, Schmuck und Schminke Ziel leidenschaftlicher Wünsche. Etwa um die Zeit der Einschulung oder danach lassen diese Wünsche nach. Einerseits ist dem Mädchen die kulturell-köperliche Unveränderbarkeit ihrer Geschlechtszuordnung zur Gewissheit geworden, an-dererseits hat sie sich subtilere Formen der Darstellung angeeignet; eine gewisse Art zu lächeln etwa, wenn die Jungen Quatsch machen, genügt schon, um mitzu-teilen, dass sie ein Mädchen ist; die äußerlichen Requisiten werden überflüssig.

Bemerkenswert ist aber, dass die Jungen nicht mit der Abgrenzung, der Demonstration von Requisiten und der Behauptung von Stereotypen nach-lassen. Kohlbergs Theorie der kognitiven Sozialisation wurde ja anhand einer

Längsschnittuntersuchung, in die er ausschließlich männliche Kinder einbezog, entwickelt (vgl. Gilligan 1979). Daher konnte er beobachten, dass nach dem Begreifen der „Geschlechterkonstanz" das Bemühen, sich dem Idealtyp des Geschlechts anzugleichen bzw. seine Männlichkeit unter Beweis zu stellen, zunahm. Dies traf aber für Mädchen nicht zu (jedoch hat dies die Theorie nicht beeinflusst, da Kohlberg bis zur Ausarbeitung seiner Theorie die Existenz von Mädchen ignorierte).

Der männliche und der weibliche Ort: Strukturunterschiede in der Aneignung der Zweigeschlechtlichkeit (S. 90-94, mit Auslassungen)

Um den Zusammenhang zwischen der unterschiedlichen Bedeutung der Primärbeziehungen, dem kulturellen System der Zweigeschlechtlichkeit, und einzelnen Befunden der empirischen Forschung herzustellen, wird im folgenden versucht, zuerst die psychische Entwicklung des Jungen, dann die des Mädchens bis zur Pubertät zu skizzieren; anschließend werden Bedeutung und Folgen der Pubertät selbst für Mädchen besprochen.

Die allererste Ichbildung des Jungen wird in Abgrenzung gegen die Mutter vollzogen. Wie das Mädchen verbindet er die Macht der Mutter mit archaischen Gefühlen von Lust, Wohlsein, aber auch Scham, Abhängigkeit und Wut; hinzu kommt aber noch Angst vor Verlust der Grenzen. Diese Furcht vor Wiederverschlingung, vor einem Rückfall in die diffuse Einheit mit der Mutter, bedroht beim Jungen seine Geschlechtsidentität, ist daher mehr als eine Angst vor dem Scheitern der Selbständigkeit. Zudem lässt ihn das noch nicht voll begriffene kulturelle System der Zweigeschlechtlichkeit ahnen, dass es nicht genügt, den Penis einfach zu haben; man muss als Mann wirken, dem der Phallus zusteht. In der Sexualisierung der Ich-Abtrennung war angelegt, dass die Geschlechtlichkeit des Jungen sich irgendwie auf Frauen bezieht; aber zu große Nähe zur Frau bedroht sie zugleich.

Das Ich des Jungen erscheint in der Altersphase drei bis fünf labiler, von mehr Angst und Unsicherheit vor Überwältigung oder Geringschätzung, und von mehr ausbruchartiger Aggressivität als beim Mädchen. Mit der Labilität sind aber harte Geduldsproben für die erziehende Person verbunden, die leicht zum eigenen Aggressionsausbruch, zum Schlagen reizen. Theweleit (1978) hat für den extremeren Fall des soldatischen Mannes nachgezeichnet, wie der Schmerz die unsicheren Ichgrenzen ersetzen kann, während die Furcht vor Auflösung erhalten und mit der Frau symbolisch verbunden bleibt. Elemente hiervon sind wahrscheinlich in den Interaktionen von Jungen mit ihren Müttern häufig: Wie der Junge seine Angst vor dem Rückfall in undifferenzierte Abhängigkeit überspielt, trotzt, kämpft, und nicht selten für die Mutter Verachtung demonstriert, reizt er sie dazu, ihn mit ihrer körperlichen Überlegenheit, mit Schlägen in die Grenzen zu verweisen, die ihm gerade unsicher sind. Noch häufiger greifen Väter zu Schlägen, vielleicht weil ihnen selbst unerträglich ist, dass der Sohn so lange infantil – der Weiblichkeit nahe – bleibt. Damit werden aber die Körpergrenzen nicht nur durch angenehme Empfindungen, sondern auch durch Schmerzen bestätigt. Dies bereitet eine größere Bereitschaft vor, sich in Box- und Ringkämpfe zu stürzen, um die gegenseitige Anerkennung unter Gleichaltrigen zu erfahren. So wird auch die Angst, sich weh zu tun, geringer: Aufgescheuerte Knie können dann in Kauf genommen werden.

Diese Überlegungen würden es nahe legen, ein höheres Maß an aggressivem Verhalten bei Jungen im Alter von zwei bis sechs als die logische Folge von zwei gesellschaftlichen Sachverhalten zu betrachten:

1. dass die primäre Pflege des Kleinkindes als Pflicht und Macht der Frau zugeteilt ist, und
2. dass der Mann mit der Industrialisierung sich zunehmend aus der Welt des Kleinkindes herausgesetzt hat. Mit seinem gesellschaftlichen Wesen ist er woanders, unsichtbar.

Die Geschlechtsidentität des Jungen muss sich also durch Abgrenzung und Negation bestimmen, und kann und darf sich durch Herabsetzung der Frau/ der Mutter entwickeln. Während dieser Entwicklungsphase erfährt allerdings die Aggressivität eine allmähliche Funktionsveränderung; es werden Formen gefunden und geübt, die Erfolgserlebnisse vielfältiger Art vermitteln, und das aggressive Verhalten des Schuljungen wird schon recht häufig gezielt um des Erfolges willen, nicht mehr als blinder Wutausbruch gegen eine bedrohliche Übermacht eingesetzt.

Eine weitere, folgenschwere Auswirkung der Struktur des männlichen Ortes im kulturellen System ist die Vermittlung der Männlichkeit durch doppelte Negation. Wir haben gesehen, dass Frauen kulturell durch das Fehlen des Penis definiert werden: Frau ist, wer kein Mann sein kann. Eine Frau ist Nicht-Mann. Dem Jungen aber wird seine Männlichkeit zunächst durch Abgrenzung von der Mutter vermittelt; und diese ihm am nächsten stehende Erwachsene ist das, was er nicht sein darf, um ein Mann zu werden. So wird sein Geschlecht als Nicht-Nicht-Mann bestimmt. Das ist kein bloßes Sprachspiel. Der Junge hat z. B. praktisch keine Gelegenheit, hervorragende Beispiele von männlichem Mut zu erleben. Ergreift er nun die Stereotype „Frauen sind ängstlich", so wird ihm

Ängstlichkeit zum Beweis, dass jemand kein Mann ist. Um sich und anderen zu beweisen, wie männlich er ist, wird er sich nun als „nicht-ängstlich" vorstellen. Vielleicht fasst er demonstrativ eine Spinne an – oder er handelt töricht, um zu zeigen, dass er keine Angst hat. Dies ist die Praxis der doppelten Negation. Positive Aneignung von Männlichkeit würde erfordern, dass der Junge sich an einen Mann anlehnt, der ihm deutlich Männliches (was immer wir darunter verstehen mögen) vorlebt. Das wäre dann möglich, wenn Väter in gleichem Maße für das Kind wirklich da wären. Das würde aber wiederum voraussetzen, dass die Polarisierung der Geschlechter aufgebrochen wird, so dass Mut und Angst dann nichts mehr mit einer Geschlechterhierarchie zu tun hätten. Männlichkeit hätte dann einen gänzlich anderen Inhalt. Durch gutes Zureden, dass die Männer in ihrer Freizeit mit ihren Söhnen spielen (oder auch: im Wald zelten) sollen, wäre die Grundstruktur der doppelten Negation nicht zu verändern.

Zur inhaltlichen Ausgestaltung der Männlichkeit wendet sich der junge gegen Ende der Kleinkindzeit an andere Jungen. Durch die Institution Schule wird die Gruppe der Gleichaltrigen besonders sichtbar; Jungen spielen aber nach einer Untersuchung von Lever mehr als Mädchen in altersheterogenen Gruppen (Gilligan 1979, S. 434). „Peer group socialization" wird eher durch den gemeinsamen Status – Kindheit und Geschlecht – als durch Jahrgangsgleichheit definiert. Man kann in der Praxis unschwer beobachten, wie die Gruppe der Jungen eine Eigendynamik entwickelt. Über ihre psychologischen Wurzeln ist nicht all zu oft nachgedacht worden. Gemeinsam fühlen sich die Knaben stark genug, um Dinge anzustellen, die die Väter verbieten würden oder auch verboten haben (wobei Väter nun im weiteren Sinne die patriarchale Autorität bezeichnet); und in der Gruppe können sie sich stärker als die Mutter zeigen, indem sie sich ihr entziehen. Eine wichtige Bindung scheint über den „imaginierten Vater" zu laufen: die gemeinsame Vorstellung von Männlichkeit etwa in geteilter Begeisterung für Superman, Rummenigge o. ä. Die Gruppe bietet sowohl die praktische Chance, Befriedigung in der Freiheit von Erwachsenen-Normen und -Kontrollen zu suchen, wie auch die psychische Chance, Unterstützung und Anerkennung in weiteren Schritten zur Selbständigkeit zu finden, ohne dass die Erinnerung an frühe Niederlagen und an die Hilflosigkeit des Kleinkindes wachgerufen wird. In diesem Sinne kann die Bande die Mutter ablösen.

Da in geschlossenen Gruppierungen wie beispielsweise der Schulklasse der Anschluss an die Gruppe der Jungen für alle wichtig ist (bzw. der Ausschluss mit Spott oder Prügel zusätzlich belegt sein kann) wird das Bedürfnis nach Abgrenzung von Mädchen/Frauen für alle Jungen bestimmend, auch wenn sie individuell z. T. weniger davon tangiert sind. So werden für wichtig erachtete Bereiche, Spiele, Sportarten als „nur für Jungen" bestimmt und Mädchen davon ausgeschlossen.

Zugleich wird Männlichkeit begriffen als etwas, was sich auf Frauen bezieht; der einfache Ausschluss reicht nicht, es wird auch die Berührung gesucht. Die Form, die diese dann annehmen kann, hat Jessica Benjamin (1980) unter dem Stichwort „rationale Gewalt" erläutert: Die Spannung zwischen Abgrenzung und Angewiesensein kann in einer Verletzung der Grenzen des Anderen Ausdruck finden. Anstelle des Ringens um gegenseitige Anerkennung beider Subjekte (etwa im Sinne Hegels) ermöglicht Gewalt eine Berührung, die sich vor allem abgrenzt, anders und überlegen bleibt. Rational ist sie, indem sie selbst die eigene Grenze setzt (ohne die ja die Zerstörung und wiederum der Verlust des Anderen erfolgen würde, oder der Widerstand und die Notwendigkeit, das Subjekt des Anderen anzuerkennen). Als gesellschaftlich vorgegebener Ausdruck der Männlichkeit wird die „rationale Gewalt" schon am Anfang der Grundschulzeit von der Jungenbande probiert: gemeinsam werden einzelne Mädchen gejagt, dem Mädchen wird die Hose heruntergezogen, ihr wird die spätere Ehe oder die baldige Vergewaltigung angekündigt; und selbst bei der künftigen Ehe sind es typischerweise mehrere Jungen, die gleichzeitig ein Mädchen zum Objekt ihrer Verfolgung machen. Um die Jungenbande in die Flucht zu jagen, genügt allerdings ein Mädchen, das von sich aus zu küssen droht: Berührungen mit dem Weiblichen müssen von männlicher S. initiiert/kontrolliert sein.

Zahlreiche Beobachtungen weisen dahin, dass Jungen unausgeglichener, in ihrer Geschlechtsidentität unsicherer sind als Mädchen; selbst ihr Körperwachstum verläuft in Sprüngen und Schüben, und sie können mit ihren Aggressionen, aber auch mit ihrer Motorik schlechter umgehen, haben sich weniger „im Griff". Hunt (1980) entwickelt die These, dass diese relativen Nachteile unter anderem deswegen zu späterer Dominanz gewandelt werden, weil sie die Basis für einen überzogenen Antrieb zur Konkurrenz, zur Leistung und zur aggressiven Selbstbehauptung bilden. Wir sahen schon, dass die Schule hier Hilfestellung leistet; doch obwohl die pädagogische Absicht die beste ist, behält die erfolgreiche Männlichkeit im Keim Abwehrstruktur. Das schulische Lernen wird gemeistert (für die begünstigten Jungen), indem es in die psychischen Formen von Abgrenzung und Selbstbehauptung integriert wird, so dass Schulleistungen für die älteren Jungen symbolisch schon sehr viel mehr bedeuten, als die Freude des Lernens und des Könnens. Oder aber es wird verweigert, und auch dies wird, wie Willis (1977) ausführlich zeigt, sexualisiert und als Chiffre für Männlichkeit schlechthin genommen. Der relative Nachteil der Mädchen im System der Ausbildung und des Berufszugangs besteht also – selbst wenn wir nur die Ebene des individuellen Verhaltens sehen – nur zur Hälfte aus dem Fehlen von Selbstvertrauen etc. bei den Mädchen; zur anderen Hälfte besteht der Nachteil in dem Überschuss an Leistungs- und Konkurrenzbedürfnissen, die in der männlichen Subkultur auf dem Wege der „doppelten Negation" gezüchtet werden. Mit „Chancengleichheit" wäre dieses letztere Problem noch nicht gelöst.

▶ **Gildemeister, Regine (1992): Die soziale Konstruktion von Geschlechtlichkeit.** *In: Ostner, Ilona/Lichtblau, Klaus (Hrsg.): Feministische Vernunftkritik. Ansätze und Traditionen, Frankfurt/Main; New York: Campus (S. 220-234 mit Auslassungen)*

Ausgangspunkt für die folgenden Überlegungen zur sozialen Konstruktion von Geschlechtlichkeit war ein zunehmendes Unbehagen meinerseits in Prüfungen zu Bereichen der Frauenforschung, die ich abzunehmen hatte, zu Themen wie Frauen und Sprache, Frauen als Klasse oder geschlechtsspezifische Sozialisation. Dieses Unbehagen resultierte daraus, dass dort mit aller Selbstverständlichkeit Menschen in Männer und Frauen eingeteilt wurden, die Existenz zweier Geschlechter als nicht weiter erklärungsbedürftiges, qua Biologie objektives Faktum gesetzt wurde, und zwar auch dort, wo „Geschlecht" als „Geschlechtsrolle", als Ergebnis sozialer Prägung betrachtet wurde: „Wir werden nicht als Mädchen geboren", „weibliches Arbeitsvermögen" als Resultat historischer Arbeitsteilungsprozesse etc. Darin liegt m. E. ein Verlust auch des heuristischen Potentials, das eine nach Gründen fragende Perspektive erschließt.(...)

Wesentlicher und wichtiger erscheinen mir jene Ansätze, die von einer kulturellen Codierung der Geschlechterverhältnisse ausgehen, die die je historisch konkrete Form des Frau Seins als Resultat einer patriarchalischen Vergesellschaftung ansehen und angeben. Ich möchte im folgenden zeigen, dass auch hier eine Tendenz und Gefahr besteht, den Dualismus im Geschlechterverhältnis auf die „Natur der Zweigeschlechtlichkeit" zurückzuführen, indem die Geschlechterdifferenz als körperliche Unterschiedlichkeit zum Ausgangspunkt der Analyse und zum Ziel der Entwürfe wird.

Die Falle der Polarität: Umwertung als Affirmation?

Von größerer Bedeutung derzeit als die Untersuchungen zu Erziehungspraktiken und modi sind in der gegenwärtigen Diskussion die Arbeiten von Nancy Chodorow und Carol Gilligan: Beide heben darauf ab, es gäbe eine unterschiedliche *Struktur der psychischen Entwicklung der Geschlechter*, die sie aus bestimmten Qualitäten der sog. „frühen Beziehungen" herleiten.

An dieser Stelle seien nur kurz die wesentlichen Argumentationslinien auf-
gerufen: Chodorows zentrale These ist, dass unter den gegebenen Bedingungen
gesellschaftlicher Arbeitsteilung für alle Kinder Frauen die primären Bezugspersonen sind, diese gleiche Tatsache aber für männliche und weibliche Kinder
unterschiedliche Folgen hat. Damit will sie erklären, wie der besondere Inhalt
des weiblichen Sozialcharakters, das, was sie das „Muttern der Frauen" nennt,
von Generation zu Generation weitergegeben wird. Ihre These ist, dass Mütter
in der präödipalen Phase Knaben und Mädchen unterschiedlich wahrnehmen
und behandeln. Der Sohn wird von der Mutter als gegengeschlechtlich erfahren
und wird von ihr von Geburt an als ein „anderer" behandelt; dies erleichtere es
ihm, sich als von der Mutter selbständig zu erleben und sich aus der Symbiose zu
lösen. Mädchen dagegen werden als ihr selbst ähnlich erfahren. Dieser Umstand
erschwere es der Mutter, Töchtern Eigenständigkeit und Separation zuzugestehen.
Damit werde die psychische Abtrennung erschwert: die Mutter-Tochter-Beziehung sei deshalb von vornherein durch Identifikation und Verschmelzung, die
Mutter Sohn Beziehung durch Separation und Individuation gekennzeichnet,
verunmögliche aufgrund der sexuellen Andersartigkeit von vornherein eine
lang andauernde und intensive Identifikation. Die unterschiedliche Bewältigung
der ödipalen Phase verstärke diese Tendenz. Bei Jungen erfolge eine abrupte
Loslösung von der primären Mutterbindung, bei Mädchen hingegen bleibe
sie in ambivalenter Form bestehen. Am Ende der psychischen Entwicklung
schließe sich ein Kreis: während die männliche Entwicklung zur Verleugnung
von Verbundenheit und zum Verlust von Beziehungsfähigkeit führe, behalte die
Frau die Fähigkeit zur primären Identifikation – und damit zum „Muttern"....

Wenn Identität und Selbstbeschreibung zentral im Kontext von Beziehungen
definiert und nach Maßstäben von Verantwortung und Anteilnahme beurteilt
werden, so liegt hier, folgert Gilligan, die Ursache, dass Frauen im Kohlbergschen
Stufenschema der Entwicklung defizitär erscheinen, nicht zu den „höheren Sta-
dien" fortschreiten, in denen Beziehungen Regeln, universellen Prinzipien der
Gerechtigkeit untergeordnet werden. Gerade dies aber zeige die Beschränktheit
von Theorien, die „typisch weibliches" Denken nur als Abweichung vom männlichen Leitbild und als Entwicklungsmangel verstehen könnten. Dagegen müsse
es aber eben um diese Spezifik und die ihr innewohnende Entwicklungslogik
gelten, um eine neue und andere Perspektive, nicht zuletzt um das Augenmerk
darauf zu richten, dass Theorien, die geschlechtsneutral gehen, oftmals von einer
durchgängigen Voreingenommenheit der Forscher zeugen.

Hier wird die gemeinte Problematik der Theoriebildung zu geschlechtsspezifischen Differenzen besonders deutlich.

Die Arbeit von Gilligan ist als eine empirische Untersuchung zur Entstehung von Moralvorstellungen und moralischen Konflikten bei Frauen höchst informativ. Sie bringt die oft gefühlsmäßig erlebte Differenz zwischen den Geschlechtern in Begriffe, in denen Frauen nicht länger als Mängelwesen definiert sind, sondern die eigene Wertigkeit betonen. Die Untersuchung wird dort problematisch, wo es nicht um Frauen als empirische Subjekte, sondern um „die Frau" geht, um ein Konstrukt von Weiblichem bzw. von Weiblichkeit schlechthin. Obwohl von ihr *nicht intendiert*, und dies muss betont werden, geschieht dies häufig unter der Hand: es setzt eine Verabsolutierung des „Anderen" in der Weiblichkeit ein, das „andere" Denken, Fühlen, Handeln wird zum genuin „weiblichen". Basis in diesem Prozess ist nicht die Biologie, sondern – an dieser Stelle argumentationslogisch überraschend äquivalent die Psyche und die psychische Entwicklung. ...

In der Mehrzahl der Diagnosen besteht somit auch dort eine Übereinstimmung mit der traditionell konstatierten „Polarität" der Geschlechtscharaktere, wo ihr Ziel deren Überwindung war. Ob man deren Inhalt nun als „Verbundenheit vs. Getrenntheit", „Emotionalität und passive Abhängigkeit vs. Rationalität und Aktivität" oder in den Dimensionen von „Expressivität vs. Instrumentalität" beschreibt, ist dabei vergleichsweise irrelevant. In der festschreibenden Konstatierung besteht dabei die Gefahr, den wie auch immer auf die Erklärung der sozialkulturellen Genese angelegten Argumentationsrahmen zu verlieren.

...Damit komme ich auf die oben angedeutete These zurück, dass das Theoriedilemma des „Andersbleiben im Gleichwerden" in der sozialen Konstruktion der Zweigeschlechtlichkeit selbst liegt.

Sind zwei Geschlechter genug?

Nimmt man die These ernst, dass der Mensch eine „Natur" gerade darin hat, dass er diese selbst produziert, so betrifft dies auch die Geschlechterdifferenz in einem fundamentalen Sinn. [...]

Dabei geht es zunächst nicht darum, eine biologische Konstitution des Menschen abzustreiten. Die Dialektik von „Körpersein" und „Körperhaben" ist damit nicht ausgesetzt, sondern gerade *konstitutiv* für die Aneignung als Identitätsfaktor. Damit ist nicht nur gemeint dass sowohl Männer als auch Frauen Natur und Kultur „sind", und dass es keine Begründung für die Annahme gibt, dass Frauen der „Natur" näher und deswegen den Männern entgegengesetzt seien (vgl. Honegger 1989, 142 155 und McCormack 1989, 68 99), sondern dass erst in der dialektischen Verschränkung von „Natur" und „Kultur" Männer und Frauen „hergestellt" oder geschaffen werden.

Interessanterweise macht die Biologie selbst keine so trennscharfe und vor allem weitreichende Klassifizierung von Geschlechtlichkeit (wie manche Sozialforscher); sie bietet uns in verschiedener Hinsicht eher anschlussfähige Konzepte. So schreibt z. B. F. Neumann: „… In der Sexualdifferenzierung bei Säugetieren gibt es Geschlechtlichkeit auf verschiedenen Ebenen …" Er unterscheidet dann fünf verschiedene Möglichkeiten und schließt: „Das eine etwa das genetische Geschlecht – braucht mit dem anderen – etwa dem somatischen Geschlecht – nicht übereinzustimmen". Bischof beschreibt Zweigeschlechtlichkeit: „Es ist nämlich eine Eigentümlichkeit gesellschaftlicher Wirklichkeitsinterpretation, dass ihr eine überlappende Verteilung … zu uneindeutig ist. Anstelle des gleitenden Mehr oder Weniger sucht sie ein rigoroses Entweder Oder zu setzen". Und die Biologen Wellner und Brodda betonen ebenfalls, dass das äußere morphologische Geschlecht nur eine Geschlechtsbestimmung unter mehreren möglichen ist. Eine Sammlung aller Körpermerkmale, die bei biologischen Geschlechtsbestimmungen herangezogen werden, würde keinesfalls für alle Personen eine Geschlechtsdefinition ergeben, die eindeutig von Geburt an gilt und unverändert bleibt.

Polarisierte Zweigeschlechtlichkeit wird vielmehr erst im alltäglichen sozialen Leben zu einem „irreduziblen Faktum" und selbst das nicht immer und überall.…

Diese Standardisierung stellt so eine Art „sozialer Superstruktur" (Schelsky 1955, 17) dar, die in ihren jeweiligen Bestimmungen sich aus den Gestaltungsprinzipien des kulturellen Gesamtgefüges herleitet. *Alle* kulturellen Verhaltensstandards/Konstanten lassen sich nur in der Form der jeweiligen Geschlechtskonformität erwerben, und das heißt: In einer Gesellschaft, die auf der Polarisierung von Geschlechtsrollen und der Generalisierung von deren Effekten beruht, gibt es keine Identität und Individualität *außerhalb* der Geschlechtszugehörigkeit. Wesentliche Elemente unserer Kultur beruhen auf Alltagstheorien und Grundannahmen zur „natürlichen Selbstverständlichkeit" der Zweigeschlechtlichkeit des Sozialen. Dies beinhaltet die Unvermeidbarkeit der Zuordnung einer Person in dieses Kategoriensystem: Jeder wird geschlechtlich erfasst, niemand kann sich der strikt *binären Klassifikation* (Tyrell 1986) entziehen, dem rigorosen „Entweder Oder". Für Männer und Frauen gilt die Regel der Unvereinbarkeit und Unveränderbarkeit: Jeder muss jederzeit männlich oder weiblich sein. Diese Kategorisierungen sind, wie die oben genannte Untersuchung von Kessler und McKenna zum Phänomen der Transsexualität herausstellt, durchaus brüchig und in vielen Fällen problemgeladen.… Die binäre Klassifikation ist mithin für uns *der* kategoriale Rahmen alltagsweltlichen Denkens: so werden Geschlechter identifiziert, gedacht – und geschaffen.…

Ein Blick in die kulturanthropologische Literatur mag dies verdeutlichen: So schildert etwa Margaret Mead schon die Variationsbreite, was Körperbau, Gestalt, Ausdruck angeht, und zwar sowohl innerhalb von ihr untersuchter Populationen als auch interkulturell:

„In jeder menschlichen Gruppe ist es möglich, Männer und Frauen auf einer Skala so anzuordnen, dass zwischen einer sehr maskulinen und einer sehr femininen Gruppe sich andere einschieben, die in die Mitte zu gehören scheinen, weil sie weniger von den ausgesprochenen Merkmalen zeigen, die für das ein oder andere Geschlecht kennzeichnend sind". Mittellagen sind aber in der binären Geschlechterklassifikation nicht vorgesehen – ohne dass sich dies dem „geschlechtsklassifikatorisch ungeübten Auge" (Tyrell 1986, 457) zwingend aufdrängte. Dabei gibt es durchaus Kulturen, die drei oder mehr Geschlechter kennen: Die Institution der „Berdache", wie sie nordamerikanische Indianerkulturen kennen, ist dafür das häufigst zitierte Beispiel. Nur: wer oder was sind „Berdaches"? Von unserer Kultur aus haben wir kaum Möglichkeiten, das Phänomen zu erfassen: Ausgestattet mit dem Konzept zweier Geschlechter wird versucht, das Berdache Phänomen z. B. zu fassen als Transvestiten, Homosexuelle oder Hermaphroditen. Eine weitere, eigenständige Kategorie ist nicht vorgesehen. Beispiele für eine solche (reduzierende) Interpretation bietet Devereux, aber auch zahlreiche andere. Dagegen geht es hier offenbar eben nicht um „Geschlechtsrollenwechsel", um einen Übergang von einem fixierten Status in einen anderen, sondern um einen dritten, „intersexus status", der sich nur aus einem in wesentlichen Zügen anderen Grundverständnis von Geschlecht und sozialer Rolle erschließt. Aber auch der Tatbestand des Geschlechtsrollenwechsels, der in verschiedenen Kulturen institutionalisiert ist, verweist darauf, dass hier Übergänge vorgesehen sind die wenig mit „Biologie" zu tun haben. ....

Modi der Konstruktion

Den je eigenen Platz in der jeweils institutionalisierten klassifikatorischen Ordnung einzunehmen, heißt für den einzelnen, sich die ganze Ordnung zu eigen zu machen: Darin und zunächst nur darin wird „Gleichheit" zwischen den Angehörigen einer Kategorie hergestellt, die zugleich aber auch die Grundlage der Vergleichbarkeit, der Unterschiede innerhalb eines Geschlechts ist. Die „Gleichheit der Frauen" erweist sich bei näherer Betrachtung immer nur als eine ihrer Lebenslage und der damit verbundenen Chancen und Zwänge. Sie ist nicht Ausdruck der persönlichen Potentiale von Frauen (Knapp 1988); ihre „Versämtlichung" ist vielmehr selbst ein Zeichen der Vermachtung der Geschlechterbeziehung.

„Frau", „Mann", „weiblich", „männlich" werden als Symbole in der sozialen Interaktion erworben und sind dann zugleich Voraussetzung der Teilnahme an Kommunikation. Soziale Interaktion ist mithin *nicht Medium*, in dem „Geschlecht" als handlungsbeeinflussender Faktor wirkt, sondern ein formender Prozess eigener Art, in dem „Geschlechtlichkeit" durch die handelnden und soziale Realität interpretierenden Subjekte gelernt und hergestellt wird.....

Geradezu sozial überlebensnotwendig ist daher die Kenntnis und eine gewisse Innenrepräsentanz der wesentlichen Elemente des klassifikatorischen Systems. ...

Die aufgezeigten Modi der Konstruktion sind so selbstverständlich nicht: die Betonung der Gebärfähigkeit etwa würde andere Modi erwartbar bzw. denkbar werden lassen, z. B. ein Modus, der zwischen „Ei Trägern" und „Sperma Trägern" unterscheidet (ebd., 165)...

Die Beziehung zwischen kulturellem Genital und Geschlechtszuschreibung ist reflexiv: die „Realität der Geschlechtszugehörigkeit" wird geprüft über die Genitalien, die zugeschrieben wurden, und zur gleichen Zeit hat das zugeschriebene Genital nur durch die sozial geteilte Konstruktion des Geschlechtszuschreibungsprozesses Bedeutung und Realität (ebd., 122ff.).

Der „zweigeschlechtliche Erkennungsdienst" (Tyrell 1986, 463) in den alltäglichen gesellschaftlichen Abläufen ist daher angewiesen auf die „Herstellung" von Geschlechtlichkeit in der Interaktion, auf eine Schauseite, etwas, das permanent zur Darstellung gebracht werden muss. Leibliche Erscheinung, Gestalt und Bewegung, Gestik und Mienenspiel, Kleidung, Frisur, Schmuck, Stimme, sogar die Schrift werden daraufhin ausgewertet. Ist es ein Mann oder ist es eine Frau? Hier scheint die kulturelle Symbolik einer „objektiven Differenz" notwendig zu bleiben. Dies gilt in großem Ausmaß selbst dort, wo Körperlichkeit in der Tat deren Ausgangspunkt bildet: Sexualität ist in einem sehr wesentlichen Ausmaß Gegenstand gesellschaftlicher Konstrukte, die wiederum („bestätigend") in andere Bereiche hineinwirken (Caplan 1987).

Einige Folgerungen

Vermutlich nicht zuletzt wegen der sozialen Betonung der jeweiligen Geschlechtlichkeit gehört diese sehr bald zu den bevorzugten Merkmalen der Selbstkategorisierung. Die erworbenen Kategorien werden *selbst* zu steuernden Schemata von hoher Zentralität Damit aber werden vor allem wiederum jene sozialen Einflüsse verhaltenswirksam, die sich dem jeweiligen Geschlechtsrollenkonzept assimilieren lassen. Dies in seiner vollen Konsequenz auch empirisch zu berücksichtigen, steht weitgehend aus. Vor diesem Hintergrund aber werden Theorieansätze und Forschungen fragwürdig, die die Differenz als *gegeben* betrachten, sie akribisch beschreiben, mit Details und Phänomenen auffüllen und auf je unterschiedlichem Theoretisierungsniveau Erklärungen entwickeln, die aber eben häufig in die oben beschriebene Falle der Reifizierung gehen. Es käme vielmehr umgekehrt darauf an, Aufbau, Vermittlung und Wirkungsweise der beschriebenen Kategorien und Regelsysteme zu untersuchen, wie sie das Phänomen der Geschlechterdifferenz *hervorbringen*....

Es ginge vielmehr darum, in der Untersuchung der Projektion der fiktiven Folien von Geschlechtlichkeit auf den neuen Menschen die Mechanismen der Übermittlung basaler kultureller Codes zu identifizieren, die den wirksam werdenden „Gleich-"und „Andersartigkeiten" zugrunde liegen.

Wichtig erscheint mir weiterhin, den Gedanken aufzugreifen, dass Sozialisation, wie jeder weiß, nicht mit dem Kindes und Jugendalter aufhört. Besonders hier lässt sich – bezogen auf die konkreten Verhältnisse, in den westlichen industriellen Gesellschaften – die zeitdiagnostische Hypothese konstatieren, dass offensichtlich neben die Einübung in geschlechtsrollengebundene Handlungsmuster zugleich die zunehmende Erkenntnismöglichkeit von deren *Relativität* tritt. Der darin anklingende Punkt, dass nämlich Sozialisation nicht nur Aufbau der grundlegenden interaktiven und kommunikativen Handlungskompetenzen, sondern auch derjenigen eines *reflektierten* Selbstbildes bedeutet, tangiert die Geschlechtszugehörigkeit zentral.

Mit der Ausbildung von „Geschlechtsidentität" ist heute offensichtlich ein hohes Ausmaß von Konflikthaftigkeit bei Frauen verbunden, das in vielen Versuchen zur positiv gewerteten Bestimmung des „weiblichen Sozialcharakters" nur unzureichend reflektiert wird. Eine der wenigen Studien, die dies in Rechnung stellt, ist die genannte von Hagemann White, wenn sie nämlich den „weiblichen Sozialcharakter" als doppelbödig kennzeichnet. Das Unbehagen an der eigenen Geschlechtsrolle speist sich neben materiell erfahrbaren Benachteiligungen, Unterdrückungen bis hin zur manifesten Gewalt paradoxerweise zugleich aus der sichtbaren und breite Kreise erfassenden Irritation des Rollenverständnisses. Der Verlust der Gewissheit des Quasi Natürlichen macht fehlende inhaltliche positive Bestimmungen und ausstehende soziale Aushandlungsprozesse als Verunsicherungen und mühselige Anstrengung fühlbar.

Neuere Analysen zu Prozessen sozialen Wandels weisen darauf hin, dass Rollenzuschreibung und Rollenverpflichtung in einem allgemeinen Sinn *flexibilisiert* werden, etwa in Richtung der Zunahme von Optionen. So verliert die „Normalbiographie" gerade auch die weibliche – den Charakter der Selbstverständlichkeit. Die jeweiligen Inhalte und Ausprägungen der Geschlechtsrolle verändern sich und werden z. T. unscharf, dies aber, ohne dass dabei das grundlegende binäre Konstruktionsprinzip des Geschlechterverhältnisses angetastet wird. Auch das mag ein Grund für die oben konstatierte *Spannung* im „weiblichen Sozialcharakter" sein.

▶ *Flaake, Karin (1998): Weibliche Adoleszenz. Neue Möglichkeiten, alte Fallen? Widersprüche und Ambivalenzen in der Lebenssituation und den Orientierungen junger Frauen. In: Geissler, Birgit/Oechsle, Mechtild: Die ungleiche Gleichheit. Opladen, Leske + Budrich, S. 47-56, (mit Auslassungen)*

Mir geht es im Folgenden insbesondere um die lebensgeschichtliche Phase der Adoleszenz, der Zeit des Übergangs von der Kindheit zum Erwachsensein, zum Frausein. Zur-Frau-Werden unter bestehenden gesellschaftlichen Verhältnissen ist mit spezifischen Anforderungen, Angeboten und Widersprüchlichkeiten verbunden, die gesellschaftlich nahegelegte verwundbare Seiten des Selbstgefühls und Selbstbildes schaffen können. Diese gesellschaftlich nahe gelegten verwundbaren Seiten betreffen insbesondere das Verhältnis zur eigenen Weiblichkeit. In der Adoleszenz werden gesellschaftliche Bilder von Weiblichkeit auf eine neue und besondere Weise wichtig: Mädchen sind gezwungen, sich mit ihnen auseinanderzusetzen, weil sie, ob sie es sich wünschen oder nicht, durch körperliche Veränderungen – das Wachsen der Brüste, die Veränderungen der Genitalien und die erste Menstruation – zur Frau werden, ein Prozess, der unwiderrufbar ist und eine Neubestimmung der eigenen Identität erfordert (Kaplan 1988; King 1992; Poluda-Korte 1992).

Wie konfliktreich und verunsichernd eine solche Neubestimmung sein kann, zeigen empirische Studien zur weiblichen Adoleszenz. Übereinstimmendes Ergebnis ist, dass diese lebensgeschichtliche Phase für viele Mädchen mit einem Verlust an Selbstvertrauen und Selbstbewusstsein verbunden ist mit Tendenzen zur Selbstzurücknahme, die in den Studien der Forschungsgruppe um Carol Gilligan (Brown/Gilligan 1994) prägnant zusammengefasst sind im Bild der „verlorenen Stimme" (vgl. auch Hagemann-White 1992; 1997). Die solchen Tendenzen zur Selbstzurücknahme zugrunde liegenden Motive sind vielfältig: Die Anpassung an gesellschaftlich dominierende traditionelle Vorstellungen von Weiblichkeit in dieser besonders verunsichernden lebensgeschichtlichen Phase (Brown/Gilligan 1994) spielt ebenso eine Rolle, wie die verführerische Kraft von Weiblichkeitsbildern, die Weiblichkeit stark binden an „Liebe", an das Dasein für andere und eine regressive Lösung der adoleszenten Problematik, den Verzicht auf Eigenes, nahe legen (Bevollmächtigte der Hessischen Landesregierung für Frauenangelegenheiten 1986: 29f.).

Ich möchte im Folgenden den Schwerpunkt auf eine spezielle Facette in der Dynamik adoleszenter Entwicklungen legen: auf Möglichkeiten, Selbstbewusstsein, aktives Wünschen und Wollen, eine aktive Handlungsfähigkeit in Beziehung setzen zu können zur eigenen auch körperlich verankerten Weiblichkeit, auf Möglichkeiten, „Frau zu werden und dennoch autonom zu sein" (Musfeld 1997: 264).

Weibliche Körperlichkeit und lustvolles Begehren?

Zwar ist Selbständigkeit und Selbstbewusstsein mittlerweile eine Erwartung, die sich auch an junge Frauen richtet, in den gesellschaftlichen Definitionen weiblicher Körperlichkeit sind jedoch latente Botschaften enthalten, die ein aktives, lustvolles In-die-Welt-Gehen eher bremsen, als dass sie es befördern. Weiblichkeitsdefinitionen werden auf diese Weise „in den Leib geschrieben" und sind damit folgenreicher, tief sitzender verankert, als es einer bloßen Orientierung an gesellschaftlichen Geschlechtsrollenerwartungen entspräche, sie werden Teil der eigenen Körperlichkeit. Von besonderer Bedeutung sind dabei auf den Körper bezogene Schönheitsvorstellungen, die damit verbundene Sexualisierung des Körpers durch – insbesondere männliche – Blicke und die gesellschaftliche Dominanz einer heterosexuellen Orientierung, die dem anderen Geschlecht eine große Bedeutung für die Wertschätzung der körperlichen Weiblichkeit zuweist, zudem gesellschaftliche Bewertungen der Menstruation, jenes körperlichen Ereignisses, das sowohl für die Mädchen selbst als auch die Umwelt ein wichtiges Zeichen des Zur-Frau-Werdens ist.

Weiblichkeit ist gesellschaftlich immer noch weniger durch ein eigenes sexuelles Begehren, durch ein aktives Wünschen und Wollen, durch Lust und Potenz bestimmt, denn auf Begehrt werden, auf Attraktivsein für das andere Geschlecht ausgerichtet. Ein lustvolles, zunächst selbstbezogenes Verhältnis zum eigenen weiblichen Körper hat in den gesellschaftlich nahe gelegten adoleszenten Entwicklungsprozessen wenig Raum. In gesellschaftlichen Bildern von weiblicher „Schönheit" und Attraktivität, die mit der Adoleszenz für Mädchen besonders wichtig werden, ist ihre Nichterfüllbarkeit immer schon angelegt, sie scheint zentraler Bestandteil dieser Normen zu sein (Haug 1988). Das kann eine spezifische Verwundbarkeit des Selbstbildes und Selbstgefühls von jungen Frauen schaffen, durch die Bestätigungen der Männer besonders wichtig werden. Die gesellschaftliche Norm einer heterosexuellen Orientierung verstärkt solche Tendenzen. Sie ist dann problematisch und einengend für Entwicklungsmöglichkeiten von Mädchen, wenn sie beruht auf der Tabuisierung selbstbezogener und homoerotischer Wünsche und Phantasien. Eine solche Tabuisierung macht die Wertschätzung weiblicher Körperlichkeit abhängig von Bestätigungen durch das andere Geschlecht und setzt der Möglichkeit Grenzen, eine grundlegende Liebe zum eigenen Geschlecht zu entwickeln. In der weiblichen Entwicklung sind auf das eigene und das andere Geschlecht bezogene erotische Wünsche und Phantasien gleichermaßen von Bedeutung, entsprechende Kanalisierungen und Weichenstellungen werden mit beeinflusst von Tabuisierungen homoerotischer Wünsche und Phantasien (Flaake 1995; Düring 1993; Gissrau 1993; Poluda-Korte 1993; Rohde-Dachser 1994; Zeul 1993). Solche Tabuisierungen spielen in allen Entwicklungsphasen von Mädchen eine Rolle, sie prägen häufig die Beziehung zwischen Mutter und Tochter und weisen dem Vater auf diese Weise eine besondere Bedeutung für die Anerkennung der körperlichen Weiblichkeit von Mädchen zu (Flaake 1992; Gläser 1994). Damit ist es primär der fremde Blick, der Blick des anderen Geschlechts, der Weiblichem seine Bedeutung verleiht und nicht der mit dem eigenen Geschlecht geteilte Stolz auf den Körper.

In der Adoleszenz erhält eine männliche Wertschätzung des weiblichen Körpers eine besondere Bedeutung, sie wird zu einem der wesentlichen Kriterien einer positiv bewerteten Weiblichkeit (Steiner-Adair 1992). Eva Poluda-Korte betont die Bedeutung einer „homosexuellen Rückversicherung" in der weiblichen Entwicklung, einer Bestätigung weiblicher Körperlichkeit durch Frauen, und beschreibt in einem fiktiven „Brief an eine Freundin" anschaulich entgangene Möglichkeiten in der Adoleszenz.

Je weniger es in weiblichen Entwicklungsverläufen eine homoerotische Bestätigung und Wertschätzung weiblicher Körperlichkeit gibt, desto verletzbarer sind Mädchen und Frauen, um so abhängiger bleiben sie von männlichen Bestätigungen, desto weniger können sie selbstbewusst ihre Wünsche und Interessen vertreten, „nicht ihr eigenes Lied singen", wie Chasseguet-Smirgel es formuliert (1974: 178f). Körperliche Weiblichkeit und ein lustvolles, aktives In-die-Welt-Gehen können dann insbesondere in der Adoleszenz auseinander treten und als unvereinbar erscheinen und damit eine spezifische Konflikthaftigkeit der Lebensentwürfe junger Frauen schaffen. Veränderungspotentiale, erweiterte Räume für eine Bestätigung weiblicher Körperlichkeit, sind jedoch angelegt in der wachsenden Wertschätzung von Mädchen- und Frauenzusammenhängen, einer veränderten Bewertung und Sichtbarkeit des „Weiblichen", die sich im Gefolge der Frauenbewegung und für Mädchen und junge Frauen insbesondere durch das Engagement feministischer Pädagoginnen entwickelt hat (vgl. z. B. Fleßner 1996).

Wie keine andere körperliche Veränderung in der Pubertät markiert die erste Menstruation eine Art von „Eintritt" in die Weiblichkeit, Anlass für ein lustvolles, aktives In-die-Welt-Gehen, für eine Freude an den neuen Potenzen als Frau, ist sie jedoch selten. Gesellschaftlich wird sie primär als Hygieneproblem verhandelt, in vielen Mutter-Tochter-Interaktionen aus Anlass der ersten Menstruation der Tochter dominiert ebenfalls dieser Aspekt. Eine Analyse der verborgenen Rituale in der Mutter-Tochter-Beziehung auf der Basis einer psychoanalytisch-hermeneutischen Auswertung von Interviews zeigt erstaunliche Ähnlichkeiten zu Ritualen um die erste Menstruation in Stammesgesellschaften (Waldeck 1988): Körperempfindungen werden durch Hygienerituale in eine bestimmte Richtung kanalisiert, dem Erleben der Menstruation als etwas Schmutzigem, zu Verbergendem, nicht jedoch als Quelle von Produktivität und Kraft. Sofort – so lassen sich viele Mutter-Tochter-Interaktionen kennzeichnen – konfrontieren Mütter ihre Töchter mit dem kulturellen Gebot der Hygiene, mit Binden und Tampons. Es scheint nur wenig Raum und Ermutigung zu geben für ein Entdecken des „Eigenartigen" der neuen Empfindungen und Gefühle, für ein Sich-Einlassen auf das Beängstigende und Verunsichernde, aber zugleich auch Lustvolle und Erregende der körperlichen Veränderungen. Es scheint der geschützte Raum zu fehlen, innerhalb dessen Mädchen die Chance haben, selbst sich ihren Körper anzueignen, ein Raum, der Möglichkeiten eines Vertrautwerdens mit dem eigenen Körper als Voraussetzung für die Entwicklung eines Vertrauens in den Körper bietet." So sind mit der Menstruation kaum progressive Potenzen, kein aktives, lustvolles In-die-Welt-Gehen verbunden, sondern regressive Momente wie Leiden und Rückzug dominieren, regressive Momente, die in Stammesgesellschaften oft symbolisiert sind durch die zusammengekauerte Hockstellung, in der die junge Frau ausharren muss. Diese regressive Haltung wird dort erzwungen durch kulturelle Vorgaben. Bei Mädchen in unserer Kultur ist ein Rückzug während der Menstruation – der oft von einer ähnlich zurückgenommenen Körperhaltung begleitet ist – dagegen nicht Resultat äußerer Zwänge, sondern Ergebnis innerpsychischer Prozesse, die sich in körperlichen Schmerzen und Beschwerden Ausdruck verschaffen.

Durch die enge Verbindung von erster Menstruation und Sexualität (Dalsimer 1993; Poluda-Korte 1992; Waldeck 1988; 1995) enthalten die an die Menstruation geknüpften Bewertungen zugleich immer auch latente Botschaften über ein lustvolles Verhältnis zum eigenen Körper. Die Reduzierung der Menstruation auf ein Hygieneproblem – die gesellschaftlich nahe gelegt und von Müttern oft vermittelt wird – bedeutet dann: Kümmere dich nicht um deine Lust, die du spürst, sie ist etwas Unsauberes und du bringst sie am besten zum Verschwinden. Eine wesentliche latente Funktion der Reduzierung von Menstruation auf ein Hygieneproblem besteht in einer solchen Tabuisierung sexueller Lust – einer Lust, die zunächst den eigenen Körper, das eigene Geschlecht zum Zentrum hat und Ausgangspunkt sein könnte für ein eigenes weibliches Begehren, für eine den eigenen Empfindungen, Wünschen und Phantasien folgende Aneignung des Körpers und der Sexualität. So scheint eine wesentliche Funktion offener und verborgener Rituale um die erste Menstruation darin zu bestehen, Frauen Körperlichkeit und Sexualität nicht als Quelle von Potenz und Kraft zugänglich werden zu lassen (Friebertshäuser 1995).

In den gesellschaftlich nahe gelegten Entwicklungsprozessen von Mädchen und jungen Frauen ist wenig Raum für das von Christa Rohde-Dachser in Abgrenzung zu patriarchalen Weiblichkeitskonzepten entworfene Bild der „anderen Frau" – „einer vom Mann unabhängigen Frau mit einem eigenen sexuellen Begehren" (Rohde-Dachser 1991: 82), das die Voraussetzung ist für gleichgewichtige Beziehungen zwischen den Geschlechtern: Nur selten entwickelt sich in der Adoleszenz ein im Körper verankertes Selbstbewusstsein, so dass Wünschen nach einer aktiven, lustvollen Gestaltung eines eigenen Lebens oft die Kraft fehlt, die zu ihrer Umsetzung in die Realität notwendig ist.

Für die Schule und außerschulische Mädchenarbeit wurden in den letzten Jahren eine Reihe von Ansätzen entwickelt, durch die Mädchen und jungen Frauen ein Raum eröffnet wird, in dem andere Möglichkeiten der Körperwahrnehmung und -definition zumindest als Potential sichtbar werden können (vgl. z. B. Biermann/Schütte 1995; Holleck 1996).

Auch in Mutter-Tochter-Interaktionen gibt es vielfältige Gestaltungsspielräume, die stark davon abhängen, wie Mütter mit den durch die Adoleszenz der Tochter ausgelösten eigenen Verunsicherungen umgehen können. Auf der Basis der Interpretation von Interviews mit Mädchen und ihren Müttern möchte ich im Folgenden unterschiedlichen Formen des Umgehens mit der zur Frau werdenden Tochter nachgehen und entsprechende Reflexions- und Gestaltungsspielräume andeuten.

Gestaltungsspielräume in der Mutter-Tochter-Beziehung

Sozialisationsprozesse in der Familie vollziehen sich wesentlich in Interaktionen, in denen unbewusste Prozesse eine große Rolle spielen: Gefühls- und Triebäußerungen von Kindern und Jugendlichen, die einem bestimmten Entwicklungsstadium entsprechen und sich zunächst noch „unbearbeitet", d. h. spontan und unmittelbar äußern, konfrontieren die Erwachsenen mit eigenen entsprechenden früheren Regungen und „verflüssigen" ihre lebensgeschichtlich erworbenen Bewältigungsstrategien. Verdrängtes wird aktiviert und der Umgang mit diesen eigenen wieder mobilisierten meist unbewussten Regungen bestimmt auch das Verhältnis zum Kind bzw. Jugendlichen: Eltern können nur das an ihrer Tochter oder ihrem Sohn zulassen, was die eigene psychische Stabilität nicht gefährdet. Zugleich kann die Auseinandersetzung mit Kindern und Jugendlichen aber auch

Anlass für eigene Lernprozesse sein, wenn entsprechende Verunsicherungen produktiv genutzt werden können.

Für die Beziehung zwischen Müttern und Töchtern in der Adoleszenz bedeutet eine solche Sichtweise von Sozialisation, dass die körperlichen Veränderungen der Tochter, das körperliche Zur-Frau-Werden, die deutlich werdende Sexualität der Tochter in der Mutter eigene entsprechende Wünsche, Phantasien und Ängste aktivieren, eigene frühere häufig verdrängte Regungen, die eingespielte Abwehrstrategien bedrohen und entsprechend verunsichernd sein können. Wie Mütter mit diesen Verunsicherungen umgehen können – ob sie in der Tochter eigene frühere Strebungen erneut abwehren müssen oder sich auf eigene Veränderungsprozesse einlassen können – wird der Tochter Entfaltungsspielräume eröffnen oder aber begrenzen.

In den Interviews mit Müttern adoleszenter Töchter zeigen sich eine Vielzahl von Gefühlen, die durch das körperliche Zur-Frau-Werden der Tochter ausgelöst werden. Eigene Tabuisierungen im Verhältnis zu Körperlichkeit und Sexualität werden berührt, Trennungsprozesse deuten sich an und verunsichern, eigene bisher ungelebte Wünsche nach einem erfüllten Leben und entsprechende Aufbruchsphantasien können aktualisiert, Neidgefühle geweckt werden. So sind Reaktionen und Verhaltensweisen von Müttern oft ambivalenter und widersprüchlicher als sie es sich selbst wünschen und es ihren bewussten Intentionen entspricht. Besonders die erste Menstruation ist Symbol für die Veränderungen, die in der nächsten Zeit im Verhältnis zur Tochter anstehen: dafür, dass sie zunehmend eigene Wege gehen und sich sukzessive von der Mutter lösen wird, dafür, dass zu den eigenen Wegen auch sexuelle Erfahrungen und Beziehungen gehören, und auch dafür, dass die Tochter zu einer jungen Frau wird, die ihr erwachsenes Leben noch vor sich hat, während die Mutter mit den durch das Älterwerden gesetzten Grenzen konfrontiert ist. So können Neidgefühle der Mutter auf die Jugend ihrer Tochter und die ihr noch offen stehenden Möglichkeiten sich mit den kulturell nahe gelegten Ansichten über die Menstruation verbinden und zu Verhaltensweisen führen, die der Tochter eine Botschaft etwa in dem Sinne vermitteln: Du hast dein Leben zwar noch vor dir und du bist jung und schön, aber so viel besser wie mir wird es dir auch nicht gehen, denn das, was dich zur Frau macht, ist ebenso, wie es bei mir gewesen ist, schmutzig und du musst es verstecken. (vgl. auch Waldeck 1988: 342f.). Auf diese Weise kann zugleich auch die Phantasie genährt werden, dass Mutter und Tochter innerlich aneinander gebunden bleiben – auf der Basis einer gemeinsamen entwerteten körperlichen Weiblichkeit.

So sind die Reaktionen von Müttern auf die erste Menstruation der Tochter immer eingebettet in die jeweiligen Strukturen der Mutter-Tochter-Beziehung, die kulturell angebotenen Ansichten über Menstruation erhalten erst vor diesem Hintergrund ihre Bedeutung und spezifische Qualität. Zugleich sind diese Strukturen aber auch gestaltbar und durch Reflexionsprozesse zu beeinflussen. So beschreiben einige Mütter, dass sie mit der Adoleszenz der Tochter in eine Krise gerieten, in der sie ihr bisheriges Leben kritisch reflektierten und ihnen als einengend und begrenzend Empfundenes besonders deutlich wurde. Ihnen war der Neid auf die Tochter und die ihr noch offen stehenden Möglichkeiten bewusst, und sie waren in der Lage, diesen Neid nicht gegen die Tochter zu richten, sondern ihn produktiv zu wenden, indem sie ihn zum Auslöser für eine Neugestaltung des eigenen Lebens machen konnten, z. B. durch berufliche Neuorientierungen, Trennungen von Partnern, neue soziale Kontakte oder bisher nie gewagte Unternehmungen.

In einigen der Interviews wird deutlich, wie groß der Wunsch der Töchter ist, in der Mutter eine auch von ihr selbst positiv besetzte Weiblichkeit sehen zu können und von ihr ein Gefühl von Stolz auf die weibliche Körperlichkeit vermittelt zu bekommen. Das stößt bei vielen Müttern auf eigene Grenzen, auf ein eigenes, wenig positives Verhältnis zu ihrem Körper (vgl. auch Haase 1992; King 1992), kann aber auch Anlass für Neubewertungen sein, z. B. wenn eigene frühere Wünsche und Enttäuschungen bewusst werden. Als Möglichkeit erkennbar wird dann eine Beziehung, in der „der Eintritt in das Frauenleben positiv gespiegelt wird" (Musfeld 1997: 270), „ein aktiver Entwurf weiblichen Begehrens, in dem Lust als Eigenes und nicht als Geliehenes, lediglich Zuerkanntes erlebt werden könnte." (ebd.) Auf dieser Basis kann die Botschaft der Mutter an die Tochter lauten: Dein Körper, der wie meiner weiblich ist, ist gut und wertvoll, und du darfst mit diesem Körper eine von mir unabhängige Lust und Sexualität haben. Damit kann die Tochter ihre Weiblichkeit als eigenständige Quelle von Lust und Kreativität erfahren und mit diesem Fundament einen von der Mutter auch innerlich abgegrenzten Weg in ein eigenes Leben finden. So hängen Entwicklungsmöglichkeiten der Töchter auch davon ab, wie Mütter für sich mit den durch die Adoleszenz der Tochter ausgelösten Verunsicherungen und Wiederbelebungen eigener Wünsche und Ängste umgehen können: ob sie zur eigenen Weiterentwicklung genutzt werden können oder aber die eigene psychische Stabilität zu sehr bedrohen, als dass sie produktiv aufgegriffen werden können.

Vatertöchter oder ein eigener Weg zu Eigenständigkeit und Unabhängigkeit?

Jessica Benjamin hat ein Problem formuliert, mit dem viele Frauen der Mütter-generation der heutigen jungen Frauen konfrontiert waren, wenn sie einen von traditionellen weiblichen Perspektiven abweichenden Weg gehen wollten: Da unter den Bedingungen einer Arbeitsteilung zwischen den Geschlechtern, in der Frauen für emotionale Unterstützung und Zuwendung und Männer für den Bereich öffentlich sichtbarer Einflussnahme als zuständig angesehen werden, Selbsttätigkeit, Handlungsfähigkeit und Aktivität symbolisch mit Männlichkeit verbunden und damit an das Bild des Vaters geknüpft sind und lebensgeschichtlich daher wesentlich über väterliche Identifizierungen erworben werden, können solche Strebungen bei Mädchen und Frauen als „gestohlen oder unrechtmäßig angeeignet" (Benjamin 1990: 110) und mit „Weiblichkeit" als unvereinbar er-scheinen. Jessica Benjamin beschreibt als typisches „Tochter-Dilemma": Wie kann sie „ihrem Vater ähnlich und dennoch eine Frau sein?" (ebd.: 98) Dieses „Tochter-Dilemma" scheint für diejenigen der jungen Frauen weiterhin zu be-stehen, die sich traditionell als männlich definierte gesellschaftliche Bereiche zu eigen zu machen versuchen.

Eine nur über väterliche Identifizierungen erworbene aktive Handlungsfä-higkeit ist jedoch problematisch, da sie nicht in ein Selbstbild als Frau integriert werden kann und die eigene Weiblichkeit wie die der Mutter entwertet bleibt. Damit ist eine besondere Konflikthaftigkeit der Lebensentwürfe gegeben, die das Selbstbewusstsein fragil werden lässt und sich psychisch widerspiegeln kann in einer Spaltung zwischen den aktiven, auf beruflichen Erfolg und Unabhängig-keit gerichteten Strebungen, die den Charakter von idealisierten „väterlichen" Anteilen haben, und einer entwerteten S. des eigenen Selbst, die stark an die eigene – insbesondere auch körperliche – Weiblichkeit gebunden ist. Barbara Krebs spricht in diesem Zusammenhang auf der Basis therapeutischer Erfah-rungen mit jungen Frauen von einer „Spaltung zwischen innen und außen": „Es ist, als hätten die Frauen kein inneres Organ, keine Körperresonanz, in das sich ihre äußeren Erfolge einlagern dürften. Es scheint, als sei der weibliche Binnenraum paralysiert, das Innen und Außen bleiben getrennt. ... Körperliche Binnenraum und weibliche Intellektualität, geformt nach männlichen Normen, kollidieren häufig miteinander. ... Identifiziert mit ihrem Vater konnten sich diese Frauen beruflich engagieren und initiativ werden. Beruflicher Erfolg war aber nur bedingt an eine positive Besetzung der eigenen Person gekoppelt. Schuldgefühle und ein ebenso tief sitzendes Insuffizienzgefühl lagerten sich über ihr berufliches Engagement." (Krebs 1992: 178f.) Voraussetzung für eine aktive Handlungsfähigkeit junger Frauen ist damit die Möglichkeit, auch an entsprechende mütterliche Potenzen anknüpfen zu können. Es muss „in der Vorstellung von Weiblichkeit, also auch in der Lebensweise und im Selbstbild der Mutter, Ansatzpunkte für den beim und mit dem Vater gelernten Zugang zur Welt geben, sonst kann dieser nur schwer in ein Selbstbild als Frau aufgenommen werden" (Musfeld 1997: 278).

Die in den letzten beiden Jahrzehnten häufig gewordene Berufstätigkeit von Müttern hat den Rahmen dafür geschaffen, dass auch zunehmend Mütter ihren Töchtern gegenüber Subjektivität, Aktivität und Handlungsfähigkeit repräsentieren können und solche Qualitäten nicht mehr nur väterliches und damit symbolisch männliches Terrain sind. Begrenzt wird eine solche Neudefinition weiblicher Identität allerdings durch die nachhaltige und andauernde Wirksamkeit eines Ideals von Mütterlichkeit, in dem die Phantasie unbegrenzter und bedingungsloser Liebe, der Selbstaufgabe für andere, verhindert, dass Frauen auch als Mütter an einem „eigenen Begehren", an einer Subjektivität als Frau, an eigener aktiver Handlungsfähigkeit festhalten und sich gegenüber ihrer Tochter schon früh als Frau zeigen, die nicht nur in der Beziehung zu ihr lebt, sondern außerhalb des Mutterseins noch wesentliche andere Bezugspunkte ihrer Identität hat. Auch wenn Mütter berufstätig sind, steht in ihrer Selbstdarstellung häufig die Familien- und Beziehungsarbeit im Vordergrund, die wiederum auch die Wahrnehmung der Tochter von der Mutter prägt (vgl. Eckart 1990). Erst wenn die Mutter als Frau mit anderen zusätzlichen Selbstdefinitionen sichtbar wird, ist für Töchter die Erfahrung möglich, dass Weiblichkeit und aktive Handlungsfähigkeit zusammengehören. Auch viele junge Frauen orientieren sich an einem Bild idealisierter Mütterlichkeit, eine Integration von „selbständiger Frau" und „guter Mutter" im eigenen Selbstverständnis scheint kaum möglich zu sein (Geissler/Oechsle 1996: 119ff.). Damit können auch Verbindungen zwischen eigener Weiblichkeit und Wünschen nach „Autonomie, Weltteilhabe und Subjekthaftigkeit" (Ritter 1996b: 414) fragil werden und Bezugspunkte sich einseitig verschieben zugunsten von Wünschen nach Beziehungen und Familie.

Kaum untersucht ist bisher die Vater-Tochter-Beziehung in ihrer Bedeutung für Entwicklungsprozesse von Mädchen und jungen Frauen. Die Möglichkeit, eine aktive Handlungsfähigkeit, ein lustvolles In-die-Welt-Gehen, Selbstbewusstsein und Selbsttätigkeit zu verbinden mit der eigenen Weiblichkeit, hängt jedoch auch davon ab, welche Bilder von Weiblichkeit Väter ihren Töchtern vermitteln. Mädchen sind „voller Bereitschaft, sich in das Bild der Frau hineinzuformen" (Rohde-Dachser 1990: 310), das ihnen der Vater anbietet.

Erste Ergebnisse eigener Untersuchungen sprechen für eine besondere Brisanz der Vater-Tochter-Beziehung in der Adoleszenz. In allen Interviews mit Vätern adoleszenter Töchter ist deutlich, wie verunsichernd das körperliche Zur-Frau-Werden der Tochter für sie ist. Es scheint für Väter schwer zu sein, eine Balance zu finden zwischen wertschätzender Nähe und einer prinzipiellen Abgegrenztheit und körperlichen Distanz. Vorherrschend sind zwei Muster: Eine zu große Nähe des Vaters zur Tochter, durch die der Tochter eine eigenständige Sexualität nicht zugestanden und sie auf der unbewussten Ebene als „sexueller Besitz" (Mertens 1994: 138) des Vaters gesehen wird, und eine mit der Adoleszenz abrupte und forcierte Distanz zur Tochter, die mit der latenten Botschaft einer gefährlichen Macht der Sexualität der Tochter verknüpft sein kann (vgl. Flaake 1994). In beiden Mustern ist für Töchter wenig Raum gegeben für ein gefahrloses und spielerisches Inszenieren des „eigenen Begehrens".

In beiden Mustern finden sich Konstellationen, in denen Väter auf der bewussten Ebene durchaus Eigenständigkeit und Unabhängigkeit der Tochter fördern, sie aber gleichzeitig in Abhängigkeit von sich zu halten versuchen. Christa Rohde-Dachser (1990) spricht in diesem Zusammenhang von Doppelbotschaften, die von Vätern an ihre Töchter ausgehen, nämlich: „Werde selbstbewusst und erfolgreich, aber bleib abhängig von mir". Die Väter unterstützen zwar einerseits Ehrgeiz und Leistungsorientierung ihrer Töchter, vermitteln aber gleichzeitig, dass die Tochter diesen Weg nicht für sich selbst gehen soll, sondern für den Vater und sie nur so lange mit seiner Unterstützung rechnen kann, wie sie in der Rolle der loyalen Tochter bleibt – eine Konstellation, die eine „Fixierung der Frau auf eine töchterliche Existenz" (Rohde 1990: 312) und damit die Einschränkung von Eigenständigkeit und Unabhängigkeit bedeutet.

In einigen Interviews mit Mädchen und jungen Frauen wird deutlich, wie verführerisch es für sie ist, sich auf eine solche „töchterliche Existenz" einzulassen. Besonders bei den etwas Älteren der von uns Befragten, den 17- bis 20jährigen jungen Frauen, ist deutlich, dass es trotz einer Kritik an entsprechenden Verhaltensweisen und Erwartungen des Vaters auch eine innere Bindung an eine solche Rolle gibt, z.B. weil sie mit der Phantasie eigener Bedeutung und Größe verbunden ist. Margarete Berger spricht in diesem Zusammenhang von einer „Vater-Tochter-Komplizenschaft mit wechselseitiger narzisstischer Abhängigkeit, Bedürftigkeit, erotischer Anziehung und deren Abwehr" (Berger 1996: 123).

So steht die Möglichkeit, Selbstbewusstsein, aktives Wünschen und Wollen, eine aktive Handlungsfähigkeit verbinden zu können mit der eigenen Weiblichkeit für Mädchen und junge Frauen in einem besonderen Spannungsfeld. Bei der Mutter finden sich häufig wenig Anknüpfungspunkte für entsprechende Identifizierungen, die zur Identifikation anregenden Aspekte des Vaters müssen jedoch gelöst werden aus töchterlichen Abhängigkeiten und in einen eigenen Entwurf als Frau integriert werden. Eine solche Integration wird erleichtert, wenn sie sich stützen kann auf ein positives Verhältnis zur körperlichen Weiblichkeit. Auf der Basis eines positiven Bezugs zum eigenen weiblichen Körper ist die Integration jener Verhaltensmöglichkeiten in die eigene Identität leichter möglich, die in gesellschaftlich vorherrschenden Weiblichkeitsbildern nicht enthalten sind: Selbstbewusstsein, Eigenständigkeit, ein aktives Wünschen und Wollen, eine aktive Handlungsfähigkeit.

▶ **Rettke, Ursula (1987): Berufswünsche von Mädchen unter dem Diktat des Arbeitsmarktes. Die schrittweise Verweiblichung der Bildungs- und Berufsbiographien von Hauptschülerinnen.** *In: Bolder, Axel/Rodax, Klaus (Hrsg.): Die Sozialisation von Arbeiterkindern für den Beruf, Bonn: Verl. Neue Gesellschaft, (S. 127-141)*

Auch in der wissenschaftlichen Diskussion über den Entstehungszusammenhang weiblicher Normalbiographien – wie sie in der Frauenforschung geführt wird – existieren Erklärungsansätze zur Berufsfindung junger Frauen, die diese aus sozialisationsspezifischen Einstellungs- und Verhaltensmustern begründen. Von den Faktizitäten einer funktionalen geschlechtlichen Arbeitsteilung wird auf eine rationale Entscheidung und Planung von Mädchen beim Übergang in den Beruf geschlossen, die geschlechtsspezifisch entwickelte Interessen und Fähigkeiten transportieren.

Vor der Thematisierung des Prozesses der schrittweisen „Verweiblichung" der Bildungs- und Berufsbiographien von Hauptschülerinnen soll die Aufmerksamkeit des Lesers auf einige subjektive und objektive Aspekte der Berufswahl gelenkt werden.

Betrachtet man die Berufswahl als einen biographischen Prozess der Vermittlung individueller Ausbildungsabsichten und gesellschaftlicher Berufsanforderungen, wird deutlich, dass die hierarchische Strukturierung des Arbeitsmarktes nach Eingangsqualifikationen und seine geschlechtsspezifische Segmentierung Teil dieses Prozesses sind: Auf der einen S. steht ein Spektrum gesellschaftlich vorgegebener Berufsmöglichkeiten und Erfahrungen bzw. Vermutungen über Anforderungen und Eingangsvoraussetzungen. Darin ihre Zukunft zu finden und zu gestalten, steht als subjektive Absicht der Jugendlichen auf der anderen S. dieses Vermittlungsprozesses.

Unsere Untersuchungen setzen vielmehr an der Frage an, wie sich Mädchen und Jungen mit den schulisch und arbeitsmarktseitig gesetzten Bedingungen ihrer Berufsfindung auseinandersetzten, wie sie ihre Erfahrungen mit Chancenstrukturen und Selektionsprozessen und die im Verlaufe der Berufssuche stattfindenden Umlenkungen beruflicher Pläne gedanklich und in ihrem Handeln verarbeiten. Strukturdaten und Entwicklungstendenzen des Bildungs- und Arbeitsmarktes, denen die Realisierung beruflicher Vorstellungen unterliegt, stellen gleichsam den Interpretationsrahmen für die Auswertung der Befragungen dar.

Dabei zeigt sich, dass die bisher allgemein gültige Annahme, die in Familie und Schule stattfindende geschlechtsspezifische Sozialisation von Jungen und Mädchen sei letztendliche Ursache für die geschlechtstypische Verteilung der Jugendlichen auf das vorhandene Berufsspektrum, in einem neuen Licht zu betrachten ist.

So haben Berufswunschnennungen und -begründungen von Mädchen in der 7. Klasse der Hauptschule beispielsweise nur eine geringe und relativ offene geschlechtsspezifische Ausprägung. Geschlechtstypische Berufsoptionen scheinen für Mädchen und Jungen dieses Alters einen eher strategischen Bedeutungsgehalt für das Einfinden in das Spektrum möglicher Berufe zu haben. Eine Festlegung oder Beschränkung der Berufswünsche von Mädchen auf die mit der zukünftigen Frauenrolle verwandten Tätigkeitsfelder und damit gleichsam der Selbstausschluss aus anspruchsvolleren und höher dotierten Berufen aus dem „männlichen" Berufsspektrum lässt sich nicht belegen.

Die Auswertung von Interviews mit Schülerinnen und Schülern der 7. Klasse Hauptschule zeigt nun zunächst, dass sich Mädchen und Jungen bereits in diesem Alter weitreichende und durchaus differenzierte Überlegungen hinsichtlich ihrer beruflichen Perspektiven machen. Sie sondieren Berufe und Berufsbereiche, die sich fast ausschließlich im Spektrum der für Hauptschüler zugänglichen Stufe der Berufshierarchie bewegen. Durchaus vorhandene Interessen an materiell und gesellschaftlich höher bewerteten Berufen beginnen Mädchen wie Jungen mit dem Hinweis auf ihre mangelnde schulische Qualifizierung dabei als nicht realisierbar einzuschätzen.

Es wird deutlich, dass Mädchen und Jungen in ihren beruflichen Vorstellungen die unabhängig von ihnen objektiv gültigen Qualifikationsstrukturen und -anforderungen als Rahmenbedingung für subjektiv akzeptierbare Berufs- und Zukunftspläne anerkennen und ihre beruflichen Optionen daran ausrichten. Hier wird also tatsächlich der erste Schritt einer beruflichen Selbstbeschränkung vollzogen.

Mädchen wie Jungen thematisieren diese Anpassungsleistungen ihrer beruflichen Optionen aber selten im negativen Sinne als eine Beschränkung, sondern beginnen – gleichsam auf einer nächsten Anpassungsstufe – gerade umgekehrt das eigene Qualifikationsniveau und die eigenen Fähigkeiten in Hinblick auf ihre Tauglichkeit für das gegebene Berufsspektrum zu bewerten und formulieren das Ergebnis dieser Überlegungen positiv als genuin eigene Ausbildungsabsicht oder Berufs"wunsch".

Mädchen wie Jungen sind sich der besonderen Arbeitsmarktrisiken und der Bedrohung durch Arbeitslosigkeit, der sie als Hauptschüler unterliegen, bewusst und versuchen, dem durch eine möglichst weitgehende Flexibilität in ihren Berufsoptionen zu begegnen.

Im gleichen Atemzug mit der Formulierung von Berufsvorstellungen erwähnen sie deren Realisierungschancen bzw. die Notwendigkeit, Konzessionen an das vermutete Angebot von Ausbildungsplätzen zu machen. So benennen sie gleichzeitig bis zu fünf Ersatz- oder Ausweichberufe und begründen diese aus ganz unterschiedlichen Interessenssphären. In der familialen und schulischen Sozialisation begründete Berufsoptionen von Mädchen führen zum Start in eine „typisch weibliche" Berufsbiographie. Es ist umgekehrt: Mädchen und Jungen zeigen sich nahezu allen Möglichkeiten gegenüber offen, die ihnen eine berufliche Perspektive bieten. Diese Offenheit beinhaltet sowohl den Rückgriff auf geschlechts"untypische" wie auch auf geschlechts"typische" Berufsoptionen. Die Einmündung in frauen-(männer-)spezifische Tätigkeitsfelder wird dann durch den geschlechtsspezifisch nahe gelegten Deutungsrahmen gleichsam plausibilisiert.

Überlegungen zum Arbeitsklima im erstrebten Beruf, die als Beleg für geschlechtsspezifische Sozialisationsprozesse gelten können, werden sowohl von Jungen als auch von Mädchen in die Reflexion der Berufe einbezogen. Ebenso wenig ergeben sich auf der Ebene von Überlegungen zur Nützlichkeit der beabsichtigten Berufstätigkeit für die übrigen Familienmitglieder geschlechtsspezifische Differenzen: Jungen wie Mädchen, die auf im Alltag zu Hause praktizierte Tätigkeitsfelder zurückgreifen, betrachten ihren eigenen Beruf als Beitrag für die Familie, wenn sie ihn unter diesem Gesichtspunkt reflektieren.

Was Mädchen in der 7. Klasse Hauptschule theoretisch antizipieren, erfahren sie in der 9. Klasse mit dem Herannahen des Schulabganges und der Notwendigkeit des Übertritts in den Ausbildungsstellen- und Arbeitsmarkt praktisch. Bei Bewerbungsbemühungen, durch Informationen und Ratschläge in der Familie, durch Schule und Freunde und durch die öffentliche Diskussion um die Problematik der Jugendarbeitslosigkeit werden sie mit den für diese Gruppe zur Zeit besonders restriktiven Bedingungen des Arbeitsmarktes konfrontiert. Diese Erfahrungen und Informationen lassen Mädchen wie Jungen zu dem Schluss kommen, dass es an ihnen selbst und ihren Leistungen liegt, ob vermeintliche Chancen auf einen Ausbildungsplatz realisierbar sind. Sie selbst sehen sich gefordert, den arbeitsmarktseitig gesetzten Restriktionen mit der Herstellung günstiger Qualifikationsvoraussetzungen und einem geeignete Bewerbungsverhalten für die Konkurrenz um die verbleibenden Ausbildungsstellen zu begegnen. Ihre Bereitschaft, sich den Marktgegebenheiten zu stellen, führt dabei zu weiteren, teilweise erheblichen Anspruchsreduktionen ihrer beruflichen Optionen Der Nachvollzug der Berufsfindungsbiographien der befragten Mädchen bis zur 9. Klasse zeigt, dass sie vor dem Hintergrund der Einschätzung der Chancen auf den Arbeitsmarkt die Nichtrealisierbarkeit ihrer beruflichen Optionen immer schon gleichsam mitplanen. Als Konsequenz aus diesem Wissen entwickeln sie den Beschränkungen des Arbeitsmarktes entsprechende Strategien und grenzen ihre Berufs"wahl" auf solche Berufe ein, in denen sie glauben, eine Chance zu haben – d. h. zu diesem Zeitpunkt: auf das unmittelbare Ausbildungsplatzangebot.

Um sich die Möglichkeit einer Berufsausbildung überhaupt zu erhalten, greifen sie in dieser Situation bereitwillig jedes Angebot auf, das kurz- oder langfristig Berufschancen zu eröffnen scheint.

Für Hauptschülerinnen (und zunehmend auch für Realschülerinnen) werden an diesem Wendepunkt ihrer Berufsbiographien die bildungspolitischen Maßnahmen zum Ausbau berufsvorbereitender Lehrgänge, des Berufsgrundbildungsjahres und des Berufs- und Berufsfachschulsystems als Steuerungsinstrument der Jugendarbeitslosigkeit relevant (Ursula Rettke 1984). Vor allem die Hauptschule selbst und das Arbeitsamt treten als die Instanzen auf, die Schulabgängerinnen in dieser Situation den weiteren Besuch einer Vollzeitschule als Überbrückung oder Ausweg anraten, der den Schülerinnen selbst zur Überwindung der anscheinend in ihrer Ausgangsqualifikation begründeten „Defizite" plausibel erscheint. Was seinen tatsächlichen Grund in den zunehmend restriktiven Angeboten des Arbeitsmarktes hat, wird den Mädchen – die unter anderen ökonomischen Bedingungen, wie etwa denen der sechziger Jahre, vermutlich einen Ausbildungsplatz erhalten hätten – also als Mangel der eigenen Ausgangsvoraussetzungen angelastet, den sie durch einen erneuten Schulbesuch zu überwinden hoffen.

Vor dem neuen schulischen Hintergrund deutet sich nun an, dass die Schülerinnen die neuen Ausbildungsinhalte und Qualifikationsanforderungen als eigene Zwecke und Ziele übernehmen. In der Angst, bereits als Jugendlicher arbeitslos zu sein, greifen sie jede Möglichkeit auf, die eine Berufschance zu eröffnen scheint; in diesem Rahmen werden auch die vorstellig gemachten inhaltlichen Lernangebote als eine neue Chance für die Realisierung einer Berufseinmündung akzeptiert.

Das Deutungsmuster, mit dem die Schülerinnen die Umlenkung verarbeiten, ist wiederum das der biographischen Konstruktion, die gleichsam eine Glättung der eigenen Geschichte der Berufsfindung vom erreichten Stand der

Berufsfestlegung aus ermöglicht und diesen als neigungsbezogenen eigenen Schritt interpretierbar macht.

An diesem Wendepunkt beruflicher Biographien von Hauptschülerinnen bestätigt sich damit wiederum der Mechanismus, den wir bereits in der 7. Klasse der Hauptschule entschlüsselt haben: Nicht die schon vorab auf die „Frauenrolle" festgelegte Orientierung der Mädchen, der der Schul"wahl" entspräche, führt zum Start in eine „typisch weibliche" Berufskarriere, sondern umgekehrt: die vom Schultypus ausgehende Festlegung auf im familialen Umfeld angesiedelte Handlungsbereiche ruft bei den Schülerinnen die – bei männlichen Jugendlichen analoge – Argumentationsfigur „wollte ich eigentlich immer schon" wach.

Der Nachvollzug der Berufsfindungsbiographien von Hauptschülerinnen macht deutlich, dass die Berufseinmündung von Mädchen in das Spektrum „typischer Frauenberufe" wohl kaum als Ergebnis einer durch geschlechtsspezifische Sozialisationsprozesse bzw. tradierte Rollenvorstellungen bedingte Berufswahl interpretiert werden kann.

Misserfolge auf dem Arbeitsmarkt und die Einrichtung der Mädchen in den ihnen offen stehenden Ausbildungs- und Berufsbereichen sind ebenso wenig Ergebnis eines rationalen Kompromisses zwischen einem – ebenfalls sozialisationsbedingten – hausarbeitsnahen Arbeitsvermögen von Mädchen und ihrem Streben nach materieller Unabhängigkeit in der eigenen Lebensführung, wie dies in Untersuchungen aus der Frauenforschung vermutet wird (Ostner/ Beck-Gernsheim 1979: 77).

Tatsächlich zeigt sich heute ein zunehmend größerer gesellschaftlicher Widerspruch zwischen der Bandbreite und Flexibilität beruflicher Orientierungen von jungen Frauen und ihren tatsächlichen Realisierungschancen, der erst mit der Nachzeichnung der schrittweisen Anpassung der Berufsfindung an das Spektrum erreichbarer Berufe und der schrittweisen Identifizierung mit dem erhaltenen Ausbildungs-/Arbeitsplatz aufgedeckt wird. Geschlechtsspezifische Sozialisationsmuster bilden dabei gleichsam ein Interpretationsangebot für die erfolgende oder erfolgte Berufszuweisung, über das letztere als Ergebnis einer biographisch begründbaren Berufswunschentwicklung erscheint.

Die tatsächlich biographisch bedeutsame, geschlechtsspezifische Lenkung erfolgt aber über den Arbeitsmarkt und das – ebenfalls ungebrochen tradierte – geschlechtsspezifische Berufsbildungssystem. Hier werden Fähigkeiten, Fertigkeiten und jene beruflichen Optionen gefördert, die den Jungen Frauen aus arbeitsmarkt- und bildungspolitischer Sicht zugleich als geschlechtsspezifische Defizite angelastet werden....

Während auf breiter Ebene Diskussionen geführt werden über veränderte Qualifikationsanforderungen im Zuge der Einführung neuer Technologien und Forschungsarbeiten zur Entwicklung neuer Ausbildungskonzepte und Lernformen gefördert und publiziert werden, werden Mädchen durch arbeitsmarktpolitische Entscheidungen und staatliche Lenkung vom Arbeitsmarkt regelrecht abgekoppelt.

▶ **Ritter, Martina (1994): *Computer oder Stöckelschuh?*,** *Frankfurt/Main: Campus-Verlag (S. 44-77, mit Auslassungen)*[14]

Zur Interviewsituation

Zu Jacqueline bekam ich Kontakt durch Sigrid, die von Jacquelines großem Computerinteresse weiß. In den ersten telefonischen Kontakten ist Jacqueline zurückhaltend, sieht sich aber deutlich als geeignete Interviewpartnerin: sie ist „total computerinteressiert". Das Interview dauert ca. vier Stunden, wir müssen uns zwei Mal treffen. Obwohl Jacqueline zwei Zimmer zu ihrer Verfügung hat, finden beide Interviewtermine im Ess- und Wohnzimmer des Hauses statt. Einmal müssen die Eltern sogar in der Küche zu Abend essen, weil wir den Esszimmertisch blockieren. Der Umgangston in der Familie ist herb und trocken-witzig. Beide Elternteile schauen im Laufe des Interviews mal herein: der Vater steckt den Kopf zur Tür herein und fragt: „Ist alles in Ordnung?", die Mutter kommt gegen Ende des zweiten Treffens und fragt, worum es eigentlich geht....

Im Interview ist Jacqueline eher hektisch und nervös. Sie ist interessiert an meinen Fragen und erzählt besonders zur Computerbeschäftigung bereitwillig. Die anderen Fragen irritieren sie etwas und setzen sie unter Druck. Manche Fragen zu ihrem Selbstbild und zu ihren Beziehungen bringen sie ins Schwitzen, so dass sie äußert, noch nie über so etwas nachgedacht zu haben. Besonders auffällig ist Jacquelines Sprachgestus: sie spricht überstürzend schnell, manchmal bruchstückhaft, sie verschluckt ganze Wortteile und verhaspelt sich oft. Dieses Interview hat in vergleichbarer Zeit ca. 1/3 mehr Text als die anderen. Außerdem gelingt es ihr oft nicht, eine Geschichte verständlich zu erzählen, ich muss dann mehrmals nachfragen, um den Fortgang eines Erlebnisses oder einer Erfahrung nachvollziehen zu können. Dennoch entspinnt sich ein intensives Gespräch zwischen uns und Jacqueline erzählt viel aus ihrem Leben, lacht viel und ist sehr offen.

---

14 Anmerkung der Herausgeberin: Dieser Text gibt die Diskussion Anfang der 90er Jahre wieder. Er ist im Original zitiert, auch in der Zitation der Interviewausschnitte.

Die Computerbeschäftigung

Schon in Jacquelines Antwort auf meine erste Frage steckt die besondere, latente Bedeutung, die der Computer und die Arbeit mit ihm für sie hat. Diese Bedeutung zieht sich durch das ganze Interview und macht das Zentrum von Jacquelines Lebensentwurf aus. Auf meine Frage, wie sie zu ihrer Computerbeschäftigung gekommen ist, antwortet sie:

> „also angefangen hat's weil mein Vater in einer Computerfirma arbeitet und standen sowieso immer Computer hier herum. mehrere also drei vier Stück . da hat er mir immer was gezeigt so Spiele und so – da und hab' ich halt angefangen mit Spielen (lautes Atmen) auch ein bisschen programmieren so kleinere Programme hat er mir halt alles erklärt und dann halt später durch die Schule neunte zehnte Klasse hatten wir einen Basic-Kurs angeboten bekommen und jetzt hab' ich halt. weitergemacht weil's mich halt interessiert hat von meinem Vater her auch und so (.)" (Sq 1, S. 1)

Jacqueline gibt zwei geradezu objektive Gründe für ihre Computerbeschäftigung an; beide Gründe haben etwas mit dem Vater zu tun: zum einen, so erzählt sie, stehen bei ihr zu Hause „drei vier" Computer des Vaters „herum". So können wir fast den Eindruck gewinnen, sie sei darüber gefallen und könnte gar nicht anders, als sich damit beschäftigen und es habe eine Art objektiven Zwang gegeben, mit der Computerbeschäftigung zu beginnen. Der zweite Grund ist explizit an ihren Vater geknüpft: Jacquelines Computerbeschäftigung hat angefangen, weil der Vater in einer Computerfirma arbeitet. Auch damit suggeriert sie uns eine Zwangsläufigkeit, die objektiven Charakter hat: Nicht sein Interesse oder ihr Interesse, sondern allein die Tatsache, dass der Vater in einer Computerfirma arbeitet, ist in Jacquelines Erzählung der kausale Grund für ihre Beschäftigung. Erst im Nachsatz spielt die Aufforderung des Vaters eine Rolle: er hat ihr Spiele gezeigt und beigebracht, kleinere Programme zu schreiben. Wichtig sind für unsere Fragestellung die Signalworte: „immer" und „alles". Der Vater hat ihr immer und „alles" gezeigt und erklärt. In dieser Passage zeichnet sich schon die Allmacht des Vaters ab, die dieser für Jacqueline hat. Später im Interview wird die besondere Rolle des Vaters für sie deutlicher werden. Hier wird zunächst seine Präsenz im Text durch den Basic-Kurs der Schule verdrängt und es taucht Jacquelines eigenes Interesse an der Computerbeschäftigung zum ersten Mal auf: sie hat mit Informatik weitergemacht, weil es sie interessiert. Doch in der Schlusscoda der Sequenz entfernt sich Jacqueline von ihrer Person und ihren Wünschen wieder und schließt den Kreis: ihr Interesse wird selbst noch einmal rückgebunden an den Vater: „von meinem Vater her auch". So lautet die Passage für uns, dass sie sich für den Computer interessiert, weil sich der Vater damit beschäftigt. Es scheint fast so, als sei in dieser Antwort der Vater das eigentliche Subjekt der Erzählung. Im weiteren Verlauf des Interviews tritt der Vater zunächst wieder in den Hintergrund und Jacquelines eigener Zugang zum Computer wird sichtbar. In der Antwort auf die Frage, was sie im Moment am Computer macht, wird ihre Kreativitäts- und Produktivitätslust bei der Computerbeschäftigung deutlich. Sie antwortet:

> „alles mögliche von Referat schreiben Protokoll alles mach ich also für die Schule und für zu Hause wenn ich mir mal 'ne Liste aufstelle für mein Geld oder so und halt vor allen Dingen auch Spiele das wahrscheinlich die Hauptsache was sowie wie so jeder macht halt auch Spiele selbst erfinden und machen also nicht nur spielen, sondern auch selbst produzieren(.)" (Sq 4, S. 3-4)

Mit einem umfassenden „alles mögliche" leitet Jacqueline hier ihre Antwort auf die Frage ein: darin steckt dann auch alles das, was Sie in der Sequenz dann an alltäglichen Nutzungen schildert. Auffällig ist hier, dass sie selbst den Begriff des Produzierens für ihre Aktivität verwendet. Sie gibt damit schon begrifflich die Dimension an, die die Erstellung eines eigenen Programms oder Spieles für sie – und auch für andere Jugendliche – hat: mit Hilfe des Computers kann sie eigene Produkte herstellen, auf die sie, wie sie in einer anderen Sequenz erzählt, „mords-stolz" ist, und die sie am liebsten allen zeigen will. Zwar reiht sie sich zunächst in dieser Sequenz in die Normalität aller Computerinteressierten, die Spiele machen, ein, aber dann hebt sie sich selbst deutlich heraus: Spiele „erfinden" und „produzieren" ist ihre Hauptbeschäftigung; die Befriedigung, die sie erfährt liegt im „Erforschen", „Ausprobieren" und „Herausfinden", wie sie an einer anderen Stelle enthusiastisch und eindrucksvoll erzählt. Allerdings wird die Sicherheit der Selbstdarstellung der oben zitierten Sequenz im nachfolgenden Dialog unerwartet gebrochen: Bei der Nachfrage, ob sie mal ein von ihr programmiertes Spiel beschreiben könne, gerät Jacqueline in Panik:

> „oh Gott ja ich hab' also manch (k) was ich natürlich am Anfang gemacht hab' an was ich mich jetzt erinnern kann wir haben was haben wir für Spiele gemacht oh Gott jetzt fällt mir keins ein. weil da halt am Anfang war'n so Würfelspiele so Würfelexperimente halt was wir so in Schule gemacht haben also so ganz lange Sp (k) äh Spiele, mit halt verschiedenen Würfeln halt mit zwei Würfeln mit drei Würfeln halt Wahrscheinlichkeit und so oder so Skispiele (...)"

Es fällt ihr schwer, sich so an ein Spiel zu erinnern, dass sie mir beschreiben könnte, wie es funktioniert. Offensichtlich hat Jacqueline kein Programm oder Produkt parat, von dem sie erzählen könnte. Wie können wir uns jedoch ihre Panik, den Schreckensruf „oh Gott" und die Aufgeregtheit der Sequenz erklären? Der Schlüssel zur Analyse dieser Sequenz liegt – so vermute ich – in der Einleitungscoda „alles mögliche": Jacqueline sagt damit, dass ihre Computerbeschäftigung umfassend und unspezifisch ist. Im so symbolisch verstandenen „alles mögliche" deutet sich eine Erklärung für ihre Panik bei der Nachfrage nach ihren konkreten Produkten an, ihr Erschrecken und ihre Unfähigkeit, ein von ihr geschriebenes Programm ruhig zu beschreiben, hat zwei miteinander zusammenhängende Gründe, die ich nun im Einzelnen darstellen möchte: (1) Ein Erklärungsstrang könnte darin liegen, dass ihre ursprünglich betonte Produktivität sehr labil ist, und leicht in Frage gestellt werden kann. Im weiteren Verlauf des Interviews wird sich zeigen, dass Jacquelines Produktivität sehr stark an die Figur des Vaters gebunden ist und aus sich selbst heraus keine Stabilität gewinnt. Schon in der ersten Sequenz des Interviews zeigte sich der Vater als Anfang und Ende ihrer Computerbeschäftigung, als Quasisubjekt der Erzählung, Diese Konstellation ist mit dem zweiten möglichen Grund für Jacquelines Sturz ins Chaos bei der Frage nach ihren Produkten verknüpft (2): es scheint, dass bei Jacqueline die Bedeutung des Computers nicht nur in der Konkretheit der erstellten Produkte oder im Prozess des erfolgreichen Programmierers liegt, sondern auch in der Produktivität in einem technisch-naturwissenschaftlichen Bereich allgemein. Wichtig ist ihr, dass sie technisch orientiert ist, der Computer ist ein Medium, diese Orientierung auszuleben und zu zeigen. Ich möchte nun diese beiden Stränge verfolgen und die These, dass die Computerbeschäftigung Jacquelines konstitutiv mit ihrem Vater verknüpft ist, belegen.(…)

„Ich wollte immer ein Junge sein"

Im Interview gibt es immer wieder Stellen, in denen Jacqueline auf Jungen und Mädchen, die Unterschiede, die Vorteile und ihre Wünsche und Zuordnungen zu sprechen kommt. Dabei wird ihre Verachtung und Ablehnung für alles Weibliche sichtbar. Auf ihr Mädchen- und Frauenbild werde ich dann in einem zweiten Schritt genauer eingehen. In einem dritten Schritt wird sich dann zeigen, welche Rolle der Computer in dieser Konstellation spielt.

Am aufschlussreichsten für Jacquelines Sehnsucht danach, ein Junge zu sein, ist eine Textstelle, in der sie auf die Frage nach Freunden und Freundinnen, die sich auch für den Computer interessieren, antwortet. In ihrer ersten Reaktion auf die Frage erzählt sie von ihrer Informatik-AG in der Schule. In der Freizeit, so sagt sie in einem schnell anschließenden Nebensatz, trifft sie dann auch ihre Freunde, die einen Computer besitzen. (…).

Die Computerbeschäftigung (S. 73ff)

Als einziges der von mir befragten Mädchen hat Sigrid den Computer als interessantes Objekt zunächst durch die Anregung einer Frau, einer Lehrerin in der achten Klasse, entdeckt: diese Lehrerin hat ihrer Klasse zwei Stunden lang etwas über Computer erzählt und kurz gezeigt, wie eine Diskette eingelegt, der Computer gestartet und ein Text geschrieben wird. Diese sehr knappe Anregung fand Sigrid „damals interessant genug". Als dann an Sigrids Schule in der 9. Jahrgangsstufe statt Französisch Informatik als „dritte Fremdsprache" gewählt werden konnte, hat sie sich für Informatik entschieden: ihr Interesse war geweckt. Nach zwei Jahren wurde jedoch der Kurs nicht mehr angeboten, da auch die dritte Fremdsprache nur zwei Jahre unterrichtet werden muss. Sigrid mokiert sich über die Direktorin, der es „zu teuer" war, den Kurs aufrecht zu halten. Zwar hat der Informatiklehrer sowohl in Jahrgangsstufe 11 als auch 12 eine Computer-AG angeboten, doch Sigrid hat zu diesen Stunden andere Pflichtfächer, so dass sie nicht teilnehmen kann. Sie hat jedoch vor, im nächsten Schuljahr an der AG der Jahrgangsstufe 11 teilzunehmen; dass sie diese Teilnahme nicht in ihre Abiturrechnung mit einbeziehen kann, ist ihr gleichgültig. Sie möchte gerne wieder in einer Computergruppe arbeiten. Im Laufe der zweijährigen Kursarbeit am Computer hat sie dann – nach 1 1/2 Jahren – einen eigenen PC von den Eltern bekommen. Sie hat sich den gleichen Typ wie in der Schule – einen Apple 2C – gewünscht, um zu Hause und im Kurs an den gleichen Programmen arbeiten zu können. Durchschnittlich hat sie ca. 5 Stunden pro Woche am PC gearbeitet. In dieser Phase ist der Computer eine sehr wichtige Freizeitbeschäftigung „zwischen erster und zweiter Stelle" in ihrem Leben.

Zunächst möchte ich ihre direkt geäußerten Gründe für ihre Computerbeschäftigung und die Art ihres Interesses verstellen. Im Folgenden werde ich dann Äußerungen interpretieren, die den latenten Sinn ihrer Computerbeschäftigung deutlich machen, der hinter ihren Gründen steht. Diese zweite Darstellungsebene bezieht sich dann auf die Bedeutung der Computerbeschäftigung.

Auf meine Frage, was sie denn am Computer interessant gefunden habe, antwortet sie leidenschaftlich und ausführlich:

> „aber was mir dann später gefallen hat äh also als ich mich dann für Informatik entschieden hatte, das war auch . ehm dieses . systematische wie auch in Mathe allerdings das man damit viel viel mehr anfangen konnte, da es viel äh vielfältiger auch war, das war breit gefächerter, da hat man nicht nur auf ein Ziel hinaus gearbeitet und musste ein Ergebnis zustande bringen, sondern da hatte man zwar auch ein Ziel gehabt. Aber man konnte das ja ganz variieren wie man eben diese Programme dann aufstellt (…). Das fand ich ganz toll (schnell) und überhaupt zu einer Lösung zu kommen ganz selbständig, also ohne. äh jetzt die Vorlagen wie

in Mathe, da gibt's ja meistens nur ein oder zwei Rechenwege und in Informatik konnt' man das halt schon 'nen bisschen variieren" (Sq 2, S. 2)

und:

I: „was war dir denn besonders wichtig bei der Beschäftigung mit dem Computer?"
S: „[...] also mich hat irgendwo dieses äh Systematische auch dann fasziniert – und das man da ehm ., ja auch wirklich perfekte Programme so anstreben könnte (Lachen in der Stimme)" (Sq 9, S. 6-7)

Die von ihr erwähnten Schlüsselworte für ihr Interesse am Computer auf dieser Ebene der Erzählung sind; Systematik, Vielfältigkeit Variationsmöglichkeiten im Erreichen eines Zieles und Selbständigkeit; sie führt selbst den Begriff der Faszination zur Beschreibung ihres Interesses ein. Auf dieser Ebene des Interesses sind ihre Begründungen denen der in Kapitel III, 2. vorgestellten Jungen noch sehr ähnlich: Die Systematik des Denkens fasziniert ebenso wie die Vielfältigkeit der Anwendung. Wie bei den Jungen steht das eigene Produkt im Mittelpunkt der Beschäftigung: auf die Frage, ob sie lieber allein oder in einer Gruppe am Computer arbeitet, gibt Sigrid eine ambivalente Antwort. Zwar findet sie es „interessanter" mit anderen zusammen zu arbeiten, es ist nicht so „starr" und es macht „mehr Spaß", aber die Programme möchte sie selbst schreiben, denn dann „weiß" sie, dass niemand ihr „reinredet" es ist, so sagt sie, „eben meine Arbeit" (Sq 17, S. 14). Auch bei der Erzählung über eine versehentlich gelöschte Graphik und die Frustration darüber wird die starke evaluative Besetzung des erstellten Computerprodukts explizit: „weil das war so was Eigenständiges, das war was von mir Produziertes, die Graphik das war was auch Persönliches..." (Sq 11, S. 9-10)

Deutlich wird hier Sigrids Leistungslust, ihr Wunsch nach eigenständigem Handeln, nach dem selbständigen Erreichen eines gesetzten Zieles und ihr Stolz auf das eigene Produkt, das nur ihr gehört. Die besondere Akzentuierung, die diese Kreativitätslust bei Sigrid im Lauf des Interviews erhält, werde ich etwas später genauer interpretieren und diskutieren. Es wird sich dabei auch die Frage stellen, wie Mädchen generell in unserer Gesellschaft mit ihrer Leistungslust umgehen können. Jetzt soll zuerst die unter der Ebene der Interessengründe liegende Ebene der Bedeutung dargestellt werden. Hier verliert sich dann auch die Ähnlichkeit mit den Jungen und es zeigt sich die spezifische Bedeutung des Computers für Mädchen.

Im Rahmen meiner Fragen zur Computerbeschäftigung habe ich unter anderem versucht, den Stellenwert der Computerbeschäftigung und ihre Besonderheit im Vergleich zu anderen Freizeitinteressen herauszufinden. Auf die Frage, ob und worin sich die Computerbeschäftigung von anderen Freizeitbeschäftigungen unterscheidet, antwortet Sigrid:

> „... ja's ist ja was grundlegend anderes gewesen weil ehm wenn, mm sich mit anderen Leuten unterhalten hat und speziell eben mit Jungen ehm da haben die einen schon ganz anders angesehen, also nicht als äh jetzt äh typisch weiblich sondern ahm irgendwie mehr Respekt irgendwo schon behandelt also das hab' ich zumindest so empfunden" (Sq 10, S. 7-9)

Hier wird deutlich, auf welcher Problemfolie Sigrid die Frage versteht. Gefragt nach den Unterschieden der Freizeitbeschäftigungen, spricht sie über die nun unterschiedliche Wahrnehmung ihrer Person von Jungen durch diese besondere Freizeitbeschäftigung. Sie bringt das Thema Weiblichkeit, Leistung und Anerkennung als Mädchen im männlichen Bereich ein. Mit ihrer Computerbeschäftigung ist sie nicht mehr typisch weiblich – und das empfindet sie als positiv. Der Computer sichert ihr den Respekt der Jungen. Computer als Freizeitbeschäftigung sichert in ihren Augen Anerkennung und Akzeptanz aus der Blickrichtung der Männlichkeit als nicht „so typisch weiblich".

In einer weiteren Sequenz vertieft sie das Thema von Weiblichkeit und Computerbeschäftigung. Auch hier an einer Stelle, an der man dies eigentlich nicht erwartet. Im Interview spricht sie von den Vorteilen einer Mädchenschule. Sie meint, dass Mädchen ihre Fähigkeiten gerade in einem Fach wie Informatik dort wahrscheinlich besser entwickeln können, da sie nicht von dem Konkurrenzverhalten von Jungen, die glauben, qua Geschlecht schlauer zu sein, dominiert würden. Auf die Frage, ob es denn in ihrer Schule unter den Mädchen auch Konkurrenz gäbe und wie das Verhältnis von guten und weniger guten Schülerinnen im Kurs gewesen sei, antwortet sie:

> „also es gab da welche die hatten Vierer gehabt und es gab auch welche zwar nur ganz selten die hatten einen Einser gehabt und. also bei denen die weniger gute Noten hatten die hatten also meiner Meinung nach manchmal äh. ja so durchscheinen lassen, dass sie denken. ja das sie eben doch halt nur Mädchen sind und das ist halt genauso wie in Mathe. da brauchen sie einfach nicht gut zu sein und das sie die auch ehm also diejenigen die besser sind (seufzen) für männlicher eben eingeschätzt haben (Lachen) also mir kam 's zumindest so vor (lautes Atmen) (schneller), also das sie schön auf diesem Weiblichen bleiben wollten (.)" (Sq 22, S. 17-19)

Sigrid meint, dass die Konkurrenz unter den Mädchen im Kurs hinsichtlich der Computerkenntnisse geringer sei als bei ihr bekannten Jungen. Im hier zitierten

Teil der Sequenz spricht sie dann über eine andere Art von Konkurrenz: nämlich die zwischen „weiblichen" und „männlichen" Mädchen.

Wenn wir uns den vorangegangenen Dialog vergegenwärtigen, wäre eigentlich als Antwort auf die Frage eine andere zu erwarten gewesen: nämlich eine Äußerung über Konkurrenz bezogen auf Computerkenntnisse – eine Konkurrenz, wie Sigrid sie selbst für die Jungen beschrieben hat. Doch in ihrer Äußerung konkurrieren die Mädchen auf einer anderen Ebene. Die in Informatik weniger guten Mädchen betrachten die guten Schülerinnen als „männliche" Mädchen. Doch Sigrid wendet das möglicherweise ziemlich problematische Urteil gegen die Beurteilenden. Diese denken, dass sie „eben doch halt nur Mädchen sind und (…) da brauchen sie einfach nicht gut zu sein". Diese Mädchen bleiben „schön auf diesem Weiblichen". Hier zeigt sich, dass Sigrid diese Unterscheidung selber vornimmt. Auch für sie ist das Weibliche gekennzeichnet durch die Unfähigkeit in Mathematik und Informatik – und sie selbst hält sich für ein „männliches" Mädchen. Sigrid sieht sich als Mädchen mit Computerkenntnissen ernst genommen von den Jungen und mit Respekt behandelt. Eines wird hier klar: Kompetenzen am Computer sichern den Respekt und die Anerkennung der Jungen als Person und weniger als Computerspezialistin. Denn so zeigt sich Sigrid als nicht so typisch weiblich. Kompetenzen und Kenntnisse im Informatikbereich ebenso wie in Mathematik und Naturwissenschaften sind hier dem Weiblichen deutlich entgegengesetzt – diese Kompetenzen sind männlich. Was bedeutet diese Wahrnehmung des Computers als männliches Objekt nun aber für Sigrids Weiblichkeit?

Das Dilemma, das durch diese Unterscheidung entsteht, wird in den folgenden Passagen der oben angeführten Sequenz sichtbar. In Bezug auf die konkurrierenden weiblichen Mädchen erfährt Sigrid die Zuordnung „männliches Mädchen" ambivalent:

> I: „Dich hat das irgendwie, dann hat dieses Vorurteil dich ja auch betroffen"
> S: „(unterbricht schnell) ja aber irgendwie äh fand ich's auch schon interessant mir hat das auch gar nichts ausgemacht ich war nicht stolz darauf aber es hat doch schon äh ja so'n doch ein gutes Gefühl"

In dieser Antwort kann Sigrid sich noch nicht ganz entscheiden, mit welchem Gefühl sie auf diese Zuordnung reagiert: einerseits ist es ein „gutes Gefühl" und sie ist „stolz", ein solch kompetentes „männliches" Mädchen zu sein, wagt aber nicht, dies hier so deutlich zu sagen. Andererseits irritiert hier auch die Äußerung: „mir hat das gar nichts ausgemacht". Darin steckt auch ihr Wissen, dass die Zuordnung zur Männlichkeit nicht unproblematisch ist und ihre eigene Angst vor dieser Beschreibung. In einer anderen Passage dieser Sequenz zeigt sich das Dilemma dann in seiner ganzen Tiefe – in Bezug auf die Jungen:

> I: „hattest du den Eindruck dass die Jungen das dann auch so wahrnehmen. weibliche Mädchen und männliche Mädchen"
> S: „ja doch also zumindest ehm nicht so extrem, allerdings äh .. ja wie soll man das ausdrücken das ist jetzt nicht negativ gemeint oder so sondern ehm (lautes Atmen) dass man sich was heißt neutraler auf keinen Fall also man wurde nicht neutraler angesehen auf jeden Fall nicht so typisch weiblich sondern man war halt kompetent in dein Fach und somit auch ehm .. nicht ganz so weiblich eben nicht dieses . ja . mangelnde Interesse eben an Mathe oder Informatik oder Physik (-)" (.q 23, S. 19-20)

▶ *Kessels, Ursula (2002): Undoing Gender in der Schule. Eine empirische Studie über Koedukation und Geschlechtsidentität im Physikunterricht, Weinheim/München: Juventa, S. 213-223, mit Auslassungen*[15]

Zusammenfassung der Ergebnisse

Wir nahmen an, dass sich die Geschlechterkonstellation der Lerngruppe auf das Ausmaß der situationalen Geschlechtstypisierung der anwesenden Schülerinnen und Schüler auswirkt; in gemischten Gruppen sollten sich die Jugendlichen stärker geschlechtstypisiert beschreiben als in geschlechtshomogenen Gruppen (Hypothese 1) und geschlechtsbezogenes Wissen sollte ihnen in gemischten Gruppen insgesamt zugänglicher sein als in geschlechtshomogenen Gruppen (Hypothese 2). In gemischten Gruppen sollte ihnen geschlechtseigenes Wissen zugänglicher sein als geschlechtsfremdes Wissen (was für Jungen heißt, dass ihnen maskulines Selbstwissen zugänglicher ist als feminines Selbstwissen und für Mädchen, dass ihnen feminines Selbstwissen zugänglicher ist als maskulines, und diese Differenz sollte in geschlechtshomogenen Gruppen geringer sein (Hypothese 3).

Für die Gruppe der Mädchen wurden folgende Zusammenhänge zwischen der Geschlechtstypisierung und physikbezogenen Selbstkonzept- und Motivationsvariablen erwartet. Je weniger feminin und je stärker maskulin die Mädchen

---

15 Anmerkung der Herausgeberin: Der Textausschnitt gibt den Stil der wissenschaftlichen Psychologie sehr gut wieder. Es handelt sich um eine der äußerst seltenen empirischen Studien zur Geschlechterkonstruktion in der BRD, die auch an den Mainstream der psychologischen Forschung anschlussfähig ist.

sind, desto größeres Engagement in Physik wäre zu erwarten. Dabei wurde zwischen der chronischen, „globalen" und der situationalen Geschlechtstypisierung unterschieden (Hypothese 4 und Hypothese 5): Es wurde vermutet, dass sich die positiven Auswirkungen monoedukativer Unterrichtung bei Mädchen darauf zurückführen lassen, dass während des Unterrichts in monoedukativen Gruppen die eigene Geschlechtsidentität weniger salient ist. Entsprechend sollte der entscheidende Faktor bei der Ausbildung des physikbezogenen Selbstkonzeptes sowie der auf den Physikunterricht bezogenen Motivation auch die situationale Aktivierung der Geschlechtsidentität sein, und die Relevanz einer chronisch stärkeren Femininität oder Maskulinität dagegen in den Hintergrund treten (Hypothese 6).

Im Einzelnen ergaben die Datenanalysen Folgendes:[…].

Die Analysen zu den Latenzen ergaben erwartungsgemäß einen Haupteffekt der Gruppenkonstellation, der beinhaltet, dass in den koedukativen Gruppen die geschlechtstypisierten Adjektive insgesamt schneller beurteilt wurden als in den monoedukativen. Ebenfalls zeigte sich die hypothesenkonforme Tripelinteraktion der Faktoren Geschlecht, Gruppenkonstellation und der Geschlechtstypizität der Adjektive: In den koedukativen Gruppen beurteilten Mädchen die femininen Items schneller als maskuline Adjektive. Bei den Jungen in koedukativen Gruppen war es genau andersherum, sie benötigten dort zur Beurteilung der femininen Adjektive mehr Zeit als zur Beurteilung der maskulinen Adjektive. In den monoedukativen Gruppen war dieses geschlechtstypisierte Latenzmuster nicht anzutreffen, beide Geschlechter brauchten dort etwas länger zur Beurteilung der femininen Adjektive. Wurden auch bei den Latenzen die maskuline und die feminine Skala z-standardisiert[16]und so ein Differenzmaß gebildet, das die relative Maskulinität/Femininität abbildete, zeigte sich in der Interaktion von Gruppenkonstellation und Geschlecht das erwartete Muster genauso deutlich: In den koedukativen Gruppen beurteilten Mädchen feminine Attribute schneller als maskuline und Jungen maskuline schneller als feminine. In monoedukativen Gruppen schrumpfte diese Differenz, beide Geschlechter beurteilten dort geschlechtseigenes und geschlechtsfremdes Selbstwissen fast gleich schnell. Außerdem zeigten sich folgende signifikante Effekte bei den Latenzen: Mädchen beurteilten die Adjektive insgesamt schneller als Jungen (Haupteffekt des Geschlechts der Befragten) und maskuline Items wurden insgesamt schneller beurteilt als feminine (Haupteffekt der Geschlechtstypizität der Adjektive).

---

16 Anmerkung der Herausgeberin: Die Daten werden vergleichbar gemacht, indem die Ausprägungen in Werte der Standardnormalverteilung umgerechnet werden.

Bei den Mädchen ergaben sich folgende Zusammenhänge zwischen der situational aktivierten Identität während des Unterrichts und Maßen des physikbezogenen Selbstkonzepts und der Motivation: Je mehr maskulinen Items sie zustimmten, desto stärker waren sie zu einem späteren Zeitpunkt davon überzeugt, im Physikunterricht gute Leistungen zu zeigen, für Physik begabt zu sein und sich am Physikunterricht aktiv beteiligt zu haben. Bei dem Differenzmaß der Zustimmungen zeigte sich genau das gleiche Bild, je häufiger die Mädchen maskuline (relativ zu femininen) Adjektive für selbstbeschreibend hielten, desto bessere Werte hatten sie auf den gerade genannten drei Skalen. Die Zustimmungshäufigkeit zu femininen Adjektiven war nicht mit den physikbezogenen Maßen korreliert. Wurden die Messungen zur Mitte und zum Ende des Schuljahres berücksichtigt, so veränderten sich die Zusammenhänge der physikbezogenen Skalen mit der Zustimmungsrate zu maskulinen Adjektiven kaum (es ergab sich tendenziell ein Zusammenhang mit der Motivierung durch den Unterricht), und die Zusammenhänge der physikbezogenen Skalen mit dem Differenzwert der maskulinen und femininen Adjektive veränderten sich gar nicht. Allerdings zeigten sich bei diesen Analysen auch erwartungsgemäße Zusammenhänge mit der Zustimmungsrate zu femininen Adjektiven: Je weniger feminine Attribute die Mädchen für selbstbeschreibend hielten, desto aktiver beteiligten sie sich nach eigenen Angaben am Unterricht und desto stärker waren sie tendenziell davon überzeugt, in Physik gute Leistungen zu zeigen. Marginal signifikant war eine Korrelation in erwartungswidriger Richtung: Je femininer die Selbstbeschreibung war, desto größer wurde der Kompetenzgewinn durch Physik eingeschätzt.[…]

Für die Gruppe der Mädchen ergaben sich zudem folgende Zusammenhänge der physikbezogenen Variablen mit ihrer chronischen, „globalen" Geschlechtsrollenidentität: Je stärker die Mädchen maskuline Eigenschaften für selbstbeschreibend hielten, desto besser war ihr auf den Physikunterricht bezogenes Selbstkonzept und desto mehr aktive Beteiligung berichteten sie. Je weniger die Mädchen feminine Eigenschaften für selbstbeschreibend hielten, desto aktiver hatten sie sich tendenziell am Unterricht beteiligt. Das Differenzmaß der z-standardisierten Skalen korrelierte wie folgt: Je relativ maskuliner sich die Mädchen beschrieben, desto besser war ihr auf den Unterricht bezogenes Selbstkonzept und tendenziell auch das Selbstkonzept ihrer Begabung, und desto aktiver hatten sie sich am Unterricht beteiligt (dies galt sowohl für die Korrelationen mit den Skalen, die zum Ende des Schuljahres erhoben wurden, als auch für die Korrelationen mit den über beide Messzeitpunkte aggregierten Maßen des physikbezogenen Selbstkonzepts).

Um den relativen Einfluss der chronischen Geschlechtsrollenorientierung und der situationalen Zugänglichkeit geschlechtsbezogenen Selbstwissens auf die physikbezogenen Variablen abzuschätzen, wurden für die Gruppe der Mädchen Regressionen berechnet. Bei separater Betrachtung der maskulinen und femininen Skalen zeigte sich, dass vor allem die Zugänglichkeit femininer Adjektive einen erwartungskonformen Vorhersagewert hatte (beim auf den Physikunterricht bezogenen Selbstkonzept, dem Selbstkonzept der eigenen Begabung für Physik, der selbstberichteten Aktivität im Physikunterricht, der Motivierung durch den Unterricht, der Appetenz Physikaufgaben gegenüber und marginal auch beim subjektiven Kompetenzgewinn durch Physik und beim weiterführenden Interesse an Physik in der Freizeit und persönlichen Zukunft): je langsamer die femininen Adjektive beurteilt wurden, desto bessere Ausprägungen waren auf den Physikskalen zu erwarten. Dies gilt in ähnlicher Weise, wenn nur die Messung zum Schuljahresende oder auch die zur Mitte des Schuljahres betrachtet werden. Und auch die Latenzen der maskulinen Adjektive konnten zur Vorhersage einiger physikbezogenen Variablen einen Beitrag leisten; erwartungskonform in entgegen gesetzter Richtung wie die Latenzen der femininen Adjektive: Je schneller die maskulinen Adjektive beurteilt wurden, desto besser war das Selbstkonzept der Leistungen im Physikunterricht und der eigenen Begabung für Physik, desto mehr Aktivitäten und Motivation durch den Unterricht wurden berichtet. Wie stark sich die Mädchen jedoch maskuline oder feminine Attribute im Sinne einer chronischen Geschlechtsrollenorientierung zuschrieben, hatte insgesamt keinen Einfluss auf die Ausprägungen des physikbezogenen Selbstkonzeptes und der Motivation; ausschließlich die Appetenz gegenüber Physikaufgaben konnte durch die chronische Maskulinität marginal signifikant, in erwartungskonformer Richtung, vorhergesagt werden. In den Berechnungen, in die nur die Differenzwerte der Zugänglichkeit der maskulinen und femininen Adjektive sowie der chronischen maskulinen und femininen Geschlechtsrollenorientierung einflossen, ergab sich entsprechend, dass die Latenzen bei allen physikbezogenen Variablen außer dem subjektiven Nutzen des Physikunterrichts einen signifikanten Beitrag zur Vorhersage leisteten, die chronische Geschlechtsrollenorientierung jedoch für die Ausprägung der Selbstkonzept- und Motivationsmaße irrelevant war. Dabei war das Muster stets erwartungskonform: Je zugänglicher den Mädchen die maskulinen relativ zu den femininen Adjektiven waren, desto positivere Ausprägungen hatten sie auf den physikbezogenen Skalen. Bei der Vorhersage der aggregierten physikbezogenen Messungen zur Mitte und zum Ende des Schuljahres wurden durch die Prädiktoren in den meisten Fällen (in fünf von acht Gleichungen) über

18 %, bei dem auf den Physikunterricht bezogenen Selbstkonzept sogar 31 % der Varianz aufgeklärt.[…].

Deutung und Bewertung

Die Hypothese, die sich auf die Auswirkungen der getrennten Unterrichtung auf den Inhalt der Selbstbeschreibungen bezog (Hypothese 1), konnte nur teilweise bestätigt werden: Einzig die Jungen beschrieben sich in den monoedukativen Gruppen mit mehr femininen und mit mehr maskulinen Adjektiven als in den koedukativen Gruppen. Bezogen auf die Jungen kann also festgehalten werden, dass sie sich in gemischten Gruppen geschlechtstypisierter beschrieben als in monoedukativen Gruppen. Bei den Mädchen bestand zwar tendenziell ein spiegelbildliches Muster, jedoch war dieses nur schwach ausgeprägt. Eine Erklärung dafür, dass dieser Effekt bei den Mädchen nur andeutungsweise zu finden war, liegt vermutlich in der Qualität der Skalen […].

Dass Mädchen insgesamt mehr feminine Adjektive bejahten als Jungen und Jungen mehr maskuline Adjektive bejahten als Mädchen, kann als eine externe Validierung der Skalen betrachtet werden. Allerdings wurden auch die typischerweise eher dem anderen Geschlecht zuzuordnenden Adjektive mehrheitlich als selbstbeschreibend angesehen.

Bei der Analyse der Latenzen bestätigte sich unsere Annahme, dass die Koedukation ein im Vergleich zur Monoedukation geschlechtstypisierender Kontext ist (Hypothese 2): Geschlechtstypisierte Adjektive werden von Jugendlichen in gemischten Gruppen schneller beurteilt als in geschlechtshomogenen Gruppen. Erwartungsgemäß wurden außerdem in den gemischten Gruppen Attribute, die typischerweise der eigenen Geschlechtsgruppe zugeschrieben werden, schneller beurteilt als Attribute, die typischerweise dem anderen Geschlecht zugeschrieben werden, wohingegen in geschlechtshomogenen Gruppen beide Arten Adjektive ähnlich schnell beurteilt werden (Hypothese 3). Aufgrund unserer Annahme, dass sich in den Latenzen die Zugänglichkeit des jeweiligen Selbstwissens abbildet, schließen wir, dass a) in koedukativen Gruppen geschlechtsbezogenes Wissen insgesamt zugänglicher ist als in monoedukativen und b) dass in koedukativen Gruppen zur eigenen Geschlechtsgruppe gehörendes Wissen zugänglicher ist als das dem anderen Geschlecht zugeschriebene Wissen, während in monoedukativen Gruppen Jungen wie Mädchen maskulines und feminines Selbstwissen jeweils ähnlich zugänglich ist. Es ist zu betonen, dass dies natürlich eine voraussetzungsvolle Interpretation der Daten ist […]. Wir interpretieren die Latenzzeiten als ein Maß der Zugänglichkeit des entsprechenden Selbstwissens.

Es wurde erwartet und bestätigt, dass sich bei Jungen und Mädchen die Geschlechterkonstellation einer Gruppe auf ihre situational aktivierte Identität auswirkt; sowohl bei Jungen wie auch bei Mädchen war die Geschlechtstypisierung in den koedukativen Gruppen stärker als in den monoedukativen Gruppen. Dagegen wurden ausschließlich für die Gruppe der Mädchen klare Zusammenhänge zwischen dem Ausmaß der Geschlechtstypisierung und ihrem physikbezogenen Selbstkonzept sowie ihrer physikbezogenen Motivation erwartet. Dabei bestätigte sich die Annahme, dass eine relativ maskulinere chronische Geschlechtsrollenorientierung – für sich betrachtet – mit einem größeren Engagement und einem besseren Selbstkonzept in Physik einhergeht (Hypothese 5). Diese Ergebnisse stimmen mit den bereits bekannten Studien überein, nach denen „psychologisch" maskulinere Mädchen/Frauen sich in maskulinen Bereichen wie mathematisch-naturwissenschaftlichen Fächern stärker und erfolgreicher engagieren. [...]

Die Regressionsgleichungen bestätigten die Annahme, dass die situationale Aktivierung von Identität während des Unterrichts einen größeren Beitrag zur Erklärung physikunterrichtsbezogener Maße leistet als die chronische Geschlechtsrollenorientierung (Hypothese 6). Offensichtlich speist sich das Gefühl, gut in Physik zu sein, eher daraus, wie sich eine Schülerin während des Unterrichts erlebte und weniger aus einer (auch) maskulinen chronischen Geschlechtsrollenorientierung. Bei der Betrachtung der Maße der situational aktivierten Geschlechtsidentität erscheint zudem auch die Wirkrichtung einleuchtender: Die in der Unterrichtssituation aktivierte Identität sollte einen Einfluss darauf haben, wie stark sich Mädchen in Physik engagieren. Denn, so wurde in Kapitel 2 und Kapitel 3.4 ausgeführt, die im gegebenen Moment aktivierten Aspekte des Selbstwissens steuern die Informationsverarbeitung und das Verhalten der betreffenden Person. Sofern einem Mädchen das Wissen „Ich bin ein Mädchen" hoch zugänglich ist, sollte es sich von dem Jungenfach Physik distanzieren. In der vorliegenden Arbeit konnte die Hypothese bestätigt werden, dass eine hohe Zugänglichkeit femininen Selbstwissens und eine niedrige Zugänglichkeit maskulinen Selbstwissens mit negativen Ausprägungen auf physikbezogenen Selbstkonzept- und Motivationsmaßen zusammenhängen (Hypothese 4). Diese korrelativen Zusammenhänge können plausibel dadurch erklärt werden, dass eine hohe Zugänglichkeit femininen Selbstwissens und eine niedrige Zugänglichkeit maskulinen Selbstwissens während der Unterrichtssituation dazu führen, dass sich Mädchen von den Unterrichtsinhalten distanzieren.[...]

Die korrelativen Ergebnisse für die Gruppe der Jungen belegen, dass bei ihnen der Zusammenhang zwischen maskuliner und femininer Geschlechtsrollenorientierung einerseits und dem Engagement im Fach Physik andererseits nicht so klar ist wie bei den Mädchen. Am ehesten sind die physikbezogenen Motivationsmaße mit hoher situationaler und chronischer Femininität korreliert. Insgesamt sind die Zusammenhänge aber weniger eindeutig als bei den Mädchen. Diese Ergebnisse stimmen mit vorliegenden Studien überein.[...]

Zusammenfassend kann festgehalten werden, dass sich unsere Annahmen, dass monoedukativer Unterricht im Vergleich zum koedukativen Unterricht weniger geschlechtstypisierend ist, bestätigten. Ebenfalls bestätigte sich, dass Mädchen von dieser geringeren Geschlechtstypisierung profitieren.

Folgerungen und Ausblick [...]

Der Ausgangspunkt unserer Untersuchungen war der Befund, dass in den naturwissenschaftlichen Fächern, v. a. in Physik, krasse Unterschiede zwischen den Geschlechtern bestehen: Mädchen interessieren sich weniger für diese Fächer, spezialisieren sich dort seltener, zeigen schlechtere Leistungen und ergreifen seltener eine Ausbildung in diesem Bereich. Zudem haben sie ein unverhältnismäßig schlechtes Selbstkonzept der eigenen Fähigkeiten. Physik gilt als ein maskuliner Bereich, weshalb Engagement und Erfolg darin schlecht mit der weiblichen Geschlechterrolle zu vereinbaren sind. Es wurde angenommen, dass Geschlechterdifferenzen vor allem in Situationen auftreten, in denen das Geschlecht der beteiligten Personen gerade salient ist. Die Annahme, dass die Salienz von Geschlecht situational variabel ist, wurde bereits mehrfach untersucht. Es zeigte sich, dass Menschen je nach den Gegebenheiten des aktuellen Kontextes die Kategorie Geschlecht mehr oder weniger bewusst ist, und dass sie sich entsprechend mehr oder weniger geschlechtsrollenkonform verhalten (zusammenfassend siehe z. B. Deaux & LaFrance, 1998). [...]

In der vorliegenden Untersuchung wurde diese Annahme auf die Situation im Physikunterricht übertragen. Um den Rückzug der Mädchen während des Physikunterrichts zu verringern, wurde der Unterricht in monoedukativen Gruppen abgehalten, also in einem Kontext, von dem anzunehmen war, dass dort Geschlecht weniger salient ist als in den üblichen koedukativen Gruppen. In Studie 1 bestätigte sich die Annahme, dass sich Jungen und Mädchen in den monoedukativen Gruppen bezüglich ihres Physikengagements weniger unterschieden als in den koedukativen Gruppen: In den koedukativen Gruppen verhielten sich die Mädchen nach eigenen Angaben deutlich geschlechtstypisierter, in dem sie sich von dem „Jungenfach" Physik distanzierten, ihre Fähigkeiten für gering hielten und wenig motiviert waren. Auf das physikbezogene Selbstkonzept und die Motivation der Jungen hatte die Gruppenkonstellation dagegen keine Auswirkung, was ein Hinweis darauf ist, dass die stärkere Geschlechtstypisierung im koedukativen Physikunterricht für Jungen nicht vorteilhafter ist als die geringere Geschlechtstypisierung im monoedukativen Physikunterricht. [...]

Es muss betont werden, dass diese Arbeit nicht zu dem Schluss führen kann, dass es sinnvoll wäre, wieder monoedukative Schulen zu etablieren. Nach Geschlechtern getrennter Unterricht ist ausschließlich in Fächern zu erwägen, die eindeutig maskulin stereotypisiert sind, da sich nur in diesen die Mädchen vom Unterrichtsgeschehen distanzieren werden, wenn ihnen während der Stunden die eigene Geschlechtszugehörigkeit bewusst ist. Und diese Trennung ist vor allem während der Pubertät sinnvoll: In dieser Phase ist geschlechtsbezogenes Selbstwissen chronisch hoch zugänglich und gerät deshalb besonders leicht ins Arbeitsselbst, wo es in dieser Phase zudem besonders „stark wirkt", da die aktive Aneignung der neuen Rolle als Mann oder Frau auch zu Verhaltensweisen führt, die überzogen geschlechtstypisiert erscheinen. [...]

Aus unseren Ergebnissen lässt sich folgern, dass die zeitweilige Trennung im Fach Physik, während der aktiven Rollensuche und -übernahme in der Pubertät, eine Möglichkeit darstellt, den Rückzug der Mädchen aus diesem Fach zu vermindern, so dass es für sie nicht von vornherein ausgeschlossen ist, eine Ausbildung im technisch-naturwissenschaftlichen Bereich anzuvisieren. [...]

Während des monoedukativen Unterrichts ist offenbar eine Situation gegeben, in der von der Kategorie Geschlecht eher abgesehen wird, in der sie also eher „ruht", um die Formulierung Hirschauers (1994) zu verwenden. Aus diesem Grund stellt die Geschlechtertrennung im Physikunterricht m. E. eine Art von „undoing gender" dar – obwohl Hirschauer bei der Einführung dieses Begriffes eine andere Intention verfolgte.

Allerdings, und darin ist Hirschauer (1994) und Goffman (1977/ 1994) zuzustimmen, wird mit der Maßnahme der getrennten Unterrichtung von Jungen und Mädchen Geschlecht gleichzeitig auch besonders betont: Auch wenn in der Unterrichtssituation Geschlecht weniger bewusst oder verhaltenssteuernd ist, so wird doch durch die Einteilung der Jugendlichen in geschlechtsgetrennte Gruppen betont, dass sie verschiedenen Geschlechts sind, dass ihr Geschlecht außerdem eine Bedeutung hat, die über die Beschaffenheit ihres Körpers hinausgeht, und dass speziell das Fach Physik etwas damit zu hat, welchem Geschlecht man angehört. In dieser Hinsicht ist die monoedukative Unterrichtung auch ein „doing gender", und zwar weniger im Sinne von West und Zimmerman (1991), die sich eher auf die direkte Interaktion der beteiligten Personen bezogen, sondern vor allem im Sinne eines institutionellen „Genderismus" gemäß Goffman (1977/1994), bei dem es weniger die alltäglichen Handlungen, sondern die Institutionen, die Ordnungen oder Rituale sind, durch die Geschlecht betont wird. Als ein Beispiel nennt Goffman die Trennung der Toiletten für Männer und Frauen. Durch diese zeitweilige räumliche Separierung werde die Unterschiedlichkeit von Männern und Frauen – trotz der häufigen Kontakte miteinander – immer wieder betont; der Unterschied zwischen Männern und Frauen werde durch diese Trennung immer wieder anerkannt, wenn nicht gar erschaffen.

Es ist davon auszugehen, dass den Schülerinnen und Schülern die Einteilung in Jungen- und Mädchengruppen auffällt, und dass sie sich Gedanken über den Grund der Trennung machen. Möglicherweise sehen sie – auf der bewussten Ebene – Physik nun in besonderem Maße als ein Fach an, das maskulin konnotiert ist, als ein Fach, in dem Mädchen getrennt von Jungen unterrichtet werden sollen, weil die Mädchen eine Art „Förderkurs" benötigen. Möglicherweise empfinden sie die Trennung als diskriminierend. [...]

Insgesamt bleibt die Maßnahme der Trennung nach Geschlecht Teil eines widersprüchlichen Prozesses, im gleichen Paradoxon gefangen wie andere Maßnahmen der Frauenförderung.

▶ *Wedgwood, Nikki/Connell, Robert W. (2004): Männlichkeitsforschung: Männer und Männlichkeiten im internationalen Forschungskontext. In: Ruth Becker/Beate Kortendiek (Hrsg.): Handbuch Frauen und Geschlechterforschung. Theorie, Methoden, Empirie, Wiesbaden: VS Verlag für Sozialwissenschaften, S. 112-122 (mit Auslassungen)*

In den 1970er und 1980er Jahren begannen auch die Sozialwissenschaftler im Lichte der feministischen Forschung zum Geschlechterverhältnis die Position von Männern und Jungen in der Gesellschaft in Frage zu stellen. In dem Aufsatz „Toward a New Sociology of Masculinity" (Carrigan/Connell/Lee 1985) wurde dieser Umschwung beschrieben und Kritik an der Abstraktheit der Geschlechtsrollentheorie geübt, die zwar seit den 1950er Jahren die soziologische Männerforschung beherrschte, aber zum Verständnis von Problemen wie Macht, Gewalt oder materieller Ungleichheit nichts beigetragen hatte. Carrigan u.a. traten dafür ein, Männer nicht als homogene Kategorie zu behandeln, sondern historisch bestimmte Männlichkeiten zu untersuchen, und führten das Konzept der *hegemonialen Männlichkeit* als einer kulturell herausgehobenen Form von Männlichkeit an der Spitze einer Hierarchie von Männlichkeiten ein. Ihre These war, dass Herrschaft über Frauen kein universales Merkmal von Männern sei. Vielmehr sei männliche Herrschaft ein dynamisches System, das über die Geschlechterbeziehungen unter wechselnden Bedingungen, zu denen auch der Widerstand von untergeordneten Gruppen gehört, ständig reproduziert und neu konstituiert wird. Damit „ist Gewalt im Geschlechterverhältnis nicht so sehr ein Wesensmerkmal der Männlichkeit (...) als vielmehr ein Maß für die Heftigkeit dieses Kampfs" (Carrigan/Connell/Lee 1985: 598) [...].

Zweifel am Konzept der ‚Männlichkeiten' selbst wurden von der neuen postmodernen und poststrukturalistischen Literatur formuliert.

Der australische Kulturanalytiker Buchbinder hat, ausgehend von Butlers einflussreicher Theorie von Gender als „Performance", ein nuanciertes Konzept von Männlichkeiten entwickelt, dem die Idee zu Grunde liegt, dass Gender eine Performance ist, die die Menschen ständig aktiv betreiben müssen. Dieser Zwang zur ständigen Verkündung des eigenen Geschlechts erzeugt Angst, die bei Männern, die der dominanten Männlichkeit angehören möchten, besonders groß ist (Buchbinder 1994). Die performative Konstituierung von Gender muss jedoch unsichtbar vonstatten gehen, damit sie ‚natürlich' und über jeden Zweifel erhaben erscheint.

Laut Buchbinder (1998) wird dies nicht nur durch die Art und Weise erreicht, wie Männer und Männlichkeiten repräsentiert und reproduziert werden, sondern auch und v. a. durch das, was diese Repräsentationen versuchen, *nicht* zu sagen, oder wovon sie vielleicht auch nichts wissen wollen. In der modernen westlichen Kultur z. B. wird das Männliche zweifach negativ definiert: Das Männliche ist nicht weiblich, und es ist nicht homosexuell. „Männliches homosoziales Begehren und männliche Misogynie sind also Strategien, die darauf abzielen, männlich und weiblich als Kategorien im Geschlechtersystem der Kultur auf Abstand zu halten" (Buchbinder 1998: 125). Indem das Weibliche und das Homosexuelle als Kategorien in Schach gehalten und zugleich für minderwertig erklärt und zurückgewiesen werden, kann das Männliche weiter als normal, natürlich und unangreifbar erscheinen.

Einen weiteren sozial wissenschaftlichen Ansatz zur Konstruktion von Männlichkeit verdanken wir dem jüngsten Wiederaufleben der lebensgeschichtlich orientierten Forschung (vgl. Messner 1992, Wedgwood i.Dr.). Lebensgeschichtliche Forschung ist eine „Methode zur Erforschung der Funktionsweise von sozialen Prozessen anhand der erzählten Erfahrungen individuellen Lebens" (Dowsett 1996). Diese Methode hat den Vorteil, dass sie das Individuum ausdrücklich in seinem eigenen historischen und kulturellen Kontext verankert und sich für die Vielfalt innerhalb von Kategorien interessiert, etwa der Kategorie ‚Männer', deren Angehörige durchaus nicht alle eine hegemoniale oder problematische Männlichkeit konstruieren.

Ein hervorragendes Beispiel für die Leistungen des lebensgeschichtlichen Ansatzes bei der Erforschung von Spannungen in der Konstruktion und Verkörperung von Männlichkeit ist Messerschmidts (2000) Studie über gewalttätige

Jugendliche in den USA. Mit Hilfe intensiver Fallstudien vergleicht Messerschmidt Jungen, die in Verbindung mit Gewalt in zweierlei Form (sexueller Missbrauch und Körperverletzung) auffällig geworden waren, mit nicht gewalttätigen Jungen gleicher sozialer Herkunft. Dabei zeigt sich, dass Jungen, die gewalttätig werden, oft entweder Opfer oder Täter in gewalttätigen Peer-Beziehungen und in ihrer Sexualität und ihrem Verhältnis zu Mädchen von Konflikten geprägt sind.

Es stellte sich heraus, dass die körperliche Konstitution männlicher Jugendlicher mit darüber bestimmt, welche Position sie in gewalttätigen Peer-Gruppen einnehmen, und auch darüber, welchen Verlauf ihre problembelastete Persönlichkeitsentwicklung nimmt. Aber nicht alle Jugendlichen entwickeln problematische Männlichkeiten. Messerschmidts Vergleichsgruppe zeigt, wie andere Jugendliche in der Lage sind, eine Männlichkeit zu konstruieren, die bei der Lösung von Problemen zwischen Personen nicht auf körperliche Gewalt angewiesen ist.

Kritische Ansätze der Männlichkeitsforschung sind inzwischen über die Grenzen der akademischen Sozialwissenschaften hinaus in eine Reihe von Feldern der sozialen Praxis vorgedrungen. Dazu gehören Erziehung und Bildung, Gewaltprävention, Psychotherapie und Sozialarbeit und das Gesundheitswesen.

Im Bereich von Erziehung und Bildung wurden Fragen der Männlichkeit im Zusammenhang mit der Lesekompetenz von Jungen, Gewalt und Schikanen („Bullying") in der Schule, Fächerwahl, Schulsport, sexueller Identität und Schulabbruch behandelt (vgl. Mac an Ghaill 1994, Connell 2000). Auch bildungspolitisch beginnt die Männlichkeitsforschung im Hinblick auf die Gleichbehandlung der Geschlechter in Bildungssystemen wie auf die Praxis in den Schulen an Einfluss zu gewinnen, auch wenn ihre Wirkung immer noch schwer messbar ist (vgl. Lingard/Douglas 1999).

Ein weiteres wichtiges Feld für die praktische Anwendung ist die Gewaltprävention bei Männern (vgl. Welsh 2001, Denborough 1996). Dieses Feld überschneidet sich natürlich mit dem der Erziehung und Bildung. Wölfl (2001) legte vor kurzem eine Bestandsaufnahme vor zu den Problemen und Möglichkeiten einer „genderorientierten Pädagogik" als einer Strategie im Umgang mit gewaltgeneigten Jungen. [...].

Die schädlichen Auswirkungen der Männlichkeit betreffen das Leben von Männern wie von Frauen. Beispiele für Gesundheitsprobleme von Männern sind Sterblichkeit durch Herzkrankheiten, höhere Raten von Unfallverletzungen, höhere Selbstmordraten und höhere Raten von Alkoholmissbrauch (vgl. Schofield u. a. 2000). Dies sind praktische Probleme, die angegangen werden müssen, und die jüngste Entwicklung des Bereichs „Gender und Gesundheit" (Hurrelmann/ Kolip 2002) liefert den richtigen Kontext. Das Thema „Männergesundheit" als soziales Problem in liberaldemokratischen Ländern entwickelte sich im Allgemeinen im Zusammenhang mit dem Thema Frauengesundheit und hat in dem stark konkurrenzorientierten Umfeld der Gesundheitsdienstleistungen häufig einen anti-feministischen Beigeschmack (vgl. Wadham 2001: 80). Ein Ansatz, der Gesundheitsprobleme daraufhin untersucht, wie das Geschlechterverhältnis – etwa geschlechtstypische Arbeitsteilung und geschlechtstypische Machtverhältnisse – auch körperlich in Gestalt bestimmter Gesundheitsprobleme zum Ausdruck kommt, beginnt erst in jüngster Zeit Eingang in die Gesundheitspolitik zu finden (vgl. Schofield u. a. 2000).

Negative Effekte von Männlichkeitsdynamiken wurden auch auf der Ebene des individuellen Lebens thematisiert, und zwar durch Therapie. So entwickelte Kupers (1993) einen therapeutischen Ansatz für Identitätskrisen bei Männern, der sowohl die emotionalen Realitäten des Lebens von Männern als auch gesellschaftliche Verhältnisse, wie etwa die wachsende Arbeitslosigkeit, berücksichtigt. Mitte der 1990er Jahre war die „Männerarbeit" in Psychotherapie und Sozialarbeit bereits ein hoch entwickeltes und diversifiziertes Praxisfeld (vgl. Brandes/Bullinger 1996), in dem die Männlichkeitsforschung zunehmend Anwendung fand.

Zwar ist persönliche Veränderung wichtig, doch um die heutige Geschlechterordnung zu verändern, muss man, wie Segal (1997: 294) betont, gegen das gesamte Netz aus ineinander greifenden sozialen, ökonomischen und politischen Praktiken, Auffassungen von Gemeinwohl, sozialer Absicherung und Verständnis von Sexualität angehen, das Männern Macht verleiht.

Zurzeit analysiert die Forschung multiple Formen der Männlichkeit und Probleme von Jungen und Männern in einer sich verändernden Weltordnung. Dabei werden ihre theoretischen und methodologischen Ansätze immer vielfältiger. Zweck dieser Untersuchungen über die noch im Entstehen begriffenen Formen der Männlichkeit ist nicht bloß, sie zu verstehen und/oder zu erfassen. Gerade in Zeiten des Wandels und der Umwälzung in den Geschlechterbeziehungen können auch die Machtverhältnisse zwischen den Geschlechtern neu ausgehandelt werden. Dies kann zu unheilvollen Ergebnissen führen, wie derzeitige internationale Konflikte nahe legen. Doch auf begrenzteren Schauplätzen sind Männer und Jungen oft auch Mitwirkende bei Veränderungen hin zu demokratischen Geschlechterbeziehungen. Ein besseres Verständnis der Konstruktion von Männlichkeit kann dazu beitragen, geschlechterbezogene Aushandlungsprozesse auf mehr Gleichheit und mehr Frieden hin zu orientieren.

▶ *Winter, Reinhard (2010): Jungen: Reduzierte Problemperspektive und unterschlagene Potenziale. In: Becker, Ruth/Kortendiek, Beate (Hrsg.): Handbuch Frauen- und Geschlechterforschung. Theorie, Methoden, Empirie, Wiesbaden: VS Verlag,für Sozialwissenschaften, S. 353-359 (mit Auslassungen)*

Der Begriff „Jungen" (bezeichnet) alle Kinder und Jugendlichen männlichen Geschlechts. Neben einer universellen (menschlich) und einer geschlechtlichen (männlich) beinhaltet der Begriff eine lebensphasenbezogene Dimension (Kind, Jugendlicher). Explizite Jungenforschung wäre dem entsprechend sowohl in der Jugendforschung wie auch in der Geschlechterforschung anzusiedeln.

Der Geschlechterbezug auf das Männliche wird mit körperlichen, habituellen oder verhaltensbezogenen Attributen versehen bzw. assoziiert (im Spektrum von sex, sex category und gender; vgl. West/Zimmermann 1987). Dabei ist das jeweilige Verständnis von „Geschlecht" bedeutsam. Wird das männliche Geschlecht – wie oft in der Geschlechterforschung – primär über Hierarchie und Dominanz definiert (z. B. Connell 1999: 91, Hollstein 1991: 200), können Jungen nicht als das gesehen werden, was sie mit den entsprechenden Potenzialen, Optionen und Verhaltensbandbreiten sind, sondern werden in ihrer Geschlechtlichkeit und durch sie reduziert (vgl. Metz-Göckel 1993, Gravenhorst 1988 a und b). Solche sozialen Zuschreibungen und Etikettierungen können mit dafür verantwortlich gemacht werden, dass traditionelle Vorstellungen stabil bleiben und in der Forschung wie im Alltag permanent rekonstruiert werden. Das Nachzeichnen von Strukturen des Männlichen, die lediglich aus auffälligen oder kritischen Spitzen abgeleitet werden (vgl. z. B. Böhnisch/Winter 1993), erweist sich als fatal, weil die ständige Suche danach als selbsterfüllende Vorhersage und letztlich rekonstruierend wirkt.

Ebenfalls kritisch ist es, wenn der Begriff „Jungen" nicht unabhängig, sondern relational, also in Bezug auf ein Gegenmodell oder etwas Gegensätzliches definiert wird: Auch nach langjährigen Genderdebatten werden Jungen in Praxis, Forschung und Statistiken unterschwellig zur Abgrenzung von Mädchen herangezogen (und umgekehrt). Immer dann, wenn Mädchen und Jungen undifferenziert verglichen werden, droht sich diese relationale Definition einzuschleichen: Präferieren etwa 37 % der Mädchen, aber nur 20 % der Jungen ihre Mütter als sexualitätsbezogene Informantinnen (Bode 1999: 77) und wird diese Information darüber hinaus noch grafisch illustriert, sticht zuerst die Differenz ins Auge. Der selbstverständlich signifikante Unterschied setzt sich fest. Damit werden „Jungen" und „Mädchen" als different oder sogar als Negation (mit) konstruiert: Junge = „anders" als Mädchen bzw. Nicht-Mädchen und umgekehrt, obwohl empirische Befunde diese schlichte Polarisierung durchgängig widerlegen.

Durch beides – den vereinfachenden Jungen-Mädchen-Vergleich, wie die Reduktion auf Geschlechterdifferenz – geraten Differenzierungen *unter* Jungen leicht aus dem Blick, „Jungen" werden „homogenisiert". Aber gerade weil der Begriff relativ unpräzise ist, sind Differenzierungen wichtig und unumgänglich: insbesondere altersspezifische, aber auch bezogen auf den kulturellen, religiösen oder Schichthintergrund, regionale genauso wie lebenslagen- oder bewältigungsbezogene Differenzierungen. Wir sprechen dann z. B. besser nicht mehr von „Jungen" sondern differenziert von „sechsjährigen Jungen im Kindergarten" oder von „männlichen Jugendlichen über 16 Jahren mit Migrationshintergrund, die in ländlichen Regionen aufwachsen"[…].

Um Differenzierungen zwischen Jungen identifizieren zu können ist es notwendig, Jungen als eigenständigen Forschungsgegenstand zu begreifen: mit der Notwendigkeit autonomer Interessen und Zugänge, aber auch verknüpft mit jugend-, allgemeinen geschlechter- und mit mädchen- und frauenbezogenen Themenstellungen. Grundlagen dafür wurden von der psychoanalytisch orientierten, von der ethnologischen und der soziologischen Geschlechterforschung geliefert. Als psychodynamisch wirksame Konstellation wird z. B. von der *psychoanalytischen* Forschung (vgl. z. B. Schmauch 1988/1995, May 1991, Bosse 2000) auf Probleme der Jungen bei der Ablösung von der Mutter (vgl. auch Böhnisch/ Funk 2002: 78 ff., Amendt 1993 und 1999) und der Identifikation mit dem Vater hingewiesen (vgl. auch Kindler 2002, Sturzenhecker/Winter 2002b: 65f.). „Tennung vom Weiblichen" und „Identifikation mit dem Männlichen" seien wichtige Bewältigungsthemen vieler Jungen. Die *ethnologische* Studie von David Gilmore (1991) belegt die „Künstlichkeit" von Männlichkeitsbildern als ein kulturelles Produkt. Gleichzeitig wird die soziale Notwendigkeit von „Männlichkeit" für das Überleben von Gesellschaften (bzw. den Erhalt des Wohlstandsniveaus) nachgezeichnet und in ihrer Abhängigkeit von Umweltfaktoren reflektiert. In den meisten Gesellschaften wird der Mythos vertreten, dass das Mannsein – im Gegensatz zur sozial eher zugestandenen Weiblichkeit – kein quasi angeborener Zustand sei, sondern dass Männlichkeit immer wieder neu bewiesen und hergestellt werden müsse. Mit der in der Tendenz offen oder subtil vertretenen Hypothese, das Junge- und Mannsein sei elementar „falsch", klinkt sich auch Geschlechterforschung in diesen Mythos ein.

Mit dem *soziologischen* Blick auf „männliche Sozialisation" wurde der Prozess des Mannwerdens und -seins als lebenslanger Bewältigungsprozess entfaltet (vgl. Böhnisch/Winter 1993), ohne dabei Perspektiven eines erwünschten oder optimalen Verlaufs nachzuzeichnen – im Gegenteil: Männlich-Sein wurde (z. B. über die unbelegte Aufzählung von „Prinzipien" der Lebensbewältigung) durchweg dramatisiert (ebd.: 126 ff., vgl. auch Böhnisch/Funk 2002: 84ff.).

Ähnlich wird durch die Arbeiten des Soziologen Robert W. Connell (1999) zu männlichen Geschlechterkonstruktionen und „hegemonialen Männlichkeiten" nachvollziehbar, wie sich Geschlechterstrukturen und -ideologien in Jungen „einschreiben". Weil dabei aber das „Männliche" tendenziell auf Hierarchiekonstruktionen reduziert ist (ebd.: 91), werden Handlungsalternativen und -optionen für Jungen, Potenziale und Differenzierungen, wie auch geschlechterbezogene Selbstdefinitionen jenseits von Dominanz/Submission oft nicht erkennbar: Wird das Junge- oder Mannsein über Männlichkeit auf eine bzw. die dominante Position im Geschlechterverhältnis reduziert, bleibt in egalitären (gleichen, partnerschaftlichen, demokratischen usw.) Geschlechterverhältnissen quasi vom Männlichen nichts übrig.

Der Nachweis breiter Differenzierungen zwischen Jungen zählt zu den wichtigsten Forschungsergebnissen, welche die Jungenforschung in Deutschland in expliziten Jungenstudien liefern konnte. In der *quantitativen* Jungenbefragung von Peter Zimmermann (1998) zu Jungen in der Schule wurde z. B. deutlich, dass viele Jungen unter Druck stehen, sich stets als „gut drauf", witzig oder cool darzustellen. In einer empathischen Interpretation werden dabei – neben aktiven und geschlechterkonstruktiven Aspekten – auch bedürftige Segmente des Jungeseins in der Moderne erkennbar, für die ihnen die Gesellschaft zumindest in der Schule kaum Unterstützung anbieten kann. Gleichzeitig zeigten sich hier schichtbezogene Unterschiede bei den 1.760 befragten Jungen: Jungen in der Hauptschule haben z. B. ein eher rigides und traditionelles Verständnis von Männlichkeit, während bei Gymnasiasten „Aufweichungstendenzen bezüglich starrer Rollenbilder festzuhalten sind" (ebd.: 114). Inwieweit sich solche Optionen, z. B. durch Lebensperspektiven, Strukturen, Berufswahl oder Einmünden in einen Beruf halten oder verändern, ist allerdings nicht hinreichend geklärt. Vermutlich bewirkt die „zweite Schwelle", der Übergang in die Berufsarbeit und damit in spezifisch ausgeprägte Strukturgefüge, deutliche Veränderungen in eine offenere oder auch in eine andere, eine restaurative Richtung der Geschlechterkonstruktion (vgl. Meuser 1998).

Dass ein Teil der Jungen in Bezug auf ihre Geschlechtlichkeit als Modernisierungsverlierer gesehen werden kann, legen die Ergebnisse einer *qualitativen* Studie zu Lebenslagen von Jun- gen nahe (Bundeszentrale 1998). Diese Untersuchung konzentriert sich zwar auf die Aspekte Körper, Gesundheit und Sexualaufklärung, liefert aber auch wichtige Ergebnisse im Hinblick auf Geschlechterkonstruktionen der Jungen und das Jungesein allgemein. Hier führen Enttraditionalisierung und Demontage herkömmlicher Männlichkeitsbilder einerseits zu einer Erweiterung enger Verhaltensspielräume für Jungen. Empirisch nachweisbar ist das in einer" Vielfalt des Jungeseins". Auf der anderen S. sehen sich viele

Jungen mit dem sozialkulturellen Auftrag konfrontiert, männlich zu sein und sich als männlich zu präsentieren – ohne entsprechend unterstützt oder mit tragfähigen Geschlechterkonzepten versorgt zu werden. Damit werden sie mit widersprüchlichen gesellschaftlichen Botschaften konfrontiert: „Sei männlich, aber sei nicht männlich". Eine Lösung zeichnet sich für Jungen in der Trennung von Geschlechterideologie (Männlichkeit) und gelebtem männlichem Verhalten (Jungesein) ab.

Je nach Lebensalter und -lage, biografischen Ereignissen, aktuell vorhandenen Ressourcen und sozialen Anregungen usw. variieren die Themen von Jungen (ähnlich wie die von Mädchen), steht Anderes deutlich im Vordergrund: z. B. Beruf und Arbeit, Körper und Sexualität, Größenphantasien, Regeln, Grenzen, Normalität usw. Entgegen der unbedingten Koppelung von Gewalt und Jungesein ist es viel wichtiger zu erkennen und zu betonen, dass (und wie) Jungesein ohne Gewalt denkbar und real ist oder dass es sogar in den meisten Fällen und Situationen tatsächlich gewaltfrei gelebt wird.

Perspektiven

Je stärker Individualisierungsprozesse durchschlagen, je mehr die Vielfalt des Jungeseins in den Vordergrund tritt und je genauer Jungen erforscht werden, desto mehr schrumpft die Gewissheit über sie. Dann stellt sich die Frage, inwieweit geschlechtsbezogene Forschung daran interessiert ist, ihren Gegenstand immer wieder neu herzustellen und aus diesem Grund Geschlechterstereotypen als kulturelle Konserven zu reproduzieren oder zu transportieren, die in der Wirklichkeit überholt sind.

Dieses Dilemma der Jungenforschung wurde in ähnlicher Form bei Erwachsenen gefunden, die mit Jungen arbeiten (vgl. Bundeszentrale 1998): Sobald das Jungesein geschlechtlich aus dem Allgemeinen herausgehoben wird, setzen Wahrnehmungsfilter sowie reduzierende Deutungen ein. Die Reflexion des „Männlichen" im Jungen hebt dann traditionell Männliches heraus und gibt ihm Resonanz. Moderne, innovative Aspekte des Jungeseins (wie z. B. Selbstbezüge, Reflexion, homosoziale Bezüge; vgl. Winter/Neubauer 2001) werden dann nicht als „männlich" identifiziert, sondern verdeckt oder individualisiert bzw. individuell scheinbar geschlechtsneutral (als menschlich) interpretiert. Durch solche Wahrnehmungsfilter trägt vor allem die Rekonstruktion von Geschlecht(ern) als schlichte Täter-Polarisierung und -zuschreibung dazu bei, das Universelle, gleichsam das Menschliche in Jungen genauso wie das Lebensphasenspezifische zu negieren [...].

Das ständige Abgleichen- und Vergewissern-Müssen deutet auf Irritationen und Bestimmungszwänge hin. Hier wäre die seriöse Geschlechterforschung besonders gefragt. Es erweist sich aber als problematisch, wenn diese die Paradigmen unreflektiert übernimmt, die mit zur Verunsicherung führen. Dazu gehört die grundsätzliche Problematisierung des Mannwerdens und -seins mit der fatalen Folge, dass Männlichkeit – bereits traditionell und nun erneut auch durch Geschlechterforschung – erst hergestellt, „bewiesen" werden müsse (vgl. auch Schmauch 1995). Dazu gehört aber auch die Reduktion der Jungen auf ein „falsches" Mannsein, auf Macht- und Dominanzthemen, die undifferenzierte Zuschreibung des Aktiven und Privilegierten verbunden mit einem verantwortlichen „Täterstatus" an die Jungen, ohne die Ambivalenzspannung in ihrem selbst Ausgesetzt- und Abgewertetsein – als Kinder bzw. Jugendliche – und ihren Opferstatus (vgl. Lenz 1999) zu registrieren, auch ohne die wirklichen Gestaltungsleistungen ihrer Lebensbewältigung jenseits von traditionellen Männlichkeitsmustern anzuerkennen und ohne das Problematische mit den Potenzialen des Männlichen in der späten Moderne abzugleichen.

▶ *Krüger-Potratz, Marianne/Lutz, Helma (2004): Gender in der Interkulturellen Pädagogik. In: Glaser, Edith u.a. (Hrsg.): Handbuch Gender und Erziehungswissenschaft, Bad Heilbrunn/OBB: Klinkhardt , S. 436-448, mit Auslassungen*

Die ‚Entdeckung' der ‚Türkin'

Die in den 1950er und 1960er Jahren, in der Zeit, in der die westdeutschen Anwerbeverträge mit Arbeitnehmerinnen und Arbeitnehmern aus den Mittelmeerländern geschlossen wurden, erschienene Literatur bezog sich fast ausschließlich auf Verständigungsprobleme im Arbeitsprozess oder auf die Gesundheitssituation der mehrheitlich jungen männlichen Arbeitsmigranten. Diesen ‚aus der Fremde' Kommenden wurde eine kulturell verankerte, ‚ganz andere Geschlechterbeziehung' unterstellt.

Die Aufmerksamkeit richtete sich fast ausschließlich auf Migrantinnen türkischer Herkunft, wobei türkisch und muslimisch in eins gesetzt wurde. So bezogen sich von den in den Jahren 1974 und 1980 erschienenen 81 Publikationen 52 auf Frauen aus der Türkei; die restlichen verteilten sich auf Spanierinnen (8), auf Frauen aus (dem ehemaligen) Jugoslawien (7), auf Migrantinnen aus asiatischen Ländern (6), auf Italienerinnen (4), auf Griechinnen (3) und ein einziger

Beitrag befasste sich mit Portugiesinnen (siehe die Literaturauszählungen bei Huth-Hildebrandt 1999, S. 36; Schulz 1992). ‚Die ‚Türkin' wurde zum *Prototyp* der ‚Ausländerin' bzw. der ‚fremden Frau'. Hier kann der Beginn einer ‚Orientalisierung' der Migrantin verortet werden (kritisch dazu: Lutz 1989; 1991), eine Perspektivverengung, die trotz intensiver Kritik bis in die 1990er Jahre anhält. Die in den 1970er Jahren erfolgten stereotypen Setzungen, in denen das kulturelle Andersseins der Migranten über den Geschlechter-Code definiert wurde (strikte Trennung der männlichen und weiblichen Lebenswelten, traditionelle, Frauenunterdrückende und -verachtende patriarchale Partnerbeziehungen, Ehre und Schande, Jungfräulichkeit etc.). Dies wirkte sich nachhaltig auch auf die politischen, sozialwissenschaftlichen und pädagogischen Debatten aus. Obwohl Mitte der 1970er Jahre über 40 Prozent der Migrantinnen offiziell einer Erwerbstätigkeit nachgingen (und damit die Erwerbstätigkeitsquote ethnisch deutscher Frauen weit überflügelten), wurden die Migrantinnen in der Bundesrepublik als Hausfrauen und Mütter präsentiert, deren Leben als nichterwerbstätige Ehefrauen von einer ‚doppelten Isolation' gekennzeichnet sei, verursacht durch ‚die Fremde' und die Unterdrückung durch die Ehemänner' (Brandt 1977; Mehrländer 1981).

Dieser in der Praxis relativ erfolgreiche Ansatz ist in der erziehungswissenschaftlichen Diskussion so aufgenommen worden, dass weder die statische Bipolarität der Geschlechterbeziehungen noch die im Alltagsdiskurs vorgenommene Aufteilung in einen ‚einheimischen' und einen ‚ausländischen Bevölkerungsteil' (siehe dazu auch in kritischer Perspektive Bukow/Llaryora 1988) durchbrochen wurde. Statt dessen bildete auch weiterhin die ‚emanzipierte westliche Frau' den (impliziten) Maßstab zur Beurteilung von Geschlechterverhalten und Geschlechterverhältnissen.

Kulturdifferenz und Kulturkonflikt

Seit Beginn der 1980er Jahre wurde der Topos *Kulturdifferenz* und ein daraus erwachsender Kulturkonflikt zur allgemeinen Erklärungsbasis. Zunehmend ging es nicht mehr um die Migranten selbst, sondern um die Integration ihrer Kinder in die Aufnahmegesellschaft. Letztere wurden als ‚zerrissen zwischen zwei Welten' lebend beschrieben, einerseits durch das Elternhaus fest an die ‚Herkunftskultur' gebunden und andererseits durch die Schule und die ‚deutsche Umgebung' mit (der ‚deutschen Kultur' konfrontiert (Schrader er al. 1979) nach dem Motto: ‚Morgens Deutschland, abends Türkei' – so auch der Titel einer viel beachteten Foto-Ausstellung in Berlin (Kunstamt Kreuzberg 1981), der zur

Metapher für diese Denkfigur wurde und ungeachtet aller Kritik bis heute die Argumentation vieler Pädagoginnen und Pädagogen bestimmt.

Während in den 1970er Jahren die ‚Integrationsprobleme' der jungen Einwanderergeneration als Sprachdefizite in Verknüpfung mit sozialen Schwierigkeiten identifiziert wurden, erfolgte in den 1980er Jahren die Ablösung dieser Erklärungsmodelle durch die Kulturdifferenzthese, in deren Mittelpunkt wiederum die Kategorie Geschlecht stand. Mit der Setzung der strikten geschlechtsspezifischen Rollenteilung wurde eine streng auf geschlechtsspezifische hierarchische Unterschiede ausgerichtete Erziehung der Kinder festgestellt, die den Jungen eine dominante und den Mädchen eine untergeordnete Stellung zuweise. Bei den Mädchen stehe die moralische Erziehung im Vordergrund, die sie auf ein Leben als Hausfrau und Mutter vorbereite. Wenn notwendig würden sie auch mit Gewalt zu Gehorsam, Respekt und Achtung gegenüber Männern und älteren Brüdern erzogen (Rosen 1980; Scheinhardt 1980; Ingenhoven 1983; Kiper 1987; Münder 1985; Rosen/Stüwe 1985)[...].

Ausgehend von der Annahme, dass vor allem die zweite Generation Opfer des ‚Kulturkonflikts' sei, spitzte sich die Diskussion in der Folgezeit auf die Mädchensozialisation zu. Die Mädchen repräsentierten die im Kulturkonflikt stehenden und pädagogisch zu stabilisierenden Kinder, deren Generationskonflikt sich spezifisch als Rollenkonflikt verorten ließ (Papastefanou 1982; Schlüter/Wunderlich 1982; Engler 1986; Kiper 1987; Rosen 1984).

In diese Zeit fallen auch die ersten Arbeiten, die die Migrantinnen als Akteurinnen in das Zentrum von Untersuchungen stellen (Rosen 1986; Steinhilber 1986) oder als Informantinnen in diese einbeziehen (Straube 1987; König 1987) sowie erste kritische Auseinandersetzungen mit den in der Diskussion bis dahin explizit wie implizit ausgebildeten Theorien (Hebenstreit 1984; 1986; Morokvasic 1987; Lutz 1986 1988; 1989) und allererste Arbeiten, in denen Migrantinnen sich selbst gegen ihre Objektposition in der Forschung zu wehren begannen (Gültekin/Sellach 1984).[...].

Vom Defizit zur Differenz – andere Themen, verschobene Setzungen

Seit Mitte der 1980er und verstärkt in den 1990er Jahren sind die oben beschriebenen Denkfiguren sowohl in der Geschlechterpädagogik wie in der Interkulturellen Pädagogik zunehmend in die Kritik geraten; gefordert wird ein Perspektivwechsel in dem Sinne, dass der Blick sich nicht auf die Migrantin, sondern auf die Aufnahmegesellschaft oder auf die Interaktion zwischen Einwanderergemeinschaft- und Aufnahmegesellschaft richten soll. Statt Migrantinnen und Migranten sowie ihre Kinder als Defizitwesen oder als ganz Andere zu stilisieren, geht es seitdem zunehmend um das Spannungsverhältnis von Differenz und Gleichheit und um die Akzeptanz von Differenz. Hinzu kommen Themen wie Rassismus, Macht und Gewalt in Ausländerrechts- und Flüchtlingsfragen, die in Zusammenhang mit Bürgerschafts- und Menschenrechtsfragen diskutiert werden (Kalpaka/Räthzel 1990; Koppert 1991; Lutz 1992; Rommelspacher 1994; 1995; Tillner 1994). Migrantinnen werden als Teil eines größeren Kollektivs in der Debatte um den Umgang mit Minderheiten unter die als politischer Begriff genutzte Kategorie ‚schwarze Frau' subsumiert. Die sozial- und erziehungswissenschaftliche Forschungslandschaft hat sich deutlich ausdifferenziert: Ansätze aus der Lebenswelt- und Biographieforschung und handlungsorientierte Studien koexistieren mit klassischen quantitativen Studien und Ethnographien.

Allerdings sind deutliche Unterschiede zwischen den Ansätzen und Argumentationsmustern, die im Forschungsbereich verhandelt werden, und denen, die in der pädagogischen Praxis dominant sind, zu erkennen. Im (sozial-) pädagogischen Bereich zeichnet sich aufgrund knapper werdenden Ressourcen eine *Ent*klientelisierung der Migrantinnen (und Migranten) ab, die allerdings nicht zur verstärkten Ausbildung und Einbeziehung von ‚Mittlerinnen' (und ‚Mittlern'), d. h. von pädagogischem Personal, das aus der Gruppe der Zugewanderten rekrutiert wird, führt. Durch die beginnende Auflösung der separaten Beratungs- und Bildungsbereiche für Zugewanderte und ihrer Integration in die Regeleinrichtungen hat eine erneute Beschäftigung mit den Konsequenzen von Einwanderung begonnen. Zurückgegriffen wird insbesondere auf die Kulturdifferenzthese. Hier bildete sich ein neuer Markt, auf dem – trotz Kritik und verschiedener Ansätze der Differenzierung – die bekannten Denkfiguren und Bilder weiterhin zu finden sind (DGB-Bildungswerk 1988; Papakyriakou 1990; Warzecha 1993; Stienen 1994). Dort verweben sich mit Hilfe des entstandenen Frauen- und Männerbildes die Vorstellungen von den patriarchal-orientierten Geschlechterbeziehungen der Einwanderinnen und Einwanderer im Alltagsdiskurs sowie im wissenschaftlichen, pädagogischen und politischen Diskurs zunehmend miteinander, fügen sich zu einem feststehenden statischen Bild, mit dem sich sozialpolitische und bildungspolitische Konzepte mit ihren jeweils spezifischen Exklusionsbestrebungen begründen lassen.

In der Rekonstruktion lässt sich aufzeigen, dass die Themen sich geändert und die Setzungen sich leicht verschoben haben: Die *imaginäre Migrantin* dient zwar vielfach weiterhin als Folie, vor der die Spezifika des Geschlechterverhältnisses sichtbar werden, doch zum einen sind die Begründungszusammenhänge komplexer gestaltet worden und zum anderen hat sich die Kluft zwischen Alltagsdiskurs und wissenschaftlicher Debatte vergrößert [...].

In der Gleichsetzung von ausländisch = türkisch = muslimisch = gewaltbereit werden ‚die‘ Jugendlichen als ‚integrationsresistent‘, als Konfliktpotenzial und als Risikogruppe der (Vor-)Städte beschrieben. Sowohl die Kulturdifferenzhypothese (religiöse Orientierung) wie auch die Dichotomie des Geschlechter-Codes werden zu der Beschreibung problematischer Männlichkeit zusammengefügt. In gewisser Weise ergänzt diese Darstellung die frühere Fokussierung auf die Problemgruppe Mädchen.

Pluralität, Differenz und Gleichheit

Im Verlauf der 1990er Jahre sind zunehmend Arbeiten erschienen, deren Autorinnen die hier skizzierte Kritik aufgegriffen und neue Ansätze entwickelt haben: zum Beispiel Ansätze, die den biographisch-umweltlichen Aspekt herausstellen (Gültekin 2003; Riegel 2003) oder die postkoloniale-dekonstruktive Analyse einführen (Gutiérrez Rodríguez 1999). Erste Untersuchungen, die die Konstruktion von Ethnizität und Geschlecht im Feld der Schule analysieren, sind von Hummrich (2002) und Weber (2002) – Stichwort: „vergeschlechtlichende Ethnisierung" – vorgelegt worden. Die hier für die Erziehungswissenschaft skizzierte Debatte über die Zusammenführung von Migrations- und Geschlechterforschungsansätzen ist auch in anderen Disziplinen zu beobachten (für die Ethnologie vgl. Schlehe 2001; für die interdisziplinäre Geschlechterforschung vgl. Lutz/Morokvasic-Müller 2002). Gleichzeitig ist festzustellen, dass die hier skizzierte mehr als 30 Jahre andauernde Diskussion in Forschung und Praxis über „Frauen und Migration" auch schlicht ignoriert werden kann, so bei Han (2003).

Die Auseinandersetzung über die Frage der Akzeptanz von Differenz, über das Verhältnis von Differenz und Gleichheit und über Mehrfachausgrenzungen (‚als Frau‘ ‚als Fremde‘, ‚als Schwarze‘) hat ihre Fortsetzung in dem Versuch der Zusammenführung von Diskursen aus der Geschlechter-Pädagogik, der Interkulturellen Pädagogik und der Integrativen Pädagogik (Differenz und Gleichheit in Bezug auf Behinderte) gefunden (Prengel 1993; 1995). Hier wird vor dem Hintergrund der Disziplingeschichte eine Synthese dieser drei erziehungswissenschaftlichen Spezialisierungen (Interkulturelle Pädagogik, Feministische Pädagogik, Integrative Pädagogik) versucht, mit dem Ziel die Gemeinsamkeit, d. h. die „historische Erfahrung von Etikettierung und Diskriminierung, mit der sie dem bürgerlichen Subjekt als das ‚Andere‘ gegenübergestellt wurden" (a. a. O., S. 13) herauszuarbeiten und theoretisch wie konzeptionell fruchtbar zu machen. Ziel ist der Entwurf einer „Pädagogik der Vielfalt" unter der Perspektive von Verschiedenheit *und* Gleichberechtigung (Stichwort ‚egalitäre Differenz‘). Bei der Weiterentwicklung dieses Ansatzes wäre die Analogisierung der Differenz-

linien Geschlecht, Kultur (Ethnizität) und Gesundheit zu hinterfragen und die
‚Differenz in den Differenzen' zu beachten (vgl. Lutz 1999; Prengel 2001)[...].

Intersektionalität

Entscheidende Anstöße für eine Weiterentwicklung der Diskussionen über Plu-
ralität, Differenz und Gleichheit sind aus der internationalen Genderforschung,
vor allem von den US-amerikanischen schwarzen Feministinnen gekommen.
Gefordert wird eine, wie Kimberlé Crenshaw (1993) und Valerie Smith (1998)
sie nennen, *Intersektionalitätsanalyse*, die davon ausgeht, dass es notwendig und
möglich ist, Gender, Ethnizität, Klasse, sexuelle Orientierung, Nationalität usw.
in ihrem Zusammenspiel und in Bezug auf die Gleichzeitigkeit ihrer Wirkung
zu untersuchen. Ausgangspunkt dieser Argumentation ist die Feststellung, dass
alle Menschen sozusagen am Schnittpunkt (intersection) dieser Kategorien
positioniert sind und dort ihre Loyalitäten und Präferenzen entwickeln. Die
Kategorien sind also nicht nur soziale Platzanweiser, sondern sie generieren
auch Identität. Die Herausforderung an Theorie und Empirie ist es, nicht nur
von der Komplexität der Differenzlinie zu sprechen, sondern Instrumente zu
entwickeln, mit denen diese Komplexität als *Verhältnis und als Prozess (doing
gender/ethnicity)* untersucht und fassbar gemacht werden kann [...].

Dieser Ansatz erscheint viel versprechend, wenn auch die Schwierigkeiten in
der Umsetzung, nicht zuletzt hinsichtlich der Forschungsmethodik, nicht zu übersehen sind. Aber er verspricht, dass sowohl die Genderforschung wie die Interkulturelle Pädagogik sich von ihrer bisherigen Form der Zielgruppenfixierung lösen
können, die letztlich — trotz aller Kritik — immer wieder dazu führt, dass die
Zielgruppe als in sich homogen und in den Differenzlinien additiv gedacht werden.
Der Rückblick zeigt, wann, wie und in welchem Kontext Geschlechterkonstruktion in der interkulturellen erziehungswissenschaftlichen Forschung relevant
wurden und dass die Diskurse im wissenschaftlichen Feld einerseits und im Feld
der Praxis andererseits keineswegs synchron verlaufen (sind). Die Tragfähigkeit
des Intersektionalitätsansatzes, aus dessen Perspektive der vorliegende Beitrag
geschrieben ist, wird für beide Felder zu prüfen sein.

▶ *Maihofer, Andrea (2002): Geschlecht und Sozialisation. In: Erwägen Wissen Ethik. (EWE) 13. Jg., H 1, S. 13-26, hier S. 21-25*

IV. Eckpfeiler für eine kritische Reformulierung ‚geschlechtsspezifischer Sozialisationstheorie(n)'

((62)) Die in den neunziger Jahren insbesondere im Anschluss an (de-)konstruktivistische Ansätze entwickelten neuen Konzeptionen von Geschlecht und Geschlechterdifferenz haben, wie gezeigt, zu grundlegenden Einwänden gegen herkömmliche geschlechtsspezifische Sozialisationstheorien geführt. Auf zwei zentrale Einwände, an die eine kritische Reformulierung anknüpfen müsste, möchte ich hier näher eingehen: zum einen die Problematisierung der herkömmlichen Vorstellung vom natürlichen Geschlechtskörper sowie die Dekonstruktion des Begriffs der Identität. Zwei weitere, nicht minder bedeutsame Punkte, zu denen ich hier aber aus Platzgründen nichts weiter sagen werde, sind die Problematisierung des „Subjekts" (hierauf bin ich allerdings im Zusammenhang mit Connells Thesen kurz eingegangen) und die Frage, ob es überhaupt sinnvoll ist, weiter von „Sozialisation" zu sprechen. Dies ist allerdings eine Frage, bei der ich noch unentschieden bin und die ich vorläufig offen lassen möchte.

((63)) 1. Eingesetzt hat die Problematisierung der herkömmlichen Auffassung vom (biologischen) Geschlechtskörper spätestens mit der Kritik an der in der feministischen Theorie gebräuchlichen Trennung zwischen Sex und Gender. Mit dieser Trennung wurde bekanntlich darauf insistiert, dass zwischen biologischem und sozialem Geschlecht kein kausaler Zusammenhang besteht. Dabei blieb jedoch die herrschende heterosexuelle Geschlechterordnung und deren Behauptung zweier biologisch eindeutig verifizierbarer Geschlechter nicht nur unangetastet, sie wurde dadurch sogar bekräftigt. Außerdem blieb der (biologische) Geschlechtskörper weiterhin der Geschichte entzogen.

((64)) Genau an diesem Punkt setzte in den 90er Jahren die Kritik an der Sex-Gender-Trennung ein. Der bislang als natürlich vorausgesetzte biologische Geschlechtskörper wird nun selbst als ein historisch gesellschaftliches Produkt gesehen. Sex entpuppt sich als Gender, um eine Formulierung von Judith Butler (1991) aufzugreifen, oder, wie sich Thomas Laqueur (1992) resümieren lässt, das biologische Geschlecht erweist sich als ebenso zum Bereich der Kultur und des Bedeutens gehörend wie das soziale. Damit verliert jedoch der scheinbar natürliche biologische Geschlechtskörper seine Rolle als selbstverständliche Basis des Geschlechts.

((65)) Sozialisationstheoretisch gewendet hat das zur Folge, dass wir die im Anschluss an Simone de Beauvoir entwickelte These, wonach wir nicht als Frauen und Männer geboren, sondern dazu (gemacht) werden, nun in einem noch sehr viel radikaleren Sinne verstehen müssen: Vieles von dem, was gegenwärtig innerhalb der Matrix des hegemonialen bürgerlich-patriachalen Diskurses der heterosexuellen Geschlechterdifferenz als natürlich gilt, ist nun nicht mehr selbstverständlich.

((66)) Es ist beispielsweise nicht mehr ohne weiteres mit dem natürlichen Geschlechtskörper zu begründen, dass Individuen **überhaupt** zu Geschlechtern werden (müssen), noch dass sie zu dem Geschlecht ihres ‚biologischen‘ Körpers werden, noch dass sie **ein** Geschlecht entwickeln (müssen). Ebenso ist es nicht mehr schlicht natürlich, dass Individuen eine heterosexuelle Orientierung, noch dass sie überhaupt **eine** sexuelle Orientierung entwickeln (müssen), noch gar dass sie den derzeit hegemonialen „weiblichen" oder „männlichen" Geschlechtskörper und die mit ihm verbundenen Denk-, Gefühls- und Handlungsweisen, ‚psychischen Strukturen‘ und Körperpraxen ausbilden (müssen).

((67)) All dies wird nun als kompliziert ineinander verschränkte hegemoniale Vereindeutigungs-, Vereinheitlichungs- und Vereigenschaftlichungsprozesse deutlich, die ein Individuum im Laufe seines Lebens vollzieht bzw. vollziehen muss/müsste. Eine Betrachtung der individuellen Entwicklung muss heute also all diese Aspekte in ihrer jeweils sehr komplexen Verwobenheit erfassen oder doch – zumindest im Ansatz – zu erfassen versuchen, und zwar sowohl in ihren hegemonial allgemeinen als auch in ihren individuell spezifischen Momenten.

((68)) Das bedeutet zunächst einmal ganz allgemein, dass die Entwicklung des Geschlechtskörpers, d. h. die Entwicklung „weiblicher" und „männlicher" Körperpraxen, -gefühle und -vorstellungen, zu einem integralen Bestandteil geschlechtsspezifischer Sozialisationstheorien werden muss. Bislang ist das keineswegs der Fall, bislang ist der Körper nur vereinzelt und am Rande Thema. Darüber hinaus kommen bisher meist **nur die** Momente des Körpers in den Blick, die als körperliche Aspekte des **sozialen** Geschlechts bezeichnet werden können, also die Herausbildung kulturspezifischer „weiblicher" und „männlicher" Gesten (Knicks/Diener), eines kulturell bedingten Raumverhaltens oder bestimmter „männlicher" und „weiblicher" Körperformen entsprechend den gerade konjunkturell für Männer und Frauen vorherrschenden Körperidealen.

((69)) Jetzt aber ginge es zudem um den Nachvollzug der Herausbildung des in einer Gesellschaft jeweils als **natürlich** gelebten Geschlechtskörpers. Für westliche Gesellschaften hieße das zu untersuchen, wie Individuen in ihrer individuellen Entwicklung einen scheinbar natürlichen „weiblichen" oder „männlichen" **biologischen** Geschlechtskörper ausbilden. Dazu gehören historisch spezifische Vorstellungen von scheinbar rein natürlichen körperlichen Vorgängen wie der Menstruation oder den Wechseljahren, die genau besehen jedoch historisch und kulturell mit je unterschiedlichen Vorstellungen, Gefühlen und Praktiken von „Männlichkeit" und „Weiblichkeit" verbunden sind. Dazu gehört des weiteren, dass Individuen lernen, bestimmte körperliche Merkmale als bestimmte biologische Geschlechtsmerkmale innerhalb einer binär hierarchischen Ordnung, beispielsweise als „Vagina" oder „Penis" und diese als natürlicherweise „offen" oder „geschlossen", als „aktiv" oder „passiv", wahrzunehmen, zu verstehen, zu fühlen und zu praktizieren (vgl. Laqueur 1992). Und nicht zuletzt umfasst dies die eben angesprochenen mehrfach ineinander verschränkten Homogenisierungs- und Vereigenschaftlichungsprozesse, die dazu führen (sollen), dass aus einem ‚biologisch weiblichen' Individuum eine **„Frau"** wird, die einen eindeutig „weiblichen" Geschlechtskörper mit einer heterosexuellen Orientierung **„hat"** mitsamt den damit hegemonial verbundenen „weiblichen" Denk-, Gefühls- und Handlungsweisen, habitualisierten Gesten und Körperpraxen.

((70)) Das heißt allerdings nicht, dass die Individuen alle diese Prozesse widerspruchslos vollziehen und all diese Momente geschlechtlicher Körper bruchlos ausbilden, ja nicht einmal, dass sie es je könnten – es heißt aber doch, dass es von ihnen erwartet wird. Dies sind zentrale gesellschaftliche Normen, an denen die Individuen derzeit in westlichen Gesellschaften ihre Weise zu leben orientieren bzw. orientieren müssen. Ein konkretes Individuum ist jedoch immer **auch** ein aktiv handelndes Wesen, das von der ersten Sekunde seines Lebens an bewusst und unbewusst aus dem, was es an dinglicher, sozialer und körperlicher Welt erlebt, auswählt und dies interpretiert, modifiziert und möglicherweise auch transzendiert. Deshalb ist jedes konkrete Individuum für sich genommen etwas je Einzigartiges, ganz Besonderes und Unverwechselbares, das den gesellschaftlich hegemonialen Geschlechterdiskurs auf seine je spezifische Weise mal mehr, mal weniger angepasst, widersprüchlich, spannungsvoll oder gebrochen lebt.

((71)) Die Spannbreite möglicher individueller Varianz hängt aber selbst wiederum von der gesellschaftlichen Situation ab. Ihr sind enge oder weite Grenzen gesetzt, je nachdem, ob eine Gesellschaft eher totalitär oder eher pluralistisch verfasst ist, und je nachdem, ob sie sich in einer konsolidierten oder – wie gegenwärtig weltweit viele Gesellschaften – in einer Umbruchsphase befindet. In gesellschaftlichen Umbruchsphasen verlieren jedoch bis dahin hegemoniale Existenzweisen ihren hegemonialen Status und es bilden sich neben ihnen viele neue Existenzweisen heraus. Was den Individuen ein großes Spektrum an Varianz in ihren Lebensformen erlaubt.

((72)) Das lässt sich, bezogen auf den Körper, aktuell vielfach beobachten. So finden hierzulande in vielen unterschiedlichen gesellschaftlichen Bereichen Veränderungen im Verständnis vom natürlichen Geschlechtskörper statt. Das Spektrum unterschiedlicher geschlechtlicher Körperpraxen und -konzepte ist dementsprechend zurzeit nicht nur sehr breit, sondern auch recht widersprüchlich und ungleichzeitig – und zwar sowohl zwischen wie auch innerhalb der einzelnen Individuen.

((73)) Um ein Beispiel herauszugreifen: Insbesondere seit der bürgerlichen Moderne waren mit der Vorstellung vom weiblichen Körper runde Formen, Weichheit, ja Schlaffheit, Empfänglichkeit und Schwäche verbunden. Dies beginnt sich derzeit zu wandeln. In vielen gesellschaftlichen Bereichen (wie Erwerbsarbeit, Fitnesskultur, Medien, Literatur, Mode) entwickeln sich Körperpraxen und -konzepte, in denen sich ein neues (hegemoniales) Bild vom natürlichen „weiblichen" Körper abzeichnet. Dabei geht es nicht einfach um eine Mode, wie das vielleicht noch bei dem Schlankheitsideal des Twiggi-Typs der Fall war. Inzwischen verändert sich die Vorstellung vom natürlichen „weiblichen" Körper grundlegender: „Weiblichkeit" verbindet sich zunehmend mit der Vorstellung von körperlicher Straffheit, Muskulösität, Ausdauer, ja sogar von Kraft, Stärke, Selbstbeherrschung und Disziplin. (‚Parallel' verändert sich derzeit auch die Vorstellung vom natürlichen „männlichen" Geschlechtskörper.) Andererseits werden inzwischen in verschiedenen (sub-)kulturellen Kontexten (Lesben- und Schwulen-, Transsexuellen- und Intersexuellenmilieus) eine Vielzahl neuer geschlechtlicher Körperpraxen und -konzepte gelebt, die auf eine Transzendierung nicht nur der Bipolarität des heterosexuellen Modells der Zweigeschlechtlichkeit, sondern überhaupt des Geschlechts zielen, wenn sie dies nicht sogar bereits antizipieren. Derzeit deutet sich folglich sowohl ein grundlegender Wandel im hegemonialen Verständnis des natürlichen „weiblichen" und „männlichen" Geschlechtskörpers an als **auch** erste Schritte zur Transzendierung von Geschlecht und damit zu einer Überwindung überhaupt der Vorstellung von einem natürlichen Geschlechtskörper.

((74)) Für die jetzt Heranwachsenden bedeutet das nicht nur eine große Spannbreite an Möglichkeiten. Dies lässt außerdem vielen den Zwang zur Vereindeutigung und Vereigenschaftlichung deutlicher als hegemoniale gesellschaftliche Norm erfahrbar werden, noch dadurch verstärkt, dass dies inzwischen selbst zum gesellschaftlichen Thema geworden ist. Eine kritisch reformulierte geschlechtsspezifische Sozialisationstheorie müsste also die Entwicklung und lebenslange Praxis geschlechtlicher, „männlicher" und/oder „weiblicher" Körper in diesem umfassenden Sinne einschließlich der gegenwärtigen Transzendierungsschritte erfassen.

((75)) Eine zentrale Schwierigkeit liegt dabei allerdings in der nach wie vor ungeklärten Frage, wie der Vorgang genau vorgestellt werden muss: als Prägung, Einschreibung und/oder als Konstitutionsprozess. Ebenfalls unklar ist noch immer, wie weitgehend der biologische Geschlechtskörper als Effekt des sozialen Geschlechts gedacht werden muss. Zudem besteht stets die Gefahr, doch wieder in einen Biologismus (wie auch immer differenziert) zurückzufallen oder die Existenz von so etwas wie natürlicher Körperlichkeit zwar nicht zu leugnen (niemand tut das derzeit, wenn das auch vielfach unterstellt wird), aber doch aus dem Blick zu verlieren.

((76)) Es gilt also Begrifflichkeiten zu entwickeln, die hier eine Balance halten. Auch müssen sie zu untersuchen erlauben, inwieweit das, was in Begriffen wie leibliche Erfahrung gefasst werden soll, selbst wiederum eine jeweils historisch spezifische Verschränkung ist zwischen einem vorgesellschaftlichen natürlichen Körper und einem historisch entstandenen, gesellschaftlich-kulturellen (teilweise als natürlich, teilweise als sozial gelebten) (Geschlechts-) Körper. Wobei es nicht wirklich möglich ist, zwischen beidem zu trennen. Denn alle realen Körpererfahrungen werden stets innerhalb bestimmter Gesellschaftsverhältnisse und innerhalb einer spezifischen symbolischen Ordnung gemacht. Allerdings könnten sich aus detaillierten empirischen Analysen der aktuellen individuellen Entwicklung geschlechtlicher Körper hierüber viele neue Aufschlüsse ergeben und sich neue Begrifflichkeiten finden lassen. Vor allem könnte sich zeigen, dass das Verhältnis zwischen vorgesellschaftlichem und gesellschaftlichem Geschlechtskörper selbst historisch je unterschiedlich zu fassen ist. Nicht zuletzt durch die Entwicklungen in den Gen- und Reproduktionstechnologien oder durch die Erfahrungen medizinisch-operationaler und fitness-technischer Machbarkeit von Geschlechtskörpern verschiebt sich das Verhältnis aktuell möglicherweise grundlegend.

((77)) 2. Mit der Entwicklung eines neuen Verständnisses von Geschlecht in den 90er Jahren ging (meist mit der Kritik an der Sex-Gender-Trennung auf das engste verbunden) auch eine grundlegende Problematisierung der herkömmlichen Vorstellungen von „Identität" einher (vgl. Butler 1991 u. 1993; de Lauretis 1994; Young 1994). Dies hat natürlich auch Folgen für eine Reformulierung der Sozialisationstheorien. Schließlich handelt es sich um einen zentralen Topos bisheriger Theorien.

((78)) Wie im vorherigen bereits vielfach angesprochen, richten sich viele der Bedenken gegen die in herkömmlichen Auffassungen unterstellte Homogenität von Identität. In Wirklichkeit, so die Kritik, sind Individuen keineswegs in sich einheitliche, von inneren Widersprüchen und Spannungen freie Subjekte. Im Gegenteil, sie entwickeln in der Regel weder eine eindeutige „männliche" oder „weibliche" Geschlechtsidentität noch eine eindeutige sexuelle Orientierung. Höchst unwahrscheinlich dürfte auch sein, dass Individuen die herrschenden (Geschlechter-)Normen in Gänze übernehmen. Meist ist deren ‚Aneignung' ein äußerst selektiver Vorgang.

((79)) Diese Einwände gewannen in den letzten Jahren noch zusätzlich an Gewicht durch die wachsende Problematisierung der Gewohnheit, in der Frauen- und Geschlechterforschung von „der" Frau oder „den" Frauen zu sprechen. Wie Elisabeth Spelman (1988) zeigt, ist diese Redeweise eine unzulässige Verallgemeinerung der Lebensweise der westlichen bürgerlichen weißen heterosexuellen Mittelschichtsfrau als hegemoniale Norm für alle Frauen. Diese Vorgehensweise folgt letztlich derselben Logik, wie sie in feministischen Theorien sonst als männlicher Androzentrismus kritisiert wird: die hegemoniale Verallgemeinerung der herrschenden männlichen Lebensweise als normativer Maßstab für alle Menschen. Damit werden nicht nur die Differenzen zwischen den Individuen unsichtbar gemacht, es werden auch alle Lebensformen ausgegrenzt, die diesem Maßstab nicht entsprechen.

((80)) Eine bedeutsame Folge ist, dass nun die Herausbildung der jeweiligen geschlechtlichen ‚Identität' nicht mehr unabhängig von anderen Aspekten untersucht werden kann. Künftig muss vielmehr davon ausgegangen werden, dass diese Entwicklung „ethnisch", „klassenspezifisch" und je nach „sexueller Orientierung" unterschiedlich verläuft und dies jeweils individuell differenziert analysiert und rekonstruiert werden muss. Dabei wird eine zentrale Frage sein, wie das Verhältnis im einzelnen genau gedacht werden muss. Jedenfalls reicht es, wie bereits Spelman (1988) betont, nicht aus, es additiv zu fassen (ebd., 114ff.)

– wohl eher als Verschränkung, Kombination oder Verwobenheit. Außerdem wird die Reihenfolge oder Hierarchie der Spezifizierung nicht prinzipiell zu bestimmen sein. Je nach Kontext sind die jeweiligen Aspekte unterschiedlich wichtig: in manchen Fällen ist möglicherweise die ethnische Zugehörigkeit entscheidender als die Frage des Geschlechts oder der sexuellen Orientierung, in anderen Fällen ist es vielleicht gerade umgekehrt und in wieder anderen lassen sich die Aspekte unter Umständen gar nicht voneinander trennen. Allemal ist ein konkretes Individuum stets eine je spezifische, ganz einzigartige und unverwechselbare Kombination.

((81)) Das heißt nicht, dass es nur noch eine endlose Reihung vereinzelter Einzelner gibt ohne jegliche Gemeinsamkeiten oder objektive Verallgemeinerbarkeiten. Zwar lässt sich in den westlichen Gesellschaften in der Tat eine zunehmende „Individualisierung" und „Pluralisierung" der Lebensweisen und -stile beobachten. Gleichzeitig finden jedoch die individuellen Entwicklungsprozesse nach wie vor – wie auch immer in sich heterogen und vielfach „klassenspezifisch", „ethnisch" oder „sexuell" differenziert und modifiziert – im Rahmen bürgerlich patriarchaler Macht- und Herrschaftsverhältnisse und unter der Dominanz der damit verbundenen hegemonialen Disziplinar- und Normalisierungsnormen und -mecha-nismen statt.

((82)) Inhaltlich bedeutet das erstens, dass hierzulande alle Individuen in sich ständig eine Vereinheitlichung zu einer einheitlichen, möglichst widerspruchs-freien Identität als „Frau" oder als „Mann" vornehmen müssen. Neben einem permanenten Prozess der Vereindeutigung der sexuellen Orientierung und dem Herstellen einer Übereinstimmung von (biologischem und sozialem) Geschlechtskörper und der jeweiligen geschlechtlichen ‚Identität' umfasst das eine immer wieder neu zu vollziehende Vereinheitlichung der verschiedenen Lebensweisen, Praxen und Habitus zu einer in sich homogenen Geschlechtsidentität als „Mann" oder als „Frau" einschließlich einer Übereinstimmung von Geschlechtsidentität und Handeln.

((83)) Das bedeutet zweitens, dass die Individuen sich in ihren vereinheitlichen-den Identitätsbildungsprozessen (immer wieder erneut) an dem herrschenden System der heterosexuellen Zweigeschlechtlichkeit und den mit ihm verbundenen Normen, hegemonialen Denk-, Gefühls- und Handlungsweisen und Körperhabitus orientieren müssen. Und sie müssen das selbst dann, wenn für ihre Lebensweise(n) andere, z. B. gruppenspezifische, familiäre oder individuelle Geschlechterdiskurse dominanter sind. Allerdings ist die Wirkung hegemonialer

Normen für die einzelnen Individuen jeweils sehr unterschiedlich; je nachdem, ob Individuen zur Mehrheitsgesellschaft gehören oder nicht, zur herrschenden Klasse oder nicht, ist sie mal mehr, mal weniger modifiziert oder auf komplexe Weise mehrfach durchbrochen. Ähnliches gilt natürlich insgesamt für den gesellschaftlichen Zwang zur Herausbildung einer in sich homogenen Identität: er gilt für alle Individuen hierzulande, allerdings nicht für alle gleichermaßen.

((84)) Neben dieser Homogenisierung – gleichsam auf einer synchronen Ebene – müssen Individuen drittens zugleich auch eine einheitliche Identität in der Zeit herstellen. Sie müssen also gleichsam auf einer diachronen Ebene ihre biographisch verschiedenen Gefühle, Handlungen, Gedanken und Lebensweisen zur Identität ein und derselben Person vereinheitlichen: „All das bin immer „Ich"„.

((85)) Damit ist zugleich viertens die Vorstellung von einer sozialisatorischen Entwicklung verbunden. Danach bildet ein Individuum im Zuge seines Erwachsenwerdens eine möglichst stabile Geschlechtsidentität aus, deren Grundzüge das Individuum sein Leben lang beibehalten wird. Und schließlich gehört zum herkömmlichen hegemonialen Konzept von Identität fünftens, dass Identität als das Wesen dieser Person verstanden wird, als deren Essenz: „Alle diese Gedanken, Gefühle, Handlungen, Lebensweisen sind Ausdruck meiner Person, meiner geschlechtlichen Identität".

((86)) Diese komplexen, mehrfach in sich verschränkten Homogenisierungsprozesse vollziehen die Individuen allerdings selten bewusst oder gar als bewussten Zwang. Meist wird ‚Identität' als tiefes inneres Bedürfnis oder als Selbstverständlichkeit gelebt, manchmal auch als unerfüllbare Sehnsucht. Aber gerade zurzeit wächst die Zahl der Individuen, die diese Norm(alität) als unerträgliche Last oder jedenfalls als gesellschaftlichen Druck empfinden. So gibt es inzwischen, wie bereits angesprochen, zunehmend Versuche, sich den verschiedenen Identitätszumutungen zu entziehen, sie zu unterlaufen oder alternative ‚Identitäts'praxen zu finden.

((87)) Ebenso wird inzwischen, wie gezeigt, auf einer theoretischen Ebene gegenüber diesen essentialistischen Vorstellungen von Geschlechtsidentität als einer einmal entwickelten und ab dann mehr oder weniger unveränderbaren Wesenheit die Entwicklung einer homogenen geschlechtlichen Identität als Fiktion und nie endender Konstruktionsprozess begriffen. Doch für ein volles Verständnis der Genese geschlechtlicher Individuen reicht das nicht aus. In diesem Insistieren auf den sozialen Konstruktionsprozessen von Geschlecht wird die „ontoformative Kraft" von sozialen Prozessen unterschätzt und es bleibt sowohl theoretisch wie auch empirisch unthematisiert, was durch diese Prozesse ‚in' den Individuen geschieht.

((88)) Doch Individuen werden nicht nur (unentwegt) zu Geschlechtern gemacht (vgl. Gildemeister/Wetterer 1992); sie ‚sind' es dann auch bzw. existieren als solche. Mit der Herausbildung einer geschlechtlichen Identität sind nicht nur komplexe Prozesse immer wieder neuer Vereinheitlichung sowie Vereigen-schaftlichung verbunden, in denen die Individuen sich ihre Gedanken, Gefühle und Handlungsweisen als die ihren zurechnen, als Ausdruck ihres Charakters, wenn nicht gar ihres biologischen Geschlechts; sondern mit der Zeit entwickeln die Individuen in diesen ständig zu vollziehenden Prozessen ein Verhältnis zu sich selbst als geschlechtlicher Identität, als „Frau" oder „Mann" (wie auch immer modifiziert, widersprüchlich oder gebrochen). Auch wenn es sich dabei um ein imaginäres Selbstverhältnis handelt, erhält es doch im Laufe der Zeit als real gelebtes Verhältnis zu sich selbst ‚in' den Individuen eine materielle Realität: es wird zu einem zentralen Modus (nicht der Essenz, aber) der Existenz geschlechtlicher Individuen. Es erhält eine ‚Kontinuität' in „weiblichen" und „männlichen" Denk- und Handlungsweisen, in Gefühlen und Sichtweisen auf die Welt, in ‚psychischen Strukturen' und in Körperpraxen: kurz in einer Vielzahl von vergeschlechtlichten emotionalen, intellektuellen und körperlichen Habitus.

((89)) Um diese komplexen, in sich verschränkten Vereinheitlichungs- und Vereigenschaftlichungsprozesse angemessen analysieren und rekonstruieren zu können, müssen künftige ‚Sozialisationstheorien' neue Vorstellungen von ‚Identität' entwickeln. Sie müssen es einerseits erlauben, ‚Identität' als kom-plexes Bündel dynamischer, nie still gestellter, mehrfach in sich verschränkter Homogenisierungsprozesse zu begreifen. Zugleich müssen sie aber andererseits zu erfassen erlauben, dass (Geschlechts-) Identität eine aktuell hegemoniale Exis-tenzweise ist, die (wie auch immer mehrfach gebrochen) als ständig gelebte bzw. zu lebende ‚in' den Individuen eine ‚materielle Realität' annimmt – beispielsweise in spezifischen geschlechtlichen Körperpraxen, in der Institutionalisierung eines Verhältnisses zu sich selbst als „Frau" oder als „Mann", in verschiedenen Denk- und Empfindungsweisen. Wie diese ‚materielle Realität' im Einzelnen gefasst werden muss, ohne in die kritisierten Essentialismen zurückzufallen, wird eine der noch zu klärenden zentralen Fragen einer künftigen ‚Sozialisa-tionstheorie' sein.

((90)) Dass bislang noch kein rechtes Ende all dieser theoretischen und empirischen Schwierigkeiten abzusehen ist, sollte nicht dazu führen, diese Fragen gar nicht mehr erst zu stellen. Im Gegenteil, einiges spricht dafür, so hoffe ich gezeigt zu haben, hierüber neu nachzudenken.

▶ *Wetterer, Angelika (2002): Neue Perspektiven – alte Fragen oder: Von der Erfindung eines Tabus. In: Erwägen Wissen Ethik. (EWE) 13. Jg., H 1, 68-70, komplett mit Auslassung von Literaturhinweisen*

((1)) Die sozial wissenschaftliche Sozialisationsforschung steckt seit etwa 10 Jahren in einer Krise, die ihre konzeptuellen Grundlagen ebenso betrifft wie das Verhältnis von Theorie und Empirie. Die Ursachen dieser Krise und die Versuche der Neuorientierung und Reformulierung lassen sich anhand der Überlegungen zur sog. „geschlechtsspezifischen Sozialisation" exemplarisch studieren. Andrea Maihofer begibt sich also mit ihrem Beitrag „Geschlecht und Sozialisation" in ein wissenschaftliches Feld, das sich derzeit stark im Umbruch befindet, in dem alte Gewissheiten fragwürdig geworden sind und neue Perspektiven Kontur gewinnen und in dem spannende Debatten auch deshalb zu verfolgen sind, weil mit der Frage nach den Prozessen des Mitglied-Werdens in der Gesellschaft Grundfragen der Soziologie tangiert sind.

((2)) Um diese Grundfragen geht es auch Maihofer, wenn sie beharrlich nach dem Verbleib des Individuums fahndet, nach dem Täter vor, hinter und nach der Tat oder nach der „ontoformativen Kraft" sozialer Praxen ‚im' Individuum. Ich habe ihre Überlegungen entsprechend mit großem Interesse gelesen, zugleich aber auch mit wachsender Verwunderung. Verwunderung deshalb, weil sich Maihofers Ausführungen im Kontext der aktuellen sozialisationstheoretischen Debatte(n) durch eine merkwürdige Querlage auszeichnen, die sie sperrig und erhellend zugleich macht.

((3)) Ein Signum dieser Querlage ist, dass Maihofer die Errichtung eines Tabus beobachtet, wo ich selbst etwas ganz anderes sehe: statt einer Tabuisierung sozialisationstheoretischer Fragen deren Reformulierung, statt einer Leerstelle neue Konzeptualisierungen, statt eines „blind spots" intensive theoretische Anstrengungen, die allerdings, wie ich gerne konzedieren will, vielfach noch programmatischen Charakter haben, weil Präzisierungen, die nur empirisch zu haben sind, schlicht und einfach etwas länger dauern. Wie kommt es zu dieser höchst unterschiedlichen Wahrnehmung und Diagnose? Ich will mich, um dies zu klären, auf drei Aspekte beschränken.

((4)) Mir scheint – dies der erste Aspekt –, dass Maihofer nach sozialisationstheoretischen Konzepten teilweise an den falschen Orten sucht. Sie sucht z. B. in der Professions- und Arbeitsmarktforschung und findet dort die u. a. von mir selbst vertretene These, für die Analyse der geschlechtsspezifischen Segregation der Erwerbsarbeit würden subjektorientierte Erklärungsmodelle, die von inhaltlich ausgewiesenen Geschlechtsunterschieden ausgehen, nicht nur nicht ausreichen, sondern in die Irre führen. Anders als alltagsweltliche Deutungsmuster dies nahe legen, orientiert sich die Vergeschlechtlichung von Berufsarbeit nicht (primär) an vorgängigen, geschlechtsspezifisch möglicherweise unterschiedlich ausgebildeten Fähigkeiten und Präferenzen von Frauen und Männern, wohl aber – und *hier* könnte es sozialisationstheoretisch interessant werden – lässt sich umgekehrt konstatieren, dass die geschlechterdifferenzierende Arbeitsteilung wesentlich dazu beiträgt, die Geschlechtsunterschiede, die sie vorauszusetzen scheint, hervorzubringen. In theoretischen Analysen und empirischen Untersuchungen, die den ersten Teil des hier angesprochenen Zusammenhangs in den Blick nehmen und danach fragen, wie die Segregation denn zustande kommt und ‚funktioniert‘, wird man sozialisationstheoretische Überlegungen deshalb vergeblich suchen, was jedoch wenig mit deren Tabuisierung und sehr viel damit zu tun hat, dass die vorliegenden empirischen Daten recht eindeutig darauf hinweisen, dass wir hier Prozesse der Strukturbildung vor uns haben, deren Motor und Dynamik jenseits der Erklärungsreichweite sozialisationstheoretischer Konzepte liegt (was man durchaus bedauern kann, nur ändert das die Sachlage nicht).

((5)) Anders ist das, wenn man den zweiten Teil des Zusammenhangs von Arbeitsteilung und Geschlechterkonstruktion ins Auge fasst und nach den Effekten fragt, die die Integration in die Berufswelt für Frauen und Männer hat. Hier sind ersichtlich auch Probleme angesprochen, die zum Gegenstandsbereich der Sozialisationsforschung gehören, vor allem wenn man Sozialisation als lebenslangen Prozess begreift. Will man den Stellenwert sozialisationstheoretischer Konzepte im Kontext einer Analyse der Erwerbsarbeit einigermaßen genau bestimmen, wird man also zunächst einmal beide Fragerichtungen voneinander unterscheiden müssen. Und wichtig werden zudem eine Reihe weiterer Differenzierungen, die ich bei Maihofer vermisse und die mich zum zweiten Aspekt meiner Überlegungen führen. Mir scheint, dass sie nicht nur teilweise an den falschen Orten sucht, sondern dass sie an den ‚richtigen‘ Orten entweder gar nicht oder nicht genau genug nachschaut und bei ihr infolgedessen die vielfältigen

Versuche einer Neubestimmung der Kategorie „Geschlecht" wie des derzeit so umstrittenen Leitparadigmas „Sozialisation" nur partiell in den Blick kommen.

((6)) Bleiben wir noch für einen Moment bei der Erwerbsarbeit und wenden uns Maihofers eigenem Reformulierungsversuch zu. Ausgangspunkt ist eine empirische Untersuchung, in der es um Selbstkonzepte geht, die sich auf Mütterlichkeit, Väterlichkeit und die Vereinbarkeit von Familie und Beruf beziehen. Thematisiert werden folgerichtig Partizipationswünsche und Selbstbilder, kulturelle Deutungsmuster und antizipierte Problemlagen, wobei wichtige Unterschiede zwischen alten und neuen Bundesländern sichtbar werden ((35)).[6] Ob sich *diese Selbstkonzepte* allerdings mühelos in Aussagen über das *Verhalten* der Befragten übersetzen lassen – bei Maihofer heißt es überleitend: „mit anderen Worten: das jeweilige Verhalten (…) ist" ((36)) – und ob von den Selbstkonzepten über das mutmaßliche Verhalten der Akteure ein direkter Weg zu den *Geschlechterverhältnissen* führt, wie uns mit den wenigen Worten: „an diesem Beispiel wird deutlich, dass" ((37)), nahe gelegt wird, wage ich zu bezweifeln.

((7)) Die rhetorischen Strategien, die hier auf dem schnellsten Wege eine Verbindung zwischen Selbstkonzepten, Verhalten und Verhältnissen eher unterstellen als stiften, verdecken nämlich genau die Probleme, die schon die „alte" Sozialisationstheorie in die eingangs erwähnte Krise gestürzt haben und die in den Reformulierungsversuchen der 90er Jahre nicht zufällig im Mittelpunkt stehen: Erstens, dass wir es hier mit verschiedenen Ebenen des Nachdenkens über Geschlecht und Gesellschaft zu tun haben, und zweitens, dass die Rekonstruktion von Sozialisationsprozessen als Prozessen der Aneignung von Gesellschaft nicht nur darauf angewiesen ist, diese Ebenen analytisch auseinander zu halten, sondern ihre Aufmerksamkeit zentral auf die Vermittlung zwischen ihnen zu richten hätte.

((8)) Was das konkret bedeutet, kann man in Forschungsfeldern beobachten, die Maihofer seltsamerweise nicht einmal streift. Wie sich die Selbstkonzepte junger Frauen im Zuge der Integration in den Beruf und im Zuge des Versuchs, Beruf und Familie zu vereinbaren, verändern und wie dabei zugleich die Strukturen eines geschlechtersegregierten Arbeitsmarktes reproduziert werden, wie also Selbstkonzepte, soziales Handeln und gesellschaftliche Verhältnisse in höchst widersprüchlicher Weise miteinander verschränkt sind, statt linear aufeinander zu folgen, zeigt beispielhaft die lebenslauf-theoretische Studie von Birgit Geissler & Mechthild Oechsle (1998). Noch erstaunlicher als die Absenz dieser Studie scheint mir das Fehlen einer Auseinandersetzung mit nahezu allen Publikationen aus dem Umfeld der (sozial)konstruktivistischen Sozialisationsforschung und der ethnografischen Forschung über Kinder (nur Dausien 1999 wird kurz erwähnt). Bei letzteren hätte Maihofer eine Differenzierung finden können, die auch für die Analyse der Vergeschlechtlichung von Arbeit und Berufsarbeit hilfreich ist, nämlich die zwischen *Geschlechtsunterschieden* und der Relevanz der *Geschlechterunterscheidung* im sozialen Handeln.

((9)) Mit dem Schritt von der Frage nach Geschlechtsunterschieden zur Frage nach der Handhabung, dem Sinn und ‚Nutzen' der Geschlechterunterscheidung in der Praxis ist eine theoretische Umorientierung angesprochen, auf deren Konsequenzen aber auch Maihofer trifft, nämlich insbesondere bei Bourdieu und Connell. So ausführlich sie sich mit beiden Autoren auseinandersetzt, so wenig zufrieden stellend ist für sie jedoch, was sie dort findet, was mich zum **dritten Aspekt** meiner Überlegungen führt. Mir scheint, dass Maihofer bei ihrer Suche auch deshalb nicht so recht fündig wird, weil sie unverwandt und hartnäckig die alten Fragen stellt, und zwar an theoretische Konzeptualisierungen, die sich gerade von diesen Fragen verabschiedet haben und sie konsequenterweise auch nicht mehr beantworten, jedenfalls nicht direkt. Die Auseinandersetzung mit Bourdieu und Connell bleibt infolgedessen notgedrungen wenig fruchtbar, ganz ähnlich übrigens wie die Auseinandersetzung mit aktuellen gesellschaftlichen Entwicklungen, für die Stichworte wie Individualisierung, Pluralisierung oder „Bastelexistenzen" stehen. Aus den fünf „Eckpfeiler(n) für eine kritische Reformulierung ‚geschlechtsspezifischer Sozialisationstheorien'" jedenfalls, die am Ende als Fazit bleiben ((82ff)), sind nach meinem Eindruck nahezu alle Spuren dessen getilgt, was Maihofer zuvor doch selbst erläutert hat. Wenn wir es denn derzeit mit Individualisierungsprozessen und „hybriden Identitäten" zu tun haben, mit – so Connell – „Männlichkeiten" statt mit „der" Männlichkeit oder mit dem Bourdieu'schen Habitus als Medium und Effekt der Reproduktion der Differenz der Soziallagen, dürften eigentlich Formulierungen wie *„alle* Individuen", zumal in steter Kombination mit *„müssen"* ((82, 83)), etwas weniger leicht fallen.

(10)) Die Rede von „allen Individuen" ist die KehrS. der Suche nach „dem" Individuum. Und wenn wir des Weiteren lesen, dass alle Individuen eine „möglichst widerspruchsfreie" ((82)), „homogene" ((83)) und in der Zeit „einheitliche" ((84)) Identität ausbilden „müssen", so weist das sehr beredt darauf hin, wie zutreffend Helga Bildens schon vor 10 Jahren geäußerte Befürchtung war, dem Sozialisationsparadigma seien bestimmte Denkmuster einfach nicht auszutreiben. Bereits Bilden hatte dabei Denkmuster im Auge, die mit dichotomen

Oppositionen arbeiten: mit der Gegenüberstellung, statt der Verschränkung von „Subjekt- *und* Objektperspektive, von Individuum *und* Gesellschaft, von ‚innen' *und* ‚außen', von ‚sex' *und* ‚gender' usw." (Dausien 1999: 236).

(11)) Diese Verschränkungen kommen in den Blick, wenn Geschlecht als etwas begriffen wird, das wir nicht haben, sondern tun; wenn die soziale Praxis der Akteurinnen ins Zentrum empirischer Studien rückt; wenn nach Geschlechterunterscheidungen im Handeln gefragt wird statt nach Geschlechtsunterschieden, die dem Handeln immer schon voraus liegen; wenn Prozesse der Konstruktion und Ko-Konstruktion von Handlungskompetenzen in der Interaktion rekonstruiert werden und ernst gemacht wird mit der Einsicht, dass sich Frauen und Männer nicht jenseits der Prozesse ihrer sozialen Konstruktion denken lassen, jedenfalls kaum soziologisch. Auch Identität, das wissen wir seit Mead, bedarf der Anerkennung und verweist deshalb auf Interaktion, weshalb Hagemann-White (1998) unlängst vorgeschlagen hat, diese interaktive Strukturierung in den Identitätsbegriff hinein zu nehmen und fortan vom „Selbst in Beziehung" zu sprechen.

((12)) Diese wenigen Hinweise mögen hier genügen, um deutlich zu machen, dass es in den aktuellen sozialisationstheoretischen Diskussionen eine ganze Menge zu finden gäbe, was die alten Fragen nach „dem" Individuum und „der" Identität, „den" Männern und „den" Frauen abgelöst hat. Dass Maihofer all das nicht als Antwort auf ihre Fragen, sondern nur als Tabuisierung sozialisationstheoretischer Essentials zu erkennen vermag, ist schade und erhellend zugleich. Erhellend, weil es indirekt zeigt, wie weit sich die Sozialisations- wie Geschlechterforschung von den alten Fragen und Denkmuster bereits entfernt hat; schade, weil als Alternative dann in der Tat kaum anderes bleibt, als ein Tabu zu beklagen, das Maihofer unversehens weit eher erfunden als vorgefunden hat.

Literaturauswahl

Dausien, Bettina (1999): „Geschlechtsspezifische Sozialisation" – Konstruktiv(istisch)e Ideen zur Karriere und Kritik eines Konzepts. In: Dies. U. a. (Hg): Erkenntnisprojekt Geschlecht. Opladen. 216-246
Hagemann-White, Carol (1998): Identität – Beruf – Geschlecht. In: Oechsle, Mechthild & Geissler, Birgit (Hg): Die ungleiche Gleichheit. Opladen, 27-41
Oechsle, Mechthild & Geissler, Birgit (Hg) (1998): Die ungleiche Gleichheit. Junge Frauen und der Wandel im Geschlechterverhältnis. Opladen

▶ *Hagemann-White, Carol (2004): Sozialisation – ein veraltetes Konzept in der Geschlechterforschung?* In: *Glaser, Edith/Klika, Dorle/Prengel, Annedore (Hrsg.): Handbuch Gender und Erziehungswissenschaft, Bad Heilbrunn/OBB: Klinkhardt, S. 146 -156 mit Auslassungen*

Sozialisation bürgerte sich als Begriff für die Gesamtheit aller soziokulturellen Einflüsse auf die Bildung einer handlungsfähigen Person ein, sowie für diesen Prozess selbst.

Dieser Doppelsinn des Begriffs fiel selten auf: Er bezeichnete einerseits die Einflussnahme von Gesellschaft und Kultur, andererseits die innere Entwicklung des Einzelnen im Rahmen dieser Einflüsse. Das verführte in vielen Schriften zu einer nicht näher geprüften *Entsprechungsannahme* zwischen gesellschaftlichen Vorgaben und individueller Persönlichkeit, die immer wieder Probleme aufgeworfen und schließlich den Begriff der Sozialisation selbst teilweise in Verruf gebracht hat.

In den Schriften der späten 1970er Jahre finden wir daher immer wieder einen logisch nicht erklärbaren Wechsel der Ebenen: Zunächst wurden gesellschaftliche Vorurteile, Stereotypen und normative Erwartungen beschrieben, um kurze Zeit später Erklärungen dafür zu suchen, warum Frauen (und Männer) solche Eigenschaften und Dispositionen entwickeln […].

Das Konzept geschlechtsspezifischer Sozialisation hat breite Akzeptanz gefunden. Dabei wirkte eine verkürzte Rezeption entschärfend, wie Bettina Dausien bemerkt, denn das Konzept wird „eher mit individuellen Erziehungs- und Entwicklungsprozessen assoziiert als mit Fragen von Macht und Herrschaft in einer patriarchalen Gesellschaft" (Dausien 1999, S. 224). In der feministischen Diskussion wurde daher die Sorge geäußert, es handele sich um ein Defizitkonzept; schon bald unterstrich die Literatur regelmäßig die eigentätige Auseinandersetzung der Mädchen mit den Vorgaben, die ein Machtgefälle transportieren. Damit bewegte sich die Frauenforschung parallel zur allgemeinen Sozialisationsdiskussion, indem beide […] ihren Blick von einem anfänglichen Fokus auf Prägung durch gesellschaftliche Strukturen zu einer handlungstheoretischen Perspektive verlagerten. Zur Bestimmung der Sozialisation wurden in den 1980er Jahren Begriffe wie Tätigkeit, aktive Aneignung, Auseinandersetzung mit der Umwelt, Gestaltungsfähigkeit des Subjekts, produktive Realitätsverarbeitung, und kognitive Selbstsozialisation hervorgehoben (vgl. z. B. Bilden 1980). In der Frauenforschung wurden (auch eine Anleihe bei de Beauvoir) der Gedanke der Mittäterschaft der Frau (Thürmer-Rohr 1989), das Begriffspaar Widersprüche (für die Strukturanalyse) und Ambivalenz (für die subjektive Verarbeitung von Konfliktlagen, vgl. Becker-Schmidt 1983) und Fragen der Geschlechtsidentität sowohl bei Mädchen wie auch bei Jungen (vgl. Enders-Dragässer/Fuchs 1989) zum Thema; die Veränderung wurde unter dem Stichwort „vom Defizit zur Differenz" diskutiert.

Seit der feministischen Aufklärung der 1970er Jahre ist die empirische Erforschung von Geschlechtsunterschieden weniger unbefangen als davor, nimmt aber dennoch stetig zu. Olga Favreau (1997) fand in einer Literatursuche in der Psychologie für die Jahre von 1974 bis 1995 insgesamt 26.577 Angaben von Veröffentlichungen zu Geschlechtsunterschieden, allein schon im Jahre 1994 waren es 2.505. Die schiere Menge an Literatur erfordert heute einen anderen Zugang; es ist heute nicht mehr möglich, durch eigenes Lesen einen breiten Überblick aller wesentlichen Einzeluntersuchungen zu gewinnen. Dafür stehen allerdings auch andere Instrumente zur Verfügung, allem voran die statistischen Verfahren der Meta-Analyse (vgl. Hyde/Linn 1986), mit der eine große Anzahl von Studien systematisch und nachprüfbar zusammengefasst und eine Quantität für die evtl. bestätigte Differenz beziffert werden kann. So wird aus einer bunten Vielfalt unterschiedlicher, einander oft widersprechender Studien eine klare, zuverlässige Aussage gewonnen. Inzwischen gibt es allein im Bereich der Geschlechtsunterschiede in Kindheit und Jugend Dutzende von Meta-Analysen zu einzelnen Fragestellungen. Allerdings muss diese Methode einzelne Merkmale der Individuen noch viel stärker isolieren, als dies in der empirischen psychologischen Forschung ohnehin der Fall ist. Die Einschätzung der Existenz und der Größenordnung von Geschlechtsunterschieden bleibt daher eine Aufgabe der Interpretation. Eine Sichtung der Forschungsdaten nach Erscheinungsdatum konnte zum Schluss gelangen, dass Geschlechterdifferenzen kontinuierlich geringer werden (vgl. Feingold 1988). Andere Überblicksarbeiten finden bestimmte Differenzen überwiegend bestätigt, und debattiert wird, ab welcher Größenordnung ein Unterschied im Durchschnitt praktisch bedeutsam ist oder gar auf mögliche biologische Anlagen hinweist. Die kontroversen Einschätzungen zur Bedeutung der Befunde sind nicht durch die Einführung einer besseren statistischen Methode ausgeräumt worden; eher im Gegenteil [...].

Dem Sozialisationskonzept wird entgegengehalten, dass wir das, was wir wahrnehmen und was wir sind, fortlaufend selbst herstellen: die Geschlechterdifferenz werde nicht anerzogen oder verinnerlicht, sondern je situationsspezifisch von den Handelnden aktiv erzeugt (vgl. Gildemeister/Wetterer 1992; Hirschauer 1989). In der Perspektive der Dekonstruktion ist es unmöglich, „die Geschlechterdifferenz bestimmen zu wollen", da jede Identifizierung auf das verweist, was durch sie ausgeschlossen und verworfen wird (Wartenpfuhl 1996, S. 203), auf diese impliziten Verweisungen komme es aber gerade an, um Möglichkeiten aufzuzeigen.

Auch in der Gesellschaft hat sich – und daran hatte die Frauenbewegung einen Anteil – die Landschaft verändert. Verallgemeinerungen über soziale Gruppen, die aufgrund ihrer gesellschaftlichen Lage und ihrer daraus erwachsenden Sozialisation benachteiligt sind – ob das nun Arbeiterschicht oder Frauen seien – finden heute deutlich weniger Resonanz oder Sympathie. Eine offene Gesellschaft scheint eine Vielfalt an Lebensentwürfen zuzulassen, bei denen es auf die Wahlfreiheit der Einzelnen ankommt. Chancengleichheit weckt wenig leidenschaftliches Engagement im Sinne gesellschaftlicher Veränderungen. Die Wiederentdeckung sozial ungleicher Bildungschancen durch die Ergebnisse von PISA 2000 löst vor allem schulpolitische Debatten im engeren Sinne aus. Die Chancengleichheit im Bildungswesen hat allerdings auch deswegen an Reiz verloren, weil die traditionell in der Moderne mit dem Schulerfolg verbundene sichere Belohnung nicht mehr automatisch anschlägt. Mir dem scheinbaren Relevanzverlust kollektiver Lebenslagen wird auch der Begriff „Sozialisation" von verschiedenen Autoren als veraltet (Zinnecker 1996), zu eng, zu fatalistisch (Davies 1989) angesehen; Maihofer (2002) spricht sogar von einer Tabuisierung der Sozialisationstheorie im Rahmen einer konstruktivistischen Strömung soziologischer Frauenforschung [...].

Die Vervielfältigung von Sichtweisen in der Diskussion der Geschlechterfragen könnte helfen, frühere Tendenzen aufzubrechen, Sozialisation als schicksalhafte Festlegung zu verstehen. Sie bedeuten aber nicht, dass es keine Sozialisation gäbe, sondern geben einen anderen Blick auf die Eigenbeteiligung am Sozialisationsprozess frei. Eine Analyse der Konstruktion von Geschlecht und die aufmerksame Beobachtung von Sozialisationsprozessen in der Entwicklung von Kindheit und Jugend schließen sich keineswegs aus (vgl. Breitenbach 2000), sondern stecken ein fruchtbares Spannungsfeld ab.

Im weitesten Sinne liegt ein sozialisationstheoretischer Geschlechteransatz dort vor, wo der Blick darauf gerichtet ist, wie Kinder und Jugendliche mit einer nach Geschlecht geordneten Umwelt sich auseinandersetzen und dabei mehr oder weniger stabile Dispositionen, Eigenschaften und Verhaltensmuster entwickeln. Dem Sozialisationsansatz zufolge sind diese geschlechtstypisch verteilt und zudem geeignet, ein hierarchisches Geschlechterverhältnis auf der Interaktionsebene zu reproduzieren. Für die empirische Forschung hat der Sozialisationsgedanke bleibende Bedeutung erhalten, weil er einen Rahmen anbietet, in dem individuelle Subjektperspektive und Biographie auf der Folie gesellschaftlicher Anforderungen und durch die Geschlechterhierarchie gesetzter Einschränkungen zusammen zu interpretieren sind (vgl. zahlreiche Hinweise in Maihofer u. a. 2002). Leitgedanken dieser Forschung sind Fragen nach Identitätsentwicklung (z. B. Faulstich-Wieland/Horstkemper 1995; Kampshoff 1996; Luca

1998), nach Geschlechtskonzepten und Geschlechterstereotypen (z. B. Bruhns/ Wittmann 2002; Popp 2002) und nach dem Selbst (z. B. Rose 1991), wobei diese Begriffe alle kritisch diskutiert werden.

Denn mit dem Gedanken der Sozialisation wird eine Entwicklungsperspektive beibehalten, mit deren Hilfe die spezifischen Erfahrungsmöglichkeiten, Bedrängnisse und Verwundbarkeit der Leiblichkeit eingefangen werden. Auf diesem Hintergrund gesehen hat das „Sozialisationsparadigma" den Vorzug, materielle Praktiken der Körperlichkeit (vgl. Connell 2000) beschreiben und in ihrem gesellschaftlichen Kontext einbetten zu können. Barbara Rendtorff (1997) beschreibt aufmerksam, was es insbesondere für kleine Mädchen bedeutet, einen weiblichen Körper zu bewohnen, und wie die Erwachsenen die symbolischen und spielerischen Körperpraktiken nicht wahrnehmen, nicht zu deuten oder anzunehmen vermögen. Damit ist allerdings eine komplexere Konstruktionsperspektive verbunden als diejenige, die vorrangig auf Interaktion blickt und Geschlecht nur dort für relevant hält, wie es von den Akteuren relevant gemacht wird (Hirschauer 1994).

Eine nähere Betrachtung der empirischen Geschlechterforschung wird, gerade wenn Kinder und Jugendliche im Mittelpunkt stehen, auf die noch immer tragende Bedeutung der Frage nach Sozialisation stoßen. So beschreibt z. B. Karin Flaake (1990, 1997), wie die widersprüchlichen Zukunftsmodelle sich mit den ebenfalls widersprüchlichen gegenwärtigen Botschaften an Mädchen während der Adoleszenz, etwa in Bezug auf ihren Körper oder auf die Sexualität, überlagern. Kurt Möllers Längsschnittstudie behandelt Gewaltakzeptanz und Gewaltdistanzierung bei Jugendlichen zwischen dem 13. und dem 15. Lebensjahr. Ihn interessieren besonders Faktoren, die Gewaltdistanz bzw. Gewaltreduktion speziell bei Jungen und Männern ermöglichen, und die er mit einer differenzierenden Betrachtung von Sozialisationsprozessen zu bestimmen versucht (Möller 2001) […].

Insgesamt kann keine Rede davon sein, dass der Sozialisationsansatz in der Geschlechterforschung überholt oder unproduktiv sei; ebenso wenig ist dem Ansatz vorzuwerfen, dass er zwingend die Kinder als bloße Empfänger von kulturellen Vorgaben oder lediglich als noch unfertige künftige Erwachsene zu sehen vermag (vgl. Hagemann-White 1998; Nissen 1998; Rendtorff/Moser 1999). Wohl trifft es zu, dass das Konzept der Sozialisation auf die Individuen verweist, dabei eine Entwicklungsperspektive im Hinblick auf altersmäßig gestufte und institutionell gerahmte typische Erfahrungsräume zeichnet, und eine Neigung hat, den „Erfolg" in den Vordergrund zu rücken, um den Fortbestand eines kritisch betrachteten Geschlechterverhältnisses besser zu verstehen. Diese

Tendenz zur Schließung erinnert vor allem an die notwendige Anstrengung, Komplexität und Offenheit von Theorie immer neu zu gewährleisten.

▶ *Dausien, Bettina (2006): Geschlechterverhältnisse und ihre Subjekte. Zum Diskurs um Sozialisation und Geschlecht. In: Bilden, Helga/Dausien, Bettina (Hrsg.): Sozialisation und Geschlecht. Theoretische und methodologische Aspekte. Opladen: Barbara Budrich, S.30-40, mit Auslassungen*

3. „Biographie" als Forschungsansatz zur Analyse von Geschlechterverhältnissen und ihren Subjekten

In der bisherigen Rekapitulation sozialisations- und geschlechtertheoretischer Ansätze zur Bearbeitung der Frage nach dem Subjekt und seinem „Werden und Gewordensein" sind verschiedene, miteinander verschränkte Probleme der Theoriebildung deutlich geworden. Wenn im Folgenden ein biographie-theoretischer Zugang als Weg der Bearbeitung jener Frage vorgestellt wird, so hat dieser sich mindestens an drei Problemen kritisch zu orientieren:

- am Ziel einer nicht-dualistischen Verknüpfung von Individuum und Gesellschaft bzw. der im Sozialisationskonzept enthaltenen Analyseebenen,
- an der Idee, „Produkt" und „Prozess" der Konstruktion von Geschlecht zusammen zu denken, sowie schließlich
- am Ziel einer konsequenten Verbindung von Theoriebildung und empirischer Forschung.

Die ersten beiden Anforderungen werden durch das soziologische Konzept der Biographie systematisch aufgegriffen, die dritte wird durch die schon angesprochene Methodologie reflexiv-rekonstruktiver Forschung eingeholt.(…)

Damit wird zugleich ein Theorietyp favorisiert, der sich von dem Anspruch, „alle" Ebenen allgemeingültig zu erfassen, verabschiedet hat, aber dennoch daran festhält, üblicherweise Getrenntes – Subjekt und gesellschaftliche Verhältnisse – im Zusammenhang zu analysieren und diesen theoretischen Zusammenhang zu reformulieren. Da dies an je konkreten empirischen Gegenständen erfolgt und, wie diskutiert, auch in einem gewissen Maß auch an diese gebunden bleibt, kann das Ergebnis einer solchen Forschung keine abstrakte „Theorie des Subjekts" sein, sondern nur eine „bis auf weiteres" gültige, plausible Theorie biographischer Prozesse und Erfahrungskonfigurationen, die sich in der Relation konkreter

Subjekte zu den je konkreten gesellschaftlichen Verhältnissen, in denen sie leben und handeln, konstituieren.

Diese Art der Theoriekonstruktion bedeutet eine reflektierte Einschränkung und „ Lokalisierung" möglicher Geltungsansprüche. Zugleich vermeidet jedoch der Verzicht auf eine abstrakte Theorie des Subjekts eine Theorie des abstrakten Subjekts und eröffnet stattdessen die Möglichkeit, gesellschaftliche Subjekte (Plural!) in ihren jeweiligen historisch-sozialen Verhältnissen als widersprüchliche, differente und veränderliche , leiblich-konkrete „ Orte" der Erfahrungsbildung und des Handelns zu verstehen – als reflexive Subjekt, die in je konkreten gesellschaftlichen Kontexten Identität und Zugehörigkeit konstruieren und eine Geschichte ausbilden. In diese Kontexte und in die Prozesse der Erfahrungsbildung sind Geschlechterkonstruktionen „eingebaut", aber sie determinieren weder die Kontexte noch die Erfahrungsbildung per se. Welche Rolle sie je konkret spielen und wie sie mit anderen gesellschaftlichen Differenzkonstruktionen zusammenwirken, ist eine Frage, die nicht abstrakt beantwortet, sondern nur mit Blick auf je konkrete gesellschaftliche und individuelle Konstellationen auf dem Weg einer empirisch fundierten Theoriebildung rekonstruiert werden kann, Grundlage für diese Forschungsstrategie ist ein elaboriertes soziologisches Verständnis von Biographie.

3.1. „Biographie" als individuelle und gesellschaftliche Konstruktion – die Reformulierung der Sozialfrage

Das soziologische Konzept von Biographie hat, wie Wolfram Fischer und Martin Kohli (vgl. 1987: 26) in einem Grundlagentext der 1980er Jahre deutlich machen, nicht das Individuum zum Gegenstand, sondern das „soziale Konstrukt Biographie". Auf der Basis der Theorietraditionen der interpretativenSoziologie und des Sozialkonstruktivismus, aber in gewisser Weise aufgeklärt durch theoretische Annahmen zur sozialen Strukturierung von Lebensläufen im sozialem Raum (Bourdieu 1990) verknüpft das Biographiekonzept die im Sozialisationsparadigma postulierten Ebenen – allerdings auf eineandere Weise. Es geht nicht von der abstrakten Problemformulierung und der theoretisch begründeten Addition analytischer Ebenen aus, sondern von einem *historisch-gesellschaftlichenPhänomen*, nämlich dem mit Beginn der Moderne sich herausbildenden *Modus der biographischen Selbstpräsentation und -konstruktion*.

Das Konzept der Biographie impliziert dabei zwei miteinander verbundene Dimensionen sozialer Konstruktion: *Biographie als soziale Institution* (Kohli 1985), die eine neue Form der Vergesellschaftung darstellt, nämlich das zeitlich strukturierte „Ablaufprogramm" des *Lebenslaufs*, das die gesellschaftliche Zurechnung von Rechten und Pflichten an die Individuen bindet (und nicht mehr an die Zugehörigkeit zu einem sozialen Stand oder einem Geschlecht), und zum anderen *Biographie als Sinnstruktur* für die Reflexion von Erfahrungen und die Ausbildung individueller Identitätsentwürfe in der Form der *Lebensgeschichte*(Vgl. Hahn 2000). Beide „Seiten" sind aufeinander angewiesen. Der Lebenslauf gibt lediglich einen Rahmen oder Möglichkeitsraum vor, der jedoch von konkreten Subjekten „gefüllt" oder „belebt" werden muss. Die lebensgeschichtliche Sinnkonstruktion ist wiederum auf kulturell und sozial geteilte (und anerkennbare) „Gerüste" und Räume angewiesen (auch und gerade, um sich individuell auch wieder von ihnen absetzen zu können). Die Spielräume für die Konstruktion einer Lebensgeschichte innerhalb vorgegebener (und sich wandelnder) Rahmen, sind historisch und je nach Position innerhalb einer Gesellschaft variabel und zugleich begrenzt. Die Zugehörigkeit zu einem Geschlecht, einer Generation oder sozialen Schicht, einem Milieu oder nationalstaatlichen Kontext sind wichtige Strukturmomente in der Begrenzung biographischer Laufbahnen, aber auch sie sind nicht vollständig determinierend, sondern werden im je konkreten Fall individuell „realisiert". Einfach gesagt, die Gestaltung einer Biographie ist immer die besondere Leistung eines Individuums in Interaktion mit anderen, aber sie ist zugleich angewiesen auf „allgemeine" gesellschaftliche Räume, die individuelle Handlungen und Entwürfe zulassen, unterstützen oder einschränken.

Diese Hinweise machen deutlich, dass „Biographie" ein *relationalesKonzept* ist, das zwischen Subjekt und Kontext, zwischen Individuum und Kollektiv, zwischen gesellschaftlichen Strukturen, interaktiven Handlungen und subjektiven Erfahrungen vermittelt (Vgl. Fischer/Kohli 1987). Dies lässt sich theoretisch mit dem Anspruch des Sozialisationskonzepts verbinden, ein entscheidender Unterschied liegt jedoch darin, dass diese Relation bereits im empirischen „Material", auf der Ebene des je konkret untersuchten empirischen Phänomens gegeben ist. Anders gesagt, das *Phänomen Biographie* „zwingt" zur Analyse jenes Zusammenhangs zwischen Subjekten und gesellschaftlichen Verhältnissen, der im Konzept der Sozialisation abstrakt postuliert und empirisch wie theoretisch vielfach nicht überzeugend eingeholt wird (s. Teil 1).(…)

Was ist nun das „Material" der Biographieforschung? Nach den soeben skizzierten Grundannahmen dürfte plausibel sein, dass Biographieforschung sich nicht auf die Analyse biographischer Interviews beschränkt, auch wenn diese durchaus eine besondere methodologische Relevanz besitzen (vgl. Dausien 1994, 2004). Biographische Konstruktionen können Vielmehr in unterschiedlichen „Formaten" und Kontexten untersucht werden (vgl. ausführlich Dausien 2006a: Kap. 7; Alheit 2005). Um z. B. die Relevanz der Geschlechts-Zugehörigkeit für

Biographien einer bestimmten sozialen Gruppe (sagen wir z. B. Menschen, die in den 1990er Jahren im fortgeschrittenen Erwachsenenalter aus Russland nach Deutschland übergesiedelt sind) zu untersuchen, können unterschiedliche „Daten" untersucht werden: Dokumente der Selbst- und Fremdpräsentation (Tagebücher, Interviews, Autobiographien; Akten, Protokolle aus Beratungsgesprächen usw.), normative Regelungen (z. B. Bildungs- und Berufszugangsmuster, gesetzliche Vorschriften), kulturelle Bilder und tradierte „Modelle" oder auch biographisch relevante Praktiken (z. B. das Erzählen in bestimmten Kontexten, das Sammeln von Fotos, Übergangsriten oder professionelle Biographisierungsstrategien).

Dies ist deshalb möglich, weil Biographie ein Konzept ist, das nicht nur wissenschaftlich, sondern auch alltagsweltlich konstruiert ist. Diese Eigenart impliziert, dass Biographie ein *perspektivisches Phänomen* ist, eine soziale Konstruktion, die aus der Perspektive handelnder Subjekte oder Kollektive gebildet wird und die auch dann, wenn sie zu institutionellen Mustern geronnen ist und sich von konkreten Handlungen Einzelner abgelöst hat (wie z. B. Bildungscurricula oder Altersgrenzen), noch „Spuren" aufweist, anhand derer Perspektive, Interesse und gesellschaftliche Verortung rekonstruiert werden können. Die wissenschaftliche Perspektive auf das Konstrukt „Biographie" knüpft also an immer schon vorhandene Perspektiven in der sozialen Welt der Gesellschaftsmitglieder an. Alfred Schütz (1971: 7) spricht in diesem Zusammenhang von wissenschaftlichen Konzepten als „Konstruktionen zweiten Grades", die – kritisch und methodisch reflektiert – an jene Konstruktionen anschließen, „die im Sozialfeld von den Handelnden gebildet werden", Dieser Doppelcharakter erlaubt es, mit dem Biographie-Konzept einen inhaltlich konsistenten theoretisch *und* empirisch begründeten Weg für die Bearbeitung der sozialisationstheoretischen Grundfrage zu verfolgen.

Halten wir fest: Das Biographiekonzept bietet ein Potenzial, die relevanten Aspekte der sozialisationstheoretischen Frage im Zusammenhang zu thematisieren und konsequent in empirische Wege der Bearbeitung zu übersetzen. Das Material empirischer Forschung hat den Vorteil, dass die analytisch getrennten Aspekte schon auf der Ebene alltagsweltlicher Konstruktionen miteinander verschränkt sind und theoretisch rekonstruiert werden können. Der Dualismus von „Innen" und „Außen" ist relativiert, da eine Lebensgeschichte immer zugleich im Hinblick auf die gesellschaftliche Strukturierung durch die Institution *Lebenslauf* und auf die individuelle Sinnstruktur der *Lebensgeschichte* befragt werden kann und sich in ihrer konkreten Gestalt aus dem Zusammenspiel von beidem ergibt. Die Lebensgeschichte kann somit als ein zeitlich veränderliches „Organisationsprinzip" für die sozialen Erfahrungen, Deutungen und Handlungsdispositionen individueller Subjekte interpretiert werden, In dieser Beschreibung ist die Dialektik von Sozialität und Individualität enthalten. Sie kann theoretisch mit Bezug auf George Herbert Meads Entwurf der Identität oder, besser der „Selbst"-Bildung fundiert werden. Biographien sind nur möglich als intersubjektive Leistung von Individuen, die in der gesellschaftlichen Eingebundenheit jeweils einzigartige biographische Individualitäten ausbilden. Um dies näher zu erläutern, komme ich auf die von Maihofer gegeneinander ausgespielten Aspekte „Produkt" und „Prozess" zurück. Die These, dass Biographie eine soziale Konstruktion ist, enthält nämlich zwei Aspekte:

3.2 „Biographie" als Produkt und Prozess

Zum einen kann Biographie als Konstrukt im Sinne eines *„opus operatum"* (Bourdieu 1987) betrachtet werden, als Produkt gesellschaftlichen oder individuellen Handelns, das sich vom konkreten Handeln abgehoben und objektiviert hat, *Institution* geworden ist (vgl. Berger/Luckmann 1969): Hierunter fallen alle Formen und Formate der Präsentation und Bearbeitung individueller Identität und gesellschaftlicher Zugehörigkeit, und zwar in der verzeitlichten Form biographischer Ablaufmuster. Das ist sehr abstrakt formuliert. Konkreter wird es, wenn wir an den Lebenslauf denken, an gesetzliche Regeln, normative Vorschriften oder moralische Bewertungen, die bestimmte „Normalerwartungen" und Handlungsverpflichtungen festlegen oder doch zumindest die Grenzen dessen, was in einer bestimmten gesellschaftlichen Situation als „akzeptable" Biographie noch Anerkennung findet (vgl. Dausien/Mecheril 2006).

(...)

Ein anderes Beispiel ist die Studie von Oechsle und Geißler (1996) zu Lebensentwürfen junger Frauen. Sie zeigt, wie zunehmend differenzierte und z. T. widersprüchliche gesellschaftliche Leitbilder einerseits den „Planungshorizont" für individuelle Lebensentwürfe abstecken, andererseits aber nicht linear übernommen, sondern in eigensinniger Weise als biographische „Muster" angeeignet werden. Wie subtil biographische Erfahrungs- und Deutungsmuster auch zwischen den Generationen tradiert und transformiert werden, hat Christine Thon (2006) in einer biographieanalytischen Studie zu drei Frauengenerationen untersucht. Kurz, Lebensverläufe, individuelle und kollektive Vorstellungen und Deutungen sind vielfach von Geschlechterkonstruktionen „imprägniert", aber sie werden immer auf eine je individuelle Weise in biographische Konfigurationen „eingebaut", und zwar zusammen mit anderen gesellschaftlich relevanten Differenzkonstruktionen und mit individuellen Aspekten der je relevanten Erfahrungskontexte.(...)

Im Prozessaspekt des Konstruktionsgedankens ist auch die These enthalten, dass die biographischen Sinnstrukturen der Subjekte ein *generatives Prinzip* sozialen Handelns bilden. Sie können als ein Wissensvorrat betrachtet werden, der je aktuelle Konstruktionsleistungen oder performative Handlungen, z. B. das „doing gender" in einer konkreten Situation und nach einer eigenen „Logik" (mit) strukturiert. Theoretisch kann angenommen werden, dass handelnde Subjekte ihre Biographie in jeweils aktuelle Situationen als Ressource „mitbringen" (vgl. Dausien 1998), aber ob, unter welchen Bedingungen und in welcher Form sie aktualisiert werden, ist wiederum eine Frage der jeweiligen Situation, die empirisch näher zu studieren wäre. Wie ich an anderer Stelle gemeinsam mit Helga Kelle diskutiert habe, könnte das Konzept des „doing biography" oder auch des „doing gendered biography" eine Verknüpfung zwischen Biographieforschung und ethnographischen Analysen situierter Interaktion darstellen (Dausien/Kelle 2005). (…)

Mit einem derart fundierten Biographiekonzept lässt sich die Frage nach der Subjektbildung unter der Hinsicht „Geschlecht" aus einem neuen theoretischen Blickwinkel formulieren: Die leitende Frage lautet nicht mehr, wie „weibliche" oder „männliche" Biographien „werden", sondern *wie im biographischen Prozess Konstruktionen von „Selbst" und „ Welt" entstehen und wie im gleichen Zug Geschlechterverhältnisse im biographischen Format aufgegriffen, reproziert, variiert und transformiert werden.* (…)

Mit diesen theoretischen Voreinstellungen und den Möglichkeiten einer rekonstruktiven Forschungslogik eröffnet die Biographieforschung einen Weg, der in Ergänzung zu bestehenden kritischen Ansätzen die Subjektfrage wieder aufnehmen kann, ohne in die Aporien des klassischen Sozialisationsparadigmas zurückzufallen. Mit dem Konzept des *doing gender* teilt es die theoretischen und methodologischen Grundlagen des interpretativen Paradigmas, aber es unterscheidet sich durch die *zeitliche Perspektive* der Lebensgeschichte und das Moment der *Selbstreflexivität* der handelnden Subjekte. Mit dem Ansatz der *Dekonstruktion* teilt es die Kritik an statischen, vereindeutigenden Identitätsmodellen und das Interesse an der Analyse der Macht sprachlich-symbolischer Strukturen, die in narrativen Strukturen oder am Diskurs des biographischen Subjekts genauer untersucht werden müssten (vgl. dazu Schäfer/Völter 2005). Hier hat die Biographieforschung noch viele offene Fragen und zweifellos einen Bedarf an kritischer Selbstreflexion der eigenen diskursiven Voraussetzungen.

Der ursprüngliche und gegenwärtig wieder angemahnte sozialisationstheoretische Gedanke schließlich erfährt mit dem Konzept der Biographie eine neue Fassung. Die abstrakte Formulierung vom Werden und Gewordensein vergeschlechtlichter Subjekte erhält damit eine soziologisch relevante Bedeutung. Das „Werden" des Subjekts wird nicht als naturwüchsiger Prozess oder als psychologische Entwicklung begriffen, sondern als *historische Konfiguration in der zeitlichen Dimension individueller Lehenszeit und der sinnhaften Dimension intersubjektiver Perspektivität.*

▶ **Connell, Raewyn (2013): Gender,** *Wiesbaden: VS Verlag für Sozialwissenschaften, S.84-89 mit Auslassungen*

Zur gegensätzlichen Darstellung von Differenz

Eine maßvolle Disziplinierung von Körpern ist weit verbreitet. Sie erfolgt in solch' machtvollen Institutionen wie dem Sport, der Erziehung und der Medizin. Die Einführung von „Leibesübungen" im öffentlichen Schulwesen, die von David Kirk (1993) für Australien und von Mineke van Essen (2000) für die Niederlande nachgezeichnet wird, ergab Konzepte, nach denen die Körper von Jungen und Mädchen auf unterschiedliche Weise trainiert wurden. Die moderne Körpererziehung ist mit dem Wettkampfsport verbunden, und es gibt heute eindrucksvolle Belege für den vergeschlechtlichten Charakter der Institutionen des Sports. Nancy Theberge (1991) zeigt, wie die unterschiedlichen Übungs-Regime für Männer und Frauen, die disziplinierenden Praxen, die Sportarten sowohl vermitteln als auch konstituieren, im Hinblick auf die Herstellung vergeschlechtlichter Körper konzipiert sind. Michael Messner (2007) hat im Verlauf eines langwierigen Forschungsprogramms nachgewiesen, wie durchgängig die Stereotypisierung von Geschlecht und geschlechtliche Ungleichheit im Sportwesen der USA präsent sind.

Und wenn die gesellschaftliche Disziplinierung es nicht schafft, vergeschlechtlichte Körper zu formen, so vermag es das Messer. Der Skandal über die Silikon-Brustimplantate machte das Ausmaß öffentlich, in dem Schönheitsoperationen in den Vereinigten Staaten vorgenommen werden, wo große Brüste als sexy gelten. Man könnte glauben, dass dieses gesamte Gewerbe geradewegs die Ideologie der natürlichen Differenz widerlegen müsste. Forschungen, die Diana Dull und Candace West (1991) über Schönheitschirurgen und ihre Kundschaft durchgeführt haben, ergaben eine überraschende Lösung. Schönheitsoperationen gelten nun für Frauen als „natürlich", nicht aber für Männer. Die Ausnahme sind Operationen am Penis; Penisvergrößerungen sind inzwischen ein beachtlicher Geschäftszweig – wie Millionen von Spam-Mails im Internet belegen.

Ansätze, die den Körper als Leinwand betrachten, haben wunderbare Ergebnisse gebracht, stoßen aber auch auf Schwierigkeiten. Der Ansatz betont den Signifikant in einem Ausmaß, dass das Signifikat praktisch verschwindet. Im Fall von Geschlecht ist diese Schwierigkeit von entscheidender Bedeutung. Eine Symbolstruktur wird zu einer Geschlechterstruktur anstelle irgendeiner anderen durch die Tatsache, dass ihre Zeichen letztlich auf die reproduktive Unterscheidung zwischen Frauen und Männern verweisen.

Das soll nicht heißen, alle Geschlechterbeziehungen zielten auf das Zeugen von Kindern ab. Keineswegs! Sogar der größte Teil der heterosexuellen Aktivität führt nicht zur Schwangerschaft. Auch homosexuelle Beziehungen sind durch Geschlecht geprägt. Wie es Rosemary Pringle (1991: 91) formulierte: „Es spielt immer noch eine Rolle, ob Du mit einem Mann oder einer Frau ins Bett gehst".

Bei Geschlecht geht es um sehr viel mehr als nur um Eins-zu-Eins-Beziehungen zwischen Körpern; es handelt sich um eine riesige und komplizierte institutionelle und kulturelle Ordnung. Es ist diese gesamte Ordnung, die in Beziehung zu den Körpern tritt und ihnen eine durch Geschlecht bestimmte Bedeutung verleiht. Die poststrukturalistische Theorie nimmt diese Ordnung zur Kenntnis, übertreibt aber häufig die Fügsamkeit der Körper. Körper können an disziplinierenden Regimen beteiligt sein, nicht weil sie fügsam, sondern weil sie aktiv sind. Sie streben nach Vergnügen, nach Erfahrungen, nach Transformation. Dafür lassen sich verblüffende Beispiele in den sadomasochistischen sexuellen Subkulturen der Gegenwart finden. Menschen unterwerfen sich Korsetts, Ketten, Piercings, Brandzeichen, Fesselung und einem ganzen Spektrum schmerzhaft einengender Kleidungsstücke aus Gummi und Leder – freiwillig und wirklich mit Vergnügen, wie Valerie Steele in *Fetisch* (1996) nachweist. Gleiches gilt sicherlich in abgemilderter Form für das gesamte System der Mode. Niemand zwingt junge Frauen, Schuhe mit Pfennigabsätzen zu tragen; sie tun nach ein paar Minuten weh und sie richten nach ein paar Jahren schweren Schaden an, aber machen zugleich auch Spaß.

Körper sind auch widerspenstig und schwierig. In *The Men und the Boys* (Connell 2000) stelle ich ein paar Fallstudien dazu vor. Eine handelt von einem jungen Mann, dessen forcierte Performanz von Männlichkeit – Partys, Trinken, wechselnde Sexualpartner, Konsum von Drogencocktails – an ihr Ende kam, weil die Erholungsfähigkeit seines Körpers an ihr Ende kam: er wurde sehr krank. Eine weitere berichtet von einem Mann, dessen unathletischer Körper ein Gefühl der Differenz auslöste, die zur Geschlechterdifferenz wurde und zum Auftreten einer homosexuellen Identität führte, Das Problem wird ideenreich in dem großartigen Roman Die *Twybom-Affäre* von Patrick White (1986) behandelt. Diese Geschichte dreht sich um die Erlebnisse von Eddie/Eudoxia, dessen/ deren Körper sich nicht in die geschlechterspezifischen Orte einfinden kann, die dafür vorgesehen sind: als Ehemann, Ehefrau, Soldat, Hirte oder schließlich als Puffmutter.

Körper arbeiten auch. Arbeit ist eine materielle Praxis, in der Körper eingesetzt und aufgezehrt werden, und aus dieser Materialität ergeben sich geschlechtliche Bedeutungen. Das wird nachdrücklich deutlich in Forschungen über Männer in Branchen wie Stahlerzeugung oder Baugewerbe. (…)

Dies gilt noch entschiedener für das grauenerregende Geschäft, Männlichkeit dadurch zu demonstrieren, dass Körper im Krieg verstümmelt werden.

Körper lassen sich nicht einfach als Objekte sozialer Prozesse verstehen, seien diese nun symbolisch oder disziplinierend. Sie sind aktiv am gesellschaftlichen Prozess beteiligt. Sie nehmen daran teil durch ihre Fähigkeiten, ihre Entwicklung und ihre Bedürfnisse, durch die Brüche, die ihre Widerständigkeit bewirkt, und durch die Richtung, die ihr Vergnügen und ihre Fertigkeiten bestimmen. Man muss Körper als beteiligt an sozialem Handeln sehen, am Hervorbringen und Formen sozialer Verhaltensweisen. Doch all die Schwierigkeiten des biologischen Determinismus, die ich oben umrissen habe, bleiben bestehen. Können wir diese Probleme lösen, indem wir ein Bild des vergeschlechtlichten Körpers unterstellen, das sich gleichzeitig sowohl auf das Bild der Maschine als auch auf das der Leinwand bezieht?

In den 1970er Jahren taten eine Reihe feministischer Theoretikerinnen eben dies und vertraten eine scharfe Unterscheidung zwischen „sex" und „gender". Sex war demnach der biologische Sachverhalt, der Unterschied zwischen dem männlichen und dem weiblichen Menschentier. *Gender* war der soziale Sachverhalt, der Unterschied zwischen maskulinen und femininen Rollen oder den Persönlichkeiten von Männern und Frauen.

Für viele war dieses Zwei-Dimensionen-Modell damals ein konzeptioneller Durchbruch, weil es zeigte, dass die Biologie nicht benutzt werden konnte, um die Unterordnung von Frauen zu rechtfertigen. Die Zwänge der biologischen Differenz waren demzufolge auf den Bereich der Biologie selbst beschränkt. Es blieb ein umfangreicher Bereich des Sozialen („Kultur", „Rollen" usw.), ein Reich der Freiheit, in dem Individuen und Gesellschaften die Geschlechtermuster wählen konnten, die sie haben wollten. Eleanor Maccoby und Carol Jacklin, die Autorinnen des umfangreichen und einflussreichen Überblickswerkes *The Psychology of Sex Differences* (1975), zogen die Schlussfolgerung:

Wir behaupten, dass Gesellschaften die Möglichkeit haben, durch ihre Sozialisationspraxis Geschlechterunterschiede zu minimieren anstatt sie zu maximieren. Eine Gesellschaft könnte zum Beispiel ihre Energie mehr darauf verwenden, männliche Aggression zu mäßigen, als Frauen darauf vorzubereiten, sich männlicher Aggression zu unterwerfen, oder männliche Fürsorge zu fördern anstatt sie einzuschränken. (…)

Doch geriet das Zwei-Dimensionen-Modell, wie Rosemary Pringle (1992) in einer eingehenden Auseinandersetzung zeigte, bald in Schwierigkeiten. Die Vorstellung von Geschlecht als kulturell gewählter Differenz („Geschlechtsrollen") konnte nicht erklären, warum die eine Seite dieses Unterschiedes, die mas-kuline, durchgängig höher bewertet wurde als die andere. Die Abtrennung von Geschlecht von den Körpern geriet in Konflikt mit den Entwicklungen im Feminismus, in denen die Dimension des Körpers stärker betont wurde. Dazu gehörte die zunehmende Beschäftigung mit männlicher Gewalt und heterosexueller Sexualität, die nicht auf die feminine Rolle zielen, sondern auf die Körper von Frauen.(…)

Wenn sich die beiden Bereiche nicht streng auseinanderhalten lassen, so können sie vielleicht addiert werden? Dem gesunden Menschenverstand kann die Annahme naheliegen, dass Geschlechterunterschiede *sowohl* aus der Biologie *als auch* von sozialen Normen herrühren.

Diese additive Vorstellung liegt den meisten Überlegungen zu Geschlecht in der Sozialpsychologie zugrunde, wo der Terminus „Geschlechtsrolle" (sex role) noch immer weit verbreitet ist. Schon in der Begrifflichkeit werden hier ein biologischer und ein dramaturgischer Terminus zusammengeführt. In ähnlicher Weise nehmen manche gemäßigte Soziobiologen (z. B. Degler 1990) an, es gebe eine gesellschaftliche Ausarbeitung der biologischen Unterschiede, von denen sie ausgehen: etwa, dass die natürliche Aggressivität von Jungen sozial in Fußball oder Krieg kanalisiert wird.

Aber auch die Vorstellung der Addition ist problematisch. Die beiden Analyseebenen lassen sich nicht ohne weiteres miteinander vergleichen. Hier wird fast durchweg angenommen, die Wirklichkeit der Biologie sei wirklicher als die der Soziologie, ihre Erklärungen seien durchschlagender und ihre Kategorien stabiler. Um nur ein Beispiel zu nennen; Die oben angeführte Stelle bei Maccoby und Iacklin lautet weiter: „Innerhalb des durch die Biologie gesetzten Bezugsrahmens kann es eine Reihe von sozialen Institutionen geben." Maccoby und Jacklin befürworten gesellschaftliche Wahlmöglichkeiten und sind für Veränderung, aber in ihrer Analyse ist der kausale Vorrang eindeutig. Die Biologie ist das Bestimmende; nur innerhalb ihres „Rahmens" können die Menschen ihre Geschlechterarrangements wählen.

Die Geschlechtsrollentheorie und die Geschlechterdifferenzforschung fallen beständig auf die biologische Dichotomie zurück.(…).

Eine weitere Schwierigkeit besteht darin, dass die Unterschiede auf beiden Ebenen nicht notwendig zusammenpassen. Wie wir bereits gesehen haben, sind menschliche Körper nur begrenzt dimorph. Andererseits ist menschliches Verhalten schwerlich überhaupt dimorph zu nennen, selbst in Bereichen, die eng auf die sexuelle Reproduktion bezogen sind. So trifft es zwar zu, dass nur wenige Männer Kleinkinder versorgen, aber es stimmt auch, dass die meisten Frauen dies zu einem bestimmten Zeitpunkt auch nicht tun.

Das soziale Leben der Gegenwart kennt ein ganzes Spektrum von Geschlechtervariationen. In *Breaking the Bowls* (2005) bemerkt die US-Soziologin Judith

Lorber, dass Geschlecht für jedes Individuum aus folgendem bestehe: Geschlechtskategorie (*sex category*); Geschlechtsidentität (*gender identity*); durch Geschlecht geprägter Personenstand und Verhältnis zur Elternschaft; vergeschlechtlichte sexuelle Orientierung; geschlechtlich geprägte Persönlichkeit; Geschlechterprozesse (in der alltäglichen Interaktion); Geschlechterüberzeugungen und Geschlechtsdarstellung. Da die meisten dieser Elemente variabel sind, geht die Anzahl möglicher Geschlechterpositionen in die Hunderte, vielleicht in die Tausende. Soviel zum Dimorphismus!...

Das Zwei-Dimensionen-Modell der Geschlechterdifferenz lässt sich so wenig aufrechterhalten wie das Maschinen- oder das Leinwand-Modell. Es ist Zeit, die Belege für diese Differenz selbst genauer anzuschauen.

▶ *Connell, Raewyn (2013): Gender, Wiesbaden: VS Verlag für Sozialwissenschaften, S.134-139 mit Auslassungen*

6 Geschlecht im persönlichen Leben

Vergeschlechtlicht Aufwachsen: Sozialisierung in Geschlechtsrollen, Psychoanalyse und Lernen in Körpern

Im Prinzip ließe sich für jede Kultur auf der Welt eine unterschiedliche Geschichte von der Geschlechtsrollensozialisation erzählen, wobei angenommen wird, dass sie alle unterschiedliche Normen besitzen. So steht es zuweilen in Einführungstexten. Aber die Welt besteht nicht aus einem Mosaik säuberlich getrennter Kulturen. Kulturen wurden durch Eroberung, Kolonisierung, Migration und die gegenwärtige Globalisierung zerschlagen, fragmentiert und neu zusammengesetzt. Der ethnische Pluralismus moderner Gesellschaften (etwa unterschiedliche Traditionen zu den Ehebeziehungen bei Sino-Amerikanern, Afro-Amerikanern und Anglo-Amerikanern oder bei türkischen Einwanderern und im Land geborenen Deutschen) bringt Hierarchien mit sich, die Ressourcenzugang und Respekt betreffen und häufig gewaltsam durchgesetzt werden. Das Modell der Geschlechtsrollensozialisation verwechselt fälschlich das, was dominant ist, mit dem, was normativ gültig ist. Ferner entstehen vielfache Muster innerhalb der Geschlechterverhältnisse durch die in Kapitel 5 behandelten Widersprüche und Dynamiken. Es gibt immer verschiedenartige Muster von Männlichkeit und Weiblichkeit, die das Bild des Lernens kompliziert erscheinen lassen.

Zweitens unterstellt das Sozialisationsmodell, beim Lernen von Geschlecht gehe es um den Erwerb von *Eigenschaften*, also Regelmäßigkeiten im Charakter, die Regelmäßigkeiten im Verhalten bewirken. Die Geschlechtsrollentheorie ist im Kern eine Version des Differenzrnodells von Geschlecht, das in Kapitel 4 behandelt wurde. Wie aber die in Kapitel 4 besprochene Forschung zeigt, ist es schwer, größere Unterschiede in den Eigenschaften von Frauen und Männern (auch von Mädchen und Jungen) aufzufinden. Selbst wenn die von PsychologInnen eingesetzten Skalen einige durchschnittlichen Unterschiede zwischen Männern und Frauen kenntlich machen, so sind diese erheblich kleiner als die Varianzen unter den Frauen und unter den Männern. Es ist klar, dass vergeschlechtlichtes Aufwachsen nicht einfach auf die Internalisierung von Rollennormen zurückgeführt werden kann.

Drittens stellt das Sozialisationsmodell die Lernenden als passiv dar, während die Aktivität von den Sozialisierungsinstanzen ausgeht. Wenn wir uns realen Situationen zuwenden, in denen Geschlecht gelernt wird, so gleichen sie diesem Bild kaum, Man denke an die amerikanischen Schulen, die Barrie Thorne erforscht hat (Kap. 2). Die Jungen und Mädchen dort lehnen sich nicht zurück und lassen sich mit Geschlechternormen überschwemmen. Sie sind beständig aktiv bei der Sache. Sie nehmen die Geschlechtereinteilungen auf, die ihnen die Erwachsenen liefern, und akzeptieren sie manchmal, manchmal aber auch nicht. Sie schaffen auf dem Spielplatz ihre eigenen Geschlechtergrenzen und reißen sie dann ein. Sie probieren vergeschlechtlichte Selbstdarstellungen aus (etwa wenn die älteren Mädchen Lipgloss auftragen), und manche versuchen es mit geschlechterüberschreitenden Verhaltensweisen (etwa wenn Mädchen sportiv und rau sind). In Geschlechterfragen beschweren sie sich, witzeln, phantasieren und stellen Fragen, Ähnliche Energie und Aktivität zeigt sich in anderen Studien über das Erlernen von Geschlecht wie bei den britischen Oberschülern, die Máirtín Mac an Ghaill in *The Making of Men* (1994) beschreibt.

Das Sozialisationsmodell nimmt anscheinend das Vergnügen nicht wahr, das bei einem Großteil des Erlernens von Geschlecht offenkundig ist, den Enthusiasmus, mit dem junge Leute Geschlechtersymbolik wie sexy Kleidung aufnehmen und vergeschlechtlichte Beziehungen aufbauen (etwa beim *dating* von Teenagern). Noch liefert es Einsichten in den *Widerstand*, den viele junge Leute hegemonialen Definitionen von Geschlecht entgegensetzen: die Jungen, die den Sport hassen, die Mädchen, die Astronautinnen werden wollen, die Teenager, die merken, dass sie homosexuell sind. Es scheint auch die *Schwierigkeit* zu verfehlen, die mit der Konstruktion von Identitäten und der Erarbeitung eines Musters von Geschlechterverhalten in einer Geschlechterordnung verbunden ist, die durch Macht, Gewalt und entfremdete Sexualitäten bestimmt ist.(...)

Das vierte Problem mit dem Sozialisationsmodell besteht darin, dass es nur eine einzige Richtung des Lernens wahrnimmt – auf die Geschlechtsrollen hin.

Es ist in einem solchen Bezugsrahmen schwierig, die Richtungswechsel zu erkennen, die im Leben eines jungen Menschen häufig auftreten und anscheinend aus dem Nichts kommen. Manchmal kommen Entwicklungskrisen vor; sie sind mit einem plötzlichen Wechsel der Geschlechterpraxis verbunden. Es kann zu einer Verlagerung der Bindung von der Mutter auf den Vater kommen, zu einem neuen Aggressionsniveau, einem plötzlichen Schub sexueller Aktivität, einer Abwendung von Mädchen oder Jungen. Ein junger Mensch kann, anstatt die Geschlechtermuster der Eltern einfach nicht zu „internalisieren", diese vehement ablehnen, ihre politische oder menschliche Unzulänglichkeit kritisieren und sich auf die Suche nach etwas anderem machen. (…)

Ein viel besseres Verständnis des widersprüchlichen Charakters der menschlichen Entwicklung bietet die Psychoanalyse, wenn sie auch derzeit viel weniger Einfluss als vorher auf die Sozialwissenschaften ausübt. Freuds Fallstudien – Dora, der kleine Hans und der „Wolfsmann" sind die berühmtesten – betonen Konflikt und Widersprüchlichkeit. Freud erkannte, dass eine Person sich häufig auf unbewusster und bewusster Ebene in unterschiedliche Richtungen gleichzeitig entwickelt. Die Psychoanalyse selbst hat sich über ein Jahrhundert hinweg entwickelt, und die heutigen Schulen sind nach wie vor zutiefst gespalten; so gut wie alle aber betrachten diese Einsicht als wesentlich. (…)

Wenn wir die Psychoanalyse als Mittel auffassen, das Zugang zu Fragen menschlicher Entwicklung eröffnet, die aus anderer Perspektive nicht leicht auszumachen sind, so sollte sie als wichtiges Instrument der Geschlechteranalyse betrachtet werden.

Eine ordentliche Analyse der Art und Weise, wie wir Geschlecht erwerben, sollte sowohl die Widersprüche der Entwicklung als auch den Umstand berücksichtigen, dass Lernende aktiv und nicht passiv sind. Menschen, die in einer vergeschlechtlichten Gesellschaft aufwachsen, begegnen unweigerlich GeschlechterVerhältnissen und nehmen aktiv daran teil. Diese Teilhabe ist in gewissem Maße unorganisiert, weil ihre Lebensmuster noch nicht festgelegt sind. Daraus ergibt sich die Anarchie des „Geschlechterspiels", wie Thorne es beschreibt: Kinder gleiten in Geschlechtermuster hinein und entziehen sich ihnen wieder. Diese Anarchie kann in einer späteren Lebensphase wieder auftreten, wenn es zu Versuchen kommt, den Lernprozess umzukehren oder Geschlechtermuster neu zu erlernen. Das kann eine eher erschreckende Erfahrung sein: Geschlechterschwindel (*gender vertigo*) anstatt des Geschlechterspiels…

Die aktiv Lernenden leben in Körpern. Das Vergnügen, das mit dem Erlernen von Geschlecht einhergeht, ist auch körperliches Vergnügen, Spaß an der Erscheinungsform und den Leistungen des Körpers. Körperliche Veränderungen wie Menarche, erste Ejakulation, Stimmbruch und die Entwicklung von

Brüsten bei Mädchen sind häufig wichtig in der Entwicklung von Geschlecht. Ihre Bedeutung bleibt dennoch unklar, bis sie durch die gesellschaftliche Geschlechtersymbolik definiert werden.

Weil es bei der Geschlechterpraxis um Körper geht, sie aber nicht biologisch festgelegt ist, kann die erlernte Geschlechterpraxis dem physischen Wohlbefinden des Körpers auch schaden. Junge Männer, die in reichen Ländern wie den USA oder Australien ihre gerade ausgeprägten Männlichkeiten auf der Straße ausagieren, sterben in erschreckender Zahl bei Verkehrsunfällen. Die Quote liegt viermal über der junger Frauen. Eine große Zahl heranwachsender Mädchen und junger Frauen machen Diät, um ihre heterosexuelle Attraktivität zu bewahren, und bei einem gewissen Prozentsatz steigert sich dies zu einer lebensbedrohlichen Magersucht. In ärmeren Ländern sind die Umstände anders, aber die Risiken sind ebenfalls sehr hoch. So wurde während der palästinensischen Konfrontation mit der israelischen Besatzung, der Intifada, der unmittelbare Widerstand überwiegend von sehr jungen Männern und Jungen getragen. Wie Julie Pereet (1994) in einer erschreckenden Ethnographie zeigt, wurde es für palästinensische Jugendliche zu einer Art Übergangsritus in die Männlichkeit, von der israelischen Armee und Polizei geschlagen oder festgenommen zu werden, und natürlich kamen einige dabei ums Leben…

Die Sache wird noch komplexer, wenn wir bedenken, dass sich ein und dieselbe Erfahrung in unterschiedlicher Weise interpretieren lässt. So kann ein Junge, der in einer Atmosphäre häuslicher Gewalt aufwächst, wo sein Vater häufig seine Mutter schlägt, Gewalt gegen Frauen in sein eigenes Repertoire von Männlichkeit einbeziehen. Das tun viele. Aber der Junge könnte sich auch aus Angst dagegen wenden oder sich auf die Seite seiner Mutter schlagen und sich um ein völlig anderes Verhältnis zu Frauen in seinem eigenen Leben bemühen. Vor einiger Zeit hat Carol Hagemann-White (1992) anhand der deutschen Erfahrung darauf hingewiesen, dass intime Gewalt in engem Zusammenhang mit den übergreifenden gesellschaftlichen Geschlechterhierarchien steht. Sie stellte die heute weithin anerkannte These auf, dass, obwohl die Arbeit mit den Tätern schwierig sei und der entscheidende Anstoß zur Änderung von Frauen komme, Kampagnen zur Prävention von Geschlechtergewalt aber notwendig auch Handeln durch Gruppen von Männern und männlichen Jugendlichen erfordern.…

Die Vielfalt von Geschlechtermustern, die unter Kindern und Jugendlichen anzutreffen sind, zeigt sich mit besonderer Klarheit an Forschungen, die unterschiedliche soziale Gruppen berücksichtigen.

▶ *Meuser, Michael (2006): Riskante Praktiken. Zur Aneignung von Männlichkeit in den ernsten Spielen des Wettbewerbs.* In: *Bilden, Helga/Dausien, Bettina (Hrsg.): Sozialisation und Geschlecht. Theoretische und methodologische Aspekte. Opladen: Barbara Budrich, hier S. 169-175 mit Auslassungen*

In einer ethnographischen Studie über eine Gruppe adoleszenter türkischer Migranten der zweiten Einwanderungsgeneration, die *Turkish Power Boys*, beschreibt Herrmann Tertilt (1996:198ff.), wie in ritualisierten Rededuellen unter Gruppenmitgliedern auf spielerische Weise die männliche Ehre verteidigt wird. In diesen Duellen beleidigen sich die Akteure wechselseitig, aber diese Wortgefechte sind gewöhnlich kein Ausdruck von Feindseligkeiten. Die Rededuelle werden in Reimform ausgetragen, und jeder versucht, den anderen an verbaler Virtuosität zu überbieten.

> „Derjenige, der die Reimform nicht beherrschte oder dessen Antworten zu harmlos ausfielen, gerät in die Position des Schwächeren. Schlimmer aber noch als formale und inhaltliche Mängel in der Erwiderung waren Wiederholungen oder gar keine Antwort" (ebd.: 201).

Homologe Formen verbalen Wettstreits finden sich auch in anderen männlich geprägten Jugendkulturen, z. B. in der HipHop-Szene in Gestalt des sog. dissen, des Zeigens von dis-respect (Klein/Friedrich 2003: 38ff.). Das ist eine ritualisierte Form des Beschimpfens oder Beleidigens eines anderen HipHoppers, dem z. B. vorgeworfen wird, sein Stil sei ein Plagiat.

> „Dissen hat Wettbewerbscharakter: Wird jemand gedisst, dann reagiert dieser, indem er noch beleidigter zurückdisst. Eine Kette von Beschimpfungen ist vorprogrammiert: Dissen provoziert Streit und Dissen ist das Mittel, einen Streit auszutragen" (ebd.: 41).

Wie bei den *Turkish Power Boys* ist der verbale Wettbewerb Teil des ritualisierten Verhaltensrepertoires. Er wird nicht gemieden, sondern eher gesucht.

In vielen jugendlichen männlichen Subkulturen und Szenen sind gewaltförmige Auseinandersetzungen, in denen der eigene Körper zum Spieleinsatz wird, eine übliche Form der ernsten Spiele des Wettbewerbs. Je nach sozialem Kontext erfolgt das Gewalthandeln mehr oder minder ritualisiert. Eine hochgradig ritualisierte Form riskanten Körpereinsatzes ist das Mensurschlagen in schlagenden Verbindungen (Elias 1989: 125ff.). Weniger ritualisiert, obwohl keinesfalls ungeregelt, sind die Kämpfe unter Hooligans. In dem einen wie dem anderen Fall, bei der sozial konformen Variante des Gewalthandelns wie bei der devianten, geht es darum, ,seinen Mann zu stehen'. Und dies geschieht dadurch, dass man den eigenen Körper bzw. dessen Unversehrtheit riskiert, dass man standhält und den Kampf bis zum Ende durchsteht (Meuser 2003b). Den „Kick", den der Kampf bewirkt, gibt es nur, wenn die „Ehre" nicht zu kurz kommt. In den Worten eines Hooligans (Bohnsack u. a. 1995: 75): „Entweder er steht beim Fußball seinen *Mann,* (.)äh-mit mir zusammen; und rennt nich weg, oder er braucht halt nich mit hinfahren." Nach dem gleichen Muster verläuft das sog. ,Kampftrinken', das zu einer Vielzahl männlicher adoleszenter Kulturen gehört.

Der Wettbewerb ist, so paradox das erscheinen mag, auch eine Ressource von Solidarität. Nicht selten vergemeinschaftet Gewalt diejenigen, die zunächst gegeneinander gekämpft haben. Aus Schlägereien können Freundschaftsbeziehungen entstehen (Matt 1999: 265). Elias (1989: 125ff) beschreibt die Welt der studentischen Verbindungen als ein kompetitives Leben mit hohem Konkurrenzdruck, dem es dennoch nicht an Kameradschaft und wechselseitiger Zuneigung fehlt. (…)

Allen beispielhaft beschriebenen Formen des Wettbewerbs eignet eine gemeinsame Strukturlogik, welche auch das Risikohandeln aufweist. Anerkennung als Mann erwirbt man dadurch, dass man sich dem Wettbewerb mit Geschlechtsgenossen stellt, wenn nötig bis zum ,bitteren Ende'. Im Durchhalten reift der Jugendliche zum Mann. Darin ähneln die Wettbewerbsspiele unter Peers in der modernen Gesellschaft den Initiationsritualen in Stammeskulturen (Gilmore 1991). Zwar verläuft die ,geschlechtliche Initiation' in modernen Gesellschaften weniger institutionalisiert und weniger unter Anleitung erwachsener Männer (Friebertshäuser 1995), doch folgt auch die von den Peers selbst organisierte Aneignung einer erwachsenen Männlichkeit einer Logik, deren Regeln durch die Struktur dessen, was angeeignet wird, vorgegeben sind. Aus dieser Struktur bezieht die Selbstsozialisation ihre symbolischen Mittel....

4   Risikohandeln als Strukturübung

Risikohandeln ist Teil der normalen Entwicklung männlicher Jugendlicher, es ist eine entwicklungsphasentypische Form der ernsten Spiele des Wettbewerbs, mit der dessen Spielregeln angeeignet werden. Risikohandeln lässt sich im Bourdieu'schen Sinne als „Strukturübung" verstehen. Der Übungscharakter des Risikohandelns wird daraus ersichtlich, dass es gewöhnlich ein Phänomen ist, das mehr oder minder auf das Jugendalter begrenzt ist oder doch zumindest in späteren Lebensphasen nur noch in abgeschwächter Form praktiziert wird. Die ,alten Herren' in den studentischen Verbindungen schlagen keine Mensuren mehr, die Hooligans beteiligen sich in der Regel nicht mehr aktiv an den Schlägereien, wenn sie in die Phase der Familiengründung eintreten, die kollektiven

Alkoholexzesse werden seltener usw. Dass dem Risikohandeln die Eigenschaft des lebensphasentypisch Episodalen zukommt, sehen die Akteure in der Retrospektive selbst. Eine der von Bohnsack u. a. (1995: 73) untersuchten Hooligangruppe, deren „Phase der Randale" der Vergangenheit angehört, bezeichnet sich selbst als „Stinos", als „Stinknormale", und rechnet ihr vormaliges Gewalthandeln einer abgeschlossenen Entwicklungsphase zu, die freilich in positiver Erinnerung bleibt. Das Risikohandeln lässt sich als eine entwicklungsphasentypische Steigerung der Strukturlogik des männlichen Geschlechtshabitus begreifen. Gerade weil diese Logik gleichsam übertrieben in Szene gesetzt wird, fungiert das Risikohandeln als *Strukturübung*. Bohnsack und Nohl (2000) verstehen den *fight* der Hooligans und den *battle* der Breakdancer als typische Formen adoleszenter Efferveszenz, als kollektiv gesteigerte Suchprozesse nach habitueller Übereinstimmung.4 In einer Studie zum kollektiven Aktionismus der HipHop-Szene beschreibt Liell (2003: 125) efferveszente Praktiken als „in besonderem Maße" geeignet, „kollektive Zugehörigkeit und habituelle Orientierungen zu schaffen, zu erproben und zu reproduzieren."

Dass es sich um Strukturübungen handelt, zeigt sich nicht zuletzt daran, dass der Wettbewerb vielfach über eine Ritualisierung von persönlichen Motiven entkoppelt ist. Dies ist beim „Kampftrinken" ebenso der Fall wie bei den zahlreichen Formen ritualisierter Gewalt, sei es in Gestalt des Mensurschlagens unter Verbindungsstudenten, sei es in Gestalt des Kampfes unter Hooligans. Einer der von Bohnsack u. a. (1995: 225) interviewten Hooligans bringt dies recht anschaulich zum Ausdruck:

> „Wat wichtig is, is eigentlich dette, daß äh-daß wer hinfahren und uns dann eben treffen, det Drum-Herum, bißchen in der Kneipe sich amüsieren, Spaß haben, bißchen wat trinken und denn vor dem Spiel sich vielleicht n bißchen rumzuprügeln, wenn man eben die Leute da trifft, mit denen man sich rumprügeln kann, oder eben nach dem Spiel, wenn die Polizei nicht dazwischenfunkt."

Die Ritualisierung des Wettbewerbs scheint eine historische Konstante männlicher Strukturübungen zu sein. (....)

Die Peer Group ist ein Konstruktionsort von Jugend *und* Geschlecht (Jösting 2005: 45). Das Risikohandeln männlicher Jugendlicher ist durch eine Konfiguration zweier sozialer Typiken gekennzeichnet. Der kompetitive Charakter dieses Handelns verweist auf dessen *Geschlechtstypik*; die heranwachsenden Männer erwerben ein inkorporiertes Wissen um die Logik der ernsten Spiele des Wettbewerbs, welche den männlichen Habitus prägen. Vor allem lernen sie, diese Spiele zu lieben. Darin, dass diese Spiele in einer gesteigerten und den eigenen Körper riskierenden Form ausgetragen werden, macht sich die *Entwicklungsty-*

pik geltend. Auch wenn das Risikohandeln vielfach ernste Folgen für Leib und Leben nach sich zieht, ist es gleichsam ein (noch) spielerischer Umgang mit den ernsten Spielen des Wettbewerbs, hat es den skizzierten Übungscharakter. In der Übersteigerung wird gewissermaßen Jugendlichkeit her- und dargestellt. Eva Breitenbach (2001: 200ff.) schlägt vor, die in der Geschlechterforschung entwickelte konstruktivistische Betrachtungsweise für die Forschung zur Adoleszenz fruchtbar zu machen und *doing gender* und *doing adolescence* als wechselseitig verschränkte Prozesse zu betrachten. Diesen Gedanken aufnehmend lässt sich das männliche Risikohandeln gleichermaßen als entwicklungsphasentypischer Modus des *doing gender* und als geschlechtstypischer Modus des *doing adolescence* begreifen. Die Adoleszenz ist eine vorübergehende Lebensphase, der in dieser Phase erworbene ,Spielsinn' jedoch bleibt erhalten.

5   Sozialisationstheoretische Folgerungen

Der hier für das Jugendalter beschriebene Wettbewerbscharakter homosozialer Interaktion unter Männern prägt nicht nur diese Lebensphasen. Er setzt sich fort, allerdings zumeist in Gestalt weniger riskanter Praktiken; und er beginnt auch nicht erst mit der Jugendzeit. Als Ergebnis einer Durchsicht der Forschungen zu Verhaltensdifferenzen zwischen Mädchen }und Jungen hält Eleanor Maccoby (1990) fest, dass das Spiel der Jungen schon frühzeitig durch einen rauen Stil („rough-and-tumble play style") sowie durch eine Orientierung an Wettbewerb und Dominanz geprägt ist. Es erfolgt in größeren Gruppen, nimmt mehr Raum ein als das der Mädchen und ist öfter im öffentlichen Raum situiert. Während das Verhalten der Mädchen stärker kooperationsorientiert ist, weist das der Jungen mehr Kontrollorientierung und negative Reziprozität auf. Jungen haben in ihren Gruppen mehr Gelegenheiten zu lernen, wie man in hierarchischen Strukturen agiert. Sie greifen mehr zu Bedrohungen und setzen häufiger physische Kraft ein. (…)

Der raue und kompetitive Stil wird vor allem gepflegt, wenn Jungen von anderen Jungen und Männern beobachtet werden, also im homosozialen Kontext. Dieser Befund lässt sich dahingehend interpretieren, dass im homo sozialen Kontext ein potentiell breiteres Verhaltenspotential eingeschränkt wird. Die Strukturübung besteht darin, dass Kontingenzen ,vernichtet' werden – in Richtung der Strukturlogik hegemonialer Männlichkeit. Die Akteure, die diese Einschränkung betreiben, sind die Jungen und männlichen Jugendlichen selbst. Insofern handelt es sich hierbei um eine Form der Selbstsozialisation, als „interpretative Reproduktion von Kultur mittels kultureller Netzwerke von Peers" (Zinnecker 2000: 282).

Der Begriff der *Strukturübung* fokussiert auf die aktiven Leistungen der Subjekte, begreift den Sozialisationsprozess allerdings als bestimmt durch die Strukturen, die angeeignet werden. Dies sind im vorliegenden thematischen Zusammenhang die Strukturen einer erwachsenen Männlichkeit, denen der Wettbewerb als generatives Prinzip zugrunde liegt (Meuser/Scholz 2005). Sozialisation besteht in diesem Verständnis in der Aneignung „einer spezifischen Position im sozialen Raum" (Krais/Gebauer 2002: 61).(...)

Mit dem Begriff der Strukturübung sind beide Aspekte thematisiert: die individuelle Aneignung der Strukturlogik hegemonialer Männlichkeit und, da es um die Aneignung einer auf Distinktions- und Dominanzverhältnisse gründenden Struktur geht, die Reproduktion von Macht und Herrschaft. Auch darin, in dieser doppelten Perspektive, scheint mir, auch wenn Bourdieu keine Sozialisationstheorie vorgelegt hat, die Relevanz seiner Soziologie für die Sozialisationsforschung und -theorie zu liegen.

▶ **Bennett, Sue/Maton, Karl/Kervin, Lisa (2008): The 'digital natives' debate: A critical review of the evidence.** In: *British Journal of Educational Technology Vol 39 No 5 , S. 775–786 (mit Auslassungen)*

In this paper, we bring together educational research and the sociology of knowledge to provide an analysis of the current state of play in the digital natives debate.

Claims about ‚digital natives'

The generation born roughly between 1980 and 1994 has been characterised as the 'digital natives' (Prensky, 2001a) or the 'Net generation' (Tapscott, 1998) because of their familiarity with and reliance on ICT. They are described as living lives immersed in technology, 'surrounded by and using computers, videogames, digital music players, video cams, cell phones, and all the other toys and tools of the digital age' (Prensky, 2001a, p. 1). Social researchers Howe and Strauss (2000, 2003), labelled this generation the 'millenials', ascribing to them distinct characteristics that set them apart from previous generations. They offer a positive view of this new generation as optimistic, team-oriented achievers who are talented with technology, and claim they will be America's next 'great generation'.

Immersion in this technology-rich culture is said to influence the skills and interests of digital natives in ways significant for education. It is asserted, for example, that digital natives learn differently compared with past generations of students. They are held to be active experiential learners, proficient in multitasking, and dependent on communications technologies for accessing information and for interacting with others (Frand, 2000; Oblinger & Oblinger, 2005; Prensky, 2001a, b; Tapscott, 1999). Commentators claim these characteristics raise fundamental questions about whether education is currently equipped to meet the needs of this new cohort of students. Tapscott (1998), for example, described education in developed countries as already in crisis with more challenges to come: 'There is growing appreciation that the old approach [of didactic teaching] is ill-suited to the intellectual, social, motivational, and emotional needs of the new generation' (p. 131). This was echoed by Prensky's (2001a) claim that: *'Our students have changed radically. Today's students are no longer the people our educational system was designed to teach'* [emphasis in original] (p. 1).

On the distinctive characteristics of 'digital natives'

The claim made for the existence of a generation of 'digital natives' is based on two main assumptions in the literature, which can be summarised as follows:

1. Young people of the digital native generation possess sophisticated knowledge of and skills with information technologies.
2. As a result of their upbringing and experiences with technology, digital natives have particular learning preferences or styles that differ from earlier generations of students.

Information technology use and skills amongst young people

One of the founding assumptions of claims for a generation of digital natives is that young people live their lives completely immersed in technology and are 'fluent in the digital language of computers, video games and the Internet' (Prensky, 2005b, p. 8). Frand (2000) claims that this immersion is so complete that young people do not even consider computers 'technology' anymore. Personal testimonials (eg, McNeely, 2005; Windham, 2005) depicting young people's online lives as constantly connected appear to confirm such generalisations.

Recent research into how young people in postcompulsory education access and use technology, however, offers a more diverse view of the role of technology in the lives of young people. (...)

The researchers found, however, that only a minority of the students (around 21 %) were engaged in creating their own content and multimedia for theWeb, and that a significant proportion of students had lower level skills than might be expected of digital natives.

...

As observed by Kennedy *et al* (2006), although many of the students were using a wide range of technologies in their daily lives, 'there are clearly areas where the use of and familiarity with technology based tools is far from universal' (p. 8). Some of this research (Kennedy *et al*, 2006); Kvavik *et al*, 2005) has identified potential differences related to socio-economic status, cultural/ethnic background, gender and discipline specialisation, but these are yet to be comprehensively investigated. Also not yet explored is the relationship between technology access, use and skill, and the attitudinal characteristics and dispositions commonly ascried to the digital native generation.

Large-scale surveys of teenagers' and children's use of the Internet (cf, Lenhart, Madden & Hitlin, 2005; Livingstone & Bober, 2004) reveal high levels of online activity by many school-aged children, particularly for helping with homework and for social communication. The results also suggest that the frequency and nature of children's Internet use differs between age groups and socio-economic background. For instance, Internet use by teenagers is far from uniform and depends on the contexts of use, with widely varying experiences according to children's school and home backgrounds (Lee, 2005). This is further supported by recent research showing family dynamics and the level of domestic affluence to be significant factors influencing the nature of children's home computer use (Downes, 2002). These findings suggest that technology skills and experience are far from universal among young people.

In summary, though limited in scope and focus, the research evidence to date indicates that a proportion of young people are highly adept with technology and rely on it for a range of information gathering and communication activities. However, there also appears to be a significant proportion of young people who do not have the levels of access or technology skills predicted by proponents of the digital native idea. Such generalisations about a whole generation of young people thereby focus attention on technically adept students. With this comes the danger that those less interested and less able will be neglected, and that the potential impact of socio-economic and cultural factors will be overlooked. It may be that there is as much variation *within* the digital native generation as *between* the generations. (...)

There is no evidence that multitasking is a new phenomenon exclusive to digital natives. The oft-used example of a young person doing homework while engaged in other activities was also applied to earlier generations doing homework in front of the television. Such examples may resonate with our personal observations, but research in cognitive psychology reveals a more complex picture. For example, multitasking may not be as beneficial as it appears, and can result in a loss of concentration and cognitive 'overload' as the brain shifts between competing stimuli (Rubinstein, Meyer & Evans, 2001; Sweller, 1988).

Nor is there clear evidence that the interactivity prevalent in most recreational computer games is applicable to learning. The enthusiasm for educational games among some commentators rests on the possibility of harnessing the high levels of engagement and motivation reported by many game players to motivate students to learn. Although the idea has excited interest for many years, and there is some evidence that highly modified game-based approaches can support effective learning (Dede, 2005), research into how to design games that foster deep learning is inadequate (Moreno & Mayer, 2005). Furthermore, the substantially greater popularity of games amongst males compared to females (Kennedy *et al*, 2006; Kvavik *et al*, 2005) may limit the appeal of games to all learners. This is not to say that educational games might not be effective, but simply questions the assumption that their apparent popularity in everyday life makes them directly and unproblematically applicable to education. Generalisations about the ways in which digital natives learn also fail to recognise cognitive differences in young people of different ages and variation within age groups.

Sexualität und das Begehren als Kristallisationspunkte kritischer Gesellschaftsanalysen

Der Beginn der Frauenforschung zur Sexualität ist eng mit der Entstehung der Neuen Frauenbewegung in Westdeutschland verknüpft. Deshalb soll an dieser Stelle kurz auf die Entstehung der Neuen Frauenbewegung im Umfeld der außerparlamentarischen Opposition (APO) eingegangen werden.

Seit Ende der 1960er Jahre setzt sich die APO für eine ‚sexuelle Revolution' ein: Sie macht vor allen Dingen die in bürgerlichen Kleinfamilien vorherrschende sexualfeindliche Erziehung für die Verbreitung faschistischer Ideologien verantwortlich. Deshalb werden alternative Lebens- und Beziehungsformen als Gegenmodelle zur bürgerlichen Kleinfamilie entwickelt.

Schon früh kritisieren jedoch Frauen die konkreten Auswirkungen dieser alternativen Lebens- und Beziehungsformen auf Frauen. Sie stellen fest, dass sich ihre Unterdrückung primär im sogenannten privaten Bereich manifestiert: Viele Frauen erfahren die theoretische Forderung von der sexuellen Revolution praktisch als ‚Orgasmus-Terror'. Denn Männer bemessen den Grad der Emanzipation von Frauen vielfach ausschließlich anhand ihrer sexuellen Bereitschaft. Auf diese Weise degradieren viele Männer Frauen zu Sexualobjekten. Gleichzeitig werden Frauen mit Kindern trotz hoher beruflicher Qualifizierung auf ihre traditionellen Geschlechterrollen als Hausfrau, Mutter und Ehefrau zurückgeworfen.

Aufgrund dieser Erfahrungen wird 1968 der ‚Aktionsrat zu Befreiung der Frauen' gegründet. In diesem Aktionsrat diskutieren Frauen zunächst alternative Erziehungsmodelle, die ihnen unter anderem mehr Zeit zum Studium und zur politischen Arbeit bieten sollen. In diesem Zusammenhang wird auch deutlich, dass nicht nur die spezifische Thematisierung des Privaten in der APO, sondern darüber hinaus auch die allgemeine gesellschaftliche Ausklammerung bzw. Ausblendung des Privaten aus dem Bereich des Politischen dazu führt, dass die Benachteiligungen bzw. Diskriminierungen von Frauen gesellschaftlich nicht wahrgenommen werden. Unter dem Motto „Das Private ist politisch" fordern Frauen deshalb eine

326 III Sexualität und kritische Gesellschaftsanalysen

Ausweitung des Politikbegriffs: Nicht mehr nur das Öffentliche, sondern auch das bisher Private soll politisiert werden.

Die Kritik von Frauen an den konkreten Auswirkungen der sexuellen Revolution und die damit einhergehende grundsätzliche Forderung nach einer Politisierung des Privaten bilden die zentralen Faktoren für den Beginn der Neuen Frauenbewegung: Im Mittelpunkt ihrer Kampagnen und Debatten steht das Selbstbestimmungsrecht der Frau. In diesem Zusammenhang thematisieren Frauen zum einen die (alltägliche) Gewalt gegen Frauen und Mädchen im Allgemeinen und im Besonderen die Fragen der Prostitution und der Pornographie. Sie wenden sich gegen patriarchale Weiblichkeitsvorstellungen insbesondere in Bezug auf den Körper sowie die Sexualität von Frauen. Und im Hinblick auf die sexuellen Praxen kommt es zu einem Entrüstungssturm gegen den sogenannten Mythos vom vaginalen Orgasmus. Zum anderen bekennen Frauen im Rahmen der Abtreibungsdebatte öffentlich, dass sie abgetrieben haben. Sie organisieren Demonstrationen, auf denen sie eine Reform bzw. eine Streichung des § 218 fordern. In vielen deutschen Großstädten werden Frauennotrufe und Selbsthilfegruppen gegründet. Zudem verfassen Frauen Handbücher, in denen frauenfeindliche Praktiken der ‚männlichen‘ Medizin anprangert und frauenfreundlichere Behandlungsmethoden aufgezeigt werden.

Gleichzeitig beginnt sich die entstehende Frauenforschung, mit dem Gegenstand Sexualität auseinanderzusetzen. Sie wendet sich zum einen dagegen, dass der Gegenstand Sexualität vor allen Dingen im Rahmen sexualwissenschaftlicher bzw. medizinischer Forschungen thematisiert wird. Zum anderen kritisiert sie, dass Frauen nur als Objekte von Forschungen über den Gegenstand Sexualität auftauchen. Frauenforscherinnen vertreten die Forderung, dass Frauen das Begehren von Frauen erforschen sollen.

Im Rahmen der Ausweitung der sozialwissenschaftlichen Frauen- zur Geschlechterforschung lassen sich unterschiedliche thematische Verschiebungen in Bezug auf die Auseinandersetzung mit dem Gegenstand Sexualität unterscheiden: Ausgehend vom Selbstbestimmungsrecht von Frauen werden erstens die gesellschaftspolitische Bedeutung der Sexualunterdrückung und gleichzeitig gewalttätige Formen männlichen Sexualverhaltens thematisiert. Zweitens setzen sich Forscherinnen mit psychoanalytisch orientierten Sexualitätskonzepten auseinander. Im Zentrum steht hier die Diskussion der Freudschen Theorien zur Sexualentwicklung. Drittens übt die entstehende Lesbenforschung Kritik an der Annahme, Heterosexualität sei ‚normal‘ und damit ‚natürlich‘. Schließlich wird Viertens nach der gesellschaftlichen Relevanz der Normalität und Normativität von Heterosexualität gefragt.

Die hier benannten thematischen Verschiebungen lassen sich nicht zuletzt auch auf erkenntnistheoretische Perspektivverschiebungen in Bezug auf den Gegenstand Sexualität zurückführen.

Im Rahmen der Debatte über die gesellschaftspolitische Bedeutung der Sexualunterdrückung für Frauen wird vielfach unterstellt: Allen Frauen ist ein natürlicher, biologisch bedingter Kern weiblicher Sexualität gemeinsam. Und dieser Kern wird im Patriarchat deformiert. In diesem Kontext werden der patriarchalen Sexualitätsunterdrückung drei zentrale Funktionen zugeordnet: Frauenforscherinnen verstehen das Sexuelle als Kristallisationspunkt des Patriarchats; Forscherinnen interpretieren die Deformierung der weiblichen Sexualität als Instrument zur Reproduktion bzw. Produktion des Patriarchats; und schließlich gilt das Sexuelle als der Ort der Befreiung von Frauen (vgl. dazu auch Bührmann 1995).

Im Zuge der Auseinandersetzung mit psychoanalytischen Sexualitätsvorstellungen wandelt sich die Perspektive, mit der die Sexualität betrachtet wird. Dabei werden insbesondere psychoanalytischen Vorstellungen über eine ,normale' Sexualitätsentwicklung problematisiert. Im Mittelpunkt stehen dabei die folgenden Fragen: Was bedeutet es, von einer ,normalen' weiblichen bzw. männlichen Sexualität zu sprechen? Wie entwickelt sich eine ,normale' weibliche bzw. männliche Sexualität? Und schließlich welche sozialpsychologischen bzw. sozialen Konsequenzen ergeben sich aus dieser Sexualentwicklung? Ausgehend von diesen Fragen entwickeln insbesondere Sozialisationsforscherinnen alternative Modelle zur geschlechtsspezifischen Identitätsentwicklung.

Sowohl bei der Frage nach der gesellschaftspolitischen Bedeutung der Unterdrückung der ,natürlichen' weiblichen Sexualität als auch bei der Frage nach einer ,normalen' Sexualentwicklung unterstellen Forscherinnen, dass Heterosexualität die ,normale' und ,natürliche' Form der Sexualität darstelle. Dies ändert sich mit dem Entstehen der Lesbenforschung. Forscherinnen machen jetzt auf zwei Erscheinungen aufmerksam: Erstens problematisieren sie, dass sich das Sexualitätsverständnis bisher an der Norm der Heterosexualität orientiert habe, und, dass so zweitens das lesbische Begehren nicht nur ausgeblendet, sondern auch als nicht natürlich definiert werde. Gegen diese Ausblendung bzw. Ausgrenzung wenden sich Lesben und machten damit auf die Differenzen zwischen Frauen aufmerksam. Sie fordern eine systematische Berücksichtigung lesbischer Frauen bzw. Lebensweisen auch im Rahmen der Frauenforschung. Gleichzeitig stellen einige Forscherinnen die Frage, was es überhaupt bedeuten kann lesbisch zu sein und entwickeln Vorstellungen über eine lesbische Identität.

Diese Überlegungen werden im Zuge einer ,konstruktivistischen' bzw. ,dekonstruktivistischen' Auseinandersetzung mit dem Thema Sexualität aufgegriffen: Aber nun geht es nicht mehr um die Frage der Gleichheit bzw. Differenz männlicher und weiblicher Sexualität, männlicher und weiblicher Sexualentwicklung und auch nicht mehr um die Frage heterosexueller und homosexueller Formen des (weiblichen) Begehrens. Vielmehr steht jetzt das Problem im Mittelpunkt:

Wie und warum werden Differenzen in Bezug auf das Sexuelle kulturell hervorgebracht. Zudem wird gefragt, ob überhaupt eine ‚natürliche' Sexualität bzw. ein ‚natürlicher' Sexualtrieb existiere. In diesem Zusammenhang beziehen sich viele Forscherinnen auf den Sozialphilosophen Michel Foucault. Foucault (1977) verfolgt im ersten Band seiner Studie „Sexualität und Wahrheit" die Frage, wie sexuelle Verhaltensweisen in der Moderne zum Gegenstand des Wissens geworden sind. Er will zum einen die historischen Bedingungen und Zusammenhänge aufspüren, aufgrund derer sich der neue Erkenntnisbereich formierte, den man mit dem Begriff Sexualität bezeichnet hat. Zum anderen geht es ihm darum, zu analysieren, wie sich dieser neue Erkenntnisbereich Sexualität mit modernen Machtmechanismen und Institutionen der Macht verbunden hat. Dabei kritisiert er Sexualitätskonzeptionen, die ausgehend von der Annahme eines natürlichen Kerns von Sexualität eine systematische Unterdrückung und Verdrängung des Sexes im Zuge des Kapitalismus behaupten. Foucault dagegen geht davon aus, dass es seit dem 16. Jahrhundert zur Ausweitung der Diskurse, d. h. geregelter und institutionalisierter Redeweisen, über die Sexualität gekommen ist, die von der Formierung unterschiedlichster Sexualitäten bzw. sexueller Identitäten begleitet wurde. Seine Perspektive auf den Gegenstand Sexualität stützt Foucault auf ein produktives Verständnis der Macht, das er am Beispiel der Sexualität verdeutlichen will. In diesem Zusammenhang zeigt er, dass es ausgehend von den mittelalterlichen Beichtpraktiken zu einer diskursiven Explosion kommt, die sich im Verlaufe des 18. Jahrhunderts über staatlich administrative Maßnahmen zur ‚Verbesserung' des Bevölkerungskörpers beschleunigt. Er nennt hier unter anderem Maßnahmen zur Hebung der Geburtenrate, zur Senkung der Sterberate und zur Sicherung von Gesundheit und Fortpflanzung der Bevölkerung. Im Verlaufe des 19. Jahrhunderts, so Foucault, gerät schließlich der Gegenstand Sexualität in den Brennpunkt des Interesses von Medizin, Sexualpathologie und Pädagogik. Hier werden ‚normale' und ‚abweichende' sexuelle Verhaltensweisen bzw. Empfindungen differenziert, klassifiziert und normalisiert, abweichende sexuelle Identitäten ‚entdeckt' und pathologisiert sowie Konzeptionen vom ‚natürlichen' männlichen und weiblichen Sexualtrieb formuliert. Diese Sichtweise Foucaults beinhaltet die These, dass weder eine ‚natürlich' gegebene weibliche noch eine ‚natürlich' gegebene männliche Sexualität existiert. Das bedeutet, dass Menschen Sexualität erleben, einen Sexualtrieb wahrnehmen, sich selbst als heterosexuell oder homosexuell begreifen, kann nicht auf die Existenz einer ‚natürlichen' Sexualität bzw. die Existenz eines ‚natürlichen' Sexualtriebes zugeführt werden. Vielmehr, so Foucault, werden Sexualität bzw. Sexualtrieb erst über geregelte und institutionalisierte Redeweisen insbesondere der Sexualpathologie und der sich entwickelnden Psychoanalyse am Ende des 19. Jahrhunderts hervorgebracht; sie materialisieren sich über so unterschiedliche

Praktiken wie die Sexualisierung des weiblichen Körpers, die Pathologisierung des homosexuellen Begehrens, die Disziplinierung des Fortpflanzungsverhaltens und die Verfolgung der kindlichen Onanie.

Ausgehend davon stellt sich auch die Frage nach der Bedeutung der sozialwissenschaftlichen Frauen- und Geschlechterforschung für die Hervorbringung einer weiblichen und männlichen Sexualität, einer weiblichen Sexualentwicklung und eines heterosexuellen bzw. homosexuellen Begehrens.

Die nachfolgenden Debatten thematisieren zunächst eine Fülle neuer sexueller Praktiken und Lebensweisen, kurz: „Neo-Sexualitäten". Im scheinbar unauflösbaren Spannungsfeld von Freiheit und Verantwortung, Entspannung und Banalisierung, Liberalität und Gleichgültigkeit werden unterschiedlichste sexuelle Identitäten und ihre gesellschaftstheoretischen Bedeutungen zum Thema. Die Diskussionen der sozialwissenschaftlichen Geschlechterforschung konzentrieren sich dabei vor allem auf zwei Pole: nämlich die Regierung des Individuums und die Regierung der Bevölkerung. Bei der Regierung des Individuums steht die Frage im Vordergrund, wie über welche Praktiken Menschen sich selbst und andere führen bzw. geführt werden. Hier steigt die Intersexualität zu einem zentralen Themenkomplex auf. Erforscht wird unter anderem, wie insbesondere über medizinische Praktiken Körper erst entweder zu männlichen oder weiblichen Körpern ‚gemacht' werden und so Grenzüberschreitungen und damit -verwischungen im System der biologischen Zweigeschlechtlichkeit verhindert werden. Biologische Zweigeschlechtlichkeit bezeichnet dabei ein System, in dem es nur zwei Geschlechter gibt, die als naturgegeben, unveränderbar gedacht werden. Zugleich wird im Zusammenhang mit einer verstärkten Thematisierung von sexueller Gewalt zwischen und unter den Genus-Gruppen immer deutlicher, dass die Sexualwissenschaften stets auch als Geschlechterforschung verstanden werden können. Zunehmend wird in diesem anderen zentralen Themenkomplex nicht mehr nur nach der Gewalt gegenüber Frauen von Seiten der Männer gefragt. Vielmehr werden nun ebenfalls Männer als Opfer und Frauen als Täterinnen betrachtet. Hierbei werden intersektionale Perspektiven immer wichtiger und Geschlecht wird nicht mehr als einzige (oder hegemoniale) Kategorie verstanden, die Ungleichheits- und Machtverhältnisse prägt.

Auch in Bezug auf die Debatten um die Regierung der Bevölkerung steht das Spannungsverhältnis zwischen Freiheitspotenzialen und faktisch bestehenden Zwängen im Zentrum. Dies wird besonders deutlich bei der Diskussion um die Bedeutung der Gen- und Reproduktionstechnologien für Frauen, in der Körper als Medien sozialer Regulierung verstanden werden. Einerseits – so wird argumentiert – nährten diese Technologien nämlich Hoffnungen auf ein ‚besseres' Leben für die einzelne Frau. Andererseits ermöglichten sie aber auch mutmaßlich optimale Kontrollmöglichkeiten der Bevölkerung(-sentwicklung). Als eine der Folgen dieser Optimierungsversuche wird eine zunehmende Medikalisierung (über-)staatlicher Bevölkerungspolitiken breit diskutiert. Im Mittelpunkt steht die Kritik an Tendenzen, die Fortpflanzung zum zentralen Maßstab für den Grad der Gesundheitsverantwortung wie Selbstbestimmung von Frauen zu machen und dabei z. b. die Ursachen der Mütterlichkeitssterblichkeit aus dem Kontext zu reißen, d. h. zu de-kontextualisieren.

Ausgehend von der sogenannten zweiten Welle der westdeutschen Frauenbewegung und den konkreten Erfahrungen von Frauen hat sich die Geschlechterforschung zuerst auf empirischer und später vermehrt auf theoretisch-diskursiver Ebene mit der Entdeckung und (De-) Konstruktion von Sexualität und sexuellem Begehren beschäftigt. Nun scheint die Forschung wieder an ihren Beginn verwiesen. Die Forschung setzt sich mit den Fragen der Folgen der eigenen Forschung auseinander und reflektiert ihre Konstruktionserfolge auf diskursiver wie nicht diskursiver Ebene. Abzuwarten bleibt, ob dies nun zu einem *material turn* innerhalb und einer Rückbesinnung auf die Wurzeln der Frauenforschung führt.

Verwendete Literatur:

Foucault, Michel (1977): Sexualität und Wahrheit Band l: Der Wille zum Wissen, Frankfurt/M: Suhrkamp

Weiterführende Literatur:

Beiträge zur feministischen Theorie und Praxis, Heft 20: Der neue Charme der sexuellen Unterwerfung. 1987

Bührmann, Andrea D. (1995): Das authentische Geschlecht. Die Sexualitätsdebatte der Neuen Frauenbewegung und die Foucaultsche Machtanalyse. Münster: Westfälisches Dampfboot

Bührmann, Andrea D. (2004): Der Kampf um weibliche Individualität. Zur Transformation moderner Subjektivierungsweisen in Deutschland um 1900. Münster: Westfälisches Dampfboot

Butler, Judith (1991): Das Unbehagen der Geschlechter. Frankfurt/M.: Suhrkamp

Chasseguet-Smirgel, Janine (Hg) (1976): Psychoanalyse der weiblichen Sexualität. Frankfurt/M.: Suhrkamp

Giddens, Anthony (1993): Wandel der Intimität. Liebe und Erotik in modernen Gesellschaften, Frankfurt/M.: Fischer-Taschenbuch-Verl.

Heldhuser, Urte / Marx, Daniela / Paulitz, Tanja / Pühl, Katharina (Hg.) (2004): Under Construction? Konstruktivistische Perspektiven in feministischer Theorie und Forschungspraxis, Frankfurt/M.: Campus-Verlag

Interdisziplinäre Frauenforschungsgruppe Frauenforschung (IFF) (Hg.) (1990): Liebes- und Lebensverhältnisse Sexualität in der feministischen Diskussion. Frankfurt/M.; New York
Kuhlmann, Ellen / Kolleck, Regine (Hg.) (2002): Konfiguration des Menschen. Biowissenschaften als Arena der Geschlechterpolitik, Opladen

1 Die Politisierung von Sexualität

Wie bereits erwähnt, bilden die Auseinandersetzungen um das Selbstbestimmungsrecht der Frauen über ihren Körper, die einerseits in der Abtreibungsdebatte und andererseits in der Kampagne gegen Gewalt kulminieren, den Ausgangspunkt für die Beschäftigung der Frauenforschung mit dem Thema Sexualität. Dabei gilt die Durchsetzung des Rechtes auf (sexuelle) Selbstbestimmung über den weiblichen Körper als Grundvoraussetzung für eine Emanzipation. Den Ausgangspunkt von *Karin Schrader-Kleberts* Aufsatz „Die kulturelle Revolution der Frau" bilden die praktischen Erfahrungen von Frauen mit der herrschenden Sexualmoral in der Bundesrepublik Deutschland. Ausgehend von einer Kritik an der theoretischen Trennung von privat und öffentlich setzt sie sich mit den repressiven Funktionen von Ehe und Familie auseinander und fordert eine von Männern unabhängige Politisierung der Frau. Frauen sollen so die Möglichkeit erhalten, über ihre sexuellen Bedürfnisse und ihre Gebärfähigkeit selbst zu entscheiden. Damit lehnt Schrader-Klebert nicht nur die staatliche Bevölkerungspolitik und insbesondere die Abtreibungsgesetzgebung ab. Vielmehr wendet sie sich auch gegen die ihrer Meinung nach am Ende der 1960er Jahre herrschende männliche Sexualmoral, die Frauen als Ehefrauen bzw. Prostituierte zu Objekten männlichen Begehrens degradiere. Einer der zentralen Texte im Rahmen der Debatte über die gesellschaftspolitische Bedeutung der Sexualunterdrückung für Frauen ist das Buch „Sexus und Herrschaft" von *Kate Millett*. In ihrer Untersuchung stellt sie die These auf: Sexualität ist ein politisches Instrument und der Koitus – die scheinbar intimste Beziehung zwischen Mann und Frau – dient dem Patriarchat zur Unterdrückung und Demütigung von Frauen. In dem ausgewählten Textabschnitt setzt sich Millett insbesondere mit den repressiven Funktionen von Gewalt gegen Frauen in Form von Vergewaltigung und Pornographie im patriarchalen System auseinander. Am Beispiel der Analyse literarischer Texte will sie zeigen, dass patriarchale Gesellschaften Sexualität vielfach mit Gewalt verbinden.

Margrit Brückner wendet in ihrem Aufsatz „Weibliche Verstrickungen in Liebesbeziehungen" den Blick auf die Phantasien und Erfahrungen von Frauen, die misshandelt worden sind. Ausgehend vom soziologischen bzw. sozialpsychologischen Forschungsstand zum Thema Frauenmisshandlung interpretiert sie Selbst- und Fremdbilder von Weiblichkeit. Dabei richtet sich ihr Interesse nicht so sehr auf die Differenzen, sondern vielmehr auf die Gemeinsamkeiten zwischen misshandelten und nicht misshandelten Frauen. Brückner kommt zu dem Ergebnis, dass das Phänomen Misshandlung von Frauen und dessen gesellschaftliche Verbreitung als Zeichen für eine grundsätzliche Verwobenheit von Weiblichkeit mit der Möglichkeit der Misshandlung zu begreifen ist. Sie glaubt, dass hinter den spezifischen Erfahrungen misshandelter Frauen allgemeine Probleme des weiblichen Lebenszusammenhanges und weiblicher Identitätsstrukturen sichtbar werden.

▶ **Schrader-Klebert, Karin (1969): Die sexuelle Revolution der Frau.** In: *Kursbuch I 7, 1969, S. 1-46; hier Auszüge aus den S. 25-27, 31-34*

Die Ehe ist ein Vertrag über ein Besitzverhältnis mit Nutzungsrecht. Die Ehe ist eine Institution, die die von den Produktionsverhältnissen bedingten gesellschaftlichen Verhältnisse stabilisiert. Die Ehe hat ein Monopol auf Fortpflanzung und damit – als Familie – auf Erziehung. Sie fixiert die gesellschaftliche Abhängigkeit der Menschen durch die Regelung der ökonomischen Proliferation (Erbrecht, Verteilung der Berufschancen etc.) und durch Aufrechterhaltung einer klassenspezifischen Erziehung, die mit einem Gewaltmonopol gegenüber den Kindern verbunden ist. Die Monogamie hat nichts mit Eros zu tun, sondern ist eine ökonomische Zwangsveranstaltung, die bestimmte Produktionsbedingungen wie den Besitz in Grundeigentum, Kapital, Prestige, Ausbildung stabilisiert. Treue ist also keine Eigenschaft sondern eine einseitige Gewaltverzichterklärung, eine erniedrigende Verhaltensvorschrift für lebenden Besitz. Da die Stellung von Frau und Kindern über die des Mannes vermittelt ist, vereinfacht sich der Prozeß gesellschaftlicher Disziplinierung, weil die Abhängigkeit eines einzelnen notwendigerweise noch einige andere Wesen trifft. Die Ehe ist schlechthin das Instrument, die gesellschaftliche Unmündigkeit des Menschen zu erhalten. Sie ist mit den gültigen ökonomischen Kategorien jeweils adäquat analysierbar. Sie ist die Vermittlungsinstanz, in der sich die Regelung der gesellschaftlichen Arbeit, die Produktionsweise in Verhaltensnormen und kulturelle Eigenschaften umsetzt. Sie ist eine Zwangsverpflichtung, die an selbstverständliche Normen gebunden ist, die wieder selbstverständliche Eigenschaften voraussetzen. Durch sie wird nicht nur eine ganze Klasse von Menschen generell vom Produktionsprozeß dissoziiert, sondern sie verankert die psychischen Voraussetzungen für die

Unterwerfung in jedem Menschen durch den an sie gebundenen Sozialisierungsprozeß. Sie hat nichts mit Liebe, Eros oder Sexualität zu tun, sondern ist deren Vernichtung, insofern Ehe für alle Beteiligten eine Negation von Autonomie, Freiheit und Selbstverfügung bedeutet – in verschiedenen Abstufungen. Da aber die Ehe die legitime soziale Existenzweise des Menschen ist, ist sie nur der Agent der Klassenherrschaft. Heute vermittelt sie das Interesse der Herrschaft, die für die Aufrechterhaltung der monopolkapitalistischen Produktionsverhältnisse notwendige Atomisierung des Menschen zu erzeugen. Die gesellschaftlichen Zwänge, mit denen die Monogamie heute verbunden ist, dienen der Notwendigkeit, die Menschen in Abhängigkeit und Sterilität festzuhalten. Umgemünzt in psychische Zwänge ergeben sie das Bild der alltäglichen Quälerei zwischen den Ehepartnern und die Unfähigkeit des einzelnen, sich gegen den Ichverlust, den er von der Gesellschaft erleidet, zu wehren. Die Institution der Ehe schließt aus: die Selbstbestimmung des Menschen; die Selbstverfügung der Frau über den eigenen Körper; die freie Weiterentwicklung zu anderen angemessenen Formen der sozialen Beziehung. Sie schließt Liebe aus, weil sie Liebesfreiheit und Verlangensfreiheit ausschließt. Die Institution der Ehe stabilisiert: die Atomisierung des Menschen, insofern sie die Fixierung des Menschen auf nur einen anderen Menschen vorschreibt, damit die Beziehung zu allen anderen Menschen zweitrangig und gegen Gewalt und Grausamkeit gegenüber anderen Menschen gleichgültig macht. Sie fordert die Destruktion der psychischen Ichkräfte, insofern sie die Ichidentität auf die Erhaltung eines Status quo, der nur die isolierte Privatsphäre einschließt, beschränkt, ihre Weiterentwicklung zu anderen Möglichkeiten und damit ihre Lebendigkeit auslöscht. Sie schafft ein einseitiges Ventil, das die Aggressionen, die aus der gesellschaftlichen Unterdrückung des einzelnen entstehen, konkret immer nur gegen einen anderen einzelnen zu richten gestattet; dadurch wird verhindert, daß die Kräfte gegen eine Gesellschaft konzentriert werden können, die alle Humanität destruiert. Die Zwänge, die man sich selbst antun muss, schlagen zurück auf den anderen, auf den man sich bezieht, wenn die Institution verhindert, daß man gemeinsam gegen diese Zwänge rebelliert. Damit ist die Institution der Ehe ein wichtiges Moment in der Perpetuierung von Grausamkeit und Gewalt im großen Maßstab. Drei wichtige Momente definieren die repressive Funktion der Ehe: l. die Fesselung der Produktivkraft der Frau durch die Aufrechterhaltung der Ehe als ihrer einzigen legitimen Existenzweise; 2. die Fesselung der Produktivkraft Eros durch die Aufrechterhaltung des ehelichen Monopols auf Sexualität, reduziert auf Fortpflanzung; 3. die Fesselung der Produktivkraft des Mannes durch die Aufrechterhaltung der Privatsphäre als Ventil seiner Aggressionen. (...)

Wenn die einzige legitime Existenzweise der Frau die Ehe ist, so ist ihre Sexualität von vornherein negiert, weil die Ehe sie zu einem Werkzeug der Gattung reduziert. Die Sexualität der Frau ist also außerhalb der kulturellen Sublimierung geblieben. Wenn der Mann nun seinen Eros an die Frau fesselt, so muß seine Sexualität ebenfalls abstrakt bleiben, denn die Moralen und Sitten, die er für die Frau entwickelt, müssen notwendigerweise auf seine eigene Sublimierung zurückschlagen. Konsequent waren die Griechen, die aus der Unterdrückung der Frau die logische Konsequenz zogen, daß ein positiver kulturell vermittelter Eros nur in der Beziehung von Mann zu Mann zu verwirklichen ist. Diese kulturelle Vermittlung wurde vom Christentum destruiert. Durch die Tabuisierung des Sexus, des Fleisches wurde eine positive Vermittlung des Eros unmöglich gemacht. Positive Sexualität war demnach immer in die Negation von Recht und Sitte geknüpft. Die Folge einer gewaltsamen Unterdrückung von Sexualität ist die Bindung des irrationalen Triebes in Gewaltsamkeit, Verbrechen, Perversion und Anarchie. Das beweisen die Formen, in denen Sexualität in unserer Gesellschaft erlebt wird: Von der männlichen Seite her wird sie nur in den Kategorien des Kampfes, des Raubes, der Gewalt, des Zerstörens, des Sieges betrachtet; von der weiblichen Seite hingegen in denen der Unterwerfung, der bewußtlosen Hingabe, der Angst, des Opfers und des Schmerzes. Um der Stabilität kultureller Normen willen muß diese Gewaltsamkeit der Sexualität notwendig tabuiert und auf das äußerste Minimum beschränkt bleiben, denn sie würde, einmal freigesetzt, sich gegen diese Tabuierung ihrer gesellschaftlichen Notwendigkeit selbst richten und zur ernsten Gefahr für stabile Herrschaftsverhältnisse werden. Entfesselte Sexualität bedeutet Destruktion und Anarchismus. Die kulturelle Negation der Sexualität rächt sich. Indem man sie auf die Zeugung, als eheliches Monopol, beschränkt, wird das sexuelle Lustprinzip in der Illegalität angesiedelt. Durch die Trennung von Fortpflanzung und Lust werden beide Momente als abstraktes Naturverhältnis zum eigenen Körper fingiert. So verbinden sich beide Momente, voneinander getrennt, mit der Angst vor dem unbeherrschten Naturverhältnis. Diese Angst, eine Konsequenz der gewaltsamen Selbstverstümmelung, wird von den Ideologen der Unmündigkeit des Menschen als anthropologisches Grundverhältnis angegeben. Die notwendigen Grenzverletzungen der Institutionen werden durch das „natürliche" Böse im Menschen erklärt und als konstante Naturgröße gesetzt.

Die irrationale Unvermittelbarkeit der sexuellen Lust mit den Institutionen, die das Verhältnis des Menschen zu seinem Körper bestimmen, führen nicht nur zur doppelten Moral – Ehemoral und Prostitutionsmoral, Herrenmoral und Sklavenmoral –, sondern auch zur Auslieferung des Individuums in die Irrationalität der eigenen Triebstruktur. Die selbstverschuldete Unmündigkeit wird als das böse Prinzip, als Sünde zur ewigen Natur umgefälscht; damit wird den bestimmten gesellschaftlichen Institutionen, die jeweils definieren, was Recht und Moral ist, sowie ihren notwendigen Äquivälenten, den Irrenanstalten, Gefängnissen und Kasernen, der Stempel der Unvermeidlichkeit aufgeprägt. Die ökonomischen und politischen Verhältnisse werden unangreifbar, wenn das ohnmächtige Individuum seine Rebellion nur als Verbrechen, Sünde oder Krankheit verstehen kann. Diese Selbstlegitimation der Gewalt als Herrschaft von Menschen über Menschen, als Gewalt durch und gegen die Innerlichkeit des Menschen, trifft die Frau um so härter, als sie nie an revolutionären Veränderungen von Situationen teilgenommen und damit auch kein Bewußtsein von der Bedingtheit des Wirklichen erworben hat. Die Vertreter der Aufklärung und des romantischen Individualismus im 19. Jahrhundert haben erkannt, daß auch die Frau prinzipiell der Lust fähig sein könne oder sogar ein Recht auf Lust habe. Diese Erkenntnis konnte aber schon allein deswegen nicht umstürzend wirken, weil der aufklärerische und romantische Individualismus bereits durch das sich emanzipierende Bürgertum für seine ökonomischen Zwecke umfunktioniert worden war: Die sich entwickelnde kapitalistische Gesellschaft hatte die Sexualität potentiell bereits kommerzialisiert, als die Individualisten die anarchistische Wirkung einer freigesetzten Sexualität in allen ihren gesellschaftlichen Konsequenzen noch gar nicht durchschaut hatten. Damit war die revolutionäre Wirkung eines von seinem Sündencharakter befreiten Eros im Keime erstickt. Die Diktatur der Theologie über den Eros wurde abgelöst von der Diktatur des Kapitals über den Eros. Sexualität wurde zur Ware, zum Konsumobjekt, und kam damit unter die Herrschaft des Leistungsprinzips. Die böse Natur der Sexualität wurde zwar durch ihren Warencharakter domestiziert, aber nicht aufgehoben; umfunktioniert zum Instrument der repressiven Konsumtion, ist die Triebpotenz des Menschen nur ein Mittel, um ihn, vermittelt über sein irrationales, unstillbares Verlangen, an das kapitalistische Leistungsprinzip zu schmieden.

So wurde die Lustfähigkeit der Frau, kaum entdeckt, sofort gegen sie selbst gewandt. Wenn sie früher gar nicht gewußt hat, daß sie lustfähig sei, und deshalb frigide und hysterisch war, so ist sie jetzt frigide und hysterisch, weil sie Angst hat, nicht genug Lust zu haben und vor allem zeigen zu können und dadurch den Mann zu beleidigen. Die Möglichkeit, sich über das Bewußtsein der Lust den eigenen Körper anzueignen, wurde erfolgreich dadurch verhindert, daß man der Frau die Selbstverfügung über den eigenen Körper sozial und rechtlich vorenthielt. Der Abtreibungsparagraph und die staatliche Verfügung über die Möglichkeiten der Geburtenkontrolle bestätigen der Frau bis heute ihre Rolle als privates und öffentliches Objekt. Staat und Kirche haben ein Bündnis gegen die Frau geschlossen. Die Heuchelei der öffentlichen Moral in diesem Punkt schreit zum Himmel. Man schickt Millionen von Menschen aus edlen Zwekken in den Tod, aber dem Foetus gegenüber erweist man sich als unnachgiebig menschenfreundlich. Da es unmoralisch ist, zwischen zwei Leben zu wählen, opfert man lieber die Mutter.

Man hält Aufklärung für etwas Unanständiges, verbietet die Verhütungsmittel, nennt Abtreibung einen Mord, und andererseits diffamiert man eine uneheliche Mutter und treibt deswegen junge Mädchen zum Selbstmord und zur Selbsthilfe, die eben auch oft tödlich verläuft. Man weiß genau, daß es jährlich in Deutschland eine Million Abtreibungen gibt, daß Ärzte aus dem Abtreibungsparagraphen ein großes Geschäft machen können und daß gerade jene, die sich dieses teure Oberschichtenvergnügen einer Abtreibung nicht leisten können, zu Zwangsehe, Schande oder Selbsteingriff mit oft tödlichen Folgen verurteilt sind. Man preist die Mutterschaft als etwas Edles und Herrliches, überläßt aber die Kinder den Kinderschindern in Fürsorgeheimen oder zwingt Mütter dazu, ihre Kinder zu ermorden, weil sie Angst vor der gesellschaftlichen Diffamierung ihrer selbst und ihrer Kinder haben.

Wie kann man erwarten, daß ein Wesen, dem man nicht einmal die Selbstverfügung über den eigenen Körper einräumt, je zum Menschen werden könnte, je rational denken lernen könnte, wenn die staatliche Zwangsgewalt sie von vornherein in eine aussichtslose Situation hineinstellt? Man züchtet systematisch Angst, Irrationalität und Unmündigkeit der Frau und wirft ihr andererseits vor, daß sie ängstlich, irrational und unmündig bleibt. So wird, was als Befreiung gemeint war: die Entdeckung des Individuums und die wissenschaftliche Möglichkeit der Beherrschung der Natur und des eigenen Körpers, sofort zum Ritual der Unmündigkeit umfunktioniert; die Emanzipation des Menschen vom Sexus als Funktion der Zeugung wird durch das gesellschaftliche Gewaltmonopol bewußt verhindert: Die staatliche Bevölkerungspolitik, die sich ethisch als Familienpolitik kaschiert, ist nur eine Funktion der Destruktionsmechanismen des Kapitalismus.

▶ **Millett, Kate (1969): Sexualität und Herrschaft.** *Die Tyrannei des Mannes in unserer Gesellschaft. Reinbek: Rowohlt Taschenbuch Verlag 1985; hier Auszüge aus den S. 38-39, S. 63-68*

In Amerika haben uns jüngste Ereignisse dazu gezwungen, endlich zuzugeben, daß die Beziehungen zwischen den verschiedenen Rassen tatsächlich politischer Natur sind. Dies bedeutet, daß eine Gruppe von Geburt an dazu bestimmt ist, eine andere, die ebenfalls durch Geburt definiert ist, zu kontrollieren. Die meisten Gruppen, die aufgrund von Geburtsrecht herrschten, sind im Aussterben begriffen. Eine Ausnahme jedoch gibt es auch heute noch: die Beherrschung einer Gruppe durch eine andere dank ihrer verschiedenen Geschlechtszugehörigkeit. Untersuchungen zur Rassenstruktur haben das politische Verhältnis zwischen den Rassen eindeutig bewiesen und gezeigt, wie es eine Reihe von Unterdrückungsmaßnahmen perpetuiert. Die unterdrückte Gruppe genießt in der bestehenden politischen Ordnung nur ungenügenden Rechtsbeistand und ist deshalb daran gehindert, sich in einer konventionellen politischen Opposition zu organisieren.

Analog dazu muß eine objektive Untersuchung unseres Systems der Sexualbeziehungen zu dem Schluß kommen, daß die Beziehungen zwischen den Geschlechtern sowohl heute wie auch früher stets ein Phänomen aufwiesen, das Max Weber mit Herrschaft bezeichnete. Obwohl es in unserem Sozialgefüge tief verankert ist, wird das Geburtsvorrecht, nach dem das Männliche über das Weibliche regiert, in unserer sozialen Ordnung durchaus unkritisch betrachtet. Es wird nicht einmal erkannt, daß dieses System eine äußerst kluge Art „innerer Kolonisation" ist.

Diese Herrschaft ist haltbarer als jede Art erzwungener Segregation, unerbittlicher als Klassenschichtung, einheitlicher und zweifellos zeitüberdauernder. Wenn die gegenwärtige Form dieser sexuellen Herrschaft auch belanglos erscheinen mag, so ist sie vielleicht doch die weitestverbreitete Ideologie unserer Kultur und liefert deren fundamentalsten Machtbegriff.

Der Grund ist darin zu suchen, daß unsere Gesellschaft, wie alle anderen historischen Zivilisationen, ein Patriarchat ist. (…) Das Militär, die Industrie, die Technologie, die Universitäten, die politischen Ämter, das Finanzwesen, kurz, jeder Zugang zur Macht innerhalb der Gesellschaft, einschließlich der Polizeigewalt, liegt in männlichen Händen. Da Politik auf Macht beruht, kommt dieser Erkenntnis große Bedeutung zu. Was immer an übernatürlicher Autorität, an „Göttlichem", an ethischen und moralischen Werten, an Philosophie und Kunst in unserer Kultur erhalten ist, oder, wie T.S. Eliot es einmal ausdrückte, was den Kern einer Zivilisation ausmacht, stammt von Männern.

(…)

Wir sind es nicht gewöhnt, das Patriarchat mit Gewalt in Verbindung zu bringen. So perfekt ist der Sozialisierungsprozeß, so uneingeschränkt die allgemeine Zustimmung zu seinen Werten, so lange und so universell hat sich das Patriarchat in der menschlichen Gesellschaft behauptet, daß es scheinbar keine gewaltsamen Mittel nötig hat, um sich durchzusetzen. Gewöhnlich sehen wir seine Brutalitäten in der Vergangenheit als exotische oder „primitive" Bräuche an. Die heutigen betrachten wir als Beispiele individueller Abweichungen, die nur bei pathologischem oder außergewöhnlichem Verhalten vorkommen und im allgemeinen belanglos sind. Trotzdem: so wie in anderen totalitären Ideologien (Rassismus und Kolonialismus sind hier analoge Fälle) wäre auch in einer patriarchalischen Gesellschaft die Kontrolle unvollständig, vielleicht sogar undurchführbar, wenn sie sich nicht auf Gewaltmaßnahmen stützen könnte, sei dies in Notfällen, sei es durch ständig wirksame Einschüchterungsinstrumente. Historisch gesehen haben die meisten Patriarchate die Gewalt in ihrem Rechtssystem verankert. Strikte Patriarchate, wie z. B. der Islam, haben das Verbot gegen Illegitimität oder sexuelle Selbständigkeit mit der Todesstrafe belegt. In Afghanistan und Saudi-Arabien wird die Ehebrecherin immer noch zu Tode gesteinigt, während der Mullah der Vollstreckung beiwohnt. Tod durch Steinigen war früher im Nahen Osten weit verbreitet. In Sizilien wird es heute noch ausgeübt. Man braucht wohl nicht hinzuzufügen, daß es für den männlichen Partner keine Strafe gab oder gibt. Sieht man von der jüngsten Vergangenheit oder einigen Sonderfällen ab, war der Ehebruch allgemein für Männer kein Vergehen, es sei denn, daß ein Mann die Besitzinteressen eines anderen Mannes verletzte. Im Tokugawa-Japan z. B. gab es ein kompliziertes Netz rechtlicher Unterscheidungen, die auf dem Klassensystem aufbauten. Ein Samurai durfte seine ehebrecherische Frau umbringen, und wenn die Öffentlichkeit den Vorgang kannte, mußte er es tun, während ein Shonin (ein gewöhnlicher Bürger) oder ein Bauer tun durfte, was er wollte. Fand der Ehebruch zwischen Angehörigen verschiedener Klassen statt, so wurde z. B. der Mann aus der niedrigen Klasse zusammen mit der Frau seines Arbeitgebers, mit der er in sexuellen Beziehungen stand, geköpft. Dies, weil er Tabus des Klassen- und Besitzrechts verletzt hatte. Männer aus den oberen Schichten konnten natürlich Frauen aus den unteren Schichten genau so leicht und ungestraft verführen, wie wir dies aus unseren westlichen Gesellschaften kennen.

Auch heute besteht in Amerika noch eine Art der „Todesstrafe", wenn auch in indirekter Weise. Patriarchalische Systeme, die den Frauen keine Verfügungsgewalt über ihren eigenen Körper zugestehen, treiben diese Frauen zu illegalen Abtreibungen, jährlich sterben schätzungsweise zwischen zwei- und fünftausend Frauen daran. (…)

Sieht man auch von der Sanktionierung der körperlichen Züchtigung in gewissen Klassen und ethnischen Gruppen ab, bleibt die Gewaltanwendung in den meisten Patriarchaten, den historischen wie heutigen, doch weitverbreitet, ja allgemein. Es spricht für sich, daß nur der Mann Gewalt anwenden kann, da er allein psychisch und technisch in der Lage ist, körperliche Gewaltakte auszuführen. (…) Wo die Unterschiede an körperlicher Kraft durch den Gebrauch von Waffen unwesentlich geworden sind, wird die Frau durch den Sozialisierungsprozeß harmlos gemacht. Wird sie angegriffen, so bleibt sie fast immer infolge ihrer körperlichen und emotionellen Erziehung ohne Verteidigungsmöglichkeit. Selbstverständlich ist das für das soziale und psychologische Verhalten der beiden Geschlechter von weitreichender Bedeutung. Die patriarchalische Gewalt hat eine spezielle Art körperlicher Gewaltanwendung, die besonders sexuell orientiert ist: die Vergewaltigung. Die Statistiken enthalten nur einen Bruchteil der tatsächlich begangenen Vergewaltigungen, da die „Schande" Frauen oft von einer gerichtlichen Verfolgung mit einem öffentlichen Prozeß abhält.

(...)

Historisch ist die Vergewaltigung immer als ein Vergehen unter Männern angesehen worden, weil ein Mann die Frau eines anderen „mißbrauchte". Vendetta, wie sie sich im amerikanischen Süden abspielt, dient nur der Befriedigung des Mannes, als Ansporn zum Rassenhaß und den Interessen des Besitzerrechts und der Eitelkeit (Ehre). Bei der Vergewaltigung nehmen die Gefühle der Aggression, des Hasses, der Verachtung und des Wunsches, eine Person zu brechen oder zu schänden, eine Form an, die für die Sexualpolitik überaus beispielhaft ist. (...) Patriarchalische Gesellschaften verbinden – und das ist typisch – oft Grausamkeit mit Sexualität, wobei Sexualität meist mit dem Bösen und mit Macht gleichgesetzt wird. Dies ist vor allem in den sexuellen Phantasien ersichtlich, von denen die Psychoanalyse berichtet oder wie sie die Pornographie aufzeichnet. Hier wird in der Regel Sadismus mit dem Mann („der maskulinen Rolle") in Verbindung gebracht, die Quälereien mit der Frau („der femininen Rolle"). (...) Emotionelle Reaktionen auf Gewaltakte gegen Frauen sind in einem Patriarchat oft merkwürdig ambivalent; Hinweise auf die Züchtigung der Ehefrau rufen z. B. stets Gelächter und etwas Verlegenheit hervor. Beispiellose Greueltaten, wie die Massenmorde von Richard Speck, werden einerseits mit einer gewissen skandalisierten, wahrscheinlich auch scheinheiligen Entrüstung, andererseits aber von der Masse mit Sensationslust aufgenommen. Dann hört man von Männern sogar gelegentlich Ausdrücke des Neids oder der Belustigung. Angesichts des sadistischen Charakters öffentlicher Phantasien, die sich an den männlichen Konsumenten richten, wie z. B. der pornographischen oder halbpornographischen Unterhaltungsmittel, kann man annehmen, daß in der allgemeinen Reaktion ein gewisser Grad an Identifikation mit enthalten ist. Wahrscheinlich weht ein ähnlicher kollektiver Schauder durch Rassengesellschaften, wenn ihre „konsequenteren" Mitglieder einen Lynchmord inszenieren. Im Unterbewußtsein mögen beide Arten von Verbrechen größeren Gruppen als Ritualakte dienen und den Effekt einer Katharsis haben. Feindseligkeit kommt auf verschiedene Arten zum Ausdruck. Zum Beispiel auch durch Lachen. Misogyne Literatur, der hervorragendste

Ausdruck männlicher Feindseligkeit, gehört zum komischen Genre. Von allen künstlerischen Ausdrucksformen im Patriarchat ist diese am unverblümtesten propagandistisch. Das Ziel besteht darin, beide Sexualparteien in ihrem Rang zu bestärken. Die klassische, mittelalterliche und die Renaissanceliteratur des Westens zeigen alle ein gerüttelt Maß an Misogynie. (…) Auch im Osten sieht sie auf eine lange Tradition zurück, besonders in der Nachfolge von Konfuzius, dessen Lehre in Japan und China verbreitet war. Natürlich ist die westliche Tradition durch die Einführung der höfischen Liebe etwas gemildert worden. Aber die alten Diffamierungen und Angriffe finden sich zur selben Zeit wie die Idealisierung der Frau. Bei Petrarca, Boccaccio und anderen kommen beide Haltungen voll zum Ausdruck, angeblich als Beweis wechselnder Stimmungen, wobei für die höfische Haltung die Alltagsbedürfnisse der Umgangssprache, für den tiefgreifenden Groll das nüchterne und unvergängliche Latein reserviert war. (…) Literarischer Frauenhaß kam außer Mode, als die höfische Liebe sich in romantische Liebe umwandelte.

Bei einigen Schriftstellern sank der Frauenhaß im 18. Jahrhundert zu lächerlich machenden und moralisierenden Satiren herab. Im 19. Jahrhundert verschwanden seine bittersten Formen beinahe völlig aus der englischen Literatur. Sein Wiederaufleben in den Anschauungen und literarischen Werken des 20. Jahrhunderts ist das Ergebnis des Ärgers über die patriarchalischen Reformen. Dieser Ärger kann sich in einer seit 50 Jahren immer mehr zunehmenden Ausdrucksfreiheit austoben. Seitdem die Zensur abgeschafft, zeigt sich die männliche Feindseligkeit (psychisch wie körperlich) in spezifisch sexuellem Zusammenhang wesentlich deutlicher. Da jedoch die männliche Feindseligkeit immer ziemlich konstant war, handelt es sich hier wahrscheinlich weniger um ein Anwachsen dieser Gefühle als um eine neue Offenheit in der Ausdrucksweise. Befreiend und erlösend wirkt es, wenn man das ausdrücken darf, was früher außerhalb der Pornographie oder anderer „Untergrund"produkte, wie der Werke von de Sade, verboten war. Wenn man den Euphemismus und die Idealisierung in der Beschreibung des Koitus bei den romantischen Dichtern (Keats' „Eve of St. Agnes") oder den viktorianischen Schriftstellern (z. B. Hardy) mit Miller oder William Burroughs vergleicht, kann man sich ein Bild davon machen, wie sehr die heutige Literatur nicht nur die „wahre" Deutlichkeit der Pornographie, sondern auch deren anti-sozialen Charakter mit übernommen hat. Da der Tendenz zu verletzen oder zu beleidigen nun freier Ausdruck gegeben werden darf, ist es wesentlich leichter, den sexuellen Antagonismus des Mannes abzuschätzen. Die Geschichte des Patriarchats weist eine große Anzahl von Grausamkeiten und Barbareien auf: die Witwenverbrennungen in Indien, die verkrüppelnden Verformungen der Füße durch Umwickeln in China, die lebenslange Schmach des Schleiers im Islam oder die weitverbreitete Mißhandlung durch strenge Absonderung, Keuschheitsgürtel und Verhüllung. Phänomene wie Clitoridectomie (Beschneidung der Klitoris), der Verkauf und die Versklavung von Frauen unter allen möglichen Deckmänteln, unfreiwillige und Kinderehen, Konkubinat und Prostitution kommen auch heute noch vor – erstere in Afrika, letztere im Nahen und Fernen Osten und die Prostitution überall. Die Erklärung, die eine derartige Ausübung männlicher Autorität meist begleitet und euphemistisch als „Kampf der Geschlechter" bezeichnet wird, hat gewisse Ähnlichkeiten mit den Phrasen, die von den Nationen im Kriegszustand vorgetragen werden, wenn jegliche Abscheulichkeit dadurch gerechtfertigt wird, daß der Feind entweder sowieso auf einer niedrigeren Stufe stehe oder überhaupt nicht menschlich sei. Die patriarchalische Mentalität hat sich eine ganze Reihe von Erklärungen ausgedacht, die demselben Zweck dienen. Diese traditionellen Ansichten färben noch immer unser Bewußtsein und beeinflussen unser Denken in einem Ausmaß, das nur wenige unter uns zugeben werden.

▶ *Brückner, Margrit (1985): Weibliche Verstrickungen in Liebesbeziehungen – Am Beispiel mißhandelter Frauen, In: Sektion Frauenforschung der Sozialwissenschaften in der DGS (Hg): Frankfurt/M.: Campus, S. 90-103, hier Auszüge aus den S. 90-92; S. 98-102*

Das Phänomen der Mißhandlung von Frauen in der Ehe und dessen große Verbreitung in unserer Gesellschaft sehe ich als Zeichen dafür, daß hinter dem spezifischen Leid mißhandelter Frauen allgemeine Probleme weiblicher Lebenszusammenhänge und weiblicher Identitätsstrukturen sichtbar werden. Mein Interesse richtet sich weniger auf Unterschiede zwischen mißhandelten und nicht-mißhandelten Frauen als auf das Gemeinsame: auf die Verwobenheit von Weiblichkeit mit der Möglichkeit von Mißhandlung.

Die Beschäftigung mit den Bildern von Weiblichkeit in den Frauen selbst ergibt nur dann einen emanzipatorischen Sinn, wenn ich davon ausgehe, daß die Erkenntnis der eigenen Verstrickungen in das gesellschaftliche Arrangement der Geschlechter, die Voraussetzung zur Veränderung patriarchalischer Strukturen ist. (…)

Bevor ich mich der innerpsychischen Seite des Verhältnisses von Weiblichkeit' und Mißhandlung zugewandt habe, schien es mir notwendig, die soziologische und sozialpsychologische Seite des Phänomens zu ergründen. Die verfügbaren amerikanischen und deutschen Studien (…) zeigen, daß das Phänomen weiblicher Mißhandlung in der Ehe sehr vielschichtig ist. Eine alleinige und eindeutig abgrenzbare Zuordnung ehelicher Mißhandlung zu gesellschaftlichen oder individuellen Einzelkriterien scheint daher unzulässig, d. h. Frauenmißhandlung ist kein auf eine bestimmte soziale Gruppe beschränktes und damit ausgrenzbares Problem.

1. Alle Untersuchungen weisen auf das ungeheure Ausmaß von Misshandlungen von Frauen in der Ehe hin, was in den untersuchten Ländern USA, England und BRD z. B. an der Überfüllung der Frauenhäuser sinnfällig wird. Gleichzeitig kommen die Studien in Bezug auf Klassen-, Rassen- und Bildungsmerkmale, je nach Sample, zu verschiedenen Schlußfolgerungen, so daß ich davon ausgehe, daß es keine eindeutige Zuordnung von Mißhandlung in der Ehe zu bestimmten sozialen Gruppen gibt.

2. Die auslösenden Ursachen der Mißhandlung lassen keine Besonderheiten erkennen, sie sind Bestandteil des normalen Alltagslebens. Das Ausmaß und der Verlauf der Mißhandlungen sowie die individuelle Reaktion der Frauen auf die erlittenen Schläge sind derart unterschiedlich, daß sich keine allgemeingültigen Muster ergeben, die als „abweichend" gekennzeichnet werden könnten.

3. Die Beziehungen zwischen Frauenmißhandlung einerseits und Alkoholmißbrauch, allgemeiner Gewalttätigkeit des Mannes und der Sozialisationserfahrungen beider Partner in Bezug auf Gewalttätigkeit andererseits bleiben in den Untersuchungen umstritten.

4. Hingegen weisen die Studien einen Zusammenhang zwischen Mißhandlung und dem Verhältnis Frau – Mann in unserer Gesellschaft nach. Die unumstrittenen Nachweise, daß Schwangerschaft, Eifersucht des Mannes und die Isolierung der Ehefrau durch den Mann, Mißhandlung heraufbeschwören oder bestärken können, spricht dafür, daß die Mißhandlung von Frauen zusammenhängt mit patriarchalischen Besitzansprüchen der Männer gegenüber Frauen.

Sowohl die weite gesellschaftliche Verbreitung von Frauenmißhandlung wie die Verknüpfung von Gewalt gegen Frauen mit einem patriarchalen Besitzanspruch zwischen den Geschlechtern weist auf die Verwobenheit der Vorstellungen von Weiblichkeit und der Frauenrolle mit gewalttätigen Ehe- und Liebesbeziehungen hin, in denen Männer Gewalt ausüben und Frauen Gewalt erdulden. (…) Hinter den Bildern von Weiblichkeit mißhandelter ebenso wie nichtmißhandelter Frauen werden individuelle und kollektive Phantasien als Ausdruck eigener und allgemeiner Wünsche und Verdrängungen sichtbar. Ich habe versucht, die Muster und Merkmale dieser Bilder herauszuarbeiten und sie in Bilder der Frauen über sich selbst, über Männer, ihre Beziehungen zu Männern und in Ansätzen der Überwindung vorhandener Bilder zu ordnen. Die Phantasien, denen diese Bilder entstammen und die Bilder selbst können als Schnittpunkte objektiver gesellschaftlicher Situationen und subjektiver Bearbeitung der jeweiligen spezifischen Lage einzelner Frauen gesehen werden. (...) Sie sind Ausdruck der Verhaftetheit in weiblichen Traditionen. Das Leben der Frauen ist von einem besonderen Verhältnis von Phantasie und Realität geprägt, dessen Besonderheit darauf beruht, daß Frauen das Ausleben ihrer Wünsche stärker als Männern verwehrt wird. Das Resultat ist eine vermehrte Unwirklichkeit der Wunschstrukturen, eine bunte Fülle mit starken Gefühlen und Sehnsüchten belegten Bildern, die den Kontrapunkt zum eigenen grauen Alltag darstellen und sich wechselseitig bestärken und rechtfertigen. Die von Entsagungen geprägten weiblichen Lebenszusammenhänge und die erbrachten Opfer bestimmen das Ausmaß des notwendigen Trostes aus der Welt der Phantasien. Diese spezifisch weibliche Verknüpfung von Phantasie und Realität trägt zur Aufrechterhaltung traditioneller Lebenszusammenhänge bei: zum Glauben an die große Liebe und zur klaglosen Ergebenheit in den Ehealltag. (...) Meine Beschäftigung mit Liebesphantasien bezieht sich auf die weibliche Wunschproduktion und nicht so sehr darauf, ob es sich in der jeweiligen Ehebeziehung nach objektiven oder subjektiven Kriterien um Liebe handelt oder nicht. Im Gegenteil scheint es eher der weniger häufige Fall zu sein, daß eine Frau ihren Mann deswegen geheiratet hat, weil sie spezifisch an seiner Person, an ihm als Mensch interessiert war, sondern sie hat ihn genommen und ist bei ihm geblieben, weil sie schwanger war oder weil er einfach „da" war.

Den Bildern von Weiblichkeit und Liebe und ihren psychischen und sozialen Verankerungen bin ich durch die Einbeziehung meiner Frauenhauserfahrungen, die Hinzunahme biographischen Materials von mißhandelten und nichtmißhandelten Frauen und die Reflexion meiner eigenen Phantasien nachgegangen. Meine eigene Betroffenheit über die innere Begegnung mit extremen weiblichen Lebenserfahrungen und das Begreifen der Verwobenheit von Weiblichkeit und Männlichkeit hat mir eine Ahnung davon gegeben, warum es soviel angenehmer ist, Frauen ausschließlich als gezwungene und verführte Opfer männlicher Vorherrschaft wahrzunehmen. Es ist eine Form der Distanzierung von mißhandelten Frauen und von eigenen Anteilen an weiblichen Traditionen. (...)

Die Bilder und Selbstbilder der Frauen sind Ausdruck einer patriarchalischen Gesellschaftsstruktur und der korrespondierenden Struktur der weiblichen Psyche und weiblicher Lebensentwürfe. Frauen sind die Verkörperung der Liebe. Als Mutter und als Ehefrauen sind sie darauf spezialisiert, Söhnen und Ehemännern

Liebe zu geben, die diese als rechtmäßig empfangen und entweder annehmen, ablehnen oder gleichgültig ertragen können, solange ihnen im Überfluß davon gegeben wird. Als Geschlecht verkörpern die Frauen das unerfüllbar Gute und damit das grenzenlos Böse, während Männer die Aufgaben dieser Welt unter sich aufteilen und erledigen. Diese Sichtweise bleibt völlig unbeschadet davon, welchen Anteil der notwendigen Arbeit die Frauen real übernehmen und aufgetragen bekommen. Dieses Bild der Mutter und der Ehefrau, als den vornehmsten Formen von Weiblichkeit enthält neben dem grenzenlosen Liebesversprechen, gleichzeitig die maßlose Enttäuschung darüber, daß diese paradiesischen Hoffnungen unerfüllt bleiben müssen. Eine Enttäuschung, die die Menschen beiderlei Geschlechts an den Frauen ausleben.

Die Zuweisung von „Liebe" an das weibliche Geschlecht findet ihren höchsten Ausdruck in der Selbstaufgabe für andere – für den Mann, für die Familie. Macht und Ohnmacht des Bildes von Weiblichkeit kristallisiert sich darin. Das Glück und die Zufriedenheit in den Augen der anderen spiegeln die weibliche Lebenserfüllung wider und sind deren Gradmesser. Die Arbeit und der Alltag, die sich hinter diesem Bild verbergen, bleiben unsichtbar. Die Aufgabe der Frau ist erfüllt, wenn alle zufrieden sind, aber wann und für wie lange sind alle zufrieden? – Das entscheiden letztlich die Anderen, nicht die Frau selbst. Frauen brauchen ihre Aufgabe nicht zu lernen, denn sie entsprechen der weiblichen Natur. Hingegen muß der Mann die ihm zugewiesene Lebensaufgabe mühsam erlernen, je länger er lernt desto besser. Das, was ihm die Natur mitgegeben hat, wird den Frauen zur Fürsorge anvertraut, durch die eheliche Bindung an sie wird er „ruhig". Frauen sind emotional für andere verantwortlich, die Wiederum ihrerseits die Lebensumstände der Frauen zu verantworten haben. Frauen stehen vor der Alternative, diese Zuweisung zu leben, oder ihre Weiblichkeit zu gefährden. Diese Gefährdung der eigenen Weiblichkeit drückt sich in der Dichotomisierung der Frauen in „richtige Frauen", die ihre Weiblichkeit zum Beruf gemacht haben und Mannweiber oder geschlechtsneutrale Wesen aus, die als wesentlichem Lebensinhalt einem erlernbaren und erlerntem Beruf nachgehen. Die moderne doppelbelastete Frau macht insofern keine Ausnahme als sie mit tiefen Schuldgefühlen fertig werden und mit ständiger Überforderung umgehen muß, um nicht die eine Seite von sich selbst der anderen zu opfern. Im Bild der Frau sind Intellekt und Gefühl zwei Seiten der Persönlichkeit, von der die erstere der Weiblichkeit gefährlich werden kann, nämlich dann, wenn aus listenreicher weiblicher Klugheit unverstellte scharfsichtige Intelligenz wird.

Beide Geschlechter müssen an der Verkleinerung des weiblichen Selbst und an der Vergrößerung des männlichen Selbst arbeiten, um den verschlingenden Element weiblicher Liebesmacht künstliche Grenzen zu setzen und um dem Haß aus unerfüllt gebliebenen Wünschen an das weibliche Geschlecht Ausdruck zu verleihen. (...) Indem Frauen die Liebe zugewiesen wurde, wurde ihnen gleichzeitig ihr Haß und ihre Aggressivität genommen. Das Wissen beider Geschlechter darum, daß Haß sich nicht verbieten läßt und daß angestauter Haß sich zu unvorhergesehener Zeit und in unvorhersehbarer Weise entladen kann, festigt die äußere Unterdrückung und die innere Abspaltung dieser Regungen. Die Begrenzung verschlingender Liebeswünsche und die Möglichkeit und Fähigkeit den eigenen Haßgefühlen angemessenen Ausdruck zu verleihen, sind zwei zusammengehörige Elemente weiblicher Selbstwerdung, die die Basis sowohl für nicht selbstzerstörerische Wünsche nach Nähe wie auch für Autonomiebestrebungen bilden könnten. (...)

In diesem letzten Abschnitt will ich versuchen, die Bedeutung der Bilder, d. h. ihren latenten Sinngehalt zu entschlüsseln. Die hinter den Bildern stehenden Phantasien sind immer beides, die Verarbeitung gesellschaftlicher Anforderungen und eigener Wünsche. Die Phantasien selbst sind Ausdruck schon bearbeiteter psychischer Vorgänge deren Ursprünge unbewußt bleiben.

(...)

Interpretationen des Selbstbildes der guten Ehefrau und Mutter

Da das Selbstbild der guten Frau, die mütterlich und selbstlos ist, normativer Weiblichkeit entspricht, ist es am ehesten dem Bewußtsein zugänglich. Die hinter diesem Bild stehende Identifikation mit der frühen omnipotenten Mutter und die gleichzeitige Verdrängung aggressiver Anteile dieser Mutterimago bleibt jedoch unbewußt. Die nichtvollzogene Integration von guten und bösen Anteilen, sowohl des geliebten Objekts wie des eigenen Selbst, macht die Abspaltung aggressiver Regungen durch Idealisierung und Verleugnung notwendig. (...) Beeindruckendes Beispiel für die Verehrung der Mutter und die Verleugnung der eigenen Haßgefühle ist die Darstellung einer älteren Frau von ihrer Mutterbeziehung, die sie ihrer erwachsenen Tochter berichtet.

> „Meine Mutter habe ich verehrt wie eine Heilige. Wenn meine Mutter an einer Puppe eine Schleife gebunden hat, habe ich die Schleife nicht mehr aufgemacht. Weil's meine Mutter gemacht hat!" „Ich habe meine Mutter so heiß geliebt, ich glaube, ich wäre damals, ohne mich zu besinnen, für sie in den Tod gegangen. Meine Mutter war ja wahnsinnig streng, sie sagte immer, du kriegst gleich eine Tachtel, und ich hatte sie dann schon. Und sie hat gar nicht lange darüber nachgedacht, ob sie mich gerecht behandelt... und ob sie mir gerecht wird... sie hat mich halt geliebt." (...)

Aufgrund der Geschlechtsidentität von Mutter und Tochter und der gesellschaftlichen Festlegung von Frauen auf die Mutterrolle ist der altersbedingt notwendige Trennungsprozeß zwischen Mutter und Tochter besonders gefährdet. Wenn diese Trennung aufgrund weiterbestehender Abhängigkeit nur ungenügend vollzogen werden kann, ist eine Integration libidinöser und aggressiver Strebungen im Selbst und in der Wahrnehmung des geliebten Objekts zu bedrohlich, da die dann gefühlte Enttäuschung über die Begrenztheit mütterlicher Fürsorge und die Wut über die eigene Abhängigkeit das gute Objekt gefährden würde, das ja gleichzeitig noch so dringend gebraucht wird.

Um mit dieser Problematik, leben zu können, bietet sich die Übernahme des gesellschaftlich vorgegebenen Auswegs an: Die Selbstidealisierung als gute, rettende Mutter in Identifikation mit der frühen allmächtigen Mutter, die Aufopferung für Andere zur Umgehung der Trennungsproblematik und die Verleugnung und schuldhafte Verdrängung eigener aggressiver Triebregungen, die gleichfalls dem Bild der Selbstaufopferung zugrunde liegen.

Je stärker die Angst vor eigenen Haßregungen ist, desto mehr müssen sie abgewehrt werden, notfalls bis zum Verbot jeglicher aggressiver Regungen, um einen Schutz gegenüber der gefürchteten Wucht vulkanartiger Haßausbrüche zu errichten.

Interpretation des Bildes vom starken Mann

Während das Selbstbild der Frau als gute, rettende Mutter der Identifikation mit der omnipotenten Mutter entspringt, läßt sich das Bild vom starken Mann und dessen Anziehungskraft für die Frau als die andere Seite des weiblichen Selbst und als Teil der weiblichen Identitätssicherung interpretieren. Der Wunsch nach dem starken Mann und damit die Idealisierung des Männlichen entsprechen dem Selbstbild als schwach und ungefährlich. Die eigene aggressive Seite wird an den Mann delegiert, an dessen Stärke die Frau indirekt partizipiert. Die Frau erlangt indirekt über den Mann Stärke, ohne sich ihre eigenen Machtphantasien bewußtmachen zu müssen und zu dürfen, indem sie den Mann von sich als versorgender Mutter und bewundernder Frau abhängig macht. Das heißt, Stärke wird von der Frau als eigene Regung abgewehrt und als männlich erlebt, da Macht und Aggressivität die frühen Trennungsängste von der Mutter auslösen würde. Andererseits ist Stärke zur Bewahrung des Selbst notwendig und kann durch die Identifikation mit dem Mann indirekt, allerdings um den Preis der Abhängigkeit erlebt werden. Der Mann muß stark sein, damit die Frau ihr Selbst vor der endgültigen mütterlichen Machtübernahme retten kann. Der Mann wird gleichzeitig zum Schutz vor alten mütterlichen Ansprüchen und zum Mutterersatz, wenn die Objektspaltung nicht überwunden werden konnte. (...) Der Wunsch der Frau nach dem starken Mann entspringt nur sekundär dem Penisneid und gilt primär dem Bestreben, unabhängig von der Mutter Frau sein zu können. Ein Wunsch, der die Frau angesichts der nichtgelösten Mutterproblematik in tiefe Abhängigkeit vom Mann treibt. Je mächtiger und zerstörerischer die Mutterimago, desto notwendiger ist es für beide Geschlechter, die Macht der Frauen zu begrenzen.

Interpretation des Bildes vom Einssein in der Beziehung

Das Bild einer Beziehung als Einssein, als symbiotische Einheit, rührt aus den nicht aufgegebenen Verschmelzungswünschen mit der frühen Mutter. Da keine wirkliche Trennung zwischen Selbst und Mutter stattfinden konnte, ist das ungefestigte Selbst gleichzeitig durch diesen Wunsch aufs äußerste bedroht. Der Mann ist sowohl Stütze weiblicher Identität, indem er vor der Mutter schützt, als auch Gefährdung dieser Identität durch die Aktualisierung des Verschmelzungswunsches. Verschmelzungswünsche können nur dann angstfrei erlebt werden, wenn die Selbstaufgabe nur vorübergehend ist und durch Wiederherstellung der erwachsenen Ich-Grenzen wieder rückgängig gemacht werden kann. Dieses Fusionspotential muß hingegen in destruktiver Weise abgewehrt werden, wenn die Bedrohung der Ich-Grenzen zu stark wird, so daß sich libidinöse Strebungen und aggressive entmischen. In der dann entstehenden narzistischen Kollusion (...) übernimmt die Frau die regressive komplementärnarzistische Position der passiv Erleidenden, weil sie archaisch schuldhaft an die frühe Mutter gebunden bleibt und weil Frauen sozial auf diese Rolle festgelegt wurden. Frauen sind psychisch und gesellschaftlich einseitig auf das Einssein des an sich doppelten menschlichen Bedürfnisses von Einssein und Selbstsein festgelegt, ebenso wie Männer in entsprechend komplementärer Weise auf das Selbstsein festgelegt sind.

Interpretation des Aufbruchs aus dem Selbstbild

Die Möglichkeit alte Selbstbilder zu verlassen, Abhängigkeiten aufzugeben und ein neues Leben anzufangen, mahnt zur Vorsicht gegenüber der Beschreibung von Persönlichkeitsstrukturen als unveränderbar festgelegt. Die von der jeweiligen Frau gelebten regressiven Momente, die sie möglicherweise in unerträglich scheinender Demütigung ausharren lassen, geben keinen Aufschluß über darüber hinaus vorhandene oder weckbare Persönlichkeitsanteile. Die psychischen Bedingungen für den Aufbruch aus dem alten Selbst, aus weiblicher Selbstaufopferung, lassen sich als Durchschreiten eines psychischen und eines sozialen Todes des alten Selbst beschreiben. Mit psychischem Tod (...) ist der Bruch mit der Herrschaft des Vaters und der Mutter gemeint. Ein Bruch, der Trauer über die erfahrenden psychischen Kränkungen und deren Verarbeitung als Annahme der eigenen Wahrheit, im Sinne des Abschiednehmens von der Hoffnung einer Veränderbarkeit der eigenen Vergangenheit, beinhaltet. Aus dieser Trauer kann Empathiefähigkeit für das eigene Schicksal und das der anderen einstehen, die jetzt auch als Andere erlebt werden können. Der Aufbruch durch sozialen Tod (…) meint die Aufgabe gewohnter Rollen und Verhaltensmuster. (…) Das weibliche und das männliche Prinzip sind menschliche „Erfindungen" in dem Sinne, daß sie von Menschen entwickelte Interpretationen biologischer Geschlechtsunterschiede darstellen. Aber als Bilder, Phantasien und Maßstäbe sind sie Bestandteil psychischer und sozialer Realität. Das Bild der Frau, wie es sich in den Mythen unserer patriarchalischen Gesellschaft niederschlägt, kreist zeitlich invariant um die Dualität der an Frauen geknüpften Sehnsucht nach Aufgehobenheit und der Angst vor Zerstörung. An der biologischen Funktion der Frau, verstärkt durch ihre soziale Rolle als Mutter, werden Interpretationen von Frauen als Herrscherinnen über Leben und Tod festgemacht. Durch die Verknüpfung menschlicher Ursehnsucht und Urangst mit dem weiblichen Geschlecht werden Frauen zum Projektionsfeld von gesellschaftlich ausgegrenzten Bedürfnissen und Ängsten. Nicht die Sehnsucht und Angst wird ins Selbst integriert, sondern die Frau wird in dem herrschenden Arrangement des Geschlechterverhältnisses von Frauen und Männern für diese Gefühle verantwortlich gemacht. Das Verhältnis von Weiblichkeit und Mißhandlung ist ein psychisches und ein soziales Phänomen, denn die Möglichkeit weiblicher Mißhandlung ist sowohl auf der individuellen wie auf der gesellschaftlichen Ebene angelegt und läßt sich weder einseitig als psychisches noch als soziales Problem begreifen.

2 Die Kritik an Freuds Thesen zur psychosexuellen Entwicklung

Die Debatten über die gesellschaftspolitische Bedeutung der Unterdrückung weiblicher Sexualität und die Skandalisierung männlichen Sexualverhaltens bilden den Anlass für eine kritische Rezeption psychoanalytisch orientierter Sexualitätskonzepte. In diesem Zusammenhang nimmt zunächst die Kritik an Sigmund Freuds Theorien zur männlichen und weiblichen Sexualentwicklung einen breiten Raum ein. Die ersten Arbeiten von Freud über die weibliche Sexualität rufen schon in den 30er Jahren des letzten Jahrhunderts heftige Kritik hervor. Diese kritische Kontroverse wird in den 70er Jahren verstärkt wieder aufgenommen. Freuds Ansichten über die weibliche Sexualentwicklung werden insofern problematisiert, als dass viele Forscherinnen Weiblichkeit nicht als anatomisches, wie Freud, sondern als soziales Schicksal interpretieren.

Margarete Mitscherlich-Nielsen gibt in ihrem Aufsatz „Zur Psychoanalyse der Weiblichkeit" einen Überblick zum Stand der Forschung über den Ursprung sexueller Bedürfnisse. In dem ausgewählten Textabschnitt zeigt sie auf, warum seit einiger Zeit das Freudsche Sexualitätskonzept – also die Vorstellung einer regelmäßig stattfindenden Triebsummierung, die Spannungen hervorruft, die wiederum nach Abfuhr verlangt – abgelehnt wird. Mit Blick auf die Hormonforschung macht Mitscherlich-Nielsen deutlich, dass die menschliche Sexualität nicht nur von biologischen Faktoren, sondern in hohem Maße von äußeren und innerpsychischen Reizen und gesellschaftlich geprägten Normvorstellungen abhängig ist. Ausgehend davon stellt sie fest, dass die psychoanalytischen Vorstellungen über eine ‚gesunde' weibliche Sexualentwicklung von einer unreifen ‚klitoralen' zu einer ‚reifen' vaginalen Sexualität nicht physiologischen Notwendigkeiten entspricht, sondern gesellschaftliche Vorstellungen über Männlichkeit und Weiblichkeit widerspiegeln.

Christa Rhode-Dachser setzt sich in ihrem Aufsatz mit den „Weiblichkeitsparadigmen in der Psychoanalyse" auseinander. Zum einen fragt sie, wie die Geschlechterdifferenz, d. h. die Teilung der Realität in ‚männlich' und ‚weiblich', in die Psychoanalyse eingeführt und dort verhandelt worden ist. Dabei gilt ihr Hauptaugenmerk den Setzungen des Weiblichen, wie sie seit Freud weitgehend unverändert die Psychoanalyse geprägt haben. Zum anderen fragt Rhode-Dachser, was den traditionellen psychoanalytischen Weiblichkeitsentwürfen jene auffallende Zählebigkeit verliehen hat, mit der sie scheinbar unberührt von einschneidenden soziokulturellen Veränderungen im Geschlechterverhältnis fortbestünden und fortwirkten.

Hagemann-White zeichnet in ihrem Aufsatz ‚Die Kontroverse um die Psychoanalyse und ihre Anwendungen' die zentralen Argumentationen der US-amerikanischen Kontroverse um die Weiblichkeitsvorstellungen bei Freud nach. Dabei differenziert sie zwei Ebenen: Erstens die Ebene der theoretischen Konzepte und ihren Erkenntnismöglichkeiten sowie zweitens die Ebene der praktischen therapeutischen Anwendungen der Psychoanalyse. Ausgehend von dieser Differenzierung stellt Hagemann-White die Frage, ob es sinnvoll sei, die Psychoanalyse grundsätzlich abzulehnen, wie dies ihrer Ansicht nach weite Teile der Frauenbewegung bzw. Frauenforschung gefordert haben.

▶ **Mitscherlich-Nielsen, Margarete (1978): Zur Psychoanalyse der Weiblichkeit.** *In: Psyche. Zeitschrift für Psychoanalyse und ihre Anwendungen, 32. Jg., Heft 8, 1978, S. 669-694; hier Auszüge aus den S. 669-674*

Es ist bekannt, daß Freud als Ursprung der sexuellen Bedürfnisse bei beiden Geschlechtern eine somatische Erregungsquelle annahm. Der Druck, der in der Samenblase durch die Produktion von Samen entstehe, wurde von den Wissenschaftlern seiner Zeit als Ursache des sexuellen Reizes angesehen. Der Orgasmus des Mannes stand demnach in unmittelbarem Zusammenhang mit der Entleerung der Samenblase und der Wirkung dieser Vorgänge auf das zugehörige Nervensystem. Obwohl die Ausscheidungstheorie als primitivste Form des psychohydraulischen Modells der Sexualität sich auf die Frau und deren Sexualität nicht anwenden ließ, hielt man lange Zeit an ihr fest. Das Nervensystem hat nach Freud vor allem die Aufgabe, anlangende Reize aufzufangen und einen möglichst spannungslosen Zustand herzustellen. Dementsprechend sei es das Ziel der sexuellen Aktivität, störende Reize zu beseitigen. Mittlerweile haben uns zahlreiche Beobachtungen gelehrt, daß Spannungen gesucht werden und an sich Lust bereiten können, daß sie nicht nur dem Ziel einer spannungslösenden Endlust dienen. Das psychohydraulische Modell der Sexualität, die Vorstellung einer regelmäßig stattfindenden Triebsummierung, die Spannungen hervorruft, die nach Abfuhr drängen, ist heute wissenschaftlich nicht mehr zu halten (vgl. Schmidt, 1975, S. 33). Auch was physiologisch auf die Entstehung von Hunger und Durst und deren Befriedigung zutrifft, können wir auf die menschliche Sexualität nicht übertragen. Bei ihr, wie bei der Entstehung von Aggression, handelt es sich nicht um eine sich ständig „summierende endogene Triebenergie", sondern – so schreibt der Sexualforscher Schmidt – „um eine Disposition, auf bestimmte Reize in einer bestimmten Weise zu reagieren" oder um eine „Bereitschaft, in bestimmten Reizsituationen zu bestimmten Handlungen mit bestimmter Intensität motiviert zu sein" (a. a. O., S. 42). Diese Disposition oder Motivation zur sexuellen Erregung werde sowohl durch physiologische Zustände im Organismus als auch durch Lernvorgänge und Erfahrungen bestimmt.

Ob die Ersetzung des Triebbegriffs durch Begriffe wie Disposition und Motivation uns Analytiker allerdings viel weiter bringt, ist fraglich; denn auch die Psychoanalyse hat sowohl die Bedeutung der Biologie als auch die Lern- und Wandlungsfähigkeit der Triebe, nämlich der Triebschicksale, betont, ja, zu einem Hauptinhalt ihrer Forschung gemacht. Loewald (1972) geht, was die Lern- und Wandlungsfähigkeit der Triebe betrifft, noch einen Schritt weiter. Er definiert sie als nicht festgelegte psychische Kräfte, die erst durch die Interaktion von Mutter und Kind in ihrer frühesten psychischen Einheit strukturiert und organisiert werden. Die Umformung der psychischen Kräfte zu Lebens- und Todestrieben ist ihm zufolge also von den ersten sorgenden Beziehungspersonen des Kindes abhängig. Die Destruktivität, ob gegen die eigene Person oder andere gerichtet, ist, wie die Liebesfähigkeit, abhängig von den primitiven Objektbeziehungen. Unbestreitbar ist, daß die Fähigkeit zur sexuellen Erregung von mannigfachen bewußten *und* unbewußten, psychischen und physischen Erfahrungen, Erlebnissen und Konfliktverarbeitungen abhängt. (...) Würde es sich um die einfache Summation triebenergetischer Kräfte handeln, die nach Spannungslösung durch Abfuhr drängen, wäre die oft lebenslange Frigidität der sonst symptomfreien Frau nicht zu erklären. Beeindruckend war für mich, daß Wissenschaftler lange Zeit an dem psychohydraulischen Modell der Entstehung und Abfuhr von Sexualität festhielten und es gleichzeitig als „normal" ansahen, wenn Frauen keine sexuellen Bedürfnisse hatten bzw. wenn diese nur in der Ehe durch den Mann und im Dienste der Reproduktion erweckt wurden. Hier wird überdeutlich, daß das, was jeweils als „wissenschaftliche" Wahrheit deklariert wird, von gesellschaftlichen Machtstrukturen und entsprechenden Vorurteilen abhängt. Nach dem patriarchalischen Konzept der Zeit, in der auch Freud aufwuchs, hatte eine Frau keine selbständige, zumindest keine von einem Mann unabhängige Sexualität zu empfinden. Damit hing wohl auch die Ablehnung der klitoridalen sexuellen Reizbarkeit als „männlich" und die Hochschätzung des vaginalen Orgasmus als Ausdruck „reifer Weiblichkeit" zusammen.

Die Kenntnisse über die Physiologie der Sexualität bei beiden Geschlechtern haben sich inzwischen vermehrt; die Hormonforschung hat seit Freud große Fortschritte gemacht. Dennoch wird der Einfluß der Sexualhormone auf die sexuelle Erregbarkeit von verschiedenen Forschern unterschiedlich bewertet. Nach M. J. Sherfey sind vor allem diejenigen Hormone, die für eine Beckenvenenstauung sorgen, für die physiologisch-sexuelle Stimulierung der Frau verantwortlich. „Die größere sexuelle Ansprechbarkeit ist in erster Linie einer erhöhten Beckenvenenstauung und der für die prämenstruelle Phase typischen Ödematisierung zu verdanken, was wiederum bedeutet, daß die Frau ihre maximale Potenz nur während der zehn bis vierzehn Tage des prämenstruellen Abschnitts hat ..." (Sherfey, 1966, S. 156 ff.). Andere Forscher wiederum behaupten genau das Gegenteil: Sie sehen eine Tendenz zur vermehrten sexuellen Aktivität und Orgasmusfähigkeit in der Mitte des Zyklus. In der Lutealphase (...) lasse sie deutlich nach, die prämenstruelle Beckenvenenstauung wirke nur störend auf den Verkehr. Nach diesen Quellen sollen die Östrogene eher eine die Sexualität steigernde und das Progesteron eine hemmende Wirkung auf die sexuelle Aktivität haben. Bei Mann wie Frau werden Androgene von den Forschern als libidosteigernd angesehen.

Daß die Aussagen über die Wirkung der Hormone bzw. über die Periodizität der weiblichen Aktivität so unterschiedlich, ja, gegensätzlich ausfallen, zeigt uns, wie unterschiedlich Frauen von Individuum zu Individuum reagieren müssen. Das ist ein weiterer Beweis dafür, daß die menschliche Sexualität nicht nur von biologischen Faktoren, sondern in hohem Maße von äußeren und innerpsychischen Reizen und Normvorstellungen abhängig ist. Die psychophysiologische Basis der Sexualität ist nach wie vor ein umstrittenes und offenbar in weiten Bereichen noch unerforschtes Gebiet.

Freuds Theorien von der sexuellen Entwicklung der Frau, in denen Anatomie und Embryologie eine große Rolle zu spielen scheinen, spiegeln im Grunde die biologische und kulturelle Situation der Frau wider, wie sie sich im Laufe einer langen Geschichte psychisch niedergeschlagen hat. Zweifellos teilte Freud einige der typisch männlichen Vorurteile der bürgerlichen Gesellschaft der Jahrhundertwende über Wesen und Bestimmung der Frau; sie spiegeln sich z. B. in seiner Theorie vom Penisneid wider, dessen Entstehung er ausschließlich auf die Wahrnehmung der anatomischen Unterschiede zurückführte, ohne die Wirkung des Penis als Symbol gesellschaftlicher Macht und Bevorzugung genügend zu beachten. Dennoch hat er m. E. aufgrund seines genialen psychologischen Scharfblicks wie niemand vor ihm zur Befreiung der Frau von der heuchlerischen Sexualmoral seiner Zeit beigetragen. Mit Hilfe seiner Methode gelang es erstmalig, die Motive, die hinter der männlich-egoistischen Idealisierung und gleichzeitigen Infantilisierung und Degradierung der Frau lagen, konsequenter zu durchschauen. Schon in seinem 1910 erschienenen „Beitrag zur Psychologie des Liebeslebens" (1910) konnte er die unbewußte, Ursprünge der Ambivalenz des Mannes , seine Neigung, die Frauen in Huren und Heilige aufzuteilen, einleuchtend erklären, indem er sie auf die ödipale Eifersucht des Sohnes zurückführte. Indem es ihm gelang, das Denkverbot auf sexuellem Gebiet zu durchbrechen, unter dem die Frauen seiner Zeit und seiner Gesellschaft standen, wurden auch andere Denkhemmungen aufgehoben. Dadurch hat er eine der wichtigsten Voraussetzungen dafür geschaffen, daß bisher als spezifisch weiblich angesehene Eigenschaften und intellektuelle Einschränkungen sich änderten und als kulturell bedingt entpuppten.

Die psychische Verarbeitung des anatomischen Geschlechtsunterschiedes war also – nach Freud – der Ursprung des Minderwertigkeitsgefühls und der Selbstverachtung der Frau. „Nachdem es" (das Mädchen) „den ersten Versuch, seinen Penismangel als persönliche Strafe zu erklären, überwunden und die Allgemeinheit dieses Geschlechtscharakters erfaßt hat, beginnt es, die Geringschätzung des Mannes für das in einem entscheidenden Punkt verkürzte Geschlecht zu teilen…" (Freud, 1925, S. 25). Das kleine Mädchen wende sich jetzt von der Mutter ab, die es wie sich selbst als minderwertig erlebe, und dem wertvolleren Vater zu. Diese Zuwendung habe eine deutlich sexuell-genitale Note, die übrigens von unserer Gesellschaft bis heute weit mehr zugelassen wird als die inzestuös getönte Beziehung des Sohnes zu seiner Mutter. Es wird auch immer noch als „normaler" angesehen, wenn eine jüngere Frau einen wesentlich älteren Mann heiratet, als umgekehrt.

Den Knaben treibe seine Kastrationsangst dazu, sich mit dem Vater und seinen Verboten zu identifizieren und die inzestuöse Bindung an die Mutter aufzugeben. Dem Mädchen, das körperlich nichts Entsprechendes zu verlieren habe und dies „endlich" auch einsehen lerne, fehle der Anlaß zu einer solchen strengen Verinnerlichung von Geboten und Verboten, d. h. es entwickele im Vergleich zum' Knaben ein schwächeres Über-Ich. Auch die Fähigkeit zum Abstrahieren und sachlichen Denken, die man bis heute dem Mann mehr als der Frau zuspricht, wird mit den rigorosen Verinnerlichungen und der entschiedeneren Abkehr des Knaben von inzestuösen Besetzungen in Zusammenhang gebracht.

In letzter Zeit haben verschiedene Autoren (...) darauf hingewiesen, daß die permissive, hauptsächlich von Frauen durchgeführte Erziehung und die „Vaterlosigkeit", d. h. die durch sein erzieherisches Desinteresse und durch seinen Beruf bedingte physische und psychische Abwesenheit des Vaters, also das eines sichtbaren väterlichen Vorbildes in der technischindustrialisierten Gesellschaft dazu geführt habe, daß das Über-Ich auch des Knaben wesentlich weniger strenge Züge aufweist und die Geschlechter in ihrem Verhalten, ihrer Kleidung etc. sich einander zunehmend angeglichen haben.

Wer als Frau sogenannte phallisch-klitoridale Empfindungen nicht aufzugeben bereit war, brachte es nach Freud nicht zu einer reifen genitalen Weiblichkeit. Diese drücke sich nicht nur im Kinderwunsch, sondern – nach der Pubertät – auch in der vaginalen Orgasmusfähigkeit aus. Daß diese Vorstellungen von der unreifen klitoridalen und reifen vaginalen Sexualität der Frau zeitgebunden waren, haben die Forschungen von Masters und Johnson und von manchen Analytikern mittlerweile eindeutig bewiesen.

Auch Freuds Theorie über die Entstehung und Entwicklung des Penisneides wurde nicht von allen Psychoanalytikern geteilt. Die Ansichten Karen Horneys (...) z. B. unterscheiden sich von denen Freuds. Nach ihrer Meinung kann die Entdeckung des anatomischen Geschlechtsunterschiedes allein den Penisneid nicht erklären. Erst die narzißtische Überschätzung der Ausscheidungsprozesse in der analen Phase, die infantile Schau- und Zeigelust, bei der der Knabe im Vorteil ist und schließlich, daß dem Knaben erlaubt, ja gelehrt wird, beim Urinieren sein Glied anzufassen, was das kleine Mädchen als Onanieerlaubnis deutet, führe zu einem verständlichen Neid auf den Knaben und seine für das kindliche

Erleben bessere genitale Ausstattung. Dieser kindliche Penisneid sei allgemein zu beobachten, aber von vorübergehender Bedeutung. Die nachhaltige Wirkung auf die spätere Entwicklung der Frau, die Freud dem Penisneid zuschrieb, konnte Horney nicht beobachten. Dazu bedürfe es einer neurotischen Entwicklung, die meist durch Erlebnisse zur Zeit des ödipalen Konflikts eingeleitet werde. Was Horney als sekundären Penisneid beschreibt, ist Ausdruck einer Abwehr gegen ödipale Wünsche, die Angst machen oder Enttäuschungen verursacht haben. Die Folge ist: Das Mädchen gibt den Vater als Liebesobjekt auf und identifiziert sich stattdessen mit ihm. Erst diese Identifikation mit dem Vater, die zu Vergleichen Anlaß gibt, läßt Kastrationsangst, Rachebedürfnisse und Gefühle des Neides auf die Männer entstehen und leitet die phallische Phase des Mädchens ein. Obwohl Horneys Beobachtungen in vielem zutreffen, unterschätzt sie m. E. die Wirkung traditionsbedingter, generationenalter Identifikationen und Wertvorstellung der Eltern – insbesondere der Mutter – auf die frühe Entwicklung des Mädchens. Das fängt schon mit der Geburt an und läßt das kleine Mädchen die Penislosigkeit als handfesten Beweis für die eigene Minderwertigkeit erleben.

Klinische Erfahrungen sprechen dafür, daß die phallische Entwicklungsphase des Mädchens mit ihrem Wunsch oder ihrer unbewußten Phantasie, ein kleiner Mann zu sein oder sein zu wollen, unterschiedlich ausgeprägt ist und von der Einstellung der Eltern zur Weiblichkeit abhängt. Auch wenn wir beim kleinen Mädchen Reaktionen neidischer Art auf die Wahrnehmung der phallisch-exhibitionistischen Fähigkeiten des Knaben, die ihm selbst abgehen, beobachten können, ist dies m. E. nur dann die Ursache eines grundlegenden, über die anal-urethrale oder Individuations- und Lösungsphase hinausgehenden, auf Penismangel beruhenden Selbstwertdefizits der Frau, wenn die Eltern die Minderbewertung der Weiblichkeit teilen und in der Einstellung zu ihrer Tochter bewußt oder unbewußt zum Ausdruck bringen. Nach den offensichtlichen Veränderungen weiblicher Verhaltensweisen im Laufe der letzten 50 bis 60 Jahre ließ sich deren Abhängigkeit von gesellschaftlichen Verhältnissen und Vorurteilen nicht mehr übersehen. Sie als gesetzmäßig verlaufende biologisch-psychische Entwicklungen anzusehen, erwies sich als unhaltbar. Außerdem haben sich seit Freud die Kenntnisse von der frühen Kindheit vertieft und beeinflussen die Theorien über die geschlechtsspezifischen Entwicklungen. Neben der psychosexuellen Entwicklungstheorie Freuds hat sich die Theorie der stufenweise erfolgenden Loslösung und Individuation von Margaret Mahler (…) und ihren Mitarbeitern durchgesetzt. Sie messen der Wiederannäherungsphase, die bekanntlich in der zweiten Hälfte des zweiten Jahres beginnt, eine ebenso große Bedeutung für die psychische Entwicklung zu wie dem Ödipuskomplex.

In Mitscherlich-Nielsen verwendete Literatur:

Freud, Sigmund (1925): Einige psychische Folgen des anatomischen Geschlechterunterschieds. GW XIV, S. 17-30
Loewald, Hans W. (1972): Negative therapeutic reaction. J. Am. Psa. Ass. 20, H.2 16, S. 235-245
Schmidt, Gunter (1975): Sexuelle Motivation und Kontrolle. In: Schorsch, Erwin/Schmidt, Gunter (Hg): Ergebnisse zur Sexualforschung. Köln, S. 30-47
Sherfey, M. J. (1966): Die Potenz der Frau. Wesen und Evolution der weiblichen Sexualität. Köln

▶ **Rhode-Dachser, Christa (1990): Weiblichkeitsparadigmen in der Psychoanalyse. In: Psyche.** *Zeitschrift für Psychoanalyse und ihre Anwendungen, 54. Jg. Heft I, 1990, S. 30-52; hier Auszüge aus den S. 30-33; S 42-44*

In diesem Aufsatz möchte ich mich der Frage zuwenden, wie die Geschlechterdifferenz (d. h. die Teilung der Wirklichkeit in „männlich" und „weiblich") in die Psychoanalyse eingeführt und dort verhandelt wird. Dabei gilt mein Hauptaugenmerk den Setzungen des „Weiblichen", wie sie seit Freud weitgehend unverändert Theorie und Praxis der etablierten Psychoanalyse prägen. Die historischen Entstehungsbedingungen dieses Weiblichkeitskonzepts, das sich um den „Kastrationskomplex" der Frau, ihren „Penisneid" und andere, daraus hergeleitete Charaktereigentümlichkeiten rankt, sind redundant diskutiert. Ich übergehe sie hier, so wie man auch bei einem chronifizierten Symptom irgendwann aufhört, seine Ursachen in der *Vergangenheit* des Patienten zu suchen, um sich stattdessen auf die Frage zu konzentrieren, welche Faktoren oder Faktorenbündel zu seiner Aufrechterhaltung beitragen. Damit verlagert sich das Erkenntnisinteresse von der *kausalen* auf eine *finale* Ebene.

Eine solche finale Betrachtungsweise ist auch hier intendiert: Was, so lautet meine Frage, verleiht den traditionellen psychoanalytischen Weiblichkeitsentwürfen jene auffallende Zählebigkeit, mit der sie seit mittlerweile mehr als einem halben Jahrhundert – scheinbar unberührt von den einschneidenden soziokulturellen Veränderungen im Verhältnis der Geschlechter fortbestehen und vermutlich auch *fortwirken*, obwohl alternative, den Verhältnissen angemessenere Denkansätze, meist von Psychoanalytikerinnen entwickelt, durchaus zur Verfügung stehen. (…)

„Das Erstaunliche", so liest man auch bei Chjasseguert-Smirgel (1964), „ist natürlich nicht, daß Freuds Erkenntnis in einigen Aspekten seines Werkes Grenzen gesetzt waren (u.). Die Streitfrage ist vielmehr der Ruf, den diese (seine) Theorie (der Weiblichkeit) immer noch genießt, eine Theorie, die letztlich allen klinischen und theoretischen Argumenten, die man ihr entgegenhielt, sowie ihren eigenen Widersprüchen standzuhalten vermochte" (S. 16).

Meine These ist, daß Freuds „Theorie der Weiblichkeit" (...) und verwandte, in der Mainstream-Psychoanalyse vorfindbare Weiblichkeitsentwürfe ihre Persistenz wesentlich der (selten klar reflektierten) Tatsache verdanken, daß sie für die etablierte Psychoanalyse den Status eines Paradigma besitzen, so wie Kuhn (1962) diesen Begriff definiert hat. Danach sind wissenschaftliche Paradigmen Denkmuster die für eine Gemeinschaft von Wissenschaftlern verbindlich sind und die anerkannten Probleme und Methoden einer wissenschaftlichen Disziplin bestimmen (...). Von daher haben sie sowohl *erklärungsstiftenden* als auch *normensetzenden* Charakter: Sie regulieren die Inhalte des wissenschaftlichen Diskurses ebenso wie seine Ausschließungsprozeduren, mit denen widersprechende Sichtweisen der Wirklichkeit aus dem Diskurs ausgeklammert oder explizit verworfen werden (...). Gleichzeitig hat das Paradigma für die in der Disziplin verbundenen Wissenschaftler eine *identitätsstiftende* Funktion: Es teilt die Welt in „Wissende" und „Unwissende", „Recht" und „Irrgläubige" (bzw. „Dissidenten"), Zugehörige und Außenseiter und definiert damit letztlich die Zugehörigkeit zu einer bestimmten wissenschaftlichen Gemeinschaft. Paradigmen sind deshalb niemals beliebig austauschbar. Sie werden um so hartnäckiger festgehalten und verteidigt, je enger sie mit der Zentralreferenz einer Wissenschaft, d. h. dem Gesamt ihrer Grundannahmen (vgl. Reinke-Köberer, 1978, S. 723) verwoben sind, die nicht in Frage gestellt werden dürfen, ohne den Bestand der Disziplin als Ganzes zu gefährden. Reinke-Köberer hat in diesem Zusammenhang bereits 1978 den Verdacht geäußert, die ursprünglich von Freud formulierte Theorie der weiblichen Entwicklung könnte so eng mit der Zentralreferenz der Psychoanalyse verflochten sein, daß abweichende Auffassungen von Weiblichkeit sich allein von daher nicht umstandslos würden integrieren lassen (vgl. ebd., S. 727f.).

Um meine eigene These zu untermauern, möchte ich zunächst die für unseren Untersuchungszusammenhang bedeutsamen psychoanalytischen Weiblichkeitsentwürfe etwas eingehender inspizieren. Ich werde dabei nicht unparteiisch vorgehen, sondern mich auf jene Deformationen und Verzerrungen konzentrieren, die das Weibliche unvermeidlich dort erleidet, wo es *vom Ort des Mannes aus*, mit seinen Kategorien beschrieben und vermessen wird. Anschließend werde ich nach dem Ausgeschlossenen, Nicht-Thematisierten oder nicht einmal Gedachten dieses Diskurses fragen; auch, inwieweit dieses Nicht-Gedachte durch die dem Diskurs immanenten normativen Setzungen im doppelten Sinne des Wortes unversehens zum *Undenkbaren* wird. Dabei wird sich herausstellen, daß die Psychoanalyse als patriarchalisch geprägte Wissenschaft in einer patriarchalischen Gesellschaft – ungeachtet ihres unbestrittenen aufklärerischen Impetus – mit ihren Setzungen des Weiblichen auf weite Strecken das bestehende (Herrschafts-)Verhältnis zwischen den Geschlechtern affirmiert und ideologisch untermauert; ich werde auch zu zeigen versuchen, wie sich dieser Prozeß vollzieht. Aus meiner Sicht muß eine solche Untersuchung in die Forderung nach einem Paradigmenwechsel für die Psychoanalyse münden, mit allen von Kuhn (1962) beschriebenen Implikationen.

Psychoanalyse versteht sich als universalistische Wissenschaft, die nach ihrem Selbstverständnis Aussagen von universeller Gültigkeit über „den Menschen" formuliert. Tatsächlich sind ihre Sätze in aller Regel jedoch aus einer *männlichen* Perspektive entwickelt und auf die Situation des *Mannes* zugeschnitten. In dieser androzentrischen Ausrichtung unterscheidet sich die Psychoanalyse nicht von anderen Wissenschaften im Patriarchat (…): Der dort beschriebene „Mensch" entpuppt sich bei näherem Zusehen regelhaft als *Mann*, der sich mit Selbstverständlichkeit als Repräsentant des Ganzen fühlt und selten überhaupt nur wahrnimmt, daß die Hälfte der Menschheit durch die Maschen seines scheinbar so sorgfältig geknüpften Kategoriennetzes rutscht. Dieses androzentrische Vorurteil durchdringt so zentrale Theoreme der Psychoanalyse wie Freuds Lehre vom Ödipuskomplex oder – verdeckter – auch die später entwickelten Konzepte der „frühen Triangulierung" (…). Auf ähnlich unzulässige Generalisierungen für das Konzept einer „normgerechten" Überichentwicklung hat Gilligan (?) hingewiesen. Die „andere Stimme", nämlich die der Frau muß hier verstummen, weil ihr nur eine Partitur für Männerchor angeboten wird und scheinbar keine andere existiert.

Während „Weibliches" hier also stillschweigend ins unspezifisch „Menschliche" vereinnahmt wird, existiert es innerhalb der Psychoanalyse gleichzeitig auch als *Spezialfall dieses Menschlichen*, dem eine so renommierte Zeitschrift wie die Psyche dann auch in gewissen (meist längeren) Zeitabständen ein Sonderheft widmet. Daß es bei *diesen spezifischen Setzungen* des Weiblichen in der Psychoanalyse um mehr noch und anderes geht als einzig den Entwurf einer Entwicklungs- und Persönlichkeitspsychologie „der Frau" möchte ich im folgenden an Hand von fünf *Denk- und Argumentationsfiguren* demonstrieren, die nach meinem Eindruck die Verhandlung der Geschlechterdifferenz in der Psychoanalyse maßgeblich bestimmen. Einige von ihnen sind expliziert, andere bedürfen der (ideologiekritischen) Erschließung. Das Kaleidoskop dieser Weiblichkeitsentwürfe ist so bunt und schillernd wie die Projektionen, die seit Eva auf Frauen und Müttern lasten:

„Weiblichkeit" kann – wie wir sehen werden – „Penislosigkeit" bedeuten, d. h.
Defizienz und Kastration, oder aber Inbegriff von Lust und Begierde. In seiner
scheinbaren Unschuld kann das Weibliche heuchlerisch und heimtückisch erscheinen und so den Wunsch nach seiner „Entlarvung" wecken. Dann wiederum
manifestiert es sich in „mütterlicher" Gestalt, überfrachtet mit den Phantasien,
Wünschen und Ängsten, die der Imago der „Großen Mutter" gelten. Daneben
erscheint es als eingebunden in eine Rollenvorstellung, zum Beispiel die von
der „genügend guten" Mutter (…), von deren angemessener Rollenperformanz
Wohl und Wehe des Kindes abhängen. Schließlich verkörpert das „Weibliche"
auch das Dunkle, Unheimliche und Ungeformte, sozusagen die Nachtseite
menschlicher Existenz und ist damit viel eher eine Metapher des Todes als des
Lebens und der Liebe.

Logisch gesehen sind dies ganz verschiedene Ebenen, die sich nur schwer
zusammenfügen, sofern sie nicht überhaupt in einem disjunktiven Verhältnis
zueinander stehen. Das Unbewußte, das eine Verneinung ebenso wenig kennt
wie den Unterschied zwischen Phantasie und Realität, stößt sich nicht in diesem
Widerspruch. Wie dies geschehen kann, wird deutlich werden, wenn wir diese
Weiblichkeitsentwürfe nun im einzelnen betrachten. (…)

Im patriarchalischen Diskurs der Psychoanalyse tritt „die Frau" wesentlich
in einer *Beziehungfigur* in Erscheinung, in der sie Ergänzungsbestimmung
eines anderen – des Kindes oder des Mannes – ist; sie besitzt also allenfalls
eine *abgeleitete Identität*. Während in unserer Kultur der Mann als Subjekt sich
selber setzt und arrondiert, seine Identität also *nicht* aus der Beziehung zur Frau,
geschweige denn zum Kind gewinnt, sondern sie dort allenfalls weiter abstützt,
ist der Frau eine solche *autonome Setzung* verwehrt, solange sie ausschließlich
in den Rollenkontext der Familie eingebunden bleibt und sich vorwiegend
von dorther definiert. Um sich unabhängig von diesem Kontext als *Subjekt*
zu konstituieren, wie der Mann das tut, bedürfte es eines Ortes außerhalb des
privaten Raums der Familie, *in der Kultur*, der auch für die Frau ein jederzeit
zugänglicher und vor allem *legitimer* wäre. Die Psychoanalyse besitzt jedoch
keine Theorie für einen solchen Schritt der Frau hinein in die Kultur, eine von
Männern beherrschte Kultur. Aus ihrer Sicht ist die Eintrittskarte nach dorthin
immer noch der Penis, sind die Leitmotive der Frau für einen solchen Schritt
deshalb Penisneid oder (neurotische) ödipale Rivalität (…).

Marie Langer bringt in einer ihrer Veröffentlichungen ein Beispiel aus einer
Gruppentherapie in einem argentinischen Krankenhaus, wo sie mit zwei Kolleginnen zusammenarbeitete, die – fügt Marie Langer hinzu – so deuteten, wie
sie selbst es in ihrer Ausbildung gelernt und deshalb früher auch getan hätte:

„Eine junge Frau aus der Arbeiterklasse, aus sehr prekären Verhältnissen, erwartet ihr erstes Kind und ist gar nicht glücklich darüber. Sie erzählt uns, wie sie zu studieren versucht, um nicht auch so ein klägliches Leben wie ihre Mutter führen zu müssen. Eine der Kolleginnen fragt: „Sie wollen Ihre Mutter übertreffen?' Sie deutet ganz strikt auf der ödipalen Ebene, indem sie sich an das Mädchen in der jungen Frau wendet, das mit der Mutter um den Vater rivalisiert (…), Diese strikt ödipale Deutung tendiert dazu, eine rebellierende Frau in eine unterwürfige Hausfrau zu verwandeln, die dann wirklich wie ihre Mutter lebt" (Gebhardt, 1988).

An solche Konstellationen denke ich, wenn ich behaupte: Die traditionelle Psychoanalyse hat keine *adäquate* Theorie für den Weg der Frau in die Kultur, Sie bestimmt die Frau stattdessen systematisch aus der Perspektive unbewußter Phantasien, und das heißt immer: *infantiler* Phantasien, aus der egozentrierten Perspektive des Kindes (meistens des Sohnes), die dann eine theoretische Setzung (im Sinne einer Wesens aussage über *die* Frau) erfahren. Aus dem gleichen Grunde verweigert sich der patriarchalisch geführte Diskurs über die „Weiblichkeit" innerhalb der Psychoanalyse auch einer Analyse des sozial determinierten (realen) Machtgefälles zwischen den Geschlechtern und seiner Auswirkungen auf die soziale und psychische Situation von Mann und Frau. Stattdessen besteht auch hier die Tendenz, *reale* (und d.h. in aller Regel *männliche* Macht) durch eine *imaginierte*, von unbewußten Phantasien gespeiste „Macht" zu substituieren, wie sie – von bei den Geschlechtern gleichermaßen internalisiert – der „archaischen Mutter" zugeschrieben wird. Dabei wendet sich der ursprünglich an den Mann adressierte Herrschaftsvorwurf dann unversehens gegen „die Frau", die in dieser Perspektive mit der „allmächtigen Mutter" in eins gesetzt und so vom „Opfer" zur „Täterin", „entlarvt" wird, gemäß dein Paradigma, das ich eingangs aufzuzeigen suchte.

Der „Ort der Frau" im Diskurs der Psychoanalyse ist also ein Ort außerhalb der Kultur, im *Privaten* (der Familie nämlich mit ihren vorgefertigten Ergänzungsbestimmungen) oder aber im *Imaginären*. Damit komme ich zu meiner zentralen These, die ich provokant so formulieren möchte: Psychoanalyse hat sich patriarchalische Wissenschaft in einer patriarchalischen Gesellschaft etabliert. *Mit ihrer Theorie (und möglicherweise auch ihrer Methode) affirmiert sie die für diese Gesellschaftsform charakteristischen Abwehrstrukturen bei Mann und Frau. Entgegen ihrem immer wieder reklamierten emanzipatorischen Auftrag trägt sie auf diese Weise auf Kosten der Frau zur Aufrechterhaltung des bestehenden Geschlechterverhältnisses und der darin implizierten Machtstrukturen bei. Ihr Diskurs produziert gesellschaftliche Unbewußtheit. anstatt Sie aufzuheben. (…)*
Wenn ich im folgenden Überlegungen anstelle, wie dieser Prozeß umzukehren, das auf diese Weise aus dem Diskurs der Psychoanalyse Exkommunizierte

wieder einzuholen sei, dann gehe ich davon aus, daß es keine sinnvolle Trennung zwischen einem „privaten" und einem „gesellschaftlichen" Unbewußten gibt. Ich gehe ferner davon aus, daß der Jahrtausende alte Unterdrückungszusammenhang im Unbewußten der Frauen, auch der emanzipierten Frauen, tiefe Spuren hinterlassen hat. Und ich postuliere, daß diese Spuren auffindbar und als solche benennbar sind; und zwar auch und gerade im psychoanalytischen Prozeß: Im Unbewußten von Mann und Frau trifft man erstens auf die für das Patriarchat konstitutiven Abwehrstrukturen. Man begegnet dort zweitens den damit korrespondierenden unbewußten Phantasien über „das Weibliche" und drittens einer durch die Phantasien systematisch kontaminierten Mutter-Tochter-Beziehung. Diese Zusammenhänge möchte ich näher aufzeigen. (…)

Wohin würde der Weg führen, wenn es gelänge, die mit dem heutigen Geschlechterverhältnis festgeschriebene Produktion von Unbewußtheit aufzuheben? Jenes gigantische Abwehrgebäude in Frage zu stellen, auf dem die patriarchalische Gesellschaft ruht und mit ihr auch der patriarchalisch geführte Diskurs der Psychoanalyse? Einen Prozeß einzuleiten, in dem Frauen lernen könnten, sich systematisch von den unbewußten Phantasieproduktionen und den damit verknüpften Weiblichkeitsentwürfen abzugrenzen, die ihnen das Patriarchat unaufhörlich andient, anstatt sich immer neu mit ihnen zu identifizieren? Wenn Psychoanalytiker und Psychoanalytikerinnen eine ihrer Hauptaufgaben darin sähen, diesen Prozeß zu fördern? Einen Prozeß, in dem Frauen auch aufgefordert wären, sich über ihre eigene Verstrickung mit dem patriarchalen Wertsystem und seinen Prämien Rechenschaft abzulegen? Einen Prozeß, in dem sie – dies vor allem – zusammen mit dem patriarchalen Identifikationsangebot auch die Schuldzuschreibungen zurückweisen könnten, die ihnen die Hauptlast für das Elend der wesentlich von Männern zugerichteten Gesellschaft aufbürden?

Vielleicht gelangten Frauen auf diese Weise schließlich in eine Schicht ihres Unbewußten vor der endgültigen Entfremdung. In einen Raum, den Susan Griffin (1976) als den Ort beschreibt, wo Frauen unter sich sind und die Geschichten ausatmen, die man über sie erzählte. „Der Raum, wo wir gestehen, daß wir nie geglaubt haben, diese Geschichten handelten von uns. Der Raum, wo sie (die Frau) diese Geschichten für immer abstreift" (ebd. S. 185). Und beginnt, so möchte ich hinzufügen, ihre eigene Geschichte zu schreiben. Jene Geschichte, für die im patriarchalischen Diskurs der etablierten Psychoanalyse heute kein Platz ist und vermutlich auch in ferner Zukunft nicht sein wird. Der Weg zu einem neuen Weiblichkeitsparadigma muß deshalb über die systematische Dekonstruktion des patriarchalischen Diskurses innerhalb der Metatheorie der Psychoanalysen führen, mit dem Ziel seiner *Rekonstruktion unter einer nunmehr für beide Geschlechter emanzipatorischen Zielsetzung*, Ein solcher Prozeß impliziert einen Paradigmenwechsel, mit allen von Kuhn (1962) geschilderten Konsequenzen. Für Kuhn wird ein *Paradigmenwechsel* überhaupt erst dann wahrscheinlich, wenn ein *neues Paradigma* in Sicht ist. Es könnte sinnvoll sein, an der Herstellung dieser Voraussetzung zu arbeiten.

In Rhode-Dachser verwendete Literatur:

Chasseguert-Smirgel, J. (1988): Freud und die Weiblichkeit. Einige blinde Flecken auf dem dunklen Kontinent. In: Zwei Bäume im Garten. Zur psychischen Bedeutung der Vater- und Mutterbilder. München/Wien, S. 1-26 (1. Aufl. 1964)
Gebhardt, C.: Rundfunkinterview mit Mario Langer (Radio Bremen) am 8.3. 1988 (unveröffentlichtes Manuskript)
Griffin, S. (1987): Frau und Natur. Das Brüllen in ihr. Frankfurt/M. (1. Aufl. 1976)
Kuhn, T. S. (1962): Die Struktur wissenschaftlicher Revolutionen. Frankfurt/M. (1. Aufl. 1962)
Reinke-Körberer, E. (1978): Zur heutigen Diskussion der weiblichen Sexualität in der psychoanalytischen Bewegung. In: Psyche, 32, S. 695-704 ,

▶ *Hagemann-White, Carol (1978): Die Kontroverse um die Psychoanalyse in der Frauenbewegung. In: Psyche, Zeitschrift für Psychoanalyse und ihre Anwendungen, 32. Jg. Heft 8, 1978, S. 732-763, hier Auszüge aus den S. 733-740*

In der älteren und neueren Frauenbewegung gibt es, soweit ich weiß, nur im Rahmen der entschieden feministischen Positionen eine eigenständige Auseinandersetzung mit der Psychoanalyse. (…) (Diese Literatur ist fast ausschließlich im englischsprachigen Raum entstanden.) Um die Strukturen dieser Diskussion möglichst klar herauszuarbeiten, beziehe ich mich im wesentlichen auf Freuds eigene Ansichten. Auch geht es hier nur um bestimmte Teile der Freudschen Psychoanalyse, obwohl ich mit Juliet Mitchell darin übereinstimme, daß diese Teile nur im Zusammenhang des Ganzen in ihrem Sinn begriffen werden können. (…)

So kann ich nur stichwortartig kennzeichnen, um welche Bereiche es sich handelt. Aussagen über die weibliche Psychologie stehen dabei im Mittelpunkt der Kontroverse. Unterderhand aber lassen die feministischen Stellungnahmen zu diesen Aussagen ihr Verhältnis zur Theorie des Unbewußten und zur Strukturierung dieses Unbewußten durch die Sexualität, insbesondere die frühkindlichen Triebschicksale erkennen.

Eine feministische Rezeption der Psychoanalyse stößt auf besondere Schwierigkeiten. Juliet Mitchell stellt zu Beginn ihres Buches *Psychoanalyse und*

Feminismus fest: der größte Teil der Frauenbewegung hat Freud als den Feind schlechthin dingfest gemacht. Sie selbst aber, die der Frauenbewegung ein tieferes und differenzierteres Freud-Verständnis zu vermitteln versucht, verfällt ins andere Extrem und behandelt alle Aussagen Freuds als eine notwendige Folge seiner Methode. Ich will dieser Widersprüchlichkeit, soweit möglich, auf den Grund gehen.

Ich werde zu zeigen versuchen, daß einerseits die feministische Ablehnung der Psychoanalyse in der Tat einen idealistischen Zug hat, auch eine Tendenz zum Wunschdenken, um bitterer Erkenntnis auszuweichen. Feministinnen klagen den Mann, Freud, an, der die Realität beschreibt, weil er mit dieser Realität auch noch einverstanden ist, und verbauen sich dabei den Zugang zu seinen Erkenntnissen. Freud könnte uns aber vielleicht sagen, wie das Patriarchat im Getriebe der einzelnen Seelen funktioniert, wie Frauen dahin kommen, freiwillige Opfer zu sein. Andererseits will ich zeigen, aus welchen guten Gründen die Frauenbewegung *den* Weg zur Aufdeckung und Untersuchung des Unbewußten nicht ohne weiteres gehen kann, den Freud vorgezeichnet hat. Dieser Widerstreit zwischen den Erkenntnischancen der Psychoanalyse und der Unannehmbarkeit der analytischen Situation, die selbst dem Gesetz des Vaters unterworfen ist, schlägt sich in den feministischen Bewertungen der Psychoanalyse nieder. (…)

Was ich darstelle, ist nicht der „fortgeschrittenste Stand" der Theorie in der Frauenbewegung, sondern eine Art zu denken und zu fühlen, die von der Basis der Bewegung her immer neu entsteht. Und wenn im folgenden davon die Rede ist, daß die analytische Situation dem Gesetz des Vaters unterworfen ist, steht nicht der Reflexionsstand der „besten" Psychoanalytiker zur Diskussion, sondern die gesellschaftlich vorgeprägte Bedeutung der Übertragungssituation für die Frau als (mögliche) Patientin.

Ich habe besonders zu betonen, daß nicht die *Zielsetzung* der Analytiker, sondern die gesellschaftliche Formbestimmtheit der Beziehung Arzt-Patient gemeint ist. Überhaupt ist es mir in diesem Aufsatz nur wenig um die Absicht und den Reflexionsstand des Therapeuten zu tun, sondern darum, was es *für eine Frau* bedeuten kann, sich in die analytische Situation hineinzubegeben, auch dann, wenn ihr Analytiker es in jedem Sinne gut mit ihr meint.

Selbst wenn eine Analyse hilfreich verläuft, müssen Frauen zuweilen die Erfahrung machen, daß sie – beginnen sie wirklich stark und selbständig zu werden – gleichzeitig noch die zusätzliche Kraft aufbringen müssen, den auf einmal bedrohten Analytiker zu beruhigen; denn selbständig werdende Frauen entziehen sich den Verhältnissen und Verhaltensweisen die zur Lebensgrundlage der Männer in dieser Gesellschaft gehören. (. . .)

Kate Millett (...) und Shulamith Firestone (...) fassen die Psychoanalyse insgesamt als eine historische Antwort auf die Erschütterung der Geschlechtsrollen und auf die Frauenbewegung auf, als Schlüsselideologie der sexuellen Gegenrevolution und als Instrument erneuter Unterdrückung. Gregory Zilboorg (...) hat eine etwas differenziertere Einschätzung vorgelegt, der ich mich weitgehend anschließe. Er machte darauf aufmerksam, daß die psychoanalytischen Theorien über die Besonderheiten der weiblichen Psyche erst spät aufgestellt wurden – in den ersten 20 Jahren der psychoanalytischen Bewegung war dies kein Thema, auch für Freud selbst nicht. Die „klassischen" Positionen (Freud, Abraham, Horney, Jones, Müller, Klein, Deutsch) (...) wurden in dem Zeitraum von 1925 bis 1933 artikuliert. In dem orthodoxen Kreis um Freud war, wie aus den Widersprüchen dieser Beiträge deutlich wird, völlig ungeklärt, welche psychosexuelle Entwicklung Mädchen durchmachen, wie der Ödipuskomplex beim weiblichen Kind sich gestaltet und welches Schicksal er normalerweise hat.

Dennoch starb die Diskussion um diese Fragen weitgehend aus und kam erst Ende der 60er Jahre wieder in Gang. Schon diese zweiphasige zeitliche Struktur legt die Interpretation nahe, die durch eine inhaltliche Betrachtung bestätigt werden kann. daß die psychoanalytische Diskussion durchaus eine Reaktion auf die ebenfalls zweiphasige Frauenbewegung gewesen ist. Denn feministisches Bewußtsein ist durch Faschismus, Krieg und Nachkriegszeit etwa 30 Jahre lang verschüttet gewesen.

Daß die psychoanalytischen Ansichten über weibliche Sexualität erst in den 20er Jahren entwickelt wurden, während die Grundlegung der Psychoanalyse 1900 (Erscheinen der „Traumdeutung") geschah, hat gesellschaftliche Gründe. Die Zeit nach dem 1. Weltkrieg brachte für die Frauen das, was Zilboorg, psychologisch gesehen, eine Revolution nennt. Eine lebhafte Frauenbewegung hat es schon um die Jahrhundertwende (auch in Wien, auch in Freuds jüdischer Subkultur) gegeben. Doch die umfassenden materiellen Veränderungen in der Lage der Frau durch ihre Einbeziehung in alle Bereiche der Produktion während des Krieges und wiederum ihre Zurückverweisung in die Familie, oft auch ins ökonomische Elend nach Kriegsende erzeugten eine neue Qualität. Zum ersten Mal haben Frauen nicht nur Bildung und Rechte beansprucht, sondern gleiche Verhaltensmöglichkeiten auf der ganzen Linie: den Abbau der normativen Schranken, die bis dahin auch und gerade für Frauenrechtlerinnen gute, schutzwürdige Weiblichkeit definiert hatten. Dieser Umbruch machte in der Tat die Frau zum Problem für die Männer und warf- da ihnen die ökonomische und rechtliche Freiheit fehlte bei den Frauen auch akute psychische Probleme auf.

In den theoretischen Ansichten über Frauenemanzipation herrschte jedoch, bis in die Reihen der Kommunisten hinein, bürgerliche Ideologie vor. Freuds

Theorie der weiblichen Psychologie wurde in doppelter Weise von der damaligen Frauenbewegung bestimmt: von der gesellschaftliche Dringlichkeit des Problems in den 20er Jahren und von der für ihn unübersehbaren Unhaltbarkeit von Emanzipationsideologie, die – wie ich im folgenden zeigen will auf naturgegebene Gleichheit und bürgerliche Gerechtigkeit in der Sexualsphäre pochten und im Widerspruch zu der faktischen Unterlegenheit und Leidensgeschichte der Frau standen.

Bis Anfang der 20er Jahre nahm Freud an, daß die weibliche psychosexuelle Entwicklung ein schattenhaftes Abbild der männlichen sei. D. h., er hatte nicht von Anfang an eine Theorie der Weiblichkeit. (…) Zu dem Entwurf einer solchen Theorie wurde er durch diejenigen seiner Schüler gereizt, denen diese Parallele nicht radikal genug schien, die dem kleinen Mädchen die volle sexuelle Gleichberechtigung zusprechen wollten. Gab es beim Jungen phallische Onanie und sexuelle Phantasien in bezug auf die Mutter, so gebe es beim Mädchen vaginale Onanie und sexuelle Phantasien in bezug auf den Vater. Im Naturzustand, als der die Kindheit auch in unserer Gesellschaft verstanden wurde, entdecke jedes Geschlecht sein „eigentliches", d. h. für die Fortpflanzung Vorgesehenes Sexualorgan als Lustquelle und begehre das nächstverfügbare gegengeschlechtliche Liebesobjekt zum Partner. Erst Inzesttabu und Mißbilligung der Selbstbefriedigung würden diese Idylle stören. .

Aus der Argumentation dieser Theoretiker – Abraham, Horney, Jones – spricht das Denken der bürgerlichen Aufklärung: Gleichheit, Freiheit und Gerechtigkeit seien in der Natur verwurzelt und daher auch innerhalb dieser Gesellschaft eigentlich heute schon möglich, wenn wir nur ein Einsehen hätten. Die scheinbar frauenfreundlichen Analytikerinnen wie etwa K. Horney oder C. Thompson können zwar nicht genug die Wirkung der gesellschaftlichen Bedingungen und der Erziehung betonen, meinen aber mit Erziehung durchweg etwas, das erst einsetzt, nachdem die wahre Natur sich spontan geäußert habe. Die Zeichen innerer Unterdrückung in den Seelen der zögernden, unsicheren, quengelnd und zwanghaft sich opfernden Frauen sind für sie entweder individuell-zufälliges Schicksal (Erkrankung) oder gar Schuld der Frauen selbst, da diese die objektiv längst niedergerissenen Schranken ihrer selbständigen Entfaltung nicht zu überschreiten wagen.

Je deutlicher seine emanzipationsfreundlichen Schüler die Gleichstellung und die spiegelbildlich gleiche Entwicklung der Geschlechter betonten, desto klarer schälte sich für Freud heraus, daß jede Annahme über eine symmetrische Entwicklung von Mädchen und Jungen Täuschung sei. Dem müssen wir, wie Juliet Mitchell schreibt, gerade als Feministinnen zustimmen. Wenn die Frauenunterdrückung Wirklichkeit ist, so steht zu erwarten, daß die psychosexuelle Entwicklung ungleich und für Mädchen irgendwie „defizitär" ist (Strouse, 1974, S. 32).

Die Rolle von Frauen als Patientinnen für diese Entwicklung der Psychoanalyse ist allerdings anders zu sehen als die Rolle der Frauenbewegung. Zumindest von Freud selbst kann man nicht sagen, daß er vornehmlich aufsässig gewordene Frauen zur Anpassungsbereitschaft überredet hätte (Eva Figes 1970, S. 147, spricht sogar von „Gehirnwäsche").

Nach der Herausbildung der eigentlichen psychoanalytischen Methode (Aufgabe der Hypnose zugunsten der freien Assoziation) finden wir, worauf J. Mitchell hinweist (Strouse, 1974, S. 28), im gesamten Werk Freuds drei ausführliche Fallgeschichten von Frauen. In der voranalytischen Zeit überwiegen hingegen weibliche Fälle von Hysterie: sie waren für den Weg zur psychoanalytischen Methode entscheidend.

Es scheint, als hätte Freud in der ärztlichen Behandlung von Frauen nur solange Erkenntnisfortschritte machen können, wie er die inzestuöse Vater-Tochter-Liebe als unbewußte Grundlage der Heilung aufrechterhielt (Hypnose, Suggestion und Katharsis). Mit dem Übergang zur systematischen Ausforschung der psychischen Tatsachen und der Triebbasis des Phantasielebens wurde für Freud die Selbstanalyse zu einem entscheidenden Mittel, die Mitarbeit des Patienten an einem Prozeß der Selbstanalyse zur wichtigsten Erfahrungsquelle. Dem methodischen Durchbruch entspricht eine regelrechte Umpolung des Arztes von weiblichen auf männliche Patienten. Es scheint, als hätten sich die entscheidenden Inhalte der Psychoanalyse, vor allem der Ödipuskomplex (und der Kastrationskomplex) als Kernkomplex aller Neurosen, nur in Form der Wiederherstellung der Vater-Sohn-Beziehung in der Übertragung entschlüsseln lassen. J. Mitchell legt großen Wert auf die Feststellung, daß die patriarchalische Einseitigkeit der Theorie Freuds aus der von ihr nachgezeichneten und begriffenen gesellschaftlichen Realität stammt. Doch muß dabei zugleich geprüft werden, ob diese Übereinstimmung mit der Realität nicht auch bedeutet hat, daß die psychoanalytische Methode nur die Psychologie des Mannes zureichend erforschen konnte.

Eben dies hat G. Zilboorg für die gesamte erste Phase der Diskussion um die weibliche Psychologie, nicht nur bei Freud, festgestellt. Er meinte, daß die in unserer Kultur tiefverwurzelte männerzentrierte Voreingenommenheit jene erste lebhafte Diskussion von Grund auf verzerrt hat und dann dazu führte, daß diese so wichtigen Fragen als ungelöste einfach beiseite geschoben wurden. Zilboorgs Thema ist die gewaltige Strömung des Frauenhasses bei Männern und seine psychobiologische Grundlage. Er deutet an, daß die in die analytische Theorie eingebaute Vorstellung vom bedrohlich-kastrierenden Weibe eine Projektion der Aggressionen ist, die die unbewußte Einstellung des Mannes zum Weib beherrschen. Bevor der Analytiker die Psychologie der Frau erkennen kann, muß er sich zu allererst die Feindseligkeit des Mannes gegen die Frau eingestehen, da diese Feindseligkeit sowohl seinen eigenen Blick verstellt wie auch die Realität bestimmt, in der die Frau sich entwickelt. Diese Feindseligkeit wird nur rationalisiert und verleugnet durch die Überzeugung (die allerdings dem Mädchen wirksam aufgedrängt wird, worauf ich noch eingehe), das Weib sei an sich ein schon kastriertes, nicht ein erst durch seine Vergewaltigung erniedrigtes Wesen.

So blieb die Psychologie der Frau eine von der psychoanalytischen Theorie unbewältigte Angelegenheit. Doch kam die therapeutische Praxis offenbar ganz gut ohne Theorie aus. Die Analytikerin Betty Yorburg schreibt 1974 kopfschüttelnd zur neuen feministischen Psychoanalyse-Kritik, daß die beanstandeten Annahmen Freuds, insbesondere die Theorie des Penisneides, von der überwiegenden Mehrheit der praktizierenden Analytiker längst aufgegeben worden seien. Doch eine alternative Theorie zum geschlechtsspezifischen psychologischen Schicksal der Frau deutet sie nicht an: anscheinend können die Psychotherapeuten behandeln, ohne zu wissen, was bei den Frauen der Fall ist.

Erst die neue Frauenbewegung der 60er Jahre brachte eine neue Diskussion in Gang. In der Literatur ist einerseits das langsame Aktuell-Werden von Simone de Beauvoirs Buch *Das andere Geschlecht* zu nennen (J. Mitchell, 1974, S. 301, weist nach, daß gewisse Freud-Kolportagen bei neueren Feministinnen auf die Darstellung in diesem Buch zurückzuführen sind). Zum anderen stellte Betty Friedan 1963 die These auf: „Der Weiblichkeitswahn schöpft seine Kraft aus dem Freudschen Denken" (Friedan, 1963, S. 72). Sie betonte aber auch, daß dies „aus Gründen, die nichts mit Freud zu tun haben", der Fall sei.

In Hagemann-White verwendete Literatur:

Figes, E. (1970): Patriarchal Attitudes. New York
Friedan, B. (1963): Der Weiblichkeitswahn oder die Selbstbefreiung der Frau. Reinbek
Mitchell, J. (1974): Psychoanalysis and Feminism. London
Strouse, J. (Hg) (1974): Women and Analysis. Dialogues on Psychoanalytic Views of Feminity. New York

3 Die ‚Entdeckung' des lesbischen Begehrens

In Bezug auf die Politisierung von Sexualität und die Kritik an Freuds Thesen zur psychosexuellen Entwicklung geht die Frauenforschung zumeist davon aus, dass Frauen in gleicher oder ähnlicher Weise von gesellschaftlichen Diskriminierungen betroffen seien. Differenzen zwischen Frauen werden kaum wahrgenommen. So wird nicht nur weitgehend ausgeblendet, dass etwa schwarze Frauen und Frauen aus der Arbeiterklasse in anderer Weise diskriminiert werden als weiße bürgerliche Frauen. Unberücksichtigt bleibt darüber hinaus auch, dass nicht alle Frauen heterosexuell leben. In den ersten Studien zur Lesbenforschung am Beginn der 70er Jahre geht es deshalb darum, Lesben als spezifische Gruppe sichtbar zu machen. Forscherinnen kritisieren das Verschweigen bzw. die gesellschaftliche Diskriminierung lesbischer Lebensweisen. Gleichzeitig soll das Lesbisch-Sein als positive soziale und sexuelle Lebensform begriffen werden.

Ilse Kokula hat in ihrem Buch „Wir leiden nicht mehr, sondern sind gelitten" 13 lesbische Frauen zu ihren Lebensgeschichten interviewt. In diesen Interviews geht es ihr darum, die Unterschiede und Gemeinsamkeiten lesbischer und nicht lesbischer Frauen sichtbar zu machen. In den ausgewählten Textauszügen fragt Kokula was es heißt, lesbisch zu leben und skizziert die gesellschaftliche Situation von Lesben in der Bundesrepublik Deutschland.

Ausgehend von diesem Anspruch konzentriert sich die Lesbenforschung auf unterschiedliche Forschungsfelder. Im Rahmen der Lesbenforschung werden historische und aktuelle Spuren der Existenz von Lesben in den unterschiedlichsten gesellschaftlichen Bereichen gesucht. Forscherinnen stellen in diesem Kontext nicht nur die Natürlichkeit von 1-Ieterosexualität in Frage. Darüber hinaus fragen sie, ob die heterosexuelle Lebensweise der meisten Frauen natürlich gegeben oder ob sie über Formen struktureller Gewalt erzwungen sei. In ihrem Aufsatz „(Homosexuelles) Coming-Out" geht *Lising Pagenstecher* der These nach, dass weibliche Homosexualität nicht auf homosexuell disponierte Frauen beschränkt ist. Pagenstecher geht davon aus, dass weibliche Homosexualität weit weniger eine Frage von psychosexueller Disposition sei als eine Frage der gesellschaftlichen Stützung von heterosexuellen Beziehungen und der gesellschaftlichen Diskriminierung von Frauenbeziehungen.

Ausgehend von der These, dass in patriarchalen Gesellschaften direkte und/oder strukturelle Zwänge zur Heterosexualität existieren, diskutiert *Adrienne Rich* die Frage der lesbischen Identität. In ihrem Aufsatz „Zwangsheterosexualität und lesbische Existenz" ersetzt sie den Begriff Lesbe durch den Begriff der lesbischen

Existenz. Rich geht es nicht mehr darum, zwischen lesbischen und heterosexuellen Lebensweisen grundsätzlich zu unterscheiden. Vielmehr postuliert sie ein lesbisches Kontinuum. Diese Ausweitung verweist auf den Anspruch der Lesbenforschung, keine ‚Unterabteilung' der Frauenforschung oder gar der Sexualwissenschaften darzustellen. Vielmehr sollen sämtliche Theorien und Konzepte der Frauenforschung darauf überprüft werden, ob Lesben berücksichtigt werden.

▶ *Kuckuc, Ina (1975): Der Kampf gegen Unterdrückung. Materialien aus der deutschen Lesbierinnenbewegung. München: Verlag Frauenoffensive; hier Auszüge aus den S. 1 7-24*

Im Verlauf der letzten zwei Jahrzehnte hat das Thema Homosexualität wachsendes Interesse auf sich gezogen; das spiegelt sich sowohl in der populären als auch in der wissenschaftlichen Literatur wider. Das Interesse konzentrierte sich jedoch fast ausschließlich auf die männliche Homosexualität.

Weibliche Homosexualität dagegen wurde weitgehend vernachlässigt: Bis heute wurden im deutschsprachigen Raum nur zwei wissenschaftliche Bücher veröffentlicht, die ausschließlich der weiblichen Homosexualität gewidmet sind, und die man als hinreichend legitimiert bezeichnen könnte. Beide Bücher wurden von Frauen geschrieben.

a. „Psychologie der lesbischen Liebe" von der deutsch-englischen Psychiaterin Charlotte Wolff, die sich mit der englischen Lesbierinnenorganisation „Kenric" (gegründet 1963) befaßte und dort 108 Frauen interviewen konnte. Zudem hatte Ch. Wolff die Möglichkeit am sozialen Leben der Organisation teilzunehmen.

b. 1971 veröffentlichte Siegrid Schäfer ihr Buch „Sappho 70 – Zur Situation der lesbischen Frau heute".

Seit ca. 1970 veröffentlichen die Amerikanerinnen, deren Veröffentlichungen aus ihrer Protestbewegung heraus entstanden. Diese Protestbewegung umfaßte sowohl homosexuelle Frauen als auch heterosexuelle Frauen und homosexuelle Männer. Die Frauengruppe der „Homosexuellen Aktion Westberlin" (HA W), die ihren Sitz in einer Fabriketage im Berliner Bezirk Schöneberg hat, veröffentlichte im Sommer dieses Jahres eine Dokumentation über den Zeitraum von der Gründung im März 1972 bis Sommer 1974.

Diese Dokumentation sollte primär anderen Gruppen von lesbischen Frauen als Anschauungs- und Diskussionsmaterial dienen. Sie entspricht insofern wissenschaftlichen Kriterien, da sie die Realität der Gruppe widerspiegelt. Für die deutschen Lesbierinnen (…) besteht die Notwendigkeit, ihre Realität zu erfassen und darzustellen; und zwar so, daß sich ihre Realität nicht einem obskuren wissenschaftlichen und begrifflichen Apparat – der mehr der Phantasie entspringt als sich auf die Realität zu beziehen – beugen muß.

Lesbisches Verhalten, Verhalten also der gleichgeschlechtlichen Liebespartnerin und der Umwelt gegenüber, wurde bisher von fast allen Wissenschaftlern per se und als krank interpretiert. Vergessen wurde, daß der Verhaltensbegriff ein Individuum (im Sinne des Sich-Verhalten) immer in ein Verhältnis zu etwas setzt. Er impliziert auch die Situationsdeterminiertheit und Umweltbezogenheit von Verhalten. (…).

So wurde z. B. in psychoanalytischen Studien bisher nie die ökonomische Situation, die berufliche Perspektive, das Alter und die Umwelt der Lesbierin erfaßt, auf die diese zu reagieren hat. Auch wurde nie die Besonderheit ihrer Diskriminierung und ihrer speziellen Schwierigkeiten, auf die sie zu reagieren hat, erfaßt. Die Lesbierin hat auf viele Probleme zu reagieren, die auch die heterosexuelle Frau betreffen oder den heterosexuellen Mann. Die Diskriminierung schafft jedoch eine Situation, die jedes Problem verschärft. So ist der Arbeitsplatz in besonderer Weise gefährdet, sie verliert ihre Wohnung oder wird von der Nachbarschaft gemieden, es ist besonders schwer, eine Partnerin zu finden oder überhaupt jemanden, mit dem sie ihre Probleme besprechen kann. So zeichnet die Lesbierin ein großes Maß an Isolation aus und in der Regel eine strikte Trennung von öffentlichem Leben und privatem.

Psychoanalytiker, die bisher mit Studien glänzten, vergaßen, daß die einzelne Frau sich *ihnen* und ihrer gesamten Profession gegenüber verhielt, und daß sie nur über diese Beziehung Aussagen machen konnte. Der Vorwurf einer unzulässigen Verallgemeinerung ist allen Studien anzulasten, die von Männern gemacht wurden. Phyllis Chesler hat in den USA zum Thema lesbische Frauen und Psychoanalyse lange Zeit Studien betrieben, betroffene Frauen interviewt und ihre Auswertungen veröffentlicht. Es zeigt sich, daß die meisten Analytiker(innen) lesbische Liebe mißverstehen und/oder verurteilen. Auch wenn man sich noch immer darum streitet, ob Homosexualität hormonal bedingt oder ein Produkt der Umwelt ist- Einigkeit herrscht in der Annahme daß lesbische Liebe unangepaßt und infantil ist. Unangepaßt deshalb, weil sie sich den Spielregeln der Zwangsheterosexualität widersetzt, weil sie der Familienideologie und dem nicht zu hinterfragenden Wunsch der Frau nach Kindern widerspricht. Infantil deshalb, weil das Sexualverhalten der lesbischen Frau auf einer „kindlichen"

Stufe stehengeblieben ist: Sie hat den Sprung vom klitoralen („kindlichen") zum vaginalen („reifen") Empfinden nicht geschafft – ein Sprung, den es gar nicht gibt (vgl. Koedt und Sherfey).

Wenn sich also eine lesbische Frau in therapeutische Behandlung begibt, geschieht das meist unter den oben genannten Voraussetzungen des Mißverstehens, Ablehnens und Unwissens. Das kommt im Verlauf der Analyse oft sehr direkt zum Ausdruck, wie es die Berichte der Interviewpartnerinnen von Chesler zeigen: „Aber mit Männern kann man doch so herrlich schlafen! Die lesbische Liebe ist nicht notwendig, sie ist absurd!" (eine Therapeutin, S.188) und: „...riechen Frauen nicht fürchterlich? Der männliche Körper ist soviel schöner als der weibliche!" (ein Therapeut, S.190).

Mögen diese Beispiele für die deutschen Therapeuten nicht gelten, so gehen doch auch sie nicht auf die reale Lebenssituation der Frau ein. Es wird nicht gesprochen über die ganz konkreten Erfahrungen der Frauen, über Lusterlebnisse, Schwierigkeiten mit der Freundin oder wegen der Freundin (Arbeitsplatz), Schwierigkeiten, weil man gar keine Frau als Partnerin finden kann etc.

All das wird in der Bewertung von vollkommen unbedeutend (da ja das wirklich Bedeutende die Heterosexualität ist) bis gefährlich angesehen, und von daher hat man darüber zu schweigen.

Das Verhalten von Lesbierinnen wurde immer als statisch und ohne gesellschaftlichen Bezug beschrieben; dies gilt allerdings auch für die Studien von Wolff und Schäfer. Am Beispiel des sogenannten kessen Vaters oder englisch „butch" kann dies aufgezeigt werden. Der butch ist ein Phänomen, das in den USA besonders auffallend war. Es handelt sich hierbei um Frauen, die männliches Verhalten zeigen und (seltener) Kleidung maskulinen Schnitts bevorzugen.

An diesen Frauen orientiert sich die psychoanalytische Literatur mit den Schlagworten „Ablehnung der weiblichen Rolle und Mutterschaft" und „Männerhaß".

Dahinter steht ein statisches Bild vom Wesen der Lesbierin, vom Wesen der Frau und vom Wesen des Menschen überhaupt. Beschrieben wurde nicht, daß dieses Auftreten ein individueller Protest gegen rigide Vorschriften für weibliches Verhalten war, daß diese „Abweichung" primär auch nur in bestimmten Bevölkerungsgruppen und in verschiedenen Ländern zu verschiedenen Zeiten unterschiedlich stark auftrat. So waren diese Frauen im liberalen Holland weitaus weniger zu finden als in den USA, und dort um 1950 viel öfter als um 1970 (Vgl. Martin/Lyon).

Die gesamte Wissenschaft konnte bisher weibliche Homosexualität nur in den Begriffen von „männlich" und „weiblich" fassen: So gab es also Frauen, die Angst vor Männern hatten und deshalb mit einem Ersatzmann vorliebnahmen, und es gab Frauen, die mit dem Mann konkurrierten – die Ersatzmänner. Der heterosexuellen Phantasie und Typisierung hatten sich lesbische Frauen zu beugen.

Die juristische Ächtung richtete sich in erster Linie gegen homosexuelle Männer, während Frauen weniger davon betroffen waren, was sich aus der untergeordneten gesellschaftlichen Rolle der Frau erklärt.

Die Tatsache, daß es hauptsächlich Männer waren, die wegen homosexuellen ‚Vergehen' vor Gericht gezerrt wurden, ist in sich Beweis genug, daß in einer patriarchalisch orientierten Gesellschaft das Verhalten der Männer immer für wichtig gehalten wird, was seinen Niederschlag in der Gesetzgebung findet. Dagegen wird das weibliche Geschlecht als zweitrangig angesehen; es ist tatsächlich das bloß andere Geschlecht (Simone de Beauvoir), das sich über den Mann definieren muß.

Die Idee der männlichen Überlegenheit verbietet es den Männern (und somit auch den Wissenschaftlern), weibliche Homosexualität als beachtenswert und als ernsthafte Bedrohung der eigenen sexuellen Bedürfnisse oder der Gesellschaft anzusehen.

Infolge der eigenen kaputtgemachten Sexualität halten viele lesbische Liebe allenfalls für einen Witz oder für einen spielerischen Zeitvertreib; wobei im Falle einer ernsthaften Konkurrenz der Mann seiner Überzeugung nach immer als Sieger hervorgehen würde. Wenn das dann im realen Fall nicht so ist, also der Mann sich ausgeschlossen und überflüssig fühlen muß, tritt an die Stelle des milden Lächelns entweder totale Hilflosigkeit und Ratlosigkeit, oder im anderen Extrem – offene Aggression, ja Brutalität.

Die Idee der männlichen Überlegenheit ist ökonomisch begründet. Bisher konnte in der Regel ein Mann einer Frau mehr materielle Sicherheit bieten als ihr eine andere Frau. Männer sind „objektiv für ihr ökonomisches Überleben nicht auf Frauen angewiesen oder glauben *subjektives* nicht zu sein. Die meisten Frauen brauchen dagegen *objektiv* und *subjektiv* Männer für ihr ökonomisches und ‚psychologisches' Überleben." (Chesler, S._183)

In dem Maße, in dem Frauen ökonomisch unabhängiger werden, werden sie auch psychologisch unabhängiger werden und eher bereit sein, Beziehungen zu Frauen aufzunehmen und gemäß ihren Bedürfnissen zu leben.

Martin/Lyon berichten in ihrem Buch „Lesbian Woman" daß sie eine Reihe von verheirateten Lesbierinnen kannten, die ihre Männer nicht verlassen konnten, da sie keine Ausbildung hatten und deshalb von ihren Ehemännern abhängig waren.

Die männliche Arroganz hat die homosexuellen Frauen auch davor bewahrt, ebenso unnachsichtig wie die homosexuellen Männern verfolgt zu werden. Gegen weibliche Homosexualität gibt es – außer in Österreich und Spanien – in Europa keine gesetzlichen Verbote. Ist weibliche Homosexualität in Deutschland auch keinen formellen Sanktionen unterworfen, so wird sie doch informell kontrolliert und bestraft. Bisher sind wenig Sanktionen bekannt geworden; das liegt zum Teil daran, daß die betroffenen Frauen zu isoliert waren, um sich wehren zu können und zu ängstlich, um sich zu artikulieren, aufzufallen. In den USA sind die Homosexuellengesetze so formuliert, daß sie auch eine Bestrafung der Lesbierin zulassen. Merkwürdigerweise wird gern der Kinsey-Report von 1953 zitiert (vgl. S. 388), wo Kinseys unter anderem angeben, daß Frauen in den USA – trotz der dortigen Gesetze – so gut wie gar nicht mit Gerichten in Kontakt gekommen seien (vgl. Baasner, 1973). Martin/Lyon dagegen berichten von Polizeikontrollen und Kontrollen des „Alcoholic Beverage Control Board of California (ABC)". Bars und Lokale wurden kontrolliert, Frauen zu Geldstrafen verurteilt. In einer Nacht im Jahre 1956 inhaftierte man ca. 36 Personen, hauptsächlich Frauen, unter der Beschuldigung „of visiting a disorderly house" (Martin/ Lyon, S. 234). Nur vier junge Frauen sollen sich nicht für schuldig erklärt und die Geldstrafe bezahlt haben.

Die englischen Lesbierinnen verdanken ihre Straffreiheit der Uninformiertheit ihrer Königin Victoria. Als ihr vorgeschlagen wurde, auch weibliche Homosexualität unter Strafe zu stellen, hielt sie ein derartiges Verhalten für unmöglich „Two ladies would never engage in such despicable acts!" (Martin/Lyon, S. 40)

Neben den Erkenntnissen aus der Arbeit mit der Frauengruppe der HAW – ich bin seit November 1972 dort Mitglied – wurde ich in meiner Arbeit auch von den Gedanken Kurt Lewins beeinflußt; insbesondere von seinen Äußerungen über die jüdische Minderheit in den USA und das Minderheiten-Problem allgemein. Es lassen sich viele Gemeinsamkeiten zwischen den Juden und den Homosexuellen aufzeigen, besonders in Bezug auf Vorurteile und in Bezug auf eine Gruppe, an der das gesellschaftliche System seine Sanktionsgewalt demonstrieren kann. Nicht umsonst betont die Männergruppe der HAW, daß für Homosexuelle auch heute das 3. Reich noch nicht zu Ende ist. (...)

Neben dem Unterschied, daß Juden eine rassisch-religiöse Minderheit sind und Homosexuelle eine sexuelle, bestehen noch einige wesentliche Unterschiede:

Die homosexuelle Frau und der homosexuelle Mann wachsen in einer heterosexuellen Umgebung auf und werden dahingehend sozialisiert, heterosexuelle Rollen, gemäß ihrem Geschlecht und ihrer Schichtzugehörigkeit, zu übernehmen. Eine Vorbereitung auf die spätere Auseinandersetzung und Lebensform -wie Lewin dies bei jüdischen Kindern vorschlägt- ist nicht möglich. Dies würde bedeuten, daß alle Individuen Heterosexualität als *eine* und nicht *die* mögliche Form der Sexualbetätigung betrachten und von der Wichtigkeit der Kernfamilie *nicht* überzeugt sind.

Die Sozialisierungsleistung, ein Leben als homosexuelle Frau zu führen, hat später eine Gruppierung von Lesbierinnen zu übernehmen; oder das Individuum bleibt hilflos seiner Umgebung ausgeliefert und erlebt permanent Frustrationen. Diese angeblich geringe Frustrationstoleranz die auch Ch. Wolff feststellt, rührt daher, daß die Homosexuelle sich nirgends zugehörig fühlt – nur durch den sozialen Druck zu einer diskriminierten Minderheit. Und diese Gruppierung, da sie nur durch den Außendruck zusammengehalten wird, muß chaotisch sein (Lewin, S. 230); da unter normalen Bedingungen eine Gruppe nur diejenigen Mitglieder umfaßt, bei denen die positiven Gefühle in Bezug auf die Gruppe stärker sind als die negativen (Lewin, S. 264). Die homosexuelle Subkultur, die bei Frauen weit weniger stark ausgeprägt ist als bei Männern mit ihren Lokalen und Treffs, gibt hierfür ein Beispiel.

Der subjektive Akt, einer Lesbierinnenorganisation beizutreten ist ein politischer Akt für eine Frau. Zum einen gibt sie durch Zugehörigkeit zu dieser Bezugsgruppe ihre spezifisch weibliche Sozialisation auf und wird aktiv; zum anderen nimmt sie dadurch die Diskriminierung bewußt auf sich und beginnt auch, die gesellschaftliche Funktion von Diskriminierung zu begreifen. Die Selbstakzeptierung – um damit nach Lewin den Boden unter den Füßen zu gewinnen – steht auf dem Programm jeder Lesbierinnenorganisation.

Lewin (S. 232) meint, daß ein Angehöriger einer Minderheit, der seine Zugehörigkeit zu ihr unterstreicht, offensichtlich nicht versucht, über die Grenzlinie der Gruppe zu schleichen und auch nicht zurückgewiesen zu werden braucht. Dieser Gedankengang läßt sich auf Lesbierinnen nicht übertragen. Von ihnen wird verlangt, die ihnen zugedachte Rolle als Frau zu übernehmen d. h. sie werden zum Grenzübertritt aufgefordert; durch Heirat oder Heilung.

Der Verweigerung zum Grenzübertritt wird mit Spott, Feindseligkeit und offener Bestrafung begegnet. Dieser Ablehnung kann die einzelne Frau kaum allein sondern nur mit Hilfe der Gruppe entgegentreten. Diese Arbeit befaßt sich nicht mit den möglichen Ursachen der Homosexualität.

a. Jede Untersuchung über angeborene Homosexualität wurde bisher durch eine andere widerlegt (vgl. Schäfer, S. 39 ff und Baasner).

b, Die Annahmen über erworbene Homosexualität wurden bisher noch nicht widerlegt, da deren Spektrum so weit gefaßt ist, daß nur noch die Frage gestellt werden kann, wieso es noch heterosexuell orientierte Individuen gibt. Anna Freud (S, 176) stellte einen Katalog der psychoanalytischen Erklärungsweisen über das Zustandekommen von homosexuellem Verhalten auf. Die bedeutendsten Erklärungsversuche über das Entstehen von Homosexualität basieren auf der Annahme einer atypischen Familienkonstellation (schwacher Vater, dominante

Mutter; oder zu wenig Zuwendung in der frühen Kindheit). Trotz empirischer Belege hierfür lassen sich folgende Einwände erheben:

> „1. Die Fehlidentifizierung braucht nicht Ursache, sondern kann Begleiterscheinung der Homosexualität sein.
>
> 2. Bei ebensovielen Frauen, die in ähnlich atypischen Familiensituationen aufwachsen, führen diese Familienmuster nicht zu Fehlidentifikationen und erzeugen keine Homosexualität" (Schäfer 1971, S. 44).

Nicht standardisierte Umfragen in der HAW-Frauengruppe zeigten nur die Vielfalt der elterlichen Erziehung und ließen keine eindeutigen Rückschlüsse zu auf ein Erziehungsverhalten der Eltern bzw. der Erziehungspersonen, welches Homosexualität hätte begünstigen können. Im übrigen bin ich mit S. Schäfer der Meinung (S. 45), daß die Frage nach dem „Warum" nur von sekundärer Bedeutung ist, da die einmal angenommene Verhaltensweise – und die gesellschaftliche Reaktion darauf – vermutlich größere Auswirkungen auf das Leben hat als die Gründe, die dazu geführt haben. Das Grübeln über die Gründe lähmt und hindert den Menschen, die Diskriminierung anzugehen. Es hindert nachzudenken, welche Funktion Minderheiten in einer Gesellschaft wie der unsrigen haben. So befaßt sich diese Arbeit mit den Einflüssen, die auf homosexuelle Frauen wirken und dem Versuch, diesen Einflüssen zu begegnen. Diese Arbeit protokolliert in bestimmter Weise den Prozeß innerhalb einer Gruppe, sich zu formieren, um kollektiv kollektive Unterdrückung anzugehen.

In Kuckuc verwendete Literatur:

Baasner, Roswitha: Die weibliche Homosexualität. Diplomarbeit angefertigt im WS 1972/73 am Psycholog. Institut der FU Berlin

Chesler, Phyllisz (1974): Frauen – das verrückte Geschlecht? Hamburg (New York 1972)

Freud, Anna: Wege und Irrwege in der Kinderentwicklung. Bem/Stuttgart 1968

Kinsey, Alfred C. u, a.: Kinsey-Report, Das sexuelle Verhalten der Frau. (Philadelphia 1953), Frankfurt/ M. 1970

Koedt, Anne (1975): Der Mythos vom vaginalen Orgasmus. In: Vaening, Mathilde: Frauenstaat und Männerstaat. Berlin 1975 (Nachdruck, S. I-IX)

Lewin, Kurt (1953): Die Lösung sozialer Konflikte. Bad Nauheim, 3. Aufl. 1968

Martin, Dei/Lyon, Phyllisz (1972): Lesbian Women. San Francisco

Schäfer, Siegrid (1971): Sappho 70, Zur Situation der lesbischen Frau heute. Henstedt/Ulzburg

Sherfey, Mary Jane (1974): Die Potenz der Frau. Wesen und Geschichte der weiblichen Evolution. Köln

▶ *Pagenstecher, Lising (1978): (Homosexuelles) Coming Out. Ein lebenslanger Prozess. In: Arbeitskreis München (Hg.).: Dokumentation der Tagung der Sektionsinitiative: Frauenforschung in den Sozialwissenschaften, München: 2. Auflage, S. 28-44; hier Auszüge aus den S. 38-44*

These: Weibliche Homosexualität ist nicht auf „homosexuell disponierte" Frauen beschränkt. Auch „heterosexuell disponierte" Frauen werden unter bestimmten Bedingungen homosexuell und gehen ausschließlich homosexuelle Beziehungen ein. D. h. es kann – unter bestimmten Bedingungen – einen psychosexuellen Identitätswandel bei zunächst „heterosexuell disponierten" Frauen geben.

Da viele Lesbierinnen entweder ohne sexuelle Erfahrungen mit Männern, oft aber über für sie sehr unbefriedigende psycho-sexuelle Erfahrungen mit Männern, bei gleichzeitig, oder manchmal auch erst später einsetzenden starken positiven und zärtlich-erotischen Gefühlen für Frauen, zu ihrer Homosexualität gefunden haben, halten sie es in der Regel nicht für denkbar, daß auch solche Frauen lesbisch werden können und lesbisch werden, also ausschließliche Frauenbeziehungen eingehen, die über viele Jahre von ihnen als befriedigend empfundene Liebesbeziehungen mit Männern hatten. Eine solch einseitige Optik zeigt m. E. die Verinnerlichung des gesellschaftlich geförderten Vorurteils, daß Homosexualität bei Frauen nur das Ergebnis einer normwidrigen Sozialisation sein könne.

Ich gehe hier nicht auf radikallesbische und radikalfeministische Positionen ein, die das politische Postulat einer „Lesbian Nation" (Jill Johnston) aufstellen und von allen Frauen lesbische Beziehungen fordern, so als ob dies nur vom politischen Entschluß abhinge und willentlich steuerbar wäre. Auch will ich mich hier nicht mit der Frage bisexueller Beziehungen auseinandersetzen, sondern mich auf die Frage beschränken, aufgrund welcher Bedingungen auch Frauen mit vorgängig positiven psycho-sexuellen Erfahrungen mit Männern dazu kommen, homosexuelle Beziehungen einzugehen und warum andererseits nur so wenige Frauen diesen Schritt vollziehen.

Besonders verhängnisvoll und erschwerend für die Untersuchung und Klärung dieser Frage scheint mir die in der bisherigen deutschen Forschung unterstellte These zu sein, daß das Coming out von Frauen lediglich die früher oder später einsetzende Ausfaltung der in der frühen Kindheit grundgelegten „homosexuellen Disposition" sei. (…) Zwar räumen Ursel Fritz und Alexandra von Streit ein, daß „eine (homosexuelle) Disposition (angesichts das Zwangs zu heterosexuellem Verhalten) keine Determination (sei)" (…), doch halten sie umgekehrt die heterosexuelle Disposition offenbar für determinierend, jedenfalls weiten sie ihre These von der nicht zwingenden Determination der Disposition und den Umwegen der Selbstfindung nicht auf heterosexuell disponierte Frauen aus, obwohl sie homo- wie heterosexuell disponierten Frauen eine Sozialisation bescheinigen „die einer Selbst-Entfremdung einer Entfremdung von eigenen Bedürfnissen, von der eigenen Sexualität zugunsten einer Fremdbestimmung (durch Männer) – gleichkommt." Dieses Festhalten an der heterosexuellen Dispositions-Determination, das die Einschränkung des Coming Out-Phänomens auf „homosexuell disponierte" Frauen zur Folge hat, verstellt total den Blick für mögliche psychische, soziale und sexuelle Entwicklungsprozesse der „heterosexuell disponierten" Frauen und schließt diese damit, zumindest theoretisch, von der Möglichkeit eines psycho-sexuellen Identitätswandels aus.

Im Unterschied zu dieser statischen d. h. die psychosexuelle Entwicklungsdynamik auf die frühe Kindheit beschränkenden Betrachtungsweise möchte ich bei meinen Erklärungsversuch von der Dynamik der gesamten weiblichen Lebensgeschichte ausgehen, d. h. die weibliche Lebensgeschichte als den Versuch der Selbstfindung verstehen bzw. als psycho-sozialen Prozeß der Subjektwerdung.

Die gesellschaftliche Bestimmung von Frauen, ausgedrückt in der herkömmlichen weiblichen Rollenzuweisung, führt zu einer relativen Deprivation, d. h. zu einem relativen Ausschluß von Selbstaneignungsmöglichkeiten. D. h. Frauen werden in vielen Lebensbereichen – z. B. Ausbildung, Beruf, Politik, Ehe – in ihren Entwicklungsmöglichkeiten weit stärker eingeschränkt und behindert als Männer. Von frühester Kindheit an werden sie auf Ihre untergeordnete Rolle in Ehe, Beruf und Öffentlichkeit vorbereitet, und die meisten Frauen gehen – mehr oder weniger unreflektiert – erst einmal diesen gesellschaftlich vorgeschriebenen Weg.

Während nun den sog. „homosexuell disponierten" Frauen die Festlegung auf die vorgeschriebene weibliche Rolle besonders manifest und oft schon recht früh im Bereich der Sexualität, und zwar der Sexualität mit Männern, zum Problem Wird, scheint sich dieses Problembewußtsein, also die Infragestellung der weiblichen Rollenfestlegung, bei sog. „heterosexuell disponierten" Frauen – wenn überhaupt – erst im Prozeß einer allgemeineren, also unspezifischeren Identitätssuche und -krise zu entwickeln. D. h. Frauen, die – sehr verkürzt ausgedrückt – in der frühen Kindheit gelernt haben, sich auf männliche Bedürfnisse positiv einzustellen, und von ihnen als sehr oder zumindest als relativ befriedigend empfundene sexuelle und psychische Beziehungen mit Männern haben, fügen sich dem Insgesamt der weiblichen Rollenerwartungen mit all seinen Beschränkungen leichter und vermutlich auch länger als Frauen, die keine befriedigenden psychosexuellen Beziehungen mit Männern herstellen können und die Sexualität mit Männern häufig als abstoßend empfinden.

Versteht man nun Beziehungen als vielfältige Versuche und Prozesse der Identitätsaneignung oder des Zu-sich-selber-findens, so wird verständlich, daß unter den besonders einschränkenden und abhängigen Bedingungen, denen Frauen in Beziehungen mit Männern in der Regel ausgesetzt sind, sich im Laufe der Beziehung auf Seiten der Frauen Bedürfnisse nach mehr Unabhängigkeit, nach mehr Verständnis und nach mehr Selbstentfaltungsmöglichkeiten auf den verschiedensten Ebenen entwickeln und dies, wenn die Männer auf diese Bedürfnisse nicht eingehen bzw. nicht eingehen können, zu Krisensituationen in der Mann-Frau-Beziehung führt: Zerrüttung der Beziehung, Flucht des Mannes in eine bequemere Beziehung, Trennung. Andererseits können aber auch besondere Krisensituationen im Leben von Frauen, wie Abwendung von Männern bei einer Schwangerschaft; Alleingelassenwerden beim Problem einer Abtreibung; Wegfall von zentralen weiblichen Funktionen durch Erwachsenwerden der Kinder; Beginn der Wechseljahre und damit verbundene Entwertungsgefühle; Selbstbesinnungs- und Selbstfindungsprozesse von Frauen verstärken oder auslösen und damit ebenfalls zu Krisensituationen in der Mann-Frau-Beziehung führen.

Nun bestehen oder ergeben sich in solchen Krisensituationen, z.Zt. besonders gefördert durch die neue Frauenbewegung, immer häufiger – wenn auch insgesamt noch relativ selten – enge soziale und psychische Kontakte zwischen Frauen, z. B. in Frauenarbeitskreisen und in Selbsterfahrungsgruppen, aber auch in Arbeitszusammenhängen am Arbeitsplatz. Hier erfahren nun Frauen, daß sie sich aufgrund gemeinsamer Erfahrungen, Bedürfnisse und Interessen mit Frauen oft besser über ihre Situation verständigen können als mit Männern, daß unter ihnen gleichberechtigtere Kommunikationsformen möglich oder doch diskutierbar und entwickelbar sind, daß sie sich auf Frauen offener und emotionaler beziehen, also stärker aus sich herauskommen und damit stärker zu sich selbst finden können als in den üblichen heterosexuellen Beziehungsformen. Dieses Sich-selbst-in-anderen-Frauen-erfahren sowie der gemeinsame Selbstfindungsprozeß schafft eine psychische Basis zwischen Frauen, die zur Entwicklung bzw. Zulassung zärtlich-erotischer Gefühle zwischen Frauen führen kann. Da die Sexualität von Frauen im weiblichen Sozialisationsprozeß meistens stark unterdrückt wird, lernen Frauen zunächst einmal nicht, eigene Bedürfnisse zu entwickeln und fremde Wünsche von eigenen zu unterscheiden und könnten daher eine Zeitlang die – ihnen zunächst oft nicht bewußte – Unterordnung unter die sexuellen Bedürfnisse von Männern als befriedigend empfinden. (…) Wenn diese Frauen nun im Verlauf ihrer heterosexuellen Beziehungen langsam entdecken, daß sie auch eigene Wünsche und Bedürfnisse haben, (…) die sie aber den Wünschen der Männer unterordnen und wenn für ihre Bedürfnisse bei den Männern kein Verständnis besteht, so kann sich bei der psychischen

Annäherung zwischen Frauen auch der Wunsch entwickeln, den eigenen Körper und die eigenen sexuellen Wünsche durch den Körper und die Sexualität einer anderen Frau zu erfahren und zu begreifen und damit ihren eigenen sexuellen Bedürfnissen näher zu kommen. Auf diese Weise ergeben sich zur Zeit – wie einige unserer Gespräche mit Frauen, die nach ihrer Aussage über längere Zeit befriedigende Liebesbeziehungen mit Männern hatten, zeigen – hin und wieder auch homosexuelle Beziehungen zwischen sog. „heterosexuell disponierten" Frauen oder zwischen „heterosexuell disponierten" und „homosexuell disponierten" Frauen. Alle von uns befragten „heterosexuell disponierten" Frauen, also nach unserer Definition solche Frauen, die längere Zeit von ihnen als schön und lustvoll empfundene psychosexuelle Beziehungen mit Männern hatten – die nun bereits seit längerer Zeit ausschließlich mit Frauen zusammenleben, können sich eine Rückkehr in heterosexuelle Beziehungen nicht vorstellen.

Wie kommt es aber nun, daß sog. „heterosexuelle Frauen" trotz ihrer im Verlauf der Beziehungen mit Männern oft gemachten enttäuschenden Erfahrungen so selten Beziehungen mit Frauen eingehen?

Vergegenwärtigen wir uns, daß auch „homosexuell disponierte" Frauen große Schwierigkeiten haben, sich dem Zwang zur Heterosexualität zu entziehen, d. h. auf die sozialen Stützen, die die Gesellschaft für heterosexuelle Beziehungen, insbesondere für die Ehe bereithält, zu verzichten und sich der mit einer homosexuellen Beziehung verbundenen Ächtung auszusetzen, so wird verständlich, daß dies für „heterosexuell disponierte" Frauen, also für Frauen, die zunächst mehr oder weniger bruchlos in eine heterosexuelle Beziehung „hineingewachsen" sind, noch weitaus schwieriger ist. Weil Beziehungen zwischen Frauen gesellschaftlich nicht gestützt und geschützt sind, macht es heterosexuellen Frauen trotz der ihnen in Beziehungen mit Männern meistens auferlegten Unterdrückung von Entfaltungsmöglichkeiten, und zwar selbst dann, wenn sie dies erkennen, oft große Angst, sich voll und ausschließlich auf eine Frauenbeziehung einzulassen. Sie haben z. B. Angst vor dem Verlust der materiellen Basis der Existenzsicherung, die eine Ehe üblicherweise bietet, weil dieser Verlust sie vor die Notwendigkeit stellen würde, sich ihre Existenzgrundlage ausschließlich selber zu schaffen, wofür sie oft nur unzureichend oder gar nicht qualifiziert sind. Sie haben Angst vor einer gesellschaftlich nicht institutionalisierten und daher auch rechtlich nicht geschützten Beziehungsform. Sie haben Angst vor dem Verlust des sozialen Prestiges, das mit der Ehe, mit Kindern und mit der sozial meist höherwertigen Stellung des Mannes verbunden ist. Sie haben Angst, das soziale Prestige der heterosexuellen Beziehung mit der Ächtung einer homosexuellen Beziehung zu vertauschen, und zwar einer Ächtung auf allen Ebenen: Familie, Freunde, Beruf, Öffentlichkeit. Sie müssen – sofern sie noch keine Kinder haben – auf Kinder verzichten und damit auf die partielle Sinnerfüllung und Selbstverwirklichung durch Kinder. Auch dürften heterosexuelle Frauen angesichts ihrer heterosexuellen „Ausrichtung", d. h. ihrer Erziehung zur Anpassung und Passivität, besonders auch im sexuellen Bereich, nicht selten Angst vor eigener sexueller Initiative bzw. vor der weithin unüblichen und verpönten sexuellen Initiative einer anderen Frau haben, (...) (womit übrigens auch homosexuelle Frauen Probleme haben).

Das Eingehen einer Frauenbeziehung birgt zwar einerseits die Chance zu einer größeren Verselbständigung und Selbstverwirklichung, z. B. im Beruf, in der Öffentlichkeit und z. T. auch in der Beziehung in sich, andererseits sind aber gerade das weitgehend ungewohnte Erfordernis der Selbständigkeit und die Vorstellung von der sozialen Ungesichertheit auch mit großer Angst besetzt. Außerdem sind gesellschaftlich nicht institutionalisierte Beziehungen durch das Fehlen sozialer Stützen offener und labiler als gesellschaftlich institutionalisierte Beziehungen, wobei die größere Stabilität heterosexueller Beziehungen von den Frauen meistens durch die Hinnahme der Einschränkung ihrer Entwicklungsmöglichkeiten und Verselbständigungsbedürfnisse „erkauft" wird.

Zusammenfassend möchte ich behaupten, dass die in unserer Gesellschaft bisher noch seltenen Beziehungen zwischen heterosexuellen Frauen oder zwischen heterosexuellen und homosexuellen Frauen weit weniger eine Frage der psychosexuellen „Disposition" sind als eine Frage der gesellschaftlichen Stützung von heterosexuellen Beziehungen und der gesellschaftlichen Diskriminierung von Frauenbeziehungen.

▶ *Rich, Adrienne (1986): Zwangsheterosexualität und lesbische Existenz. In: Schultz, Dagmar (Hg.): Macht und Sinnlichkeit. Ausgewählte Texte. Berlin: Orlanda- Verlag 1987, S. 138-169 hier Auszüge aus den S. 15 7-163; S. 167-168*

Die Behauptung, die „meisten Frauen" seien „von Natur aus heterosexuell", bringt viele Frauen theoretisch und politisch zum Stolpern. Es ist eine immer noch überzeugend klingende Behauptung, denn erstens wurde lesbische Existenz aus der Geschichte ausgemerzt und Lesbischsein als Krankheit eingestuft und zweitens galt die lesbische Existenz nur als Ausnahme und nicht als für Frauen wesensmäßig, Drittens schließlich ist es für Menschen, die sich als aus freien Stücken und „von Natur aus" heterosexuell betrachten, ein gewaltiger Schritt, anzuerkennen, daß Heterosexualität womöglich nicht die von Frauen „bevorzugte", sondern eine ihnen aufgezwungene, inszenierte, organisierte, von Propaganda gestützte und mit Gewalt aufrechterhaltene Form der Sexualität ist.

Heterosexualität nicht als Institution sehen zu wollen, wäre gleichbedeutend damit, nicht zugeben zu wollen, daß das Kapitalismus genannte Wirtschaftssystem oder das Kastensystem des Rassismus von einer Vielzahl von Mächten getragen wird, zu denen sowohl physische Gewalt als auch ein falsches Bewußtsein gehören.

Von heterosexuell identifizierten Feministinnen verlangt es besonderen Mut, diesen Schritt zu tun und Heterosexualität als „Vorliebe" oder „Wahl" für Frauen in Frage zu stellen sowie die sich daraus ergebende intellektuelle und emotionale Arbeit zu leisten, aber ich glaube, es wird überaus lohnende Ergebnisse bringen: eine Befreiung des Denkens, die Erkundung neuer Wege, das Brechen eines weiteren großen Schweigens und neue Klarheit in persönlichen Beziehungen. (…) .

Ich habe die Bezeichnungen *lesbische Daseinsweisen*, *lesbische Existenz* und *lesbisches Kontinuum* gewählt, weil „Lesbianismus" einen klinischen, einengenden Beigeschmack hat. *Lesbische Daseinsweisen* und *lesbische Existenz* beschwören sowohl die Tatsache, daß Lesbierinnen geschichtlich präsent sind, als auch die, daß wir unausgesetzt daran arbeiten, dieser Existenz einen Sinn zu geben. Der Begriff *lesbisches Kontinuum* umschließt für mich eine ganze Skala frauenbezogener Erfahrungen, quer durch das Leben jeder einzelnen Frau und quer durch die Geschichte hindurch – und nicht einfach die Tatsache, daß eine Frau genitale Sexualität mit einer anderen Frau erlebt hat oder sich bewußt wünscht. Wenn wir den Begriff weiter fassen und auf viel mehr Formen primärer Intensität zwischen Frauen ausdehnen – unter anderem darauf, daß Frauen ein reiches Innenleben miteinander teilen, sich gegen die Männertyrannei verbünden und sich gegenseitig praktisch und politisch unterstützen –, wenn wir dies zum Beispiel auch im Zusammenhang mit *Heiratsverweigerung* oder dem von Mary Daly auf den Begriff gebrachten „Häxen"-Verhalten (…) heraushören, dann beginnen wir, weite Teile unserer weiblichen Geschichte und Psychologie zu erahnen, die uns in Folge der beschränkten, hauptsächlich klinischen Definition von „Lesbianismus" bisher nicht zugänglich waren.

Lesbische Existenz beinhaltet sowohl das Brechen eines Tabus als auch die Ablehnung einer erzwungenen Lebensweise. Sie ist außerdem ein direkter oder indirekter Angriff gegen das männliche Anrecht auf Frauen. Aber sie ist noch mehr, auch wenn wir sie vielleicht zunächst nur als Form der Patriarchatsverweigerung, als Akt des Widerstands wahrnehmen. Natürlich schließt sie Rollenzwänge, Selbsthaß, Depression, Alkoholismus, Selbstmord und Gewalttätigkeit auch unter Frauen nicht aus. Wir sollten uns davor hüten, romantisch zu Verklären, was es hieß und noch immer heißt, unter Androhung schwerer Strafen „gegen den Strom" zu handeln und zu lieben. Lesbischsein (anders als etwa Jüdisch- oder Katholischsein) heißt, ohne irgendein erreichbares Wissen von einer Tradition, einer Kontinuität und ohne soziales Fundament zu leben. Wir müssen die Zerstörung aller Zeugnisse, Briefe und Dokumente über lesbische Daseinsweisen als Mittel zur Aufrechterhaltung der Zwangsheterosexualität für Frauen bitter ernst nehmen, denn was uns damit vorenthalten wird, ist das Wissen um Freude, Sinnlichkeit, Mut und Erlebnisse der Gemeinschaft – genauso wie das Wissen um Schuldgefühle, Selbstbetrug und Schmerz. (...) Historisch gesehen wurden Lesbierinnen durch ihren „Einschluß" – als weibliche Version – in die männliche Homosexualität ihrer politischen Existenz beraubt. Lesbische Existenz mit männlicher Homosexualität gleichzusetzen, weil alle beide gebrandmarkt sind, bedeutet, die weibliche Realität ein weiteres Mal auszulöschen. Die Aussonderung jener als „homosexuell" oder „schwul" gebrandmarkten Frauen aus dem komplexen Kontinuum des weibliches Widerstands gegen die Versklavung der Frau und ihre Einfügung in ein männliches Muster ist eine Verfälschung unserer Geschichte. Natürlich ist ein Teil der Geschichte lesbischer Existenz da zu finden, wo Lesbierinnen in Ermangelung einer tragfähigen Frauengemeinschaft eine Art gesellschaftliches Leben und gemeinsame Anliegen mit homosexuellen Männern geteilt haben. Doch muß man die Unterschiede dagegen halten: die fehlenden wirtschaftlichen und kulturellen Privilegien der Frauen im Vergleich zu denen der Männer und die qualitativen Unterschiede zwischen Frauen- und Männerbeziehungen: darunter zum Beispiel der vorherrschend anonyme Sex und die Rechtfertigung der Päderastie unter männlichen Homosexuellen, der ausgesprochene Jugendkult in den männlich homosexuellen Maßstäben für sexuelle Attraktivität usw. In meiner Definition und Beschreibung lesbischer Existenz erhoffe ich mir einen Schritt in Richtung auf eine Ablösung der lesbischen von den männlich-homosexuellen Werten und Gefolgschaften. Ich sehe die lesbische Erfahrung als eine zutiefst *weibliche* Erfahrung, wie die Mutterschaft. Zu dieser Erfahrung gehören spezifische Formen der Unterdrückung, besondere Bedeutungen und Potentiale, die uns nicht verständlich gemacht werden, solange wir sie mit anderen sexuell gebrandmarkten Existenzen in einen Topf werfen. (...)

Während die Bezeichnung „lesbisch" in ihrer patriarchalischen Definition mit einschränkenden, klinischen Assoziationen behaftet ist, werden andererseits Freundschaft und Kameradschaft zwischen Frauen vom Bereich der Erotik ausgenommen, was die Erotik selbst beschränkt. Indem wir jedoch die Skala dessen, was wir als lesbische Existenz begreifen, vertiefen und erweitern, zeichnen sich die Umrisse eines lesbischen Kontinuums ab, und wir entdecken Erotik allmählich nach weiblichen Maßstäben: als etwas, das auf keinen einzelnen Körperteil und nicht einmal auf den Körper als solchen beschränkt ist; als eine nicht nur diffuse, sondern, wie Audre Lorde es beschrieben hat, allgegenwärtige Energie, die sich im „Teilen, Mitteilen von Freude – körperlicher, emotionaler oder psychischer

Freude" und in gemeinsamer Arbeit ausdrückt; als machtverleihende Freude, die uns „weniger willens [macht], Ohnmacht oder jene anderen demütigenden und für mich unnatürlichen Zustände wie Resignation, Verzweiflung, Selbstzurücknahme, Depression und Selbstverleugnung zu akzeptieren." (...) Wenn wir die Möglichkeit in Betracht ziehen, daß alle Frauen in einem lesbischen Kontinuum leben – vom Baby an der Mutterbrust bis zur erwachsenen Frau, die orgasmische Empfindungen hat, während sie ihr eigenes Kind saugt, und die sich durch den Geruch ihrer Milch vielleicht an den Milchgeruch ihrer Mutter erinnert; oder von zwei Frauen wie Virginia Woolfs Chloe und Olivia, die ein Labor miteinander teilen, (...) bis zu der Greisin, die mit 90 Jahren, von Frauen gepflegt und berührt, stirbt- wenn wir diese Möglichkeit in Betracht ziehen, darin sehen wir vielleicht auch, wie wir uns selbst ständig in dieses Kontinuum hinein- und wieder hinausbewegen, gleichgültig ob wir uns als Lesben bezeichnen oder nicht. Dann können wir erkennen, daß die unterschiedlichsten Aspekte der Frauenidentifikation miteinander in Verbindung stehen: die intimen, „schamlosen" Freundschaften acht- bis neunjähriger Mädchen zum Beispiel mit dem Zusammenschluß der Beginen im 12. und 15. Jahrhundert – Frauen, die „billige Häuser in den Handwerksvierteln miteinander teilten, (...) christliche Tugenden nach eigenem Gutdünken praktizierten, sich einfach kleideten und, einfach lebten und sich nicht mit Männern einließen"; die ihren Lebensunterhalt mit Spinnen, Backen, Krankenpflege und der Einrichtung von Schulen für kleine Mädchen verdienten und es schafften – bis die Kirche sie zwang, sich zu zerstreuen –, unabhängig von Heirat und einengenden Konventionen zu leben. (...) Dann können wir auch die Verbindung dieser Frauen mit den berühmteren „Lesbierinnen" der Frauenschule von Sappho im 7. Jahrhundert v. Chr. erkennen – oder mit den geheimen Schwesternschaften und ökonomischen Netzwerken in Afrika oder den Gemeinschaften chinesischer Heiratsverweigerinnen – den einzigen Frauen, die keine eingebundenen Füße hatten; die, wie Agnes Smedley berichtet, die Geburt von Töchtern willkommen hießen und die erfolgreiche Streiks in den Seidenfabriken organisierten. (...) Und schließlich können wir individuell ganz unterschiedliche Fälle von Heiratsverweigerung miteinander in Verbindung bringen und vergleichen: die Art von Autonomie zum Beispiel, wie sie ein weißes weibliches Genie des 19. Jahrhunderts, Emily Dickinson, für sich in Anspruch nahm, mit den Strategien, über die ein schwarzes weibliches Genie des 20. Jahrhunderts, Zora Neale Hurston, verfügte. Dickinson heiratete nie, unterhielt langwährende Freundschaften mit Männern, lebte in selbsterwählter Zurückgezogenheit in ihrem vornehmen Vaterhaus und schrieb ihr ganzes Leben lang leidenschaftliche Briefe an ihre Schwägerin Sue Gilbert sowie eine Zeitlang an ihre Freundin Kate Scott Anthon. Hurston war zweimal verheiratet, verließ jedoch beide Male ihren Mann nach kurzer Zeit, schlug sich von Florida nach Harlem, von dort zur Columbia Universität, nach Haiti und schließlich wieder zurück nach Florida durch und erfuhr in ständigem Wechsel weiße Gönnerschaft, Armut, beruflichen Erfolg und Mißerfolg. Ihre Überlebensbeziehungen waren sämtlich, von ihrer Mutter angefangen, Beziehungen zu Frauen. Diese zwei Frauen in so grundverschiedenen Lebensumständen lehnten beide die Ehe ab, verschrieben sich beide ihrer Arbeit und ihrer Eigenheit und wurden später als „unpolitisch" abgestempelt. Beide waren von intellektuell hochstehenden Männern angezogen und für beide bedeuteten Frauen die immerwährende Faszination und nährende Kraft des Lebens. (...)

Wenn wir Heterosexualität für die „natürliche" emotionale und sinnliche Neigung von Frauen halten, erscheinen Lebensweisen wie diese als Verwirrung, als pathologisch, als arm an Gefühlen und Sinnlichkeit. Oder sie werden – in neuerem, „permissivem" Jargon – zum bloßen banalen „Lebensstil" heruntergespielt. Und die Arbeit dieser Frauen – die alltägliche Arbeit ihres Überlebens und Widerstands allein oder zu mehreren, genauso wie die Arbeit der Schriftstellerin, politischen Aktivistin, Reformerin, Anthropologin oder Künstlerin – die Arbeit ihrer Selbstwerdung aus eigener Kraft wird unterbewertet und als bittere Frucht von „Penisneid", als Sublimierung unausgelebter Erotik oder leeres Geschwätz einer „Männerhasserin" aufgenommen. Aber wenn wir einen anderen Standpunkt einnehmen und uns vor Augen führen, in welchem Maß und mit welchen Methoden Frauen die heterosexuelle „Vorliebe" tatsächlich aufgezwungen wurde, verstehen wir die Bedeutung solch individuellen Lebens und Arbeitens nicht nur auf ganz andere Weise, sondern sind allmählich auch imstande, einen zentralen Tatbestand der weiblichen Geschichte zu erkennen: die Tatsache, daß Frauen sich immer gegen die Tyrannei der Männer zur Wehr gesetzt haben. Ein Feminismus der Tat und – zumeist- nicht der Theorie ist in allen Kulturen und zu allen Zeiten immer wieder auf den Plan getreten. Und wir können schließlich beginnen, den weiblichen Kampf gegen die eigene Ohnmacht, die radikale Rebellion der Frauen nicht nur in von Männern definierten, „konkret revolutionären" Situationen, sondern in all den Situationen zu erforschen, die von männlichen Ideologen nicht als revolutionär befunden werden. Zum Beispiel in der Weigerung mancher Frauen, Kinder zu produzieren, wobei ihnen andere Frauen unter hohem Risiko geholfen haben; in ihrer Weigerung, Männern einen höheren Lebensstandard und mehr Freizeit zu verschaffen (...) (beides ist Bestandteil des nicht anerkannten, unbezahlten und von keiner Gewerkschaft verteidigten ökonomischen Beitrags von Frauen); oder in der, wie Andrea Dworkin bemerkt, „legendären" antiphallischen Sexualität der Frauen, die als „Frigidität" und „Puritanismus" bezeichnet wurde und die in Wahrheit eine Form der Subversion männlicher Macht war – „eine unwirksame Rebellion, aber nichtsdestoweniger eine Rebellion". (…) Wir können uns dann nicht mehr mit Dinnersteins Ansicht zufriedengeben, Frauen hätten die „geschlechtlichen Arrangements" der Geschichte in Kollaboration mit den Männern getroffen. Wir beginnen, in der Geschichte wie auch in Einzelschicksalen Verhaltensweisen zu beobachten, die bisher nicht ersichtlich waren oder irreführende Bezeichnungen trugen. Verhaltensweisen, die zu bestimmten Zeiten und an bestimmten Orten in Anbetracht der Gegengewalt nicht selten radikale Rebellion bedeutet haben. Mit dieser Rebellion und ihrer Notwendigkeit können wir schließlich die körperliche Leidenschaft von Frauen für Frauen in Verbindung bringen, die für die lesbische Existenz von zentraler Bedeutung ist: die erotische Sinnlichkeit, diese nicht zufällig am brutalsten ausgelöschte Tatsache weiblichen Erlebens. (…)

Heterosexualität wurde Frauen mit unverhüllter Gewalt oder unterschwellig aufgezwungen und doch haben Frauen dagegen Widerstand geleistet, nicht selten zum Preis von Folter, Gefängnis, Psychochirurgie, sozialer Ächtung und äußerster Armut. Auf dem Brüsseler „Tribunal gegen Verbrechen an Frauen" 1976 wurde „Zwangsheterosexualität" als eins der „Verbrechen an Frauen" aufgeführt. Anhand von Zeuginnenaussagen aus so unterschiedlichen Kulturen wie z. B. Norwegen und Mozambique wurde ersichtlich, in welchem Ausmaß die Verfolgung von Lesbierinnen eine hier und heute weltweite Praxis ist. (…)

Desgleichen können wir sagen, daß ein *beginnender* feministisch-politischer Bewußtseinsinhalt in der Tatsache liegt, der institutionalisierten Heterosexualität zum Trotz eine Frau als Geliebte oder Lebensgefährtin zu wählen. (…) Damit die lesbische Existenz dieses Politikum jedoch in einer letztlich befreienden Form aufnehmen und verwirklichen kann, muß die erotische Wahl vertieft und zu bewußter Frauenidentifikation – zu lesbischem Feminismus – entwickelt werden.

Die Arbeit, die uns bevorsteht, um das, was ich hier „lesbische Existenz" nenne, ans Licht zu holen und zu beschreiben, wird sich potentiell auf alle Frauen befreiend auswirken. Diese Arbeit muß zweifellos über die Grenzen weißer westlicher Mittelstands-Frauenforschung hinausführen und das Leben, die Arbeit und die Zusammenschlüsse von Frauen innerhalb aller rassenbedingten, ethnischen und politischen Strukturen erforschen. Dazu kommt, daß es Unterschiede zwischen „lesbischer Existenz" und „lesbischem Kontinuum" gibt- Unterschiede, die wir in der Bewegung unseres eigenen Lebens ausmachen können. Das lesbische Kontinuum, meine ich, müßte im Licht des Doppellebens von Frauen gesehen werden ~ nicht nur von Frauen, die sich selbst heterosexuell nennen, sondern genauso von selbsternannten Lesben. Wir brauchen eine weit umfassendere Übersicht über die bestehenden Formen dieses Doppellebens. Historikerinnen müßten an jedem Punkt die Frage stellen, wie Heterosexualität als Institution organisiert und mit Hilfe von Frauenlöhnen, erzwungenem „Müßiggang" der Frauen des Mittelstands, romantischer Verklärung der genannten sexuellen Befreiung, Frauen vorenthaltener Ausbildung, der Bildersprache von „hoher Kunst" und volkstümlicher Kultur, Mystifizierung des „persönlichen" Bereichs und vielem mehr aufrechterhalten wurde. Wir brauchen eine ökonomische Analyse, die die Institution der Heterosexualität – mit ihrer Doppelbelastung für Frauen und ihrer geschlechtsspezifischen Arbeitsteilung – als die am höchsten idealisierte Form eines ökonomischen Bezugssystems erfaßt.

Es wird sich die unvermeidliche Frage erheben, ob wir nun alle heterosexuellen Beziehungen – auch die am wenigsten unterdrückerischen – verdammen müßten? Ich glaube, wenn diese Frage auch unmittelbar aus dem Herzen kommt, so ist sie hier doch die falsche Frage. Wir stecken in einem ganzen Labyrinth künstlicher Gegensätze, die uns davon abhalten, die Institution als solche wahrzunehmen: die „gute" im Gegensatz zur „schlechten" Ehe die Liebesheirat" im Gegensatz zum Heiratsarrangement, „befreiter" Sex' im Gegensatz zu Prostitution, heterosexueller Geschlechtsverkehr im Gegensatz zu Vergewaltigung, „Liebesschmerz" im Gegensatz zu Erniedrigung und Abhängigkeit. Natürlich gibt es innerhalb der Institution qualitativ unterschiedliche Erfahrungen, aber das Fehlen jeglicher Möglichkeit der Wahl ist und bleibt die große unerkannte Realität. Und solange Frauen nicht die Wahl haben, werden sie vom Zufall oder Glück einer Ausnahmebeziehung abhängig bleiben und keine kollektive Macht besitzen, um die Bedeutung und den Stellenwert der Sexualität in ihrem Leben selbst zu bestimmen. Wenn wir die Institution als solche wahrnehmen, beginnen wir zudem, eine Geschichte des weiblichen Widerstands zu erkennen – eine Geschichte, die nie zum vollen Verständnis ihrer selbst gelangt ist, weil man sie so gründlich zersplittert, falsch benannt und ausgelöscht hat. Es wird einen kühnen Denkansatz erfordern, um die Politik, die Ökonomie und ebenso die kulturelle Propaganda der Heterosexualität so weit in den Griff zu bekommen, daß wir über individuelle Sonderfälle oder vielfältige Gruppensituationen hinaus zu der komplexen Sehweise gelangen, die nötig ist, um jene Macht aus den Angeln zu heben, die Männer überall über Frauen ausüben – eine Macht die das Modell für jede andere Form von Ausbeutung und unrechtmäßiger Kontrolle ist.

In Rich verwendete Literatur:

Dworkin, Andrea (1981): Pornography: Men's Graphic Depiction of Whores. New York
Lorde, Audre (1987): Vom Nutzen der Erotik: Erotik als Macht. In: Schultz, Dagmar (Hg.): Macht und Sinnlichkeit. Ausgewählte Texte. Berlin. S. 187-194

4   Von der sexuellen Identität zur Politik des Selbst

Vor dem Hintergrund neuerer ‚konstruktivistischer bzw. ‚dekonstruktivistischer‘ Forschungsansätze wird seit Mitte der 80er Jahre eine weitgehend unhinterfragte Voraussetzung der Frauenforschung, nämlich die biologische Zweigeschlechtlichkeit, problematisiert: Infrage gestellt wird die Eindeutigkeit, die Naturnotwendigkeit und die Natürlichkeit des bestehenden Systems der biologischen Zweigeschlechtlichkeit. Das bedeutet: Es scheint fraglich, ob Menschen eindeutig als männlich oder weiblich erkennbar seien, dass Menschen von Natur aus Männer oder Frauen seien und dass dieses natürliche Geschlecht unveränderbar sei. Im Rahmen dieser zunächst erkenntnistheoretisch orientierten Debatte werden auch Sexualitätskonzepte kritisiert, die von einer natürlichen weiblichen oder männlichen Sexualität bzw. einem natürlichen weiblichen oder männlichen Sexualitätstrieb ausgehen. Dabei spielt die Auseinandersetzung mit den Arbeiten Foucaults zur kulturellen Konstruktion von Sexualität bzw. vom Sexualtrieb – wie bereits ausgeführt – eine zentrale Rolle.

Hilge Landweer skizziert in ihrem Aufsatz „Sexualität als Ort der Wahrheit?" Foucaults Analysen zur kulturellen Produktion spezifischer sexueller Identitäten in der Moderne und ihre machtstrategische Bedeutung.

Im Rückgriff auf die Analysen Foucaults entwickelt sich eine heftige Kontroverse, die sich insbesondere um die Arbeiten von *Judith Butler* entzündet. Sie stellt die ‚starke‘ These auf, dass das biologische Körpergeschlecht, d. h. der männliche und der weibliche Körper, erst über bestimmte regelgeleitete und institutionalisierte Redeweisen (Diskurse) hervorgebracht wird. Ausgehend vom Freudschen Melancholie-Konzept skizziert Butler diese These in ihrem Aufsatz „Imitation und die Aufsässigkeit der Geschlechtsidentität". In diesem Zusammenhang stellt sie in Frage, dass ein natürlich gegebenes mimetisches Verhältnis zwischen Körpergeschlecht, Geschlechtsidentität und sexueller Identität besteht.

Die These von der diskursiven Produktion sexueller bzw. geschlechtlicher Identitäten diskutieren Forscherinnen zum einen im Hinblick auf ihre gesellschaftspolitischen bzw. theoretischen und zum anderen im Hinblick auf ihre praktischen Konsequenzen.

Mit Blick auf die theoretischen Konsequenzen geht es besonders im Rahmen der Queer-Theory[17] um die Frage nach der gesellschaftlichen Funktion abweichender sexueller Identitäten. Im Zentrum steht jetzt die Rolle der Heteronormativität, also die Frage danach, welche Bedeutung es hat, dass Heterosexualität als ‚normal' und abweichende sexuelle Identität bzw. Aktivitäten als nicht ‚normal' gelten. *Sabine Hark* setzt sich in dem Buch „deviante Subjekte. Die paradoxe Politik der Identität" mit den komplexen Prozessen der Herstellung (sexueller) Identitäten auseinander und fragt nach den politischen Konsequenzen solcher Identitätspolitiken. In diesem Zusammenhang macht sie darauf aufmerksam, dass die Herstellungsverfahren von Identitäten als fortwährende Prozesse einer hierarchisierenden Differenzierung zu verstehen sind.

Jutta Hartmann geht es in ihrem Aufsatz „Die Triade Geschlecht- Sexualität – Lebensform" um die praktischen Konsequenzen dieser theoretischen Erkenntnisse für eine kritische Pädagogik. Sie weist der kritischen Pädagogik folgende Aufgaben zu: Sie soll die Norm Heterosexualität hinterfragen, die Relativität von Identitäten problematisieren und die Vielfältigkeit der real gelebten Lebensformen deutlich machen.

Verwendete Literatur:

Foucault, Michel (1976): Sexualität und Wahrheit Band 1: Der Wille zum Wissen. Frankfurt/M.: Suhrkamp

---

17 Queer wird in den USA umgangssprachlich für diejenigen Personen benutzt, die nicht den heterosexuellen Normen entsprechen, also zum Beispiel Lesben, Schwule, Transsexuelle usw.. Die Queer-Theory entstand im Rahmen der Queer-Bewegung. Ihr zentraler Untersuchungsgegenstand bildet die Heteronormativität. Es geht darum, diejenigen Denksysteme und Institutionen, die auf der Natürlichkeit und Gesetzmäßigkeit von Heterosexualität und die daran gebundenen Ausgrenzungsmechanismen und Legitimationspraktiken basieren, zu untersuchen, die eine hierarchische Geschlechterordnung rechtfertigen.

▶ **Landweer, Hilge (1990): Sexualität als Ort der Wahrheit.** *Heterosexuelle Sexualität und Normalitätszwang. In: Interdisziplinäre Frauenforschungsgruppe Frauenforschung (IFF) (Hg): Liebes- und Lebensverhältnisse. Sexualität in der feministischen Diskussion, Frankfurt/M.; New York: Campus, S. 83-100; hier Auszüge aus den S. 95-100*

Foucault entwickelt seine Theorie der Macht in Auseinandersetzung mit der sog. Repressionshypothese, d. h. in der Kritik an der Unterstellung, daß Macht wesentlich etwas sei, was unterdrücke. Bezogen auf die Sexualität kritisiert Foucault die übliche Vorstellung, daß der Zugriff der Macht auf den Körper darin bestehe, der Sexualität Verbote, Tabus und Schweigen aufzuerlegen. Die hier vorgestellten feministischen Verwendungen der Begriffe Selbst- und Fremdbestimmung sind ebenfalls der Repressionshypothese zuzuordnen, die Foucault angreift, da sie unterstellen, daß es ein eigentliches Selbst der Frauen gebe, das unterdrückt werde. Die Wirkungen der Macht können mit solchen Kategorien nur rein negativ beschrieben werden, nicht aber die sehr viel schlimmeren produktiven Wirkungen der Macht.

> „Man muß aufhören, die Wirkungen der Macht immer negativ zu beschreiben, als ob sie nur ‚ausschließen', ‚unterdrücken', ‚verdrängen', ‚zensieren', ‚abstrahieren', ‚maskieren', ‚verschleiern' würde. In Wirklichkeit ist die Macht produktiv; und sie produziert Wirkliches. Sie produziert Gegenstandsbereiche und Wahrheitsrituale: das Individuum und seine Erkenntnis sind Ergebnisse dieser Produktion." (Foucault 1977, S. 250)

Viele Begriffe, mit denen wir im Alltagsgebrauch meist natürlich Vorgegebenes verbinden, wie „Individuum"/"Sexualität" werden in dieser Perspektive zu etwas künstlich Produziertem. So bildet der Begriff „Sexualität" nach Foucault nicht irgendeine Realität ab, sondern er ist ein reines Diskursprodukt – Ergebnis vor allem des Darüber-Sprechens. Seine Machtwirkungen entfaltet dieser Begriff in Kombination mit bestimmten Praktiken, d. h. mit institutionellen Vorkehrungen, wie z. B. den von Foucault beschriebenen „Nahverhältnissen", z. B. Therapeut/ Klient, in denen die Körper selbst (und nicht die Köpfe!) in jeweils spezifischer Weise sexualisiert werden. Daß Sexualität nach Foucault nicht etwas ist, das sich historisch unveränderbar am Körper oder in der Seele finden ließe, heißt also nicht, daß der Begriff „Sexualität" nicht realitätsmächtig wäre.

Foucault hat aufgezeigt, wie *„die Sexualität"* seit dem 18. Jahrhundert eben nicht einfach unterdrückt wurde, sondern durch vielerlei Anreize zum Sprechen gebracht wurden. *„Sexualität"* wurde von bestimmten Wissenschaften – Pädagogik, Medizin, Psychologie – mit einem spezifischen Wahrheitsgehalt ausgestattet und so zur Ursache für alles und jedes. In der Geschichte der Herausbildung moderner Individualität haben die geschwätzigen, auch heute immer noch nicht ganz verstummten Diskurse über die Sexualität eine herausragende Rolle gespielt. Foucault zeigt auf, wie anschließend an die bereits seit Jahrhunderten erprobte Praktik der Beichte in bestimmten Nahverhältnissen „Sexualität" auch da hervorgelockt wird, wo sie bis dato nicht zu finden war oder doch nicht als bevorzugter Aufenthaltsort vermutet wurde: zwischen Schüler und Lehrer, zwischen Arzt und Patient, zwischen Therapeut und Klient, zwischen Eltern und Kind – vor allem, versteht sich, zwischen Mutter und Sohn. (Die Geschlechterverteilung in all diesen Verhältnissen und deren Konsequenzen sind bisher kaum systematisch untersucht; vgl. Landweer 1990.)

In all diesen Verhältnissen geht es um das Geständnis der Wahrheit über den Sex. Praktiziert wird nicht nur eine peinliche Befragung, sondern ganz im Sinne einer Gewissenserforschung, der seit dem Spätmittelalter eingeführten Ohrenbeichte, geht es zunehmend um Selbstanalyse: gesucht wird die wahre Geschichte, das authentische Selbst, die wirkliche sexuelle Identität.

Foucault beschreibt die „Normalisierungsmacht" (vgl. Foucault 1977) gerade nicht als etwas, was sich das Anomale als Block gegenüberstellt, um es dann auszugrenzen, sondern in seiner Perspektive gewinnt diese Macht ihre Produktivität vor allem durch Spezifizierung. Gerade im Feld der Sexualität läßt sich zeigen, daß die Normalisierungsmacht weniger darauf abzielt, sexuelle Praktiken zu unterbinden, die gegen bestimmte Gesetze oder Regeln verstoßen, sondern daß sie die Individuen in spezielle *Arten* einteilt und ihnen Sexualitäten „einkörpert". (...)

„Der Homosexuelle des 19. Jahrhunderts ist zu einer Persönlichkeit geworden, die über eine Vergangenheit und eine Kindheit verfügt, einen Charakter, eine Lebensform, und die schließlich eine Morphologie mit indiskreter Anatomie und möglicherweise rätselhafter Physiognomie besitzt. Nichts von alledem, was er ist, entrinnt seiner Sexualität Allen seinen Verhaltensweisen unterliegt sie als hinterhältig und unbegrenzt wirksames Prinzip Sie ist ihm konsubstantiell, weniger als Gewohnheitssünde denn als Sondernatur." (Foucault 1977, S. 58)

Die Besonderheit der weiblichen Homosexualität gegenüber der männlichen besteht nun darin, daß sie in der wissenschaftlichen Literatur nicht in annähernd vergleichbarem Ausmaß diskursiviert wird wie letztere. Das hat Vor- und Nachteile. Das Nichtvorkommen lesbischer Sexualität ist u. a. darin begründet, daß gemäß dem Diskurs der Geschlechtscharaktere seit Ende des 18. Jahrhunderts Frauen überhaupt Sexualität abgesprochen wurde, so daß es unvorstellbar war, daß Frauenfreundschaften auch sexuelle Seiten haben konnten.

Die *Normalisierungsmacht* schaltet die Prozesse der Einkörperung spezifischer Individualitäten weitgehend gleich. Eine ganze Literaturgattung wird etabliert, die zunächst in der sog. schönen Literatur entsteht – und dort vor allem bürgerliche Selbstthematisierung ist-, die aber später auch in der Arbeiter- und in der Frauenbewegung und eben auch in der Schwulen- und Lesbenliteratur eine eminent wichtige Funktion hat: die Autobiographie. Zwar stehen alle Individuen unter dem Zwang, sich eine halbwegs konsistente Biographie zu geben, doch ist mir keine Autobiographie bekannt, die durch die Frage motiviert wäre: wie und warum wurde ich heterosexuell?

Die Bekenntnisliteratur Stigmatisierter ist Ausdruck davon, daß es aus dem Verhältnis von Stigma und Norm kein Entrinnen gibt – zumindest politisch. Anerkennung des Stigmas als etwas „ganz Normales" bedeutet immer auch Anpassung an die Norm, wie die Diskussionen um den § 175 zeigen. Durch die Identitätspolitiken Stigmatisierter läßt sich vielleicht die jeweilige Subkultur vergrößern – das wäre allerdings schon viel. Andererseits zeigt gerade die Geschichte der Frauen- und Lesbenbewegung, daß hauptsächlich moralischpolitisch motivierte Bekehrungen von kurzer Dauer sind.

Das Problem der Orientierung an der Norm stellt sich übrigens im Verhältnis der Frauenbewegung gegenüber der männlichen Norm ganz ähnlich wie zwischen homosexuellen Identitätspolitiken und heterosexueller Norm:

Egal, wie frau sich definiert – ob frau Anerkennung sucht oder sich als das ganz Andere, das per definitionem Widerständige gegenüber der Norm definiert –, frau bleibt doch auch in der Absetzung auf sie bezogen.

Der Foucaultsche Machtbegriff ist also wesentlich subtiler als die Repressionshypothese (auch in ihrer feministischen Variante). Er vermeidet den „Jargon der Eigentlichkeit" (Adorno), der die schlichte Gegenüberstellung von Selbst- und Fremdbestimmung prägt. Foucault geht in Absetzung von Basis-Überbau- Modellen davon aus, daß Machtbeziehungen sich zu anderen Typen von Verhältnissen nicht als etwas Äußeres verhalten, sondern ihnen immanent sind. Sein Machtbegriff ist strikt relational, er geht von einem Kräftemodell aus:

„Die Möglichkeitsbedingung der Macht liegt in dem bebenden Sockel der Kraftverhältnisse, die durch ihre Ungleichheit unablässig *Machtzustände* erzeugen, die immer *lokal* und *instabil* sind. Allgegenwart der Macht: nicht weil sie das Privileg hat, unter ihrer unerschütterlichen Einheit alles zu versammeln, sondern weil sie sich in jedem Augenblick und *an jedem Punkt* – oder vielmehr in jeder *Beziehung* zwischen Punkt und Punkt – erzeugt. Nicht weil sie alles umfaßt, sondern *weil sie von überall kommt*, ist die Macht überall. Und ‚die' Macht mit ihrer Beständigkeit, Wiederholung, Trägheit und Selbsterzeugung ist nur der Gesamteffekt all dieser Beweglichkeiten, die Verkettung, die sich auf

Beweglichkeiten stützt und sie wiederum festzumachen versucht. Die Macht ist nicht eine Struktur, ist nicht eine Mächtigkeit einiger Mächtiger. *Die Macht ist der* Name, den man einer komplexen strategischen Situation in einer Gesellschaft gibt." (Foucault 1977, S. 114, Hervorh. H.L.)

Problematisch in Foucaults Machttheorie ist allerdings, daß es kein Kriterium dafür gibt, was Macht ist und was Widerstand. Alles ist immer schon dem Machtfeld eingeschrieben, das Individuum sitzt in der Falle.

Aber auch wenn wir mit Foucault davon ausgehen, daß das Individuum vollständig determiniert und produziert ist und es nicht den einen Ort „des" Widerstandes geben kann (sondern nur eine Vielfalt von Widerständen), so ist es auf individueller Ebene und vielleicht besonders für Frauen durchaus interessant, sich die Frage zu stellen, was denn die gründlichste aller Determinierungen ist. Wahrscheinlich ist es gerade das, was man vorher für „authentisch" gehalten hat! Wir gehen dem Identitätsbegriff auf den Leim, wenn wir meinen, Authentizität (oder auch Identität) sei eine Art Schatz, eine Substanz, die es zu entdecken, zu suchen, zu finden – und vor allem zu behalten gälte. (...)

Authentisch in einem illusionsfreieren Sinne wäre vielleicht gerade das, was nicht von vornherein auf Dauer gestellt ist, das, wovon man sich selbst und trau sich selbst überraschen läßt. Der Verzicht auf Identität, dem ich hier das Wort rede, scheint auf den ersten Blick mit der Ebene politischen Verhaltens nicht vereinbar zu sein. Wenn die Norm sich dadurch herstellt, daß sie das ihr Fremde nicht nur einfach ausgrenzt, sondern ihm eine spezifische Identität nur mit dem Ziel unterstellt, dadurch selbst Identität als eine Art stützendes Korsett zu erhalten, so scheinen Identitätsunterstellungen auf beiden Seiten unvermeidlich; jede kollektive Identität lebt vom Gegensatz wir – ihr.

Das mag im politischen Feld an bestimmten Stellen sinnvoll sein, um Diskriminierungen zu benennen. Aber nicht mehr. Stattdessen gilt es zu hinterfragen, ob „die Sexualität" – sei sie manifest oder nur als latente gedacht- ob sie also wirklich den authentischen Kern des Subjekts ausmacht, und ob es diesen Kern überhaupt gibt. Der Satz „Sage mir, mit wem du schläfst, und ich sage dir, wer du bist", ist so aussagekräftig eben doch nicht.

In Landweer verwendete Literatur:

Foucault, Michel (1977): Sexualität und Wahrheit Bd. 1: Der Wille zum Wissen. Frankfurt/M..
Landweer, Hilge (1990): Das Märtyrerinnenmodell. Zur diskursiven Erzeugung weiblicher Identität. Pfaffenweiler.

▶ **Butler, Judith (1996): Imitation und die Aufsässigkeit der Geschlechtsidentität.** *In: Hark. Sabine (Hg.): Grenzen lesbischer Identitäten. Aufsätze. Berlin: Querverlag, S. 15-37; hier Auszüge aus den S. 32-37*

Die Stilisierung beziehungsweise Ausbildung eines erotischen Stils bzw. einer Darstellung der Geschlechtsidentität (und dessen, was solche Kategorien innerlich instabil macht) geschieht durch *psychische Identifikationen*, die nur schwer zu beschreiben sind. In manchen psychoanalytischen Theorien werden Identifikation und Begehren als einander ausschließende Beziehungen zu Liebesobjekten konstruiert, die durch Verbot oder Trennung verloren gingen. Jede intensive emotionale Bindung wird also entweder als „jemanden haben wollen" oder als „jemand sein wollen" eingestuft, aber niemals als beides gleichzeitig. Es ist zwar wichtig zu bedenken, daß Identifikation und Begehren gleichzeitig existieren können und daß ihre Formulierung als einander ausschließende Gegensätze einer heterosexuellen Matrix dient. Aber ich möchte die Aufmerksamkeit noch auf eine andere Konstruktion dieses Szenarios lenken, daß nämlich „sein wollen" und „haben wollen" dazu dienen, einander ausschließende Positionen zu differenzieren, die dem lesbischen erotischen Austausch innewohnen. Wir müssen bedenken, daß Identifikationen immer als Reaktion auf einen Verlust vorgenommen werden und daß sie mit einer bestimmten *mimetischen Praxis* zusammenhängen, die die verlorene Liebe in die „Identität" der eigenen Person zu integrieren versucht. Diese These stellte Freud 1917 in „Trauer und Melancholie" auf, und sie beeinflußt zeitgenössische psychoanalytische Debatten über Identifikation noch heute (…).

Den psychoanalytischen TheoretikerInnen Mikkel Borch-Jacobsen und Ruth Leys zufolge gehen jedoch Identifikation und besonders identifikatorische Mimesis der „Identität" *voraus* und konstituieren diese als etwas „in sich Fremdes". Diese Vorstellung des Anderen *im Selbst* impliziert sozusagen, daß die Unterscheidung zwischen Selbst und Anderem *nicht* primär eine externe ist (woraus eine scharfe Kritik der Psychologie des Ego folgt); das Selbst ist vielmehr von Anfang an prinzipiell in das „Andere" verwickelt. Diese Theorie einer primären Mimesis unterscheidet sich von Freuds Auffassung der melancholischen Einverleibung. Nach seiner Theorie, die ich nach wie vor hilfreich finde, ist Einverleibung – eine Art psychischer Mimesis – eine Reaktion auf einen *Verlust* sowie gleichzeitig dessen Verweigerung. So wird die Geschlechtsidentität als Sitz solcher psychischen Mimesis konstituiert durch die mit anderer Geschlechtsidentität ausgestatteten Anderen, die geliebt worden sind und verloren wurden, wobei der Verlust durch eine melancholische und imaginative Einverleibung (und Erhaltung) dieser Anderen in die Psyche ausgesetzt wird. Gegenüber dieser Auffassung psychischer

Mimesis durch Einverleibung und Melancholie legt die Theorie der primären Mimesis ein stärkeres Gewicht auf die fehlende Selbstidentität des psychischen Subjekts. Die Mimesis wird danach nicht durch das Drama des Verlustes und des Wunsches nach Wiederfinden motiviert, sondern scheint dem Begehren (und der Motivation) selbst voranzugehen und es zu konstituieren – in diesem Sinne wäre die Mimesis *vor* die Möglichkeit des Verlusts und der enttäuschten Liebe geschaltet.

Ob nun der Verlust oder die Mimesis das Primäre ist (was vielleicht nicht geklärt werden kann), in jedem Fall wird das psychische Subjekt durch Andere konstituiert, die mit einer anderen Geschlechtsidentität ausgestattet sind, und ist daher als Geschlechtsidentität niemals selbstidentisch.

Nach meiner Auffassung wird das Selbst erst dann zum Selbst, wenn es eine Trennung erlitten hat. (Hier versagt die Grammatik, denn das „es" differenziert sich ja erst durch diese Trennung heraus.) Diese Trennung, dieser Verlust wird durch die melancholische Einverleibung eines „Anderen" ausgesetzt und vorläufig aufgehoben. So sorgt dieses „Andere" (nach seiner Einsetzung in das Selbst) für die dauerhafte Unfähigkeit jenes „Selbst" zu Selbstidentität; das Selbst ist sozusagen immer schon durch dieses Andere gestört: Die Störung des Anderen im Kern des Selbst ist die Vorbedingung für dessen Existenzmöglichkeit.

Eine solche Auffassung von psychischer Identifikation würde die Möglichkeit einer konsistenten Typologie, die etwas wie schwule oder lesbische Identitäten erklärt oder beschreibt, zunichte machen. Und wie Kaja Silvermans neuere Forschungen über männliche Homosexualität zeigen, leiden alle Versuche, eine solche Typologie zu entwickeln, unter Vereinfachung und passen sich mit alarmierender Leichtigkeit an die regulatorischen Erfordernisse diagnostischer epistemologischer Regime an. Wenn Einverleibung im Freudschen Sinne ein Versuch ist, ein geliebtes und verlorenes Objekt zu *erhalten* und das Eingeständnis seines Verlusts und daher der Trauer zu verweigern oder aufzuschieben, so kann es ein Akt der Liebe bzw. ein haßerfüllter Übertragungs- oder Verdrängungsversuch sein, wenn ein Mensch wie Mutter, Vater, Geschwister oder frühere Geliebte *wird*. Wie könnten wir diese Ambivalenz im Zentrum solcher mimetischen Einverleibungen „typologisieren",?

Und wie führen uns diese Gedanken über psychische Identifikation zu der Frage zurück, was eine subversive Wiederholung wäre? Wie werden verstörende Identifikationen in kulturellen Praxen sichtbar? Wir sollten bedenken, auf welche Weise sich Heterosexualität durch die Schaffung gewisser Illusionen über die Kontinuität von Geschlecht, Geschlechtsidentität und Begehren naturalisiert. Wenn Aretha Franklin singt: *„You make me feel like a natural woman"* so scheint sie zunächst anzudeuten, daß durch ihre Beteiligung an der kulturellen Position

„Frau" als Objekt heterosexueller Anerkennung eine Art natürliches Potential ihres biologischen Geschlechts verwirklicht wird. Irgend etwas an ihrem „Geschlecht" wird so durch ihre „Geschlechtsidentität" ausgedrückt, die in der heterosexuellen Szene vollständig bekannt und akzeptiert wird. Es gibt keinen Bruch, keine Diskontinuität zwischen „Geschlecht" (als biologische Tatsache) und Essenz oder zwischen Geschlechtsidentität und Sexualität. Aretha ist zwar offenbar nur zu froh, ihre Natürlichkeit bestätigt zu bekommen, sie scheint sich paradoxerweise jedoch zugleich der Tatsache bewußt zu sein, daß diese Bestätigung niemals garantiert ist – daß der Effekt der Natürlichkeit nur als Konsequenz jenes Augenblicks der heterosexuellen Anerkennung erreicht werden kann. Immerhin singt Aretha: „*You make me* feel *like a natural woman*", womit sie impliziert, es sei eine Art metaphorischer Ersatz, ein Akt der Hochstapelei, eine Art sublime und vorübergehende Beteiligung an einer ontologischen Illusion, die durch die profane Funktionsweise heterosexueller Travestie produziert wird.

Was aber, wenn Aretha ihr Lied an mich richten würde? Oder wenn sie eine Fummeltunte ansänge, deren Performanz ihre eigene irgendwie bestätigen wurde? Wie erklären wir diese Formen der Identifikation? Es stimmt nicht, daß es eine Art *Geschlecht (sex)* gibt, das in verschwommener biologischer Form existiert, die sich irgendwie durch den Gang, die Haltung, die Gestik *ausdrückt*, und daß die Sexualität der betreffenden Person dann diese scheinbare Geschlechtsidentität bzw. jenes mehr oder weniger magisch vorhandene Geschlecht ausdrückt. Wenn Geschlecht gleich Travestie ist und eine Imitation, die regelmäßig das Ideal, dem sie nahezukommen sucht, produziert, dann ist es auch eine Performanz, die die Illusion eines inneren Geschlechts, einer Essenz oder eines psychischen Kerns erst *produziert*, Auf der Oberfläche *produziert* sie die Illusion einer inneren Tiefe durch Gestik, Bewegung, Gang (jenes Arsenal körperlicher Requisiten also, die wir als Darstellung der Geschlechtsidentität verstehen). Als Folge davon werden Geschlechtsidentitäten naturalisiert, indem sie zum Beispiel als innere psychische oder physische *Notwendigkeit* konstruiert werden. Trotzdem ist es immer ein Zeichen an der Oberfläche – eine Bezeichnung auf dem und mit dem öffentlich sichtbaren Körper –, das diese Illusion einer inneren Tiefe, Notwendigkeit oder Essenz produziert, die irgendwie magisch und kausal verwirklicht wird.

Wenn wir den Status der Psyche als *innere Tiefe* bestreiten, bedeutet dies jedoch nicht, daß wir ihre Existenz leugnen. Im Gegenteil: Die Psyche muß als zwanghafte Wiederholung neu gedacht werden, als etwas, das die repetitive Performanz der Identität bedingt und sie zugleich unbrauchbar macht. Wenn sich jede Performanz wiederholt und damit den Effekt der Identität erzeugt, dann benötigt jede Wiederholung auch sozusagen eine Pause zwischen den Akten, in der Gefährdung und psychischer Überschuß die Konstitution der Identität zu stören drohen. Der Überschuß, der jede Performanz erst ermöglicht und sie zugleich anficht und der sich während der Performanz selbst niemals offen zeigt, ist das Unbewußte. Die Psyche ist nicht „im" Körper, sondern in eben dem Bezeichnungsprozeß, durch den der Körper erst erscheinen kann; sie ist der Fehler bei der Wiederholung und zugleich deren Zwang, sie ist das, was die Performanz leugnen will, und das, was sie von Anfang an erzwingt.

Wenn wir innerhalb dieser Bezeichnungskette die Psyche als Instabilität aller Wiederholbarkeit verorten, so ist das nicht dasselbe wie die Behauptung, sie sei ein innerer Kern, der auf seine vollständige und befreiende Verwirklichung wartet. Im Gegenteil: Die Psyche ist das ständige Scheitern der Verwirklichung, das auch sein Gutes hat, denn es treibt zur Wiederholung an und erzeugt so die Möglichkeit der Störung erneut. Was bedeutet es also, wenn wir die störende Wiederholung innerhalb der Zwangsheterosexualität anstreben?

Obwohl die Zwangsheterosexualität oft suggeriert, es gebe zunächst ein Geschlecht, das sich in einer Geschlechtsidentität und dann in einer Sexualität ausdrückt, kann es sein, daß wir diesen Denkvorgang an diesem Punkt vollständig umkehren und modifizieren müssen. Wenn ein Sexualitätsregime die obligatorische Performanz des Geschlechts verfügt, so ist es möglich, daß das binäre System der Geschlechtsidentität und das binäre System des Geschlechts nur durch diese Performanz überhaupt erst verständlich werden. Es kann sein, daß gerade diese Kategorien des Geschlechts, der sexuellen Identität und der Geschlechtsidentität durch die *Effekte* dieser obligatorischen Performanz erst produziert oder weitergeführt werden, und diese Effekte werden unaufrichtigerweise als „Ursache" oder „Ursprung" verkleidet und in eine kausale oder ausdrückliche Kette gestellt, die die heterosexuelle Norm produziert, um sich als Original aller Geschlechtlichkeit zu legitimieren. Wie lassen sich die kausalen Linien nun als nachträglich und performativ produzierte Erfindungen bloßstellen, wie läßt sich die Geschlechtsidentität selbst als unvermeidliche Erfindung nutzen und sie so neu erfinden, daß jeder Anspruch auf das Originale, das Innere, das Wahre und das Reale als nichts anderes als der Effekt der *Travestie* enthüllt wird, deren subversive Möglichkeiten immer wieder neu inszeniert werden sollten, um das „Geschlecht" der Geschlechtsidentität zu einem Schauplatz unaufhörlichen politischen Spiels zu machen? Vielleicht wird dies möglich sein, indem Sexualität gegen Identität, sogar *gegen* Geschlechtsidentität ausgespielt wird und wir das, was sich in keiner Performanz vollständig zeigen kann, in Erwartung seiner bevorstehenden Störung bestehen lassen.

▶ **Hark, Sabine (1999): Deviante Subjekte – Die paradoxe Politik der Identität.**
Opladen: Leske +Budrich. 2., völlig überarbeitete Auflage; S. 178-183

Im Angesicht normalisierender (Identitäts-)Diskurse sah Foucault als die wichtigste politische Frage die nach *the politics of ourselves* an, Die Frage also nach dem, wie eine Person sich selbst definiert, und wie die Beziehung zu sich selbst organisiert ist. Und weiter: Wie die Technologien des Selbst, das Ensemble der Selbstthematisierungen in die komplexe Matrix der Beziehungen zwischen Macht und Wissen eingebunden sind. Foucault setzte sich damit sowohl von der Vorstellung eines universalen, sich souverän selbst konstituierenden Subjekts also auch von der Vorstellung der absoluten Determiniertheit durch die Macht ab. Subjekte konstituieren sich vielmehr über Praktiken der Unterwerfung bzw. über Praktiken der Befreiung und der Freiheit.

Damit eröffnet sich der Rahmen, innerhalb dessen über den Komplex Subjekt – Widerstand – Macht – Freiheit nachgedacht werden kann, noch einmal neu. Foucault hatte nicht die Idee einer widerständigen Identität mit einem klaren Verhaltenscode, wie man widerständig ist, im Sinn. Im Gegenteil: Seine Antwort auf die disziplinierenden Mechanismen identitärer Normalisierung war eine ethische Antwort. Gegen Normalisierung kann nicht ein neuer Verhaltenscode ins Feld geführt werden, der seinerseits ja Ergebnis einer Norm ist. Im Angesicht der Normalisierung, so Foucaults Antwort, müssen wir uns um unser Selbst sorgen, und die Anforderung, allgemein verbindliche Lösungen zu formulieren, vermeiden.

Im Anschluß an Foucaults Ausführungen zu einem *Ethos*, „in dem die Kritik dessen, was wir sind, zugleich die historische Analyse der uns gegebenen Grenzen ist und ein Experiment der Möglichkeit ihrer Überschreitung" (WA,53), sowie im Rahmen seiner Überlegungen zum Begriff des *gouvernement* kann „lesbische" Subjektivität dann als eine solche ethische Haltung reformuliert werden. (...) Hier ginge es darum, Formen von Selbst-Führungen – *governmentalities* – zu generieren, die, im Wissen um ihre Herkunft im Nexus von Macht und Wissen, sich disloyal gegenüber der Verlockung gesicherter Identitäts-Orte zeigen.

Insofern das, „was die Macht macht", darin besteht, jedes Individuum an eine Identität zu ketten, indem Formen von Führungen, von *gouvernement*, produziert werden, Macht aber die Bedingung der Möglichkeit von Gesellschaft und Selbst darstellt, muß der Horizont politischer Emanzipation und Freiheit neu definiert werden. (...) Im Zentrum stünde nicht langer die „Befreiung von" der Macht (dem Staat, dem Kapital, dem Patriarchat), sondern die Verweigerung dessen, was wir geworden sind, und der Entwurf neuer Identitäten: „Wir müssen neue Formen der Subjektivität entwickeln, indem wir die Form der Individualität verweigern, die uns seit Jahrhunderten aufgezwungen wurde." (SM, 250). (..) Angesprochen ist damit eine Dimension der Subjektivität, die sich von der Macht und dem Wissen herleitet, aber nicht von dort abhängig ist (vgl. Deleuze 1987, 142). Dies darf jedoch nicht im Sinne voluntaristischer Akte mißverstanden werden, in denen wir uns ,einfach' als etwas anderes neu entwerfen. Im Gegenteil: Wenn Identitäten zu verstehen sind als das kontingente Ergebnis des komplexen Gewebes aus Geschichten von Herrschaft, Unterwerfung und Widerstand, als das Ergebnis des Zusammentreffens von Diskursen und Praktiken, die versuchen, uns als soziale Subjekte in bestimmte soziale Positionen zu rufen einerseits, und den Prozessen, die uns und in denen wir uns als ,sprechende Subjekte' konstituieren andererseits, dann gilt es zu verstehen, warum wir uns mit den Positionen, in die wir gerufen werden, identifizieren oder auch nicht identifizieren; ebenso wie wir diese Positionen gestalten, sie hervorbringen, darstellen und warum wir dies niemals vollständig tun – und einige tun es niemals – bzw. wie wir mit den normativen oder regulativen Anforderungen, mit denen wir uns konfrontieren und selbst regulieren, streiten, uns ihnen widersetzen, sie aushandeln und „passend" machen. Es handelt sich dabei also nicht um einseitige Akte der Anrufung, denen wir widerspruchslos folgen, vielmehr erfordert es, daß wie in die angebotenen Positionen investieren, sie besetzen, uns mit ihnen identifizieren. Stuart Hall hat deshalb dafür plädiert, die Verbindung zwischen Subjekt und diskursiver Formation als *artikulatorische Praxis* zu denken (…). Dies erfordert zunächst eine kritische Genealogie dessen, was wir geworden sind, sowie die (strategische) Affirmation dieser materiell gewordenen Konstruktionen: *„Not only we have to defend ourselves, but we have to affirm ourselves, not only affirm ourselves as an identity but as a creative force"* (SPP, 27). Freiheit wäre also eine Freiheit zu: Die Fähigkeit, die historischen Verbindungen zwischen bestimmten Formen von Selbsterkenntnis und -benennung – also Identität – mit bestimmten Formen von Herrschaft zu erkennen und die hegemonialen ebenso wie die subkulturellen Diskurse anzuzweifeln, die Regeln neu aufzurufen, neue Geschichten zu erzählen und Subjektivität neu zu be/deuten. (…)

Der ,Gebrauch' von Identitäten muß deshalb im Kontext des Kampfes um die *Grammatik* von Identitätskonstruktionen verstanden werden und nicht als der Prozeß der Stabilisierung partikularer, individuell anzueignender Identitäten. Es geht hier allein um die fortwährende Produktion eines Wissens, um damit der homophoben Verwerfung lesbischer (und schwuler) Lebensformen entgegen zu treten. Da aber immer nur ein begrenztes Repertoire an Identitätskonstruktionen zur Verfügung steht, sind die sozialen Akteure nicht frei darin, beliebig viele und verschiedene Konstruktionen zu fabrizieren. *Welche* Identitätskonstruktionen folglich sozial dominieren, wird im politischen Kampf ausgefochten und ist abhängig von der Verteilung von Macht.

Cindy Patton hat darüber hinaus auf folgendes hingewiesen: Konkurrierende Identitätsrhetoriken rufen Individuen in je bestimmte moralisch-politische Positionen, die spezifische Handlungsanforderungen enthalten. Identität müsse deshalb verstanden werden als Ergebnis der performativen Verbindung eines Zeichen sozialer Identität mit der Aufforderung, in einer spezifischen Art und Weise zu handeln. Als rhetorische Effekte sind Identitäten somit symptomatisch für die Verschiebungen, die in der Produktion von governmentalities auftreten. Identität, folgert Patton, ist daher eine Frage der Deontologie, nicht von Ontologie, es geht um die Aufforderung, in einer bestimmten Art und Weise zu handeln – um Ethik – und nicht um Sein, (vgl. Patton 1993, l72ff). Die „metaphysische Gestalt" (Assmann) von Identität könnte insofern entzaubert und Identitätspolitik als die Politik des ‚Was will ich?' statt als Politik des ‚Ich bin' reformuliert werden. Was Patton allerdings unberücksichtigt läßt, ist die Dialektik des Begriffs der Führung: Wie kann verhindert werden, daß die Produktion von governmentalities vollkommen vermachtet, d. h. auf die Generierung von Fremd-Führungen verengt wird? Foucault setzte dafür auf die Elaborierung eines politischen Ethos der Freiheit – Freiheit nicht als Bestimmung von Subjekten, sondern als Praxis, die ausgeübt werden muß –, das es dem Individuum erlaubt, sich der Anforderung der Macht, zur Stelle zu sein, zu entziehen: *Die Sorge um sich.* (...)

Mark Blasius (1992) (..) hat im Kontext der Forderung Foucaults „We must therefore insist on *becoming gay,* rather than persist in defining ourselves as such" „schwule" und „lesbische" Identität als ein solches politisches Ethos der Sorge *um sich* reformuliert. Im Mittelpunkt dieses Ethos steht der Begriff des *coming out* verstanden als *becoming out.* Es umfaßt die praktische Schaffung eines Selbst, worin eingeschlossen ist, daß man an einem konkreten Aspekt dieses Selbst arbeitet, indem man sowohl externe Quellen von Autorität als Leitlinie für diese Arbeit an sich selbst nutzt, als auch spezifische Techniken und objektive Praktiken, durch die man sich selbst formt und für andere sichtbar macht (vgl. 1992, 655). Indem man dem eigenen Leben durch die Beziehung zu sich selbst eine distinkte Form gibt, „erfindet" man sich gemäß des Ziels, das man anstrebt, immer wieder neu.

Dieses Ethos ist historisch im biographischen und kollektiven Sinn. Als Typ von Subjektivität, geformt durch ein *coming out* in ein Netz von Beziehungen, die die lesbische und schwule Kultur formen, hat die Formierung dieses Selbst keinen Endpunkt, es ist vielmehr ein andauernder Prozeß des *becoming out.* Zugleich wird durch die Selbst-Konstitution auch das Ethos gestaltet, indem Elemente desselben erhalten, neu bewertet und verschoben werden (vgl. ebd.,

658) (...). Durch die *Form*, die man dem eigenen Leben gibt, enthält diese ethisch-politische Haltung auch eine Beziehung zur Gegenwart. Blasius begreift *Ethos* deshalb als eine ethisch-politische Wahl, nicht um andere und sich selbst im Namen eines Verhaltenscodes zu disziplinieren, sondern um die eigene Existenz im Hinblick auf die Elaborierung eines Selbst als Lesbe oder schwuler Mann zu stilisieren sowie im Hinblick auf die Anerkennung anderer als andere, was zur Voraussetzung hat, sich selbst als andere/r anzuerkennen. Es ist damit angesiedelt im Rahmen der politischen Problemstellung des Verhältnisses des Einzelnen zu den Vielen im Rahmen der BürgerInnengesellschaft. Wenn Politik die Sphäre ist, in der neue Subjekt-Positionen generiert werden, wäre ein solches Ethos daher die Bedingung einer Politik, die Differenz, Partikularität und Pluralismus anerkennt. (...) *deviante Subjekte* wären folglich Subjekte, deren Identität niemals abgeschlossen ist, auch wenn ihre Bedeutung temporär geschlossen wird. deviante Subjekte sind nicht über Zeit und Raum identisch, und ihr Ausgangspunkt ist die Differenz innerhalb von Identität, der konstitutive Mangel an der Wurzel jeglicher Identität. Ein solches Verständnis von Identität verortet Identität und Differenz nicht als kontradiktorische Pole einer Opposition, die beides letztlich ahistorisch fixiert. Denn Identität ist nicht durch apodiktische Absetzung von Differenz, sondern nur durch Differenz – und damit immer schon aus *Figuren, die ihr fremd waren* (Foucault) aufgebaut. Erst aus diesem Zusammendenken von Identität und Differenz, das nicht darauf zielt, letzteres in eine homogene Identität zu überführen, wird die Problematik sichtbar, die mit dem Identitätsbegriff fixiert und stillgelegt wurde. Folglich besteht die paradoxe Aufgabe darin, dem Identitätsdenken zwar verhaftet, dennoch die Identitätslogik vermeidend, Denkhaltungen zu entwickeln, die Differenz als nicht auf einen Ursprung rückführbare, als *heterogene* Differenz allererst denkbar machen. Dagegen ist die Vorstellung eines kohärenten und einheitlichen Subjekts, das die Spuren des Fremden erfolgreich getilgt hat, anti-demokratisch und wird immer begleitet sein vom fehlenden Respekt gegenüber allen Formen des Partikularismus. Die zu bewerkstelligende Aufgabe besteht daher darin, eine Vorstellung von Subjekt zu artikulieren, das seine Handlungsfähigkeit nicht aus der gewaltsamen Transformation von Heterogenem in Homogenes erlangt, sondern mit den – kontingenten Möglichkeiten reflexiv verfährt.

Das würde zunächst bedeuten, daß *deviante Subjekte* den auch schmerzhaften Prozessen ihrer Konstitution sowie den damit verbundenen Auslöschungen und Verwerfungen Rechnung tragen. *Deviante Subjektivität* schließt daher die prekäre Arbeit ein, die Handlungsfähigkeit der Mächte, die uns konstituieren, zu übernehmen *und* gleichzeitig in Frage zu stellen. Denn Eingriffe in hegemoniale Ordnungen sind nur möglich, indem man in diese Ordnungen eintritt, sich auf die hegemonialen Diskurse pfropft, und versucht, in diese alternative Bedeutungen einzuspeisen. Sich huckepack an dominante Diskurse zu hängen, bedeutet allerdings auch, daß man huckepack genommen wird, und diese Richtung, Gangart und Tempo bestimmen. Theoretisch gesprochen: Hegemoniale Bedeutungen werden in die „eigenen" Kontexte importiert, auch wenn, worauf Judith Butler hingewiesen hat, „in Heterosexualität verwickelt zu sein" nicht dasselbe bedeutet wie „von Heterosexualität determiniert zu sein" (Butler 1996, 28). Gefragt werden muß daher, wie durch die Propfung dominanter Systeme denaturalisierende Effekte entfaltet und hierarchische Dichotomien im Moment ihrer bestätigenden Aufrufung auch zerbröselnd delegitimiert werden. Insofern jeder hegemoniale Diskurs auch seine eigenen Bruchstellen und Risse produziert, „soziale Räume, die, eingemeißelt in die Zwischenräume der Institutionen und institutionalisierten Identitäten und in die Risse und Spalten der Macht-Wissen-Apparate" (de Lauretis 1987, 25, Übersetzung S.H.), sind politische Handlungsmöglichkeiten genau hier lokalisiert: Der einzige Weg, sich ‚außerhalb' der hegemonialen Diskurse zu plazieren, sei, so Teresa de Lauretis (1990, 140), sich ‚innerhalb' zu versetzen. Die Frage also, ‚wer bin ich', zu verweigern oder abweichend, *deviant* zu antworten, ja sie sogar zu zitieren, aber *gegen den Strich*. Ausgehend von der Vieldeutigkeit aller Erfahrung, geht es hier um Möglichkeiten der differenten Rekonstruktion und Resignifizierung von Identität, im Wissen, daß die „Stelle des Wirklichen" immer nur temporär besetzt werden kann. Für „lesbische" Identitätspolitiken würde dies bedeuten, die genealogische Arbeit der Durcharbeitung der Geschichte des Signifikanten „Lesbe" gleichberechtigt neben die beständige Arbeit der Reformulierung von Identität zu stellen.

Denn im strategischen Bewußtsein ihrer komplexen Beziehung zu den hegemonialen Repräsentationen weiblicher und männlicher Homosexualität einerseits, sowie den sozialen Subjekten genannt „Lesben" und „Schwule" andererseits, bewegen *deviante Subjekte* sich immer zugleich „innerhalb wie außerhalb der Ideologie und Geschichte von Heterosexualität, engagiert in der Konstruktion einer Genealogie des Überlebens" (Terry 1991, 71). „Lesbische Subjektivität" wäre dann nicht ‚das ganz Andere' der Heterosexualität, sondern eine Bewegung, in der hegemoniale Diskurse – gleich welcher politischen Herkunft – gegen den Strich gebürstet werden. Disloyal gegenüber den Regeln des Identitätsspiels wäre „Lesbe" der Name für eine bestimmte *Haltung*, die

„sich zwischen mindestens zwei bzw. vier Gesten bewegt: die der Bestätigung, daß ‚Ich wie Du bin', während man gleichzeitig auf die Differenz verweist, und die der Erinnerung daran, daß ‚Ich verschieden bin', während zugleich jede erreichte Definition von ,Andersheit' in Frage gestellt wird" (Trinh T. Min-ha 1986, 9, Übersetzung S.H.).

Die Kategorie der Identität würde in diesem Rahmen nicht verschwinden, sie würde ihren Platz haben, aber von diesem Platz aus wird sie nicht mehr den gesamten Schauplatz beherrschen können.

In Hark verwendete Literatur:

Blasius, Mark (1992): An ethos of Lesbian and Gay Existence. In: Political Theory 20/4, S. 642-671

Butler, Judith (1996): Imitation und die Aufsässigkeit der Geschlechtsidentität. In: Hark, Sabine (Hg.): Grenzen lesbischer Identität. Berlin, S. 15-37

De Lauretis, Teresa (1987): Technologies of Gender, Essays on Theory, Film and Fiction. Bloomington

De Lauretis, Teresa (1990): Eccentric Subjects: Feminist Theory and Historical Consciousness, In: Feminist Studie 16/1, S, 115-147

Deleuze, Gilles (1987): Foucault. Frankfurt/M.

Foucault, Michel (1984): Sex, Power and the Politics of Identity. Interview with Bob Gallagher and Alex Wilson. In: The Advocate 400, 7. August 1984, S. 26-30

Foucault, Michel (1987): Das Subjekt und die Macht. In: Dreyfus, Hubert L./Rabinow, Paul (Hg.): Michel Foucault. Jenseits von Strukturalismus und Hermeneutik. Frankfurt/M., S. 243-261

Foucault, Michel (1990): Was ist Aufklärung? In: Erdmann, Eva/Forst, Rainer/Honneth, Axel (Hg.): Ethos der Moderne. Foucaults Kritik der Aufklärung. Frankfurt/M.; New York, S. 35-55

Min-ha, Trinh T. (1986): Woman, Native Other. Bloomington

Patton, Cindy (1993): Tremble, Hetero Swine! In: Warner, Michael (Hg): fear of a queer planet. Queer Politics and Social Theory, o. O., S. 143-177

Terry, Jennifer (1991): Theorizing Deviant Historiography. In: differences: A Journal of Feminist Cultural Studies 3/2, 1991, S. 55-74

▶ *Hartmann, Jutta (1998): Die Triade Geschlecht – Sexualität- Lebensform. Widersprüchliche gesellschaftliche Entwicklungstendenzen und neue Impulse für eine kritische Pädagogik. In; Hartmann, Jutta / Holzkamp, Christine / Lähnemann, Lela/ Meißner, Klaus / Mücke, Detlef (Hg.): Lebensformen und Sexualität. Herrschaftskritische Analysen und pädagogische Perspektiven. Bielefeld: Kleine Verlag, S. 29-41; hier Auszüge aus den S. 29-33; S. 37-39*

Geschlecht – Sexualität – Lebensform. Daß hier ein Zusammenhang besteht, leuchtet nicht nur ein, es wird den meisten von uns logisch, vielleicht sogar selbstverständlich erscheinen. Interessant wird der Blick auf diese Triade tatsächlich auch erst dann, wenn wir uns auf neue Denk- und Fragebewegungen einlassen. Mir geht es in meinem Beitrag darum, die Selbstverständlichkeit mit der Geschlecht, Sexualität und Lebensform in einem engen kausalen Zusammenhang gedacht wird, zu hinterfragen. (...)

Der gesellschaftlich vorherrschende und gewünschte Zusammenhang von Geschlecht – Sexualität – Lebensform ist hinlänglich bekannt: Bei der Geburt eines Kindes – bzw. mittels pränataler Diagnostik ofi schon vorher – wird aufgrund der scheinbar offensichtlichen Naturhaftigkeit des anatomischen Körpers das Geschlecht des Kindes bestimmt. Im Zuge seiner weiteren Entwicklung wird von dem Kind die Herausbildung einer weiblichen oder männlichen Geschlechtsidentität erwartet. Bezogen auf Mädchen legt das die Aneignung von als weiblich zugeordneten Eigenschaften und Verhaltensweisen, aber auch die Herausbildung ganz bestimmter Körperpraxen, Gefühls- und Denkweisen nahe. Dies schließt auch die heterosexuelle Ausrichtung auf Jungen bzw. Männer ein. Erwartet wird von Mädchen und jungen Frauen ein Lebensentwurf, der Ehe, Mutterschaft und damit auch die Übernahme geschlechtshierarchischer Arbeitsteilung beinhaltet und – folgt er nicht dem traditionellen, sondern dem modernen Leitbild für Frauen auch Berufstätigkeit in dieses Setting integriert.

Schauen wir uns um, sei es in Medien oder in unserem eigenen Umfeld wird die Selbstverständlichkeit und Hartnäckigkeit dieser unterstellten Zusammenhänge und gleichzeitig auch deren Fragwürdigkeit sichtbar. Je genauer wir hinblicken, desto mehr Menschen fallen uns auf, die den skizzierten Selbstverständlichkeiten nicht folgen, die an irgendeiner oder auch an mehreren Stellen die vorgesehene Linie verlassen. Wie dies gesellschaftlich aufgenommen wird, ob es geahndet, abgewehrt oder anerkannt wird, ist in der Triade Geschlecht- Sexualität – Lebensform von einer Art Crescendo begleitet. Ich habe diesen Begriff der Musik entliehen. Er meint dort das langsame Lauterwerden der Töne. In unserer Triade nehmen – so meine These – die Bewegungs- und Gestaltungsräume ausgehend von Geschlecht hin zur Lebensform zu. Zum einen ist in puncto Lebensformen real eine Pluralisierung zu verzeichnen, die auf weiten Strecken auch gebilligt bzw. hingenommen wird. Zum anderen sind jedoch weiterhin sehr rigide Reaktionen auf Menschen zu verzeichnen, deren *Geschlecht* für uns nicht eindeutig erkennbar ist oder die offensichtlich die Geschlechtergrenzen wechseln. In der deutschsprachigen Sozialisationsforschung hat Carol Hagemann-White als eine der ersten auf die kulturelle Konstruktion der Zweigeschlechtlichkeit hingewiesen (1984:78). Natürlichkeit, Eindeutigkeit und Unveränderbarkeit sind dabei die im herrschenden Denken als unumstößlich gedachten Prämissen.

Ich möchte im folgenden herausarbeiten, daß auf diesem engen und festge-
zurrten Verständnis von Geschlecht die Entwicklungsmöglichkeiten bzw. -be-
schränkungen von Sexualität und Lebensform aufbauen. Meine Ausführungen
folgen zunächst den widersprüchlichen gesellschaftlichen Entwicklungstendenzen der letztgenannten Punkte der Triade, um dann im zweiten Teil auf deren
Basis, also auf das herrschende Verständnis von Geschlecht zurückzukommen.
In der allgemeinen Diskussion um *Sexualität* gilt nach wie vor die Heterosexualität als normal und selbstverständlich. Gleichzeitig werden lesbisches und
schwules, z. T. auch bisexuelles Leben in den Medien zunehmend aufgegriffen.
Sie tauchen längst nicht mehr nur in Produktionen der Subkultur auf. Wir finden
Homosexualität auch als Thema in Rahmenplänen für den Schulunterricht vieler
Bundesländer und in Beiträgen fortschrittlicher pädagogischer Materialien zum
Thema Liebe und Sexualität. Fast immer wird Homosexualität dabei jedoch als
abweichende Sexualitätsform der Heterosexualität gegenübergestellt und damit
die Struktur von Normalität und Abweichung reproduziert. Interessant ist
darüber hinaus, daß wir auch beim Faktor Sexualität fast durchgängig auf die
Behauptung von Natürlichkeit, Eindeutigkeit und Unveränderbarkeit stoßen. Im
Widerspruch zu diesen Alltagsannahmen stehen die real gelebten Bewegungen
von der Heterosexualität in die Homosexualität und von der Homosexualität in
die Heterosexualität. Ein anschauliches Beispiel liefert hierfür die Untersuchung
der in den USA lehrenden Soziologin Arlene Stein (1996). Diese hat Gespräche
mit Frauen geführt die nach einer relativ langen Zeit lesbischer Identität nun
sexuelle Beziehungen mit Männern leben. Dabei wollten sich nur wenige mit
dem „Etikett ‚bisexuell' identifizieren. Zu sehr impliziere Bisexualität „gleiches
Interesse an und Affären mit Männern und Frauen zum gegenwärtigen Zeitpunkt"
(Stein: 180), was der Lebensrealität dieser Frauen nicht entsprach. Arlene Stein
arbeitet heraus, daß das häufig zu beobachtende Absprechen der Authentizität
des ehemaligen Lesbisch-Seins – sei es nun in der Selbst- oder Fremdwahrneh-
mung –, daß die Unterstellung, Ex-Lesben seien nie richtige Lesben gewesen,
auf einem Identitätsverständnis basiert, das einem „Geburtsrecht" (Stein: 157)
nahekommt. Ein solch essentialistisches Verständnis klammert aus, „wie der
soziale und historische Kontext die sexuellen Möglichkeiten von Frauen formen
kann" (Stein: 183). Dabei verdeckt die Binarität von Hetero- und Homosexualität die Vielfalt und Veränderlichkeit von Sexualität. Auch der Terminus der
Bisexualität vermag diese Binarität nicht zu überwinden. Denn stabilisiert das
Wörtchen bi nicht genau das eigentlich infragezustellende binäre Denken? „Dieses Schema vernachlässigt die Vielfalt, die innerhalb beider Kategorien existiert
sowie die häufig verschwimmenden Grenzen zwischen ihnen" er 85), so Arlene
Stein. Deutlich wird, daß es sowohl Frauen gibt, die ihre sexuelle Identität als

etwas Gegebenes erleben, wie auch Frauen, deren sexuelles Verlangen wandelbarer ist als das anderer, Arlene Steins Artikel schärft damit den Blick für die Begrenztheit sexueller Kategorien und für den einengenden wie konstruierten Charakter sexueller Identitäten. Um nicht mißverstanden zu werden: dies meint nicht Beliebigkeit, sondern Komplexität individuellen Lebens.

Damit gehe ich einen Schritt weiter zum Aspekt der *Lebensform*. Hier hat große Bewegung eingesetzt. Von Pluralisierung der Lebensformen ist überall die Rede und fast jeder hat z. B. schon von Living-apart-together, alleinerziehenden Vätern oder lesbischer Elternschaft gehört. Alles scheint für alle möglich. Gesprochen wird von einer Entwicklung, die aus der Normalbiographie in die Wahlbiographie führe (vgl. z. B. Beck/Beck-Gernsheim 1990). Dies suggeriert die Möglichkeit, sich aus einer Art Baukasten, der mit gleichrangigen Lebenskonzepten gefüllt ist, die individuell ansprechendsten herauszugreifen. Schon allein mit Blick auf Zugangsmöglichkeiten zum Arbeitsmarkt übergeht der Slogan der Wahlbiographie damit reale Diskriminierungsachsen entlang gesellschaftlicher Kategorien wie Geschlecht, Ethnie, soziale Herkunft und Behinderung. Ebenso bleiben die mit einzelnen Lebensentwürfen verbundenen Hierarchisierungen und Diskriminierungen ausgeblendet. Die zumeist verwendeten Begrifflichkeiten wie „nicht-eheliche Lebensgemeinschaft", „Ein-Eltern Familie" oder „Stieffamilie" referieren auf die traditionell-bürgerliche Lebensform, schreiben den vielfältigen Möglichkeiten jenseits von Ehe und traditioneller Familienkonstellation keinen eigenständigen Wert zu und reproduzieren letztgenannte als Normalitätsmuster. Darüber hinaus wird nur selten darauf verwiesen, daß die unbestreitbare Pluralisierung an Lebensformen auf breiten Strecken auch weiterhin einem geschlechtshierarchischem Konzept folgt und die zentralen Prämissen der Lebensgestaltung bestehen bleiben: für Frauen z. B. die Institution Mutterschaft, für Männer die Vorstellung ununterbrochener Berufstätigkeit. So ist Vaterschaft für Männer in der Regel nach wie vor keine Lebensentscheidung, die Verzicht in anderen zentralen Lebensbereichen unausweichlich machen würde.

Entsprechend kreist die Auseinandersetzung, die Mädchen in neueren pädagogischen Materialien zum Thema Lebensformen angeboten werden, zumeist um Kombinations- und Vereinbarungsmöglichkeiten von Partnerschaft/Kind einerseits und Beruf/Erwerbstätigkeit andererseits. Damit verbleiben die Diskussionen in der Regel streng im heterosexuellen Kontext und stellen diesen unaufhörlich neu her. Ein Beispiel: Mit Fragen wie die, ob die Mädchen sich vorstellen können, daß ihr Partner die Hausarbeit übernimmt, während sie ihrer Berufstätigkeit nachgehen (vgl. Koske o. J.), können zum einen bisher nur selten hinterfragte Selbstverständlichkeiten im Denken der Mädchen aufgeweicht werden (die alleinige Zuständigkeit der Frau für die Hausarbeit). Zum anderen werden damit weitere Grundannahmen jedoch unbedacht zementiert (die Lebensgemeinschaft von Frau und Mann). Heterosexualität wird als selbstverständlich und normal gesetzt und durch die prinzipielle Fraglosigkeit implizit als natürliche Gegebenheit unterstellt. Als ein die Lebensform mitbestimmender Faktor taucht Sexualität explizit jedoch so gut wie nie auf.

Es wird deutlich: In der Diskussion um die Pluralisierung von Lebensformen bleibt die naturalisierte Struktur von Geschlecht und Sexualität (in ihrer Binarität und Hierarchisierung) unhinterfragte Prämisse. Die gesellschaftlichen Entwicklungstendenzen bewegen sich damit in einem eigentümlichen Spannungsverhältnis aus Pluralisierung und Norm(alis)ierung. Wir haben es mit einer Gleichzeitigkeit widersprüchlicher Tendenzen zu tun. Einerseits existieren vielfältige unterschiedliche Lebensweisen. Sie erleichtern und unterstützen das selbstbewußte Leben und (Weiter-)Entwickeln von Lebensentwürfen quer zu dominanten Vorgaben und Leitbildern. Andererseits wirkt die beschränkende Macht von naturalisierendem und kategorisierendem Denken, von hierarchisierenden und diskriminierenden Strukturen, wie z. B. der heterosexuellen Norm. (...)

Während auf der einen Seite enge Zuschreibungen in bezug auf Lebensformen also tatsächlich aufweichen, geraten auf der anderen Seite feste Überzeugungen in bezug auf die Kategorien Geschlecht und Sexualität nur selten in den Blick. In der Triade Geschlecht- Sexualität – Lebensform nimmt die Rigidität, mit der auf GrenzgängerInnen reagiert wird, in Richtung Lebensformen ab. Die zugestandene Beweglichkeit wird hier größer, auch wenn die Voraussetzungen zu deren Verwirklichung oft eingeschränkt bleiben oder fehlen. (...) Beim Blick auf sexuelle Orientierung und Geschlechtszugehörigkeit ist die Tendenz zur Naturalisierung nahezu unangetastet geblieben. Vor allem das Verständnis von Geschlecht als biologisch-anatomischer Gegebenheit wird im herrschenden Denken nicht hinterfragt. (...)

Die Komplexität der Verbindungen von Geschlecht – Sexualität – Lebensform im Blick behaltend, heißt es, von linearem und kausalem Denken Abstand zu nehmen. Der Weg kann nicht darin liegen, zu unserem bisherigen Verständnis von geschlechtlicher und sexueller Identität vermeintlich andere Spielarten hinzuzunehmen. Eine solche Addition würde die Herrschaftsstruktur von Normalität und Abweichung, von Allgemeinem und Besonderem reproduzieren statt sie aufzubrechen! Notwendig wird es, daher genau diese Grundstruktur kritisch zu überprüfen. Das bedeutet, gesellschaftliche Normen, Normalitäten und Selbstverständlichkeiten – wie die aufgezeigten Geschlechtsnormen bzw. die Heterosexualitätsnorm – selbst zum Thema zu machen und zu hinterfragen. Dabei kann die Janusköpfigkeit von Normen beleuchtet werden: Sie schränken ein und geben Sicherheit. Diese Perspektive transzendiert die vermeintlich sichere

Unterscheidung von Betroffenen und Nicht-Betroffenen (vgl. Hartmann 1993). Nur ein normenkritischer Ansatz kann die Hierarchisierung der Lebensformen aufweichen und an deren Überwindung arbeiten. (...)

Die Enge und Zweifelhaftigkeit vorherrschender Identitätskategorien machen einen kritischen Umgang mit Kategorisierungen notwendig. Es geht darum, Identitäts-Selbstverständlichkeiten zu hinterfragen. Dabei soll Identität im Sinne von Existenzweise und angesichts ihrer politischen Notwendigkeit nicht über Bord geworfen werden. Es geht nicht darum, Begriffe wie lesbisch, schwul, hetero fallenzulassen; es geht aber darum, feste Zuschreibungen, was diese ausmachen sollen, zu vermeiden. Ich plädiere daher für ein prozessuales Identitätsverständnis. Statt einer wie und von wem auch immer definierten festen Form tritt die Möglichkeit von Vielfältigkeit und Beweglichkeit ins Blickfeld. (...)

Interessant wird es gemeinsam zu fragen, wie bestimmte Identitäten historisch hergestellt und erklärt wurden und welche Bilder, Alltagstheorien und wissenschaftlichen Erklärungsmodelle in bestimmten historischen Zeiten und an bestimmten kulturellen Orten zur Verfügung standen, um sich selbst und das eigene Leben zu begreifen. Lebensformen und Identitäten werden so erkennbar als von Menschen in bestimmten Kulturen, zu bestimmten historischen Zeiten, unter bestimmten Bedingungen, in bestimmter Weise, selbst hergestellte und eben nicht als von Natur aus gegebene oder vom Schicksal vorherbestimmte.

Methodisch eignet sich hervorragend das Arbeiten mit authentischem Material anhand biographischer Literatur oder persönlichen Kontakten. Die in jedem Lebenslauf existierenden Brüche und Ungereimtheiten können damit ebenso wahrgenommen werden wie Probleme, Diskriminierungen sowie die jeweiligen Hoch-Zeiten und Glücksmomente. Mittels Befragungen können Schlüsselerlebnisse, die zu Veränderungen im Lebenslauf bewogen oder zum Leben quer zur Norm motiviert haben, erkundet werden. Was bewog eine beinahe 60jährige Frau nach langjähriger Ehe, sich erstmals auf eine lesbische Beziehung einzulassen? Wie kommt eine 36jährige Frau dazu, nach 12 Jahren lesbischer Identität einen Mann zu heiraten? Einfache Antworten sind ebenso wenig intendiert wie möglich. Die Kontextgebundenheit der Auseinandersetzung kann dabei ermöglichen, unterschiedliche Erklärungsansätze für gleiche Lebenskategorien zu finden. Das erleichtert wiederum, z. B. lesbische Identitäten und Lebensweisen nicht als genuin gegebene, sondern als gegenwärtiges Selbstverständnis und als eine im Prozeß befindliche Identität zu begreifen. (...)

Ein Ziel pädagogischer Bildung muß es heute zunehmend sein, Mädchen und Jungen zu einer reflektierten Gestaltung ihres gesamten Lebens zu befähigen. Dies schließt die Auseinandersetzung mit den zentralen Lebensbereichen Beziehung, Sexualität, Arbeit, Kinder, Freizeit und Politik und deren geschlechtsbezogenen

Implikationen mit ein. Die Auseinandersetzung mit der Vielfalt sexueller Lebensformen darf dabei nicht in die sexualpädagogische Ecke abgeschoben werden.
Und auch die Sexualpädagogik ist gar nicht mehr getrennt von gesellschaftlichen
Implikationen und politischer Bildung zu denken. In bezug auf die Schule ist in
allen Fächern das selbstverständliche Aufgreifen der vielfältigen Lebensformen
als Abbild von und als Auseinandersetzung mit gesellschaftlicher Realität zu
ermöglichen. (…) Dem oben formulierten Anspruch entsprechend, müßte eine
solche Herangehensweise auf möglichst viele Lebensformen angewandt und
immer wieder neu auf inhärente Ausgrenzungen und Normalisierungen hin
überdacht werden.

Den skizzierten Standbeinen zugrunde liegt die Auseinandersetzung mit
der eigenen Person mit der eigenen Geschlechtsidentität, der eigenen Sexualität, der eigenen Lebensform. Wichtig wird eine reflektierende Kompetenz
hinsichtlich unserer eigenen Lebensgestaltung. Diese Kompetenz kann es uns
ermöglichen, unsere eigene Lebensrealität als Momentaufnahme eines komplexen
Entwicklungsprozesses zu begreifen und sie als eine unter vielen Möglichkeiten
wahrzunehmen.

In Hartmann verwendete Literatur:

Beck, Ulrich/Beck-Gernsheim, Elisabeth (1990): Das ganz normale Chaos der Liebe.
Frankfurt/M.
Hagemann-White, Carol (1984): Sozialisation: männlich – weiblich? Opladen
Hartmann, Jutta (1993): „Mit geschärftem Blick dagegen! Heterosexiamus in Schule und
Schulforschung." In: Senatsverwaltung für Jugend und Familie: Pädagogischer Kongreß:
Lebensformen und Sexualität: Was heißt hier normal? Dokumente lesbisch-schwuler
Emanzipation Nr. 8. Berlin, S. 35-50
Koske, Cornelia: Praxis: Berufsorientierung und Lebensplanung für Mädchen. Eine Un-
terrichtseinheit für den Einsatz in Schulen für Lernbehinderte. Stadt Lünen/Der Stadt-
direktor (Hg.), o.J.
Stein, Arlene (1996): Mit dem Feind geschlafen? Ex-Lesben und die Rekonstruktion von
Identität. In: Hark, Sabine (Hg.): Grenzen lesbischer Identitäten. Berlin, S.155-185

5   Zwischen rhetorischer Freiheit und faktischem Zwang?

Wie viele biologische Geschlechter existieren eigentlich? Wie kann das Geschlecht bestimmt werden? Ist das biologische System der Zweigeschlechtlichkeit ein Zwangssystem? Dies sind wichtige Fragen, die in vielen Studien über die Frage der Regierung von Individuen diskutiert werden. So betont etwa *Elisabeth Tuider* (2006) in ihrem Aufsatz „Sexualität von Gewicht" (2006) die Möglichkeiten und Grenzen von Intersexualität gegenüber dem vorherrschenden System der biologischen Zweigeschlechtlichkeit. Tuider begreift Intersexualität als ‚Leben in der Schwebe'. Denn es sei durch Uneindeutigkeiten und Vieldeutigkeiten, Vermischungen und Kreuzungen unterschiedlicher Geschichten und Kontexte sowie das herausfordernde und mühevolle Ringen um deren Vermittlung charakterisiert. *Gunter Schmidt* (2000) geht in seinem Beitrag der These nach, dass Sexualwissenschaften immer schon auch als Geschlechterforschung begriffen werden könnten. Denn, so zeigt er etwa, das Thema Heterosexualität führt notwendig zur Frage des gesellschaftlichen Status der Geschlechter und zur Auswirkung dieses Status auf die Sexualität von bzw. zwischen Mann und Frau. So strukturiere das gesellschaftlich bestimmte Geschlechterverhältnis die Erscheinungsformen gegengeschlechtlicher Sexualität, Beziehungen und Liebe. Dabei konstatiert Schmidt eine paradoxe Situation: Einerseits könne eine rhetorische Befriedung der männlichen (Hetero-)Sexualität und andererseits eine faktische Zunahme sexueller Aggressionen, Machtausübung und Gewalt von Männern gegenüber Frauen festgestellt werden. Neben theoretischen Überlegungen, wie sie ja zum Beispiel in den Debatten um Judith Butlers Überlegungen angestellt worden sind, treten also am Anfang des 21. Jahrhunderts zunehmend empirische Untersuchungen, die die Problematisierungen konstruktivistischer bzw. dekonstruktivistischer Theoriekonzepte in der (individuell) erlebten Realität überprüfen.

In Bezug auf die Regierung der Bevölkerung geht es darum, wie staatliche aber auch nicht staatliche Organisationen über unterschiedliche Regierungspraktiken versuchen z. B. die Struktur und das Wachstum ihrer Bevölkerungen zu verändern. *Ellen Kuhlmann* (2004) thematisiert in ihrem Beitrag eindringlich die Vor- und Nachteile der Gen- und Reproduktionstechnologien. Frauen könnten auf der einen Seite als bloße Ressource dieser Technologien instrumentalisiert werden, auf der anderen Seite profitierten sie aber auch von diesen Technologien, z. B. indem ihnen der Wunsch, ein Kind zu gebären, erfüllt werde. Deshalb gelte es, einen ‚feministischen Kompass' zu entwickeln, mit dessen Hilfe die Bedeutungen und

Konsequenzen der Gen- und Reproduktionstechnologien entschlüsselt und in politisch-praktische Handlungsstrategien übersetzt werden könnten.

Susanne Schultz (2001) geht es schließlich in ihrem Beitrag zu den „neoliberale(n) Transformationen internationaler Bevölkerungspolitik" um die Folgen internationaler Bevölkerungspolitik. Schultz hebt hervor, dass gegenwärtig höchst ambivalente Prozesse der Flexibilisierung der Geschlechterverhältnisse festgestellt werden könnten. Dies zeigt sie an Hand von Forderungen der internationalen Frauengesundheitsbewegung nach Selbstbestimmung über den eigenen Körper, die 1994 anlässlich der UN-Weltbevölkerungskonferenz in Kairo formuliert worden sind.

Quellentexte:

Kuhlmann, Ellen (2004): Gen- und Reproduktionstechnologien: Ein feministischer Kompass zur Bewertung, in: Becker, Ruth / Kortendiek, Beate (Hg.): Handbuch Frauen- und Geschlechterforschung. Theorie, Methoden, Empirie, Wiesbaden: VS Verlag für Sozialwissenschaften, S. 529-534; hier Auszüge aus den S. 529-533
Schmidt, Gunter (2000): Sexualwissenschaft, in: Braun, Christina v. / Stephan, Inge (Hg): Gender Studien. Eine Einführung, Stuttgart/ Weimar: Metzler Verlag, S. 180- 192; hier Auszüge aus den S. 180; 187-190
Schultz, Susanne (2003): Neoliberale Transformationen internationaler Bevölkerungspolitik: Die Politik Post-Kairo aus der Perspektive der Gouvernementalität, in: Peripherie, Zeitschrift für Politik und Ökonomie in der Dritten Welt, Nr. 92, 23, Jahrgang, erschienen im Dezember 2003, S. 452-481; hier Auszüge aus den S. 452-462
Tuider, Elisabeth (2006): Sexualitäten von Gewicht, in: Bührmann, Andrea D. / Kößler, Reinhart / Puls, Wichard / Späte, Katrin / Thien, Günter/ Tuider, Elisabeth (Hg): Gesellschaftstheorie und die Heterogenität empirischer Sozialforschung, Münster: Westfälisches Dampfboot, S. 276-291; hier Auszüge aus den S. 276-289

▶ *Schultz, Susanne (2003): Neoliberale Transformationen internationaler Bevölkerungspolitik: Die Politik Post-Kairo aus der Perspektive der Gouvernementalität. In: Peripherie, Zeitschrift für Politik und Ökonomie in der Dritten Welt, Nr. 92, 23. Jg, erschienen Dez. 2003, S. 452-481; hier Auszüge aus den S. 452-462*

Seit der Weltbevölkerungskonferenz von Kairo 1994 ist es um die Politik der Fortpflanzung – damals wohl die am heißesten umstrittene Fragen der transnational organisierten Frauenbewegungen – ruhiger geworden: Die einen interpretierten den auf der Konferenz geschlossenen so genannten „Konsens von Kairo" (damit ist das Bündnis zwischen Frauengesundheits-NGOs und *population establishment* gemeint) als Bruch mit einer herrschaftsförmigen Kontrolle demographischer Entwicklungen. Die anderen, die Kritikerinnen dieses Konsens, zogen sich seitdem eher zurück und hinterließen die These der Kontinuität, die suggerierte, internationale Bevölkerungspolitik habe sich mit dem Konsens von Kairo nicht verändert, sondern schmücke sich seitdem lediglich rein äußerlich mit einer feministischen Rhetorik. Im Folgenden möchte ich einige Überlegungen anstellen, die sich dieser Alternative der Interpretation entziehen: Sie verfolgen die These einer Transformation bevölkerungspolitischer Strategien im Zusammenhang mit neoliberalen Rationalitäten (Hier ist in Auflage 2 ein Fußnotenverweis ohne Fußnote) – Rationalitäten, wie sie in den letzten Jahren von den so genannten Gouvernementalitätsstudien thematisiert worden sind. Diese Studien nähern sich dem Phänomen des Neoliberalismus unter Rückgriff auf die späten Arbeiten Foucaults auf spezifische Weise an, indem sie neoliberale Formen der „Selbstführung" und neoliberale „Sicherheitstechnologien" untersuchen (Burchell/Gordon/Miller 1993, O'Malley/Weir/Shearing 1997).

Der Konsens von Kairo: eine scheinbare Entkoppelung von Mikro- und Makroebene

Das entscheidende Dokument des *Konsenses von Kairo* ist das 1994 auf der dortigen UN- Weltbevölkerungskonferenz erarbeitete Aktionsprogramm. Es drückt einen Kompromiss zwischen dem *population establishment* und Teilen einer seit den 80er Jahren international vernetzten Frauengesundheitsbewegung aus, die als NGO- Vertreterinnen, aber auch über die Partizipation in Regierungsdelegationen in Kairo stark repräsentiert war. Das Aktionsprogramm war auf den ersten Blick durch eine „ideologische Schizophrenie" geprägt(Hier ist in Auflage 2 ein Fußnotenverweis ohne Fußnote) Denn auf der Makroebene blieb das Ziel einer Reduktion des weltweiten Bevölkerungswachstums erhalten, und es wurden demographische „goals" als wichtige Elemente nationaler Entwicklungsprogramme für legitim erklärt. Damit hält der Konsens von Kairo an der neomalthusianischen Idee einer zu großen oder zu schnell wachsenden Bevölkerung als Ursache gesellschaftlicher Krisenphänomene fest. Auf der Mikroebene der einzelnen Programme lehnte das Aktionsprogramm dagegen demographische „targets", also ein quantitatives Plansoll für die Verbreitung von Verhütungsmitteln oder Sterilisationen, ab und ächtete Zwangsmaßnahmen. Stattdessen etablierte der Kairoer Konsens die Begriffe „reproduktive Rechte" und

„reproduktive Gesundheit" und brachte damit die Prinzipien der individuellen Entscheidungsfreiheit und Achtung der Gesundheit von Frauen aufs Papier. Der Konsens von Kairo ist einerseits Ausdruck strategischer Umorientierungen auf dem Feld des *population establishment*, dessen Devise nicht die Abschaffung, sondern die bessere Durchsetzung demographischer Ziele über solche Formen „liberaler Regierung" war. Andererseits ließen sich viele Frauen-Netzwerke auf der Basis des Aktionsprogramms darauf ein, ihre bisherige prinzipielle Ablehnung bevölkerungspolitischer Strategien taktisch zurückzustellen oder sogar ganz aufzugeben, indem sie diese nach dem Konsens von Kairo für irrelevant erklärten oder aktiv an einer positiven Reformulierung des Begriffes der Bevölkerungspolitik arbeiteten (...).

Der Konsens von Kairo gilt seitdem innerhalb des *population establishment* als hegemoniales Paradigma, dem sich die Programme der großen Agenturen wie des Weltbevölkerungsfonds UNFPA, der Weltbank oder der US-Entwicklungsbehörde US-AID auch gegen Hardliner in den eigenen Reihen angeschlossen haben. Er wurde auch über die 1999 organisierten Nachfolgekonferenzen „Kairo +5" in Den Haag und New York erneut bestätigt.

Sicherlich markiert der Konsens von Kairo einen Fortschritt für Frauenrechte: Zum einen bietet er ein (allerdings völkerrechtlich unverbindliches) Instrument gegen massive Menschenrechtsverletzungen wie etwa Zwangssterilisationen; zum anderen verbrieft er gegen konservative Positionen das Recht auf den Zugang zu Verhütungsmitteln – weiterhin angesichts des Vormarsches „fundamentalistischer" Positionen keine Selbstverständlichkeit. So hat die US-Regierung den Konsens jüngst auf einer Bevölkerungskonferenz in Bangkok im November 2002 in Frage gestellt. Sie kündigte an, das Kairoer Programm zukünftig nur noch ohne die zentralen Begriffe der reproduktiven Rechte und der reproduktiven Gesundheit zu akzeptieren – als Begriffe, die das Recht auf Abtreibungen beinhalteten.

Die antinatalistischen Strategien, die im folgenden untersucht werden sollen, sind also auch weiter nur eine Kraft in den gesellschaftlichen Kämpfen um die Politik der Fortpflanzung. In manchen Ländern gibt es absurde Konstellationen pro- und antinatalistischer Kräfte.

Ebenso wenig wie ich mit der Kritik antinatalistischer Strategien eine komplexe Realität der Fortpflanzungspolitik leugnen will, soll im Folgenden der Neoliberalismus als universelles Prinzip behauptet werden, das sich über bevölkerungspolitische Programme unweigerlich durchsetze. Allerdings möchte ich Analysen kritisieren, die neoliberale Rationalitäten im Sinne einer Auflösung von Staatlichkeit begreifen und damit implizit einen Gegensatz zu Bevölkerungspolitik als im Staat Verorteter Interventionspolitik aufbauen. Stattdessen werde ich fragen, wie die scheinbar entkoppelten Makro- und Mikroebene doch in den bevölkerungspolitischen Programmen nach Kairo miteinander verkoppelt sind und welche neoliberalen Rationalitäten dabei eine Rolle spielen. Die Studien zur Gouvernementalität bieten meines Erachtens interessante Antworten auf diese Frage.

Neoliberalismus in den Gouvernementalitätsstudien

In den letzten Jahren haben die zunächst als *governmentality studies* bekannt gewordenen Forschungsansätze, verzögert gegenüber der angloamerikanischen Debatte, auch im deutschen Sprachraum eine breitere Rezeption erfahren (Bröckling/ Krasmann/Lemke 2000, IWK 2001). Mit Rekurs auf den späten Foucault und seinen Begriff der *gouvernementalité*, mit dem er Machtverhältnisse als „Führung der Führungen", als komplexes Verhältnis zwischen Fremd- und Selbstführung(Hier ist in Auflage 2 ein Fußnotenverweis ohne Fußnote) rekonzeptualisiert (vgl. Foucault 1993; 2000), rücken dabei neo-liberale Rationalitäten auf mehrere Weisen ins Zentrum der Forschung: Erstens untersuchen die Gouvernementalitätsstudien eine politische Rationalität, welche nicht mehr den Staat, sondern die Selbstverantwortung und Selbstsorge der Individuen in das Zentrum der Problematik des Regierens, der Bewältigung sozialer Konfliktstoffe stellt.

Zweitens ist ein weiterer Anknüpfungspunkt der Gouvernementalitätsstudien zum Verständnis neoliberaler Umstrukturierungen an den Begriff der Sicherheitstechnologien bei Foucault geknüpft Mit Sicherheitstechnologien sind Regierungs- strategien auf der Grundlage der Kalkulation von Wahrscheinlichkeiten und Risiken gemeint. Sicherheitstechnologien schreiben eher mehr oder weniger günstige Möglichkeiten vor, als dass sie das Erlaubte strikt vom Verbotenen trennen, sind also eher durch flexible Prozesse der Normalisierung als durch starre, ideale Normen geprägt und ermöglichen andere Formen der sozialen Kontrolle, die weder als repressiv noch als wohlfahrtsstaatlich integrativ zu beschreiben sind (…)

Drittens steht im Zentrum der Debatten um Gouvernementalität ein Verständnis neoliberaler Transformationen nicht als Programme der Entstaatlichung oder Auflösung von Staatlichkeit, sondern als Projekte einer Reformulierung des Verhältnisses von Politik, Ökonomie und Sozialem (…).

Zwar gehe ich den Konsens von Kairo nicht als starres Programm; sondern als Konfliktfeld zwischen transnational agierenden Frauen-NGOs und *population establishment* an. Die Thesen darüber, welche neoliberalen Rationalitäten in diesen Verhandlungen über Bevölkerungspolitik eine Rolle spielen, sind meines Erachtens sehr hilfreich, um die Transformation der transnationalen bevölkerungspolitischen Programmatik seit Kairo zu verstehen. Sie sagen aber erstens noch nichts darüber aus, wie diese Konzepte auf lokaler Ebene (re)formuliert

und (re)kontextualisiert werden bzw. werden können Zweitens mögen sie zwar
Hinweise geben, in welche Richtung Handlungsspielräume der Individuen
gedacht und zugelassen werden und in welche nicht; eine solche Untersuchung
reicht aber noch nicht aus, um zu zeigen, welche pädagogischen, technologiepo-
litischen, repressiven oder auch *empowernden* Praktiken in der Implementierung
solcher Programme eine Rolle spielen und auf welche Kräfteverhältnisse diese
im Prozess der Implementierung treffen.

Bevölkerungspolitik funktioniert nach Kairo über die Anrufung eines für
seine „reproduktive Gesundheit" selbstverantwortlichen, weiblichen Individuums,
Anhand der Diskurse über Müttersterblichkeit und über Schwangerschaften
Jugendlicher möchte ich im Folgenden zeigen, wie antinatalistische Nonnen
auf der individuellen Ebene über eine Umformulierung frauengesundheitspo-
litischer Kritik entwickelt wurden und in eine spezifische Medikalisierung von
Bevölkerungspolitik eingebunden sind.

Allerdings ist der Diskurs über Müttersterblichkeit über verschiedene epi-
demiologische Erhebungen und Kategorien von Risiken an antinatalistische
Strategien gekoppelt: Die *Safe-Motherhood-Initiative*, eine koordinierte Initiative
der großen bevölkerungspolitischen Agenturen, sieht es als ihre Aufgabe an,
auf drei Ebenen zur Verhinderung von Müttersterblichkeit zu intervenieren:
„Prävention von Schwangerschaften, Prävention von Komplikationen während
der Schwangerschaft und angemessene Behandlung jeder Art von Komplikationen." (WHO, 1999: 28) Familienplanung ist also auf der ersten Ebene auch ein
Programmpunkt der Kampagnen gegen Müttersterblichkeit – qua der banalen
Schlussfolgerung, dass eine Frau, die nicht schwanger wird, auch nicht an den
Folgen einer Schwangerschaft sterben kann.

Vor allem aber beschäftigen sich die Programme der *Safe-Motherhood-Initiative* mit der Ermittlung spezifischer Risikofaktoren, welche die Gefahr der
Müttersterblichkeit erhöhten und denen ein verantwortliches reproduktives
Verhalten der Individuen entgegenwirken müsse. Ein selbstbestimmtes Ge-
sundheitsverhalten erscheint im Kontext der Risikodiskurse stark normativ
gesetzt: Insbesondere Schwangerschaften unter einem Alter von 19 und über
einem Alter von 35 Jahren, ein Abstand von weniger als zwei oder drei Jahren
zwischen den Geburten und insgesamt zu viele Schwangerschaften (meistens
mehr als vier) gelten als riskant. „Ungeplante und schlecht getimte Schwangerschaften" erscheinen damit als „Hindernis" für eine sichere Mutterschaft (World
Bank 19990: 43), und es werden Verhaltensänderungen vorgeschlagen, „damit
Schwangerschaften, die zu früh, zu spät oder zu häufig sind, verhindert werden
können." (WHO 1999: 23)

Es ist so auch nicht erstaunlich, dass in diejenigen Programmelemente der *Safe-Motherhood-Initiative*, die tatsächlich auf die Behandlung von Geburtskomplikationen als direkte Ursache von Müttersterblichkeit abzielen, nach Kairo nur nachrangig investiert wurde. So integrierte beispielsweise die Weltbank nur in 29 von insgesamt 77 Ländern, in denen sie *safe motherhood* förderte, ein Programm zur Geburtshilfe (…).

Der antinatalistische Fokus auf Müttersterblichkeit entspricht so den weiter klar auf Familienplanungsprogramme ausgerichteten Investitionen der bevölkerungspolitischen Finanziers. Ganz abgesehen davon, dass auf die gezeigte Weise Familienplanung auch in die Programme für eine breitere reproduktive Gesundheitsversorgung integriert wird, machten diese breiteren Programme bei den Ausgaben der internationalen Geber von 1995 bis 1999 nur zwischen 18 und 33 Prozent aus, während die Priorität mit 37 bis 43 Prozent weiter bei expliziten Familienplanungsprogrammen lag (…). Eine Studie über US-AID, weiterhin mit Abstand der größte Geldgeber in der internationalen Bevölkerungs- politik, kommt zu dem Ergebnis: „Die Politik von US-AID in dem Bereich der reproduktiven Gesundheit tendiert immer noch dazu, den Familienplanungsprogrammen kleine Elemente reproduktiver Gesundheitsversorgung hinzuzufügen, statt Familienplanung in einen größeren Zusammenhang reproduktiver Gesundheit zu stellen." (Forman/Ghosh 2000: 12)

Strategien als Medikalisierung von Bevölkerungspolitik zu begreifen, wie es viele KritikerInnen des Post-Kairo-Diskurses tun (…), muss allerdings klären, dass eine solche Expansion epidemiologischer Argumentationsmuster nicht im klassischen Sinne von Medikalisierung eine Ausweitung der Macht biomedizinischen Wissens und der Institution der Medizin bedeutet (…). Medikalisierung müsste hier im Sinne der Gouvernementalitätsstudien eher verstanden werden als Form, wie sehr unterschiedliche Informationen über biomedizinische ebenso wie psychische und soziale Bedingungen von Gesundheit übersetzt werden in eine Ressource, mit der sich das Individuum möglichst adäquat und dynamisch an die Verhältnisse anpassen kann bzw. soll (…). Denn in epidemiologischen Erhebungen über erhöhte Risiken bestimmter Schwangerschaften gehen gleichermaßen und im Ergebnis ununterscheidbar ebenso biomedizinische Daten (etwa über schmalere Becken bei Jugendlichen) wie Erhebungen über unterschiedliche Lebensbedingungen, die verschiedenen Risikogruppen zugeschrieben werden (etwa eine höhere Rate verpfuschter Abtreibungen oder ein geringerer Zugang zu Gesundheitsversorgung bei Jugendlichen), als Prämissen ein (…).

Die Artikulation der Themen Gewalt gegen Frauen/ungewollte Schwangerschaften mit der Prävention gesundheitlicher Risiken von Schwangerschaften durch Familienplanung scheinen in den Diskursen des *population establishment* eine wichtige Funktion zu erfüllen: Gegen die doch recht naheliegende Assoziation, Normen über den richtigen Zeitpunkt einer Schwangerschaft könnten als Einengung der Entscheidungsfreiheit von Frauen verstanden werden, kombinieren die Post – Kairo-Diskurse in ihren Aufzählungen über zu verhindernde Schwangerschaften immer die Adjektive *mistimed, poorly timed* oder *ill-timed* mit dem Adjektiv *unwanted* um die zu verhindernden Schwangerschaften aufzuzählen. Die Weltbank geht sogar noch einen Schritt weiter, wenn sie „ungewollte Fruchtbarkeit" definiert als „Geburten, die schlecht getimed oder unbeabsichtigt waren (World Bank 1999a: 8)".

Die Planung einer Schwangerschaft an sich und auch noch zum richtigen Zeitpunkt wird hier zur Voraussetzung für ihre Gewolltheit. Eine solche Gleichsetzung zeigt, dass das Prinzip der Selbstbestimmung hier nicht als Ausgangspunkt der Überlegungen; sondern im Sinne eines richtigen „style of conduct" erst das Ergebnis der Durchsetzung rationalen Gesundheitshandelns ist, das mit „Verhaltensänderungen" erreicht werden soll .

In Schultz verwendete Literatur:

Burchell, Graham / Gordon, Colin / Miller, Peter (1993): The Foucault Effect. Studies in Governmentality, Hemstead

Bröckling, Ulrich/ Krasmann, Susanne I Lemke, Thomas (1-Ig.) (2000): Governementalität der Gegenwart. Studien zur Ökonomisierung des Sozialen, Frankfurt a. M.

Forman, Shephard / Ghosh, Romita (2000): Promoting Reproductive Health: Investing in Health for Development, London

Foucault, Michel (1993): About the Beginning of the Hermeneutics of the Self: Two Lectures in Dartmouth, in: Political Theory, Bd. 21, Nr. 2, S. 198-227

Foucault, Michel (2000): Die Gouvernementalität, in: Bröckling, Ulrich / Krasmann, Susanne / Lemke, Thomas (Hg.) (2000): Gouvernementalität der Gegenwart. Studien zur Ökonomisierung des Sozialen, Frankfurt a. M., S. 63-71

IWK (Institut für Wissenschaft und Kunst (2001): Demokratie. Selbst. Arbeit. Analysen liberaldemokratischer Gesellschaften in Anschluss an Michel Foucault. IWK- Mitteilungen, Nr. 2-3, Jg. 56, Wien

O'Malley, Pat / Weir, Loma / Shearing, Clifford (1997): Governmentality, Criticism, Politics, in: Economy and Society, Bd. 26, Nr. 4, 1997, S. 501-517

WHO (1999): Reduction of Maternal Mortality. A Joint WHO/UNFPA/UNICEF World Bank Statement, Genf

World Bank (1999a): Population and the World Bank, Adopting to Change. Human Development Network, Washington

World Bank (1999b) Safe Motherhood and the World Bank. Learning from 10 Years of Experience human Development Network, Washington

▶ **Schmidt, Gunter (2000): Sexualwissenschaft.** In: *Christina von Braun / Inge Stephan (Hg): Gender Studien. Eine Einführung, Stuttgart/Weimar: Metzler Verlag, S. 180-193 (Auszüge aus diesen Seiten)*

An vier prominenten Themen der Sexualwissenschaft möchte ich aufweisen, dass Sexualforschung immer auch Geschlechterforschung (gewesen) ist, paradoxerweise auch dort, ja ganz besonders deutlich dort, wo in der Sexualität nur ein Geschlecht vorkommt: die Homosexualität.

Anders als bei den bisher betrachteten Sexual- und Geschlechterformen führt das Thema „Heterosexualität" unausweichlich zu der Frage des gesellschaftlichen Status der Geschlechter und zur Auswirkung dieses Status auf die Sexualität von oder besser zwischen Mann und Frau, also unmittelbar zu Geschlechtsauseinandersetzung, -unterdrückung und -Arrangement.

Das gesellschaftlich bestimmte Geschlechterverhältnis bestimmt die Erscheinungsformen gegengeschlechtlicher Sexualität, Beziehungen und Liebe. Kultureller Wandel des Geschlechterverhältnisses hat Veränderungen der hetero-sexuellen Verhältnisse unausweichlich zur Folge. Die allgemeine Geschlechtsmigration, von der Hirschauer (1993,351) spricht, also die Nivellierung der Geschlechtsrollen, die Auflösung oder Milderung der geschlechtsgebundenen Verteilung von Ausbildung, Arbeit, Aufgaben (in Familie und Haushalt) und Macht ist während der letzten 100 Jahre, vor allem aber während der letzten drei Jahrzehnte, unaufhaltsam vorangeschritten – zäh, langsam und holperig für viele Zeitgenoss/innen, in historischer Perspektive jedoch atemberaubend schnell. Dieser kulturelle Wandel der Zweigeschlechtlichkeit hat die Heterosexualität entscheidend verändert – und vieles beim alten belassen. Drei Tendenzen lassen sich ausmachen:

1. Sexuelle Gewalt und Herrschaft in all ihren Gestalten, Verkleidungen und Verdünnungen wurden zu einem Thema, das Männer nicht mehr von der Tagesordnung setzen konnten. Zum Tanzen gebracht wurden Verhältnisse durch den feministischen Diskurs, der der Sexualwissenschaft in den letzten 25 Jahren entscheidende Impulse gab: Gewalt, Zwang, Machtausübung durch Sexualität wurden öffentlich gemacht wie nie zuvor. Feministische Wissenschaftlerinnen eröffneten ein Thema nachdem anderen: Vergewaltigung (…), Prostitution und Frauenhandel (…), Kindesmißbrauch (…), Pornographie (…), sexuelle Belästigung und selbstverständlich auch herkömmliche Sexualität im Alltag (…) oder in der Literatur (…), Mißstände, Skandale, die lange tot geschwiegen, heruntergespielt, ‚übersehen' wurden, wurden benannt, ihre Verharmlosung und Verleugnung entlarvt, für ihre Verfolgung und Abschaffung gekämpft. Zugleich brachte die

feministisch inspirierte und durchgesetzte Debatte, die in letzter Konsequenz eine Debatte der sexuellen Selbstbestimmung war, einen Sensibilisierungsschub bei Frauen aber auch bei Männern gegenüber Zwang und Herrschaftsausübung in der Sexualität hervor.

2. So hatte die Gewaltdebatte, deren Vehemenz und Durchsetzungskraft sich den real verändernden Geschlechtsverhältnissen (mit)verdankt, weit über ihr ursprüngliches Ziel hinaus Auswirkungen auf die alltäglichen sexuellen Umgangsformen. Sie schuf unversehens und quasi nebenbei einen neuen Sexualkodex, einen Kodex, der nicht alte Verbote neu installieren, sondern den sexuellen Umgang friedlicher, kommunikativer, berechenbarer, rationaler verhandelbarer, herrschaftsfreier machen oder regeln soll. An die Stelle der alten Sexualmoral trat eine Verhandlungs- oder Interaktionsmoral der Partner (. . .).

Die alte Sexualmoral war essentialistisch oder fundamentalistisch und qualifizierte bestimmte sexuelle Handlungen – z. B. voreheliche oder außereheliche Sexualität, Masturbation, Homosexualität, Oralverkehr, Verhütung – *prinzipiell* als Böse, weitgehend unabhängig von ihrem Kontext. Zentrale Kategorie der Verhandlungsmoral dagegen ist die Forderung nach vereinbartem, ratifiziertem Sexualverhalten, der ausdrückliche Konsens. Da sie nicht sexuelle Handlungen oder Praktiken bewertet, sondern die Art und Weise ihres Zustandekommens, eben Interaktionen, hat die Verhandlungsmoral durchaus liberale Züge. Ob hetero-, homo- oder bisexuell, ehelich oder außerehelich, genital, anal oder oral, zart oder ruppig usw. – all das ist moralisch ohne Belang; von Belang ist, daß es ausgehandelt wird. Die Konsequenz ist ebenso radikal wie bemerkenswert: „Normale" Sexualität, Heterosexualität, wird zu einem von vielen Lebensstilen, zu einer von vielen (wenn auch nach wie vor besonders verbreiteten) Arten, sexuell zu sein. Perversionen verschwinden und tauchen als eben solche Lebensstile wieder auf. Und nur noch solche sexuellen Besonderheiten, die die Verhandlungsmoral inhärent verfehlen, z. B. die Pädophilie wegen des Machtungleichgewichtes der Partner, bleiben als Perversion erhalten und werden heute unnachsichtiger ausgespäht und verfolgt als früher.

Den neuen Moralverhältnissen entspricht eine moderne Beziehungsform, die der britische Soziologe Anthony Giddens (1992) als „reine Beziehung" beschreibt. Die reine Beziehung – das Adjektiv ist im Sinne von pur oder unvermischt zu verstehen -wird nicht durch materiale Grundlagen, Institutionen oder Traditionen gestützt, sie wird nur um ihrer selbst willen eingegangen, hat nur sich selbst und besteht nur, solange sich beide darin wohl fühlen. Dadurch ist ihre Stabilität riskiert, ja es gehört zu ihrer Reinheit, prinzipiell instabil zu sein. Die zunehmende Anzahl der Scheidungen, die zunehmende Zahl nicht ehelicher Beziehungen und Familien, die kürzer werdenden Beziehungen, die Tatsache, daß heute 30jährige durchschnittlich schon mehr feste oder Liebesbeziehungen hinter sich haben als 70jährige in ihrem viel längeren Leben, sind Folge der reinen Beziehung – Folgen einer neuen Beziehungskonzeption, nicht eines Werteverfalls. Aus dem Paar, das durch basale Aufgaben, Institutionen und lebenswichtige wechselseitige Abhängigkeiten zusammengehalten wurde, wird ein rekreatives und Erlebnisteam.

Das Aushandeln von Interessenunterschieden von unterschiedlichen Meinungen und Wünschen ist eine wichtige Tätigkeit in der reinen Beziehung. „Frei" ausgehandelte Vereinbarungen und Abmachungen treten an die Stelle von (vielen) Geschlechtsrollenvorschriften. Die reine Beziehung ist nicht notwendig monogam, da auch hierüber eine Vereinbarung zu treffen ist. Die meisten heterosexuellen Paare entscheiden sich allerdings heute für Treue, so daß serielle Monogamie zur vorherrschenden Erscheinungsform der reinen Beziehung wird. Die große Schwester der reinen Beziehung ist die postfamiliale Familie, die Elisabeth Beck-Gernsheim (1994) beschrieben hat, mit ihrer neuen Vielfalt, familiär zu sein, mit ihrer Buntheit familiärer und quasi familiärer Verhältnisse, mit ihren neuen Formen der Mütterlichkeit, der Väterlichkeit und der Geschwisterlichkeit und mit ihrer familialen Verhandlungskultur, die den alten Befehlshaushalt einmottet und dazu führt, daß auch Eltern mit Kindern und Kindern mit Eltern immer häufiger alles mögliche miteinander aushandeln.

Erst der kulturelle Wandel der Zweigeschlechtlichkeit konnte Verhandlungsmoral, reine Beziehung und postfamiliale Familien hervorbringen; denn so wie die Verhandlungsmoral nur ‚moralisch', also erst möglich ist, solange gleich starke – also ökonomisch, emotional oder sonstwie *nicht* erpressbare – Partner beteiligt sind, so ist die reine Beziehung nur bei solchen Paaren ‚rein', die an Macht sich gleich sind. Da lesbische und schwule Partnerschaften durch das gesellschaftliche Mann-Frau-Ungleichgewicht nicht behelligt sind, ist bei ihnen die reine Beziehung heute schon klarer ausgeprägt (...). Bei heterosexuellen Partnern wird sich diese Beziehungsform in dem Maße etablieren und ihrem Idealtyp annähern, in dem die geschlechtsgebundene Verteilung von Arbeit, Aufgaben und Macht weiterhin abnimmt. Sie ist heute in solchen Gruppen am häufigsten anzutreffen, in denen diese Bedingungen am weitesten erfüllt sind, zumindest temporär, z. B. bei studentischen Paaren ohne Kinder (...).

Das Verschwinden der Sexualmoral, allgemeiner gesprochen, die fortgeschrittene Enttraditionalisierung von Sexual-, Beziehungs- und Familienverhältnissen, hat britische Soziologen dazu bewegt, eine sexualpolitische Vision zu entwickeln, die die Vielfalt der Wahlmöglichkeiten zugleich gewährleisten, aber wohl auch ein wenig ordnen soll: „intimate citizenship" (Plummer 1997).

Dieser Begriff, der kaum ins Deutsche zu übersetzen ist, beschreibt eine auch im Sexuellen zivile und demokratische, radikal pluralistische Gesellschaft, in der gleichberechtigte Individuen ‚Intimität' – also: sexuelle Präferenzen und Orientierungen, Beziehungsformen, Formen der Kinderaufzucht und des Zusammenlebens, Versionen von Männlichkeit und Weiblichkeit – selbstbestimmt, aber die Grenzen anderer achtend, leben und regeln. Vielfalt und Differenz der Lebensformen und Auffassungen werden betont, die Verantwortung gegenüber der Autonomie des anderen hoch bewertet. „Intimate citizenship" ist der ethisch-politische Überbau der „von unten" entstandenen, von den Leuten gemachten Verhandlungsmoral und so etwas wie eine ‚Verfassung' der reinen Beziehung. Daß sich heute Soziologen für diesen Überbau zuständig fühlen, zeigt noch einmal, wie bedeutungslos die traditionellen normativen Institutionen geworden sind, zumindest im Bereich des Sexuellen.

3. Natürlich verläuft der skizzierte Wandel heterosexueller Verhältnisse voller Widersprüche, und er wird durch viele Ereignisse bis zur Unkenntlichkeit entstellt. Wir stehen vor einem scheinbaren Paradoxon: Neukodifizierung und Demokratisierung heterosexueller Beziehungen und Interaktionen – oder noch zugespitzter: ‚Pazifizierung' der männlichen Sexualität – einerseits; andererseits unübersehbare sexuelle Aggression, Machtausübung und Gewalt von Männern gegenüber Frauen. Unsere Interviewuntersuchungen an 16- und 17jährigen Jungen und Mädchen aus Großstädten (…) zeigen beide Seiten deutlich: Zum einen erleben Jungen ihre Sexualität heute seltener als vor 20 Jahren als impulshaft und drängend; die Grenzen und Wünsche, die Mädchen selbstbewußter setzen und äußern, wollen und können sie besser respektieren, ohne sich ‚unmännlich' zu fühlen. Zum anderen haben viele Mädchen, kaum 16 oder 17 Jahre alt, traumatische sexuelle Erfahrungen gemacht, Erfahrungen mit sexuellem Zwang bis zur Gewaltandrohung und Gewaltausübung – auch, allerdings selten, mit Gleichaltrigen.

Es ist vermutlich sinnvoll, beides als Erscheinungsformen der gegenwärtigen Entwicklung zu begreifen. Die Geschlechter- und Gewaltdebatte sowie die tatsächlichen Veränderungen des Geschlechterverhältnisses sensibilisieren die Wahrnehmung für Übergriffe und Machtausübungen im Sexuellen, „verfeinern" und rationalisieren die sexuellen Umgangsformen im Sinne der Verhandlungsmoral und der reinen Beziehung; Gewalt besteht weiter, als Relikt der längst nicht überwundenen alten Geschlechterformation und möglicherweise sogar auch als Reaktion auf die Veränderungen: Der Verlust alter Privilegien, Rollen und Selbstverständlichkeiten, die Aufkündigung der weiblichen Komplizenschaft bei der Aufrechterhaltung der alten Geschlechterordnung, kurz: der schleichend revolutionäre Wandel der kulturellen Form der Zweigeschlechtlichkeit verstärkt möglicherweise bei manchen Männern die Tendenz zu machistischen Reaktionen, sexueller Aggression – und sexueller wie geschlechtlicher Verwirrtheit. Die tief verwurzelten Phantasmata vom eigenen und anderen Geschlecht lassen sich offenbar nicht mal so eben „dekonstruieren"; der Umbruch alter, früh und vorbewußt sozialisierter Selbstverständlichkeiten ist für viele oft mühsam zu ertragen.

‚Die Verschränkung von Sexual- und Geschlechterforschung habe ich an vier Fragestellungen aufzuweisen versucht. Sie ließe sich ebenso an anderen Themen der Sexualwissenschaft deutlich machen, z. B. den Perversionen, der ‚männlichen' und ‚weiblichen' Sexualität, der psychosexuellen Entwicklung von Jungen und Mädchen usw. Im Gegensatz zu kulturwissenschaftlichen und soziologischen Ansätzen hat sich die Sexualwissenschaft dem Thema eher beiläufig und implizit, eher konkret-empirisch und theoretisch eher robust zugewandt. Vermutlich ist die Sexualwissenschaft der älteste Zweig der modernen Geschlechterforschung.

In Schmidt verwendete Literatur:

Beck-Gernsheim, Elisabeth (1994): Auf dem Weg in die postfamiliale Familie. Von der Notgemeinschaft zur Wahlverwandtschaft, in: Beck, Ulrich / Beck-Gernsheim, Elisabeth (Hg.): Riskante Freiheiten. Individualisierung in modernen Gesellschaften, Frankfurt a. M., S. 115-138
Giddens Anthony (1992): Modernity and Self Identity in the late Modern Age, Cambridge
Hirschauer, Stefan (1993): Die soziale Konstruktion der Transsexualität, Frankfurt a. M,
Plummer, Ken (1997): Telling Sexual Stories. Zeitschrift für Sexualforschung 10, S. 69-81

▶ *Tuider, Elisabeth (2006): Sexualitäten von Gewicht. In: Bührmann, Andrea D., u. a.(Hg.): Gesellschaftstheorie und die Heterogenität empirischer Sozialforschung, Münster: Westfälisches Dampfboot S. 276-290 (Auszüge aus den Seiten)*

Selbst der Sexualforschung und auch der Sexualpädagogik liegt die Annahme zugrunde, dass sich eine hetero- oder homosexuelle Identität, d. h. ein sexuelles Begehren des eigenen *oder* anderen Geschlechts, im Laufe der Adoleszenz entwickelt und mehr oder weniger stabil lebenslang so bleibt. Der Hamburger Sexualwissenschaftler Gunter Schmidt (2004: 138) hat dies treffend als „monosexuelle Ordnung" erfasst, in der ein Wechsel der Begehrensformen und Begehrenssubjekte nicht vorgesehen ist. Auch die „Restkategorie: Bisexualität" diene der Stützung dieser binären Logik, da sie zumeist als noch nicht Entschiedenes abgetan werde.

Doch zunehmend mehren sich die Stimmen von Theoretikerinnen und Aktivistinnen, die einerseits den Unschärfebereich diskursiver Anordnungen von Geschlecht, das *borderland*, ausleuchten und andererseits die Strategien der Vervielfältigung, VerUneindeutigung (...), Verschiebung, Replatzierung und Entprivilegierung (...) betonen. Als Ort der Unscharfe – und damit als Ort des Widerstands gegen das Sexualitätsdispositiv (..,) und seiner impliziten Forderung nach dem „wahren" Geschlecht- werden Intersexualität, Transsexualität und Transgender in die Diskussion gebracht.

Im Folgenden werde ich anhand der Re-Konstruktion der Diskurse zu Intersexualität im sexualmedizinischen Bereich die Verschränkung von *sex-gender-Begehren* thematisieren und vor dem Hintergrund aktueller *queer*-theoretischer Überlegungen dessen normative Gewichtung problematisieren. Kritik zielt hier v. a. auf die medizinische Vermessungs- und Beschneidungspraxis, durch deren „Erfolge" nicht nur Körper vergeschlechtlicht sondern auch Sexualitäten hetero-normativiert, mithin gewichtet werden. Am Ende werden die Möglichkeiten für Grenzüberschreitungen und damit für Grenzverwischung in Hinblick auf Geschlecht und Sexualität kurz beleuchtet.

Zur Konstruktion von Intersexualität

Seit dem 19. Jahrhundert, so Michel Foucault, ist es die Aufgabe medizinischer und juristischer Experten, aus der Anatomie das „wahre" Geschlecht herauszulesen und damit auch Sexualität zu ordnen. Dabei dient die *Möglichkeit* der Fortpflanzung bis heute als Argument für die Notwendigkeit eines klaren Rückschlusses von einem sozialen Geschlecht (*gender*) auf ein körperliches Geschlecht (*sex*) und ein Begehren. Weil durch den Koitus die Bestätigung der Gleichheit oder Verschiedenheit des Geschlechts erfolge, wird so aus dem Prozess des Begehrens ein Prozess des gegenseitigen Verdeutlichens, Bezugsrahmen der körperlichen Erfahrung und des Begehrens bleibt Heterosexualität.

Als Produkt der modernen Wissensökonomie werden Intersexualität und Homosexualität im Zuge ihrer wissenschaftlichen Spezifizierung nun nicht ausgeschlossen oder als Sünde verdammt, sondern als Perversion klassifiziert. Intersexualität kann aber als „Effekt kontingenter Praktiken bezeichnet werden, an dem sich menschenrechtliche, politische und epistemologische Diskurse kreuzen und gegenseitig verstärken." (Dornhof 2004: 129) Denn gesellschaftliche Normierungen, (natur)wissenschaftliche Wissensbildung und psychologische Behandlung ergänzen sich und harmonieren in der Bestätigung und Herstellung der scheinbar universell geltenden, natürlich gegebenen Zweigeschlechtlichkeit.

Ca. 1 von 2000 Kindern wird intersexuell geboren und – im Namen der Normalisierung – noch im Säuglings- und Kindesalter mehrfachen chirurgischen „Korrekturen" unterzogen. Diese Operationen geschehen unter der notwendigen Einwilligung der Eltern und einem auffälligen Zusammenspiel von medizinischer Erfordernis und rechtlicher Notwendigkeit. Der Personenstand eines Menschen muss eindeutig – und eigentlich unveränderbar – 2 Wochen nach der Geburt des Kindes beim Standesamt eingetragen werden. Ein Eintrag im Personenstandsregister als „TS", „IS", „TG", „0" oder „o" (für other) ist trotz vehementer Forderungen (…) und juristischer Entlarvungen (…) bis heute nicht möglich. Seit den 1940er Jahren wird Intersexualität in westlichen Ländern als Krankheiten oder als biologischer Irrtum klassifiziert und mit Hormonen und Operationen „korrigiert". Meist kurz nach der Geburt beginnend sollen die geschlechtsangleichenden Behandlungen zu einer Vereindeutigung des zugewiesenen biologischen, psychischen und sozialen Geschlechts führen. Vor dem Hintergrund des modernen Managements der Intersexualität entwickelte sich in den 1950er Jahren die Praxis der Operation von Neugeborenen mit ambiguen Genitalien, die bis heute beibehalten wird. Und bis heute enthält die medizinische Argumentation für solche Operationen die bereits von John Money in den 1950er Jahren aufgestellte These der Traumatisierung bei Nicht-Korrektur (…). Um vor dem Leiden an der Andersartigkeit zu schützen, sollen die operativen Eingriffe möglichst früh erfolgen und am besten noch mit dem ersten Lebensjahr eindeutig hergestellt sein (…). Aber, so Thomas (2005: 20), „[d]ie Wirklichkeit eines intersexuellen Körpers lässt sich nicht heilen wie Krebs oder Bronchitis. Ist ein korrigierter Intersexueller geheilt? Oder ist Intersex nicht letztlich unheilbar, weil es da nichts zu heilen gibt?". Vielmehr enthüllt sich am „medizinischen Management" von intersexuellen – ungewollt – die soziale Konstruktion der Zweigeschlechtlichkeit. Dem Messer der Norm ausgeliefert, wird „die Idealität einer geschlechtsspezifischen Morphologie buchstäblich dem Fleisch eingraviert" (Butler 2004: 54).

Anstatt Intersexualität in Zusammenhang von gesellschaftlichen Geschlechter- und Sexualitätsnormierungen zu sehen und dies anzugehen, „behandelt die Medizin es als individuelles Schicksal, das nur durch Unsichtbarmachung abgemildert werden kann" (AG l-0-l intersex 2005: 9).

Die Geschlechternormalisierung ist auf die Korrektur der äußeren Genitalien konzentriert, der eine entsprechende weibliche oder männliche Sozialisation mit identitätsgenerierendem Effekt folgen soll. Dabei war/ist es leichter, chirurgisch eine Vagina herzustellen als einen Penis aufzubauen. Kennzeichnend für den *ärztlichen* Erfolg ist dabei nicht Lust oder Reproduktionsfähigkeit, sondern „allein die Aufnahmefähigkeit der Neo-Vagina" (Dietze 2003: 24). Die Zuordnung in entweder männlich *oder* weiblich sei – so lautet sowohl die medizinische als auch die juristische Begründung – u. a. auch deswegen so wichtig, weil es ansonsten zu einer Konfundierung der sexuellen Orientierung, des sexuellen Begehrens käme – wobei diese Argumentation keineswegs unabhängig von der Begehrensrichtung erfolgt. D. h. durch die explizite Regulierung von sex und gender wird implizit auch Sexualität reguliert: „Die medizinische Konstruktion der Intersexualität basiert auf dem symbolischen Modell heteronormativer Zweigeschlechtlichkeit und geht mit einer (chirurgischen) ,Korrektur' -Praxis einher, durch die symbolische Heterosexualität als machtvoller Ordnungsfaktor immer wieder hergestellt wird." (Dornhof 2004: 129)

Die Resultate dieser medizinischen Gravur unter rechtlichem Segen sind mehr als zweifelhaft (…), denn sie dienen eher der Anpassung an die und der Aufrechterhaltung der Norm der Zweigeschlechtlichkeit und werden von Interessensverbänden von Intersexuellen – wie z. B. der *Arbeitsgruppe gegen Gewalt in der Pädiatrie und Gynäkologie (AGGPG)* als gewalttätige Genitalverstümmelung abgelehnt (…). Zudem ist die aufgezwungene und zugleich verschwiegene Geschlechtszuweisung nicht unbedingt die glücklich machende: Ins A. Kromminga spricht von einer „Odysee der Spurensuche" (2005: 27), die durchaus in einen ,Geschlechter-Flipflop" resultieren kann, da die zugewiesene Identität als Transsexualisierung gesehen und erlebt werden kann (2005: 30).

Die Behandlung von Intersexuellen erweist sich also als höchst widersprüchlich: darin wird natürliche Zweigeschlechtlichkeit nicht nur stabilisiert und re-essentialisiert, sondern sie trägt zugleich auch zu einer Destabilisierung der Wissensordnung bei (Dornhof 2004: 132). Denn die medizinische Konstruktionspraxis erzeugt, gerade in ihrem Bemühen Eindeutigkeit herzustellen, einen Mehrwert an Bedeutungen" (ebd.), da die Eindeutigkeit des Geschlechts „als ,naturhafte' unterstellt und im Operationssaal praktisch produziert" (Dornhof 2004: 135) werden muss.

Queeres

Wie lassen sich sexuelle und geschlechtliche Praktiken und Präsentationen erfassen, wenn Geschlecht nicht in die Entweder-Oder-Alternative passt und Sexualität nicht als erreichte oder verfehlte Heterosexualität festlegt werden kann? Was impliziert die Perspektive, Körper jenseits der heteronormativen Matrix wahrzunehmen? Für die Erforschung von Sexualitäten stellt sich also aktuell die Frage, wie Sexualität zwischen Transsexuellen, zwischen Transgenders, zwischen einer „Frau" und einer/einem Intersexuellen erfasst und definiert werden kann, wenn doch lediglich die Begriffe „lesbischer", „schwuler" oder „heterosexueller" Sex zur Verfügung stehen?

Auf der Basis des wissenschaftstheoretischen Paradigmenwechsels der 1980er Jahre hin zur Theorie des sozialen Konstruktivismus sowie vor dem Hintergrund der veränderten politischen Aktionsformen entwickelten sich v. a. im angelsächsischen Sprachraum die sog. *Queer-Theory* (…). Bereits in den konstruktivistischen Analysen werden Geschlechter und Sexualitäten, Identitäten und Körper nicht länger als natürlich und universell gegeben gesehen, sondern als Produkt je spezifischer Gesellschaften und Zeiten herausgestellt (…). Über die konstruktivistische Analyse hinausgehend will *Queer* gesellschaftskritisch ein Denken der Intersektionalität, d. h. der Durchkreuzung, von verschiedenen Herrschaftsverhältnissen ermöglichen und dazu das Zusammenspiel verschiedener Regime der Normalisierung, Hierarchisierung, der Grenzziehung und Ausschlüsse analysieren.

Zur Zeit mehren sich die (selbst)kritischen Stimmen, die die unmarkierte und nicht zu kritisierende Mehrheitsethnizität des dominanten schwul-lesbischen Subjekts hinter der Maske der *queeren* Nicht-Identität aufzeigen (…). EI-Tayeb deckt im Rahmen von *queer*-theoretischen Arbeiten „Rassismus als Nebenwiderspruch" (2004: 20) auf und führt aus, dass die Frage, „inwieweit mehrheitsdeutsche Schwule und Lesben von der zunehmenden rassistischen Ausgrenzung profitieren, da sie nach dieser Grenzziehung qua Pass, Hautfarbe und Religion auf der richtigen Seite stehen" (ebd.: 21), kaum gestellt wird. Vielmehr fungiert Homosexualität als monolithischer Bezugspunkt einer als implizit weiß gedachten Gesellschaft. Darin werden nicht-mehrheitsdeutsche *queers* negiert oder als problematisch interpretiert aber keinesfalls in die bündnishafte *queere* „Identität" einbezogen.

Während in weiten Teilen der queer-theoretisch untermauerten Politiken die Forderung nach Koalitionen und Bündnissen als Konsequenz der NichtIdentitäts-Politik vorgetragen wird, kritisiert Jinthana Haritaworn (2005: 32) diese als „Instant-Lösung" in der die Gefahr und der Schmerz verleugnet wird, der für widerspenstige Minorisierte aus dem Bündnis mit den Politiken der Majorisierten erwachsen kann.

Als Ort des Widerstandes betrachtet Encarnación Gutiérrez Rodriguez (2004: 203) „den Raum der Polyglosie", ein Ort, „der eine unendliche Heterogenität birgt, der nicht über die Aneinanderreihung differenter Identitäten zu beschreiben ist, sondern über den Prozess der Brüche, der Unvereinbarkeit, der unbequemen Ambivalenzen, der heuristischen Zersplitterung. Es ist der Ort einer unmöglichen Simultaneität, der nicht über die Aneinanderreihung differenter Identitäten zu beschreiben ist, sondern eher über den Prozess der Brüche, der Unvereinbarkeit, der unbequemen Ambivalenzen, der heuristischen Zersplitterung. Es ist der Ort einer unmöglichen Simultaneität, der Deformation, des ‚displacement'".

In Tuider verwendete Literatur:

AG 1-0-1 intersex (2005): Einleitung, in: Neue Gesellschaft für bildende Kunst (Hg.): 1 -0 - 1 [one'o one] intersex. Das Zwei-Geschlechter-System als Menschenrechtsverletzung, Berlin, S. 8-14

Butler, Judith (2004): Gender-Regulierungen, in: Heldhuser, Urte / Marx, Daniela/ Paulitz, Tanja/ Pühl, Katharina (Hg): under construction? Konstruktivistische Perspektiven in feministischer Theorie und Forschungspraxis, Frankfurt a. M., S. 44-57

Dietze, Gabriele (2003): Allegorien der Heterosexualität. Intersexualität und Zweigeschlechtlichkeit – eine Herausforderung an die Kategorie Geschlecht? In: die Philosophin, S, 44-57

Dornhof, Dorothea (2004): Geschlecht als wissenschaftliche Tatsache. Intersexualität zwischen Reifizierung und Destabilisierung von Zweigeschlechtlichkeit, in: Heldhuser, Urte / Marx, Daniela/ Paulitz, Tanja/ Pühl, Katharina (I-Ig.): under construction? Konstruktivistische Perspektiven in feministischer Theorie und Forschungspraxis, Frankfurt a. M., S. 127-137

El-Tayeb, Fatima (2004): Rassismus als Nebenwiderspruch. Ausgrenzungspraktiken in der queer community, in: iz3w, Heft 280, S. 20-23

Gutiérrez Rodríguez, Encarnacion (2004): Transversales Übersetzen als dekonstruktive Verstehenspraxis in den Gender Studies, in: Heldhuser, Urte / Marx, Daniela/ Paulitz, Tanja/ Pühl, Katharina (Hg.): under construction? Konstruktivistische Perspektiven in feministischer Theorie und Forschungspraxis, Frankfurt a. M., S. 195-207

Haritaworn, Jinthana (2005): Am Anfang war Audre Lorde. Weißsein und Machtvermeidung in der queeren Ursprungsgeschichte, in: femina politica. Zeitschrift für feministische Politik-Wissenschaft. Queere Politik. Queere Politik: Analysen, Kritik, Perspektiven, Heft 1/2005, 14. Jg. Berlin , S. 23-35

Reiter, Michel (2005): „ein normales Leben ermöglichen". So lautet die bisher allgemeingültige Zielvorstellung von Medizin, Sexualwissenschaft und Politik im Hinblick auf intersexuelle Menschen …., in Gigi 8 (Juli / August 2005), S, 8-12

Schmidt, Gunter (2004): Das neue DerDieDas. Über die Modernisierung des Sexuellen, Gießen

Thomas, Barbara Jane (2005): Intersex invention, in: Neue Gesellschaft für bildende Kunst (Hg.): 1 – 0 – 1 [one'o one] intersex. Das Zwei-Geschlechter-System als Menschenrechtsverletzung, Berlin, S. 20-27

▶ **Kuhlmann, Ellen (2004): Gen- und Reproduktionstechnologien: ein feministischer Kompass für die Bewertung.** *In: Becker, Ruth; Kortendiek, Beate (Hrsg.): Handbuch der Frauen- und Geschlechterforschung. Theorie, Methoden, Empirie, Wiesbaden: VS Verlag für Sozialwissenschaften, S. 529-534 (Auszüge aus den Seiten)*

Einleitung

Die Gen- und Reproduktionstechnologien gehören zu den umstrittensten, aber auch zu den expansivsten Bereichen gesellschaftlicher Entwicklungen. Genetische Diagnostik und reproduktive Technologien sind längst aus den Laboren in den (Frauen-) Alltag eingezogen. Die ‚Erfolgsgeschichte' begann mit der Pränataldiagnostik (…), es folgten die In-vitro Fertilisation, Präimplantationsdiagnostik, Embryonenforschung und Organersatzzüchtung; auch Klonierung und Verbindungen zwischen den menschlichen und anderen Spezies werden diskutiert (…). Die Angebotspalette im „transhuman bodyshop" (Williams 1997: 1042) wird ständig erweitert; den Marktzugang und -erfolg sichert vor allem das Duo ‚Reproduktionsmedizin und Humangenetik' – die Repro-Genetik. Frauen sind zugleich Ressource und Nutzerinnen der neuen Technologien. Es geht also nicht mehr um ein generalisiertes Votum ‚für' oder ‚gegen' die Repro-Genetik im Namen *der* Frauen, sondern um differenzierte Bewertungen und *soziale Relevanzkriterien* in einer nach biowissenschaftlich-technologischen Kriterien geführten Debatte (ReproKult 2002). Dieser Beitrag stellt Erklärungspotenziale der Geschlechterforschung vor (…) und plädiert für einen ‚feministischen Kompass' bei der Bewertung der Gen- und Reproduktionstechnologien. Im Zentrum steht der Körper als Medium sozialer Regulierung. Die darin eingelagerte Bedeutung der Geschlechterkategorie wird auf unterschiedlichen Ebenen analysiert: als Ordnungsmuster des Wissenschaftsfeldes, als Ungleichheitsstruktur im Praxisfeld und als kulturelles Legitimationsmuster neuer Angebote.

Entwicklungen und soziale Effekte der Gen- und Reproduktionstechnologien

Die pränatale Diagnostik gilt als der Schlüssel des Aufstiegs der Humangenetik und als zentrales Anwendungsfeld (…). Als *Pränataldiagnostik* werden Verfahren bezeichnet, die genetische Merkmale des Fötus identifizieren.

Das zweite zentrale Feld ist die *In-vitro Fertilisation* (IVF) oder ‚assistierte Reproduktion', bei der Embryonen im Reagenzglas erzeugt werden. Auch hier, werden die Techniken und die Indikationen seit den 1980er Jahren beständig erweitert (…).

Damit sind nur einige zentrale Technologien benannt. Die Genetik weitet sich über traditionelle Allianzen mit der reproduktiven Medizin kontinuierlich aus und dringt in immer neue Forschungs-, Anwendungs- und Lebensbereiche immer tiefer ein. Jedes Verfahren erfordert eine differenzierte Bewertung des Nutzens und der Risiken sowie des *gender bias,* die hier nicht erfolgen kann (ausführlich dazu ReproKult 2002). Vielmehr geht es an dieser Stelle um die übergreifenden Entwicklungstendenzen und die Regulierungsmuster.

Die Repro-Genetik nährt die Hoffnungen auf ein ‚besseres Leben‘ ebenso wie auf die Kontrollmöglichkeiten der Gesellschaft. Obschon die weitreichenden Visionen ihre empirische Prüfung bisher nicht bestanden haben, ist die Metaphorik historischer Umbruchphasen zutreffend, allerdings auf einer Ebene, die von den Biowissenschaften selbst kaum reflektiert wird: Die *Gestaltbarkeit* von Körpern und die *Machbarkeit* von ‚Leben‘ erhalten neue Dimensionen. Angeleitet durch die Experten wird das ‚autonome Subjekt‘ zum Konstrukteur seiner selbst und zukünftiger Generationen; die soziale ‚Passfähigkeit‘ soll nunmehr im Körper selbst hergestellt und dieser nach den Nutzenkalkülen der Gesellschaft ‚konfiguriert‘ werden (Kuhlmann 2002a). Es handelt sich also bei der Repro-Genetik nicht um singuläre Problematiken, sondern um grundlegende Fragen gesellschaftlicher Regulierung und um neue Technologien der Normierung. Um so nachdrücklicher stellt sich die Frage nach den ‚Regeln‘ und den Akteuren, die Definitionsmacht über das ‚Design‘ der sozial erwünschten Körper haben. Nachfolgend wird die Relevanz der Geschlechterkategorie in den Konstruktions- und Konstitutionsprozessen der Repro-Genetik analysiert.

‚Gender matters‘

Die Gen- und Reproduktionstechnologien stehen in einer symbiotischen Beziehung zu Frauen, Reproduktion und Geschlechterfragen, dennoch bleibt die soziale Kategorie ‚Geschlecht‘ hinter vorgeblichen Objektivitäts- und Neutralitätspostulaten verborgen (…). Der strukturierende Einfluss kommt auf verschiedenen Ebenen zum Tragen und kann in unterschiedlicher Weise relevant werden (…). ‚Geschlecht‘ erscheint hierdurch widersprüchlicher, aber auch offener für Veränderungen.

Geschlecht als Ordnungsmuster im Forschungsfeld

Hierarchische Ordnungsmuster und geschlechtlich konnotierte Interpretationen werden trotz alternativer Deutungsangebote des Fachdiskurses und der feministischen Forschung auch in den neuen Anwendungsfeldern immer wieder reproduziert.

Gemeinsam ist diesen Entwicklungen, dass sie subjektive Wahrnehmungen und Körpererfahrungen abwerten und soziale Kontexte ausblenden, wohingegen Wahrscheinlichkeitsprognosen zu Determinanten des Körpererleben avancieren (Katz Rothman 2002). Über statistisch-probabilistische Modelle werden „normalistische Landschaften" (Waldschmidt 2001: 193) erzeugt und in der humangenetischen Beratung als wertneutrale Tatsachen vermittelt.

Frauen als Nutzerinnen der Humangenetik

‚Geschlecht' wird nicht nur als Ordnungsmuster relevant, auch die Körper von Frauen haben eine strategische Bedeutung als Ressource für die Forschung und die Anwendung; Frauen stellen die Mehrheit der NutzerInnen der Angebote (...) und spielen eine entscheidende Rolle in der Vermarktungsstrategie. Ihre Nachfrage nach den Angeboten und ihre vergeblichen Bedürfnisse werden zur Legitimationsfigur ethisch und sozial umstrittener Angebote, wie vor allem die Pränataldiagnostik zeigt. Das Selbstbestimmungsrecht und die Autonomie von Frauen werden argumentativ gegen die KritikerInnen eingesetzt (ausführlich dazu ReproKult 2002)

Frauen als ‚moralische Pioniere' auf riskanten Pfaden

Die pränatale Diagnostik belegt exemplarisch, wie die Vorstellung der Machbarkeit und Gestaltbarkeit von Leben neue Dimensionen erhält und in den Verantwortungsbereich von Frauen gestellt wird. In einer Situation, in der die traditionelle Aufgabenteilung zwischen den Geschlechtern zunehmend Brüche aufweist, erzeugen die Angebote der Repro-Genetik neue Zuständigkeiten für Frauen, aber *nicht* für Männer. In ihrer modernisierten Variante ist die geschlechterspezifische Arbeitsteilung um eine genetische Dimension erweitert: Neben der Betreuung sind Frauen nun auch für das genetische Make-up ihrer Kinder zuständig. Die Verfügbarkeit prädiktiver Diagnostik erzeugt stumme soziale Zwänge und individuelle Belastungen (...), und die neuen Technologien verändern die Wahrnehmungen des eigenen Körpers und der Schwangerschaft (...). Darüber hinaus nehmen Frauen die Rolle der *gate-keeper* ein, wer in diese Gesellschaft eintreten darf und wer nicht, welche Merkmale als sozial erwünscht und welche als zu vermeiden gelten. Die mit der Pränataldiagnostik verknüpften bevölkerungspolitischen Interessen und eugenischen Zielsetzungen werden individualisiert und hierüber scheinbar sozial entschärft (...).

Ausblick – Frauen, Geschlechterverhältnisse und Repro-Genetik

Reproduktive Rechte und Gesundheit waren der Motor für politische Aktionen der Frauenbewegungen in den 1970er Jahren in allen westlichen Nationen und nehmen bis heute eine exponierte Stellung in der feministischen Debatte ein (…). Dennoch ist dieses Themenfeld von Beginn durch Widersprüche gekennzeichnet; es wird zum paradigmatischen Fall für die feministische Debatte (…). Frauen gehörten zu den ersten und den schärfsten KritikerInnen der Gen- und Reproduktionstechnologien. Doch es sind auch Frauen, die diesen Technologien zum Erfolg verhelfen. Bereits in den 1970er Jahren entzündete sich eine heftige Kontoverse an der von Firestone (1971) vertretenen These, die Technisierung reproduktiver Vorgänge beinhalte Befreiungspotenziale für Frauen. Die Hoffnungen sind mittlerweile gedämpfter, doch die Kontroversen setzen sich fort, und die verhandelten Fragen werden brisanter (…). Eine über biomedizinische, ökonomische und individuelle Interessen hinausgehende *soziale* Bewertung dieser Entwicklungen, die den Lebensbedingungen von Frauen gerecht wird, ist demzufolge nach wie vor dringlich.

Frauen sind zu ‚Mitspielerinnen' geworden und diese neue Position eröffnet durchaus auch Gestaltungschancen. Doch geht es nicht nur um die Frage, *wer* – Frauen oder Männer; Professionelle oder PatientInnen etc. – entscheidet. Vielmehr steht zur Debatte, *was* unter *welchen sozialen Bedingungen* verhandelt wird (…). Die *Regulierung* von Geschlechterverhältnissen erfolgt nicht mehr offen über den Ausschluss, sondern primär über Partizipationsangebote, die auf ‚Autonomie', ‚Information' und ‚Selbstbestimmung' der Individuen setzen. Diese neuen Formen der Regulierung legen die Ambivalenzen eines Autonomiekonzeptes offen, das „with 300 years of the dominant Euro-American model of dichotomization between self and community, body and society" (Petchesky 1995:404) (…) belastet ist. Selbstbestimmung und reproduktive Rechte – und mit Ihnen Frauen- und Geschlechterfragen – erhalten im Zeitalter der Repro-Genetik neue Bedeutungen, die zu entschlüsseln und in politisch-praktische Handlungsstrategien zu übersetzen eine noch zu bewältigende Herausforderung bleibt.

In Kuhlmann verwendete Literatur:

Firestone, Shulamith (1971): The Dialectic of Sex, London
Kuhlmann, Ellen (2002): Humangenetik und Geschlecht- Formationen zwischen Hegemonie und autonomiekonstruktionen, in: Kuhlmann, Ellen / Kollek, Regine (Hg): Konfigurationen des Menschen. Biowissenschaften als Arena der Geschlechterpolitik, Opladen, S. 61-77
Petchesky, Rosalind P. (1995) The Body as Property: A Feminist Re.Vision, in: Ginsburg, Faye D. / Rapp, Rayna (Hg): Conceiving the New World Order, Berkeley, S. 387-406

ReproKult (Hg.) (2002): Reproduktionsmedizin und Gentechnik. Frauen zwischen Selbstbestimmung und Normierung, Köln

Waldschmidt, Anne (2001): Normalistische Landschaften in der genetischen Beratung und
Diagnostik, in: Gerhard, Ute/ Link, Jürgen/ Schulte-Holtey, Emst (1-1g.): Infografiken,
Medien, Normalisierung : Zur Kartographie politisch-sozialer Landschaften, Heidelberg
S. 191-203

Williams, Simon J. (1997): Modern Medicine and the 'Uncertain Body': From Corporeality
to Hyperreality? In Social Science and Medicine, 45 (7), S. 1041-1049

6   Zurück zu den Anfängen –
Von den großen Theorien zum *material turn*?

Nach mehr als vier Jahrzehnten feministischer Frauen- und Geschlechterforschung
zum Thema Sexualität sieht sich diese Forschung mit ihren eigenen (geistigen) Kindern konfrontiert. Eine Auseinandersetzung mit den Methoden und Perspektiven
der Geschlechterforschung macht deutlich, dass es sich bei der neueren Forschung
zum großen Teil weniger um theoretische-diskursive Flüge in konstruktivistische
Höhen handelt, sondern um die Frage nach den Konstruktions(-er-)folgen der
Frauen- und Geschlechterforschung. So wie schon in den 1970er Jahren geht es
nun wieder um die empirisch-praktischen Erfahrungen Frauen in ihren sexuellen
Beziehungen. Dies wird eingebettet in Diskurse um eine (durch die Frauenbewegung) emanzipierte sowie eine immer globaler werdende Gesellschaft mit zunehmendem technologischen Fortschritt. Im Mittelpunkt stehen Fragen erstens nach
den Folgen der Erfolgen der Frauenbewegungen für die konkrete Situation von
Frauen und der Ausgestaltung von Sexualitätsbeziehungen und zweitens danach
wie sich durch eine zunehmende Globalisierung der Wirtschaftsströme und einer
Transnationalisierung der Lebenswelten Geschlechterverhältnisse verändern.
Sexualitätsbeziehungen werden dabei vor dem Hintergrund frauenpolitischer Forderungen neu diskutiert und auf ihre emanzipatorische „Tauglichkeit" untersucht.
Beispielhaft stehen dafür die Debatten um Prostitution/Sexarbeit, Sextourismus
und Reproduktionstechnologien.[18]

---

18 Die Aktualität der wissenschaftlichen Debatten der Geschlechterforschung auch in
    einer breiten Öffentlichkeit zeigt sich auch in der engagiert und kontrovers geführten
    Debatte um Prostitution/Sexarbeit im Jahr 2013, die sich u. a. am Buch „*Prostitution –
    Ein deutscher Skandal*" von Alice Schwarzer entzündet hat.

Barbara Grubner, Kerstin Tiefenbacher und Patricia Zuckerhut (2012) analysieren aus einer intersektionalen Perspektive die Auswirkungen von Globalisierungsprozessen und des Massen-Ferntourismus auf intime Sexual-Beziehungen. Sie argumentieren, dass mit sogenannten *sexscapes* neue transnationale Räume entstehen, innerhalb deren Intimbeziehungen und Geschlechterverhältnisse neu verhandelt werden können. Ihre zentrale These lautet, dass sich in den *sexscapes* neue Beziehungs-formen etablieren, die nicht mehr allein durch die Dichotomie eines klassischen Verständnisses von Sextourismus als bloßer Geld-Dienstleistungs-Beziehung in einem klar definierten – zumeist männlich/weiß und weiblich/nicht-weiß – Machtgefälle erklärbar sind. Dabei betonen sie, dass aus feministischer Perspektive auch verschiedene Optionen von *agency* der beteiligten Akteurinnen und Akteure berücksichtigt werden müssen.

Die Politikwissenschaftlerin *Birgit Sauer* (2008) analysiert, wie in Österreich die unterschiedliche diskursive Rahmung (*framing*) migrantischer Sexarbeit als Frau-enthema oder als Teil eines Kriminalitäts- und Sicherheitsdiskurses unterschiedliche Räume zur Verbesserung, aber auch zur Verschlechterung der gesetzlichen und sozialen Lage migrantischer Sexarbeiterinnen geöffnet hat. Auch hier erscheint das Thema Sexarbeit nicht nur als bloßes Frauenthema, sondern es wird in spezifische Macht- und Herrschaftsverhältnisse kontextualisiert: die Öffnung der EU-Gren-zen, spezifischer ökonomischer Faktoren sowie Verpflichtungen Österreichs in der internationalen Staatengemeinschaft.

Bettina Bock v. Wülfingen (2009) hat den Interdiskurs, d.h. öffentliche mediale Debatten zu modernen Reproduktionstechnologien auf ihre emanzipatorische Funktion hin untersucht. Mit Foucaults Konzept der Gouvernementalität analysiert sie die Bedeutung künstlicher Befruchtung für die Vorstellung von romantischer und sexueller Beziehungen. Gibt es ein verändertes Verständnis von Liebesbezie-hung und Fortpflanzung? Inwieweit werden hierbei feministische Argumentationen strategisch eingesetzt? Diese Fragen stehen im Mittelpunkt ihrer Analyse.

▶ **Grubner, Barbara/Tiefenbacher, Kerstin/Zuckerhut, Patricia (2012): Intimität und Ferntourismus – Sex Liebe und Romantik im transnationalen Feld.** *In: diversitas, H. 1+2/2012; S. 65-72*[19]

Reisen und Sexualität sind seit alters her miteinander verknüpft. Ist dies in frühen Forschungs- und Entdeckungsreisen auf verdeckte Art und Weise der Fall (sei es in symbolischen Formen der Erotisierung des Exotischen oder in personalisierten Formen der sexuellen Unterwerfung) (…) so deuten aktuelle Untersuchungen der Figur der/des „Urlaubenden" auf eine engere und explizitere Verbindung hin. (…) Im transnationalen Erlebnisraum des Tourismus beziehen sich Sexualität und Intimität auf eine breite Palette von Kontakten, die von der tariflich festgelegten Dienstleistung über temporäre Beziehungsformen (Urlaubsflirts, Romanzen, Begleitservice, Involvierung in das Umfeld oder die familiäre Situation des Partners/der Partnerin) bis hin zu länger anhaltenden Paarbeziehungen und bikulturellen Ehen reichen, die zur Migration des Partners/der Partnerin führen können. „Sex" so Brennan (2004), „has become a currency of and for money, transnational negotiations and migratory desires". Unter globalen Bedingungen markiert also das Ausleben von Sexualität in der „Auszeit" des (Fern-) Reisens kein abweichendes Verhalten, sondern ist oft integraler Teil der Motivation zum Tourismus. Wir gehen davon aus, dass die neuen sozialen Räume, die der Massentourismus erschaffen hat und deren Anzahl weltweit im Steigen begriffen ist, zentrale Katalysatoren aktueller Transformationsprozesse in Kultur und Gesellschaft sind, die durch ökonomische, politische und kulturelle Globalisierungsprozesse hervorgerufen werden. Im Besonderen möchten wir die Aufmerksamkeit darauf lenken, dass unter dem Einfluss des Ferntourismus neue Formen transnationaler Intimbeziehungen im Entstehen sind, die ihrerseits Veränderungen in der Logik von Gender, Ökonomie, Identität und kulturellen Gefügen spiegeln und diese prägen.(…)

Das Phänomen des Sextourismus in seiner organisierten Form taucht erstmals in Südostasien im Zuge der Einrichtung US-amerikanischer Militärstützpunkte in den 1950er Jahre aufs und wird in der wissenschaftlichen und politischen Auseinandersetzung zunächst als männlich heterosexueller Privilegienraum konzipiert und diskutiert, als Ausdruck des hierarchischen Verhältnisses zwischen den Polen *reich/weiß/männlich/mobil* und *arm/dunkelhäutig/weiblich/immobil*. Im Brennpunkt der Studien zum „klassischen" Sextourismus liegt das hierarchische Gefälle zwischen Sextouristen und Sexarbeiterinnen. So verortet

---

19 Um die Lesbarkeit dieses Textausschnittes zu erhöhen, haben wir alle Quellenverweise entfernt. Die Quellen sind im Originaltext nachschlagbar.

Thanh-Dam Truong (1990) das Phänomen Sextourismus in den ungleichen Sozialbeziehungen zwischen den reichen Ländern des Nordens (als Sendestaaten von Ferntouristen auf der Suche nach Sex) und den armen Ländern des Südens (als Empfängerstaaten bzw. Anbieter sexueller Dienstleistungen). Diese hierarchische Grunddifferenz geht mit weiteren asymmetrischen Oppositionen wie Kapital/Arbeit, Produktion/Reproduktion und Männer/Frauen einher. Der in diesem Kontext entwickelte Topos des begüterten, mittelalten bis älteren Mannes, der im Zuge von Pauschalreisen (Billig)Sex in den Rotlichtvierteln der „dritten Welt" einkauft, prägt in der Folge eine Vielzahl an Studien zum Thema.

Mit der Entwicklung des internationalen Tourismus zum Massenphänomen und der Erschließung neuer Destinationen seit den 1990er Jahren findet allerdings nicht einfach eine globale Verbreitung dieses Phänomens statt, sondern Sexualität und Intimität nehmen im Kontext des Ferntourismus neue Formen und Ausprägungen an.

Anders als an den klassischen Hotspots Südostasiens finden die Intimkontakte an den Destinationen der Karibik, Lateinamerikas und Afrikas heute nicht primär im Rahmen organisierter Prostitutionsszenen statt, sondern weitgehend in informellen Settings, die gerade *nicht* an Rotlichtviertel erinnern sollen. Damit veränderten sich die Reisemodalitäten, die Beziehungsformen und das Profil der Fernreisenden: anstelle der (zumeist männlichen) Pauschalreisenden als Käufer von anonymem, kurzfristigem (Billig)Sex sind es immer häufiger (männliche und weibliche) Individual- und Abenteuerreisende sowie regelmäßig wiederkehrende „Returnees", die an den Urlaubsdestinationen langfristige Paarbeziehungen eingehen oder Verhältnisse leben, in denen Geld und emotionales Engagement koexistieren. Der Anteil alleinreisender Frauen auf der Suche nach intimen Beziehungen ist dabei enorm angewachsen und übersteigt an manchen Reisezielen bereits die Zahl männlicher Touristen. Diese neue Dynamik führte zur Entstehung transnationaler sexueller Begegnungsräume die aktuell eine völlig neuartige Form der „globalen sexuellen Landschaft" hervorbringen: die Sozialanthropologin Denise Brennan (2004, 15) bezeichnet diese als sexscape. (…)

„Sexscapes link the practices of sex work to the forces of a globalized economy. Their defining characteristics are (1) international travel from the developed to the developing world, (2) consumption of paid sex, and (3) inequality. (…)

Ein grundlegendes Merkmal, das die neuen sozialen Begegnungsräume von Prostitutionsszenen unterscheidet, ist darin zu sehen, dass in *sexcapes* nicht klar umgrenzte Stadtviertel, sondern ganze Lokalbevölkerungen sexualisiert und mithin ganze Landstriche erotisiert und exotisiert werden. Diese breite

Assoziation mit sexueller Verfügbarkeit wird durch die Informalität in der Organisation und Ausgestaltung intimer Kontakte unterstützt, so dass Hotspots des Sextourismus heute als „Landschaft(en) für eine Vielzahl an erotischen, affektiven und sogar spirituellen Praktiken" in Erscheinung treten. (…)

Die Unterscheidung zwischen Prostitution und Nicht-Prostitution ist dabei nicht zuletzt deshalb sekundär oder weitgehend unsichtbar, weil aus touristischer Sicht virtuell allen Ansässigen „Heißblütigkeit" und permanente Offenheit für erotische Begegnungen zugeschrieben wird. Die Tourismusindustrie bedient die Sehnsüchte der Fernreisenden nach „der sinnlichen Erfahrung fiktiver Räume" und potenziert in der Darstellung von brasilianischer bzw. karibischer Sexualität in Reisebroschüren, Postkarten, via Internet, *travel* und *pen-pal services* die Assoziation der Lokalbevölkerung mit sexueller Verfügbarkeit. Historisch entstandene, rassistische und sexistische Stereotype von Weiblichkeiten, wie der „sexuell aktiven *mulata*", und Männlichkeiten, wie dem „hypersexuellen schwarzen Hengst", werden im Zuge der touristischen Nachfrage aufgegriffen, adaptiert und verstärkt. Frauen der Karibik und Brasiliens werden als verfügbare Subjekte sexueller Kontrolle und häuslicher Disziplin konstruiert. (…)

Die dahinter stehende Konstruktion der *„schwarzen Frau"* als sexuell promiskuitiv und unmoralisch und der *mulata* als Symbol der Prostituierten wurzelt in den rassisierten Herrschaftsverhältnissen der Kolonialgesellschaft. Aus der Kolonialzeit stammt auch die Redewendung, dass weiße Frauen für die Heirat, schwarze für die Arbeit und Mulattinnen für die Liebe bestimmt seien. Aktuelle Muster von Macht und Ungleichheit tragen also deutliche Spuren historischer Konstruktionen und prägen maßgeblich die kontemporäre Sexarbeit im Rahmen des Massentourismus. (…)

Der Kategorie *race* kommt somit in den neuen touristischen Intimitätsräumen eine zentrale Bedeutung zu. Sexualität und Erotik treten als rassisierte und *colour* als ästhetisierte Kategorie(n) in Erscheinung, die mit anderen hierarchischen Differenzkategorien, insbesondere mit Gender und Klasse verschränkt sind. Lokale Zuschreibungen und Stigmatisierungen zeigen ihrerseits deutlich, dass die Klassifizierung der Hautfarbe aufs engste mit Klassen- und Schichtzugehörigkeiten verbunden ist: als Prostituierte bewertet (und abgewertet) werden arm aussehende „schwarze" Frauen, während reiche gebildete Frauen als „weißer durchgehen" und im brasilianischen Kontext etwa als *interesseiras* – nicht als Sexarbeiterinnen – gelten. (…)

Einer der wesentlichen Aspekte, der gegenwärtige Intimkontakte in transnationalen Räumen kennzeichnet, ist die Nachfrage nach Beziehungen, in denen Zuneigung und Verbindlichkeit eine wichtige Rolle spielt. Brennan (2004) spricht in diesem Zusammenhang von der *performance of love*, die zu einem

Anziehungspunkt für internationale TouristInnen in Sosúa geworden ist. Die dabei notwendige „emotionale Arbeit" verdeutlicht, dass es weniger das Angebot an klar definierten monetär ausverhandelten Sexpraktiken ist, das sexscapes auszeichnet, sondern die breite Palette an Kontaktmöglichkeiten, bei denen die Grenze zwischen romantischer Beziehung und Kauf sexueller Dienstleistungen verschwimmt. (…)

Die Distanzierung der Intimbeziehung von Stereotypen der Prostitution und Sexarbeit (…) ist sowohl für die Seite der Lokalbevölkerung als auch für die der TouristInnen deutlich vielversprechender als die tarifliche Ausverhandlung von Sex gegen Geld – wenn auch üblicherweise mit sehr unterschiedlichen Motiven und Hoffnungen verbunden." (…)

Die Frage nach den Transformationen auf der Ebene von Gender verweist auf ein besonders kontroversielles Thema bei der Analyse von sexscapes. In diesen begegnet man heute vielfältigen Inszenierungen von Genderidentitäten und neuen Formen temporärer oder, im Falle von (sex)patriates, mehr oder weniger permanenter Geschlechterbeziehungen. Kempadoo (2001, 51) bezeichnet den informellen Sextourismus als Bühne für geschlechtliche Aufführungen der Ersten Welt: Europäische und nordamerikanische Männer setzen traditionelle weiße Männlichkeit (neu) ein und versichern sich ihrer Dominanz über Frauen. Vielen von ihnen erscheint die Heimat als Ort, an dem die „natürliche" Hierarchie von „Rasse", Geschlecht und Klasse aufgrund von Frauen- und Bürgerrechtsbewegungen in Frage gestellt ist. Die „Länder des Südens" dienen als Plattform, um die im Westen als verloren geglaubte männliche Autorität wiederherzustellen und weiße Hegemonie zu re-etablieren. (…) Männliche europäische Touristen betonen in Interviews, wie stark sich Frauen der Urlaubsdestinationen von jenen in ihren Herkunftsländern unterscheiden. Neben länderspezifischen Zuschreibungen (deutsche Frauen etwa seien arrogant, Portugiesinnen verschlossen. Engländerinnen eingebildet und Italienerinnen kalkulierend und hochmütig) bezieht sich dieser Kontrast vor allem auf den vermeintlichen Identitätskonflikt westlicher Frauen, die „voller feministischer Ideen" seien. Im Gegensatz dazu erfüllen brasilianische Frauen die Vorstellung „authentischer Weiblichkeit" dieser Touristen, die sich in einem „zärtlichen Temperament, sinnlicher Wärme und naiver Einfachheit" ausdrücke. Diese Sicht auf lokale Weiblichkeit seitens der Touristen impliziert neben der Sexualisierung der Frauen deren Konstruktion als unterlegen und minderwertig. Damit aber können Männer über die Kontrolle, die sie auf der Grundlage ihrer rassisierten/kulturellen ökonomischen Macht ausüben, ihre Männlichkeit neu herstellen und bestätigen. (…)

Mit dem verstärkten Auftauchen weiblicher Touristinnen, die an den Urlaubsdestinationen intime Beziehungen mit lokalen Männern eingehen. stellt sich heute weiters die Frage, inwiefern dieses Phänomen zu neuen Formen von Geschlechterbeziehungen und -identitäten führt bzw. führen kann. Einige ForscherInnen sehen hier Spielräume gegeben, die es erlauben, mit kulturellen Normen zu experimentieren und etablierte Geschlechterarrangements neu zu ordnen oder sogar anzufechten. BefürworterInnen der These, dass (reisende) Frauen andere Formen intimer Beziehungen suchten als Männer, bevorzugen den Begriff Romantik- oder Liebestourismus für die Aktivitäten weiblicher Touristinnen, da Gefühle ein elementarer Bestandteil der angestrebten Beziehungen seien. Andere betonen hingegen nachdrücklich, dass in Bezug auf Macht und Hierarchie kaum Unterschiede zwischen männlichen und weiblichen TouristInnen bestehen. (…)

Ein Verständnis von Transnationalisierung, das alltagsweltliche, organisationsbezogene und institutionalisierte Verflechtungsbeziehungen ins Zentrum rückt, ermöglicht, wichtige Themen und Fragestellungen aus feministischen Zugängen aufzugreifen und theoretisch weiter zu treiben. (…) Ebenso ist es notwendig, die breite Palette an AkteurInnen zu fokussieren, die in ganz unterschiedlichem Ausmaß am touristischen Feld partizipieren und dieses gestalten. Laura Maria Agustin (2005, 622) hat darauf hingewiesen, dass die Logik und die Reproduktion kommerzialisierter Sexualität unverstanden bleibt, solange nicht die Gesamtheit der Teilhabenden in den Blick rückt: „Social actors involved in the sex industry include not only those who sell sex directly and their customers but also business owners and investors, independent contractors and non-sexual employees (waiters, cashiers, guards, drivers, accountants, lawyers, doctors) and middle-men who facilitate business processes (some travel agents, guides, estate agents, matrimonial agents, newspaper and magazine editors, Internet entrepreneurs)".

Die Integration der *agency* führt direkt zum zweiten wichtigen Thema, das in der feministischen (Transnationalismus-) Forschung derzeit kontroversiell diskutiert wird und das wir in unserem Zugang aufgreifen wollen: das *Verhältnis von Hegemonie und Widerstand* vor dem Hintergrund globaler Veränderungsprozesse. Die Frage potenzieller Widerständigkeit spaltet Transnationalismusforschungen im Kontext der Migration einerseits in jene Stimmen, die das subversive Potenzial von MigrantInnen stark hervorheben und andererseits in diejenigen, die darin einen zu starken Fokus auf Identitätspolitik als Verschleierung sozialer und ökonomischer Hierarchien sehen und diesen kritisieren. Im touristischen Feld der sexscapes stellt sich diese Frage in besonderer Schärfe, In den jüngeren Studien wird hervorgehoben, dass für die analytische Beschreibung der neuen sozialen Räume ein einfaches Täter/Opfer-Schema nicht tragfähig ist: Sex/Liebes/RomantikarbeiterInnen nehmen den ihnen zugeschriebenen Status und die (Arbeits-)Bedingungen, die ihre Handlungsoptionen strukturieren, nicht einfach an, sondern sie wirken darauf ein oder spielen damit." Während auf der einen Seite die Einbindung in vorherrschende Strukturen und damit die Getriebenheit und Ausbeutung von (Trans-) Migrantinnen wie auch von Sex/Liebes/RomantikarbeiterInnen hervorgehoben wird, wird auf der anderen Seite ihre Kreativität und Widerständigkeit ins Zentrum gerückt. Beide Aspekte müssen aus unserer Sicht berücksichtigt werden. Gerade aber im Zusammenhang einer Fokussierung auf die *agency* darf folglich die strukturelle Analyse nicht außer Acht gelassen werden oder in den Hintergrund treten. Vielmehr muss der Blick auf beides, sowohl auf Formen der hegemonialen Kontrolle als auch auf Widerständigkeiten gerichtet sein. Um diese Doppelperspektive zu gewährleisten kommt als dritten wichtigen Thema eines feministischen Zugangs dem *Zusammenspiel hierarchischer Differenzachsen* besonderes Gewicht zu. Aus dem inzwischen breiten Spektrum an Ansätzen der intersektionalen Analyse sind hier besonders jene Zugänge anschlussfähig, die Gender, Klasse, *race*, Sexualität und andere Machtdimensionen sowohl als Identitätskategorien als auch als Kategorien der Produktion und Transformation sozio-struktureller, institutioneller, materieller und kulturell-ideologischer Verhältnisse analysieren (...) Entscheidend ist dabei, die makrostrukturelle Perspektive nicht aus dem Blick zu verlieren und somit neben den Identitätskonstruktionen insbesondere verobjektivierte Herrschaftsverhältnisse und mithin eine gesellschaftstheoretische Perspektive anzuvisieren, wie das in aktuellen Re-Visionen des Intersektionen-Paradigmas verstärkt eingefordert wird.

In Grubner/Tiefenbacher/Zuckerhut verwendete Literatur:

Augustín, Laura M. (2005). The Cultural Study of Commercial Sex. In: Sexualities, 8 (5), S. 618-631.

Brennan, Denise (2004): What's Love got to do with it? Transnational Desires and Sex Tourism in the Dominican Republic. Durham/London: Duke University Press.

Kempadoo, Karmala (2001): Freelancers, Temporary Wives and Beach-Boys: Researching Sex Work in the Caribbean [Sex Work Reassessed]. In: Feminist Review, 67, S. 39-62.

Troung, Thanh-Dam (1990): Sex, Money and Morality: Prostitution and Tourism in Southeast Asia. London, New York: Zed Books Ltd.

▶ **Sauer, Birgit (2008): An der Front des westlichen Patriarchats. Sexarbeit, Frauenhandel und politische Regulierung in Wien.** In: Nautz, Jürgen; Sauer, Birgit (Hrsg.): Frauenhandel: Diskurse und Praktiken. Göttingen: V&R unipress, S. 81-97.

Noch in den 1970er- und frühen 1980er-Jahren nahm Prostitution auf der österreichischen politischen Agenda keinen sehr hohen Stellenwert ein. Freilich wurde Prostitution immer als eine moralische und medizinische Gefahr betrachtet und tabuisiert. Prostitution – besser: Prostituierte – wurden als eine Bedrohung der öffentlichen Gesundheit (verstärkt seit der AIDS-Debatte) wahrgenommen und prinzipiell im kriminellen Milieu verortet. Österreich etablierte seit den 1970er-Jahren ein Regulationssystem, das Prostitution weder verbietet noch direkt kriminalisiert, sie aber durch etliche staatliche Maßnahmen organisiert und kontrolliert. Gesetzgebung und Politikprozess in Bezug auf Prostitution nahmen einen komplexen und ambivalenten Verlauf und blieben des Öfteren in Konflikten zwischen Legislative und Exekutive über die Frage der Zuständigkeit verfangen. Strafrecht, Gesundheitsfragen, Maßnahmen der sozialen Sicherheit und Fremdenrecht fallen in die Zuständigkeit des Bundes, während die konkrete Regulierung der Prostitution Aufgabe der Länderregierungen und Kommunen ist (vgl. Sauer 2004). (…)

Einige NGOs arbeiteten explizit mit sexarbeitenden Migrantinnen so beispielsweise LEFÖ[20] in Wien und MAIZ (Autonomes Integrationszentrum von und für Migrantinnen in Linz, gegründet 1996). (…) Diesen NGOs gelang es, Prostitution seit Beginn der 1990er Jahre als ein frauenbezogenes Phänomen zu diskutieren und es auf die politische Agenda staatlicher frauenpolitischer Akteure zu setzen. Insbesondere gelang es das ungerechte, ja widersprüchliche österreichische Regulationssystem zu kritisieren. Die damalige Frauenministerin Johanna Dohnal bezeichnete in der Folge dieser Sensibilisierung den österreichischen Staat als den größten Zuhälter. Die Arbeit der NGOs führte zunächst und vor allem zu einer veränderten Wahrnehmung von Prostitution und zu einem veränderten politischen Diskurs über Prostituiere. Diese veränderten *frames* begleiteten die gesetzlichen Reformen seit den frühen 1990er-Jahren, ja sie ermöglichten das Denken rechtlicher Verbesserungen für Sexarbeiterinnen überhaupt erst. Von den frühen 1980er-Jahren bis Mitte der 1990er-Jahre verschob sich die öffentliche und politische Diskussion über Prostitution von einem moralischen sowie auf Kriminalität und öffentliche Gesundheit zentrierten Diskurs allmählich

---

20   „Lateinamerikanische emigrierte Frauen in Österreich", gegründet 1985; seit 2004 lautet die Bezeichnung: „Beratung, Bildung und Begleitung für Migrantinnen".

zu einem Diskurs über bessere Arbeitsbedingungen für Prostituierte, über die Rechte von Sexarbeiterinnen gegenüber ihren Kunden, aber auch über ihre Rechte als Staatsbürgerinnen, d. h. ihre sozialen Ansprüche als Steuerzahlerinnen. Insbesondere der geschlechtsneutrale Bedeutungsrahmen, den die VPÖ, LEFÖ und später dann die „Plattform für die Rechte von Prostituierten" in die Diskussion einbrachten, schien den Reformprozess zu beschleunigen: Individuelle Rechte von Prostituierten wie beispielsweise Datenschutzrechte (Vernichtung von Akten nach dem Ausstieg aus der Prostitution, keine Registrierung bei der Polizei),˙Gleichbehandlung und die gleichen Verpflichtungen und Rechte aller BürgerInnen bzw. SteuerzahlerInnen wurden prominent gesetzt. Als ungerecht wurde kritisiert, dass Prostituierte, obwohl sie zu Steuerleistungen verpflichtet sind, von der Sozialversicherung ausgeschlossen blieben. Damit war zum ersten Mal in die österreichische Debatte die Deutung von Prostitution als *Sexarbeit* eingeführt. Das *framing* von Prostitution als Arbeit und die Betonung der Rechte von Frauen in diesem Arbeitsbereich wurde so zu einer Voraussetzung dafür, um sukzessive die österreichische Prostitutionsgesetzgebung zu transformieren. (...)

In der Folge dieses neuen *framings* gelang es Mitte der 1990er-Jahre einer Koalition aus NGOs, Expertinnen der Grünen und des Frauen- und Sozialministeriums gemeinsam mit den Sozialpartnern die Sozialversicherungsgesetzgebung so zu ändern, dass Sexarbeiterinnen seit 1998 ihre Ansprüche auf Kranken- und Pensionsversicherung geltend machen können. Die Anerkennung von Prostitution als Arbeit blieb jedoch auf halbem Weg stecken: Die Sittenwidrigkeit der Dienstleistung wurde nicht beseitigt. Auch die strafrechtliche Regelung der Zuhälterei macht Sexarbeit im Rahmen von privaten Anstellungsverhältnissen weiterhin unmöglich.

Ein weiterer *frame* wurde vornehmlich von LEFÖ und MAIZ in die Debatte eingeführt, nämlich die Frage der Staatsangehörigkeit. Insbesondere Migrantinnen aus Nicht-EU-Ländern wie der Ukraine, Moldawien und Russland verfügen aufgrund des österreichischen Fremden- und Arbeitsrechts weder über eine Aufenthaltsgenehmigung noch über eine Arbeitserlaubnis. Deshalb können sie sich nicht bei der Wiener Polizei und der städtischen Gesundheitsbehörde registrieren, würde dies doch eine Abschiebung aus Österreich zur Folge haben. Die meisten Prostituierten arbeiten also am Rande der Legalität: Als nicht registrierte Sexarbeiterinnen sind sie nach dem Wiener Prostitutıonsgesetz illegal, sie werden als „geheime" oder „versteckte" Prostituierte bezeichnet, „Illegale" Prostituierte werden wiederum in der öffentlichen Debatte als Gesundheitsgefahr für die öffentliche Gesundheit- selbstredend vornehmlich für Freier – wahrgenommen, weil sie sich nicht regelmäßig medizinisch untersuchen lassen. (...)

Nach der Öffnung der Grenzen zu den ehemaligen realsozialistischen Ländern stieg nicht nur die Anzahl von migrierten Prostituierten, seit den 1990er-Jahren steigt auch in Österreich die Zahl von Frauen, die in abhängige und ausbeuterische Arbeit gehandelt werden. Während in den 1970er- und 1980er-Jahren die meisten der in der Sexarbeit tätigen Migrantinnen aus Lateinamerika stammten, kommen diese nun aus Polen, Bulgarien, Rumänien – mittlerweile EU-Mitglieder – sowie aus der Ukraine, Moldawien oder Russland. Das geographisch an viele einst realsozialistische Länder angrenzende Österreich entwickelte sich sowohl zu einem Transitland als auch zu einem Empfängerstaat von gehandelten Frauen.

Insbesondere die österreichischen Medien griffen Frauenhandel zunächst als Thema auf und präsentierten es vornehmlich im Kontext von organisierter Kriminalität. Die Berichterstattung unterschied zunächst kaum zwischen Frauenhändlern und den vom Frauenhandel betroffenen Frauen: Frauenhandel wurde ähnlich wie Drogen- und Waffenhandel als Bedrohung für die öffentliche Sicherheit gedeutet. Diese vorherrschende Argumentation verlangte nach einer Einschränkung des Frauenhandels und nach einer Bestrafung der Täter wie der gehandelten Frauen. Die betroffenen Frauen wurden zwar auch als Opfer wahrgenommen, doch wegen der Rechtswidrigkeit ihres Aufenthaltsstatus als illegale Migrantinnen und ihrer daraus folgenden „illegalen" Tätigkeit als Prostituierte wurden sie auch als Täterinnen stigmatisiert. Insbesondere die Markierung als „Fremde" verstärkte die Argumentation in Richtung restriktiver Maßnahmen und Abschiebung. Dieses *framing* des Frauenhandels ließ die Pullfaktoren, nämlich die Nachfrage nach Prostitution bzw. gehandelten Frauen, völlig unberücksichtigt. (...)

Das Vergeschlechtlichen des Themas Menschenhandel machte nicht nur deutlich, dass die Mehrzahl der gehandelten Personen Frauen sind, sondern auch, dass die Ursachen und auch die Folgen des Menschenhandels geschlechtsspezifisch kodiert sind und mithin geschlechtssensible Problemlösungen gefunden werden müssen. Die NGOs pochten darauf, dass Frauenhandel nicht nur im Kontext von ökonomischer Ungleichheit, sondern auch im Kontext von Geschlechterungleichheit zu verstehen ist. Darüber hinaus wurde das Thema Frauenhandel mit Bezug auf die internationale Diskussion als Frage von Frauenrechten und als Gewalt gegen Frauen präsentiert. Frauenhandel sei eine „geschlechterspezifische Verletzung von Menschenrechten" (LEFÖ 2002: 95). Seit der UN-Menschenrechtskonferenz 1993 in Wien wurde die Frage der Gewalt gegen Frauen auf UN-Ebene Teil des Diskurses um Frauenhandel. Österreichische NGOs übernahmen diese Argumentation und führten diese erfolgreich auf nationaler Ebene ein. Sie skandalisierten die spezifisch weiblichen Formen von Abhängigkeit und damit von Verwundbarkeit, beispielsweise durch geschlechtsspezifische Arbeitsteilung und durch die daraus folgende ökonomische Unselbstständigkeit von Frauen, aber auch durch den oft nur abgeleiteten (Aufenthalts-)Status von migrierten Ehefrauen. Deshalb wurden frauenspezifische Maßnahmen wie Schutzräume für gehandelte Frauen und ein eigener Aufenthaltstitel für Ehefrauen gefordert. (…)

Das Problem wurde darüber hinaus auch geschlechtsneutral gerahmt, nämlich als Frage von Staatsbürgerschaft, Zwangsarbeit auch von Männern und Kindern und als kriminelle Handlung, die nicht nur grenzüberschreitend, sondern auch innerhalb von Nationalstaaten stattfindet. Gehandelte Menschen sollten nicht in erster Linie als illegale MigrantInnen, sondern als Opfer ausbeuterischer Netzwerke betrachtet werden. Am 1. Januar 1998 trat schließlich das neue Niederlassungs- und Aufenthaltsgesetz (NAG) in Kraft. Es garantiert Opfern und Zeugen von Menschenhandel Schutz und ermöglicht ihnen einen Aufenthalt aus humanitären Gründen in Österreich. Frauen, die nach § 217 des Strafrechts Opfer von Menschenhandel sind, wird eine kurzfristige Aufenthaltsgenehmigung zur strafrechtlichen Verfolgung und Geltendmachung ihrer Ansprüche gewährt (Art. 10, Paragraph 4, NAC). (…)

In der öffentlichen Diskussion wurde Frauenhandel bis zum Ende der 1990er-Jahre fast ausschließlich mit Prostitution verknüpft. So setzte beispielsweise das österreichische Strafrecht die beiden Themen in einen unmittelbaren Zusammenhang. Das im Jahr 1997 reformierte Strafrecht, das Menschenhandel explizit vergeschlechtlichte, stellte in seinem neuen § 217 „grenzüberschreitenden Prostitutionshandel" unter Strafe. Zwar sollte diese Gesetzesnovelle effektivere Mittel zur Bekämpfung des organisierten Frauenhandels zur Verfügung stellen (CEDAW 1999, 44), doch schrieb es gleichsam Frauenhandel als Handel in die Prostitution fest. Dieser Vorstellung setzte LEFÖ den Frauen- und Menschenhandel als Handel in Sklavenarbeit im Kontext globalisierter kapitalistischer Märkte entgegen, um Frauenhandel und Prostitution zu entkoppeln: Dieser *frame* interpretierte Menschenhandel mithin nicht nur als kriminelle Handlung, sondern auch als profitables Geschäft in einem unregulierten Markt, der auf ausbeuterischen Arbeitsverhältnissen basiert (Vgl. Boidi 2003). LEFÖ forderte mithin als Lösung die staatliche Regulierung dieses anarchischen Marktes und dieser ungerechten Marktbeziehungen, nicht jedoch die Kontrolle bzw. Bestrafung der Opfer, seien dies Frauen, Männer oder Kinder. LEFÖ reklamierte eine Differenzierung zwischen Frauenhandel und Sexarbeit. Die Definition von Frauenhandel sollte ausgeweitet werden und auch den Handel mit Frauen in andere abhängige Arbeitsverhältnisse einschließen. Frauenhandel umfasst nach dieser Definition nicht nur den Handel von Frauen zum Zweck der Prostitution, sondern auch in andere prekäre, ungeschützte und ausbeuterische Arbeitsverhältnisse im Baugewerbe, in der Landwirtschaft und in die Bettelei sowie in Beziehungsverhältnisse wie Hausarbeit und Ehe (LEFÖ 2002).(…)

Die entgeschlechtlichten wie die geschlechtsspezifischen *frames*, die LEFÖ in die Diskussion einführte, sollten darauf hinwirken, dass vom Frauenhandel betroffene Frauen als Opfer von Kriminalität wahrgenommen und behandelt, nicht aber als kriminelle Täterinnen stigmatisiert werden: Betroffene sollten nicht aufgrund ihres illegalen Aufenthalts in Österreich abgeschoben werden, sondern sie sollten adäquate Hilfe (z. B. Aufenthaltsgenehmigung während einer Stabilisierungsphase, Arbeitserlaubnis, Zugang zu Sozialversicherung und wohlfahrtsstaatlichen Leistungen) erhalten.

Beide *Framing*-Strategien – das Ver- und das Entgeschlechtlichen der Problemdefinition – führten dazu, dass Frauenhandel einen Platz auf der österreichischen politischen Agenda erhielt. Der genderneutrale Bedeutungsrahmen führte zu Veränderungen des Straf- und Fremdenrechts und zur Entkriminalisierung der von Menschenhandel betroffenen Personen, während das geschlechtsspezifische *framing* zur Einrichtung frauenbezogener Hilfs-, Beratungs- und Empowerment-Programme beitrug. Nicht zuletzt der Opfer*frame* überzeugte politische AkteurInnen aller Parteien davon, dass die Maßnahmen gegen Frauenhandel in Österreich reformiert bzw. frauenfreundlicher gestaltet werden müssen. Daraus formierte sich allmählich eine „große Koalition" aller Frauenpolitikerinnen der Parteien im Kampf gegen Frauenhandel. Trotz des erfolgreichen Versuchs, neue *frames* in den Politikprozess und in die Implementierung der internationalen Menschenhandelsnormen zu integrieren – nämlich gehandelte Frauen als Opfer krimineller Handlungen und von ökonomischen globalen Restrukturierungen zu betrachten und mithin ihr *empowerment* zu fordern – hielten sich in der öffentlichen wie in der politischen Debatte hartnäckig zwei Sichtweisen: der Sicherheits- und der Prostitutionsframe (NGO Schattenbericht 2000, 14). Frauenhandel wird – so kritisiert der CEDAW-Report – nach wie vor als unerwünschte Immigration nach Österreich verstanden (CEDAW 1999, 44). (…)

Während also Frauenhandel nicht mehr ausschließlich illegale Migration gedeutet und vor allem gehandelte Frauen nicht mehr nur als illegale Einwanderinnen, sondern als Opfer von kriminellen Handlungen gesehen wurden, in dem Maße wie es also gelang den Frauenhandelsdiskurs zu verändern, ihn als Menschen- und Frauenrechtsverletzung zu rahmen, in dem Maße wurde Prostitution vornehmlich und immer stärker (wieder) als unfreiwilliger Zwang wahrgenommen. Das *framing* des Themas Frauenhandel hatte eine Diskurskoalition unterschiedlicher frauenpolitischer AkteurInnen auf der Basis konvergierender *frames*, insbesondere das *framing* von Frauen als Opfer, ermöglicht. Dieselben AkteurInnen hatten in Bezug auf Sexarbeit divergierende *frames*, die von einem abolitionistischen bis hin zu einem Sexarbeitsframe reichten. Dies führte in Bezug auf Frauenhandel zu einer erfolgreichen Koalition, in Bezug auf Seitarbeit aber setzte sich zunehmend der abolitionistische *frame* durch, der die Verbesserung der arbeits- und sozialrechtlichen Situation von Prostituierten ebenso entthematisiert und ablehnt wie das *empowerment* von Prostituierten *in* ihrer Arbeit. Schließlich wurden Prostituierte wieder vornehmlich als Opfer präsentiert – als Opfer der Prostitution nämlich. Auch wenn nicht alle Prostituierten gehandelt sind, so das Argument, so handeln doch alle unter Zwang. (…)

Insbesondere sozialdemokratische Politikerinnen vertraten nun öffentlich und offensiv eine abolitionistische Haltung: Prostitution sei Unterdrückung und Ausbeutung von Frauen durch Männer. Als sichtbares Symbol des Patriarchats müsse sie eingedämmt und auf längere Sicht verboten werden. Als politische Strategie wird nun vor allem Beratung vorgeschlagen, um aus der Prostitution auszusteigen und um sich von Zuhältern und aus dem Sexbusiness befreien zu können. Diese neuartige Vergeschlechtlichung des Prostitutionsdiskurses als Patriarchatsdiskurs mutierte zu einem Argument gegen das *empowerment* von Prostituierten im Sinne ihrer Entscheidungsfreiheit und gegen die Definition von Prostitution als *Sexarbeit* Die SPÖ-Frau und die Wiener Frauenstadträtin Renate Brauner schlugen 2001 einen abolitionistischen Zugang, d. h. die Bestrafung der Klienten nach dem schwedischen Modell vor. Dieses Gesetz scheiterte nicht zuletzt auch am Widerstand von NGOs.

Die diskursive Verbindung von Frauenhandel und Prostitution zog eine Verkettung von konservativen Normen der „Law-and-order-Debatte" mit feministischen antipatriarchalen Vorstellungen nach sich: Diese Allianz strebt eine Einschränkung der Prostitution an, entweder durch die Bestrafung von Freiern oder durch die Ausstiegsberatung von Prostituierten Mit diesem *framing* als Zwang, Ausbeutung und Unterdrückung ging schließlich ein Rekriminalisierungsdiskurs der Sexarbeit einher. Auch der Rekriminalisierungsframe blieb politisch nicht folgenlos. Auch der Sicherheitsframe der Frauenhandelsdiskussion verlagerte sich schließlich auf die Debatte um Prostitution: Seit Mitte der 1990er-Jahre forderten Bürgerinitiativen in mehreren Wiener Gemeindebezirken eine Verschärfung des Prostitutionsgesetzes mit dem Ziel, ein Verbot der Straßenprostitution in diesen Bezirken zu erreichen Die Sichtbarkeit von Sexarbeit in einigen Wohnbezirken geriet zum öffentlich heiß debattierten Problem, und Straßenprostitution wurde zunehmend als Bedrohung der öffentlichen Ordnung und Sicherheit wahrgenommen.

Die staatlichen Akteure reagierten lange Zeit ambivalent bis zögerlich. Erst zur Jahrtausendwende schlug schließlich der Prostitutionsdiskurs um: Das Wiener Prostitutionsgesetz sollte verschafft und „illegale" Prostitution stärker bestraft werden. Die Wiener SPÖ führte schließlich diesen Sicherheitsframe in die Debatte ein – sie machte (männliche) Freier für die öffentliche Ruhestörung und sexuelle Belästigung von Passantinnen verantwortlich. Das neue Wiener Prostitutionsgesetz, das im April 2004 in Kraft trat, führte ein neues Zonensystem ein (größere Zonen um Schulen, Bahnhöfe und religiöse Orte) und machte die Idee öffentlicher Sicherheit zu einem zentralen Aspekt der Prostitutionsregulierung. Eine einschneidende Veränderung gegenüber der vorigen Regelung ist, die Bestrafung „aufdringlicher Anbahnung von Prostitution" (Landesgesetzblatt 2004). Auch die Rechte der Polizei, Razzien an Orten durchzuführen, an denen „illegale" Prostitution vermutet wird, wurden erweitert. Neu ist, dass nun auch Klienten, welche die AnwohnerInnen durch Lärm oder Ansprache belästigen, bestraft werden können. Erneut wurde Prostitution mit Kriminalität, Illegalität und öffentlicher Sicherheit in einen Zusammenhang gestellt, neu ist die Konnotation sexueller Belästigung von weiblichen Passanten auf dem Straßenstrich.(…)

Kriminalität, öffentliche Sicherheit und Frauenhandel avancierten zu den dominierenden Elementen des Diskurses über Prostitution und rahmten diese im Kontext von Zwangsarbeit, Sklaverei und organisierter Kriminalität. interessanter Weise aber rücken in diesem Rekriminalisierungsdiskurs nicht nur Frauen, die vornehmlich als Opfer von Menschenhändlern oder Zuhältern gesehen werden, sondern vielmehr Freier ins Zentrum. In der Folge aber führte sowohl der Opferdiskurs der Menschenhandelsdebatte wie der Kriminalisierungsdiskurs um Freier dazu, dass die Handlungsfähigkeit von Frauen in der Sexarbeit, aber auch von gehandelten Frauen, ausgeblendet, ja negiert wurde: *agency* wird diesen Frauen in der Regel abgesprochen. Vielmehr müssen staatliche Agenturen und NGOs „für" sie handeln.

In Sauer verwendete Literatur:

Boidi, Maria Cristina (2003): Frauenhandel. Das neue Gesicht der Migration, in: Arbeitsgruppe Migrantinnen und Gewalt (Hg.), Migration von Frauen und strukturelle Gewalt, Wien: Milena 2003, S. 53-68.

CEDAW (1999): Consideration of reports submitted by States parties under article 18 of the Convention on the Elimination of all Forms of Discrimination against Women, Austria, 5.10.1999.

LANDESGESETZBLATT FÜR WIEN: Wiener Prostitutionsgesetz, 26. April 2004.

LEFÖ: Frauenhandel, Flugblatt, 2002.

NGO Schattenbericht Österreich, Wien, Mai 2000.

SAUER, Birgit (2004): Taxes, Rights and Regimentation. Discourses on Prostitution in Austria, in: Outshoorn, Joyce (Hg.): The politics of prostitution. Women's movements and the state, Cambridge University Press, 2004, S. 41-61

▶ **Bock von Wülfingen, Bettina (2009): Extrakorporale Reproduktion als Emanzipation. Feminismus im biomedizinischen Populärdiskurs. In: Femina Politica, 1/2009, S. 72-83**[21]

Hintergrund der im Folgenden detaillierter dargestellten regen emanzipatorischen Ausführungen, die insbesondere die Frau betreffen. sind Debatten um die mögliche Entwicklung eines Reproduktionsmedizingesetzes etwa um die Jahrtausendwende, welches das als biotechnologisch-wirtschaftliches Hindernis empfundene EschG ablösen sollte. Diese politischen Auseinandersetzungen waren begleitet von großem Medieninteresse. Dabei wurden häufig Expertinnen. viele darunter aus den USA oder Großbritannien, eingeladen, ihre Zukunftsvisionen von der Anwendung neuer Gen- und Reproduktionstechnologien vorzustellen oder deren weitergehende Anwendung im Ausland zu kommentieren. Dies zeigte die Analyse solcher oft technikeuphorischen und utopischen Beiträge in deutschen sog. Qualitätsprintmedien von 1995-2003. Sie ergeben ein Gesamtbild des Versuchs einer diskursiven Einführung von Labortechnologien als „normale" Befruchtungspraxis. In den radikalsten Konzepten verbindet sich seit 1996 die Idee einer Laborzeugung – unabhängig von sex, gender und körperlicher Verfasstheit – mit der einer genetischen Optimierung oder Auswahl der Gene für das Kind, (…).

Meine Analyse rekurriert auf Michel Foucaults Konzept der „Gouvernementalität" und diskursiver Formationen. Mein Gegenstand ist die extrakorporale Zeugung als Standard-Fortpflanzungsform für „jedermann". Dabei geht es in der Analyse nicht darum, diese Idee als repräsentativ für die aktuelle Reproduktionsmedizin zu behaupten, denn das ist sie keineswegs – weder in den USA oder England, noch in Deutschland. Stattdessen gilt es darzulegen, wie in diesen bislang eher seltenen, aber vor 1996 in deutschen Medien überhaupt nicht aufgetretenen Argumentationen nun versucht wird, Laborreproduktion durch emanzipatorische Bezüge zu plausibilisieren. (…)

Die herausgearbeiteten Diskursstränge ließen sich sämtlich einteilen in einerseits Diskursstränge der *individuellen Selbstbestimmung* vor allem gegenüber der Gesellschaft, die die Technologie beziehungsweise deren Anwendungsfreiheit begrenzt. aber auch gegenüber körperlichen Beschränkungen. Andererseits finden sich Diskursstränge der *Fremdbestimmung,* wie marktdeterministische Szenarien, nach denen sich die Durchsetzung bestimmter Technologien ohnehin nicht aufhalten ließe (…) Die Szenarien der Selbstbestimmung widmen sich

---

21 Um die Lesbarkeit dieses Textauschnittes zu erhöhen, haben wir alle Quellenverweise entfernt. Die Quellen sind im Originaltext nachschlagbar.

vielfach Anliegen von „Gleichberechtigung". Das heißt, es wurden emanzipatorische Anliegen unterstützt, beispielsweise jene von Frauen, Älteren oder
gleichgeschlechtlichen Paaren. In jedem dieser Fälle wird allerdings zirkulär
deterministisch argumentiert. indem – ohne dies einführend zu begründen – eine
allein biologische Grundlage für Einschränkungen der Handlungsmöglichkeiten
oder für Diskriminierungen angenommen wird, die also einer biotechnischen
Lösung bedürfen. Eine möglicherweise als sozial zu deutende Diskriminierung
wird als durch naturgegebene Differenzen verursacht betrachtet und eine
biologische Lösung offeriert: „Bisher verlangte die Frage nach Vereinbarkeit
von Karriere und Kinderwunsch eher gesetzliche oder politische Antworten",
doch die Medizin könne das Problem grundsätzlich lösen: „Ob eine Patientin
sich ihre Eizellen mit 30 einfrieren lässt, um sie mit 40 zurücksetzen zu lassen.
wäre dann ihre eigene Entscheidung", schlägt der Bonner Gynäkologe Hans
van der Ven vor. Auf diese Weise werde „das Machtverhältnis zwischen Mann
und Frau" verschoben (...)

Die Szenarien, die Laborzeugung als Standard denkbar erscheinen lassen,
verhandeln mit nur wenigen Ausnahmen „Befreiung" im Sinne von Selbstbestimmung durch Technologie bzw. die Freiheit oder Unfreiheit des Menschen
an sich im Verhältnis zu seinem Körper und zur Technologie. Unter dem Aspekt
der Selbstbestimmung wird dabei auf Pflicht, Verantwortung, Gleichberechtigung – immer in Bezug auf die Gesellschaft – rekurriert.

Wie ich an anderer Stelle genauer ausgeführt habe (Bock v. Wülfingen 2009),
verbindet (...) neuerdings die Liebe die Verantwortung der Eltern dem Kind
gegenüber mit der Verantwortung der Gesellschaft den Eltern gegenüber. So
legitimiert die Liebe vielfach (noch) umstrittene neue Reproduktions- und Gen-
technologien. (...) Besonders prominent und kontinuierlich dagegen zeigt sich
unter den emanzipatorischen Strängen die Idee der „Befreiung von der eigenen
Natur". Dieser Strang hält sich von 1998 bis 2002 beständig und gehört zu den
ersten Diskurssträngen, die 1996 (in einem Beitrag von Djerassi) überhaupt
auftauchen: dies sind jene im Sinne eines Befreiungsdiskurses wegweisenden
Stränge zu „genetischer Verbesserung" (des eigenen Kindes) bzw. zur „Befreiung
von der eigenen Natur" (der Frau)- Ganz deutlich werden dabei feministische
Positionen aufgenommen, sofern sie sich mit den Fremdbestimmungsszenarien
sinnvoll verknüpfen lassen. (...)

Ganz wesentlich – und zwar zunehmend von 1998 bis 2003 – ist in den neueren Diskurssträngen, dass es bei der Anwendung von NRG (im Unterschied
zur Debatte bis Mitte der 1990er Jahre) immer weniger um Heilung etwa von
Infertilität oder um genetische Risiken geht, sondern um Befreiung von Zwängen
und um Ermöglichung. So sei es eine „Verletzung der Menschenrechte (...), wenn

eine Frau über 50 kein Kind mehr bekommen darf", so der italienische Gynäkologe Severino Antinori. (…) Und so darf es auch weder eine Diskriminierung
des Alters, noch der Fortpflanzungsweise geben. Dabei wird insbesondere von
den US-amerikanischen Autoren zum Teil auf die Forderung von reproductive
freedom rekurriert, die vor dem Hintergrund von Auseinandersetzungen um
bevölkerungspolitisch motivierte Sterilisationskampagnen in der internationalen
Frauenbewegung der 1980er Jahre eines der zentralen Themen war. Auch der
Slogan der Wahlfreiheit pro choice, der in der US-amerikanischen Literatur
vor allem im Zusammenhang mit der Verteidigung des Abtreibungsrechts
zu finden ist, scheint hier Eingang gefunden zu haben. (…) So wird in diesen
Szenarien der Laborzeugung als Standard den Frauen durch das Verfahren der
Spermieninjektion (ICSI) bzw. das Ablegen von Eizellen auf Eizellbanken für
den späteren Gebrauch eine berufliche Karriere ermöglicht. Die Technologien
ermöglichen ihnen – und dabei wird suggeriert, dass es der Frauenbewegung im
Wesentlichen hierum gegangen sei – komplett ohne Männer zu leben: „Frauen
werden nicht mehr auf Männer angewiesen sein, um sich fortzupflanzen". Sie
ermöglichen, sich von körperlichen Vorgaben frei zu machen, sich also von der
Natur zu emanzipieren. (…)

Dieses Befreiungskonzept unterstellt, dass es molekulare Unterjochungen
sind, von denen sich der Mensch zu befreien hätte. So werden sich „im Zuge der
Fortschritte der Genetik im 21. Jahrhundert zahlreiche Psychosen, Suchterkran-
kungen und unerwünschte Verhaltensweisen" beseitigen lassen, prognostiziert
der Genetiker und Direktor des U.S. National Cancer Institute Dean Hamer.
Hierdurch lasse sich, so der Leiter des Human Genome Projects bei Celera Geno-
mics (USA), Craig Venter, die „Gesundheit der Weltbevölkerung (…) verbessern"
Indem „sich Menschen frei aussuchen dürfen, welche Merkmale sie sich für ihre
Kinder wünschen", wird es eine große Vielfalt an Charakteristika geben, „Wir
fangen an", so jedenfalls meint Gregory Stock, „die Baupläne der Schöpfung
zu ändern, auch unsere eigenen. Wir werden zum Objekt unseres eigenen,
bewussten Gestaltungswillens". Dies gilt speziell für Frauen als Menschen, die
von Natur aus besonders von der natürlichen Notwendigkeit der menschlichen
Fortpflanzung getroffen sind. So waren Frauen schon immer an ihrem Fortkom-
men durch ihre Natur gehindert, doch reproduktive Technologien machten, so
der Diskurs, das Durchbrechen dieser Naturbarrieren möglich. „Ohne die Pille
wäre die Frauenbewegung nicht möglich gewesen" und auch künftige Techno-
logieentwicklungen würden diese Befreiung der Frau von ihrer reproduktiven
Natur erweitern. „die Prognose für die Frauen sieht gar nicht so schlecht aus,
gerade für die älteren. (…) Sie können sich, was die Fortpflanzung betrifft, von
der biologischen Uhr befreien". Es sei nur, heißt es bei einem anderen Autor,

„eine Frage der Zeit, bis Frauen ihre Eizellen in speziellen Banken einlagern können, die ähnlich wie Samenbanken funktionieren. Und wenn sie in ihrem späteren Leben den Wunsch nach einem Kind verspüren, können sie sich aus ihrem Depot bedienen und ihre Eier befruchten lassen.". „Nicht nur der Mann, auch die Frau wird dann bis ins Alter Kinder haben können – und zwar wann und mit wem sie will", z. B. dann, „wenn es ihre Karriere zulässt". Bereits durch die Pille und am Sexualpartner vorbei erlangte „die Frau die Macht, allein und ohne sein Wissen die Folgen sexueller Kontakte zu kontrollieren". Auch bei der Entwicklung der In-vitro-Fertilisation (IVF), der sog. Reagenzglasbefruchtung, wurden „(d)ie möglichen Auswirkungen der IVF auf die Rolle des Mannes (…) damals nicht erkannt". Doch die „Machtverhältnisse in der Fortpflanzung" wurden weitaus stärker noch ins Wanken gebracht durch ICSI: der „aus Belgien (erfolgten) (…) Frontalattacke auf die ungleichen Beziehungen der Geschlechter bei der Fortpflanzung". Denn im Wesentlichen, so der Diskurs, ist es ihre Biologie, die Frauen an die Reproduktion bindet und so eine berufliche Karriere behindert. Doch die Medizin wäre grundsätzlich in der Lage, das Angebot zu machen dieses Problem zu lösen . Und schließlich hören wir „the roaring inside her", wenn der deutsche Molekularbiologe Jens Reich fragt: „Wäre das tatsächlich gesellschaftlich und moralisch unerträglich", wenn auch die „Frustration vieler Frauen, als Gebärmaschinen instrumentalisiert zu werden, bald vorbei sein könnte?" Auch die Gleichstellung gleichgeschlechtlicher Paare erscheint vor dieser Folie lediglich als ein Reproduktionsproblem: „Paare, egal ob Mann und Frau oder zwei Männer oder zwei Frauen, werden in diesem Alter ihre Kinder lieben, weil es innig erwünschte Babys sind". Lesbische Paare bilden „eine große Gruppe potentieller Interessentinnen für Klonierungstechniken". „Mit Hilfe der Klonierung können beide Frauen die Männer gänzlich aus ihrer Beziehung heraushalten, indem jede einen Klon ihrer Partnerin austrägt"; dabei können gleich von beiden die attraktivsten Merkmale genetisch zusammengestellt werden. Von Unterschieden und Privilegien in Geschlecht und Sexualität bliebe letzten Endes nach derartiger „Neukonstruktion der Geschlechter" bestenfalls die Trennung in „Schwert und Scheide" übrig. (…)

Deutlich wird auch, dass traditionelle Problemstellungen in Freiheitsdiskursen in den vorliegenden Strängen auf bestimmte Weise verknüpft werden. während andere vertraute Verknüpfungen nicht hergestellt werden: Es wäre zu erwarten, dass entsprechend dem Kontext der NRG – eingebettet in die seit den 1950er Jahren herrschenden medizin-kritischen Diskussionen um den *informed consent* – Selbstbestimmung hinsichtlich des Behandlungsprozesses oder des Arzt-Patient-Verhältnisses angesprochen wurde. Es finden sich jedoch in den vorliegenden Texten keinerlei Bezüge auf jenen Autonomiediskurs, auch wenn sich die enthaltenen Freiheitsforderungen implizit darauf berufen mögen. Die traditionellen Kategorien in *Selbstbestimmungs*diskussionen in Hinsicht auf Medizin, wie Körper/Natur, Technologie, Individuum und Gesellschaft werden in den untersuchten Texten so angeordnet. dass aufmerksam gemacht wird auf die Begrenzung des Individuums durch Gesellschaft, die die befreienden Technologien nicht zur Verfügung stellt, und auf die Natur, die die befreienden Technologien nötig macht. (…) So kommt der Selbstbestimmungsaspekt also im Wesentlichen im Verhältnis zum eigenen Körper und der Natur zum Tragen. Dies entspräche der intensiven voraufklärerischen Auseinandersetzung mit den „Gewalten der Natur", wie etwa in den Vorläufern des Englischen Empirismus. Technische Utopien des 16. und frühen 17. Jahrhunderts (z. B. die *Nova Atlantis* von Francis Bacon) kündeten vom Heraustreten des Menschen aus seiner naturgebundenen Unfreiheit durch neue Technologien, welche Natur beherrschbar erscheinen lassen. Emanzipatorische Konzepte, die das Verhältnis des Individuums zur Gesellschaft skizzieren, knüpfen dagegen in den vorliegenden Texten an eine Kantische Tradition von Emanzipationskonzepten an, beziehen daraus jedoch lediglich jene Aspekte ein, die eine Gegenüberstellung des Individuums versus Gesellschaft bedeuten: nämlich Verantwortung und Pflichten des Individuums *gegenüber* der Gesellschaft, nicht aber *durch* Gesellschaft, indem Bürger in der Öffentlichkeit von ihrer Vernunft Gebrauch machen (…)

In den USA waren feministische Positionen noch in den 1980er Jahren deutlicher vertreten und eindeutiger auf eine befürchtete Ausbeutung des weiblichen Körpers bezogen Sie spalteten sich jedoch bald auf in Positionen, die jeden Gebrauch der NRG weiterhin ablehnen und in liberalere feministische Positionen. Frauen begannen sich als Angehörige oder Patientinnen z. T. für Stammzellforschung oder Infertilitätsbehandlungen einzusetzen, oder fungierten als Vorreiterinnen im praktischen Umgang mit Gentests am Embryo oder den Gameten, da sie unter anderem durch die Beratungssituation Hauptverantwortung für die Gesundheit ihrer Kinder auf sich nehmen. Ein starker liberal-feministischer Strang vertritt auch in Parlamenten die Position, dass Frauen zu verantwortlichen Entscheidungen in der Lage sind und in jedem Fall selbst entscheiden können müssen, ob und wann sie Kinder bekommen wollen. Diese Haltung gleicht jenen liberal-feministischen Positionen in den Parlamentsdebatten in Großbritannien, vertreten durch die Labor Party in den 1980er Jahren im Zuge der Einführung des *Human Fertilisation and Embryology Act* (HFE Act), wie sie von Charlotte Augst (2001) beschrieben werden. In einem solchen „Diskurs der Aufklärung", nach dem Individuen frei entscheiden und individuell verantwortlich für ihr Handeln sind. wird ebenso davon ausgegangen, wie im Fall von Abtreibungen unter dem Schlagwort reproductive liberty oder reproductive choice. dass Frauen jenseits rechtlicher Hürden ohnehin in der Weise handeln würden, wie sie es für unabdingbar hielten. Einerseits steht die Verwendung des Wahlfreiheitsarguments in den untersuchten Texten mit dem feministischen Gebrauch von *reproductive rights* oder *choice* im britischen und im US-amerikanischen Kontext in Kontrast und lenkt damit von der weiterhin bestehenden Problemlage im gesellschaftlichen Umgang mit Abtreibung ab. Indem, ähnlich dem Abtreibungsfall, angenommen wird. Frauen würden sich ohnehin Zugang zu den gewünschten Technologien verschaffen. füttert der aufklärerische Diskursstrang des autonomen Subjekts. im zuvor dargestellten Sinne. einen sozialdeterministischen Strang der Unmöglichkeit sinnvoller Gesetzgebung. Diese De- und Rekontextualisierung von Diskurselementen skizziert Augst als Argumente. die den Rückzug des Staates und des Rechts aus „individuellen" Entscheidungen fordern.

In Bock v. Wülfingen verwendete Literatur:

Augst, Charlotte (2001): „Verantwortung für das Denken. Feministischer Umgang mit neuen Reproduktionstechnologien in Großbritannien und der Bundesrepublik". Jahrbuch für Kritische Medizin, 34: Krankheitsursachen im Deutungswandel. Hamburg, S. 135-156.
Bock v. Wülfingen, Bettina (2009): „Platonische Gene – Materialisierte Liebe in der postsexuellen Fortpflanzung". In: Centre Marc Bloch (Hg.): Postsexualität. Gießen.